Dietrich Benner
Allgemeine Pädagogik

Grundlagentexte Pädagogik

Dietrich Benner

Allgemeine Pädagogik

Eine systematisch-problemgeschichtliche Einführung in die Grundstruktur pädagogischen Denkens und Handelns

6., überarbeitete Auflage 2010

Juventa Verlag Weinheim und München

Dietrich Benner, Jg. 1941, Prof. Dr. phil., lehrte und forschte an den Universitäten Bonn, Freiburg und Münster, bevor er 1991 einen Ruf auf den Lehrstuhl für Allgemeine Erziehungswissenschaft an der Humboldt-Universität zu Berlin annahm. Er wurde dort 2009 emeritiert. Seit 2004 ist er Honorarprofessor für Erziehungswissenschaft an der ECNU Shanghai, seit 2008 ordentlicher Professor für Erziehungswissenschaft an der UKSW Warschau.

Zu seinen wichtigsten Veröffentlichungen gehören die Bände „Hauptströmungen der Erziehungswissenschaft“ (1. Aufl. 1973, 4. Aufl. 2001), die „Allgemeine Pädagogik“ (1. Aufl. 1987, 6. Auflage 2010), das mit Herwart Kemper verfasste vierbändige Werk „Theorien und Geschichte der Reformpädagogik“ (2001-2007, 2. Auflage 2009), Monographien zu Herbart und Humboldt und das mit Jürgen Oelkers herausgegebene „Historische Wörterbuch der Pädagogik“ (2004).

Bibliografische Information der Deutschen Nationalbibliothek

Die Deutsche Nationalbibliothek verzeichnet diese Publikation in der Deutschen Nationalbibliografie; detaillierte bibliografische Daten sind im Internet über http://dnb.d-nb.de abrufbar.

1. Auflage 1987
2., korrigierte Auflage 1991
3. Auflage 1996
4., völlig neu bearbeitete Auflage 2001
5., korrigierte Auflage 2005
6., überarbeitete Auflage 2010

Umschlaggestaltung: Atelier Warminski, 63654 Büdingen
Umschlagabbildung: Philipp Otto Runge „Die Hülsenbeckschen Kinder“, Kunsthalle Hamburg
Printed in Germany

ISBN 978-3-7799-2172-1

Vorwort

Eine Allgemeine Pädagogik kann heute noch weniger als vielleicht in früheren Zeiten einen Überblick über Erfahrungen der pädagogischen Praxis, die in dieser wirksamen Theorien und die verzweigten Anstrengungen und Resultate erziehungswissenschaftlicher Forschung geben.[1] Sie muss jedoch, wenn sie ihren Namen verdienen will, einen *pädagogischen Grundgedanken* entwickeln, der allgemein in einem zweifachen Sinne ist.[2] Dieser muss Geltung beanspruchen für alle Handlungsfelder pädagogischer Praxis und Anerkennung finden können in allen Bereichen erziehungswissenschaftlicher Theorieentwicklung und Forschung. Ob eine Allgemeine Pädagogik überhaupt solche Geltung beanspruchen darf und solche Anerkennung gewinnen kann, entscheidet sich freilich nicht allein in ihr, sondern ist zugleich abhängig davon, welche Bedeutung pädagogische Handlungstheorie und erziehungswissenschaftliche Theoriediskussion und Forschung ihren grundlagentheoretischen Reflexionen zuerkennen.

So ist es gleich in mehrfacher Hinsicht ein ebenso riskantes wie schwieriges Unternehmen, eine Allgemeine Pädagogik zu verfassen und zur Diskussion zu stellen, kann doch ein solcher Versuch gleich aus mehreren Gründen scheitern. Er kann misslingen, weil er von niemandem ernst genommen wird und sich weder unter den praktizierenden Pädagogen noch in der Erziehungswissenschaft Adressaten finden, für die die Entfaltung eines pädagogischen Grundgedankens in irgendeiner Hinsicht bedeutsam ist. Er kann scheitern, weil sich die Annahme, es gebe überhaupt so etwas wie einen Grundgedanken pädagogischen Denkens und Handelns, angesichts der verzweigten Aufgaben nicht-professionellen und professionellen pädagogischen Handelns und der Vielfalt erziehungswissenschaftlicher Forschungsrichtungen und -traditionen gar nicht mehr überzeugend ausweisen lässt. Er kann schließlich scheitern, weil es verschiedene, miteinander konkurrierende Vorstellungen von pädagogischer Praxis mit einer jeweils historisch begrenzten theoretischen Reichweite und praktischen Gültigkeit gibt und weil

---

1 Diesen Anspruch hat in einer Allgemeinen Pädagogik für einige Bereichspädagogiken zuletzt H. Röhrs zu erfüllen versucht. Siehe: H. Röhrs: Allgemeine Erziehungswissenschaft. Eine Einführung in die erziehungswissenschaftlichen Aufgaben und Methoden (1969). In: Ders.: Gesammelte Schriften. Band 1. Weinheim 1993.

2 Dass eine Allgemeine Pädagogik, wenn sie einen Gegenstand haben und innerhalb der Erziehungswissenschaft eine Aufgabe erfüllen soll, einen „pädagogischen Grundgedankengang" ausarbeiten muss, hat W. Flitner mit Verweis auf Herbarts gleichnamige Schrift in einer Vorbemerkung zu seiner Allgemeinen Pädagogik ausgeführt; vgl. W. Flitner: Allgemeine Pädagogik (1950). In: Ders.: Gesammelte Schriften. Band 2. Paderborn usw. 1983, S. 123.

infolge dessen der von einer Allgemeinen Pädagogik zu erhebende Anspruch, einen in sich stimmigen pädagogischen Grundgedanken systematisch zu entfalten, nicht mehr als wahrheitsfähig angesehen wird.[3]

Ob der Versuch, einen pädagogischen Grundgedanken zu formulieren, gelingt oder scheitert, hängt freilich nicht nur von den möglichen Adressaten Allgemeiner Pädagogik und ihrer Stellung zu den verschiedenen Bereichen pädagogischer Praxis und erziehungswissenschaftlicher Forschung und auch nicht allein davon ab, was Allgemeine Pädagogik im Streit konkurrierender Handlungsstrategien und Forschungsparadigmen zur Klärung der Wahrheitsfrage pädagogischer Urteilskraft beizutragen vermag. Zwar entscheidet dies alles gewiss mit darüber, ob und inwieweit eine Allgemeine Pädagogik Geltung beanspruchen kann und Anerkennung findet. Nicht weniger bedeutsam dürfte jedoch sein, welche Bedeutung sie selbst ihrer Arbeit an einem pädagogischen Grundgedanken beimisst und wie sie diese konzipiert.

Beanspruchte Allgemeine Pädagogik, das, was pädagogisches Denken und Handeln ausmacht, allererst zu begründen und eine pädagogische Urteilskraft zu erfinden, die sich nur in ihren Reflexionen äußert, so gäbe es am Ende womöglich so viele pädagogische Grundgedanken, wie sich Allgemeine Pädagogiken aufstellen lassen. Von einem maßgeblichen pädagogischen Grundgedanken könnte dann nicht mehr die Rede sein. Begnügte sich Allgemeine Pädagogik hingegen damit, die in pädagogischer Praxis und Erziehungswissenschaft jeweils vorfindlichen Urteilsformen lediglich auf einen nachgängigen Begriff zu bringen und den pädagogischen Grundgedanken ausschließlich rekonstruktiv zu ermitteln, so ließen sich am Ende womöglich so viele Meinungen über die Eigenart pädagogischen Denkens und Handelns zusammentragen, wie es spezielle Auffassungen von pädagogischer Urteilskraft gibt, ohne dass einer von ihnen mit Gründen ein Vorzug gegenüber den anderen eingeräumt werden könnte.

3 Der Streit über die Allgemeingültigkeit pädagogischen Wissens muss übrigens nicht zum Ende der Frage nach dem Allgemeinen in der Pädagogik führen, sondern kann dieser Frage auch zu neuer Aktualität verhelfen. Vgl. hierzu M. Winklers und H.-H. Krügers Thesen zum „Aufstieg“, „Fall“ und „Rückzug“ der Allgemeinen Pädagogik in H.-H. Krüger/T. Rauschenbach (Hrsg.): Erziehungswissenschaft. Die Disziplin am Beginn einer neuen Epoche. Weinheim/München 1994, S. 93 ff. und S. 115; zur Kritik der „selektiven Leseerfahrungen“ dieser Plädoyers für einen neuerlichen Epochenwechsel siehe die Abhandlungen von K. Mollenhauer: Über Mutmaßungen zum „Niedergang“ der Allgemeinen Pädagogik – eine Glosse. In: Zeitschrift für Pädagogik 42 (1996) S. 277-285; L. Wigger: Die aktuelle Kontroverse um die Allgemeine Pädagogik. Eine Auseinandersetzung mit ihren Kritikern, ebd., S. 915-931; J. Ruhloff: Versuch über das Neue in der Bildungstheorie, ebd., 44 (1998) S. 411-423; siehe auch die Replik von M. Winkler: Die Glosse als Darstellungsform, ebd., 42 (1996) S. 905-913, welche als Aufgabe allgemein-pädagogischer Dauerreflexion die Analyse und Erforschung des Prozesses der gesellschaftlichen Universalisierung pädagogischer Problemstellungen herausstellt (vgl. ebd., S. 910 ff.).

Der in Aporien wie diesen sich zeigende Problemgehalt der Frage nach der Eigenlogik pädagogischen Denkens und Handelns lässt sich nicht dadurch mindern und reduzieren, dass die Arbeit an einem übergreifenden pädagogischen Grundgedanken mit Verweis auf die fortschreitende Ausdifferenzierung pädagogischer Berufe und erziehungswissenschaftlicher Teildisziplinen aufgegeben und an Reflexionsformen mehrerer nebeneinander stehender Allgemeiner Pädagogiken abgetreten wird, die stärker auf ein besonderes pädagogisches Berufsfeld und eine bestimmte Teildisziplin der Erziehungswissenschaft ausgerichtet sind und sich als Allgemeine Schulpädagogik, Allgemeine Wirtschaftspädagogik, Allgemeine Sozialpädagogik u. a. m. verstehen. Mögen solche Spezialisierungen innerhalb berufsbezogener Ausbildungsgänge und Forschungsvorhaben durchaus legitim und sinnvoll sein, eine Verständigung über eine allgemeine Grundstruktur pädagogischen Denkens und Handelns lässt sich auf diesem Wege nicht erreichen. Dieser führt nämlich, wo er konsequent verfolgt wird, nicht zur gegenseitigen Anerkennung bereichspädagogischer Problemstellungen und Sichtweisen, sondern begünstigt einen immer wiederkehrenden Streit, in dem Bereichspädagogiken und ihre Dogmatiken ohne Aussicht auf Verständigung und Überführung in ein umfassendes Gemeinsames gegeneinander eine vermeintlich allgemeine Zuständigkeit reklamieren.[4]

Die Frage nach dem Proprium des Pädagogischen und seiner erziehungswissenschaftlichen Thematisierungen bezieht sich nicht auf ein Allgemeines, das als ein Allgemeines von Speziellem bereichspädagogisch zu definieren wäre, sondern auf eine universelle Grundstruktur des Pädagogischen, durch die sich pädagogische Sachverhalte und Problemstellungen von anderen unterscheiden und abgrenzen lassen. Wenn Allgemeine Pädagogik dieses Proprium weder aus eigener Kraft definieren noch im Rückgriff auf etablierte Auffassungen einfach rekonstruieren noch dem Streit bereichspädagogischer Handlungsmuster und Dogmen überlassen kann, worauf soll sie dann ihren Anspruch gründen, den Grundgedanken pädagogischen Denkens und Handelns systematisch zu fassen und in einer für alle Bereiche pädagogischen Handelns und die gesamte erziehungswissenschaftliche Theoriediskussion und Forschung bedeutsamen Art und Weise zur Diskussion zu stellen? Der hier vorgelegte Versuch gibt auf diese Frage eine ebenso einfache wie komplexe Antwort. Er geht davon aus, dass sich die Möglichkeit und Notwendigkeit eines umfassenden pädagogischen Grundgedankens nur unter Berufung auf das geschichtliche Faktum der strittigen Frage nach der Eigenart pädagogischen Denkens und Handelns selbst erweisen lässt. Unabhängig von der Dignität dieses Faktums kann Allgemeine

4 Vgl. hierzu den im Mitteilungsblatt der Deutschen Gesellschaft für Erziehungswissenschaft dokumentierten Streit zwischen Schulpädagogik und Sozialpädagogik, der durch K. Pranges Studie „Alte Schwierigkeiten – neue Konfusionen. Bemerkungen zu dem Hamburger-Memorandum der universitären Sozialpädagogik“ (Erziehungswissenschaft 7 (1996) Heft 14, S. 63-75) ausgelöst wurde.

Pädagogik keine grundlagentheoretische Bedeutung für die Klärung pädagogischer Probleme und Sachverhalte beanspruchen. Gäbe es die Frage nach der Grundstruktur und Eigenart pädagogischen Denkens und Handelns nicht, so wäre sie grundsätzlich nicht möglich; verfügten wir über eine allgemein anerkannte Antwort auf diese Frage, so wäre sie überhaupt nicht notwendig. Die Möglichkeit und Notwendigkeit eines pädagogischen Grundgedankens kann darum nicht anders als in Auseinandersetzung mit den geschichtlich vorgegebenen Fragen nach der Eigenart pädagogischen Denkens und Handelns diskutiert werden.[5] Unabhängig von diesen Fragen und ihrer aporetischen Grundstruktur lässt sich weder die Möglichkeit noch die Notwendigkeit einer Vergewisserung darüber erweisen, was unter pädagogischem Denken und Handeln legitimerweise zu verstehen ist.[6]

In diesem Sinne begreift sich der folgende Entwurf einer Allgemeinen Pädagogik, wie aus seinem Untertitel hervorgeht, als Versuch einer systematisch-problemgeschichtlichen Verständigung über die Grundstruktur pädagogischen Denkens und Handelns. Sollte die in unserer Tradition bis in die Zeit der altgriechischen Aufklärung zurückzuverfolgende Frage nach der Eigenart pädagogischer Prozesse und Reflexionen einmal der Vergessenheit anheim fallen, so wäre damit zugleich der systematischen Pädagogik eine ihrer unverzichtbaren Grundlagen entzogen. Die Erinnerung daran wach zu halten, was unter der Frage nach dem pädagogischen Grundgedanken verstanden werden kann, stellt heute vielleicht eine der vordringlichsten Aufgaben Allgemeiner Pädagogik dar. Von ihr handeln alle Kapitel der hier vorgelegten Arbeit:

Das *einleitende* Kapitel skizziert Aufgabe und Schwierigkeit, den pädagogischen Grundgedanken systematisch zu formulieren, in Auseinandersetzung mit immer wieder geäußerten Zweifeln an der Möglichkeit und Notwendigkeit einer Allgemeinen Pädagogik.

Das *zweite* Kapitel versucht die Möglichkeit einer Allgemeinen Pädagogik von der Bedeutung her zu begründen, die der pädagogischen Praxis im Rahmen der ausdifferenzierten und sich wandelnden menschlichen Praxis zukommt.

---

5 Ein pädagogischer Grundgedanke, der die Fragestellungen moderner Pädagogik in Auseinandersetzung mit dem geschichtlichen Faktum einer aporetischen Vernunft entwickelt, findet sich in F. Schleiermachers Pädagogik-Vorlesungen aus den Jahren 1813/14, 1820/21 und 1826; vgl. F. Schleiermacher: Pädagogische Schriften. Band 1, hrsg. von E. Weniger und Th. Schulze. Frankfurt a. M. 1983.

6 Aporetische Rede- und Reflexionsweisen haben in der Pädagogik eine lange Tradition. Sie können bis in frühe Einsichten in die Dialektik der Frage- und Antwortstruktur menschlichen Denkens zurückverfolgt werden. Dieser zufolge lassen Fragen nicht nur verschiedene Antworten zu, sondern sind Antworten auf Fragen angemessen nur zu entwickeln, wenn in ihnen das Fragliche nicht verschwindet, sondern im Widerstreit der Antworten präsent bleibt.

Im *dritten* Kapitel werden Prinzipien vorgestellt, die in der zurückliegenden, mehr als zweitausendjährigen Theorie- und Problemgeschichte der Pädagogik diskutiert wurden und für eine allgemeine Bestimmung der Eigenart pädagogischen Denkens und Handelns grundlegend sind.

Im Ausgang von diesen Prinzipien entwickelt das *vierte* Kapitel eine systematische Gliederung der Erziehungswissenschaft nach handlungstheoretischen Fragestellungen, das *fünfte* Kapitel eine systematische Gliederung der pädagogischen Praxis nach Dimensionen pädagogischen Handelns. Diese beanspruchen Geltung und Anerkennung in allen Formen der ausdifferenzierten pädagogischen Praxis und für alle Bereiche theoretischer Pädagogik und erziehungswissenschaftlicher Forschung.

Die Abhandlung schließt mit der Aufforderung, Fragen der Grundstruktur und Eigenlogik pädagogischen Denkens und Handelns in den erziehungswissenschaftlichen Teildisziplinen so zu diskutieren und zu erörtern, dass dabei die aufgezeigten Prinzipien pädagogischen Denkens und Handelns, die durch sie erhellten Fragestellungen pädagogischer Handlungstheorie und die systematisch ausgewiesenen Dimensionen pädagogischer Praxis mitbedacht werden.

Nahezu alle in dieser Schrift entwickelten Überlegungen entstammen der Theoriegeschichte der Pädagogik. Auf Originalität in den systematischen Aussagen wird daher kein Anspruch erhoben. Diese könnte allenfalls darin liegen, dass die hier vorgelegte Einführung in die Grundstruktur pädagogischen Denkens und Handelns sich darum bemüht, von heutigen Fragestellungen ausgehend, die Bedeutung der Tradition für eine zeitgemäß-unzeitgemäße Bestimmung des pädagogischen Grundgedankens zu erweisen.

Die erste, 1987 erschienene Auflage entstand während meiner Tätigkeit am Institut für Allgemeine und Historische Erziehungswissenschaft der Universität Münster. Die Arbeit an ihr hat – mit vielen Unterbrechungen – zehn Jahre in Anspruch genommen und wurde gefördert durch die Zusammenarbeit mit Friedhelm Brüggen, Karl-Franz Göstemeyer, Herwart Kemper, Helmut Peukert und Jörg Ramseger sowie durch den Gedankenaustausch mit Wolfdietrich Schmied-Kowarzik (Universität Kassel) und Egon Schütz (Universität Köln). Meinem Münsteraner Kollegen Hans Bokelmann habe ich für viele „Frühstücksgespräche", Anneli Witte als Sekretärin der Abteilung Bildungs- und Schultheorie für die Betreuung des Manuskripts der Erstauflage zu danken.

Für die vierte Auflage wurde nahezu der gesamte Text neu bearbeitet. Neuere Diskussionen sind teils in den Ausführungen selbst, teils in Fußnoten berücksichtigt worden. In systematischer Hinsicht unterscheidet sich diese Auflage von den vorausgegangenen Auflagen dadurch, dass der im zweiten Kapitel entwickelte Begriff der menschlichen Praxis um Ausführungen zur leiblichen Verfasstheit des Menschen erweitert und die im dritten Kapitel vorgenommene Darstellung der Prinzipien pädagogischen Denkens und

Handelns um zusätzliche Hinweise zum wechselseitigen Voraussetzungsverhältnis von Prinzip und Prinzipiiertem ergänzt wurden. Durch die Berücksichtigung der auch für pädagogisches Handeln grundlegenden Leiblichkeit des Menschen soll ein systematisches Defizit der ersten Auflagen korrigiert werden. Die stärkere Betonung der Korrelation von Prinzip und Prinzipiiertem will dagegen einem prinzipialistischen Missverständnis der Grundbegriffe pädagogischen Denkens und Handelns entgegenwirken.

Neu konzipiert wurden u. a. auch große Teile im bildungstheoretischen Abschnitt des vierten und im unterrichtstheoretisch-didaktischen Abschnitt des fünften Kapitels. Die vierte Auflage wurde schließlich um ein Schlusskapitel ergänzt. Dieses stellt Überlegungen zur Einheit der Pädagogik angesichts der Vielheit der Bereichspädagogiken zur Diskussion, die in dem in der Arbeit selbst entwickelten experimentellen Verständnis von pädagogischer Praxis, pädagogisch-erziehungswissenschaftlicher Handlungstheorie und erziehungswissenschaftlicher Forschung begründet sind.

Die Arbeit an der vierten Auflage wurde durch Henning Schluss und Thomas Müller unterstützt. Ihnen danke ich für Hinweise zur Korrektur des Textes und für Rückmeldungen aus zwei Tutorials zu an der Humboldt-Universität gehaltenen Vorlesungen, in denen ich die überarbeitete Fassung der Allgemeinen Pädagogik erstmals vorgetragen habe.

In der sechsten Auflage wurden einige Passagen gekürzt, Fußnotenverweise aktualisiert und die Darstellung des Prinzips der pädagogischen Transformation (Abschnitt 3.2.2) um Ausführungen zur Unterscheidung zwischen didaktischen und gesellschaftspädagogischen Transformationen erweitert. Diese führten zu einer nochmaligen Überarbeitung des Kapitels über die unterrichtliche Dimension pädagogischen Handelns (insbesondere Abschnitt 5.2), in das Anregungen, die ich Helmut Heid und Klaus Prange verdanke, eingearbeitet worden sind, und zu einer Neukonzeptualisierung der Darstellung der gesellschaftspädagogischen Dimension der pädagogischen Praxis (Abschnitt 5.3), welche nun im Falle unterbrochener Tradierung – insbesondere in den Bereichen von Erziehung, Arbeit, Politik und Religion – Maßnahmen und Konzepten einer künstlichen Tradierung eine zentrale Bedeutung für die Einführung der nachwachsenden Generation in die gesellschaftlichen Handlungsfelder zuweist.

Berlin, im Januar 2009
Dietrich Benner

Inhalt

1. Einleitung: Von der Schwierigkeit, Notwendigkeit und Möglichkeit einer Allgemeinen Pädagogik

1.1 Von der Schwierigkeit, sich über pädagogische Praxis und Pädagogik als Wissenschaft zu verständigen

Wer von einer Allgemeinen Pädagogik generelle Aussagen über pädagogisches Handeln, über Pädagogik als Wissenschaft und über beider Stellung zu anderen Handlungsformen und Wissenschaften erwartet, geht von der Voraussetzung aus, dass diese untereinander in einem systematisch geordneten Zusammenhang stehen, aus dem eine jede von ihnen ihren Ort und ihre Bedeutung gewinnt. Diese Annahme ist heute in mehrfacher Hinsicht problematisch. Die Wissenschaften lassen sich, wie die wissenschaftstheoretische Diskussion der letzten Jahrzehnte gezeigt hat, weder nach Gegenstandsbereichen noch nach Methoden eindeutig ordnen.[1] Ebenso schwierig ist es, Wirklichkeitsbereiche und Grundformen menschlichen Handelns trennscharf voneinander abzugrenzen. Pädagogik, Ökonomie und Politik beispielsweise stehen in einem so komplexen Zusammenhang, dass es naiv und vermessen wäre, sie als autonome Gebilde zu betrachten.

Die Schwierigkeit, Praxisfelder, Wirklichkeitsbereiche und Wissenschaften systematisch zu ordnen, stellt sich auch innerhalb der Pädagogik selbst. Weder nach außen, gegenüber anderen „Wirklichkeiten", noch nach innen, im Hinblick auf eine innere Konsistenz, lässt sich heute ohne weiteres so etwas wie *die pädagogische Praxis* oder *die Pädagogik als Wissenschaft* identifizieren. Beide haben sich inzwischen in eine Vielzahl von Handlungsfeldern und Einzeldisziplinen ausdifferenziert, die oft nur mehr durch das lockere Band eines gemeinsamen Namens zusammengehalten werden, der neuerdings immer häufiger im Plural verwendet wird. Zu den „Erziehungswissenschaften" zählen nicht nur verschiedene Bereichs- oder Regionalpädagogiken, sondern ebenso unterschiedliche, lediglich mit dem Attri-

1 Für die Erziehungswissenschaft vgl. D. Benner/U. Herrmann/E. König u. a.: Symposion 1. Bilanz der Paradigmendiskussion. In: Bilanz für die Zukunft. Aufgaben, Konzepte und Forschung in der Erziehungswissenschaft. Beiträge zum 12. Kongress der DGfE. 25. Beiheft der Zeitschrift für Pädagogik. Weinheim/Basel 1990, S. 71-92; siehe auch E. König/P. Zedler: Theorien der Erziehungswissenschaft. Weinheim 1998.

but „pädagogisch“ oder irgendeinem Grundbegriff der Pädagogik versehene Einzelwissenschaften. So sprechen wir, um nur einige Beispiele zu nennen, von Berufs-, Freizeit-, Kunst-, Moral-, Musik-, Sport- und Religionspädagogik, von Vorschul-, Schul-, Sozialpädagogik, Wirtschaftspädagogik und Erwachsenenbildung, von pädagogischer Psychologie, pädagogischer Soziologie und Bildungsökonomie. Analog verhält es sich mit der pädagogischen Praxis. Wir unterscheiden die pädagogischen Berufe in solche von Kindergärtnern und Vorschulerziehern, Sozial- und Schulpädagogen, Schultypen zugeordneten Fach- und Stufenlehrern, Testspezialisten, Curriculumkonstrukteuren und -evaluatoren, Eltern-, Schullaufbahn- und Berufsberatern, Weiterbildnern und andere mehr. Die pädagogische Praxis hat sich in eine Vielzahl von Tätigkeiten ausdifferenziert, die in keinem unmittelbar einsichtigen Zusammenhang mehr stehen.

Vor diesem Hintergrund kann es zweifelhaft erscheinen, ob für die in unterrichtende, prüfende, beratende und helfende Tätigkeiten ausdifferenzierte pädagogische Praxis und die sich in erziehungswissenschaftliche Einzeldisziplinen auflösende Erziehungswissenschaft überhaupt noch ein allgemeiner pädagogischer Grundgedanke formulierbar ist. Aussichtslos muss es auf den ersten Blick erscheinen, allgemeine Aussagen über eine besondere Praxisform und deren Bezugswissenschaft machen zu wollen, wenn diese ihre Identität und Besonderheit eingebüßt haben. Für das Vorhaben, in einer Allgemeinen Pädagogik einen pädagogischen Grundgedanken zu entwickeln, könnte dies bedeuten, dass es nur unter Bedingungen realisierbar war, unter denen es eines systematisch ausgearbeiteten Grundgedankens gar nicht bedurfte, weil eine begrifflich womöglich nicht einmal ausformulierte Eigenlogik pädagogischen Denkens und Handelns dessen Besonderheit gegenüber anderen Handlungsbereichen und Wissenschaften kennzeichnete und alle praktischen und theoretischen Fragestellungen bestimmte. Und umgekehrt könnte dies bedeuten, dass eine Allgemeine Pädagogik gerade dort nicht mehr möglich ist, wo sie erforderlich wäre, um der Vielzahl der als „pädagogisch“ attribuierten Tätigkeiten und unter dem Namen „Erziehungswissenschaft“ firmierenden Disziplinen zu einer ihnen fehlenden fachlichen und systematischen Ordnung zu verhelfen.

1.2 Von der Notwendigkeit und Möglichkeit Allgemeiner Pädagogik

Wenn Allgemeine Pädagogik den Begriff des Pädagogischen weder der Vielfalt pädagogischer Tätigkeitsbereiche und erziehungswissenschaftlicher Einzeldisziplinen einfach entlehnen noch diesen ihre gegenständliche und wissenschaftliche Identität einfach verordnen und vorschreiben kann, woraus lässt sich dann eine umfassende Bestimmung der pädagogischen Praxis als einer besonderen Tätigkeit und der Erziehungswissenschaft als einer besonderen Wissenschaft begründen? Reicht es vielleicht, dass die Notwendigkeit sogenannter „Erziehungswissenschaften“ ebenso anerkannt ist wie die Vielzahl gesellschaftlich mehr oder weniger nützlicher pädagogischer Berufe und Einzeltätigkeiten, die ohne Besinnung auf gemeinsame Grundprobleme und -fragen auskommen und auf einen sie verbindenden pädagogischen Grundgedanken mithin gar nicht angewiesen sind?

Eine solche Auffassung ist keineswegs abwegig. Darüber, was von den Heranwachsenden wo und wie gelernt wird, entscheiden nicht etwa pädagogische, sondern politische, ökonomische, technische und fachspezifische Gesichtspunkte. So wird die Anzahl, Art und der Umfang der Unterrichtsfächer an Schulen politisch reglementiert, beurteilen die Lehrer die Leistungen ihrer Schüler nicht nach separaten pädagogischen Kriterien, sondern nach fachlichen und fachwissenschaftlichen Gesichtspunkten, bemessen sich die Schwierigkeitsgrade der Prüfungsleistungen danach, wie viele Schüler einen bestimmten Schultyp erfolgreich abschließen bzw. zu weiterführenden Ausbildungsinstitutionen zugelassen werden sollen und können. All dies und vieles mehr stützt die Auffassung, dass es zwar pädagogische Handlungsformen und Berufe, nicht aber ein allgemein anerkanntes, diese leitendes und verbindendes pädagogisches Denken, Wissen und Können gibt. Wer um die historisch-gesellschaftliche und politische Vermitteltheit der Erziehung, des Unterrichts und der Bildungs- und Ausbildungsinstitutionen weiß, der wird vielleicht nicht nur die Existenz, sondern auch die Möglichkeit und Notwendigkeit eines eigenständigen pädagogischen Denkens und Handelns bezweifeln. Nichts mag ihm suspekter erscheinen als der Anspruch auf eine vermeintliche Eigenständigkeit, der womöglich nur blind macht gegenüber der historisch-gesellschaftlichen und politischen Vermitteltheit der Normen, Kontexte und Umstände pädagogischer Handlungen und Berufe.

Versteht sich Allgemeine Pädagogik als eine besondere erziehungswissenschaftliche Disziplin, die für Fragen allgemeiner Art zuständig ist, die auf der Ebene der pädagogischen Einzeltätigkeiten und der anderen Disziplinen der Erziehungswissenschaft nicht erörtert und geklärt werden können, so erweist sie sich in der Tat als ebenso überflüssig wie sinnlos. Aus der Sicht der verschiedenen pädagogischen Tätigkeiten und Professionen und der anderen Disziplinen der Erziehungswissenschaft kann ihr dann jedenfalls keinerlei Bedeutung zukommen, wenn sie nur abstrakte Aussagen formuliert, die weder die pädagogische Praxis noch die Disziplinen einer ausdifferenzierten Erziehungswissenschaft berühren oder betreffen. Versteht sich Allgemeine Pädagogik dagegen so, dass ihre Aussagen für alle pädagogischen Tätigkeiten und für die gesamte Erziehungswissenschaft gelten oder doch Geltung beanspruchen, so entsteht die umgekehrte Situation. Sie mag alsdann denen, die sie betreiben, sinnvoll und notwendig erscheinen, findet aber angesichts der fortgeschrittenen Arbeitsteilung in der pädagogischen Praxis und der Ausdifferenzierung der Erziehungswissenschaft in Subdisziplinen keinen Adressaten mehr, der ihre Aussagen zur Kenntnis nehmen und beachten könnte. In dem einen Fall muss Allgemeine Pädagogik ihre eigene Überflüssigkeit eingestehen, in dem anderen Fall tritt sie als eine unerwünschte Lehrmeisterin auf, die ungebeten Aussagen über Bedingungen, Aufgaben und Möglichkeiten pädagogischen Handelns und den Charakter der Erziehungswissenschaft macht, auf die niemand hört.[2]

Der Pädagogik als Praxis und Wissenschaft ist mit keiner dieser beiden Rollen Allgemeiner Pädagogik gedient. Sie kann sich in der Vielzahl pädagogischer Tätigkeiten und erziehungswissenschaftlicher Disziplinen weder auf das Fehlen eines gemeinsamen pädagogischen Grundgedankens berufen, um so Rückfragen einer Allgemeinen Pädagogik abzuwehren, noch darauf hoffen, ihre Identität aus einer neuen, womöglich erst zu erfindenden Allgemeinen Pädagogik zu beziehen. Für die Formulierung eines pädagogischen Grundgedankens bedeutet dies, dass seine Notwendigkeit keineswegs aus der fehlenden Systematik der Erziehungswissenschaft und der nicht vorhandenen Einheit der pädagogischen Praxis abgeleitet werden kann. Denn diese kommen ja, je nach Selbstverständnis und Forschungsperspektive, durchaus ohne Allgemeine Pädagogik aus. Worauf aber soll dann ein pädagogischer Grundgedanke gegründet werden?

Wenn überhaupt lässt sich die Grundstruktur pädagogischen Denkens und Handelns heute nur mehr durch Rückbesinnung auf eine Notwendigkeit klären, die den pädagogischen Einzelhandlungen und den Disziplinen der Erziehungswissenschaft präreflexiv zugrunde liegt. Eine solche Notwendigkeit lässt sich weder geschichts- und sozialwissenschaftlich rekonstruieren, noch hermeneutisch als eine überzeitliche Wesensbestimmung unseres Daseins erschließen, noch in transzendentaler Reflexion einfach als Voraussetzung einer jeden vernünftigen Rede über pädagogische Fragen und Sachverhalte nachweisen. Wir können uns ihrer jedoch handlungstheoretisch und problemgeschichtlich vergewissern. Sollte es gelingen, in Auseinandersetzung mit der Problemgeschichte pädagogischen Denkens und Handelns einen Grundgedanken zu formulieren, der auf eine im menschlichen Denken und Handeln verankerte pädagogische Grundstruktur verweist, so erklärte sich vielleicht, warum wir von den Einzeltätigkeiten der pädagogischen Praxis und den verschiedenen Disziplinen der Erziehungswissenschaft nicht zu ihr vordringen können, sondern von der im menschlichen Handeln selbst fundierten Notwendigkeit ausgehen müssen, um die Frage nach der Grundstruktur und Eigenlogik pädagogischer Praxis neu zu

---

2 Vgl. hierzu die Beiträge von E. Schütz: Einige Überlegungen zur Fragwürdigkeit systematischer Pädagogik, R. Huschke-Rhein: Über die Zukunft der Allgemeinen Pädagogik, H.-E. Tenorth: Berufsethik, Kategorialanalyse, Methodenreflexion im Heft 1 der Zeitschrift für Pädagogik 30 (1984) sowie die Beiträge von M. Heitger: Über die Notwendigkeit und Möglichkeit einer systematischen Pädagogik, W. Fischer: Erziehungswissenschaft und Systematische Pädagogik, Th. Ballauff: Ist systematische Pädagogik heute noch möglich und notwendig? im Heft 4 der Vierteljahrsschrift für Wissenschaftliche Pädagogik 60 (1984).

stellen. Eine Allgemeine Pädagogik, die so argumentierte, befände sich nicht mehr in der Rolle einer letztlich überflüssigen Einzeldisziplin der Erziehungswissenschaft oder eines unerwünschten Querulanten, den niemand um seine Meinung fragt. Sie konfrontierte vielmehr die pädagogische Praxis und die Erziehungswissenschaft mit einer Notwendigkeit, die nicht von außen an diese herangetragen wird, sondern dem pädagogischen Denken und Handeln selbst zugrunde liegt.

1.3 Vorüberlegungen zu einem praxeologischen Begriff von pädagogischer Praxis und Erziehungswissenschaft

Der Versuch, die systematische Entwicklung eines pädagogischen Grundgedankens auf eine in der menschlichen Praxis selbst gegebene Notwendigkeit pädagogischen Denkens und Handelns zu gründen, steht unter mindestens drei Voraussetzungen: erstens unter der Voraussetzung, dass es überhaupt eine pädagogisches Denken und Handeln fundierende, selbst aber nicht reflexiv fundierbare Notwendigkeit gibt, zweitens unter der Voraussetzung, dass dieser Notwendigkeit Bedeutung für die Prüfung des Wahrheitsgehalts pädagogischer Aussagen und die Beurteilung der Dignität pädagogischer Praxis zukommt, und drittens unter der Voraussetzung, dass sich die Notwendigkeit pädagogischen Denkens und Handelns im Hinblick auf jeweils geschichtlich vorgegebene Frage- und Problemstellungen in der Entwicklung eines pädagogischen Grundgedankens auslegen lässt.[3]

Von diesen Voraussetzungen können wir die erste per definitionem nicht in ein Wissen überführen, denn sie bezieht sich ja auf eine Notwendigkeit, die wir nicht selbst hervorbringen, sondern die mit unserer eigenen Existenz immer schon gegeben ist. Der zweiten Voraussetzung zufolge soll dieser präreflexiven Notwendigkeit Relevanz für die Beurteilung der Dignität der pädagogischen Praxis und des Wahrheitsanspruchs theoretischer Pädagogik zukommen. Ob dies wirklich der Fall ist, lässt sich von unserem Nicht-Wissen um die erste Voraussetzung her nicht entscheiden, sondern kann nur durch die Einlösung der dritten Voraussetzung, nämlich durch die Entwicklung eines systematischen pädagogischen Grundgedankens erwiesen und in Auseinandersetzung mit den geschichtlich uns vorgegebenen Fragen und Problemen pädagogischen Handelns gezeigt werden.

Damit kehrt sich das Fundierungsverhältnis, in dem die drei Voraussetzungen untereinander stehen, um. Während in der Aufzählung der ersten Vorausset-

---

3 Zu Schleiermachers Begriff des präreflexiven Daseinsgrundes vgl. das Kapitel „Hypolepsis und Antizipation" in F. Brüggen: Freiheit und Intersubjektivität. Ethische Pädagogik bei Kant und Schleiermacher. Habilitationsschrift an der Universität Münster 1986.

zung eine fundierende, selbst nicht fundierbare Bedeutung zugesprochen wurde, soll nun allererst die Einlösung der dritten Voraussetzung darüber entscheiden, ob für die Entwicklung des pädagogischen Grundgedankens die Annahme einer ursprünglichen und präreflexiven Notwendigkeit pädagogischen Denkens und Handelns überhaupt hilfreich ist. Diese Umkehrung in der Problemstellung lässt sich auch an systematischen Reflexionen in anderen Bereichen grundlagentheoretischen Nachdenkens beobachten. Dass wir in *intentione recta* weder von einer ursprünglichen und präreflexiven Bestimmung unseres Denkens und Handelns sprechen noch von einer geschichtlich vorgegebenen Bestimmtheit unseres Daseins auf eine ursprüngliche Bestimmung schließen können, gilt letztlich für alles menschliche Nachdenken. Die Einsicht darin, dass der Frage nach der Bestimmung des Menschen und seiner Stellung in der Welt eine eigentümliche, reflexiv nicht einholbare Frage*struktur* zugrunde liegt, lässt sich bis in die griechische Philosophie zurückverfolgen. Dass diese auch für die systematische Entwicklung eines pädagogischen Grundgedankens bedeutsam ist, wurde jedoch erst in der Neuzeit erkannt, als sich die Reflexion über pädagogisches Denken und Handeln schrittweise aus ihrer linearen Abhängigkeit von vorgegebenen gesellschaftlichen Ordnungen löste und die Pädagogik begann, innerhalb der menschlichen Gesamtpraxis und des Nachdenkens über die Bestimmung des Menschen für sich eine den anderen Praxen nicht nachstehende, sondern prinzipiell gleichrangige Bedeutung zu beanspruchen.

Problemgeschichtlich kann dies insbesondere an Rousseaus, Kants, Humboldts, Schleiermachers und Herbarts Abhandlungen zu einer systematischen Neubestimmung pädagogischen Denkens und Handelns aufgezeigt werden. In diesen wurde erstmals ein nicht-hierarchisches und nicht-teleologisches Verhältnis der pädagogischen Praxis zu den anderen für die Existenz der Menschheit konstitutiven Praxisformen gedacht und analog hierzu ein nicht-hierarchisches und nicht-teleologisches Verhältnis pädagogischer Theorie zu den Theorien der anderen gesellschaftlich notwendigen Tätigkeiten konzipiert. Hierbei trat die Frage nach der Grundstruktur pädagogischen Denkens und Handelns nicht einfach zu älteren Fragestellungen und Theorietraditionen hinzu. Vielmehr musste der Raum, den nun die Pädagogik für sich zu beanspruchen begann, im Kontext einer neuen Differenzierung der menschlichen Praxis allererst geschaffen und ausgegrenzt werden. Dies im einzelnen aufzuzeigen, ist Aufgabe und Anliegen problemgeschichtlicher Studien zur Entstehungsgeschichte neuzeitlicher Pädagogik. Eine zeitgemäße Allgemeine Pädagogik ist ohne den „Umweg" über die Problemgeschichte nicht möglich.[4] Sie geht gleichwohl nicht unmittel-

---

4 Vgl. Th. Ballauff: Pädagogik als Bildungsphilosophie. Drei Kurseinheiten der Fernuniversität Hagen (1983); H. Blankertz: Die Geschichte der Pädagogik von der Aufklärung bis zur Gegenwart. Wetzlar 1982; G. Buck: Rückwege aus der Entfremdung. Studien zur Entwicklung der deutschen humanistischen Bildungsphilosophie. München 1984; H.-J. Gamm: Allgemeine Pädagogik. Die Grundlagen von Erziehung und

bar aus dieser hervor, sondern muss den pädagogischen Grundgedanken in Anbetracht der fortschreitenden Ausdifferenzierung der menschlichen Praxis und der mit dieser einhergehenden Veränderungen neu zu fassen und auf einen Begriff bringen, der hilfreich ist, um Rückfälle in eine teleologische Bestimmung des Pädagogischen zu vermeiden. In diesem Sinne entwickelt der folgende Versuch einer systematisch-problemgeschichtlichen Vergewisserung über die Grundstruktur pädagogischen Denkens und Handelns ein praxeologisches[5] Verständnis von pädagogischer Praxis und Erziehungswissenschaft. Dieses bestimmt die Vernünftigkeit der Ordnung der menschlichen Gesamtpraxis nach Maßgabe einer nicht-hierarchischen und nicht-teleologischen Relation der Einzelpraxen zueinander und richtet den Logos der Gesamtpraxis an einem Begriff praktischer Vernunft aus, der ausdrücklich auf eine metaphysisch unterstellte oder dezisionistisch behauptete Rangordnung der Einzelpraxen verzichtet.

Die menschliche Praxis ist viel älter als die uns heute bekannte Ausdifferenzierung gesellschaftlicher Systeme und Handlungsfelder. Soweit wir Kenntnis von der Geschichte der Menschheit haben, ist das menschliche Zusammenleben, die menschliche „Koexistenz“,[6] durch sechs Grundphä-

---

Bildung in der bürgerlichen Gesellschaft. Reinbek 1979; H. J. Heydorn: Über den Widerspruch von Bildung und Herrschaft. Frankfurt 1970; K. Mollenhauer: Vergessene Zusammenhänge. Über Kultur und Erziehung. München 1983; J. Ruhloff: Das ungelöste Normproblem der Pädagogik. Heidelberg 1980; W. Schmied-Kowarzik: Dialektische Pädagogik. Vom Bezug der Erziehungswissenschaft zur Praxis. München 1974; E. Schütz: Freiheit und Bestimmung. Sinntheoretische Reflexionen zum Bildungsproblem. Ratingen 1975; D. Benner/H. Kemper: Theorie und Geschichte der Reformpädagogik. 4 Bände. Weinheim/Basel 2009.

5 Der Begriff „Praxeologie“ bezeichnet nichts grundsätzlich Neues, sondern bezieht sich auf die bis in die Anfänge praktischer Philosophie zurückreichende Frage nach einer vernünftigen Ordnung der menschlichen Gesamtpraxis angesichts deren Ausdifferenzierung in die Sphären des Ökonomischen, Moralisch-Politischen, Ästhetischen und Religiösen. Den Begriff der „Nicht-Hierarchizität“ habe ich aus Eberhard Grubers Studie „Nicht-hierarchische Verhältnistheorie und pädagogische Praxis. Zum Problem der Herrschaftsaufhebung“ (München 1979) entnommen. Josef Derbolav verwendet den Terminus „Praxeologie“ zur Kennzeichnung seines Systems regionaler Berufsethiken. Vgl. hierzu: J. Derbolav: Pädagogik und Politik. Eine systematisch-kritische Analyse ihrer Beziehungen. Stuttgart 1975; siehe auch: Ders. (Hrsg.): Kritik und Metakritik der Praxeologie. Kastellaun 1976; vgl. auch meine Rezension in: Pädagogische Rundschau 30 (1976) S. 309-327. Von der Weite der Problemdefinition her überschreitet Derbolavs Praxeologie jedoch die engen Grenzen einer professionsethischen Legitimation gesellschaftlicher Arbeitsteilung; siehe hierzu seinen Beitrag „Theodor Litt und das Problem der Wissenschaftssystematisierung“ in: J. Derbolav: Impulse europäischer Geistesgeschichte. St. Augustin 1987, S. 271-280.

6 E. Fink hat die Grundphänomene menschlicher Koexistenz in diejenigen der Arbeit, der Herrschaft, der Liebe, des Todes und des Spiels unterschieden und diesen fünf Koexistentialien die vier Existentialien der Freiheit, Sprachlichkeit, Geschichtlichkeit und Leiblichkeit zugeordnet. Ohne Finks existentialontologischer Bestimmung dieser Grundphänomene, insbesondere der Gleichsetzung von Arbeit und Technik sowie Po-

nomene bestimmt. Der Mensch muss durch Arbeit, durch Ausbeutung und Pflege der Natur, seine Lebensgrundlage schaffen und erhalten (Ökonomie), er muss die Normen und Regeln menschlicher Verständigung problematisieren, weiterentwickeln und anerkennen (Ethik), er muss seine gesellschaftliche Zukunft entwerfen und gestalten (Politik), er transzendiert seine Gegenwart in ästhetischen Darstellungen (Kunst) und ist konfrontiert mit dem Problem der Endlichkeit seiner Mitmenschen und seines eigenen Todes (Religion). Zu Arbeit, Ethik, Politik, Kunst und Religion gehört als sechstes Grundphänomen das der Erziehung. Der Mensch steht in einem Generationenverhältnis, wird von Angehörigen der ihm vorausgehenden Generationen erzogen und erzieht Angehörige der ihm nachfolgenden Generationen.

Die sechs Grundphänomene menschlicher Koexistenz stehen untereinander in historisch und gesellschaftlich äußerst komplexen Wirkungszusammenhängen. Jede Veränderung in einem Bereich menschlicher Praxis ist für alle anderen Bereiche folgenreich und in ihren Wirkungen über die jeweils anderen Bereiche menschlicher Koexistenz vermittelt. Die Abgrenzung der Grundphänomene und Formen menschlicher Praxis voneinander und ihre Beziehung untereinander lassen sich nicht aus einer un- oder überhistorisch-ontologischen Bestimmung menschlichen Daseins ableiten. Vielmehr gehört es gerade zur Ontologie menschlicher Koexistenz, dass die sechs Grundphänomene nicht auseinander abgeleitet oder auf eine geringere Anzahl von Koexistentialien reduziert werden können, sondern sich gegenseitig so beeinflussen, dass keines auf eine autarke Eigenständigkeit Anspruch erheben kann. Der Mensch stirbt ebenso wenig, weil er arbeitet, pädago-

---

litik und Herrschaft, in allen Hinsichten zu folgen, unterscheide ich im folgenden zwischen sechs koexistentialen Praxen (Ökonomie, Ethik, Pädagogik, Politik, Kunst und Religion). Meine praxisphilosophischen Überlegungen gehen auf Anregungen zurück, die ich dem Wiener Philosophen E. Heintel verdanke, der den praktischen Experiment-Charakter menschlichen Handelns durch eine Vermittlung zwischen antiker Ordo- und neuzeitlicher Transzendentalphilosophie zu begründen versucht und die ausdifferenzierten Formen der menschlichen Praxis als Ausdifferenzierung der Humanität interpretiert. Zu E. Heintel vgl. dessen Hauptwerk: Die beiden Labyrinthe der Philosophie. Systemtheoretische Betrachtungen zur Fundamentalphilosophie des abendländischen Denkens. Wien/München 1968 sowie die beiden Bände „Grundriss der Dialektik". Darmstadt 1984, insbesondere in Band II die Abschnitte XIII-XV. Zu E. Fink vgl. dessen posthum erschienene Schrift: Grundphänomene des menschlichen Daseins, hrsg. von E. Schütz und F.-A. Schwarz. München 1979. Anregungen, die ich den Arbeiten E. Finks verdanke, sind über E. Schütz vermittelt. Zur kritischen Würdigung von E. Fink vgl. E. Schütz: Anthropologie und technische Bildung. Zum pädagogischen Werk und Vermächtnis Eugen Finks. In: I. M. Breinbauer/M. Langer (Hrsg.): Gefährdung der Bildung – Gefährdung des Menschen. Marian Heitger zum 60. Geburtstag. Wien 1987, S. 61-71; siehe auch: H. Meyer-Wolters: Koexistenz und Freiheit. Eugen Finks Anthropologie und Bildungstheorie. Würzburg 1992; A. Böhmer: Kosmologische Didaktik. Würzburg 2002; M. Burchardt: Erziehung im Weltbezug. Würzburg 2002.

gisch handelt und Politik betreibt, wie er Kunst und Moralität kennt, weil er sterblich ist. Und aus der Tatsache, dass der Mensch durch Herrschaft über die Natur und durch Pflege der Natur seine Lebensgrundlagen schaffen und erhalten muss, lassen sich ebenso wenig unmittelbar ethische, pädagogische, politische, ästhetische und religiöse Tatbestände ableiten, wie aus der je besonderen Verfasstheit der Ökonomie linear auf bestimmte Verfasstheiten von Pädagogik, Ethik, Politik, Kunst und Religion geschlossen werden kann. Weder werden von einer sogenannten ökonomischen Basis Überbauphänomene wie Ethik, Pädagogik, Politik, Kunst und Religion normiert, noch können sogenannte Überbauphänomene zur Basis der Ökonomie erhoben werden. Vielmehr bilden Arbeit, Ethik, Pädagogik, Politik, Kunst und Religion als gesellschaftlich notwendige Formen menschlicher Praxis in ihrer vielfältigen Vermitteltheit das Fundament, auf dem die Menschheit ihre eigene Existenz erhält und hervorbringt.

Systematisches Nachdenken über die sechs Grundphänomene menschlicher Existenz gibt es erst, seit der Vermittlungszusammenhang, in dem diese stehen, in seiner Geschichtlichkeit erfahren und in seiner Veränderbarkeit bewusst geworden ist und die Verständigung über Sinn und Aufgaben von Arbeit, Ethik, Pädagogik, Politik, Kunst und Religion nicht mehr in unmittelbarer Anerkennung einer Tradition erfolgt, sondern die Weitergabe von Tradition immer zugleich im Kontext einer verändernden Aneignung steht. Im Zerbrechen des praktischen Zirkels von Tradition und Reproduktion des gesellschaftlichen Daseins, von Sitte und Handlungslegitimation, hat das Bedürfnis nach einer Handlungsorientierung seinen Ursprung, die menschlicher Vernunft und systematischem Nachdenken über die Aufgaben und Möglichkeiten zwischenmenschlicher Verständigung und zwischenmenschlichen Handelns entspringt. Die Erfahrung, dass Arbeit, Pädagogik, Ethik, Politik, Kunst und Religion die Basis menschlichen Daseins ausmachen und in keiner prästabilierten Harmonie zueinander stehen, bringt die Notwendigkeit einer handlungsorientierenden Theorie für die menschliche Gesamtpraxis hervor, welche die menschliche Vernunft nicht in eine ökonomische, pädagogische, sittliche, politische, ästhetische und religiöse Rationalität auseinanderdividiert, sondern nach der Einheit der menschlichen Vernunft angesichts der besonderen Aufgaben ökonomischen, pädagogischen, sittlichen, politischen, ästhetischen und religiösen Handelns fragt.

Problemstellung und Thematik einer umfassenden Praxeologie oder Theorie menschlichen Handelns sind somit zweifach ausgerichtet. Diese versucht erstens, einen Begriff menschlicher Gesamtpraxis zu entwerfen, der die Besonderheit der Einzelpraxen weder leugnet noch nivelliert, und arbeitet zweitens an Begriffen jeder Einzelpraxis, welche deren Besonderheiten nicht absolut setzen, sondern an der Universalität der Handlungsproblematik ausrichten. In unserer Tradition hat es zwei große Entwürfe zu einer solchen Praxeologie gegeben. Der eine geht auf die griechische Polis-Philosophie zurück, die zum Zeitpunkt des Niedergangs der griechischen Stadtstaaten eine Praxis-Philosophie entwickelte, welche eine hierarchische und teleologische Ordnung der Gesamtpraxis mit der Ökonomie als unterster und der Politik als höchster Stufe konzipierte. Der andere ging aus der neuzeitlichen praktischen Philosophie hervor, welche – zumindest der Tendenz nach – eine nicht-hierarchische Verhältnisbestimmung der Einzelpraxen entwarf. In ihr konnte auf die älteren ökonomischen, politischen und theologischen Normierungen der pädagogischen Praxis verzichtet und dem pädagogischen Handeln eine mit den anderen Formen menschlicher Praxis gleichrangige Bedeutsamkeit zuerkannt werden. Der erste Versuch scheiterte, als sich der Untergang der griechischen Stadtstaaten mit den Mitteln einer auf Erhaltung der Polis ausgerichteten praktischen Philosophie nicht aufhalten ließ. Der zweite Versuch fand darin seine Grenze, dass die nicht-hierarchische Verhältnisbestimmung der Einzelpraxen und der Entwurf einer nicht-teleologischen Ordnung der menschlichen Gesamtpraxis unter den Bedingungen der sich entwickelnden bürgerlichen Gesellschaft der Neuzeit nicht praktisch werden konnten. Dies zeigt sich nirgends deutlicher als an der veränderten Stellung, die heute der Ökonomie zukommt. Während Aristoteles der ökonomischen Praxis den unteren Rang zuwies und vergeblich davor warnte, nicht in der Wohlversorgtheit aller, sondern in der Steigerung von Reichtum und Macht die Entwicklungsperspektive der Polis zu sehen, beansprucht die Steigerung ökonomischer Produktivität und die fortschreitende Rationalisierung der Arbeit heute eine Vorrangstellung unter den ausdifferenzierten Praxen, die ihr weder im Sinne der antiken noch der neuzeitlichen praktischen Philosophie zuerkannt werden kann.

Eine Theorie der menschlichen Gesamtpraxis zu entwerfen und einen vernünftigen Begriff der als Grundphänomene menschlichen Zusammenlebens ausweisbaren Einzelpraxen zu begründen, ist die heute vielleicht vordringliche Aufgabe einer praktischen Philosophie, die an den beiden Grundüberzeugungen festhält, dass der Ökonomie nicht der Primat zuerkannt werden darf und dass jede wie auch immer geartete hierarchische und teleologische Systematisierung der menschlichen Praxis in eine nicht-hierarchische Verhältnisbestimmung der menschlichen Gesamtpraxis zu überführen ist. Eine solche Aufgabenstellung überschreitet bei weitem den Horizont einer Allgemeinen Pädagogik und ist doch zugleich ohne eine Berücksichtigung der von ihr her zu stellenden Fragen nicht zu bewältigen. Denn die Idee eines nicht-hierarchischen Verhältnisses von ökonomischer, ethischer, politischer, ästhetischer und religiöser Praxis führte in der Praxisphilosophie der Neuzeit keineswegs nur zu einer Aufwertung des pädagogischen Handelns. Sie war zugleich ohne dessen Aufwertung bis zur Gleichrangigkeit mit den anderen Formen menschlicher Praxis gar nicht denkbar. Für die Neubestimmung des Verhältnisses der Praxen untereinander waren nämlich nicht nur ökonomische und politische Gründe ausschlaggebend. Die Gleichrangigkeit der pädagogischen Praxis wurde u. a. auch damit begründet, dass ein nicht-hierarchisches Verhältnis der ausdifferenzierten Handlungsbereiche Ökonomie, Sitte, Politik, Kunst und Religion ohne eine Befreiung des pädagogischen Handelns aus überkommenen Abhängigkeiten nicht zu realisieren sei.[7]

Mit dem Programm einer nicht-hierarchischen und nicht-teleologischen Ordnung der menschlichen Praxis untrennbar verbunden war die Idee einer allgemeinen Menschenbildung, welche die Einzelnen nicht mehr auf einen ihnen geburtsständisch vorbestimmten Beruf und Stand, nicht mehr zum bloßen Anhänger einer ebenso vorbestimmten Religion, nicht mehr zum Bürger eines in Stände gegliederten absolutistischen Staates, sondern zur mündigen Mitwirkung an allen Formen der menschlichen Praxis befähigen sollte. Die heutige Ausdifferenzierung des pädagogischen Handelns von der Kleinkinderziehung bis hin zur Altenbildung und die Regionalisierung der Pädagogik in Schul-, Wirtschafts- und Berufspädagogik, Sozialpädagogik, Moralerziehung, Politische Bildung, Kunst- und Religionspädagogik zeugt einerseits von der veränderten Stellung, die dem pädagogischen Denken und Handeln als einer im Vergleich mit den anderen Bereichen menschlichen Handelns gleichrangigen Praxis zukommt. Das Fehlen eines die pädagogischen Tätigkeiten und Disziplinen verbindenden Grundgedankens weist andererseits darauf hin, dass die Idee einer nicht-hierarchischen Verhältnisbestimmung der Praxen untereinander innerhalb der Pädagogik ebenso wenig wie in den anderen Bereichen menschlichen Handelns anerkannt ist. So kann die fortschreitende Ausdifferenzierung pädagogischer Berufe und erziehungswissenschaftlicher Disziplinen zweifach interpretiert werden: einmal als Ausdruck der besonderen Beachtung, die der Pädagogik in der Neuzeit und Moderne zukommt, zum anderen als ein Hinweis darauf, dass die gesellschaftliche Anerkennung der spezifischen Fragestellung und Grundstruktur pädagogischen Denkens und Handelns, die der Pädagogik eine nicht-hierarchische Stellung innerhalb der menschlichen Gesamtpraxis sicherte, noch aussteht.

Wäre es vor diesem Hintergrund nicht konsequenter, künftig auf einen Begriff praktischer Vernunft zu verzichten und, statt nach einer Ordnung der menschlichen Gesamtpraxis zu fragen, einzuräumen, dass die Interdependenzen der gesellschaftlichen Teilbereiche inzwischen eine Komplexität angenommen haben, die handlungstheoretisch nicht mehr zu fassen, sondern allenfalls systemtheoretisch rekonstruiert werden kann? Systemtheoretische Modelle halten diese Frage für längst entschieden.[8] Gegenüber den

---

7 Vgl. hierzu Wilhelm von Humboldts – auf allgemeine und berufliche Bildungsprozesse verweisende – Aussage: „Jede Beschäftigung vermag den Menschen zu adeln, ihm eine bestimmte, seiner würdige Gestalt zu geben. Nur auf die Art, wie sie betrieben wird, kommt es an." In: Ders.: Ideen zu einem Versuch die Gränzen der Wirksamkeit des Staats zu bestimmen (1792). In: Werke in fünf Bänden, hrsg. von A. Flitner und K. Giel. Band 1. Darmstadt 1960, S. 78.

8 Vgl. hierzu N. Luhmann: Soziale Systeme. Grundriß einer allgemeinen Theorie. Frankfurt a. M. 1984. Eine handlungstheoretisch argumentierende Kritik der Systemtheorie

beiden großen Entwürfen zu einer Theorie der menschlichen Gesamtpraxis, dem teleologischen Modell der Antike und dem nicht-hierarchischen Modell der Neuzeit, nimmt sie eine mittlere Stellung ein. Mit der modernen praktischen Philosophie verbindet sie der Verzicht auf eine Hierarchisierung der in gesellschaftliche Teilsysteme ausdifferenzierten Grundphänomene menschlicher Koexistenz, mit der Polis-Philosophie der Antike das Festhalten an einer Gesamtteleologie, die nun jedoch nicht mehr kosmologisch, sondern in Anlehnung an die moderne Biologie evolutionstheoretisch und autopoietisch gedacht wird.

Der Nachweis, dass die Frage nach einer legitimen Ordnung der menschlichen Gesamtpraxis für die Prüfung und Begrenzung der Erklärungskraft, Reichweite und Handlungsrelevanz systemtheoretischer Aussagen und Konstrukte bedeutsam ist und ein nicht-hierarchisches Verhältnis der menschlichen Praxen evolutions- und systemtheoretisch nicht begründet werden kann, ist innerhalb einer Allgemeinen Pädagogik nur für die pädagogische Praxis zu führen.[9] Der hier vorgelegte Entwurf einer systematisch und problemgeschichtlich argumentierenden Allgemeinen Pädagogik beschränkt sich daher darauf, jene grundlegende Bedeutung aufzuzeigen, die einem universell gefassten Praxisbegriff im Rahmen der Vergewisserung über die Grundstruktur pädagogischen Denkens und Handelns zukommt.[10]

---

findet sich in der Abhandlung von H. Peukert: Wissenschaftstheorie – Handlungstheorie – Fundamentale Theologie (Düsseldorf 1976). Frankfurt 1978, insbesondere S. 245 ff.; siehe auch F. Kaulbach: Einführung in die Philosophie des Handelns. Darmstadt 1982, S. 56-83.

9 Siehe hierzu M. Uljens: Allmän pedagogik. Lund 2000; A. von Oettingen: Det Paedagogiske Paradoks. Århus 2001.

10 Inzwischen hat der Praxisbegriff sogar Eingang in evolutionstheoretische und biologische Diskurse gefunden, in denen die a-teleologische Struktur moderner Bildungsprozesse zur Grundstruktur von Entwicklungen avanciert, die weder kausal noch durch vorgegebene Zwecke und Zweckordnungen gesteuert werden. Siehe hierzu die Rede von „praxiologischen" Sachverhalten bei A. K. Engel/P. König: Das neurobiologische Wahrnehmungsparadigma. Frankfurt 1998, S. 156 ff., insbesondere S. 186; zum Unterschied zwischen natürlicher und kultureller Evolution, der für die evolutionstheoretische Hypothesenbildung konstitutiv ist und durch diese nicht überwunden werden kann, vgl. H. Schnädelbach: Geschichte als kulturelle Evolution. In: Ders.: Analytische und postanalytische Philosophie. Vorträge und Abhandlungen. Frankfurt 2004, S. 282-307.

2. Zur Stellung der pädagogischen Praxis im Rahmen der menschlichen Gesamtpraxis

Unter Gesamtpraxis wird im Folgenden nicht ein vorgegebenes oder anzustrebendes System aller menschlichen Praxen, sondern das Insgesamt der für menschliches Handeln grundlegenden Praxisformen verstanden. Deren Einteilung in ökonomische, ethische, pädagogische, politische, ästhetische und religiöse Praxis erhebt auf Vollständigkeit keinerlei Anspruch, sondern folgt Unterscheidungen, die in der Tradition des Nachdenkens über eine Theorie menschlichen Handelns gemacht wurden und die für die weitere Verständigung über Ordnungsprobleme der menschlichen Gesamtpraxis unverzichtbar sind.

Die bisherigen Überlegungen gingen von der Annahme aus, dass die pädagogische Praxis eine besondere, mit anderen Formen menschlichen Handelns in Beziehung stehende Praxis ist. Bevor dieser Zusammenhang durch den Aufweis von Prinzipien pädagogischen Denkens und Handelns geklärt (Kapitel 3), an systematischen Fragestellungen pädagogischer Handlungstheorie verdeutlicht (Kapitel 4) und bis in eine Gliederung der pädagogischen Praxis nach Dimensionen sichtbar werden kann (Kapitel 5), gilt es zuvor, die Begriffe der Praxis und des pädagogischen Handelns genauer zu bestimmen. Dies soll in drei Schritten erfolgen. Zunächst wird ein allgemeiner Begriff menschlicher Praxis entwickelt. Dann wird auf eine zweifache Gefährdung der Praxis und auf die u.a. auch für die pädagogische Praxis bedeutsame Unterscheidung zwischen Praxis und Berufstätigkeit hingewiesen. Schließlich wird ein vorläufiger Begriff der pädagogischen Praxis vorgestellt.

2.1 Begriff der Praxis

In unserer Tradition finden sich engere und weitere Begriffe von Praxis. Dem engeren, aus der griechischen Philosophie stammenden und insbesondere von Platon bevorzugten Begriff zufolge bezeichnet Praxis das freie Handeln in und gemäß der Sitte, wozu sowohl die Freundschaft zwischen einzelnen Menschen als auch das gemeinsame politische Handeln im Raum der Polis gerechnet wurden.[1] Diesem Verständnis zufolge gehören Arbeit

1 Vgl. die diesbezüglichen Begriffsbestimmungen bei Platon und Aristoteles. Die Ausweitung des Praxisbegriffs beginnt zwar schon bei Aristoteles, konnte von diesem je-

und Kunst nicht zur Praxis. Sie werden vielmehr als unterschiedliche Formen einer schaffenden und hervorbringenden, einer poietischen Tätigkeit angesehen, in welcher der Umgang der Arbeitenden miteinander keine besondere Rolle spielt. Dem weiteren Begriff zufolge gehören dagegen alle Formen menschlicher Tätigkeit zur Praxis, und zwar mit der Folge, dass die Unterscheidung zwischen Praxis und Poiesis nun im Begriff der Praxis selbst ausgeführt und auch das Verhältnis der Arbeitenden zueinander als Praxis angesehen wird.[2] Zur Praxis im weitesten Sinne zählen wir heute nicht nur – wie die Alten – Handlungen in den Bereichen individueller Sittlichkeit und öffentlicher Politik, sondern auch Kunst und Ökonomie und nicht zuletzt das pädagogische und religiöse Handeln.

Ungeachtet der Ausweitung und Differenzierung des Praxisverständnisses gibt es Bestimmungselemente, durch die der engere und weitere Praxisbegriff verbunden sind. Von Praxis sprechen wir nicht, wenn wir Verhaltensweisen von Pflanzen und Tieren beschreiben oder uns mögliche Handlungen einer Gottheit oder eines Schöpfer-Gottes vorstellen. Von Praxis sprechen wir nur im Hinblick auf Tätigkeiten des Menschen, nicht aber im Hinblick auf die außermenschliche Natur. Wenn wir vom Menschen sagen, er sei schöpferisch tätig, so meinen wir damit immer auch, dass die menschliche Praxis gerade nicht als eine *creatio ex nihilo* im Sinne unserer Vorstellungen von einer göttlichen Schöpfung, sondern als eine Tätigkeit zu denken ist, die die Existenz der Welt als gegeben voraussetzt. Und wenn wir vom Tier oder der Pflanze sagen, dass sie als besondere Lebewesen mit besonderen Verhaltensweisen existieren, so sagen wir damit immer auch, dass ihre Existenz nicht eine solche ist, wie sie der Mensch aufgrund seiner Praxis hat. Praxis bedeutet stets zweierlei: einmal die Möglichkeit, tätig und handelnd, also willentlich, etwas hervorzubringen; dann aber auch die „Notwendigkeit“, auf welche die Praxis antwortet, indem sie eine vom

doch noch nicht systematisch gefasst werden, weil er die Arbeit zu den nicht in Freiheit auszuübenden Tätigkeiten rechnete.

2 Vgl. hierzu die dem engeren Praxisbegriff folgenden Unterscheidungen zwischen Öffentlichem und Privatem sowie Arbeiten, Herstellen und Handeln in: Hannah Arendt: Vita activa oder Vom tätigen Leben (The Human Condition, 1958). München 1967; siehe auch meine Hinweise in Kapitel 1, Fußnote 6 zu Eugen Finks Differenzierung der Praxisbereiche in Koexistentialien oder Grundphänomene des menschlichen Daseins. Ob Arbeit als Praxis oder als Poiesis begriffen wird, ist für den Begriff der Arbeit insofern folgenreich, als Arbeit im Sinne von Poiesis nicht deren interaktive, sondern nur die technische Seite des Produzierens umfasst. Dagegen geht Arbeit als Praxis in Technik nicht auf, sondern schließt, wie alle anderen Praxen auch, sowohl interaktive als auch technische Aspekte ein. Das gilt auch für die Pädagogik, die sich ebenso wenig wie Arbeit angemessen als Poiesis begreifen lässt. Ein Versuch in diese Richtung findet sich bei A. von Prondcynsky: Pädagogik und Poiesis. Eine verdrängte Dimension des Theorie-Praxis-Verhältnisses. Opladen 1993; zur Kritik der Reduktion von Arbeit auf Technik siehe W. Schmied-Kowarzik: Bruchstücke zur Dialektik der Philosophie. Ratingen/Kastellaun/Düsseldorf 1974, S. 217 ff.

Menschen erfahrene Not zu wenden sucht. Dieser zweifachen Bestimmung von Praxis gemäß ist die außermenschliche Natur der Praxis gar nicht fähig, weil sie nichts *willentlich* hervorbringt, und der Gott der Praxis gar nicht bedürftig, weil er in keiner Not steht, die er wenden müsste.[3] Darum versagen zur Bestimmung menschlicher Praxis nicht nur alle Vergleiche zwischen Mensch und Tier, sondern ebenso alle zwischen Gott und Mensch.[4]

---

3 An der Richtigkeit dieses Satzes lässt sich freilich auch mit Gründen zweifeln. Die Katzen meiner Kinder, mit denen ich seit Erscheinen der ersten Auflage dieses Bandes viele Jahre in einem Haushalt zusammenlebte, zeigen zwar keine praktischen Tätigkeiten im hier gemeinten Sinne, haben aber zweifellos Erinnerung und können zielstrebig Nähe und Distanz suchen, wann immer sie dies „wollen". Und es gibt theologische Richtungen, die dem Gott angesichts des Zustands, in dem sich die ihm zugeschriebene Schöpfung befindet, die Not einer Angewiesenheit auf den Menschen zuschreiben. Zu letzterem vgl. die Ausführungen zur Trinitätslehre und zum unvermittelten Nebeneinander von futurischer und präsentischer Eschatologie in der Prädestinationslehre und Geschichtsdeutung des Augustinus; siehe hierzu J. Kreuzer: Augustinus. Frankfurt a. M. 1995, S. 91 ff. und S. 142 ff.

4 Die Abgrenzung einer menschlichen von einer nicht-menschlichen und übermenschlichen Natur ist insofern unvermeidlich problematisch, als sie sich in einem anthropologischen Zirkel bewegt, der übersehen oder bewusst gemacht, nicht aber überwunden oder überboten werden kann. Die o. g. Abgrenzung erfolgt ausdrücklich nicht in der Absicht, den Menschen in naturalistischen Fehlschlüssen durch einen Vergleich mit Pflanzen, Tieren oder der Gottheit zu bestimmen oder umgekehrt deren Bestimmung durch einen Vergleich mit dem Menschen zu gewinnen. Mit ihr soll lediglich ein weit gefasster Begriff menschlicher Tätigkeit umrissen und Praxis als fundamentale Weise menschlicher Existenz und Koexistenz ausgewiesen werden. Wenn im folgenden Pflanzen und Tiere als „perfekte" Wesen, der Mensch aber als ein „imperfektes" Wesen bezeichnet werden, so geschieht dies nicht, um Befunde der Evolutionstheorie zur naturhistorischen Entwicklung der Lebewesen in Frage zu stellen, sondern um zum Ausdruck zu bringen, dass es für die Bildung des Menschen keine natur- oder geschichtsteleologisch definierbare *perfection*, sondern nur eine unbestimmte und offene *perfectibilité* gibt.
Ein vermeidbarer naturalistischer Fehlschluss scheint mir hingegen überall dort vorzuliegen, wo um die Gefahr und Unvermeidlichkeit des anthropologischen Zirkels nicht gewusst und spezifisch menschliche Erfahrungen zunächst auf die außer- und nichtmenschliche Natur übertragen und anschließend unkritisch universalisiert werden. Soweit wir hierum wissen, verfügen Pflanzen und Tiere weder über eine Mineralogie noch über eine Zoologie oder Anthropologie. Wir sollten uns daher davor hüten, im anthropologischen Zirkel zunächst eine Mineralogie und Zoologie zu entwickeln und dieser anschließend den Status einer Anthropologie zuzuerkennen. Ein naturalistischer Fehlschluss dieser Art liegt dem von verschiedenen Richtungen der Systemtheorie und des Radikalen Konstruktivismus aufgestellten Theorem der „Autopoiesis" zugrunde, welches ein Konstrukt menschlichen Denkens darstellt, das zur Erklärung von Naturerscheinungen entworfen wurde und neuerdings auch auf die Pädagogik übertragen wird, wo es die traditionellen Begriffe Erziehung und Bildung ablösen soll. Vgl. hierzu D. Lenzen: Lösen die Begriffe Selbstorganisation, Autopoiesis und Emergenz den Bildungsbegriff ab? In: Zeitschrift für Pädagogik 43 (1997) S. 949-968. Zur Kritik dieses Versuchs siehe K. Meyer-Drawe: Zum metaphorischen Gehalt von „Bildung" und „Erziehung". In: Zeitschrift für Pädagogik 45 (1999) S. 161-175, insbesondere S. 173; vgl. auch D. Benner: Erziehung, Bildung, Normativität. Anmerkun-

Der Mensch ist nicht nur das einzige uns bekannte Wesen der Schöpfung, das der Praxis bedürftig und fähig ist, er ist dies auch gerade im Unterschied zur Idee des Schöpfer-Gottes.

Die beiden Merkmale der Praxis, aus einer nur dem Menschen eigenen Notwendigkeit entspringende und zugleich willentliche, d.h. über den Motivationshorizont der Handelnden vermittelte Tätigkeit zu sein, stehen in einem ebenso merkwürdigen wie spannungsvollen Verhältnis zueinander. Einerseits ist der Mensch im Unterschied zu Pflanze, Tier und Gottheit, die der Praxis nicht bedürftig und fähig sind, das einzige Wesen, das auf seine Weise nicht „fertig", nicht „perfekt" ist und gerade deshalb vor der Aufgabe und Notwendigkeit steht, handelnd tätig zu werden. Andererseits ist die „Imperfektheit"[5] oder „Unfertigkeit" des Menschen als dessen Bestimmtsein zur Tätigkeit keineswegs schon dessen Bestimmung, denn diese kann und soll der Mensch aufgrund seiner „Unfertigkeit" erst durch eigenes Handeln selbst hervorbringen und finden.[6] Versuchten wir, Praxis aus-

---

gen zur normativen Konnotation „kritisch versus affirmativ". In: Cornelie Dietrich/ Hans-Rüdiger Müller (Hrsg.): Bildung und Emanzipation. Klaus Mollenhauer weiterdenken. Weinheim 2000. Zur Unterscheidung zwischen erlaubten und unerlaubten naturalistischen Argumentationsformen siehe B. Williams: Wahrheit und Wahrhaftigkeit. Frankfurt 2003, S. 38 ff.

5 Den Terminus „Imperfektheit" als Begriff der „Notwendigkeit" des Menschen, handelnd seine Bestimmung zu suchen, habe ich der Arbeit von E. Fink: Grundfragen der systematischen Pädagogik. Freiburg 1978, S. 22 ff., entnommen. Dieser Terminus scheint mir entgegen der m. E. systematisch nicht haltbaren, sondern nur wirkungsgeschichtlich zutreffenden Rousseau-Interpretation Finks (vgl. ebd., S. 92 f.; S. 98 f.) das auf den Begriff zu bringen, was Rousseau unter der „perfectibilité" des Menschen verstand. Rousseau führte diesen Begriff ein, um mit ihm die teleologische Unbestimmtheit und Nicht-Perfektheit der Natur des Menschen zu bezeichnen und die dem Menschen mögliche Vollkommenheit, vielleicht zum ersten Mal, nicht normativ von einer aufgegebenen „perfection" her, sondern als Bildsamkeit im Sinne des späteren Sprachgebrauchs Herbarts und dessen quantitativer und ausdrücklich nicht qualitativ gemeinter Idee der Vollkommenheit zu interpretieren. Vgl. hierzu J.-J. Rousseau: Discours sur l'origine et les fondemens de l'inégalité pari les hommes (1755). In: J.-J. Rousseau: Schriften zur Kulturkritik, hrsg. von K. Weigand, Hamburg 1955, S. 106 f., S. 188; J. F. Herbart: Systematische Pädagogik. Band 1, hrsg. von D. Benner. Weinheim ²1997, S. 70, S. 124, S. 166 ff.; D. Benner: Die Pädagogik Herbarts. Weinheim/ München ²1993, S. 162 ff.; D. Benner/F. Brüggen: Das Konzept der perfectibilité bei Jean-Jacques Rousseau. Ein Versuch, Rousseaus Programm theoretischer und praktischer Urteilskraftbildung problemgeschichtlich und systematisch zu lesen. In: O. Hansmann (Hrsg.): Seminar: Der pädagogische Rousseau. Band II. Weinheim 1996. S. 12-48. E. Finks Begriff der Imperfektheit habe ich gegenüber Rousseaus Begriff der „perfectibilité" deshalb den Vorzug gegeben, weil letzterer immer wieder als teleologische Vervollkommenbarkeit missverstanden wurde. So hat zuletzt U. Reitemeyer zwar zwischen „Perfektibilität" und „Perfektion" zutreffend unterschieden, gleichwohl die perfectibilité zur regulativen Idee reteleologisiert; vgl. Dies.: Perfektibilität gegen Perfektion. Rousseaus Theorie gesellschaftlicher Praxis. Münster 1996.

6 Vgl. hierzu J.-P. Sartres These, die Existenz folge der Essenz nicht nach, sondern gehe dieser voraus: in: Ders.: Ist der Existentialismus ein Humanismus? Drei Essays.

schließlich von der „Imperfektheit" her zu begreifen, so reduzierten wir den Menschen auf ein Mängelwesen, das aufgrund seiner organologischen Defizite eigentlich gar nicht lebensfähig sein dürfte.[7] Versuchten wir dagegen, den Begriff der Praxis allein vom Begriff des Willens und Motivationshorizonts menschlichen Tuns her zu fassen, so überdehnten wir die Möglichkeiten der menschlichen Praxis und abstrahierten wir davon, dass der Mensch die Notwendigkeit, handelnd seine Bestimmung zu finden, keineswegs willentlich hervorbringt, sondern in dieser existiert.

Spielräume der Praxis		
reduziert:	angemessen:	überdehnt:
Imperfektheit als unveränderbarer Mängelcharakter	Imperfektheit als perfectibilité (Lernfähigkeit)	Perfektion als Überwindung der Imperfektheit

Isoliert und für sich genommen, führt jedes der beiden Bestimmungsmerkmale von Praxis zu einem verkürzten Praxisbegriff. Nur gemeinsam umschreiben sie das, was unter menschlichem Handeln zu verstehen ist. Weder folgt aus der Imperfektheit im Sinne einer organologisch mangelhaften Grundausstattung, dass der Mensch handelnd seine Bestimmung findet, noch wird die Imperfektheit des Menschen durch eine über willentliche Tätigkeit vermittelte Bestimmung, die er sich selbst gibt, in irgendeine abschließende oder endgültige Perfektion überführt. Beide Merkmale zusammengenommen ergeben damit den folgenden vorläufigen Begriff von Praxis: Eine Tätigkeit kann dann als Praxis bezeichnet werden, wenn sie *erstens* in einer Imperfektheit oder Not des Menschen ihren Ursprung hat, diese Not wendet, die Imperfektheit selbst aber nicht in einer abschließenden Perfektion aufhebt, und wenn *zweitens* dem tätigen Menschen eine Bestimmung gibt, die nicht unmittelbar aus der Imperfektheit folgt, sondern durch dessen eigene Tätigkeit allererst hervorgebracht wird.

Frankfurt a. M. 1960, S. 9-11. Die Einsicht in diesen Zusammenhang von Existenz und Essenz wurde freilich nicht erst von Sartre formuliert, sondern findet sich der Sache nach bereits in Rousseaus Begriff der perfectibilité, in Kants Begriff der menschlichen Natur und in Humboldts Verhältnisbestimmung von Mensch und Welt.

7 Eine unter pädagogischer und handlungstheoretischer Fragestellung frühe Kritik an Gehlens Deutung des Menschen als Mängelwesen (vgl. A. Gehlen: Der Mensch, seine Natur und seine Stellung in der Welt. Berlin 1940) findet sich in dem Aufsatz von F. Fischer: Was ist der Mensch? In: Spuren. Nachrichtenblatt der Bonner Studentenschaft 8 (1956) Nr. 8, wieder abgedruckt in: F. Fischer: Philosophie des Sinnes von Sinn. Frühe philosophische Schriften und Entwürfe (1950-1956), hrsg. von E. Heintel. Kastellaun 1980, S. 1-6; siehe auch G. Weiß: Epimetheus – ein Dilettant? Oder: Aus Versehen klug. In: Perspektiven Allgemeiner Pädagogik, hrsg. von J. Bellmann u. a. Weinheim/Basel 2006, S. 157-170.

Diese beiden auseinander nicht ableitbaren, sondern aufeinander verweisenden Merkmale des allgemeinen Praxisbegriffs treffen für alle Grundphänomene menschlicher Koexistenz zu. Praxis in diesem Sinne ist zum Beispiel die Arbeit. Bis in die frühesten Zeugnisse menschlicher Existenz haben wir Hinweise, dass Menschen immer schon in der ursprünglichen Notwendigkeit existierten, durch Bearbeitung der Natur ihre Lebensgrundlage sichern zu müssen, und dass sie ihr Können nicht unmittelbar aufgrund dieser Notwendigkeit der Arbeit erlangten, sondern durch ihr gemeinsames Handeln in der Bearbeitung von Natur allererst hervorbrachten.[8]

Praxis in diesem Sinne ist auch das ethisch-sittliche Handeln. Dieses wendet die fundamentale Not menschlichen Interagierens, das durch keine angeborenen Verhaltensmuster gesteuert wird, sondern eine Sitte mit Regeln und Normen hervorbringen muss. Diese legen das Handeln nicht unmittelbar fest, sondern werden in der Prüfung und Beurteilung von Beweggründen immer wieder neu auf die sich ändernden Handlungssituationen appliziert.

Praxis in diesem Sinne ist auch das politische Handeln, das in der Notwendigkeit, die gesellschaftliche Zukunft zu planen, seinen Ursprung hat und diese Notwendigkeit durch Ausübung politischer Herrschaft in einer Weise wendet, welche zukünftiges politisches Handeln nicht endgültig festlegt, sondern die gesellschaftliche Zukunft zugleich für künftige Verständigungsprozesse offen hält.

Praxis in diesem Sinne ist auch das religiöse Handeln. Es wird als Praxis der Lebenden mit den Toten ausgeübt und bezieht sich auf eine Verständi-

---

8 Evolutionstheorien, die von den Vorfahren des Menschen annehmen, dass sie in der Nähe von Leoparden lebten und sich von dem Aas ernährten, das diese übrig ließen, sprechen vom Menschen als *homo humanus* erst dort, wo dieser in den Grundformen menschlicher Praxis tätig wird, d. h. sich aus seiner Symbiose mit der Tierwelt löst, eigene Waffen entwickelt und auf eine Wanderschaft geht, die ihn schließlich aus Afrika hinaus in alle anderen Teile der Erde führt. So ist es nur folgerichtig, dass wir in den von Menschen bewohnten Höhlen der Eiszeit Hinweise auf alle Grundformen menschlicher Praxis finden, denn die Höhlen waren Orte der Tradierung einer Kultur, die nicht nur Geburt und Tod, sondern auch Arbeit und Kampf, Sitte und Vorsorge für die Zukunft und nicht zuletzt ästhetische Darstellungen all dieser Weltverhältnisse kannte. Zur Bedeutung der Leoparden für die Menschwerdung des Menschen siehe J. A. Cavallo/R. Blumenshine: Tree-stored leopard kills expanding the hominid scavenging niche. In: Hum. Evol. 18 (1989) S. 393-399. Vgl. auch den Hinweis von H. Blumenberg: „In der Menschheitsgeschichte konnte nur sicherer Unterschlupf so etwas wie die 'Funktion' von Lehre und Lernen entstehen lassen. ... Die Höhlen ... werden nicht nur die 'Heimstätte' von Lehren und Lernen geworden sein, sondern mit deren ständiger extensiver und intensiver Steigerung auch Ursprungsort von erster Institutionalisierung, Professionalisierung, Kanonisierung – große Worte für vielleicht kleinste Ansätze. ... Daher sind die Höhlen die ausgezeichneten Fundstätten für Arsenale menschheitlicher Kulturbestände geworden." In: H. Blumenberg: Höhlenausgänge. Frankfurt a. M. 1989, S. 148.

gung über den Sinn menschlichen Daseins, die durch fremde Todeserfahrung veranlasst und in der Gewissheit des eigenen Todes gesucht wird.

Praxis in diesem Sinne ist nicht zuletzt auch die Kunst. Sie bringt Darstellungen der Welt hervor, welche uns im handlungsentlasteten Raum ästhetischer Welterfahrung und Welterzeugung mit dem komplexen Spannungsgefüge konfrontieren, in dem die Praxen untereinander stehen.[9]

Die beiden Grundmerkmale des allgemeinen Praxisbegriffs – dasjenige der Imperfektheit des Menschen, die gestaltet, aber nicht in Perfektheit überführt werden kann, und dasjenige der vom Menschen selbst hervorzubringenden Bestimmung, die interpretierbar und auf neue Praxis angewiesen ist – gelten für Arbeit, Ethik, Politik, Kunst und Religion in jeweils besonderer Weise. Jedes der Grundphänomene menschlicher Koexistenz hat seine Notwendigkeit in besonderen Aspekten oder Dimensionen menschlicher Imperfektheit, in den Problemen der Sicherung der Lebensgrundlage, der individuellen und interaktiven Sittlichkeit, der gesellschaftlichen Zukunftsplanung, der handlungsentlasteten und gleichwohl handlungsbezogenen Verständigung sowie der Endlichkeit und des Todes. Jede der Praxen hebt die ihr zugrunde liegende Imperfektheit nicht auf, sondern gibt ihr eine Wendung, durch die der Mensch seine Bestimmung in einem für weitere Selbstbestimmungs- und Weltdeutungspraxis offenen Sinne erhält.

Wo immer eine Einzelpraxis den Anspruch erhebt, die ihr zugrunde liegende Imperfektheit aufheben und in eine endgültige Perfektheit überführen zu können, da entsteht die Gefahr, dass sie den Charakter einer humanen Praxis verliert und in Inhumanität umschlägt. Gelänge es, durch die Automatisierung aller Produktionsprozesse die Notwendigkeit der Bearbeitung der Natur aufzuheben und den Menschen zum bloßen Konsumenten der Güter einer vollautomatischen Produktion zu machen, so ginge nicht nur eine für die menschliche Koexistenz substantielle Praxissphäre, sondern auch das über die Bearbeitung der Natur vermittelte Selbstverhältnis des Menschen als eines zur Arbeit bestimmten Teils der Natur verloren. Gelänge es einer politischen Antizipation von Zukunft, die Imperfektheit des Menschen, Zukunft entwerfen zu müssen und zu können, in eine perfekte Zukunftsplanung zu überführen, so würde damit die politische Praxis verabschiedet und gingen mit ihr alle Fragen nach einem gerechten Zusammenleben der Menschen verloren. Gelänge es, die jede Ethik fundierende Notwendigkeit, Formen gegenseitiger

9 Zu meiner Deutung der Kunst als einer spezifischen Form von Praxis siehe die später zurückgenommene Kritik von K. Mollenhauer: Ästhetische Bildung zwischen Kritik und Selbstgewißheit. In: Zeitschrift für Pädagogik 36 (1990), S. 481-491; vgl. auch J. Vogt: Allgemeine Pädagogik, ästhetische Erfahrung und das gute Leben. Ein Rückblick auf die Benner-Mollenhauer-Kontroverse. In: Zeitschrift für kritische Musikpädagogik. Sonderedition 1. Bochum 2002, S. 73-93; weiterführende Überlegungen zur Kunst als Praxis finden sich in D. Mersch: Kunst und Sprache. Hermeneutik, Dekonstruktion und die Ästhetik des Ereignens. In: Ästhetik Erfahrung, hrsg. von J. Huber. Interventionen 13. Zürich 2004, S. 41-59.

Anerkennung zu suchen und zu finden, in einer materialen Sittenordnung dauerhaft aufzuheben und Gewissensentscheidungen in ein durch die Sitte normiertes Verhalten zu überführen, so büßten wir die uns als praktische Wesen auszeichnende Möglichkeit ein, unsere Motive und Beweggründe zu prüfen und zu beurteilen. Legte sich Kunst auf eine einzig erlaubte Darstellungsweise von Welt fest, so hörte sie damit auf, Ort einer handlungsentlasteten Auseinandersetzung mit widerstreitenden Fragen der menschlichen Weltverhältnisse und Praxen zu sein. Könnte schließlich eine Religion dauerhaft und unwidersprochen für sich in Anspruch nehmen, die Ursprungs- und Sinnfrage endgültig gelöst und die Todesproblematik heilsgeschichtlich in die Gewissheit eines postmortalen ewigen Lebens oder einer ewigen Wiedergeburt überführt zu haben, so gingen nicht nur die Fragen religiöser Praxis, sondern auch der reflexive Anspruch der Religion verloren.[10]

Bevor untersucht wird, in welchem besonderen Sinne die beiden allgemeinen Merkmale menschlicher Praxis auf das pädagogische Denken und Handeln zutreffen, soll zunächst der allgemeine Zusammenhang noch genauer bestimmt werden, in dem diese zueinander stehen. Wie verhält sich die Imperfektheit des Menschen als dessen Bestimmtsein zur Praxis zu den Bestimmungen, die der Mensch allererst über seine Praxis findet und sich gibt, wenn diese Bestimmungen weder unmittelbar aus seiner Imperfektheit folgen noch diese in eine dauerhafte Perfektheit überführen oder aufheben? Wie ist die unaufhebbare Imperfektheit des Menschen als dessen Bestimmtsein, sich durch Praxis selbst zu bestimmen, mit den Bestimmungen vermittelt, die Menschen vorfinden, handelnd entwerfen und sich geben? Und wie sind die Bestimmungen, die durch die Praxis allererst hervorgebracht werden, an die menschliche Imperfektheit zurückgebunden, welche die Praxis nur wenden, nicht aber aufzulösen vermag?

Dass der Mensch aufgrund seiner ihn vom Tierreich und der Gottheit gleichermaßen unterscheidenden Imperfektheit als ein Wesen existiert, das

---

10 Hierum wusste der Stifter der christlichen Religionen. Seine nach Lukas überlieferten letzten Worte am Kreuz „Vater, in Deine Hände befehle ich meinen Geist" können nämlich nur in Zusammenhang mit den nach Matthäus und Markus überlieferten Worten des Gekreuzigten „Mein Gott, mein Gott, warum hast Du mich verlassen?" in ihrer zugleich hoffenden und verzweifelnden Religiosität verstanden werden. So bleibt auch die religiöse Praxis untrennbar an die für sie fundamentale und in der Todeserfahrung und -gewissheit begründete Notwendigkeit zurückgebunden, nach dem Sinn des menschlichen Lebens nicht auf dem Wege einer Leugnung und Negation der Endlichkeit, sondern in Auseinandersetzung mit ihr zu fragen. Religiöse Praxis ist nicht Aufhebung des Problems der Endlichkeit unserer Existenz, sondern jene Weise menschlicher Koexistenz, in der sich Menschen angesichts ihrer eigenen Endlichkeit und Todesgewissheit anzuerkennen suchen. Zum Verhältnis der religiösen Praxis zu den anderen Formen menschlicher Praxis vgl. D. Benner: Zur Bedeutung der Religion für die Bildung. Neun Thesen. In: Münstersche Gespräche zu Themen der wissenschaftlichen Pädagogik. Band 10: Bildung und Religion, hrsg. von J. Schneider. Münster 1993, S. 99-108.

durch eigene Praxis seine Bestimmung sucht und findet, lässt sich genauer fassen, wenn wir die menschliche Existenz als eine leibliche, freie, geschichtliche und sprachliche Praxis begreifen und die Leiblichkeit, Freiheit, Geschichtlichkeit und Sprachlichkeit unserer Existenz auf die beiden fundamentalen Merkmale menschlicher Praxis hin auslegen.[11]

Die Imperfektheit als Selbstbestimmungsnotwendigkeit und -möglichkeit menschlicher Praxis bestimmt die leibliche Verfasstheit des Menschen insofern, als dessen Leib weder als ein fertiger Organismus, der sich bloß selbst erhält, noch als eine Maschine funktioniert, deren Bewegungen von Impulsen eines Steuerungssystems ausgelöst werden. Der Mensch hat nicht nur einen Körper, zu dem er sich – innerhalb bestimmter Grenzen – wie dessen Besitzer verhalten kann, sondern er existiert leiblich in dem Sinne, dass er sich und anderes nur aufgrund seiner leiblichen Verfasstheit spüren, bemerken, wahrnehmen, vernehmen und verstehen kann. Die bereits mehrfach angesprochene präreflexive Notwendigkeit der Praxis geht in einem ursprünglichen, auf nichts anderes zurückführbaren Sinne von der Leiblichkeit aus.[12] In dieser unterscheidet sich der Mensch von der organischen Verfasstheit anderer Lebewesen dadurch, dass er sinnlich nur wahrzunehmen vermag, was er leiblich artikuliert, und leiblich nur artikulieren kann, was er sinnlich hervorbringt.[13] Der menschliche Leib ist weder eine Maschine, die durch ein Herrschaftssubjekt gesteuert wird, noch ein autopoietischer Organismus, in den die Selbst- und Weltverhältnisse eingeschlossen sind. Der menschliche Leib ist vielmehr Organ der menschlichen Praxis im weitesten Sinne. In, durch und mit dem Leib erfahren wir Welt als personale und sächliche Andersheit und vernehmen wir, wie diese auf unsere Fragen an

---

11 In den ersten drei Auflagen wurde das Existential der Leiblichkeit zwar mit Verweis auf die Arbeiten von E. Fink genannt, nicht jedoch als solches entwickelt und vorgestellt. Auf dieses Versäumnis hat H. Gängler in seiner Rezension in der Sozialwissenschaftlichen Literatur-Rundschau 11 (1988) S. 63 zu Recht hingewiesen. Bei der Überarbeitung des Textes für die vierte Auflage habe ich versucht, den Praxis-Begriff um Ausführungen zur Leiblichkeit zu ergänzen und den von mir explizierten Grundgedanken anschlussfähig an Überlegungen zu machen, wie sie in der Pädagogik zuletzt insbesondere von Käte Meyer-Drawe und Klaus Mollenhauer entwickelt und diskutiert worden sind. Vgl. K. Meyer-Drawe: Leiblichkeit und Sozialität. Phänomenologische Beiträge zu einer pädagogischen Theorie der Inter-Subjektivität. München [2]1987; K. Mollenhauer: Die Dinge und die Bildung. In: K.-H. Braun/D. Wunder (Hrsg.): Neue Bildung. Neue Schule. Weinheim/Basel 1987, S. 32-46; siehe auch die Arbeit von H.-R. Müller: Ästhesiologie der Bildung. Bildungstheoretische Rückblicke auf die Anthropologie der Sinne im 18. Jahrhundert. Würzburg 1998.

12 Vgl. hierzu K. Meyer-Drawe: Der Leib als vorpersonale und vorreflexive Dimension menschlichen Handelns und Wissens – Strukturskizzen kindlicher Milieuwelten. In: Ästhetische Erziehung in der Grundschule, hrsg. von G. Schneider. Weinheim/Basel 1988, S. 125-141.

13 Zum Verhältnis von leiblich erfahrenem Sinn und leiblich vermittelter Artikulation vgl. J. G. Fichte: Grundlage des Naturrechts (1796) §§ 5 und 6.

sie antwortet.[14] Das gilt auch für unser Selbstverhältnis, in dem wir uns nicht als ein geistiges Wesen zu unserem Körper, sondern leiblich zu uns selbst verhalten. Die Möglichkeit hierzu ist keine jenseits des Leibes, sondern gründet sich darauf, dass unsere Leiblichkeit die über sie vermittelten Eindrücke und Artikulationen auf kein bestimmtes Telos ausrichtet, sondern auf eigentümliche Weise bestimmt und zugleich unbestimmt lässt. So gesehen ist unser leiblich vermitteltes Welt- und Selbstverhältnis „ursprünglicher“ als alle „kulturell eingespielten Bedeutungen“.[15]

Als ganzer wie in seinen Teilorganen ist unser Leib auf keine bestimmte Praxis spezialisiert, sondern auf Leiberfahrungen und Leibartikulationen ausgerichtet, in denen wir zu Mitmenschen und Dingen in gegenständliche Verhältnisse treten, die eine materiale Naturbasis haben. Der von der anatomischen Struktur unseres Körpers zugelassene aufrechte Gang erlaubt uns, anderen von Angesicht zu Angesicht zu begegnen und Nähe und Ferne in Beziehung zu setzen. Unser Ohr ist nicht nur ein akustisches, sondern, darin dem Geschmackssinn verwandt, zugleich ein ästhetisches Organ. Die Hände schließlich sind – entgegen weit verbreiteten anthropologischen Auffassungen – nicht primär ein Urwerkzeug zur Bearbeitung von Natur, sondern zugleich ein Organ der anderen Praxen. Wir arbeiten nicht nur mit ihnen, sondern gebrauchen sie auch zum Gruß und können durch Händedruck

14 Die neueren Ergebnisse der Neurobiologie müssen nicht zwangsläufig als eine Bestätigung des systemtheoretischen Konstrukts autopoietischer Systeme interpretiert werden. Sie lassen auch die weitergehende Deutung zu, dass die biologische Forschung, die sie hervorbrachte, erstmals an jene Vorstellungen anschlussfähig geworden ist, die die neuzeitliche Pädagogik in ihren Grundbegriffen der Bildsamkeit und der von außen ergehenden Aufforderung zur Selbsttätigkeit entwickelt hat. Neuronale Vernetzungen sind, so verstanden, keineswegs nur autopoietisch funktionierende Bedingungen, sondern zugleich Ergebnisse menschlicher Lehr-Lernprozesse, für die die Erfahrung personaler und sächlicher Andersheit schlechterdings konstitutiv ist.

15 K. Mollenhauer: Die Dinge und die Bildung, a. a. O., S. 37. In diesem Sinne spricht Fichte im § 6 seiner Naturrechtsabhandlung von der „Artikulation des menschlichen Leibes als der Bestimmbarkeit [des Menschen] ins Unendliche“. Diese Eigentümlichkeit leiblich vermittelter bildender Erfahrungen kann verloren gehen, wenn die Freiheit, Geschichtlichkeit und Sprachlichkeit menschlicher Praxis missachtet werden und die Erziehung dem Primat eines anderen Praxisbereichs unterstellt wird, beispielsweise dem einer indoktrinierenden und agitatorischen Machtpolitik; zur Verkümmerung der Leiblichkeit der Praxis während der von Mao inszenierten Kulturrevolution, in der Jugendliche auf Anordnung begannen, Bücher zu verbrennen, Kulturgüter zu vernichten und leibzentriert einübten, ihre Lehrer zu verprügeln und dies mental als revolutionäre Praxis zu interpretieren, siehe J. Chang: Wilde Schwäne. München 1991, S. 385-414 und S. 701 f.; Y. C. Kuan: Mein Leben unter zwei Himmeln. München 2003, S. 452 ff.; zur Kritik nicht-reflektierter Leiblichkeit siehe E. Franke: Erfahrung von Differenz. Grundlage reflexiver Körper-Erfahrung. In: R. Gugutzer (Hrsg.): body turn. Perspektiven der Soziologie des Körpers und des Sports. Bielefeld 2006, S. 197-206.

ein Versprechen oder eine Vereinbarung bekräftigen oder durch Auflegen unserer Hände eine segnende Handlung vollziehen.

Die leibliche Imperfektheit des Menschen lässt sich als unbestimmte Notwendigkeit des Menschen, handelnd seine Bestimmung hervorzubringen, angemessen nur interpretieren, wenn wir sie als eine freie denken. Die Freiheit, die aus der eigenen Imperfektheit resultierende Not handelnd wenden zu können, unterscheidet sich gleichermaßen von den uns geläufigen Begriffen der Wahlfreiheit und der Willkürfreiheit. Als bloße Freiheit der Wahl lässt sich menschliche Freiheit nicht adäquat bestimmen, denn der Praxis ist das zu Wählende ja keineswegs unmittelbar vorgegeben, sondern sie bringt es als solches mit hervor. In Wahlentscheidungen wählen wir niemals nur ein zu Wählendes aus vorgegebenen Wahlmöglichkeiten aus, sondern stets auch die Wahl selbst. So wenig Freiheit in Wahlfreiheit aufgeht, so wenig lässt sie sich angemessen als Willkürfreiheit bestimmen und ausüben. Willkürlich kann die Freiheit der Praxis nicht sein, weil sie aus der Notwendigkeit, handeln zu müssen, resultiert und weil diese Notwendigkeit keineswegs unserer Willkür entspringt, sondern diese gerade begrenzt.[16]

Auf praktische Freiheit können wir in unserem leiblich vermittelten personalen und sächlichen Weltverhältnis nur Anspruch erheben, wenn wir die Spielräume menschlicher Freiheit jenseits der Grenzen bloßer Wahlfreiheit und zugleich jenseits der Beliebigkeit reiner Willkürfreiheit bemessen. Während die Vorstellung einer bloßen Wahlfreiheit die Möglichkeiten und Aufgaben der Praxis unzulänglich einschränkt, abstrahieren Auffassungen, die eine beliebige Willkürfreiheit unterstellen, von der existentiellen Notwendigkeit der Praxis und überdehnen deren Möglichkeiten. Der Begriff der Wahlfreiheit ist ebenso wenig wie derjenige der Willkürfreiheit ein angemessener Begriff menschlicher Freiheit. Beide Verkürzungen schließen sich übrigens keineswegs aus, denn die Inanspruchnahme von Willkürfreiheit kann ja durchaus mit Vorstellungen einer Wahlfreiheit verbunden sein und die Wahl, vor die sie andere stellt, willkürlich normieren. Hierum wissen zuweilen schon Kinder, wenn sie auf die Frage ihrer um eine richtige Ernährung besorgten Eltern, ob sie lieber Spinat oder Wirsing essen wollen, eine Antwort versagen und statt dessen erklären, sie zögen solchen Speisen Pudding als Nachtisch vor. Kinder bringen auf diese Weise zum Ausdruck, dass sie ihre Wahl nicht zwischen den ihnen eingeräumten Alternativen, sondern anders treffen möchten. Vor die Entscheidung gestellt, zwischen zwei Wahlmöglichkeiten zu wählen, können wir uns für eine dritte Möglichkeit entscheiden und uns als Wählende und das zu Wählende selbst wählen.[17]

---

16 Vgl. hierzu die Kapitel „Differenz und Mannigfaltigkeit“ sowie „Freie Bildung der Bedürfnisse versus Bedürfnisnormierung“ in: St. Hellekamps: Die Gründung der Republik. Bildungstheoretische Analysen zur Differenz von politischer Gesellschaft und räsonierender Öffentlichkeit nach 1789. Weinheim 1997, S. 35 ff. und S. 107 ff.

17 Vgl. hierzu: M. Heidegger: Sein und Zeit. Tübingen[15]1979, S. 385; siehe auch H.

Dass die Freiheit der Praxis weder in Willkürfreiheit aufgeht noch zureichend als bloße Wahlfreiheit begriffen werden kann, verweist auf die Geschichtlichkeit unserer Existenz. Die die Wahl wählende Freiheit menschlicher Praxis ist nur als geschichtliche Freiheit möglich, als ein Verhältnis des Menschen zu seiner Gegenwart, welches den Rückblick auf Vergangenes und den Vorblick auf Zukünftiges einschließt. Geschichtlich ist nicht nur die jeweilige Imperfektheit der Menschen, die eigene Bestimmung handelnd suchen zu müssen; geschichtlich sind auch die Bestimmungen, welche Menschen sich und der Welt in der Bearbeitung der Natur, der Auslegung und Veränderung der Sitten, der Planung von Zukunft, der ästhetischen Darstellung von Welt und der Auseinandersetzung mit fremder und eigener Todesgewissheit geben. Darum steht die Geschichtlichkeit wiederum in enger Beziehung zu den beiden fundamentalen Merkmalen menschlicher Praxis. Sie ist zurückgebunden an die den Menschen auszeichnende Imperfektheit, welche durch Praxis nicht willkürlich aufgehoben werden kann, und zugleich vermittelt über die verschiedenen Formen und Bereiche menschlicher Praxis, welche ihre Wahlmöglichkeiten niemals bloß vorfinden, sondern stets zugleich hervorbringen.

Die Geschichtlichkeit der menschlichen Praxis, die aus der Imperfektheit resultierende Not handelnd wenden zu können, unterscheidet sich gleichermaßen von zwei Verkürzungen, von einem Verständnis der Geschichte einerseits, das eine durch Handeln zu gestaltende Geschichte zum Fatum der Menschen erhebt, und von einem Geschichtsverständnis andererseits, das den Menschen zum Herrn der Geschichte erklärt. Wo wir die Möglichkeiten menschlicher Praxis im Sinne bloßer Wahlfreiheit verkürzen und die Tatsache ausblenden, dass das zu Wählende allererst durch die Praxis hervorgebracht wird, da reduzieren wir menschliche Praxis in Verkennung ihrer Möglichkeiten zur Erfüllungsgehilfin einer fatalistischen Geschichte und erklären die in der bisherigen Geschichte hervorgebrachten Möglichkeiten der Wahl zum Ende der Geschichte selbst. Wo wir hingegen die Möglichkeit menschlicher Praxis im Sinne der Willkürfreiheit überdehnen und die koexistentielle Notwendigkeit des Menschen, durch eigene Praxis seine Bestimmung zu finden, vergessen, da hypostasieren wir den Menschen in Verkennung der Grenzen seiner Praxis zum Herrn der Geschichte.[18]

Krings: Freiheit. In: Handbuch philosophischer Grundbegriffe. Band 2. München 1973, S. 503. In der Pädagogik hat Herbart den Begriff „Freiheit der Wahl" im Sinne einer durch Wahlmöglichkeiten nicht festgelegten, sondern das zu Wählende selbst kürenden Freiheit eingeführt. Die existentialphilosophische Fassung des Begriffs geht auf S. Kierkegaard zurück; vgl. dessen Rede vom Wählen des Wollens und der Wahl des Selbst in: Ders.: Entweder – Oder. Ein Lebensfragment (1843). Gesammelte Werke. 1.-3. Abteilung. Düsseldorf/Köln 1956 f.

18 Vgl. hierzu D. Benner: Zum Zusammenhang von Wissenschaftstheorie, Wissenschaftslehre und Gegenstandstheorie am Beispiel der Historie (1969). In: Ders.: Stu-

Die beiden Vorstellungen von einer Reduktion des Menschen zum Erfüllungsgehilfen eines fatalistischen Geschichtsablaufs und seiner Hypostasierung zum Herrn der Geschichte sind keineswegs unvereinbar. Sie schließen sich nicht gegenseitig aus, sondern setzen einander in gewissem Sinne sogar voraus. Zum Herrn der Geschichte kann sich der Mensch nur hypostasieren, wenn er seine angemaßte Willkür-Herrschaft über die mit und nach ihm Lebenden und Handelnden ausübt und deren Freiheit auf diejenige einer bloßen Wahl zwischen den seiner Willkür entsprungenen Wahlmöglichkeiten einschränkt. Im Unterschied zu solchen Verkürzungen ist die Geschichtlichkeit unserer Existenz gerade darin begründet, dass die produktive Freiheit der Praxis weder mit fatalistischen Auffassungen von einer geschichtlichen Determination zukünftiger Wahlmöglichkeiten noch mit Vorstellungen von einer Herrschaftsgeschichte menschlicher Willkür vereinbar ist.[19] Wir existieren in der Wirkungsgeschichte vorausgegangener Entwürfe und Versuche, durch Praxis unsere Bestimmung zu finden,[20] und sind, indem wir in der Tradition menschlicher Handlungsentwürfe stehen, dem Traditionszusammenhang doch insofern enthoben, als unser Handeln nicht unmittelbar aus der Wirkungsgeschichte hervorgeht, sondern diese zugleich durch die Art und Weise tradiert, in der wir Zukunft antizipieren, durch Praxis Geschichte verändern und diese im Hinblick auf einen von uns selbst mitgeschaffenen Traditionszusammenhang um- bzw. neu schreiben.[21]

Dass der Mensch aufgrund der Möglichkeiten und Grenzen seiner produktiven Freiheit als ein geschichtliches Wesen existiert, das ebenso wenig die Herrschaft über die Geschichte anzustreben vermag, wie es sich einer gleichsam über es verhängten fatalistischen Herrschaft der Geschichte unterwerfen muss, bestimmt seine Existenz als eine ihrer Möglichkeit nach sprachliche. Die Sprache entspringt in all ihren Lauten und Gesten Artikulationen unseres Leibes, in denen sowohl dessen Selbst- als auch dessen Weltverhältnis zur Geltung kommt.[22] Aufgrund ihrer leiblichen Verfasstheit

---

dien zur Theorie der Erziehungswissenschaft. Pädagogik als Wissenschaft, Handlungstheorie und Reformpraxis. Band 1. Weinheim/München 1994, S. 13-58.

19 Vgl. hierzu W. Schmied-Kowarzik: Geschichtswissenschaft – Geschichtlichkeit – Geschichte. In: Wiener Zeitschrift für Philosophie, Psychologie, Pädagogik 8 (1966) S. 133-154.

20 Vgl. hierzu H.-G. Gadamer: Wahrheit und Methode. Grundzüge einer philosophischen Hermeneutik. Tübingen ^{4}1975, S. 324 ff.

21 Vgl. hierzu die Ausführungen von E. Heintel: „Wie es eigentlich gewesen ist.“ Ein geschichtsphilosophischer Beitrag zum Problem der Methode der Historie. In: J. Derbolav/F. Nicolin (Hrsg.): Erkenntnis und Verantwortung. Festschrift für Theodor Litt. Düsseldorf 1960, S. 207-230.

22 Vgl. hierzu die Ausführungen zur Sprache als dem leiblich „artikulierten Laut“, der zum Ausdruck des Gedankens fähig ist. In: W. von Humboldt: Über die Verschiedenheit des menschlichen Sprachbaues und ihren Einfluss auf die geistige Entwicklung des Menschengeschlechts. In: Ders.: Werke in fünf Bänden, hrsg. von A. Flitner und K. Giel. Band 3. Darmstadt 1963, S. 368-756, insbesondere S. 440 ff.

vermittelt sie zwischen der Geschichtlichkeit und der produktiven Freiheit der Praxis. Dank der Sprachlichkeit unserer Existenz gibt es weder ein Kontinuum von vergangener Geschichte und Praxis noch ein Kontinuum von produktiver Praxis und künftiger Geschichte. Geschichte ist niemals bloß vergangene Tradition, sondern immer tradierte, und das heißt erinnerte Tradition.[23] In die Tradition als erinnerte gehen immer schon Entwürfe zukünftigen Handelns ein, die zwar frühere Handlungen der Menschen niemals einfach ungeschehen machen, diese jedoch aus dem Horizont einer Gegenwart interpretieren, die aus den früheren Handlungen nicht unmittelbar hervorgegangen, sondern über andere Handlungen und Handlungen anderer vermittelt ist. Solche Vermittlung vollzieht sich im Medium der Sprache. Im Miteinander-Sprechen und Aufeinander-Hören sind wir immer zugleich erinnernd und entwerfend tätig. In den Wörtern der Sprache ist die geschichtliche Welterfahrung und zwischenmenschliche Verständigung gleichsam aufbewahrt; in den Worten, die wir im Gespräch miteinander wechseln, entsteht die sowohl welt- als auch kommunikationshaltige Bedeutung der Wörter stets von neuem und verändert sich zugleich durch Erfahrungen, die wir in unserem eigenen Handeln machen.[24]

So ist auch die Sprache auf die beiden fundamentalen Merkmale menschlicher Praxis bezogen. Im Rückblick auf vorgegebene Traditionszusammenhänge ist die Sprache erinnernd und folgt der durch vergangene Praxis entwickelten Bestimmung des Menschen nach, im Vorblick auf die durch künftige Praxis mögliche Bestimmung ist sie entwerfend und geht der Praxis voraus. Ein Verständnis menschlicher Sprache, das deren erinnernde und entwerfende Dimension gleichermaßen berücksichtigt, unterscheidet sich ebenso von einem abbildtheoretischen wie von einem nominalistischen Begriff der Sprache. Die Sprache ist weder eine „wörtliche" Abbildung der Weltinhalte noch ein Produkt willkürlicher Namensgebung, sondern keines von beidem. Miteinander sprechend können wir Weltinhalte deshalb niemals sprachlich bloß abbilden, weil die weltvermittelnde Dimension der Sprache untrennbar mit ihrer kommunikativen oder verständigungsbezogenen Dimension verbunden ist. Nominalistisch können wir Sprachregelungen nicht herbeiführen, weil Sprache niemals bloß Verständigung unter Sprechenden, sondern immer zugleich Verständigung über Weltinhalte ist.[25]

---

23 Siehe auch F. Brüggen: Tradition. In: Enzyklopädie Erziehungswissenschaft. Band 1, hrsg. von D. Lenzen und K. Mollenhauer. Stuttgart 1983, S. 568-571.

24 Siehe hierzu E. Heintel: Einführung in die Sprachphilosophie. Darmstadt 1972; B. Liebrucks: Sprache und Bewusstsein. Band 2: Sprache. Wilhelm von Humboldt. Frankfurt 1965.

25 Vgl. W. von Humboldt: Ankündigung einer Schrift über die vaskische Sprache und Nation, nebst Angabe des Gesichtspunctes und des Inhaltes derselben (1812). In: Wilhelm von Humboldts Gesammelte Schriften. Band 3. Berlin 1904, S. 288-299, S. 296 f.; vgl. hierzu D. Benner: Wilhelm von Humboldts Bildungstheorie. Weinheim/München ^{2}1995, S. 121 ff.

Die erinnernde und entwerfende Dimension der Sprache und die sprachlichen Vermittlungsleistungen zwischen Welt und Mensch sowie unter den Menschen sind in einer Differenz fundiert, die für jede Sprache und für alles menschliche Sprechen gilt: in der Differenz zwischen dem, was sprachlich ausgesagt wird, und dem, was eine sprachliche Aussage jeweils meint. Die Wörter der Sprache sagen immer etwas Allgemeines aus, die Worte, die wir miteinander sprechend und aufeinander hörend, schreibend und lesend austauschen, meinen dagegen immer etwas Konkretes. Das Konkrete, das die Sprache in einer Aussage meint, können wir einander nur vermittelt über die Allgemeinheit der sprachlichen Aussage mitteilen, und die allgemeine Aussage können wir hinsichtlich des in ihr gemeinten Konkreten nur verstehen, weil wir zwischen dem sprachlich Gesagten und Gemeinten zu unterscheiden vermögen. Die Aussage „Ich bin traurig, weil mein Großvater gestorben ist", bedeutet für den Hörer oder Adressaten dieser Aussage ja nicht „Ich bin traurig, weil mein Großvater gestorben ist", sondern „Er ist traurig, weil sein Großvater gestorben ist". Die Wörter „Ich" und „traurig", „Großvater" und „gestorben" sagen etwas Allgemeines aus und gelten für jedes Ich, jede Traurigkeit, bezeichnen jeden Großvater und jeden Tod. Die konkrete Aussage meint jedoch gerade nicht das, was sie in allgemeinen Wörtern bezeichnet, sondern etwas Konkretes, die individuelle Trauer über den Tod eines Individuums.[26] Aufgrund der ihr eigenen Dialektik, allgemeine Aussage über ein Konkret-Gemeintes zu sein, vermag die menschliche Sprache zwischen Erinnerung und Antizipation sowie Welterfahrung und zwischenmenschlicher Verständigung zu vermitteln. In der Aussage „Ich bin traurig, weil mein Großvater gestorben ist" ist die geschichtliche Erfahrung des Wissens um die Endlichkeit ebenso aufbewahrt wie die Antizipation der eigenen Endlichkeit angelegt. Nur weil wir selbst sterbliche Wesen sind und hierum wissen, können wir eine solche Aussage verstehen, und nur weil wir eine solche Aussage verstehen, können wir um unsere eigene Endlichkeit wissen.

Der Zusammenhang von ausgesagtem Allgemeinen und gemeintem Konkreten gilt sowohl für die erinnernde als auch für die entwerfende Dimension der Sprache. In der erinnernden Dimension stehen wir in der Wirkungsgeschichte vorausgegangener Praxis und sprechen das erinnerte Konkrete allgemein aus; in der entwerfenden Dimension meinen wir die konkrete künftige Praxis und antizipieren deren Erfahrungen in sprachlich-allgemeiner Rede. Aufgrund des sprachlichen Vermittlungszusammenhangs von Allgemein-Ausgesagtem und

26 Das Beispiel verweist auf Ludwig Feuerbachs Kritik des Hegelschen Vermittlungsbegriffs und Sprachverständnisses. Nach Feuerbach hat die Sprache nicht nur die von Hegel sogenannte göttliche Natur, ein Individuelles, das wir meinen, in ein Allgemeines aufzuheben; vielmehr vermag sie ein Allgemeines zugleich so auszusagen, dass es als Verweis auf ein Sinnlich-Individuelles verstanden werden kann. Siehe hierzu L. Feuerbach: Zur Kritik der Hegelschen Philosophie. In: Ders.: Gesammelte Werke. Band 9. Berlin 1970, S. 43 f.

Konkret-Gemeintem ist weder die Wirkungsgeschichte noch die Praxis Subjekt der Geschichte. Die Wirkungsgeschichte geht weder ihrer Erinnerung unvermittelt voraus noch folgt sie unmittelbar aus dieser, sondern ist offen für den Entwurf künftigen Handelns. Und die Praxis folgt weder linear aus ihren Entwürfen noch setzt sie in diesen die Wirkungsgeschichte einfach fort, sondern geht allererst aus den Erfahrungen hervor, die wir erst in der praktischen Umsetzung unserer Entwürfe machen.

Reduzierte, angemessene und überdehnte Begriffe der Leiblichkeit, Freiheit, Geschichtlichkeit und Sprachlichkeit der Praxis

reduzierter Begriff:	angemessene Praxis:	überdehnter Begriff:
Körper als Organismus	Leiblichkeit	Körper als Maschine
Wahlfreiheit	Freiheit	Willkürfreiheit
Mensch als Opfer der Geschichte	Geschichtlichkeit	Mensch als Herr der Geschichte
Sprache als Abbild der Welt	Sprachlichkeit	Sprache als Konvention

Die präreflexiv empfängliche und zugleich zur Artikulation fähige Leiblichkeit, die Freiheit, die Wahl jenseits von fatalistischer Freiheit und Willkürfreiheit zu wählen, die Geschichtlichkeit, die uns weder zum Opfer noch zum Herrn der Geschichte, sondern zu Mitgestaltern der Geschichte bestimmt, und die Sprachlichkeit, die uns Welt weder bloß abbilden noch bloß benennen, sondern erfahren und über unsere Erfahrungen mit anderen kommunizieren lässt, stehen untereinander in keinerlei organologisch oder teleologisch festgelegten Ordnung. Zusammengenommen kennzeichnen die weltoffene Leiblichkeit, die produktive Freiheit, Geschichtlichkeit und Sprachlichkeit den spezifischen Experimentcharakter der menschlichen Praxis. Leiblichkeit, produktive Freiheit, offene Geschichtlichkeit und Sprachlichkeit sind die vier Grundbestimmungen menschlicher Existenz, aufgrund derer wir in den koexistentiellen Praxen der Arbeit, der Ethik, der Pädagogik, der Politik, der Kunst und der Religion die aus unserer Imperfektheit entspringende Not, handeln zu müssen, wenden und um unsere substantielle Bestimmung ringen können.

Den komplexen Zusammenhang der menschlichen Gesamtpraxis und die Aufgabe einer zwischen den Einzelpraxen unter Anerkennung der Leiblichkeit, Freiheit, Geschichtlichkeit und Sprachlichkeit zu leistenden Vermittlung stellt das folgende Schema dar. Die Pfeile zwischen den sechs koexistentiellen Praxisformen verweisen auf das Problem einer nicht-hierarchischen Verhältnisbestimmung der Praxen innerhalb der menschlichen Gesamtpraxis; die im Zentrum des Schemas eingetragenen Begriffe weisen darauf hin, dass im Sinne einer der Endlichkeit unserer Existenz und Koexistenz bewussten praktischen Vernunft Freiheit weder als Willkür- noch als Wahlfreiheit, Geschichte weder als Herrschaftsgeschichte noch als Fatum, Sprache weder als bloße Abbildung von Welt noch als nominalistische Definition von Weltinhalten und Leiblichkeit weder als Organismus noch als Maschine zu fassen ist.[27]

Schematische Darstellung der nicht-hierarchischen Verhältnisse der menschlichen Gesamtpraxis[28]

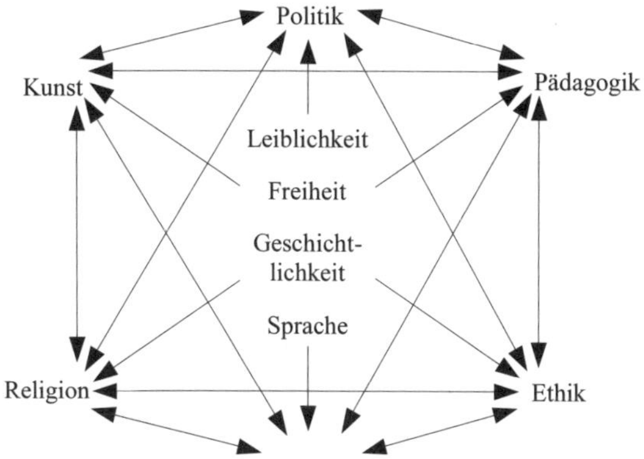

Von der Stellung der pädagogischen Praxis im Rahmen der menschlichen Gesamtpraxis war innerhalb der Skizze zu einem allgemeinen Praxisbegriff bisher noch nicht die Rede. Ein vorläufiger Begriff der pädagogischen Praxis, der dann zur Bestimmung der Prinzipien pädagogischen Denkens und Handelns, den Fragestellungen pädagogischer Handlungstheorie und den Dimensionen pädagogischer Praxis hinführt, kann erst entwickelt werden, wenn wir uns zuvor der Bedeutung vergewissern, die den bisherigen Überlegungen im Hinblick auf die sich uns heute stellenden Fragen nach einer vernünftigen Ordnung der menschlichen Gesamtpraxis zukommt.

27 Ein schönes Beispiel für die Leiblichkeit, Freiheit, Geschichtlichkeit und Sprachlichkeit menschlicher Praxis schildert W. Borchert in seiner Kurzgeschichte: Schischyphusch oder der Kellner meines Onkels. In: Ders.: Das Gesamtwerk. Hamburg 1959, S. 285-297.

28 Mit der hier um den Begriff der Leiblichkeit ergänzten Skizze von Aspekten der menschlichen Gesamtpraxis habe ich schon in dem im Band 1 der Enzyklopädie Erziehungswissenschaft veröffentlichten Artikel „Grundstrukturen pädagogischen Denkens und Handelns“ u. a. das Anliegen verfolgt, auf Grenzen der Interessenlehre von J. Habermas aufmerksam zu machen. Diese kommt mit basisanthropologischen Annahmen aus, die sich auf Arbeit, Sprache und Herrschaft beziehen, und eröffnet von daher noch keinen Zugang zu pädagogischen, ästhetischen und religiösen Problemstellungen. Vgl. hierzu J. Habermas: Erkenntnis und Interesse (1965). In: Ders.: Technik und Wissenschaft als „Ideologie“. Frankfurt a. M. 1968, S. 146-168.

2.2 Die zweifache Gefährdung der Praxis: die Gefährdung des Primats der menschlichen Gesamtpraxis und die Gefährdung der Praxis überhaupt

Wenden wir uns von dem bisher entwickelten Praxisbegriff der gegenwärtigen Verfasstheit der menschlichen Gesamtpraxis und ihren gesellschaftlichen Erscheinungsformen zu, so zeigt sich, dass der allgemeine Praxisbegriff für diese keineswegs ohne weiteres zutrifft. Weder stehen die ökonomische, pädagogische, ethische, politische, ästhetische und religiöse Praxis in einem nicht-hierarchischen Verhältnis gleichgewichtiger gegenseitiger Anerkennung noch sind die Beziehungen, die heute zwischen den ausdifferenzierten Funktionsbereichen der modernen Gesellschaft bestehen, durch übergreifende Begriffe produktiver Leiblichkeit und Freiheit sowie einer weder auf Herrschaft noch auf Fatalismus basierenden Geschichtlichkeit und Sprachlichkeit vermittelt.

In der Menschheitsgeschichte lassen sich zwei mögliche Gefährdungen des Experimentcharakters menschlichen Handelns unterscheiden. Die eine ist untrennbar mit der Ausdifferenzierung der sechs Grundphänomene menschlicher Koexistenz in institutionell voneinander abgegrenzte Praxisbereiche verbunden. Einerseits entsteht erst durch diese Ausdifferenzierung die Möglichkeit, religiöses, ästhetisches, politisches, ökonomisches, ethisches und pädagogisches Handeln als besondere Praxisbereiche mit eigenen Handlungslogiken voneinander zu unterscheiden und nach einem nicht-hierarchischen Ordnungszusammenhang der menschlichen Gesamtpraxis zu fragen. Andererseits kann die gleichgewichtige Anerkennung der Grundphänomene menschlicher Koexistenz in institutionell ausdifferenzierten Bereichen gerade dadurch erschwert oder gar verhindert werden, dass ein Praxisbereich oder eine Gruppierung von Einzelpraxen eine Vorrangstellung gegenüber den anderen anstrebt und gegen diese durchsetzt. Statt sich in eine nicht-hierarchische Ordnung der menschlichen Gesamtpraxis zu fügen, beanspruchen dann zum Beispiel die Ökonomie für eine bestimmte Wirtschaftsform, die Politik für die Interessen eines Standes, einer Gruppe oder einer Klasse, und die Religion für eine als allein selig machend gesetzte Glaubensrichtung eine Vorrangstellung. Sie geraten hierdurch in Widerspruch zur Gleichursprünglichkeit aller Grundphänomene menschlicher Koexistenz und zur Idee eines nicht-hierarchischen Verhältnisses der Einzelpraxen.

Dies verweist darauf, dass wir zwischen den sechs Grundphänomenen menschlicher Koexistenz und der in Einzelpraxen ausdifferenzierten und institutionalisierten humanen Gesamtpraxis unterscheiden müssen. Unter den Grundphänomenen menschlicher Koexistenz kann kein einziges eine Vorrangstellung gegenüber einem anderen beanspruchen. Sie sind nicht auseinander ableitbar, sondern gleich ursprünglich und konstitutiv für die Art und Weise, in der Menschen als imperfekte Wesen leiblich existieren und durch freie, geschichtliche und sprachliche Praxis nach ihrer Bestimmung fragen, diese entwerfen und erproben. Die gesellschaftlichen Formen ausdifferenzierter Humanität und die in die Sphären der Ökonomie, Pädagogik, Ethik, Politik, Kunst und Religion regionalisierten Formen menschlicher Praxis stehen dagegen in keinerlei prästabilierter Harmonie, sondern in einem Wechselverhältnis, welches hierarchische Ordnungsstrukturen keineswegs ausschließt, sondern immer von neuem hervorbringt. Dass die Menschen aufgrund ihrer Imperfektheit in der Notwendigkeit existieren, durch Bearbeitung der Natur ihre Lebensgrundlage zu sichern, Regeln und Konventionen des Zusammenlebens zu entwickeln, Sorge für die Antizipation der Zukunft und die Erziehung der nachwachsenden Generation zu tragen und sich mit ihrer Endlichkeit und Todesgewissheit auseinander zu setzen, dies alles ist schlechterdings konstitutiv für die menschliche Gesamtpraxis. Die Bestimmung jedoch, die sich Menschen durch ihre Praxis geben, folgt keineswegs unmittelbar aus der für den Begriff der Praxis konstitutiven Notwendigkeit, dass Menschen handelnd die eigene Bestimmung hervorbringen. Die Idee eines nicht-hierarchischen Verhältnisses der Einzelpraxen ist nicht konstitutiv für das Zusammenleben der Menschen, sondern eine regulative Idee, die wir anerkennen oder auch nicht anerkennen können.[29]

Wird diese Idee anerkannt und eine Ordnung der menschlichen Gesamtpraxis angestrebt, die ihre Logik nicht aus der Vorrangstellung eines Praxisbereichs gegenüber anderen gewinnt, sondern praxeologisch auf eine gleichrangige Bedeutsamkeit aller Praxisbereiche gründet, dann ist die Wechselwirkung zwischen den Praxisbereichen keine lineare, sondern vermittelt über die produktive Leiblichkeit, Freiheit, Geschichtlichkeit und Sprachlichkeit der menschlichen Praxis. Wird dagegen die Idee eines praxeologischen Ordnungszusammenhangs der menschlichen Praxis negiert und einer Praxis oder Gruppe von Praxen ein Vorrang gegenüber den anderen eingeräumt, so kommt es zu einer Gefährdung des Primats der menschlichen Gesamtpraxis durch dessen Verkürzung auf den Primat einer Einzelpraxis.

Davor, die konstitutive Bedeutung der sechs Grundphänomene menschlicher Koexistenz zu leugnen und die menschliche Gesamtpraxis durch die Missachtung der regulativen Idee eines nicht-hierarchischen Verhältnisses

29 Die regulative Idee einer guten Ordnung der menschlichen Gesamtpraxis wird seit Platon unter dem Begriff der „Idee des Guten“ genauer bestimmt. Während die klassische griechische Philosophie diese Idee kosmologisch und teleologisch verstand und mit ihr die Legitimation einer hierarchischen Ordnung aller Tätigkeiten in der Polis verband, zielt eine nicht-hierarchische Bestimmung der Idee des Guten auf eine nicht-teleologische Gesamtordnung der menschlichen Praxis. Im Anschluss an Kants Kritik materialer Ethik haben vor allem Schleiermacher und Herbart die Stellung der pädagogischen Praxis in einem nicht-hierarchischen Begriff der Idee des Guten zu begründen versucht. Vgl. hierzu: F. Brüggen: Freiheit und Intersubjektivität. Habilitationsschrift an der Universität Münster 1986; D. Benner: Die Pädagogik Herbarts, a. a. O., S. 59 ff., S. 146-99.

der Praxen untereinander zu gefährden, ist keine der Praxisformen ausdifferenzierter Humanität gefeit. Fehlformen einer solchen Unterordnung der anderen Praxen unter den angemaßten Primat einer Einzelpraxis sind z. B. theokratische Ordnungssysteme, in welchen eine bestimmte Religion zur alleinigen Urteilsinstanz in allen Fragen menschlichen Handelns erhoben wird, ferner ökonomische Systeme, welche die Dignität vorgegebener Sitten und Konventionen, Glaubensüberzeugungen und pädagogischer Handlungsweisen einzig danach bemessen, ob diese der Steigerung der Produktivität dienen oder nicht, politische Systeme, welche beanspruchen, die menschliche Gesamtpraxis zu normieren und eine bestimmte Antizipation von Zukunft dezisionistisch zur totalitären Urteilsinstanz in allen Fragen menschlicher Praxis erheben, schließlich Ordnungsvorstellungen, welche die Dignität religiöser, ökonomischer und politischer Urteilskraft ausschließlich pädagogisch durch die Erzeugung eines neuen, von Pädagogen mit einer normierten Handlungskompetenz ausgestatteten Menschen zu begründen suchen.

Gemeinsames Merkmal solcher Verkürzungen, von welcher Einzelpraxis sie auch immer ausgehen mögen, ist, dass durch sie nicht nur die jeweils anderen Praxen verkürzt werden, sondern auch diejenige, die für sich den Primat beansprucht, Schaden erleidet. Eine ökonomische Ordnung zum Beispiel, welche einem Teil der Mitglieder einer Gesellschaft oder einem Teil der Menschheit die Partizipation an der ökonomischen Praxis verwehrt und die Betreuung der Arbeitslosen sogenannten helfenden Berufen wie Freizeitpädagogen, Sozialpädagogen, Weiterbildnern und anderen mehr zuweist und dies womöglich durch eine Grundrente finanzieren lässt, ist im Hinblick auf die Gleichursprünglichkeit der Grundphänomene menschlicher Koexistenz und die Idee eines nicht-hierarchischen Verhältnisses der Einzelpraxen zueinander letztlich ebenso inhuman wie eine theokratische Ordnung, die die Abtreibung gezeugten und empfangenen Nachwuchses verbietet, eine selbstverantwortete Familienplanung aber den potentiellen Eltern von Kindern untersagt.

Die zweite Gefährdung der Praxis geht nicht von der Missachtung des Primats der menschlichen Gesamtpraxis und den Anmaßungen einzelner Praxisformen aus, die diesen Primat unter Hintanstellung der anderen Formen menschlichen Handelns für sich allein beanspruchen, sondern hängt aufs engste mit der seit den Anfängen neuzeitlicher Wissenschaft sich stellenden Frage nach dem Verhältnis von theoretischer und praktischer Vernunft zusammen. Gegenüber historisch älteren Wissensformen, welche vorgegebene Erfahrungen in Natur und Gesellschaft nach diesen immanenten Zwecken zu ordnen und auf allgemeine Begriffe zu bringen suchten, zeichnet sich neuzeitliche Wissenschaft dadurch aus, dass sie nicht von der Erfahrung zum Wissen um eine in sich zweckmäßige Ordnung aufsteigt, sondern die Erfahrung theoretisch antizipiert und den jeweiligen Erkenntnisgegenstand konstruiert. Über alle Paradigmenwechsel hinweg zielt neuzeitliche Wissenschaft auf eine einheitswissenschaftliche mathematische Erklärung aller Wirklichkeitsbereiche. Jede Weltgegebenheit – Vorgänge in der Natur ebenso wie innerpsychische und gesellschaftliche Vorgänge – als komplexe Ursache-Wirkungs-Zusammenhänge zu dechiffrieren und berechenbar, prognostizierbar und dadurch planbar zu machen, ist seit Bacons programmatischer These „Wissen ist Macht" das Anliegen neuzeitlicher Wissenschaft. Dieses wurde später von Comte auf die Formel „savoir pour prévoir, prévoir pour pouvoir" gebracht und in unserer Zeit in Poppers Logik der Forschung so umrissen: „Die Theorie ist das Netz, das wir auswerfen, um ‚die Welt' einzufangen, – sie zu rationalisieren, zu erklären und zu beherrschen. Wir arbeiten daran, die Maschen des Netzes immer enger zu machen".[30]

Das Programm neuzeitlicher Wissenschaft weist weder kategoriale Bezüge zu einer der fundamentalen Formen menschlicher Praxis noch zur Idee einer nicht-hierarchischen Ordnung der menschlichen Praxis auf. Die Grundintention neuzeitlicher Wissenschaft, alles Zufällige in Gesetzmäßiges zu überführen und alles Besondere unter allgemeine Regeln zu bringen, richtet sich auf alle Wirklichkeitsbereiche und zielt darauf, diese nach Grundsätzen unseres konstruierenden Verstandes zu erklären und menschlicher Herrschaft zu unterwerfen. Dies gilt nicht nur für die außermenschliche Natur, sondern ebenso für die menschliche Praxis selbst. Hieraus aber resultiert deren zweite Gefährdung. Sie entsteht nicht dadurch, dass einem der Grundphänomene menschlicher Koexistenz ein Primat gegenüber allen anderen zugestanden wird, sondern kommt dadurch zustande, dass die vom menschlichen Verstand konstruierte Erklärung aller Weltgegebenheiten zum einzigen Begriff der Welt und eines vernünftigen Handelns in ihr erhoben und die Idee eines nicht-hierarchischen Verhältnisses der Grundformen menschlicher Praxis zugunsten einer einzig auf Machtsteigerung ausgerichteten Wissenschaftspraxis aufgegeben wird.[31]

In Poppers Definition neuzeitlicher Wissenschaft als eines Versuchs, das Netzwerk der Erklärung und Beherrschung der Welt immer enger zu machen, sind zwei Seiten neuzeitlicher Wissenschaft miteinander verbunden,

30 Vgl. F. Bacons Diktum „Tatum possumus, quantum scimus." Siehe hierzu: Ders.: Neues Organ der Wissenschaften (1620), übersetzt und hrsg. von A. Th. Brück. Darmstadt 1974, S. 26 f. und S. 93 f.; A. Comte: Die Positive Philosophie (1830-1842). 2 Bände. Heidelberg 1883; K. R. Popper: Logik der Forschung. Tübingen ^{5}1973, S. 31; vgl. auch D. Benner: Experiment, pädagogisches. In: Enzyklopädie Erziehungswissenschaft. Band 2, hrsg. von H. Haft und H. Kordes. Stuttgart 1984, S. 376-385.

31 Dass die Wissenschaftspraxis nicht in das Schema der ausdifferenzierten Praxen aufgenommen wurde, hat mehrere Gründe. Einer liegt darin, dass Wissenschaft an Sprache zurückgebunden ist und eine besondere Form von Sprache darstellt. Ein anderer hängt damit zusammen, dass Wissenschaft im Raum der Pädagogik insbesondere im Unterricht thematisiert wird; vgl. zur Wissenschaftspraxis die Ausführungen im Abschnitt 5.2.

von denen die eine dem Experiment- und Entwurfscharakter menschlicher Praxis durchaus nahe steht, die andere jedoch mit der Idee eines nicht-hierarchischen Verhältnisses der Einzelpraxen innerhalb der menschlichen Gesamtpraxis unvereinbar ist. Poppers Umschreibung neuzeitlicher Wissenschaft als eines Netzes, das es enger zu flechten gilt, um in ihm immer mehr Welt einzufangen, verwendet eine vorwissenschaftliche Metapher, die dem in keinerlei endgültige Perfektheit überführbaren Charakter menschlicher Praxis, Entwurf und Versuch zu sein, durchaus nahe steht. Wissenschaftliche Erkenntnis ist dieser Metapher zufolge Wissen um das, was sich mit dem Netzwerk, das unser konstruierender Verstand entwirft, einfangen und erklären lässt. Dieses Wissen schließt durchaus ein, dass die Welt, je enger wir auch unsere Netze knüpfen mögen, durch diese hindurchfallen kann, also niemals in dem aufgeht, was wir von ihr einfangen und wissen können. Dass unser konstruierender Verstand selbst durch dieses Netzwerk, welches er hervorbringt, hindurchfällt, haben vor und nach Popper Philosophen, Wissenschaftstheoretiker und Wissenschaftshistoriker überzeugend nachgewiesen. Sie konnten aufzeigen, dass der Versuch neuzeitlicher Wissenschaft, die Netze menschlicher Welterklärung immer enger zu knüpfen, seine Überzeugungskraft keineswegs unmittelbar aus der durch ihn möglichen Steigerung menschlicher Herrschaft über die Welt bezieht, sondern vielmehr daraus gewinnt, dass die Steigerung menschlicher Macht als erstrebenswert und sinnvoll angesehen wird.[32]

Diese Seite in Poppers Netz-Metapher fügt sich nicht bruchlos in die Idee eines nicht-hierarchischen Verhältnisses der Einzelpraxen untereinander.[33] Wenn die Rationalitätsstruktur neuzeitlicher Wissenschaft einzig auf Machtsteigerung ausgerichtet ist, entsteht die Gefahr, dass der Versuchscharakter der menschlichen Praxis, dem auch die neuzeitliche Wissenschaft ihre Existenz verdankt, am Ende nur mehr für den Entdeckungs-, Entwicklungs- und Anwendungszusammenhang neuzeitlicher Wissenschaft gilt, nicht aber mehr für den Umgang mit ihren Resultaten. Das praktische Experiment menschli-

32 Vgl. hierzu M. Horkheimer: Traditionelle und kritische Theorie (1937). In: Ders.: Gesammelte Schriften. Band 4. Frankfurt a.M. 1988, S. 162-216, insbesondere S. 168 ff. Die Untersuchungen von Th. S. Kuhn (Die Struktur wissenschaftlicher Revolutionen. Frankfurt a.M. 1967) und J. Lakatos (vgl. J. Lakatos/A. Musgrave (Hrsg.): Kritik und Erkenntnisfortschritt. Braunschweig 1974) sind zwar in wissenschaftshistorischer Hinsicht durchaus bedeutsam, leiden jedoch darunter, dass sie die für die Wissenschaftsgeschichte entscheidende wissenschaftliche Revolution, die von Kant auf den Begriff gebrachte „Revolution der Denkart", fast gänzlich übersehen haben.

33 Dies scheint mir einer der Gründe zu sein, die Popper veranlassten, seiner „Logik der Forschung" eine Theorie der „offenen Gesellschaft" zur Seite zu stellen, welche den „Sinn der Geschichte" weder an dem in der „Logik der Forschung" unterstellten Telos der Machtsteigerung noch an einem anderen Sinn, sondern daran ausrichtet, „die Macht unter unsere Kontrolle zu bekommen". In: Ders.: Die offene Gesellschaft und ihre Feinde (1945). 2 Bände. Bern 1958. Band 2, S. 347.

cher Selbstbestimmung schlüge dann in ein vom Menschen selbst initiiertes technisches Experiment um, das nicht mehr von der Idee eines nicht-hierarchischen Verhältnisses der menschlichen Praxen, sondern von der Idee fortschreitender Machtsteigerung reguliert wird. Soll dies verhindert werden, so gilt es, zwischen dem Wissen der Wissenschaften und dem Umgang mit diesem Wissen zu unterscheiden und die Frage zu diskutieren, wie wir in unserem Denken und Handeln zwischen Wissen und Umgang in einem rationalen und reflexiven Sinne vermitteln können.[34]

Vor der Erfindung der neuzeitlichen Wissenschaft zeichnete sich menschliches Denken und Handeln dadurch aus, dass es von der Sphäre eines Umgangsverhältnisses der Menschen zur Welt und zu den Mitmenschen ausging und diese Sphäre interpretierend niemals vollständig verließ. Unserem wissenschaftlichen Weltverhältnis liegen im Unterschied hierzu keine ungebrochenen umgänglichen Weltverhältnisse mehr zugrunde. In ihm sind Natur und Mitmenschen nicht mehr uns begegnende Andere unseres Selbst, sondern Tatbestände und Sachverhalte, die sich im Horizont des Wissens der Wissenschaften erklären, verstehen und beherrschen lassen. Soll unser Umgang mit der Natur und mit unseren Mitmenschen nicht auf Formen einer rationalen Herrschaft eingeschränkt werden, so gilt es, den Umgangsverhältnissen wieder eine besondere Aufmerksamkeit zu widmen.[35]

Aufgaben wie die, die Natur nicht nur als beherrschte Natur anzusehen und zu erfahren, sondern ihr zugleich als einer *natura naturans* zu begegnen, die sich auch ohne unser Zutun erhält und der wir angehören, weil wir ein Teil von ihr sind, sowie die weitergehenden Aufgaben, in uns selbst und den Mitmenschen personale Subjekte zu erblicken, die nicht in dem aufgehen, was wir im Horizont des Wissens der Wissenschaften von uns und anderen wissen, werden zuweilen als Programm einer Wiederherstellung der menschlichen Praxis gedeutet. Das Wort „Wiederherstellung" soll in solchen Zusammenhängen darauf verweisen, dass es das, was es für unsere Zeit zu leisten gilt, in früheren Zeiten schon einmal gegeben habe.[36] Bedenkt man jedoch, dass die Wissensformen der modernen Wissenschaften sich im Unterschied zu den vormodernen Formen des Wissens gerade nicht auf Umgangsverhältnisse des Menschen zu sich und zur Welt beziehen, so wird man zugestehen müssen, dass die angestrebte Erneuerung der Praxis nicht auf dem Wege ihrer Wiederherstellung, sondern nur auf dem Weg einer Neubestimmung der menschlichen Gesamtpraxis gefunden und erreicht werden kann.

---

34 Siehe hierzu D. Benner: Umgang und Wissen als Horizonte einer Bildungstheorie für die Schule. In: Neue Sammlung 37 (1997) S. 547-561.

35 Vgl. hierzu Th. Litt: Das Bildungsideal der deutschen Klassik und die moderne Arbeitswelt. Bochum o. J., 7. Auflage, S. 106-152.

36 Vgl. H. von Hentig: Die Wiederherstellung der Politik. Cuernavaca revisited. Stuttgart/München 1973.

Beide Gefährdungen der menschlichen Praxis machen deutlich, dass die Logik eines nicht-hierarchischen und von Monopolisierungen freien Verhältnisses der ausdifferenzierten Formen menschlicher Praxis von innen und außen her verfehlt werden kann. Die eine Gefährdung beruht darauf, dass die Einzelpraxen sich gegenseitig beschädigen, wenn eine von ihnen für sich einen Primat vor allen anderen beansprucht, die andere, dass ein nicht-hierarchisches Verhältnis der ausdifferenzierten Formen menschlichen Denkens und Handelns dort nicht mehr möglich ist, wo die Steigerung menschlicher Macht über verdinglichte Prozesse zum quasi-vernünftigen Telos von Rationalität und Fortschritt hypostasiert wird.

2.3 Zur Differenz zwischen Praxis und Berufstätigkeit. Vorläufiger Begriff des pädagogischen Handelns angesichts der Ambivalenz pädagogischer Berufe

Die bisher entwickelten Überlegungen erlauben nicht nur, reflexive und monopolisierte Beziehungen der ausdifferenzierten Formen menschlicher Praxis voneinander abzugrenzen; sie legen zugleich nahe, die Vermittlungsproblematik von Umgang und Wissen auch auf das Verhältnis von Bildung und Beruf auszulegen und zwischen verschiedenen Konzepten einer Professionalisierung der Praxen zu unterscheiden. Denn die fortschreitende Verwissenschaftlichung aller menschlichen Tätigkeiten macht nicht nur eine Rückbesinnung auf das Verhältnis von Wissen und Umgang erforderlich, sie legt zugleich nahe, zwischen Praxis und Berufstätigkeit zu unterscheiden. Die Praxis kann in der Vielheit ihrer Praktiken sowohl im Horizont des Umgangs als auch in verwissenschaftlichten Formen ausgeübt werden. Im Umgang der Menschen miteinander ausgeübte Praktiken sind ohne eine über Wissenschaft vermittelte Ausbildung lernbar und praktikabel und müssen nicht arbeitsteilig organisiert sein. Professionalisierte Praktiken hingegen verlangen nach einer verwissenschaftlichten Ausbildung. Sie werden arbeitsteilig und in der Regel in besonderen Institutionen ausgeübt.

Für das Verhältnis von Umgang und Wissen hat dies zur Folge, dass wir zwischen Umgangswissen, Professionswissen und wissenschaftlichem Wissen unterscheiden können. Wissenschaftliches Wissen ist das Wissen der Wissenschaften, professionelles Wissen das Wissen derjenigen, die in verwissenschaftlichten Berufen tätig sind, Umgangswissen aber umfasst jene Wissensformen, die nur im Umgang erlernt und auf konkrete Situationen appliziert werden können. Diesen Unterscheidungen zufolge kommt Umgangswissen unter bestimmten Umständen ohne Professionswissen und wissenschaftliches Wissen aus, ist Professionswissen jedoch nicht ohne wissenschaftliches Wissen möglich und stellt wissenschaftliches Wissen Wissensformen bereit, die sowohl Verbindungen zu professionellem als auch zu Umgangswissen eingehen können.

Aus verschiedenen Gründen wird im Folgenden zwischen Praxis und Berufstätigkeit unterschieden. Der eine ist der, dass die Praxis in allen uns bekannten Formen viel älter ist als die uns heute bekannten Formen von Berufstätigkeit. Der andere hängt damit zusammen, dass der Horizont der Praxis unter Umständen viel weiter ist, als es die Arbeitsfelder der teilweise hoch spezialisierten Formen von Berufstätigkeit sind. Ein dritter Grund kommt hinzu. Will man die Professionalisierung der Praxis zu spezialisierten Berufstätigkeiten nicht naiv als eine bloße Fortschritts- oder Verfallsgeschichte betrachten, so ist zu prüfen, ob alle Aspekte und Dimensionen der Praxen in gleicher Weise verwissenschaftlicht und professionalisiert werden können. Sollte sich zeigen lassen, dass keine der menschlichen Praxen vollständig professionalisierbar ist, so wären bei der Beurteilung von Professionalisierungskonzepten sowohl ihre professionalisierbaren als auch ihre nicht-professionalisierbaren Aspekte zu berücksichtigen. Der überprofessionelle, praktische Sinn bestimmter Formen von Berufstätigkeit könnte hierbei sein, die Professionalisierung und Verberuflichung von Praxis zu Konzepten ihrer Entprofessionalisierung in Beziehung zu setzen und Voraussetzungen dafür zu sichern, dass die jeweilige Praxis auch künftig nicht nur in der Form beruflich spezialisierter Tätigkeiten, sondern zugleich als eine allgemeine menschliche Praxis ausgeübt werden kann.[37]

Was die Arbeit betrifft, so hat Karl Marx in den ökonomisch-philosophischen Manuskripten die Verkürzung der ökonomischen Praxis auf Lohnarbeit kritisiert und die Aufgabe einer universellen Theorie der menschlichen Gesamtpraxis formuliert, welche sowohl den Zusammenhang der Einzelpraxen als auch deren jeweilige Besonderheit im Verhältnis zu den anderen erörtern sollte. So kündigte er an: „Ich werde … in verschiedenen selbständigen Broschüren die Kritik des Rechts, der Moral, Politik etc. aufeinanderfolgen lassen und schließlich in einer besonderen Arbeit wieder den Zu-

---

37 Die Unterschiede zwischen Wissenschaft, Profession und Umgang hat Max Weber in seiner Abhandlung über „Wissenschaft als Beruf" am Beispiel der Medizin erörtert und dabei dem Umgangsverhältnis des Kranken und seiner Angehörigen das Arzt-Patient-Verhältnis wie folgt gegenübergestellt: „Der Mediziner erhält mit seinen Mitteln den Todkranken, auch wenn er um Erlösung vom Leben fleht, auch wenn die Angehörigen, denen dies Leben wertlos ist, die ihm die Erlösung vom Leiden gönnen, denen die Kosten der Erhaltung des wertlosen Lebens unerträglich werden …, seinen Tod, eingestandener- oder uneingestandenermaßen, wünschen und wünschen müssen. Allein die Voraussetzung der Medizin und das Strafgesetz hindern den Arzt, davon abzugehen. Ob das Leben lebenswert ist und wann? – danach fragt sie nicht." In: M. Weber: Gesamtausgabe. Abteilung 1, Band 17. Tübingen 1992, S. 71-111, S. 94. Will man in dieser Beschreibung der Abstimmungsprobleme zwischen umgänglicher und professioneller medizinischer Praxis nicht schon deren Lösung sehen, so muss man das Verhältnis von Praxis und Profession neu reflektieren. Vgl. D. Benner: Bildung, Wissenschaft und Universitätsunterricht. In: E. Wicke/W. Neuser/W. Schmied-Kowarzik (Hrsg.): Menschheit und Individualität. Zur Bildungstheorie und Philosophie Wilhelm von Humboldts. Weinheim 1997, S. 131-150.

sammenhang des Ganzen, das Verhältnis der einzelnen Teile, ... zu geben versuchen".[38] Es ist bedauerlich, dass die marxistische Diskussion sich vornehmlich auf die Ökonomie beschränkt und damit die Einlösung dieses Programms, indem sie es auf dasjenige einer „Kritik der politischen Ökonomie" einengte, nicht systematisch vorangetrieben hat.[39] Die Leistung der Kritik der ökonomischen Praxis wird hierdurch jedoch nicht geschmälert. Der Sinn der Arbeit geht weder in der Gewinn- und Mehrwertproduktion der Unternehmen noch in der Lohnauszahlung an die Arbeiter auf, sondern ist bezogen auf die Wohlversorgtheit der Menschheit mit lebenswichtigen Gütern, die Erhaltung und Pflege der Natur als unserer und der Natur eigene Lebensgrundlage und die sowohl die Natur als auch die Gesellschaft betreffende Verständigung darüber, was lebenswichtig und lebensnotwendig ist. Dass die Arbeitspraxis viel weiter ist als die verschiedenen Formen der Berufstätigkeit und dass sie nicht auf kapitalistische Warenproduktion und Lohnarbeit reduziert werden kann, zeigt sich inzwischen an der von den Industrienationen in West und Ost durch Naturausbeutung und -zerstörung erzeugten Gefahr eines weltweiten Ökozids. Eine praxeologisch verantwortliche Ausübung von Berufstätigkeit schließt darum heute die Reflexion auf die Folgen verwissenschaftlichter Arbeitsprozesse – für die Menschen und für die Natur – mit ein.

Auch für die anderen Praxen lässt sich leicht zeigen, dass ihre Institutionalisierung in der Form von Berufstätigkeit nicht schon ein Indiz dafür ist, dass ihr Sinn und ihre Notwendigkeit gesellschaftlich anerkannt werden. Was die sittliche Praxis betrifft, so würden wir von einer Gesellschaft, welche einen besonderen Berufsstand institutionalisiert, dessen vornehmste Aufgabe es ist, gute Werke zu tun, ja nicht sagen, dass es in ihr um die Ethik gut bestellt sei und dass in ihr sittlich gedacht und gehandelt werde. Eher träfe das Gegenteil

38 K. Marx: Zur Kritik der Nationalökonomie – Ökonomisch-philosophische Manuskripte. In: Ders.: Frühe Schriften. Band 1, hrsg. von H.-J. Lieber und P. Furth. Darmstadt 1962, S. 506. Vgl. auch W. Schmied-Kowarzik: Das dialektische Verhältnis des Menschen zur Natur. Philosophiegeschichtliche Studien zur Naturproblematik bei Karl Marx. Freiburg 1984.

39 So lassen sich im Bereich der Diskussion über polytechnische Erziehung und Bildung Konzepte, die Polytechnik allein als Vorbereitung auf eine Tätigkeit in der verwissenschaftlichten Produktion verstehen, von anderen Konzepten unterscheiden, die polytechnische Bildung als eine Polypragmatik konzipieren, welche die einzelnen Formen von Berufstätigkeit mit der Aufgabe konfrontiert, ihre Bezüge zu den ausdifferenzierten Formen und Bereichen menschlicher Praxis zu reflektieren. Vgl. hierzu die in der DDR von W. Dorst und H. Frankiewicz entwickelten Positionen. Siehe hierzu D. Benner/G. Fischer/Th. Gatzemann/K.-F. Göstemeyer/H. Sladek: Sittliche, patriotische und sozialistische Lernzielnormierungen in Bildungs- und Lehrplänen der SBZ und DDR für den Oberstufenunterricht in den Fächern Chemie, Gegenwarts- und Staatsbürgerkunde, Geschichte und Polytechnik. In: D. Benner/H. Merkens/Th. Gatzemann (Hrsg.): Pädagogische Eigenlogiken im Transformationsprozess von SBZ, DDR und neuen Ländern. Berlin 1996, S. 268-287, insbesondere S. 281 ff.

zu, denn der Beruf eines „Sittlichkeits-Täters“ wäre kein Zeichen für die Anerkennung der sittlichen Praxis, sondern für deren Verkümmerung.

Analoges trifft auch für die anderen Praxen und Berufstätigkeiten zu. So wird in einer Gesellschaft, die die politische Praxis Berufspolitikern zuweist, nicht unbedingt der Anspruch politischer Praxis geachtet. Vielmehr kann auch das Gegenteil der Fall und die Existenz von Berufspolitikern ein Indiz dafür sein, dass das Volk selbst nicht politisch denkt und die Bürger nicht politisch tätig sind. Nicht anders verhält es sich mit der Glaubenspraxis. Die Religion darf nicht zur Praxis eines Berufsstandes von Priestern, Bischöfen, Kardinälen und Päpsten verkümmern, die die Gläubigen darüber belehren, was und wie sie zu glauben haben. Jedenfalls lässt sich nicht ohne weiteres sagen, dass es um die religiöse Praxis dort gut bestellt sei, wo die Kleriker gut vorglauben und ihnen kaum noch jemand nachglaubt. Denn dies könnte ja ein Hinweis darauf sein, dass im eigentlichen Sinne überhaupt nicht mehr geglaubt wird und dass die Glaubensthematik, an einen hierfür vorgesehenen dogmatischen Problemlösungsstand abgetreten, zu einer Berufstätigkeit von Klerikern verkümmert ist.

Was die hier zur Diskussion stehende Frage nach dem Verhältnis von Praxis und Beruf betrifft, so befindet sich die pädagogische Praxis also in „bester Gesellschaft“. Auch der Sachverhalt berufsmäßiger Menschenerzieher und -bildner ist für sich genommen noch kein Indiz dafür, dass es in einer Gesellschaft um die pädagogische Praxis gut bestellt ist und dass in den pädagogischen Berufen tatsächlich pädagogisch gehandelt wird. Professionalisierungstendenzen können vielmehr auch hier nicht nur ein Zeichen dafür sein, dass die Aufgaben der Praxis durch deren Professionalisierung anerkannt werden, sondern zugleich ein Ausdruck dafür, dass die Gesellschaft die universellen Aufgaben der Praxis besonderen Berufsständen zuweist und damit die anderen Gesellschaftsmitglieder von der Ausübung der Praxen entlastet.

Wollte man die universelle Aufgabe der Praxis durch Konzepte ihrer Reoder Entprofessionalisierung wiederherstellen, so müsste man die Auffassung vertreten, es gelte den Stand von Lohnarbeitern, Berufspolitikern, Berufserziehern und Klerikern einfach abzuschaffen und alle professionellen Tätigkeiten wieder in sogenannte unmittelbare gemeinschaftlich auszuübende Tätigkeiten zu überführen. Solche Strategien sind jedoch unrealistisch, naiv und illusionär. Durch eine bloße Abschaffung der Profession des Arbeiters, des Pädagogen, des Politikers, des Künstlers und Klerikers ließe sich die Dignität der Praxis nicht verbessern. Auch wenn Professionalisierungstendenzen zuweilen so interpretiert werden können, dass der Anspruch der jeweiligen Praxis unter ihrer Verberuflichung leidet, können Entprofessionalisierungskonzepte doch für sich genommen deshalb keinen Fortschritt herbeiführen, weil eine bloße Abschaffung beispielsweise der Berufspolitik und Berufserziehung unmittelbar noch nichts dazu beitrüge, dass die Mitglieder einer Gesellschaft wieder politisch und pädagogisch denken und handeln.

Die Unterscheidung zwischen Praxis und Berufstätigkeit dient also nur der Formulierung eines Problems, das für den Fall einer praktischen Nivellierung dieser Differenz oder einer vollständigen Überführung der Praxis in Berufstätigkeit gar nicht mehr fassbar wäre; sie leistet jedoch nicht schon einen Beitrag zu seiner Lösung. Die Besonderheit ökonomischen, pädagogischen, ethischen, politischen, ästhetischen und religiösen Denkens und Handelns lässt sich durch eine naive Entprofessionalisierung ebenso wenig retten, wie aus der Tatsache, dass es Zuständigkeiten besonderer Berufe gibt, darauf geschlossen werden kann, dass die Ansprüche der Einzelpraxen und der menschlichen Gesamtpraxis gesellschaftlich anerkannt sind.

Aus der Antinomie, Professionalisierungstendenzen weder einfach gutheißen noch auf eine Entprofessionalisierung von Arbeit, Pädagogik, Ethik, Politik, Kunst und Religion setzen zu können, gelangen wir nur hinaus, wenn wir das Argumentieren in diesen Scheinalternativen überwinden. Es gibt Berufe und Professionen, deren eigentümliche Aufgabe darin besteht, durch Professionalisierung die Verberuflichung der Praxis so zu gestalten, dass auch deren nichtverberuflichte Horizonte erhalten und weiterentwickelt werden. Für diese Berufe muss es eine Berufsausbildung geben, die nicht die Auflösung von Praxis in Berufstätigkeit zum Ziel hat, sondern die ausdifferenzierten Formen menschlicher Praxis zugleich zu professionalisieren und zu entprofessionalisieren sucht. Hierzu gehört die Sorge, dass die Praktiken nicht nur in professionalisierter Form, sondern darüber hinaus zugleich im alltäglichen Zusammenleben der Gesellschaftsmitglieder ausgeübt werden.[40]

Am Beispiel der medizinischen Berufe lässt sich das Gemeinte verdeutlichen. Die medizinische Praxis geht nicht in medizinischer Berufstätigkeit

---

40 Diese Ausführungen sind gelegentlich so verstanden worden, als vertrete ich hier die Auffassung, die pädagogische Praxis nehme dort, wo sie professionell ausgeübt wird, zwangsläufig parapädagogische Züge an; vgl. hierzu W. Hornstein/Ch. Lüders: Professionalisierungstheorie und pädagogische Theorie. Verberuflichung erzieherischer Aufgaben und pädagogische Professionalität. In: Zeitschrift für Pädagogik 35 (1989) S. 749-769, insbesondere S. 763. Die von mir skizzierte Unterscheidung zwischen Praxis und Berufstätigkeit meint jedoch etwas anderes. Sie will auf unterschiedliche Grenzen hinweisen, die für die Professionalisierung der Praxen bzw. für deren Entprofessionalisierung gelten. Den Strategien einer bloß fortschreitenden Professionalisierung bzw. einer Entprofessionalisierung der Praxen wird ein alternatives Berufskonzept gegenübergestellt, welches sowohl eine unverzichtbare professionelle als auch eine ebenso unverzichtbare umgängliche Ausübung der Praxen kennt und erstere darauf verpflichtet, ihre jeweilige Klientel so zu betreuen, dass der Gesamthorizont der Praxis nicht auf denjenigen einer professionellen Berufstätigkeit reduziert wird. Vgl. hierzu auch meine Kritik an Programmen einer beliebigen Ausweitung der pädagogischen Praxis zu einer vermeintlich professionellen lebenslangen Lebensbegleitung; siehe hierzu D. Benner: Der Begriff moderner Kindheit bei Rousseau, im Philanthropismus und in der deutschen Klassik. In: Zeitschrift für Pädagogik 45 (1999) S. 1-18.

auf, sondern umfasst auch Horizonte einer gesunden Lebensführung, die zwar gelegentlich professionell betreut, grundsätzlich jedoch nicht in eine verberuflichte medizinische Praxis überführt werden kann. Aufgabe professionalisierter Medizin kann es daher nicht sein, alle nicht-professionellen Formen medizinischen Handelns in professionelle Tätigkeiten zu überführen, die medizinisches Fachpersonal an ihrer Klientel ausübt. Professionelle medizinische Praxis muss vielmehr ihre Klientel so beraten, dass diese Formen eines gesunden Lebens auch jenseits medizinisch-professioneller Betreuungsverhältnisse praktizieren kann. Vergleichbares gilt für den Umgang mit nicht heilbaren, sondern nur linderbaren Krankheiten. Auch hier steht die medizinische Praxis, statt im professionellen Verhältnis zwischen Medizinern und Nicht-Medizinern aufzugehen, vor der Aufgabe, die Patienten nicht nur zu behandeln und zu betreuen, sondern sie zugleich darin zu unterstützen, außerhalb der Bereiche einer verberuflichten Medizin ein umgängliches Selbstverhältnis zu ihrer Krankheit zu entwickeln.

Unterscheiden wir in der angedeuteten Weise zwischen professionell und umgänglich auszuübenden Praxishorizonten, so gelangen wir zu einem Berufsverständnis, das professionell und entprofessionalisierend zugleich ausgerichtet ist. In ihm wird die mit der Professionalisierung der Praxen unvermeidbar einhergehende Entlastung der Gesellschaftsmitglieder von der umgänglichen Ausübung der jeweiligen Praxis nicht mehr in der Form einer Reduktion von Praxis auf Berufstätigkeit bejaht, sondern versucht, die berufsmäßig ausgeübte Praxis – über die ihr gesellschaftlich zugewiesene Entlastungsfunktion hinaus – zugleich unter dem Anspruch der in ihr nicht aufgehenden Praxis auszuüben und Übergänge zwischen deren professionalisierten und umgänglichen Horizonten zu schaffen.[41]

Auf der Grundlage der bisherigen Überlegungen zum Begriff der Praxis, ihrer zweifachen Gefährdung und zum Verhältnis von Praxis und Berufstätigkeit kann nun ein erster, noch vorläufiger Begriff der pädagogischen Praxis skizziert werden. Dass die Bestimmungsmerkmale des Praxisbegriffs auf das pädagogische Handeln zutreffen, lässt sich leicht zeigen. Dem einen Merkmal zufolge ist nur der Mensch als ein Wesen, das auf seine Weise unfertig, imperfekt ist, der Praxis bedürftig und fähig. Die pädagogische Seite dieser spezifisch menschlichen Imperfektheit zeigt sich an der Tatsache, dass der Mensch als ein unfertiges Wesen geboren und erst durch die Erziehung zum Menschen wird. Weder Pflanzen, Tiere noch der Gott sind der Erziehung bedürftig und fähig. Der Mensch allein wird erzogen, und nur er kann erziehen. Auf die pädagogische Praxis trifft auch das zweite Merkmal zu, dem zufolge der Mensch seine Bestimmung erst durch die Praxis ge-

41 In der Sicherung solcher Übergänge liegt ein pädagogisches Moment, das in professionalisierter Form in den im engeren Sinne nicht-pädagogischen Praxen zu institutionalisieren ist; vgl. hierzu die Ausführungen zur Institutionalisierung und Dimensionierung der pädagogischen Praxis im Abschnitt 4.3 und im Kapitel 5.

winnt. Die Bestimmtheit, welche ein werdendes Individuum durch Erziehung erlangt, wird durch pädagogisches Handeln nicht bloß „freigelegt" wie ein zunächst noch verdeckter Schatz, „entwickelt" wie ein bereits belichteter, aber dem Tageslicht noch nicht auszusetzender Film, „entfaltet", wie sich eine Blüte entfaltet. Zu erziehender und erzogener Mensch verhalten sich nicht zueinander wie Kaulquappe und Frosch oder irgendein anderes uns aus der Natur bekanntes Phänomen. Die Bestimmtheit, die der Mensch im Erziehungsprozess erlangt, wird vielmehr durch die pädagogische Praxis selbst produziert.

Damit trifft auch das Spannungsverhältnis, in welchem die beiden Merkmale des Praxisbegriffs zueinander stehen, auf die pädagogische Praxis zu. Dass „Imperfektheit" als Notwendigkeit der Praxis und Selbstbestimmung durch Praxis einander voraussetzen und nicht auseinander abgeleitet werden können, gilt auch für das pädagogische Handeln. Die Bestimmung, welche der werdende Mensch durch die Erziehung erlangt, folgt nicht schon aus seiner Erziehungsbedürftigkeit; und die Erziehungsbedürftigkeit, aus welcher die Notwendigkeit der pädagogischen Praxis resultiert, wird durch die pädagogische Praxis keineswegs überwunden oder aufgehoben, sondern bleibt bestehen. Weder ist eine humane Zukunftsgesellschaft denkbar, welche die Notwendigkeit pädagogischen Handelns nicht mehr kennt, noch ein Maß individueller Vollkommenheit vorstellbar, in welches die mit der Erziehungstatsache zusammenhängende Imperfektheit ohne Rest überführt werden könnte.

Dass auch die pädagogische Praxis vor der zweifachen Gefährdung der Praxis nicht gefeit ist, zeigte sich in den vorausgegangenen Überlegungen bereits daran, dass wir heute vor dem Problem stehen, ob es für die Vielzahl pädagogischer Berufe und die sich immer weiter ausdifferenzierende Erziehungswissenschaft überhaupt noch einen gemeinsamen Grundgedanken gibt, der es erlaubt, die pädagogischen Berufe unter dem Anspruch der Praxis zu interpretieren und Erziehungswissenschaft als eine Disziplin zu betreiben, welche über pädagogische Fragen und Probleme aufklärt und ihre Adressaten in einer über diese diskutierenden Öffentlichkeit hat. Eine professionelle Tätigkeit unter dem Anspruch der Entprofessionalisierung auszuüben, könnte womöglich die Perspektive sein, die das pädagogische Handeln mit allen anderen Praxisformen verbindet und auf eine pädagogische Dimension aller menschlichen Tätigkeiten hinweist.

In den vorausgegangenen Abschnitten wurde erst ein vorläufiger Begriff der pädagogischen Praxis entwickelt, der über deren Besonderheit als Praxis zwischen Erwachsenen und Heranwachsenden bzw. pädagogische Hilfe Gewährenden und solcher Hilfe Bedürftigen noch nichts aussagt. Er macht aber deutlich, dass der allgemeine Praxisbegriff auf das pädagogische Handeln als besondere Praxisform zutrifft, sofern es Gründe gibt, das pädagogische Handeln als eine besondere Praxis anzuerkennen. Nachdem zwischen Praxis und Berufstätigkeit unterschieden worden ist, können wir die Gründe nicht einfach aus der Vorgegebenheit pädagogischer Berufe, erziehungswissenschaftlicher Teildisziplinen und gesellschaftlicher Bildungseinrichtungen ableiten. Vielmehr müssen die gesuchten Gründe in einer besonderen Notwendigkeit des pädagogischen Handelns selbst fundiert sein. Welches aber ist die Notwendigkeit der pädagogischen Praxis?

Eine eigene Notwendigkeit, die völlig unabhängig von den Notwendigkeiten der Arbeit, der sittlichen, politischen, ästhetischen und religiösen Praxis existierte, besitzt die pädagogische Praxis nicht. Auch die anderen Praxen können keinen Anspruch auf eine Eigenständigkeit im Sinne von Autarkie oder völliger Unabhängigkeit voneinander erheben. Somit kann der pädagogischen Praxis – wie den anderen Praxen auch – nur die Besonderheit einer relativen Eigenständigkeit zukommen. Die Gründe, die pädagogische Praxis als eine besondere, relativ eigenständige Praxisform anzuerkennen, müssen somit Gründe sein, welche die Beziehungen der Praxen untereinander nicht ausklammern, sondern ausdrücklich in Rechnung stellen.

3. Die Prinzipien pädagogischen Denkens und Handelns

Wir suchen im Folgenden nicht nach Grundbegriffen für verschiedene pädagogische Berufstätigkeiten und ein Verständnis pädagogischer Praxis, das deren Beziehung zu den anderen Praxen ausblendet, sondern stellen Prinzipien vor, welche pädagogische Professionen mit dem Anspruch der pädagogischen Praxis konfrontieren und das Selbstverhältnis dieser Praxis einschließlich ihrer Beziehungen zu den anderen Praxen thematisieren. Die vier Prinzipien pädagogischen Denkens und Handelns, die zunächst einzeln vorgestellt und dann systematisch geordnet werden, sind seit langem bekannt. Es sind dies die Prinzipien der *Bildsamkeit*, der *Aufforderung zur Selbsttätigkeit*, der *Überführung gesellschaftlicher in pädagogische Determination* und der Ausrichtung der menschlichen Gesamtpraxis an der Idee einer *nicht-hierarchischen und nicht-teleologischen Verhältnisbestimmung* der Einzelpraxen ausdifferenzierter Humanität.[1]

Wenn im Folgenden von Prinzipien pädagogischen Denkens und Handelns gesprochen wird, so geschieht dies nicht im Sinne eines linearen Letztbegründungsfundamentalismus, welcher Prinzipien eine basale, selbst nicht begründbare Qualität zuerkennt und als Prinzip setzt, was als Grund aller Begründungen unhinterfragt bzw. unhinterfragbar gelten soll. Von Prinzipien ist vielmehr ausdrücklich im Sinne eines nach beiden Seiten linear

1 Der Zusammenhang dieser vier Prinzipien lässt sich an der Erziehungsphilosophie der Fichteaner und R. Hönigswalds rekonstruieren. Vgl. hierzu: W. Schmied-Kowarzik/ D. Benner: Prolegomena zur Grundlegung der Pädagogik. Band 2. Die Pädagogik der frühen Fichteaner und Hönigswalds. Wuppertal 1969, S. 269-272; siehe auch D. Benner: Hauptströmungen der Erziehungswissenschaft. Weinheim [3]1991, S. 111-116. Statt des von Hönigswald stammenden Begriffs der Konzentration bzw. der Konzentriertheit aller Geltungsbereiche in der Aufgabe der Höherentwicklung der Menschheit, den ich zuletzt noch in meinem Beitrag über „Grundstrukturen pädagogischen Denkens und Handelns“ in dem von D. Lenzen und K. Mollenhauer hrsg. Band 1 der Enzyklopädie Erziehungswissenschaft (1983) S. 283-300, verwendet habe, gebrauche ich nun zur Kennzeichnung des vierten Prinzips pädagogischen Denkens und Handelns den Begriff einer nicht-hierarchischen Verhältnisbestimmung der Einzelpraxen ausdifferenzierter Humanität. Er vermeidet Assoziationen zu einer geltungstheoretisch verstandenen hierarchischen Ordnung der menschlichen Gesamtpraxis und einer teleologischen Rangordnung niederer und höherer Werte und Praxisformen, wie sie von neukantianischen und geisteswissenschaftlichen Schulrichtungen vertreten worden sind. Zur systematischen Fassung des Begriffs der Nicht-Hierarchizität vgl. E. Gruber: Nicht-hierarchische Verhältnistheorie und pädagogische Praxis. Zum Problem der Herrschaftsaufhebung. München 1979.

nicht auflösbaren Verweisungszusammenhangs von Prinzip und Prinzipiiertem die Rede.[2] Unter Prinzipien werden Grundbegriffe einer Rede über Etwas, hier also Grundbegriffe der Rede über pädagogisches Denken und Handeln, verstanden. Die Geltung, die ihnen zuerkannt wird, ist ganz im Sinne des Verweisungszusammenhangs von Prinzip und Prinzipiiertem eine historische und überhistorische zugleich. Wir können die Veränderungen, die dieser Zusammenhang erfahren hat, rekonstruieren und den historisch-gesellschaftlichen Kontext angeben, in dem die begriffliche Fixierung der Prinzipien gelang. Insofern handelt es sich bei den Grundbegriffen pädagogischen Denkens und Handelns um geschichtliche Prinzipien. Die Geltung, die ihnen zukommt und auf die wir dann Anspruch erheben, wenn wir sie Prinzipien pädagogischen Denkens und Handelns nennen, beschränkt sich jedoch nicht auf den historisch-gesellschaftlichen Kontext ihrer Formulierung, sondern weist in die Geschichte zurück und ist zugleich auf Zukunft bezogen. Hierin liegt der Anspruch auf ihre übergeschichtliche Bedeutung. Von dieser kann freilich nicht in einem überhistorisch gültigen Sinne, sondern nur im Rahmen einer geschichtlich sich ändernden Rede gesprochen werden. Die Verständigung über Grundbegriffe pädagogischen Denkens und Handelns ist untrennbar an das Experiment der Gesamtpraxis und das Experiment pädagogischen Handelns zurückgebunden. Dies gilt auch für die begriffliche Fixierung der Prinzipien. Niemand kann beanspruchen, die Grundstruktur pädagogischen Denkens und Handelns lasse sich durch die Formulierung von Prinzipien abschließend klären und die Arbeit an einem umfassenden pädagogischen Grundgedanken könne auf diese Weise zu einem endgültigen Abschluss gebracht werden.

Die beiden Prinzipien, von denen zunächst die Rede sein wird, sind dasjenige der *Bildsamkeit* des Menschen und dasjenige der *Aufforderung zur Selbsttätigkeit.* Sie wurden von der bürgerlichen Philosophie und Pädagogik Ende des 18., Anfang des 19. Jahrhunderts begrifflich fixiert. Ihre Geltung ist jedoch nicht auf die pädagogische Praxis der Moderne begrenzt, sondern bezieht sich auf die fundamentale Notwendigkeit pädagogischen Denkens und Handelns, die mit der Existenz des Menschen als immer schon gegeben angenommen werden muss. Die pädagogische Praxis ist ebenso wenig wie die anderen Praxen eine Erfindung des Menschen, sondern konstitutiv für

---

2 Jede kritische Rede von Prinzipien als Anfängen oder Voraussetzungen diskursiver Rede über Etwas geht von einer Differenz und von einer Vermittlungsproblematik zwischen Prinzip und Prinzipiiertem aus. Beide könnten unterschiedlich gedacht werden. Zur Unterscheidung ontischer, ontologischer und transzendentaler Differenzen siehe E. Heintel: Hegel und die analogia entis. Bonn 1958; vgl. auch meinen Versuch, die hierarchische Anordnung ontischer, ontologischer und transzendentaler Differenzen durch den Aufweis einer vierten Differenz (transzendentaldialektische Differenz) zu problematisieren, in: D. Benner: Theorie und Praxis. Systemtheoretische Betrachtungen zu Hegel und Marx. Wien 1966, insbesondere die Ausführungen zur „Frage nach dem Prinzip“, S. 43 ff. sowie S. 163 ff.

die menschliche Koexistenz. Dass der Mensch Mensch wird durch Erziehung, wurde zwar erst in der Moderne von Rousseau, Kant, Fichte, Herbart und Schleiermacher auf einen Begriff gebracht, der mit den Prinzipien der Bildsamkeit und der Aufforderung zur Selbsttätigkeit argumentiert. Die begriffliche Fassung dieser Prinzipien als konstitutiver Kategorien menschlicher Koexistenz besagt jedoch gerade nicht, dass der Mensch erst seit ihrer Formulierung durch Erziehung Mensch wird, sondern beansprucht die übergeschichtliche Geltung eines historischen Apriori.[3] Ganz in diesem Sinne stellt Kant in der Einleitung zu seiner Vorlesung über Pädagogik fest: „Der Mensch kann nur Mensch werden durch Erziehung. Er ist nichts, als was die Erziehung aus ihm macht. Es ist zu bemerken, dass der Mensch nur durch Menschen erzogen wird, durch Menschen, die ebenfalls erzogen sind".[4] Nur die Einsicht in die fundamentale Notwendigkeit pädagogischen Denkens und Handelns, nicht aber diese Notwendigkeit selbst ist ein geschichtliches Faktum. Das pädagogische Handeln ist keine Erfindung des Menschen in der Geschichte; es ist vielmehr in einer tiefer liegenden, historisch sich wandelnden, selbst aber nicht geschichtlichen Notwendigkeit begründet, in der der Mensch immer schon existiert. Die pädagogische Praxis

3 Die Problemgeschichte des im deutschen Wort „Bildsamkeit" angesprochenen Sachverhalts reicht bis in die Anfänge der altgriechischen Philosophie zurück und lässt sich für alle Epochen unserer Tradition nachweisen; vgl. hierzu D. Benner/F. Brüggen: Bildsamkeit/Bildung. In: Historisches Wörterbuch der Pädagogik, hrsg. von D. Benner und J. Oelkers. Weinheim und Basel 2004, S. 174-215; H. Heid/G. Fink: Begabung. Ebd., S. 146-152.

4 I. Kant: Über Pädagogik. Königsberg 1803, S. 7. Diejenigen, die diese Aussage Kants als ein Bekenntnis zur Allmacht der Erziehung lesen, übersehen erstens, dass hier nicht von der Erziehung des Einzelnen, sondern von der Erziehung des Menschengeschlechts – als einer der schwierigsten Künste – die Rede ist. Sie verkennen zweitens, dass Kant an dieser Stelle nicht von einem unproblematischen, sondern von einem problematischen Verhältnis von Erziehung und Sozialisation spricht. Drittens neigen sie zu dem Missverständnis, das „nur" in Kants Aussage beziehe sich exklusiv auf Erziehung. Kant wollte hingegen mit dieser Aussage betonen, dass für die Menschwerdung des Menschen die Erziehung schlechterdings konstitutiv ist, nicht aber in Frage stellen, dass die Bildung des Menschen nicht allein durch Erziehung, sondern ebenso durch die anderen grundlegenden Praxisformen erfolgt. Der Satz: „Er ist nichts, als was die Erziehung aus ihm macht" meint also gerade nicht eine totale Determiniertheit der Erziehung der Einzelnen durch die vorausgegangene und schon abgeschlossene Erziehung ihrer Erzieher, sondern bereitet die Explikation des Problems einer vernünftigen Erziehung vor.
Mein Versuch, Prinzipien pädagogischen Denkens und Handelns zu ordnen, lehnt sich mit der Einteilung dieser Prinzipien in konstitutive und regulative Grundbegriffe an Kants Unterscheidung zwischen konstitutiven und regulativen Prinzipien an, ohne jedoch dieser Unterscheidung, die zudem bei Kant nicht immer dieselbe ist, streng zu folgen. Die Bezeichnung „konstitutive" Prinzipien verwende ich in dem Sinne, in dem Humboldt die Sprache als ein historisches Apriori verstanden hat. Die regulativen Prinzipien verweisen dagegen auf das, was Kant in seiner Lehre vom höchsten Gut behandelt.

ist so alt wie der Mensch, und eine Zukunft ohne pädagogische Praxis wäre nur denkbar als eine Zukunft ohne den Menschen.

Die beiden anderen Prinzipien pädagogischen Denkens und Handelns, dasjenige der *Überführung gesellschaftlicher Determination in pädagogische Determination* und dasjenige der Ausrichtung der menschlichen Gesamtpraxis an der Idee einer *nicht-hierarchischen und nicht-teleologischen Ordnung der menschlichen Gesamtpraxis*, sind nicht im gleichen Sinne historische und über-historische Prinzipien wie die beiden konstitutiven Prinzipien. Ihre Formulierung konnte erst nach der begrifflichen Klärung der beiden konstitutiven Prinzipien gelingen und bezieht sich auf Aufgaben, um die erst seit der Entdeckung der kategorialen Grundstruktur pädagogischen Denkens und Handelns gewusst wird und die es auch erst seitdem gibt. Eine übergeschichtliche Bedeutung kommt den Prinzipien einer Überführung gesellschaftlicher in pädagogische Determination und eines nicht-hierarchischen Verhältnisses der pädagogischen Praxis zu den anderen Formen menschlicher Praxis nicht im Sinne eines historischen Apriori, sondern im Sinne eines historischen Aposteriori zu. Sie sind nicht konstitutive Prinzipien pädagogischen Denkens und Handelns, sondern regulative Prinzipien und beziehen sich auf die Stellung der pädagogischen Praxis im Rahmen der ausdifferenzierten menschlichen Gesamtpraxis. Zwischen der historisch-apriorischen Geltung der beiden ersten und der historisch-aposteriorischen Geltung der beiden folgenden Prinzipien besteht somit ein eigentümlicher Zusammenhang. Nach der geschichtlichen Entdeckung der konstitutiven Prinzipien ist deren Anerkennung zurückgebunden an eine gleichzeitige Anerkennung der regulativen Prinzipien.

Durch die Rede von historischer Apriorizität und Aposteriorizität soll die abstrakte Gegenüberstellung einer vermeintlich reinen, übergeschichtlichen und transzendentalen Apriorizität und einer historischen, bloß empirischen Aposteriorizität vermieden werden. Der Hinweis auf die Historizität aller vier Prinzipien will darauf aufmerksam machen, dass eine rein prinzipienwissenschaftliche Formulierung von Prinzipien aufgrund des Verweisungszusammenhangs von Prinzip und Prinzipiiertem gar nicht möglich ist. Die Unterscheidung zwischen der apriorischen Geltung der konstitutiven Prinzipien und der aposteriorischen Geltung der regulativen Prinzipien legt diesen Zusammenhang dahingehend aus, dass die Formulierung der konstitutiven Prinzipien pädagogischen Denkens und Handelns eine unerlässliche Voraussetzung für die Verständigung über regulative Prinzipien darstellt und dass letztere seitdem die Verständigung über erstere regulieren.

3.1 Die konstitutiven Prinzipien pädagogischen Denkens und Handelns

3.1.1 Zum historisch-gesellschaftlichen Entdeckungskontext der konstitutiven Prinzipien

Die begriffliche Formulierung der konstitutiven Prinzipien pädagogischen Denkens und Handelns, von der nun die Rede sein wird, ist untrennbar an die neuzeitliche Erfahrung gebunden, dass der Mensch seine Bestimmung durch Erziehung findet und gewinnt. Sie ist nicht eine Entdeckung Einzelner, sondern eine geschichtliche Erfahrung, die erst im Kontext der Entstehung der neuzeitlichen bürgerlichen Gesellschaft möglich wurde und eng mit der seit dem Ende des 18., Anfang des 19. Jahrhunderts diskutierten modernen Freiheits- und Gleichheitsfrage zusammenhängt.

Die feudalistische Gesellschaft kannte noch nicht das Problem individueller Gleichheit und Ungleichheit im modernen Sinne. In ihr bestimmte sich die Gleichheit und Ungleichheit der Individuen nach dem Stand, dem ein jeder von Geburt her angehörte. Erst die bürgerliche Gesellschaft, welche ihrer Idee nach alle Standesschranken negieren und eine Gesellschaftsordnung freier, brüderlicher und gleicher Individuen begründen will, kennt das Problem individueller Gleichheit und Ungleichheit. Indem sie über die individuelle Leistungsfähigkeit und Leistungsförderung die Aufhebung der Standesschranken und eine Gleichheit aller Menschen ohne Ansehen ihrer Geburt und ihres Standes anstrebt, wird ihr das Gleichheitspostulat sowohl zum politischen, ökonomischen, ethischen als auch zum pädagogischen Problem. Die Frage, wie sich die faktische Ungleichheit der Menschen unter dem Gleichheitspostulat legitimieren lasse, führte im Anschluss an die Französische Revolution nicht nur zur Entwicklung der modernen Soziologie, sondern bestimmt spätestens seit Rousseaus „Abhandlung über den Ursprung und die Grundlagen der Ungleichheit unter den Menschen" auch die pädagogische Diskussion.[5]

Nachdem die Ungleichheit der Menschen auch nach den bürgerlichen Revolutionen und selbst nach Einführung der Demokratie und eines öffentlichen Schul- und Ausbildungssystems nicht verschwand, entstanden unterschiedliche Versuche, die Reproduktion von Ungleichheit wissenschaftlich zu erklären. Aus der aufklärerischen Frage, ob die Menschen von Natur aus gleich oder ungleich sind, wird in der bürgerlichen Gesellschaft die Frage,

5 Vgl. insbesondere die Unterscheidungen zwischen natürlicher oder physischer und moralischer oder politischer Ungleichheit sowie die Differenzierung zwischen theoretischen und praktischen Ansätzen zur Untersuchung der Frage nach den Ursachen und der Legitimität von Ungleichheit unter den Menschen in J.-J. Rousseau: Diskurs über die Ungleichheit (1755). Kritische Ausgabe des integralen Textes, neu ediert, übersetzt und kommentiert von H. Meier, Paderborn 1984, insbesondere S. 66 f. und S. 48 f., S. 60 f.

ob die Leistungsfähigkeit der Individuen anlagendeterminiert oder umweltdeterminiert ist. Während Biologie, Psychologie und Soziologie diese Frage bis heute durch eine Identifikation und Verrechnung anlagen- und umweltdeterminierter Ursachen zu beantworten suchen, gab die moderne Pädagogik dieser Frage eine ganz andere Wendung. Sie entwickelte die bereits genannten konstitutiven Prinzipien der *Bildsamkeit* und der *Aufforderung zur Selbsttätigkeit* und machte die Klärung der Gleichheits- und Ungleichheitsproblematik davon abhängig, dass es gelingt, einen pädagogischen Umgang mit dieser Problematik zu entwickeln, welcher diesen Prinzipien verpflichtet ist.

Die Bedeutung der beiden inzwischen klassisch zu nennenden Prinzipien pädagogischen Denkens und Handelns liegt u. a. darin, dass sich von ihnen her Denk- und Handlungsmöglichkeiten bestimmen lassen, die den Vorstellungen einer durch Anlagen- oder Umweltdetermination verursachten Gleichheit oder Ungleichheit unter den Menschen sowohl in theoretischer als auch in praktischer Hinsicht überlegen sind. Im Rückgriff auf Argumente aus der Tradition und im Anschluss an neuere Diskussionen lässt sich nachweisen, dass die Frage nach einer anlagen- und umwelttheoretischen Erklärung menschlicher Gleichheit und Ungleichheit nicht nur unentschieden, sondern grundsätzlich unentscheidbar, mithin unfruchtbar und in handlungstheoretischer und wissenschaftlicher Hinsicht obsolet ist.[6]

Auf die Frage, ob die Gleichheit und Ungleichheit der Menschen anlagen- oder umweltbedingt ist, gibt es bis heute zwei Antworten, die zuweilen im Streit miteinander liegen. Beide klammern die geschichtliche Erfahrung, dass der Mensch durch Erziehung erst seine jeweilige Bestimmtheit erlangt, weitgehend aus oder leugnen sie sogar. Die eine Position ist beseelt von der Hoffnung auf eine Gesellschaft gleicher und freier Menschen. Ihre Argumentationsweise lässt sich als pädagogisch-naiv umschreiben. Sie geht von der Annahme einer anlagenmäßigen Gleichheit aller Menschen aus und nimmt an, nach Überwindung der die Menschen trennenden Standesschranken und nach Aufhebung der Ungleichheit verursachenden Umweltverhältnisse werde sich zeigen, wie gleich die Menschen wirklich sind. Die andere Position argumentiert politisch-pragmatisch. Sie geht von einer anlagenbedingten Ungleichheit aller Menschen aus und gründet auf diese Annahme ihre Hoffnung, nach Aufhebung der Standesschranken und nach Überwindung der Hindernisse, die eine freie Entfaltung der Individuen erschweren,

6 Zur Unentscheidbarkeit dieser Frage siehe: F. Schleiermacher: Theorie der Erziehung. Die Vorlesungen aus dem Jahre 1826. In: Ders.: Ausgewählte pädagogische Schriften, hrsg. von E. Lichtenstein. Paderborn 1959, S. 48 und S. 51. Zu demselben Resultat gelangt auf ganz anderem Wege H. Heid in seiner Studie: Über die Entscheidbarkeit der Annahme erbbedingter Begabungsgrenzen. In: Die Deutsche Schule 77 (1985) S. 101-109.

werde sich eine gerechte Gesellschaftsordnung herausbilden, in der sich zeige, wie ungleich die Menschen wirklich sind.

Stellt man für beide Positionen einmal gegenüber, von welchen Prämissen sie ausgehen, welche Korrekturmaßnahmen sie empfehlen und welche Resultate sie erwarten, so wird man – jedenfalls auf den ersten Blick – keiner von ihnen eine gewisse Plausibilität absprechen.

	Prämissen hinsichtlich vorgegebener		Empfohlene Maßnahmen zur Korrektur der Ungleichheit erzeugenden Umwelteinflüsse	Erwartete Resultate
	Anlagen	Umwelt		
Pädagogisch-naive Position	gleich	ungleich	Aufhebung der Standesschranken und Herstellung von Chancengleichheit	zeigen, wie gleich die Menschen wirklich sind
Politisch-pragmatische Position	ungleich	ungleich		zeigen, wie ungleich die Menschen wirklich sind

Beide Positionen stimmen in ihren Annahmen zur Umweltdetermination und in ihren Empfehlungen zur Korrektur der Ungleichheit erzeugenden Umwelteinflüsse völlig überein. Sie unterscheiden sich lediglich in ihren Prämissen bezüglich einer gleichen oder ungleichen Anlagenausstattung der Menschen. Dies könnte Anlass zu der Vermutung geben, die divergenten Annahmen beider Positionen ließen sich ohne weiteres an den Ergebnissen überprüfen. Zeigte sich nach Überwindung der Ungleichheit erzeugenden Umwelteinflüsse, wie gleich die Menschen wirklich sind, so wäre die pädagogisch-naive Position vorläufig verifiziert, die politisch-pragmatische hingegen falsifiziert. Träte hingegen der umgekehrte Fall ein und zeigte sich, wie verschieden die Menschen sind, so erschiene die politisch-pragmatische Position als vorläufig verifiziert, die pädagogisch-naive hingegen als falsifiziert. Die Hoffnung, der Streit zwischen beiden Positionen lasse sich auf diese Weise entscheiden, ist jedoch unbegründet und trügerisch. Im Streit miteinander unterliegt nämlich die pädagogisch-naive Position, ohne dass hierdurch die Richtigkeit der politisch-pragmatischen Position bestätigt würde, denn diese verdankt ihre Überlegenheit keineswegs sich selbst, sondern Anstrengungen, die von der pädagogisch-naiven Position ausgehen.

Auf die faktische Überlegenheit der politisch-pragmatischen Position gegenüber der pädagogisch-naiven hat der Philosoph H. Lübbe hingewiesen, ohne freilich die von der Pädagogik an beiden Positionen seit langem entwickelte handlungstheoretische Grundlagenkritik zu berücksichtigen. Chancengleichheit interpretiert er als eine „Forderung der Gerechtigkeit", welche keineswegs zur Gleichheit, sondern zur Legitimation von Ungleichheit unter den Menschen führe. Der pädagogisch-naiven Position hält er entgegen:

„Auf allen Ebenen sozialer Interaktion ist Chancengleichheit nichts anderes als ein Prinzip individueller Differenzierung. Das heißt: wo wirklich Chancengleichheit hergestellt ist – dort zeigt sich, wie verschieden die Individuen wirklich sind. Chancengleichheit ist, um es krasser zu formulieren, ein sozialer Selektionsmechanismus. Gleichheit setzt, freundlicher gesagt, Unterschiede frei." Als Konsequenz dieses Sachverhalts führt Lübbe weiter aus: „Individuelle Differenzierung durch Chancengleichheit – das bedeutet dann aber auch Wettbewerb, Konkurrenz, Leistungsdifferenzierung, und es bedeutet schließlich die Herausbildung einer sozialen Differenzierung in der Konsequenz unterschiedlicher Prämienzuweisung, die in Angemessenheit an die Unterschiedlichkeit dessen, was Menschen können und leisten, als gerecht angesehen werden. Wer diese Differenzierungsfolgen realisierter Chancengleichheit nicht will, hätte nicht Standesschranken zerbrechen dürfen; hinter diesen lebt es sich, insoweit, tatsächlich bequemer. Chancengleichheit setzt politisch und moralisch die Anerkennung der Differenzierungsfolgen voraus, die mit ihrer Realisierung unvermeidlich verknüpft sind, und nur unter der Bedingung dieser Anerkennung werden diese Differenzierungsfolgen erträglich."[7]

Die hier angesprochene faktische Überlegenheit der politisch-pragmatischen Position gegenüber der pädagogisch-naiven ist jedoch keine legitime, sondern eine erborgte. Denn die am Nachweis, wie ungleich die Menschen wirklich sind, interessierte politisch-pragmatische Position gewinnt ihre legitimatorische Kraft nicht aus sich selbst, sondern verdankt diese dem Scheitern der pädagogisch-naiven Position und deren Bemühen, unter der Annahme einer anlagenmäßigen Gleichheit der Menschen zu zeigen, wie gleich die Menschen wirklich sind. Der Nachweis „wirklicher" Ungleichheit der Menschen im Sinne der politisch-pragmatischen Position kann nur gelingen, wenn die Gestaltung der Erziehungs- und Bildungsprozesse nicht von den Prämissen einer anlagenmäßigen Ungleichheit ausgeht, sondern – im Gegenteil – diese Prämisse versuchsweise negiert. Da die politisch-pragmatische Position ihre Überlegenheit jedoch nicht einer Stimmigkeit ihrer Prämissen verdankt, sondern ihre Überzeugungskraft allererst aus dem Scheitern der pädagogisch-naiven Position bezieht, kann aus ihrer faktischen Überlegenheit nicht auf die Richtigkeit oder Falschheit einer der bei-

7 Diese Textstelle wird hier nach dem vom Kultusminister des Landes Baden-Württemberg vervielfältigten Manuskript des Vortrags zitiert, den H. Lübbe am 9./10. Januar 1978 im Rahmen des Bonner Forums „Mut zur Erziehung" gehalten hat. Vgl. hierzu H. Lübbe: Holzwege der Kulturrevolution. In: Mut zur Erziehung. Stuttgart 1978, S. 107-120; siehe auch: D. Benner/F. Brüggen/H.-W. Butterhof/H. von Hentig/H. Kemper: Entgegnungen zum Bonner Forum „Mut zur Erziehung". München 1978, sowie D. Benner: Die fehlende Pädagogik in den Thesen des Bonner Forums „Mut zur Erziehung". In: schweizer schule (72) 1985. Nr. 9. S. 33-39; zur Kritik der Rede von einer sogenannten Chancengerechtigkeit siehe H. Heids Essay: Zur Paradoxie der bildungspolitischen Forderung nach Chancengleichheit. In: Zeitschrift für Pädagogik 34 (1988), S. 1-17.

den Positionen geschlossen werden. Ihr Widerstreit erweist sich damit als das, was er ist, nämlich als ein Widerstreit ideologischer Prämissen, die für eine pädagogische Interpretation des Problems der Gleichheit und Ungleichheit der Menschen letztlich untauglich sind. Statt den Kampf beider Positionen ständig zu wiederholen und neu zu inszenieren, käme es darauf an, die Prämissen beider Positionen zu prüfen und die Geltung der in ihnen verwendeten Grundbegriffe zu problematisieren.

Die Frage, ob die Gleichheit oder Ungleichheit der Menschen anlagen- oder umweltdeterminiert zu erklären sei, beantwortete die kritische Tradition bürgerlicher Pädagogik, indem sie die Anlagen- oder Umwelteinflüsse keineswegs leugnete, wohl aber zeigte, dass sich aus solchen Annahmen keinerlei Kriterien und Orientierungen für die pädagogische Praxis ableiten lassen. Handlungstheorien, die mit den Grundbegriffen einer Anlagen- und Umweltdetermination argumentieren, begehen Prinzipienfehler. Sie subsumieren die pädagogische Praxis unter Kategorien einer biologischen und soziologischen Lehre vom Menschen und verkennen die konstitutive Bedeutung, die der pädagogischen Praxis für einen kategorial begründeten Begriff des Menschen zukommt. Wer pädagogische Prozesse unter den Kategorien einer Anlagenbedingtheit und Umweltdetermination beschreibt und analysiert, unterstellt damit ja immer schon, die Bestimmtheit, die Menschen erlangen, sei ein Resultat teils von den Anlagen, teils von der Umwelt ausgehender Einflüsse und Wirkungen. Auf sich selbst angewandt und zur Erklärung dessen herangezogen, was Theoretiker eigentlich tun, wenn sie solche Theoreme aufstellen und überprüfen, müssten die Anhänger solcher Theorien eigentlich zugestehen, dass ihre Theorien nicht nur die Verschiedenheit der Menschen als anlagen- und umweltdeterminiert erklären, sondern selbst anlagen- und umweltbedingt sind. Ob jemand eher der Annahme einer anlagenbedingten Gleichheit und Ungleichheit der Menschen zuneigt und wie jemand die Relevanz umweltbedingter Einwirkungen einschätzt, müsste den Basisannahmen dieser Theorien zufolge wiederum auf Naturanlagen oder Umwelteinflüsse oder, wie auch immer gesplittet, auf beide zugleich zurückzuführen sein.

Denkt man Theorien, welche die Verschiedenheit der Menschen auf Anlagen- und Umwelteinflüsse zurückzuführen suchen, in der angedeuteten Weise zu Ende, so zeigt sich ihr naturalistischer Fehlschluss. Sie gehen von der in der neuzeitlichen bürgerlichen Gesellschaft geschichtlich entstandenen praktischen Frage nach einer politischen, pädagogischen und ethischen Verständigung über die Gleichheit und Verschiedenheit der Menschen aus, unterstellen dann jedoch, diese Fragen ließen sich wissenschaftlich durch eine Erforschung der Anlagen- und Umwelteinflüsse klären. Sie reduzieren auf diese Weise den Horizont der politischen, ethischen und pädagogischen Frage nach der Gleichheit und Verschiedenheit der Menschen auf das, was Biologie, Psychologie und Soziologie als anlagen- und umweltbedingte Einflüsse und Wirkungen ausmachen können. Der naturalistische Fehlschluss liegt hierbei darin, dass politische, pädagogische und ethische Fragen unter Kategorien einer durch Naturanlagen und Umwelteinflüsse bedingten Bestimmtheit der Menschen erörtert werden, unter denen diese Fragen als praktische Fragen weder fassbar noch diskutierbar sind.[8]

Es ist ein bleibendes Verdienst der modernen bürgerlichen Pädagogik von Rousseau über Kant bis zu Humboldt, Herbart und Schleiermacher, diesen naturalistischen Fehlschluss aufgedeckt und gezeigt zu haben, dass die Grundbegriffe einer Anlagen- und Umweltdetermination nicht Grundbegriffe einer handlungstheoretisch argumentierenden Lehre vom Menschen sind. Die Anlage- und Umweltkategorien abstrahieren nämlich von der Tatsache, dass die individuelle und gesellschaftliche Bestimmtheit eines Menschen niemals unmittelbares Resultat einer genetischen und/oder umweltbedingten Determination ist, sondern durch die individuelle und gesellschaftliche Praxis hervorgebracht wird. Gerade weil die Bestimmung und Bestimmtheit des Menschen durch menschliche Praxis hervorgebracht wird, darf und kann niemals von einer Bestimmtheit des Menschen – außer in pathologischen Grenzfällen – auf eine Anlagen- und Umweltdetermination zurückgeschlossen werden. Wo immer sich Besonderheiten, Bestimmtheiten und Eigentümlichkeiten eines Menschen zeigen, haben auf diesen weder nur „seine" Anlagen, noch irgendwelche Umwelteinflüsse und auch nicht einfach beide zugleich eingewirkt, sondern haben immer schon Menschen miteinander in Situationen gehandelt, die geschichtlich entstanden und mithin für eine weitere intersubjektive Verständigung offen sind.

Rousseau zog aus der von ihm im Zweiten Diskurs vorgenommenen Unterscheidung zwischen naturhistorischen und praktischen Betrachtungsarten die Konsequenz, dass wir aus prinzipiellen Gründen nicht wissen können, was uns die Natur zu sein erlaubt. Schleiermacher suchte zu zeigen, dass die naturalistische Frage nach einer anlagen- und/oder umweltbedingten Gleichheit oder Ungleichheit der Menschen „unentschieden" ist und wohl für immer unentscheidbar bleiben wird. Als Begründung für diese Auffassung führte er aus, dass sich Eigentümlichkeiten von Menschen immer erst nach vorausgegangenem individuellen und interaktiven Handeln zeigen. Wäre in der vorausgegangenen Praxis anders gehandelt worden, so hätten sich auch andere Bestimmtheiten gezeigt.[9] Spätestens seit Schleiermacher

8 Vgl. hierzu die Problematisierung und Begrenzung der Ergebnisse der IQ-Forschung in dem Essay von V. Braitenberg: Gescheit sein. In: Kursbuch 80. Mai 1985, S. 5-9.

9 Vgl. Rousseaus Rede von der Unkenntnis der Natur des Menschen. Im Zweiten Diskurs führt er aus, es sei „kein geringes Unterfangen zu unterscheiden, was in der aktuellen Natur des Menschen natürlich und was künstlich ist, und einen Zustand richtig zu erkennen, der nicht mehr existiert, der vielleicht nie existiert hat, der wahrscheinlich niemals existieren wird und von dem zutreffende Begriffe zu haben dennoch notwendig ist, um über unseren gesellschaftlichen Zustand richtig zu urteilen. … Es ist diese Unkenntnis der Natur des Menschen (ignorance de la nature de l'homme), die soviel Unsicherheit und Dunkelheit auf die wahre Definition des Naturrechts wirft"

lässt sich die pädagogische Praxis nicht mehr auf „anthropologische Voraussetzungen“ gründen, die von naturalistischen Grundannahmen ausgehen und die über Praxis vermittelte Bestimmtheit des Menschen nicht fassen können. Darum lässt sich Pädagogik – ebenso wie Ethik und Politik – nicht in einer Anthropologie fundieren, die hinter den Praxisbegriff zurückfällt. Vielmehr ist die Pädagogik anthropologisch nur insofern begründbar, dass sie selbst ein unverzichtbarer Teil der neuzeitlichen Lehre vom Menschen ist.[10]

Der nicht abreißende Streit darüber, ob die menschliche Entwicklung überwiegend durch Anlagen- oder durch Umwelteinflüsse bestimmt sei, erscheint vor dem Hintergrund dieser Einsichten obsolet.[11] So ist beispielsweise die von A. R. Jensen vertretene Auffassung, die Intelligenzentwicklung sei empirisch nachweisbar zu 75 Prozent anlagendeterminiert, zu 24 Prozent umweltdeterminiert und nur zu einem Prozent interaktionsdeterminiert, sowohl in wissenschaftlicher als auch in handlungstheoretischer Hinsicht unhaltbar und unsinnig.[12] Sie geht auf Kategorienfehler zurück und

---

wirft“ (Rousseau: Diskurs über die Ungleichheit, a. a. O., S. 47 ff.). In seinem pädagogischen Hauptwerk *Emile oder Von der Erziehung* legt er dies so auf das Problem der Erziehung aus: „Ich weiß nicht, dass irgendein Philosoph dreist genug gewesen wäre zu sagen: Das ist das Ziel, das der Mensch erreichen und nicht überschreiten kann. Wir wissen nicht, was uns unsere Natur zu sein erlaubt. (Nous ignorons ce que nôtre nature nous permet d’être.) Keiner von uns hat den Abstand gemessen, der sich zwischen dem einen und dem anderen Menschen finden kann.“ (J.-J. Rousseau: *Emile oder Von der Erziehung*. In der deutschen Erstübertragung von 1762. München 1979, S. 45 f.) Schleiermacher schließt hieran in seiner These von der Unentschiedenheit der menschlichen Naturanlagen im Rahmen seiner Vorlesungen aus dem Jahre 1826 an; siehe F. Schleiermacher: Theorie der Erziehung, a. a. O., S. 46 ff., S. 69 ff.

10 Vgl. hierzu auch die Beiträge von B. Dieckmann, M. Wimmer, Ch. Wulf und J. Zirfas in dem von Ch. Wulf herausgegebenen Band: Anthropologisches Denken in der Pädagogik. 1750-1850. Weinheim 1996.

11 Neuere Einsichten der Biologie deuten an, dass biologische Theorien und Erkenntnisse – vielleicht erstmals in der Wissenschaftsgeschichte – ohne Belastung durch naturalistische Fehlschlüsse an pädagogische Problemstellungen und Einsichten anschlussfähig sein könnten. So werden in der Evolutionsbiologie Hypothesen diskutiert und ansatzweise experimentell überprüft, denen zufolge neuronale Vernetzungen nicht länger als bloße Voraussetzungen und Determinanten möglicher Lernprozesse anzusehen, sondern zugleich als Resultate einer lernenden Verarbeitung von Außenreizen zu interpretieren sind. Es bleibt freilich noch abzuwarten, ob es dieser Forschungsrichtung gelingen wird, nicht nur quantitative, sondern auch qualitative Differenzen zwischen dem Lernen von Tieren und menschlichen Lehr-Lernprozessen zu identifizieren. Vgl. hierzu I. B. Black: Symbole, Synapsen und Systeme: Die molekularen Biotope des Geistes. Heidelberg 1993.

12 Vgl. A. R. Jensen: Wie sehr können wir Intelligenzquotient und schulische Leistung steigern? In: H. Skowronek (Hrsg.): Umwelt und Begabung. Stuttgart [2]1976, S. 97 f.; vgl. hierzu auch: H. Skowronek: Begabung. In: Enzyklopädie Erziehungswissenschaft. Band 1. Stuttgart 1983, S. 329-334. Im Unterschied zu behavioristischen An-

führt, wo sie in den Rang einer ernst zu nehmenden Erkenntnis erhoben wird, zu einer naturalistischen Verkürzung der Aufgaben und Möglichkeiten pädagogischen Handelns. Thesen, wie die von Jensen vertretenen, lassen sich angesichts der Geschichtlichkeit und Unwiederholbarkeit pädagogischer Handlungsvollzüge an individuellen Fällen empirisch nicht überprüfen. Als allgemeine Aussagen mit Anspruch auf eine statistische Relevanz dienen sie in der Regel rassistischen Ideologien, indem sie – wie bei Jensen selbst – durch die Reduktion des Einflusses der pädagogischen Praxis auf ein Prozent Interaktionsdetermination Bildungskonzepte favorisieren, die das Faktum individueller und gesellschaftlicher Bevorzugung und Benachteiligung von Einzelindividuen und Gruppen schlicht leugnen oder – wie bei Jensens Lehrer Burt – in Erwägung ziehen, die Gesamtintelligenz eines Volkes dadurch zu steigern, dass den „dümmeren" Schichten Prämien für Sterilisation und Kastration gewährt werden.[13]

Jensens Aufteilung der Gesamtdetermination menschlicher Intelligenz in 75 Prozent Anlagendetermination, 24 Prozent Umweltdetermination und 1 Prozent Interaktionsdetermination ist nicht deshalb wissenschaftlich unhaltbar, weil es darauf ankäme, irgendeine andere Gesamtverteilung zu errechnen und zum Beispiel ein Ergebnis anzustreben, welches 24 Prozent Anlagendetermination, 75 Prozent Umweltdetermination und 1 Prozent Interaktionsdetermination als wissenschaftlich abgesicherte Erklärung der Verschiedenheit der Menschen ausgibt. Die Fehlschlüsse soziologischer Umwelttheorien sind auch dann, wenn man für sie mehr Sympathie aufbringen zu können meint, demselben Kategorienfehler verhaftet, weil sie die Einflüsse von Anlagen und Umwelt auf einer Ebene mit den Wirkungen menschlicher Interaktion verrechnen und zusammen auf hundert Prozent addieren. Derselbe Kategorienfehler läge darum auch dann vor, wenn wir z.B. annähmen, die Gleichheit und Verschiedenheit der Menschen lasse sich auf

---

sätzen können interaktionistische Ansätze die handlungstheoretischen Einsichten der Tradition leichter in sich aufnehmen, dies aber auch nur dann, wenn sie die Determinanten menschlichen Lernens nicht auf hundert Prozent auslegen und die Sinndifferenz von empirischer Forschung und Handlungstheorie nicht überspringen. Vgl. hierzu P. Helbig: Begabung im pädagogischen Denken. Weinheim 1988; A. Krapp: Anlage und Umwelt. In: R. Asanger/W. Wenninger (Hrsg.): Handwörterbuch der Psychologie, München [4]1988, S. 37-42; A. Krapp: Intelligenz und Begabung, ebd. S. 315-321; zur nicht minder irrigen Auffassung, Menschen seien „beliebig" zu „bilden" und zu „formen" wie „ein weißes Papier oder Wachs" und die Erziehung könne aus ihnen machen, was sie wolle, siehe J. Locke: Gedanken über Erziehung. Stuttgart 1970, S. 268.

13 Vgl. hierzu C. Burt: Intelligenz and social mobility. In: British Journal of Statistical Psychology 14 (1961) S. 3-24.; Ders.: The Genetic Determination of Differences in Intelligence: A Study of Monozygotic Twins Reared Together and Apart. In: British Journal of Statistical Psychology 57 (1966) S. 137-153; R. B. Joynson: The Burt affair. London/NewYork 1989.

1 Prozent Anlagendetermination, 1 Prozent Umweltdetermination und 98 Prozent Interaktionsdetermination zurückführen.

Aus pädagogischer Sicht müssen wir uns davon distanzieren, Annahmen einer Anlagendetermination für reaktionär, Annahmen einer womöglich dominanten und veränderlichen Umweltdetermination dagegen für fortschrittlich zu halten. Beide Annahmen sind vielmehr parapädagogisch.[14] Die Bestimmung des Menschen ist nicht anlagendeterminiert, denn seine Imperfektheit beruht gerade darauf, dass er seine Bestimmung selbst hervorbringen kann und muss. Sie ist auch nicht umweltdeterminiert, denn die dem Menschen gegebene Welt ist nicht eine ihn umgebende Umwelt, sondern eine von ihm erfahrene, interpretierte und mitgestaltete Welt. Hieraus folgt, dass die Kategorie der Anlagendetermination zur Bestimmung der individuellen Möglichkeiten pädagogischer Praxis ebenso wenig taugt wie die Kategorie der Umweltdetermination zur Bestimmung ihrer gesellschaftlichen Seite. An die Stelle des Begriffs der Anlagendetermination tritt vielmehr in pädagogischer Argumentationen das Prinzip der Bildsamkeit, an die Stelle des Begriffs der Umweltdetermination das Prinzip der Aufforderung zur Selbsttätigkeit.

3.1.2 Das Prinzip der Bildsamkeit als Bestimmtsein des Menschen zu rezeptiver und spontaner Leiblichkeit, Freiheit, Geschichtlichkeit und Sprachlichkeit

Im § 1 seines Alterswerkes „Umriss pädagogischer Vorlesungen“ stellt Johann Friedrich Herbart, einer der Begründer der klassischen Pädagogik, fest: „Der Grundbegriff der Pädagogik ist die Bildsamkeit des Zöglings“. Unter Bildsamkeit verstand Herbart keine anlagenbedingte Determination der Bestimmung des Menschen, sondern die „Bildsamkeit des Willens zur Sittlichkeit“. Sittlichkeit definierte er nicht als einen Bereich menschlichen Handelns neben anderen, sondern als „ganzen Zweck des Menschen und der Erziehung“.[15] Darum können wir uns hier auf Herbart berufen, wenn wir seinen Begriff der „Bildsamkeit des Willens zur Sittlichkeit“ als Be-

14 Den Begriff parapädagogisch habe ich von Wolfgang Fischer übernommen, der normativ-technologische Vorstellungen von pädagogischem Handeln mit der ihnen fehlenden Skepsis hinsichtlich einer zweckrationalen Legitimierbarkeit von Erziehungszielen, -mitteln und -organisationen konfrontiert und den Mangel der hier gebotenen Skepsis als „parapädagogisch“ bezeichnet. Vgl. W. Fischer: Schule als parapädagogische Organisation. Kastellaun 1978; siehe auch: Ders.: Die skeptische Methode kann pädagogisch nicht entbehrt werden. In: Vierteljahrsschrift für wissenschaftliche Pädagogik 58 (1982) S. 311-326.

15 J. F. Herbart: Umriss pädagogischer Vorlesungen (1835/1841). In: J. F. Herbart. Pädagogische Schriften, hrsg. von W. Asmus. Band 3. Düsseldorf/München 1965, S. 165; vgl. auch G. Buck: Herbarts Grundlegung der Pädagogik, Heidelberg 1985; W. Böhm: Bildsamkeit und Bildung. In: Vierteljahrsschrift für wissenschaftliche Pädagogik 64 (1988) S. 395-415; D. Benner/F. Brüggen: Bildsamkeit/Bildung, a. a. O.

stimmtsein des Menschen zur Mitwirkung an der menschlichen Gesamtpraxis und mithin als Bildsamkeit zur rezeptiven und spontanen Leiblichkeit, Freiheit, Geschichtlichkeit und Sprache menschlicher Praxis fassen.

Mit dem Begriff der Bildsamkeit wandte sich Herbart gegen die Ideologien einer fatalistischen Umwelt- und genetischen Anlagendetermination der Bestimmung des Menschen: „Philosophische Systeme, worin entweder Fatalismus oder transzendentale Freiheit angenommen wird, schließen sich von selbst von der Pädagogik aus. Denn sie können den Begriff der Bildsamkeit, welcher ein Übergehen von der Unbestimmtheit zur Festigkeit anzeigt, nicht ohne Inkonsequenz in sich aufnehmen“.[16] Hierzu ist der Anlagenbegriff nicht in der Lage, der die pädagogische Praxis als konstitutives Moment der Menschwerdung leugnet und eine Bestimmtheit des Menschen durch sogenannte Naturanlagen annimmt – seien es solche zum Guten oder Bösen, seien es kognitive, affektive, pragmatische oder solche im Hinblick auf besondere Tätigkeiten. Dagegen erkennt das Prinzip der Bildsamkeit die Bestimmbarkeit des Menschen durch Praxis ausdrücklich an, indem es die Unbestimmtheit der menschlichen Bestimmung zum Ausgangspunkt pädagogischer Verantwortung erhebt. Im Unterschied zum Anlagenbegriff meint Bildsamkeit keine vorgegebene genetische Prägung der Bestimmung des Menschen und auch keine vorgegebene Bestimmtheit der Heranwachsenden nach Maßgabe von Umwelteinflüssen. Bildsamkeit ist ebenso wenig eine Eigenschaft der Zu-Erziehenden im Sinne monologischer Lern- und Entwicklungstheorien wie eine Bestimmtheit der Situation, des Milieus, der Klassenlage. Bildsamkeit ist vielmehr ein Prinzip der pädagogischen Interaktion, ein Relationsprinzip, das sich auf die pädagogische Praxis als eine individuelle, intersubjektive und intergenerationelle Praxis bezieht und jede Reduktion pädagogischen Handelns zum Erfüllungsgehilfen der Vorsehung im Sinne anlagenbedingter oder umweltbedingter Determinanten negiert.

Damit ist das Prinzip der Bildsamkeit zunächst nur negativ bestimmt. Es besagt, dass wir den der Erziehung Bedürftigen in einer Weise begegnen sollen, dass wir ihnen weder bestimmte Anlagen zu- noch absprechen und auf sie nicht in der Art und Weise einwirken, in der Umwelteinwirkungen Wachstums- und Reifungsprozesse bei Pflanzen und Tieren beeinflussen. Die eigene Bildsamkeit und die eines jeden anderen anerkennen, heißt positiv gewendet, so auf die Erziehungsbedürftigen einzuwirken, dass diese an der Erlangung ihrer Bestimmtheit mitwirken. Was es bedeutet, den Men-

16 J. F. Herbart: Umriss pädagogischer Vorlesungen, a. a. O., S. 165. Herbarts Gleichsetzung transzendentalphilosophischer Aussagen zum intelligiblen Charakter des Menschen (Kant) und zur freien Selbsttätigkeit des Ich (Fichte) mit Annahmen einer genetischen Anlagendetermination ist letztlich unhaltbar. Sie geht auf seine Kritik der Transzendentalphilosophie zurück und verweist auf das Problem der Vermittlung von Transzendentalphilosophie und Empirie. Siehe hierzu: D. Benner (Hrsg.): Johann Friedrich Herbart. Systematische Pädagogik. Band 1: Ausgewählte Texte. Weinheim 1997, S. 34-40; Band 2: Interpretationen. Weinheim 1997, S. 146-153.

schen weder als bildsam aufgrund ihn determinierender Anlagen noch als bildsam aufgrund von Umwelteinflüssen, sondern als bildsam aufgrund pädagogischer Interaktionen zu betrachten, hat Rousseau am Beispiel des Weinens der Kinder verdeutlicht. Im ersten Buch des „Emile“ gibt er folgende Beschreibung der Grundstruktur einer parapädagogischen Interaktion, die im Widerspruch zum Prinzip der Bildsamkeit steht und die Aufgabe der Mitwirkungen der Zu-Erziehenden auf diejenige einer gegenseitigen Fremdbestimmung von Kindern und Erwachsenen verkürzt:

> „Ein Kind schreit, wenn es geboren wird. Seine früheste Kindheit vergeht mit Weinen. Bald wiegt man es und schmeichelt ihm, um es zu beruhigen; bald droht man ihm und schlägt es, um es zum Schweigen zu bringen. Wir tun entweder das, was ihm gefällt, oder wir fordern das, was uns gefällt, wir unterwerfen uns entweder seinen Grillen, oder wir unterwerfen es den unseren. Da gibt es keinen Mittelweg, es muss entweder Befehle geben oder annehmen. Seine ersten Begriffe sind also die Begriffe der Herrschaft und Knechtschaft. Ehe es reden kann, befiehlt es; ehe es etwas tun kann, gehorcht es; und zuweilen züchtigt man es, ehe es seinen Fehler erkennen oder vielmehr einen solchen begehen kann. Auf solche Art gießt man frühzeitig die Leidenschaft in sein junges Herz, die man darauf der Natur zuschreibt; und nachdem man sich Mühe gegeben hat, es boshaft zu machen, beklagt man sich, dass man es so findet.“[17]

Zwischen den von Rousseau geschilderten Extremen einer fremdbestimmten Unterwerfung des kindlichen Willens unter den Willen der Erwachsenen und einer Herrschaft des kindlichen Willens über die Erwachsenen gibt es keinen vernünftigen „Mittelweg“. Die Bildsamkeit des Menschen anerkennen heißt ja nicht, einen Mittelweg zwischen diesen Extremen fremdbestimmter Einwirkung zu suchen und entweder Erwachsene über Kinder oder Kinder über Erwachsene herrschen zu lassen. Die von Rousseau beschriebenen Extreme sind letztlich dadurch definiert, dass in ihnen das Kind nicht an seiner Bestimmung und Bildung mitwirkt, sondern entweder durch den Willen der Erwachsenen fremdbestimmt wird oder gemäß einer schon erlangten Bestimmtheit über diese herrscht. In Rousseaus Beispiel wird das Weinen des Kindes zuweilen unter Androhung oder Ausübung von Gewalt unterdrückt und dem Kind Gehorsam ohne jede tiefere Einsicht abverlangt; oder dem Kind wird sein Weinen zum Mittel, die Zuwendung der erwachsenen Bezugspersonen seinen eigenen Launen zu unterwerfen. In beiden Fällen nutzt die pädagogische Praxis nicht jene Möglichkeiten, die sich dann ergeben, wenn sie dem Prinzip der Bildsamkeit folgt: „Wenn endlich dieses sklavische und tyrannische Kind … in die Welt geworfen wird und dort seine Torheit, seinen Stolz und alle seine Laster zeigt, so lässt es uns das menschliche Elend und verkehrte Wesen beweinen. Man irrt sich; das

17 J.-J. Rousseau: Emile oder Von der Erziehung, a. a. O., S. 25.

ist der Mensch unserer Phantasien: der Mensch der Natur ist anders beschaffen."[18]

Unter dem Menschen der Natur versteht Rousseau den durch seine bildsame Natur unbestimmten Menschen, nämlich die Fähigkeit, Fähigkeiten zu entwickeln.[19] Nach Rousseau gibt es weder verborgene menschliche Anlagen, welche die einen zu Herren, die anderen zu Untertanen bestimmen, noch sind Umwelteinflüsse dafür verantwortlich, dass die pädagogische Praxis gesellschaftliche Herrschaftsverhältnisse produziert bzw. reproduziert. Die Herrschaft der einen und die Knechtschaft der anderen sind vielmehr Resultate einer Praxis, die mit ihren eigenen Möglichkeiten im Widerspruch steht, weil sie diese gleichsam gegen sich selbst gerichtet nutzt. Von der pädagogischen Praxis verlangt Rousseau, sie solle die Bildsamkeit der Zu-Erziehenden interaktiv anerkennen. Wie eine solche Handlungsstrategie im Einzelfall aussehen kann, beschreibt er auf folgende Weise:

> „Die ersten Tränen der Kinder sind Bitten. Wenn man nicht acht darauf gibt, so werden sie bald Befehle. Es fängt damit an, dass sie sich beistehen lassen, und es endet damit, dass sie sich bedienen lassen. Aus ihrer eigenen Schwäche also, aus der anfänglich die Vorstellung ihrer Abhängigkeit entspringt, entsteht darauf der Begriff der Befehlsgewalt und der Herrschaft. Da aber dieser Begriff nicht so sehr durch ihre Bedürfnisse als [vielmehr] durch unsere Dienste hervorgebracht wird, so beginnen sich hier die sittlichen Wirkungen bemerkbar zu machen, deren unmittelbare Ursache nicht in der Natur liegt; und man sieht schon, warum gleich von diesem frühen Alter an viel daran gelegen ist, dass man die geheime Absicht erkennt, welche die Gebärde oder das Geschrei eingibt. Wenn das Kind die Hand mit Macht ausstreckt, ohne etwas zu sagen, so glaubt es, den Gegenstand zu erreichen, weil es den Abstand nicht richtig abschätzt; es ist im Irrtum. Wenn es sich aber beklagt und schreit, indem es die Hand ausstreckt, so irrt es sich wegen des Abstandes nicht mehr; es befiehlt vielmehr dem Gegenstand, sich zu nähern, oder uns, ihm diesen zu bringen. In dem ersten Fall bringe man es langsam und mit kleinen Schritten zu dem Gegenstand; in dem andern tue man nicht einmal, als ob man es verstünde. Je mehr es schreit, desto weniger darf man es hören. Es ist viel daran gelegen, dass man es beizeiten gewöhne, weder den Menschen zu befehlen, denn es ist nicht ihr Herr, noch den Sachen, denn sie verstehen es nicht. Wenn also ein Kind etwas verlangt, was es sieht, und man will es ihm geben, so ist es besser, dass man das Kind zu

18 Ebd., S. 26.

19 Vgl. hierzu die folgende, aus dem Zweiten Diskurs stammende Kennzeichnung der Bildsamkeit als Fähigkeit zur Perfektionierung, als „faculté de se perfectionner; faculté, qui, à l'aide des circonstances, développe successivement toutes les autres, et réside parmi nous tant dans l'espèce, que dans l'individu". In: J.-J. Rousseau: Diskurs über die Ungleichheit, a. a. O., S. 102.

> dem Gegenstande trägt, als dass man die Sache dem Kinde bringt. Es zieht aus dieser Gewohnheit einen Schluss, der seinem Alter gemäß ist, und es gibt kein anderes Mittel, ihm dies beizubringen.“[20]

In pädagogischen Interaktionen, welche die Kategorie der Bildsamkeit als ihr Prinzip anerkennen, erblickt Rousseau die einzige Möglichkeit, wie die pädagogische Praxis der Gefahr eines Widerspruchs mit sich selbst entgehen und die Voraussetzungen, denen sie ihren möglichen Erfolg verdankt, nutzen kann, statt sie zu zerstören. Nur wenn das weinende, noch hilflose Kind durch pädagogische Interaktion in die Lage versetzt wird, „schrittweise“ zu lernen, sich selbst zu helfen und zu dem Gegenstand, den es greifen will, hin zu krabbeln, erfährt es durch die pädagogische Interaktion eine auf seine Mitwirkungsmöglichkeit am eigenen Bildungsprozess ausgerichtete Hilfe und erlernt es nicht die „Hilflosigkeit“ eines herrschaftlichen oder knechtischen Bewusstseins.

Ein zeitnahes Beispiel dafür, wozu eine Missachtung der Bildsamkeit führen kann, findet sich in einer Studie des Schweizer Liedermachers Jürg Jegge mit dem Titel „Dummheit ist lernbar“. Unter den Geschichten aus der Praxis illustriert diejenige des Schülers Heini, der nicht wünschen konnte, besonders eindrucksvoll Jegges These, dass Dummheit – außer vielleicht in bestimmten pathologischen Grenzsituationen – ebenso wenig anlagen- wie umweltdeterminiert ist, sondern unter dem Einfluss pädagogischer Interaktionen erlernt wird, welche die für das Erlernen der Dummheit selbst noch konstitutive Bildsamkeit missachten und auf diese Weise beschädigen und reduzieren.

> „Heini … konnte zum Beispiel nicht wünschen. Kam er zu Besuch und fragte ich ihn beispielsweise: ‚Was möchtest Du trinken, Tee oder Sirup?‘ antwortete er regelmäßig: ‚Ich weiß nicht‘ oder ‚Es ist mir gleichgültig‘. Das sagte er nicht etwa, weil ihm der Unterschied zwischen Tee und Sirup unbekannt gewesen wäre. Er konnte seine eigenen Bedürfnisse, Wünsche usw. weder erkennen noch artikulieren. Vom Anfang unserer Bekanntschaft an versuchte ich in solchen Situationen, ihm bei der Artikulation seines Wunsches zu helfen. So sagte ich etwa: ‚Schau, stell’ Dir einfach eine Tasse Tee vor, Lindenblütengeschmack, warm, süß usw. und nun ein Glas Sirup, Himbeergeschmack, kalt, mit Eis drin. Was möchtest Du lieber trinken?‘ Dann blickte er mich meist ganz hilflos an und fragte: ‚Wovon haben Sie mehr vorrätig?‘ Das tat er nicht etwa, weil er Angst hatte, er würde mangelhaft bewirtet. Er versuchte herauszufinden, was ich wünschte, dass er es wünsche. Noch deutlicher zeigte es sich, wenn man ihn zum Einkaufen schickte. Sagte man etwa zu ihm: ‚Holst Du mir bitte rasch eine Schokolade?‘, so fragte er sofort zurück: ‚Was für eine?‘. Wenn ich dann antwortete: ‚Irgendeine‘, ließ er nicht

20 J.-J. Rousseau: Emile oder Von der Erziehung, a. a. O., S. 52.

locker, bis ich ganz genau die gewünschte Schokolade angegeben hatte."[21]

Heini kann nicht wünschen, weil er in Situationen, in denen Jegge ihm die Freiheit zu wünschen zumutet, stets herauszufinden sucht, was Jegge wünscht, dass er es wünsche. Beziehen wir die Begriffe der Leiblichkeit, Freiheit, Geschichtlichkeit und Sprachlichkeit menschlicher Praxis auf Jegges Bericht über seinen Schüler Heini, der nicht wünschen konnte, so lässt sich vermuten, dass Heini Lernprozesse „hinter sich" hat, in denen seine Fähigkeit, Welt zu erfahren, mit anderen zu interagieren und am eigenen Lern- und Bildungsprozess mitzuwirken, beschädigt worden ist. Jegge beschreibt Heini als jemanden, der fremder Willkür hörig sein möchte, der nur wollen kann, was andere für ihn wollen, und der daher nicht einmal die beschränkte Form der Wahlfreiheit besitzt. Vor die Möglichkeit einer Wahl gestellt, kann er weder zwischen vorgegebenen Alternativen – im Beispiel: „Tee" oder „Sirup" – wählen, noch die Wahl selbst wählen und sich beispielsweise ein Glas Milch oder eine Tasse Kakao wünschen.

Die Ursachen für Heinis Unfähigkeit, eigene Wünsche zu artikulieren, liegen Jegges Bericht zufolge nicht in irgendeiner Beschränktheit seiner Anlagenausstattung, sondern sind solche, die durch vorausgegangene Interaktionen allererst geschaffen wurden. Ein Grund könnte sein, dass Heini nur solche Welterfahrungen erlaubt wurden, die den Weltnormierungen seiner erwachsenen Bezugspersonen entsprachen, ein anderer, dass er nicht als selbständige Person anerkannt, sondern des öfteren abgewiesen oder bestraft wurde, wenn er erste Spuren einer von den Erwartungen seiner Bezugspersonen abweichenden Spontaneität zeigte, und nur dann angenommen wurde, wenn er sich in seinem Verhalten den Erwartungen unterordnete.

Eine pädagogische Interaktion, die auf solche Weise die Bildsamkeit des Heranwachsenden leugnet, beschädigt nicht nur die rezeptive und spontane Leiblichkeit und Freiheit der Lernenden, sondern auch die offene Geschichtlichkeit von Bildungsgängen. Heini steht in der Wirkungsgeschichte weitgehender Fremdbestimmung. Die Möglichkeit eines Lernens aufgrund der Dialektik von Erinnerung und Entwurf ist ihm verstellt. Die Geschichte seines zurückliegenden Bildungsgangs ist ihm zum Fatum geworden. Aufgrund seiner bisherigen Erziehung braucht er stets jemanden, der ihm das jeweils zu Tuende vorschreibt.

---

21 J. Jegge: Dummheit ist lernbar. München 1976, S. 62. Die Anregung, den Zusammenhang der konstitutiven Prinzipien pädagogischen Denkens und Handelns u. a. auch an diesem Beispiel zu verdeutlichen, verdanke ich Klaus Mollenhauer; vgl. die Abschnitte „Bildsamkeit" und „Selbsttätigkeit" in dessen Abhandlung: Vergessene Zusammenhänge. Über Kultur und Erziehung. München 1983, S. 78-113 und S. 114-154, insbesondere S. 101 ff.

Alle Äußerungen Heinis weisen darauf hin, dass er, was die Artikulation eigener Wünsche betrifft, über keine reflektierten Erfahrungen und über keinerlei Konzeption für eigenes, selbst gewähltes Handeln verfügt. Auf die Frage, was er lieber möchte, antwortet er „Ich weiß nicht“ oder „Es ist mir gleichgültig“, und vor die Möglichkeit der Wahl gestellt, erkundigt er sich nach irgendwelchen objektiven Gegebenheiten, welche für die Wünsche seines Gegenübers maßgeblich sein und damit seine Entscheidung bestimmen könnten. So beantwortet er die Frage, ob er lieber Tee oder Sirup trinken wolle, mit der Gegenfrage: „Wovon haben Sie mehr vorrätig?“. Jegge beschreibt Heini als jemanden, der an ihn gerichtete sprachliche Äußerungen nicht im Sinne der Differenz von Gesagtem und Gemeintem, allgemeiner Bedeutung und individuell konkretem Sinn interpretieren und sprachlich mitgeteilte Handlungsspielräume folglich auch nicht für eine individuelle Meinungsfreiheit und Entscheidung nutzen kann, sondern durch immer genauere Rückfragen die ihm zugemutete Meinungsfreiheit zurückweist und zu negieren sucht. Wo immer ihm, wie zum Beispiel beim Einkaufen von Schokolade, ein unerwarteter Handlungs- und Entscheidungsspielraum eingeräumt wird, „ließ er nicht locker, bis … ganz genau die gewünschte Schokolade angegeben“ wurde.

Die pädagogische Praxis hat keine andere Möglichkeit, derartige Reduktionen der Bildsamkeit zu vermeiden, als den der Erziehung Bedürftigen als jemanden zu begegnen, die bildsam im Sinne der rezeptiven und spontanen Leiblichkeit, Freiheit, Geschichtlichkeit und Sprachlichkeit menschlicher Praxis sind. Dies gilt selbst dann, wenn in vorausgegangenen parapädagogischen Interaktionen gegen das Prinzip der Bildsamkeit verstoßen wurde. In der Beschreibung seiner Versuche, Heini „bei der Artikulation“ eigener Wünsche zu helfen, bringt Jegge alle vier für den Begriff der Bildsamkeit maßgeblichen Momente des allgemeinen Praxisbegriffs ins Spiel.

So sucht er bei der Erkundung von Heinis Wünschen an dessen frühere Leiberfahrungen anzuknüpfen, die über Wechselwirkungen von Rezeptivität und Spontaneität vermittelt waren. In dem geschilderten Beispiel tut er dies, wenn er sagt: „Schau, stell’ Dir einfach eine Tasse Tee vor, Lindenblütengeschmack, warm, süß usw., und nun ein Glas Sirup, Himbeergeschmack, kalt, mit Eis drin.“ Jegge hofft in seinen pädagogischen Bemühungen, Heini werde die angesprochenen Dinge und Sachen nicht mehr ausschließlich im Horizont der Belohnungs- und Strafpraktiken seiner erwachsenen Bezugspersonen erinnern, sondern sich die gegenständlichen Welterfahrungen vorstellen, die er früher einmal im Umgang mit Tee und Sirup gemacht hat. Im Lichte dieser Erinnerung soll er dann neu entscheiden, was er in seiner momentanen Situation lieber trinken will.

Bei seinen pädagogischen Bemühungen um Heini geht Jegge so vor, dass er die sprachliche Differenz von Gesagtem und Gemeintem in Mimik, Gestik und verbaler Kommunikation zur Geltung bringt. Wenn er Heini fragt, ob dieser Tee oder Sirup trinken wolle, sagt er, dass diese beiden Getränke zur

Wahl stehen. Er meint jedoch gerade nicht, Heini solle zwischen Tee und Sirup als vorgegebenen Wahlmöglichkeiten wählen, sondern will Heini zur Äußerung einer eigenen Meinung veranlassen. Es geht ihm also gar nicht darum, dass Heini sich für das eine oder das andere entscheidet, sondern darum, dass er einen eigenen Wunsch – und sei es den, gar nichts trinken zu wollen – artikuliert. Er mutet seinem Schüler damit die Freiheit der Praxis zu, der ihm angebotenen Wahlmöglichkeit dadurch allererst den Status einer von Willkür freien Wahl zu sichern, dass er in der Wahl nicht nur ein zu Wählendes, sondern mit diesem zugleich sich wählt.

Jegge kann Heini bei der Artikulation eigener Wünsche nur helfen, indem er ihn als bildsam im Sinne der Leiblichkeit, Freiheit, Geschichtlichkeit und Sprachlichkeit menschlicher Praxis anerkennt. Heini gewinnt die in vorausgegangenen Interaktionen ihm vorenthaltene und durch Jegge wieder zugemutete Handlungsfreiheit erst dort zurück, wo er in Auseinandersetzung mit seinen Vorerfahrungen und im Durchgang durch seine Erinnerungen von neuem beginnt, eigene Vorstellungen zu artikulieren, selbst zu denken, eigene Erfahrungen zu machen und eigene Handlungsentwürfe in die Tat umzusetzen.

Damit das Prinzip der Bildsamkeit in pädagogischen Interaktionen beachtet wird, reicht es nicht aus, den Heranwachsenden Meinungs- und Handlungsfreiheit zu gewähren. Das Gelingen pädagogischer Interaktionen ist vielmehr unreduzierbar zugleich daran zurückgebunden, dass die Lernenden von solcher Freiheit auch tatsächlich Gebrauch machen. Hier deutet sich an, dass das Prinzip der Bildsamkeit nicht das einzige Prinzip pädagogischen Denkens und Handelns ist, sondern dass die pädagogische Praxis eines weiteren Prinzips bedarf, welches auf die Selbsttätigkeit der Heranwachsenden bezogen ist.

Fassen wir zusammen: Im Unterschied zu den Begriffen einer Anlagen- und Umweltdetermination meint der Grundbegriff der Bildsamkeit weder eine Eigenschaft der Zu-Erziehenden noch eine solche seiner Bezugspersonen oder der sozialen Situation. Das Prinzip der Bildsamkeit ist vielmehr eine Verhältnisbestimmung der pädagogischen Interaktion selbst und bezieht sich auf die Möglichkeit der Mitwirkung der Zu-Erziehenden an der pädagogischen Interaktion. Die Bildsamkeit des Menschen ist zwar nicht unendlich, sondern durchaus begrenzt. Ihre Grenze lässt sich jedoch nicht zeitlich fixieren, denn der Mensch ist bildsam bis ins hohe und letzte Alter. Jemandem seine Bildsamkeit absprechen, hieße ihm sein Recht zur Mitwirkung an der menschlichen Gesamtpraxis, seine Menschlichkeit aberkennen. Immer wieder, bis hin zur Frage der Annahme des eigenen Todes, gibt es Situationen, in denen wir in der Notwendigkeit, handelnd uns selbst zu bestimmen, koexistieren und auf diese Notwendigkeit reflektierend und handelnd antworten.

Herbarts Definition der Bildsamkeit als eines „Übergehens von der Unbestimmtheit zur Festigkeit" gilt nicht nur für den Lebensanfang, sondern auch für alle Bestimmungen, die Menschen interaktiv erlangen. Auch für sie gilt, dass sie die Möglichkeit eines Übergehens von der Unbestimmtheit zur Bestimmtheit enthalten und niemals in einer Perfektheit aufgehoben werden können, in welcher die Imperfektheit des Menschen, denkend und handelnd die eigene Bestimmung hervorzubringen, in der Form einer endgültigen Selbstverwirklichung als abgeschlossen zu denken wäre.

Wäre nun der Grundbegriff der Bildsamkeit das einzige Prinzip pädagogischen Denkens und Handelns, so dauerte die pädagogische Praxis von der Geburt bis zum Tod. Um Anfang und Ende der Erziehungspraxis im Hinblick auf die anderen fundamentalen Praxisformen menschlicher Tätigkeiten bestimmen zu können, ist darum ein weiteres Prinzip pädagogischen Denkens und Handelns zu beachten. Es steht mit dem zuerst entwickelten Prinzip der Bildsamkeit in einem so engen Zusammenhang, dass von ihm in der vorausgegangenen Erörterung bereits die Rede war.

3.1.3 Das Prinzip der Aufforderung zur Selbsttätigkeit und die Dialektik von Denken und Handeln

Dass der Heranwachsende seine Bestimmung vermittelt über pädagogische Interaktionen findet und finden soll, die dem Prinzip der Bildsamkeit genügen, ist keineswegs allgemein anerkannt. Einer der Gründe hierfür ist, dass aus dem Prinzip der Bildsamkeit selbst nicht unmittelbar folgt, wie ein pädagogisches Handeln aussieht, das sich nicht nur auf dieses Prinzip beruft, sondern auch tatsächlich Sorge dafür trägt, dass Heranwachsende ihre Bestimmung durch eigene Mitwirkung an der pädagogischen Interaktion finden. Die Kategorie der Bildsamkeit als Grundbegriff pädagogischen Denkens und Handelns enthält zwar eine erste Bestimmung der Aufgaben pädagogischer Interaktion, formuliert aber nicht schon einen Begriff der Art und Weise pädagogischen Wirkens. Um zu zeigen, wie die Bildsamkeit auch tatsächlich anerkannt werden kann, gilt es also zu klären, auf welche Art und Weise Heranwachsende überhaupt erzogen und gebildet werden können, ohne dass ihre Bildsamkeit dabei verkümmert oder beschädigt wird. Wir suchen daher im Folgenden nach einem zweiten Grundbegriff pädagogischen Denkens und Handelns, der Grundaussagen darüber macht, wie in pädagogischen Interaktionen so gewirkt werden kann, dass Heranwachsende auch tatsächlich als bildsam anerkannt werden.

Das gesuchte zweite Prinzip hängt mit dem ersten Grundbegriff pädagogischen Denkens und Handelns so eng zusammen, dass wir es bereits bei der Entwicklung des Prinzips der Bildsamkeit implizit angesprochen haben: Der Zu-Erziehende kann im Sinne des Prinzips der Bildsamkeit seine Bestimmung zur rezeptiven und spontanen Leiblichkeit, Freiheit, Geschichtlichkeit und Sprache nur finden, wenn er durch die pädagogische Interaktion zur selbsttätigen Mitwirkung an seinem Bildungsprozess aufgefordert wird. Und umgekehrt ist eine Aufforderung zur Selbsttätigkeit nur möglich, sofern sie die pädagogische Interaktion von der Kategorie der Bildsamkeit her begreift. Dass der Mensch das einzige Wesen ist, das der pädagogischen Praxis bedürftig und fähig ist, lässt sich auf der Grundlage der beiden konstitutiven Prinzipien pädagogischen Denkens und Handelns nun so fassen: Allein der Mensch ist bildsam, und nur er kann zur Selbsttätigkeit auffordern und aufgefordert werden. Im § 3 seiner „Grundlage des Naturrechts nach Prinzipien der Wissenschaftslehre" hat Fichte diesen Zusammenhang so formuliert: Die pädagogische Einwirkung ist zu begreifen

> „als eine Aufforderung des Subjekts zu einer freien Wirksamkeit, und, worauf alles ankommt, konnte gar nicht anders begriffen werden ... Die Aufforderung ist die Materie des Wirkens, und eine freie Wirksamkeit des Vernunftwesens, an welche sie ergeht, sein Endzweck. Das letztere soll durch die Aufforderung keineswegs bestimmt, nezessitiert werden, wie es im Begriffe der Kausalität das Bewirkte durch die Ursache wird, zu handeln, sondern es soll nur zufolge derselben sich selbst dazu bestimmen. Aber soll es dies, so muss es die Aufforderung erst verstehen und begreifen, und es ist auf eine vorhergehende Erkenntnis desselben gerechnet. Die gesetzte Ursache der Aufforderung außer dem Subjekte muss demnach wenigstens die Möglichkeit voraussetzen, dass das letztere verstehen und begreifen könne, außerdem hat seine Aufforderung gar keinen Zweck. Die Zweckmäßigkeit derselben ist durch den Verstand und das Freisein des Wesens, an welches sie ergeht, bedingt. Diese Ursache muss daher notwendig den Begriff von Vernunft und Freiheit haben, also selbst ein der Begriffe fähiges Wesen, eine Intelligenz, und da eben erwiesenermaßen dies nicht möglich ist ohne Freiheit, auch ein freies, also überhaupt ein vernünftiges Wesen sein und als solches gesetzt werden."[22]

Mit seinem Nachweis, dass die Grundbegriffe der Bildsamkeit oder der „Intelligenz" – diejenige des Zu-Erziehenden ebenso wie diejenige des pädagogisch Handelnden – und der vom Erziehenden ausgehenden Aufforderung des Zu-Erziehenden zur Selbsttätigkeit apriorische Prinzipien sind, hat Fichte die transzendentalen Voraussetzungen formuliert, die wir immer schon machen oder setzen müssen, wenn wir vernünftig, d.h. widerspruchsfrei und in Übereinstimmung mit den Bedingungen unserer eigenen Rede, über pädagogische Interaktion sprechen. Keines dieser Prinzipien

22 J. G. Fichte: Grundlage des Naturrechts (1796). In: J. G. Fichte: Ausgewählte Werke in sechs Bänden, hrsg. von F. Medicus, Band 2, Darmstadt 1962, S. 40. Zur Erziehungsphilosophie Fichtes und seiner direkten Schüler vgl. auch D. Benner: Ansätze zu einer Erziehungsphilosophie bei den frühen Fichteanern. In: W. Schmied-Kowarzik/D. Benner: Prolegomena zur Grundlegung der Pädagogik. Band 2, a.a.O., S. 11-123; D. Benner: Hauptströmungen der Erziehungswissenschaft, Weinheim ^{4}1991, S. 91-99; R. Lassahn: Studien zur Wirkungsgeschichte Fichtes als Pädagoge. Heidelberg 1970.

kann aus dem anderen abgeleitet werden. Beide sind gleich ursprünglich und können daher auch nur zugleich anerkannt werden.

Wir können uns auf die Bildsamkeit Heranwachsender ebenso wenig berufen, wenn wir diese zu einer fremdbestimmten Tätigkeit zwingen, damit sie eine von uns ihnen vorgegebene Bestimmung als die ihrige annehmen, wie wir Aufforderungen zur Selbsttätigkeit an Wesen adressieren können, die nicht im Sinne der Bestimmbarkeit durch eigene Praxis bildsam sind. Die pädagogische Interaktion kann das Prinzip der Bildsamkeit nur anerkennen, indem sie die Erziehungsbedürftigen zur Selbsttätigkeit auffordert; und Aufforderung zur Selbsttätigkeit ist real nur möglich als eine Interaktion bildsamer Wesen. So wie nun der Grundbegriff der Bildsamkeit ein Relationsbegriff der pädagogischen Interaktion ist, sich also im Unterschied zum Begabungsbegriff nicht allein auf den Zu-Erziehenden und im Unterschied zum Umweltbegriff nicht allein auf die Situation bezieht, in der Lernprozesse stattfinden, so ist auch das zweite Prinzip pädagogischen Denkens und Handelns als eine Verhältnisbestimmung der pädagogischen Interaktion zu verstehen. Es erlaubt Aussagen darüber, wie Einwirkungen der pädagogischen Interaktion als Fremdaufforderungen mit Wirkungen in der Selbsttätigkeit des Zu-Erziehenden zusammenhängen.

Das Verhältnis beider Prinzipien soll im Folgenden wiederum im Rückgriff auf Rousseaus Hinweise zum pädagogischen Umgang mit dem Weinen des Kindes und an Jegges Beispiel des Sonderschülers Heini, der nicht wünschen konnte, verdeutlicht werden.[23]

---

23 Jegges Beispiel von Heini, der nicht wünschen konnte, ist nicht nur hilfreich, um Fichtes Begriff der Aufforderung zur Selbsttätigkeit zu illustrieren, sondern erlaubt darüber hinaus, den zweiten Grundbegriff pädagogischen Denkens und Handelns anschlussfähig an erziehungs- und bildungstheoretische Reflexionen zu machen, die sich u. a. bei Schleiermacher und Humboldt finden und die über Fichtes Erziehungsbegriff hinausführen. In der zweiten seiner „Reden an die deutsche Nation" aus dem Jahre 1807/1808 hat Fichte seinen Versuch der Begründung einer neuen Erziehung, in der die wirkungslosen Strategien einer traditionellen, wie Fichte meinte, bloß ermahnenden Erziehung überwunden sein sollen, folgendermaßen erläutert: „Der Wille des Menschen hat schon vor der Ermahnung vorher, und unabhängig von ihr, seine feste Richtung; stimmt diese zusammen mit deiner Ermahnung, so kommt die Ermahnung zu spät, und der Mensch hätte auch ohne dieselbe getan, wozu du ihn ermahnst; steht sie mit derselben im Widerspruche, so magst du ihn höchstens einige Augenblicke betäuben; wie die Gelegenheit kommt, vergisst er sich selbst und deine Ermahnung, und folgt seinem natürlichen Hange. Willst du etwas über ihn vermögen, so musst du mehr tun, als ihn bloß anreden, du musst ihn machen, ihn also machen, dass er gar nicht anders wollen könne, als du willst, dass er wolle." (J. G. Fichte: Ausgewählte Werke in sechs Bänden, hrsg. von F. Medicus, Band 5, Darmstadt 1962, S. 393). Fichte interpretiert hier den durch seine Philosophie gegangenen Pädagogen als einen „Zwingherrn zur Freiheit" und bringt dabei die konstitutiven Prinzipien pädagogischen Denkens und Handelns in einer Weise zur Geltung, welche von den im nächsten Abschnitt zu entwickelnden regulativen Prinzipien und den geschichtlichen Interdependenzen pädagogi-

Wie eine weder herrschaftliche noch knechtische Mitwirkung Heranwachsender an ihren Lernprozessen gedacht werden kann, geht aus dem Begriff der Bildsamkeit unmittelbar noch nicht hervor. Über die Weisung hinaus, die Heranwachsenden als fähig zur Mitwirkung an ihren Lernprozessen anzusehen, ist die Kategorie der Bildsamkeit noch völlig leer. Als eine Relationskategorie pädagogischer Interaktion wird sie erst pragmatisch auslegbar, wenn wir sie zu den allgemeinen Bestimmungsmerkmalen menschlicher Praxis in Beziehung setzen und die interaktive Bestimmbarkeit des Menschen zur Selbstbestimmung als pädagogische Einwirkung auf dessen Bestimmtsein zu rezeptiver und spontaner Leiblichkeit, Freiheit, Geschichtlichkeit und Sprachlichkeit deuten.

Das „Beibringen", von dem Rousseau in dem zitierten Beispiel spricht, ist ein Beibringen unter Anerkennung der rezeptiven und spontanen Leiblichkeit, Freiheit, Geschichtlichkeit und Sprachlichkeit der menschlichen Praxis. Das Erlernen dieser Praxis vollzieht sich leiblich insofern, als der Leib als Organ unserer Praxis in einem sowohl rezeptiven als auch spontanen Sinne durch Weltdinge und Mitmenschen ansprechbar ist. Die Dinge affizieren das Kind von früh an leiblich-sinnlich in einer Weise, die für eigene Aktivität offen ist. So lernt das Kind beispielsweise Krabbeln, weil es Weltgegenstände, die es sieht und von denen es einen leiblich vermittelten Vorbegriff hat, in seine Nähe bringen will. Macht es die Erfahrung, dass es solche Dinge nur in seine Nähe bringen kann, wenn es sich selbst in ihre Nähe begibt, so kommt es zu einer Wechselwirkung zwischen leiblicher Rezeptivität und Spontaneität, die sich als Freiheit menschlicher Praxis beschreiben lässt.

Die Freiheit der Wahl ist insofern leiblich vermittelt, als im Leib weder angelegt ist, was und wie gewählt wird, noch die Wahl unmittelbar durch die Weltdinge zustande kommt, die den Leib affizieren. Die Freiheit der Praxis äußert sich vielmehr dadurch, dass der Wählende in seiner Wahl sich und das zu Wählende selbst wählt und auf diese Weise Erfahrungen macht, die stets doppelt – über ihn als Wählenden und über das von ihm Gewählte – vermittelt sind. Diese Freiheit ist überall dort im Spiel, wo Menschen Dinge aus der sie umgebenden Welt auswählen und ihnen ihr Interesse – im Sinne der lateinischen Bedeutung von *inter esse* als *unter den Dingen verweilen* – zuwenden.

---

schen Handelns mit den anderen Bereichen der menschlichen Gesamtpraxis abstrahiert. Im Folgenden interpretiere ich Fichtes Begriff der Aufforderung zur Selbsttätigkeit auf der Grundlage der in seiner Naturrechtsschrift gegebenen Begründung und abstrahiere dabei bewusst von seinem Programm einer Erziehung des neuen Menschen, welches nicht nur freiheitliche, sondern auch totalitäre Züge aufweist. Zur Kritik dieser Seite der Erziehungs- und Bildungsphilosophie Fichtes siehe St. Hellekamps: Die Gründung der Republik. Bildungstheoretische Analysen zur Differenz von politischer Gesellschaft und räsonierender Öffentlichkeit nach 1789. Weinheim 1997, S. 107-149.

Die Erfahrungen, die auf diese Weise gemacht werden, sind niemals nur Einzelerfahrungen, sondern immer zugleich Teil einer Lern- und Bildungsgeschichte, in der neue Erfahrungen an zurückliegende anschließen und zurückliegende Erfahrungen durch neue und andersartige erweitert werden. Eine pädagogische Interaktion, die um die Leiblichkeit, Freiheit und Geschichtlichkeit der menschlichen Praxis weiß, interpretiert Lernen darum als eine Wechselwirkung des Lernenden mit sich selbst und der ihn interessierenden Welt, in der dieser im Takt von Rezeptivität und Spontaneität, Leiden und Tun, Passivität und Aktivität tätig ist.

Auf die Sprachlichkeit solcher Interaktion geht Rousseau in seinem Beispiel dort ein, wo er darauf hinweist, wie „viel daran gelegen“ sei, die „geheimen“ Absichten zu erkennen, die hinter den Gebärden stecken. Gebärden begleiten nicht nur die Versuche des Lernenden, sich Welt anzueignen, sondern kommentieren zugleich die Erfolge und Misserfolge, die dieser hierbei erfährt. Die pädagogische Kunst, solche Äußerungen zu interpretieren, geht nicht darin auf festzustellen, ob ein Lernender lernt, was er nach Meinung seiner erwachsenen Bezugspersonen gerade lernen soll. Sie besteht vielmehr darin herauszufinden, wie der Lernende die Erfahrungen, die er macht, selbst interpretiert, und Vorkehrungen dafür zu treffen, dass er seine Erfahrungen als Welterfahrungen *und* als Erfolge und Misserfolge seiner eigenen Versuche deutet.

In der von Jegge beschriebenen Situation steht die pädagogische Praxis vor der Aufgabe, Heini, der nicht wünschen kann, als jemanden anzuerkennen, der aufgrund seiner Bildsamkeit das Wünschen lernen kann. Das Prinzip der Aufforderung zur Selbsttätigkeit bestimmt näher, dass Heini das Wünschen nur dadurch erlernen kann, dass er nicht zur Äußerung eines vom Erziehenden vorgegebenen, sondern zur Artikulation eines eigenen Wunsches aufgefordert wird. Forderte Jegge Heini, der das Wünschen verlernt oder noch nicht gelernt hat, zur Artikulation eines fremdbestimmten Wunsches auf, so lernte dieser nichts Neues hinzu. Folgte Heini der Aufforderung, einen bestimmten Wunsch zu äußern, so artikulierte er keinen eigenen Wunsch, sondern wünschte lediglich, was andere wünschen, dass er es wünsche. Heinis Mitwirkung am eigenen Lernprozess wäre keine selbständige und selbsttätige Mitwirkung, sondern folgte nur dem Regress einer sich fortsetzenden Fremdbestimmung.

Auch wenn es plausibel erscheint, dass Jegge in seinen Versuchen, Heini bei der Artikulation eines bestimmten Wunsches zu helfen, dem Prinzip der Bildsamkeit nur folgen kann, wenn er Heini nicht zur Artikulation eines bestimmten, sondern zur Artikulation eines von Heini selbst zu bestimmenden Wunsches auffordert, so wirft die sich hier zeigende Dialektik der beiden ersten Prinzipien pädagogischen Denkens und Handelns doch mehr Fragen auf, als sie auf den ersten Blick zu beantworten vermag. So könnte man die These aufstellen, die beiden Prinzipien der Bildsamkeit und der Aufforderung zur Selbsttätigkeit stellten nicht eine Grundlage für pädagogisches Denken und

Handeln dar, sondern skizzierten einen Zusammenhang von Grundsätzen, denen pädagogisches Handeln nur um den Preis seiner eigenen Möglichkeit folgen könne. Verlangt nicht das Prinzip der Bildsamkeit, den Zu-Erziehenden als jemanden anzuerkennen, der er gar nicht ist, und formuliert nicht das Prinzip der Aufforderung zur Selbsttätigkeit die unlösbare Aufgabe, den Zu-Erziehenden zu etwas aufzufordern, was er gar nicht kann? Ergibt sich nicht aus der Dialektik beider Prinzipien eine zirkuläre, in sich selbst höchst widerspruchsvolle Grundstruktur pädagogischen Denkens und Handelns, diejenige nämlich, die Heranwachsenden permanent zu etwas aufzufordern, was sie nicht können, und als Personen anzuerkennen, die sie gar nicht sind?

Räumten wir angesichts der sich hier zeigenden Schwierigkeiten ein, dass die pädagogische Praxis Heini das Wünschen nicht beibringen kann, weil sie ihn entweder zur Artikulation eines bestimmten Wunsches auffordert, dann aber in seiner Unfähigkeit, eigene Wünsche zu artikulieren, bestärkt, oder ihm die Artikulation eines von ihm selbst zu bestimmenden Wunsches abverlangt, dann aber als jemandem begegnet, der er gar nicht ist, so erwiesen sich die beiden ersten Prinzipien pädagogischen Denkens und Handelns als etwas ganz anderes. Sie wären nicht Grundbegriffe pädagogischer Interaktion, sondern allenfalls Grundbegriffe einer antipädagogischen Einstellung, welche Heranwachsende sich selbst überlässt. Sie klärten nicht die Möglichkeit pädagogischen Denkens und Handelns, sondern allenfalls die Unmöglichkeit pädagogischer Praxis. Ihre Dialektik implizierte, dass jemand entweder etwas kann und es folglich nicht mehr zu lernen braucht, oder etwas nicht kann, es dann aber auch nie – jedenfalls nicht mit Hilfe eines anderen – lernen wird.[24]

24 Vgl. hierzu die folgende Stelle aus Platons Menon (80 e): „Siehst du, was für einen streitsüchtigen Satz du uns herbringst? Dass nämlich ein Mensch unmöglich suchen kann, weder was er weiß noch was er nicht weiß. Nämlich weder was er weiß, kann er suchen, denn er weiß es ja, und es bedarf dafür keines Suchens weiter; noch was er nicht weiß, denn er weiß ja dann auch nicht, was er suchen soll." Die Paradoxie menschlichen Lernens und Lehrens ist also seit langem bekannt. Platon suchte sie auf verschiedenen Wegen, durch seine Anamnesis-Lehre und durch andere Überlegungen, welche sich darauf richten, dass im Vorwissen und Nichtwissen neben falschen immer auch richtige Vorstellungen vorhanden sind (vgl. Menon 85 c), zu beantworten. Rousseau und Fichte verdanken wir die moderne Fassung der Paradoxie menschlichen Lehrens und Lernens. Diese kommt übrigens ohne eine ontologisch-kosmologisch verstandene Anamnesis, nicht aber ohne Annahmen einer erkenntnistheoretisch-epistemologischen Anamnesis aus. Dies lässt sich an Jegges Beispiel erläutern. Konfrontierte Jegge seinen Schüler Heini mit Anforderungen, die dieser nicht nur aufgrund bestimmter korrigierbarer Vorerfahrungen, sondern in einem grundsätzlichen Sinne nicht zu erfüllen vermag, so handelte es sich nicht um eine pädagogische, sondern eher um eine zynische Interaktion. Zur neueren Diskussion über das pädagogische Paradox siehe D. Benner: Über die Unmöglichkeit, Erziehung allein vom Grundbegriff der „Aufforderung zur Selbsttätigkeit" her zu begreifen. In: Zeitschrift für Pädagogik 49 (2003) S. 290-304; A. von Oettingen: Pædagogisk filosofi som reflekteret omgang med pædagogiske antinomier. Århus 2006.

Will man angesichts einer solchen Auslegung der Dialektik der beiden ersten Prinzipien pädagogischen Denkens und Handelns nicht den Bankrott einer jeden Pädagogik erklären, die sich auf diese Prinzipien beruft, und das Feld der Erziehung nicht Auffassungen überlassen, die menschliches Lernen entweder als Dressur, Indoktrination und Manipulation verstehen oder aber antipädagogisch im Sinne einer bloßen Ausschließung pädagogischer Einwirkungen zu arrangieren versuchen, so muss man aufzeigen, in welchem Sinne die Prinzipien der Bildsamkeit und der Aufforderung zur Selbsttätigkeit nicht die Unmöglichkeit, sondern die Möglichkeit pädagogischen Denkens und Handelns begründen.

Um zu klären, wie etwas, das noch nicht gelernt wurde, so erlernt werden kann, dass der Lernprozess weder fremdbestimmt noch dem Belieben des Lernenden anheim gestellt wird, gilt es, das Prinzip der Aufforderung zur Selbsttätigkeit in seiner Dialektik zum Prinzip der Bildsamkeit präziser zu fassen. Analog zur Bildsamkeit lässt sich auch die Aufforderung zur Selbsttätigkeit als ein Relationsprinzip pädagogischer Interaktion interpretieren, für das die allgemeinen Bestimmungen der Leiblichkeit, Freiheit, Geschichtlichkeit und Sprachlichkeit menschlicher Praxis gelten. Zu diesem Zweck wird im Folgenden die für den Grundbegriff der Bildsamkeit bereits aufgezeigte Wechselwirkung von Rezeptivität und Spontaneität auch auf den Begriff der Aufforderung zur Selbsttätigkeit ausgelegt und zwischen zwei Subjekt-Objekt-Verhältnissen unterschieden, die jeder Selbsttätigkeit zugrunde liegen. Durch Herausarbeitung der zwischen diesen verlaufenden Dialektik lässt sich der widersprüchliche Sachverhalt, dass die pädagogische Praxis den Zu-Erziehenden zu etwas auffordert, das dieser nicht kann, und als jemanden anerkennt, der er nicht ist, auflösen und jene fundamentale Grundparadoxie pädagogischen Denkens und Handelns erhellen, welche nicht auf die Unmöglichkeit, sondern auf die Möglichkeit pädagogischen Einwirkens verweist.

An jeder Tätigkeit lassen sich zwei Subjekt-Objekt-Korrelationen unterscheiden. Subjekt ist in beiden der Handelnde, in Fichtes Terminologie das Vernunftwesen als tätiges Ich. In der einen ist der Handelnde nicht nur Subjekt, sondern auch Objekt der Tätigkeit, in der anderen ist das Objekt nicht der Handelnde selbst, sondern ein Weltgegenstand, der mit dem Handelnden nicht identisch ist.[25]

---

25 Vgl. hierzu die folgenden Ausführungen von Herrn „Cand. Sauer“, einem Schüler Fichtes aus dessen Jenaer Zeit: „Das Vernunftwesen ist ein mit Bewußtseyn thätiges; denn es ist nicht nur thätig überhaupt, sondern es schaut sich auch in seiner Thätigkeit als thätig sich verhaltend an. … In gewissen Thätigkeiten … wird sich das Vernunftwesen seiner durch Anschauung seiner selbst, in gewissen andern durch Reflexion auf sich bewusst. In den Erstern ist nicht viel zu unterscheiden, denn Subject und Object der Thätigkeit sind Ein und dasselbe Vernunftwesen, sie fallen beide mit dem Anschauenden als identisch zusammen; in den letztern aber ist Subject und

Die erste Subjekt-Objekt-Beziehung lässt sich schematisch folgendermaßen darstellen:

$$S \text{———————} O = S$$

In Rousseaus Beispiel ist diese Subjekt-Objekt-Korrelation an der Beziehung des Kindes (= S), das noch nicht greifen gelernt hat (= O), erkennbar, in Jegges Beispiel zeigt sie sich in der Beziehung, in der Heini, der keine eigenen Wünsche artikulieren kann, zu sich selbst steht.

Die andere Subjekt-Objekt-Beziehung hat die Form:

$$S \text{———————} O = \text{Welt} \neq S$$

Sie findet sich bei Rousseau in der Beziehung des weinenden Kindes zu dem Gegenstand, den es nicht erreichen kann, und bezieht sich in Jegges Beispiel auf all das, was Heini nicht wünschen kann, also den Tee, den Sirup oder die Schokolade.

Nun gibt es in jeder Selbsttätigkeit nicht nur zwei Subjekt-Objekt-Beziehungen, wobei in der einen Subjekt und Objekt identisch, in der anderen gerade nicht identisch sind. Beide Subjekt-Objekt-Korrelationen stehen zugleich in einer Beziehung zueinander. Diese ist dadurch bestimmt, dass der Handelnde als Subjekt und Objekt der ersten Tätigkeit zugleich Subjekt der zweiten Tätigkeit ist. Diese Beziehung lässt sich schematisch folgendermaßen darstellen:

S — (Tätigkeit I) — O = S
↕
S — (Tätigkeit II) — O = Welt ≠ S

Object der Thätigkeit durchaus verschieden und nur Subject und Object der Reflexion ist das mit sich selbst einige Vernunftwesen." In: Cand. Sauer: Über das Problem der Erziehung. In: Philosophisches Journal einer Gesellschaft Teutscher Gelehrten, hrsg. von Johann Gottlieb Fichte und Friedrich Immanuel Niethammer. 9. Band, 3. Heft. Jena und Leipzig 1798, S. 264-357, S. 268 ff. Die von Sauer unter Berufung auf Fichte subjekttheoretisch gedachte Wechselwirkung von Anschauung und Reflexion wird von mir in Anlehnung an W. von Humboldt als Wechselwirkung von Ich und Welt interpretiert. Zur Differenz zwischen Fichtes Begriffen des Ich und Nicht-Ich und Humboldts Verhältnisbestimmung von Ich und Welt siehe D. Benner: Wilhelm von Humboldts Bildungstheorie, Weinheim/München ^{2}1995, S. 30 ff. und S. 92 ff.; zur Unverzichtbarkeit von personaler und sächlicher Andersheit für pädagogische Akte der Aufforderung zur Selbsttätigkeit siehe D. Benner: „Der Andere" und „Das Andere" als Problem und Aufgabe von Erziehung und Bildung. In: Zeitschrift für Pädagogik 45 (1999) S. 315-327; vgl. auch die Beiträge von K. Meyer-Drawe: Herausforderung durch die Dinge. Das Andere im Bildungsprozess (ebd., S. 329-336) und W. Schmied-Kowarzik: Der Anspruchshorizont des zweifach Anderen in der Bildungsphilosophie von Franz Fischer (ebd., S. 343-372).

Für die Klärung der zuletzt diskutierten Frage, ob und wie Erziehung als Aufforderung zur Selbsttätigkeit zu denken ist, ist der Zusammenhang und das Wechselverhältnis der beiden Tätigkeiten oder Subjekt-Objekt-Korrelationen von entscheidender Bedeutung. Je nachdem, ob der Handelnde ihre Wechselwirkung bewusst vollzieht oder nicht erfährt, lassen sich nämlich idealtypisch zwei Beziehungen zwischen beiden Tätigkeiten unterscheiden. Bewegt sich das weinende Kind aus eigener Kraft zum Gegenstand, so wird es tätig, ohne dass es einer pädagogischen Unterstützung bedarf. Verfolgt Heini in dem geschilderten Beispiel die Absicht, dasjenige Getränk zu wählen, von dem sein Gastgeber einen größeren Vorrat hat, und lehnt er es aus diesem Grunde ab, vor der Klärung des fraglichen Sachverhalts zu entscheiden, ob er lieber Tee oder Sirup trinken möchte, so will er zu dem fraglichen Zeitpunkt aus nachvollziehbaren Gründen keinen bestimmten Wunsch artikulieren, obwohl er grundsätzlich hierzu in der Lage wäre. Seine Rückfrage, wovon Jegge mehr vorrätig habe, wäre dann nicht als Ausdruck seiner Unfähigkeit, eigene Wünsche zu äußern, sondern anders zu interpretieren. Sie könnte eigennützig motiviert oder auch eine Geste der Höflichkeit und Rücksichtnahme einem noch fremden Lehrer gegenüber sein. Jegges Erzählung zufolge ist die Situation jedoch eine andere. Heini kann weder einen eigenen Wunsch artikulieren noch wollen, nicht zu wünschen. Er kann keine eigenen Wünsche äußern, versteht nicht, sich selbst für oder gegen etwas zu entscheiden und kann darum weder Tee noch Sirup noch etwas Drittes wählen, sondern nur hin- und annehmen, was andere für ihn entscheiden oder schon entschieden haben.

In dem zuerst angenommenen Fall einer bewussten Wechselwirkung von Denken und Tun hat die pädagogische Praxis längst ihr Ende erreicht. Sofern Heini darum weiß, dass er auf die an ihn ergangene Aufforderung nicht mit der Artikulation und Äußerung eines bestimmten Wunsches antworten will, bedarf es gar keiner pädagogischen Intervention. Diese wäre Heinis Urteils- und Handlungskompetenz ganz und gar unangemessen. In dem von Jegge geschilderten Fall einer blockierten Wechselwirkung beider Tätigkeiten stellt sich dagegen der pädagogischen Praxis die Aufgabe, Heini in die Lage zu versetzen, als Subjekt der ersten und der zweiten Tätigkeit tätig zu werden, in der ersten Tätigkeit eigene Handlungen zu entwerfen, diese in der zweiten Tätigkeit zu vollziehen und den Zusammenhang beider Tätigkeiten hernach zu reflektieren.

In welchem Sinne die entwickelten Prinzipien pädagogischen Denkens und Handelns nicht die Unmöglichkeit, sondern die Möglichkeit pädagogischer Interaktion begründen, klärt sich, sobald wir fragen, was unter pädagogischen Interventionen zu verstehen ist, die im Sinne einer Aufforderung zur Selbsttätigkeit wirksam werden. Nennen wir die erste Tätigkeit, in der der Handelnde Subjekt und Objekt seiner Tätigkeit ist, Denktätigkeit und die zweite Tätigkeit, in der dieser an einem Weltgegenstand tätig ist, der nicht er selbst, sondern ein Anderes seiner Selbst ist, Welttätigkeit oder Tun, so zeigt sich, dass die Aufforderung zur Selbsttätigkeit stets zweierlei anstrebt:

Sie sucht Wechselwirkungen zwischen Denk- und Welttätigkeit sowie Welt- und Denktätigkeit zu provozieren.[26]

Es ist wichtig darauf zu achten, dass sich die Aufforderung zur Selbsttätigkeit weder auf die Denktätigkeit noch auf die Welttätigkeit des Zu-Erziehenden unmittelbar oder direkt bezieht, sondern darauf ausgerichtet ist, im denkenden und tätigen Subjekt Wechselwirkungen zwischen dessen eigenem Denken und Tun sowie Tun und Denken herbeizuführen. Auf das, *was* Heini wünscht, darf Jegge bei seinen Versuchen, diesem bei der Artikulation eines eigenen Wunsches zu helfen, keinen direkten Einfluss nehmen. Ebenso wenig darf er Heini die Erfahrung aufdrängen, dass Tee besser als Sirup schmecke, oder ihn umgekehrt davon überzeugen, dass Sirup Tee vorzuziehen sei. In seinen pädagogischen Einwirkungen geht es Jegge vielmehr um etwas anderes. Er versucht Heini darin zu unterstützen, einen eigenen Wunsch zu artikulieren (Tätigkeit I), diesen zu äußern (Tätigkeit II) und in der Wechselwirkung beider Tätigkeiten die Erfahrung zu machen, dass er nicht wünschen muss, was andere wollen, dass er es wolle, sondern selbsttätig eigene Wünsche artikulieren und äußern kann.

Der antipädagogische Zirkel, dass weder Gekonntes noch Nicht-Gekonntes durch pädagogische Einwirkungen erlernbar ist, verschwindet, sobald wir Lehr-Lernprozesse so konzipieren, dass Lernende an der Erlangung ihrer in der unbestimmten Bildsamkeit offen gelassenen Bestimmung vermittelt über Fremdaufforderungen zur Selbsttätigkeit mitwirken. Nachdem wir die Leiblichkeit, Freiheit, Geschichtlichkeit und Sprachlichkeit als allgemeine Merkmale menschlicher Praxis bereits auf die pädagogische Kategorie der Bildsamkeit ausgelegt haben, gilt es, diese nun auch auf das zweite Prinzip pädagogischen Denkens und Handelns und den Zusammenhang zwischen den beiden für Selbsttätigkeit maßgeblichen Tätigkeiten oder Subjekt-Objekt-Korrelationen zu beziehen.

Dass sich die Freiheit menschlicher Praxis gleichermaßen von bloßer Wahl- und beliebiger Willkürfreiheit unterscheidet, gilt auch für pädagogische Aufforderungen zur Selbsttätigkeit. Diese suchen die Freiheit der Lernenden weder im Sinne reiner Willkürfreiheit zu überdehnen noch auf bloße Wahlfreiheit zu reduzieren. Menschliches Lernen vollzieht sich in einem Spannungsverhältnis von Entwurf und Erfahrung, Erfahrung und Entwurf, ohne dass Entwürfe oder Erfahrungen für sich den Anspruch erheben könnten, archimedischer Punkt des Lernens zu sein. Was jemand lernt, lässt sich willkürlich nicht bestimmen, weil Entwürfe für neue Lernprozesse stets an Welterfahrungen anknüpfen, die der Lernende schon gemacht hat. Es wird auch nicht durch bloße Wahlentscheidungen ermittelt. Weder im Rückblick auf vergangene noch im Vorblick auf künftige Entwürfe und Erfahrungen können wir einfach wählen, was wir tun und was uns widerfährt. Unsere

---

26 Vgl. hierzu auch die Verhältnisbestimmung von Erfahrung und Denken bei J. Dewey: Demokratie und Erziehung (1916). Weinheim/Basel 1993, S. 186-203.

Entwürfe und Erfahrungen entstehen vielmehr spontan und rezeptiv, rezeptiv und spontan. Sie sind vermittelt über Reflexionen, in denen wir zurückliegende Erfahrungen in neue transformieren (Zusammenhang Tätigkeit I → Tätigkeit II) und neue Erfahrungen vor dem Hintergrund älterer interpretieren (Zusammenhang Tätigkeit I ← Tätigkeit II).[27]

Die produktive Freiheit menschlicher Praxis, vergangene Erfahrungen erinnern, künftige entwerfen und neue machen zu können, ist in die Geschichtlichkeit der menschlichen Praxis eingebunden. Dieser zufolge sind wir als die unser Handeln entwerfenden Subjekte (Tätigkeit I → Tätigkeit II) nie dieselben wie als unsere Erfahrungen erinnernde Subjekte (Tätigkeit I ← Tätigkeit II). Die Ungleichzeitigkeit von Entwurf und Erfahrung (t (x) / t (x+1) / t (x+2) / t (x+3) usw.) verdeutlicht das folgende Schema, welches die Grundstruktur aller menschlichen Tätigkeiten im Wechsel der Tätigkeiten I und II als Wechselwirkung von Denktätigkeit und Welttätigkeit darstellt:[28]

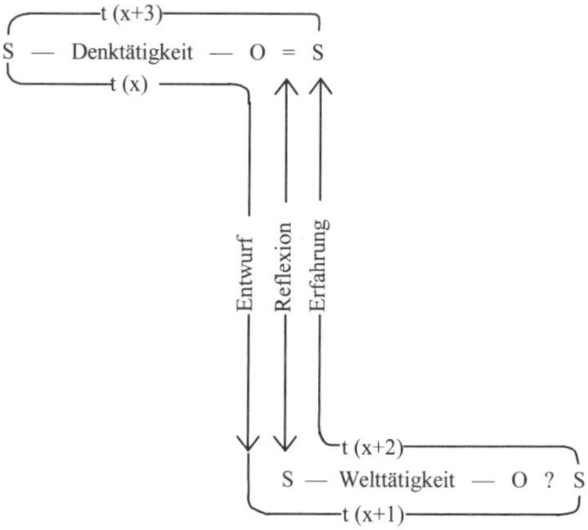

---

27 Wir wissen um kein ontologisches Apriori einer der beiden Tätigkeiten oder Momente im Lernprozess, also um keinen ersten Entwurf und keine erste Antizipation und ebenso um keine erste Erfahrung und keine erste Erinnerung und folglich auch keine erste Reflexion. Darum ist in dem folgenden Schema von einem Zeitpunkt t (x) nicht im Sinne eines ersten Zeitpunkts, sondern im Sinne unbestimmt vieler Zeitverhältnisse die Rede. Zur Kritik der transzendentalen Deduktion einer ersten Erfahrung im Zeitschema der Erziehungsphilosophie Fichtes vgl. D. Benner: Ansätze zu einer Erziehungsphilosophie bei den frühen Fichteanern, a. a. O., S. 112 ff.; siehe hierzu auch R. Engel: Kants Lehre vom Ding an sich und ihre erziehungs- und bildungstheoretische Bedeutung. Frankfurt a. M./New York 1996.

28 In den ersten drei Auflagen war an dieser Stelle stärker im Sinne Fichtes von Denktätigkeit und Aktion die Rede. Um auf einzelne Praxen bezogene Assoziationen zu vermeiden, habe ich den Begriff Aktion in Anlehnung an W. von Humboldt durch denjenigen der Welttätigkeit ersetzt, der den Vorzug hat, praxisunspezifisch verwendet werden zu können. Denktätigkeit wird hier in einer nicht intellektualistisch begrenzten, sondern viel weiteren, auf alle Sinne bezogenen Bedeutung gebraucht und meint u. a. sowohl den urteilenden Geschmack als auch den aktiven Blick und das tätige Ohr. Vgl. hierzu auch D. Benner: Wilhelm von Humboldts Bildungstheorie, a. a. O., S. 100.

Wo wir als Subjekt und Objekt unserer Denktätigkeit künftiges Tun entwerfen, sind wir bestimmt durch die vorausgegangenen und offen für künftige Erfahrungen. Wo wir dagegen als Subjekt und Objekt unserer Denktätigkeit unser Tun bedenken, sind wir bestimmt durch vergangene Welttätigkeit und offen für künftige Handlungsentwürfe. So ist unser zukünftiges Tun bestimmt durch vergangene Denktätigkeiten und Welttätigkeiten und unser vergangenes Tun veränderbar durch künftiges Denken. Als Entwerfende und als Erfahrung Machende, als Denkende und in der Welt Handelnde sind wir nie bloß dieselben, sondern immer stets schon andere.[29] In diesem Sinne weisen die Pfeile im obigen Schema auf die Gebundenheit und Offenheit menschlicher Praxis hin:

- Unsere Denktätigkeit ist gebunden durch unsere vergangene Welttätigkeit;
- unsere Welttätigkeit ist gebunden durch unsere vorausgegangene Denktätigkeit;
- unsere Entwürfe sind gebunden durch unsere vorausgegangenen Erfahrungen;
- unsere Erfahrungen sind gebunden durch unsere vorausgegangenen Entwürfe;

zugleich gilt:

- unsere Denktätigkeit ist offen für zukünftige Welttätigkeit, die es entwirft;
- unsere Welttätigkeit ist offen für zukünftige Denktätigkeit, in die ihre Erfahrungen eingehen;
- unsere Entwürfe sind offen für künftige Erfahrungen;
- unsere Erfahrungen sind offen für künftige Entwürfe.

Die Gebundenheit und Offenheit beider Tätigkeiten ist vermittelt über unsere Leiblichkeit, welche nicht nur die Denk- und Welttätigkeiten im individuellen, identisch-nicht-identischen Subjekt der Tätigkeiten zusammenhält, sondern zugleich zwischen Selbst- und Welterfahrungen vermittelt. Beide Vermittlungsleistungen sind unverzichtbar dafür, dass Fremdaufforderungen zur Selbsttätigkeit in Selbstaufforderungen zur Selbsttätigkeit transformiert werden können. An die Gebundenheit und Offenheit menschlicher Denk- und Selbsttätigkeit suchen pädagogische Aufforderungen zur Selbsttätigkeit anzuknüpfen, indem sie Wechselwirkungen zwischen Denk- und Welttätigkeit, Entwurf und Erfahrung sowie Welt- und Denktätigkeit und Reflexion und Entwurf im Medium der Sprache stimulieren und hierbei dem Zu-Erziehenden im Hinblick auf seine Entwürfe Handlungsfreiheit und im Hinblick auf seine Erfahrungen Meinungsfreiheit gewähren. Nur im

29 Das Verhältnis von Selbsttätigkeit und Rezeptivität habe ich ganz im Sinne der Pädagogik Herbarts und Schleiermachers in Fichtes Begriff der Aufforderung zur Selbsttätigkeit aufgenommen. Von Fichtes Begriff absoluter Selbsttätigkeit her lässt sich die Dialektik von Selbsttätigkeit und Rezeptivität nicht begründen. Vgl. hierzu: F. Brüggen: Freiheit und Intersubjektivität. Habilitationsschrift an der Universität Münster 1986, S. 185 ff. und S. 226 ff.

Medium der Sprache im weitesten Sinne – also einschließlich der mimisch-gestisch-symbolischen Aspekte menschlicher Interaktion – können pädagogische Interaktionen an die Bildsamkeit der Zu-Erziehenden so anknüpfen, dass deren künftige Denk- und Welttätigkeiten, Entwürfe und Erfahrungen durch Fremdaufforderungen nicht unmittelbar festgelegt, sondern in reflektierenden Akten von den Heranwachsenden selbst provoziert werden. Sprachliche Aufforderungen zur Selbsttätigkeit stellen in diesem nichtdirektiven Sinne Lernende vor die Aufgabe, ihre Identität weder in sich selbst suchen noch in einem Du zu finden. Als lernender ist der Mensch ein nicht auf Identität, sondern auf Differenz und Wechselwirkung angelegtes Wesen.[30]

Hierdurch erst gewinnen die beiden Kategorien pädagogischen Denkens und Handelns ihre Bedeutung, Prinzipien der Möglichkeit und nicht der Unmöglichkeit der Erziehungspraxis zu sein. Die Dialektik der beiden Prinzipien führt nicht in einen Widerspruch pädagogischen Denkens und Handelns mit sich selbst, sondern bestimmt jene Grundparadoxie, der Erziehung ihre spezifischen Wirkungsmöglichkeiten verdankt. Pädagogische Praxis kann Zu-Erziehende, an deren Bildsamkeit anknüpfend, nur zur Selbsttätigkeit auffordern, wenn sie diese zur Mitwirkung am eigenen Bildungsprozess auffordert. Die in der Dialektik der beiden ersten Prinzipien begründete Grundparadoxie pädagogischen Denkens und Handelns, den Zu-Erziehenden zu etwas aufzufordern, das er noch nicht kann, und ihn als jemanden zu achten, der er noch nicht ist, sondern allererst vermittels eigener Selbsttätigkeit wird, kennzeichnet eine Besonderheit der pädagogischen Praxis, durch die sie sich von allen anderen Praxen unterscheidet.

Unter allen Praxen ist die pädagogische Praxis die einzige, für die die Antizipation des eigenen Endes konstitutiv ist. Während die anderen Praxen dort pervertieren, wo sie ihr eigenes Ende herbeiführen, pervertiert die pädagogische Praxis dann, wenn sie ihr Ende nicht anstrebt. Wo die ökonomische Praxis im Zuge einer immer weiter fortschreitenden Arbeitsteilung, Industrialisierung und Computerisierung der Arbeitsprozesse ihr eigenes Ende herbeiführt, pervertiert sie zu einer den Menschen immer weniger als Subjekt der Arbeit anerkennenden Warenproduktion und verliert die Arbeit den Charakter einer vom Menschen selbst ausgeübten Praxis im Dienste der Wohlversorgtheit der Menschheit mit lebenswichtigen Gütern. Nicht anders verhält es sich mit Ethik, Politik, Kunst und Religion, wenn diese sich nicht mehr als koexistentielle Praxen verstehen, sondern einmal gefundene Antworten zu allgemeingültigen Lösungen und damit zum Ende von Sitte, Politik, Kunst und Religion hypostasieren. Die Sitte hört auf, Produkt menschlicher Verständigung über Möglichkeiten und Aufgaben gegenseitiger An-

30 Siehe hierzu H. Plessners Begriff der „exzentrischen Positionalität". In: Ders.: Die Stufen des Organischen und der Mensch. Einleitung in die Philosophische Anthropologie (1928). Berlin/New York ^{3}1975, Kapitel 7.

erkennung zu sein, und pervertiert zur bloßen Legalität, die Politik verfolgt, statt der gemeinsamen Beratung über eine gute Zukunft zu dienen, Strategien der Herrschaftssicherung und Manipulation der an der Politik selbst nicht mehr Beteiligten, Kunst wird, statt Ideologien bewusst zu machen, zur Ideologie einer vermeintlich absoluten Authentizität des Kunstwerks, und Religion pervertiert in Heilslehren, die mit der Endlichkeit des Menschen versöhnen, statt die Todesproblematik als relevanten religiösen Aspekt aller Praxen aufzuweisen.

Die Finalität der pädagogischen Praxis, ihr eigenes Ende zu intendieren, folgt aus der Dialektik der beiden ersten Prinzipien pädagogischen Denkens und Handelns. Im Sinne dieser Dialektik ist pädagogisches Handeln nur dort erlaubt, wo der Zu-Erziehende der Fremdaufforderung zur Selbsttätigkeit bedarf, und muss Erziehung stets dort an ihr Ende gekommen sein, wo pädagogische Fremdaufforderung zur Selbsttätigkeit in Selbstaufforderung übergehen kann. Überall, wo Zu-Erziehende ohne Fremdaufforderung selbsttätig sein können, hat Erziehung bereits ihr Ende gefunden; und überall dort, wo Menschen in den Ernstsituationen des Lebens neuerlich auf Fremdaufforderungen zur Selbsttätigkeit angewiesen sind, um bildsam zu bleiben oder von neuem zu werden und Aufgaben zu bewältigen, auf die sie im Raum ihrer bisherigen Erfahrung nicht vorbereitet sind, können neue Anfangspunkte für pädagogische Praxis entstehen.

Darum hieße es, die beiden ersten Prinzipien pädagogischen Denkens und Handelns mitzuverstehen, wenn man meinte, die Aufforderung zur Selbsttätigkeit stehe nur am Anfang, der Übergang von der Fremdaufforderung zur Selbstaufforderung zur Selbsttätigkeit nur am Ende der pädagogischen Praxis. Das Gegenteil ist vielmehr der Fall. Der Anfang der Erziehung steht nicht nur am Anfang. Bis zum Tod hin kann es Situationen geben, in denen wir der pädagogischen Praxis, im Sinne einer Fremdaufforderung zur Selbsttätigkeit, bedürfen. Und das Ende der Erziehung steht nicht am Ende der Erziehung, sondern ist konstitutiv für den gesamten Bildungsprozess. Überall dort, wo wir ohne pädagogische Hilfe selbsttätig sein können, ist bereits das Ende der Erziehung erreicht, wirken wir ohne Fremdaufforderung zur Selbsttätigkeit an der Aneignung unserer Bestimmung mit.

Darum ist es ein Fehler im pädagogischen Handeln, einen der Erziehung noch Bedürftigen als pädagogischer Hilfe nicht mehr bedürftig anzusehen oder einen der Erziehung nicht mehr Bedürftigen weiterhin pädagogisch zu betreuen. Jedes Zuwenig und Zuviel an pädagogischer Sorge verstößt gegen die besondere Finalität der Erziehungspraxis. Wenn wir einen der Erziehung noch Bedürftigen in antipädagogischer Einstellung sich selbst überlassen, indem wir auf seine Spontanautonomie vertrauen und davon absehen, dass die Prinzipien der Bildsamkeit und der Aufforderung zur Selbsttätigkeit solche der pädagogischen Interaktion und keine Eigenschaften der Zu-Erziehenden sind, missachten wir die Grundkategorien menschlicher Praxis im Sinne der rezeptiven und spontanen Leiblichkeit, Freiheit, Geschichtlichkeit und Sprache ebenso, wie wenn wir einen der Erziehung nicht mehr Bedürftigen in parapädagogischer Einstellung von seiner Mitwirkung an der menschlichen Gesamtpraxis ausschließen, indem wir ihm weiterhin „pädagogisch" begegnen, statt mit ihm in den koexistentiellen Praxen der Arbeit, Ethik, Politik, Kunst und Religion tätig zu sein. Vor beiden Fehlformen kann sich die pädagogische Praxis nur schützen, wenn sie sich zu ihrer eigenen Paradoxie bekennt und die Prinzipien der Bildsamkeit und der Aufforderung zur Selbsttätigkeit beachtet. Nur dann kann es ihr gelingen, den angemessenen Zeitpunkt für die Übergabe pädagogischer Autorität in die ökonomische, sittliche, politische, ästhetische und religiöse Selbstautorität der Zu-Erziehenden nicht zu verpassen und den pädagogischer Hilfe Bedürftigen weder in antipädagogischer Einstellung zu über- noch in parapädagogischer Einstellung zu unterfordern.

3.2 Die regulativen Prinzipien pädagogischen Denkens und Handelns

3.2.1 Zum Begründungszusammenhang der regulativen Prinzipien

Die bisherige Entwicklung eines prinzipiengeleiteten pädagogischen Grundgedankens führte zu zwei Problemen, zu dem Problem, die richtige Mitte zwischen einer Über- und Unterforderung der Lernenden zu finden, und zu dem Problem, den richtigen Zeitpunkt für die schrittweise Überführung pädagogischer Autorität in die Selbstautorität der Heranwachsenden zu treffen. Mit beiden Problemen sind Fragestellungen formuliert, die sich zwar von den Grundbegriffen der Bildsamkeit und der Aufforderung zur Selbsttätigkeit her diskutieren lassen, die aber im Ausgang von den konstitutiven Prinzipien pädagogischen Denkens und Handelns allein nicht zu lösen sind. Die richtige Mitte zwischen Unter- und Überforderung und der richtige Zeitpunkt für das allmähliche Verschwinden pädagogischer Autorität hängen nicht allein vom guten Willen der Zu-Erziehenden und der pädagogisch Handelnden ab, sondern sind immer auch durch die gesellschaftlichen Anforderungen der anderen Bereiche menschlicher Praxis definiert. Auf die Erfüllung dieser Anforderungen muss die pädagogische Praxis die Heranwachsenden vorbereiten, wenn sie ihrer besonderen Finalität genügen will, ihr eigenes Ende planmäßig herbeizuführen. Ob dies gelingt, hängt somit nicht allein von der Beachtung der konstitutiven Prinzipien pädagogischen Denkens und Handelns, sondern auch davon ab, ob eine Anerkennung dieser interaktiven Prinzipien von den anderen gesellschaftlich notwendigen Formen der menschlichen Praxis unterstützt wird.

Schon bei der Entwicklung des allgemeinen Praxisbegriffs zeigte sich, dass die koexistentiellen Praxen Arbeit, Pädagogik, Ethik, Politik, Kunst und Religion nicht unabhängig voneinander bestehen. Darum kann auch die pädagogische Praxis die richtige Mitte zwischen einer Unter- und Überforderung der Heranwachsenden und den richtigen Zeitpunkt für die Übergabe pädagogischer Autorität in die Selbstautorität der Lernenden nicht autonom bestimmen. Sie steht mit den anderen Praxen vielmehr in einem Zusammenhang, dessen unreduzierbare Komplexität darin liegt, dass die Praxen nicht unabhängig voneinander ausgeübt werden und auf Autonomie im Sinne von Autarkie keinerlei Anspruch erheben können.

Die Besonderheit und Vermitteltheit aller menschlichen Praxen liegt gerade darin, dass eine jede von ihnen unter eigenen Aspekten sowohl ihren Handlungsbereich als auch die Handlungsbereiche der anderen Praxisformen thematisieren kann und folglich auch im Horizont der jeweils anderen Praxisformen unter deren Problemstellungen thematisierbar ist. In diesem Sinne, nicht aber im Sinne einer linearen Deduktion, ist die pädagogische Praxis nur im Kontext der anderen Praxen möglich. Wie sich Eigen- und Fremdthematisierungen des Pädagogischen zueinander verhalten, lässt sich mit Hilfe der bereits eingeführten Unterscheidung zwischen konstitutiven und regulativen Prinzipien pädagogischer Interaktion klären.

Die bisher entwickelten Prinzipien der Bildsamkeit und der Aufforderung zur Selbsttätigkeit definieren die für pädagogisches Denken und Handeln konstitutiven Aspekte, unter denen dieses seinen eigenen Handlungsbereich erfasst. Sie formulieren zugleich die prinzipiellen Voraussetzungen, unter denen pädagogische Praxis Anforderungen thematisiert, die an sie von Seiten der anderen gesellschaftlichen Praxisformen gestellt werden. Ob es ihr freilich gelingt, die gesellschaftlichen Anforderungen so zu transformieren, dass sie Gegenstand einer die interaktiven Relationskategorien der Bildsamkeit und der Aufforderung zur Selbsttätigkeit beachtenden pädagogischen Praxis werden können, hängt nicht allein davon ab, ob die pädagogische Praxis ihre konstitutiven Kategorien anerkennt. Dies wird entscheidend vielmehr auch dadurch mitbestimmt, ob die gesellschaftlichen Anforderungen an die pädagogische Praxis eine Transformation im Sinne der pädagogischen Grundbegriffe der Bildsamkeit und der Aufforderung zur Selbsttätigkeit zulassen und begünstigen oder aber erschweren bzw. verhindern.

Nachdem mit den Prinzipien der Bildsamkeit und der Aufforderung zur Selbsttätigkeit der unmittelbar auf die pädagogische Interaktion im engeren Sinne bezogene Teil des pädagogischen Grundgedankens formuliert ist, gilt es nun, auch jenen Teil des Grundgedankens zu entwickeln, der über die pädagogische Interaktion im engeren Sinne hinausweist und sich auf die gesellschaftliche Seite der pädagogischen Praxis bezieht. Im Folgenden werden Prinzipien der gesellschaftlichen Seite der pädagogischen Praxis vorgestellt, die für die Formulierung der von außerpädagogischen Praxisbereichen an pädagogisches Handeln zu stellenden Anforderungen bedeutsam sind. Bei den nun zu entwickelnden Prinzipien handelt es sich nicht um konstitutive, sondern um regulative Prinzipien. Sie sind Grundbegriffe der pädagogischen Praxis, die als Regulative der menschlichen Gesamtpraxis anerkannt werden müssen, damit die pädagogische Interaktion auch tatsächlich die Bildsamkeit der Heranwachsenden anerkennen und diese zur Selbsttätigkeit auffordern kann.

Die konstitutiven und regulativen Prinzipien pädagogischen Denkens und Handelns sind untereinander durch einen geschichtlichen Begründungszusammenhang verbunden, in dem ihre Formulierung erstmals gelang. Wie schon die konstitutiven Prinzipien der Bildsamkeit und der Aufforderung zur Selbsttätigkeit hängen auch die regulativen Prinzipien untrennbar mit der für die bürgerlichen Gesellschaften der Neuzeit grundlegenden Gleichheitsfrage zusammen. Die konstitutiven Prinzipien überführen die Annahmen einer anlagen- oder umweltbedingten Gleichheit oder Ungleichheit der Menschen in Problemstellungen einer Anerkennung der universellen, durchaus endlichen, aber zeitlich nicht auf Kindheit und Jugend zu begrenzenden Bildsamkeit des Menschen und einer sie stimulierenden Aufforderung zur Selbsttätigkeit. Die regulativen Prinzipien beziehen sich auf die weitergehende Frage, wie die durch pädagogische Interaktion zu fördernde Selbstbildung der Heranwachsenden gesellschaftlich so zu konzipieren ist, dass die sich in ihrer Individualität durchaus voneinander unterscheidenden Einzelnen sich gegenseitig als Gleiche anerkennen und an der menschlichen Gesamtpraxis partizipieren können.

Pädagogische Abstimmungsprobleme zwischen der Erziehung und den anderen Bereichen menschlichen Handelns gibt es erst, seit die pädagogische Interaktion nicht mehr als ein unmittelbares Moment des intergenerationellen Zusammenlebens der Menschen stattfindet, sondern, ausgegrenzt von den anderen Praxisbereichen, in einer von der Produktionssphäre getrennten familiären Sphäre und in schulischen Institutionen, sozialpädagogischen Einrichtungen, berufspädagogischen Ausbildungsstätten und erwachsenenbildnerischen Einrichtungen ausgeübt wird. Seit der Auflösung der traditionellen Ständegesellschaft gibt es das Problem, wie pädagogisch zu fördernde Lernprozesse mit gesellschaftlichen Anforderungen so abgestimmt werden können, dass dabei weder das Lernen in der Familie und in speziellen pädagogischen Einrichtungen fremden Zwecken, Zwängen und Anforderungen geopfert noch der Gesellschaft in pädagogischen Einrichtungen erzogene und unterrichtete Subjekte zugeführt werden, deren Qualifikation und Handlungskompetenz den sich außerhalb der pädagogischen Einrichtungen stellenden Anforderungen nicht entspricht.

Vergleichbar den schon für den historisch-gesellschaftlichen Entdeckungskontext der konstitutiven Prinzipien pädagogischen Denkens und Handelns unterschiedenen Positionen, stehen auch in diesen Fragen bis heute zwei konträre Auffassungen einander gegenüber. Die eine macht die Möglichkeit einer Anerkennung der konstitutiven Prinzipien, Argumente der pädagogisch-naiven Position teilend, von einer strikten Abkopplung des Erziehungs- und Bildungssystems von allen anderen Bereichen menschlicher Praxis abhängig. Die andere argumentiert, hierin der bereits geschilderten politisch-pragmatischen Position verwandt, für eine lineare Anbindung des Erziehungs- und Bildungssystems an die von den anderen Bereichen der menschlichen Praxis definierten Anforderungen und verspricht sich hiervon die Lösung aller Abstimmungsprobleme.[31] Um die Entwicklung der regulativen Prinzipien pädagogischen Denkens und Handelns vorzubereiten und deren theoretische und praktische Überlegenheit gegenüber Vorstellungen einer linearen Abkopplung bzw. linearen Anbindung von pädagogischer Praxis von den anderen gesellschaftlichen Bereichen menschlichen Handelns nachweisen zu können, sollen zunächst die Aporien herausgearbeitet werden, in die sich bis heute Befürworter und Gegner der Abkopplungs- bzw. Ableitungshypothese verstricken. Als Sachverhalte, an denen beide Hypothesen geprüft werden können, bieten sich die Probleme der richtigen Mitte zwischen Unter- und Überforderung und des richtigen Zeitpunkts für die Aufhebung pädagogischer Autorität an.

Die pädagogisch-naive Position versucht die konstitutiven Prinzipien pädagogischen Denkens und Handelns, die Grundbegriffe der Bildsamkeit und der Aufforderung zur Selbsttätigkeit, anzuerkennen und strebt, um Kollisionen mit gesellschaftlichen Anforderungen auszuweichen, eine Abkopplung der pädagogischen Interaktion vom Gesellschaftssystem an. Ihre Stärke liegt darin, dass sie um die Gefährdung der Möglichkeiten pädagogischen Handelns durch Kollisionen mit Anforderungen der Gesellschaft weiß, ihre Schwäche beruht darauf, dass sie die Möglichkeit einer Abkopplung der pädagogischen Praxis von den Einflüssen und Anforderungen der anderen gesellschaftlichen Praxisbereiche überdehnt.

31 Die einander ausschließenden Argumentationsmuster beider Positionen haben einige ihrer Vertreter nicht davon abhalten können, in einem *salto mortale* von der einen zur anderen Position überzuwechseln. So wurde zu Beginn der Bildungsreform der 60er und 70er Jahre von nahezu allen Reformern die Auffassung vertreten, es gelte das Bildungssystem an die Erfordernisse des Gesellschaftssystems anzupassen und eine Bildungskatastrophe, die aufs Beschäftigungssystem überzugreifen drohe, abzuwenden. Am Ende der Bildungsreform zeigte sich dann, dass weder für die reduzierte Anzahl von Hauptschulabsolventen noch für die enorm gesteigerte Zahl an Abiturienten genügend Ausbildungs- und Arbeitsplätze bereit standen. Während die staatliche Politik auf die sich nun abzeichnende Krise des Beschäftigungssystems unterschiedlich reagierte, indem sie einerseits eine Verschärfung der Selektionsmechanismen ankündigte und anderseits die Überlast nicht mehr ausfinanzierter Studienplätze den Hochschulen überantwortete, vertraten Reformpädagogen, die zu Beginn der Bildungsreform für eine stärkere Anbindung des Erziehungssystems an das Beschäftigungssystem eingetreten waren, nun die Hypothese, es gelte das Bildungssystem vom Beschäftigungssystem abzukoppeln. Zur Kritik dieses „Paradigmenwechsels“ vgl. H. Kemper: Schultheorie und Schulreform. Von der Aufklärung bis zur Gegenwart. Königstein 1985, S. 174ff.; siehe auch D. Benner/H. Kemper: Theorie und Geschichte der Reformpädagogik. Teil 3.2. Staatliche Schulreform und Schulversuche in den westlichen Besatzungszonen und in der BRD. Weinheim/Basel 2009.

Seit der Ausgrenzung der pädagogischen Praxis in besondere Institutionen wird die pädagogische Interaktion mit Aufgaben konfrontiert, die sie nur unter zumindest teilweiser Missachtung der beiden ersten Prinzipien pädagogischen Denkens und Handelns erfüllen kann. Der Grund hierfür liegt nicht etwa in einer nur begrenzten Gültigkeit dieser Prinzipien, sondern darin, dass ihre Beachtung nicht an eine von den anderen gesellschaftlichen Praxen ausgegrenzte pädagogische Praxis delegiert werden kann. Beispiele für solche Entlastungsstrategien stellen die in regelmäßigen Abständen von Politikern, Ökonomen, Kirchenvertretern u.a.m. geäußerten Optionen dar, gesellschaftliche Probleme, die in Teilbereichen der Gesamtgesellschaft auftreten, in diesen aber nicht zu lösen sind, durch die Einführung neuer Unterrichtsfächer zu entschärfen. So hat der erste Umweltminister der Bundesrepublik Deutschland unmittelbar nach seinem Amtseintritt die Forderung aufgestellt, Umweltschutz als ein neues Unterrichtsfach in den Lehrplänen aller Schulen zu verankern.[32] Ähnlich verhält es sich mit den teils realisierten, teils noch nicht eingelösten Optionen, Politikunterricht, Verkehrserziehung, Sexualkundeunterricht, Neue Medien, Computertechnologie und neuerdings auch moralische Erziehung als Fachunterricht einzuführen. Weil es keine politische Öffentlichkeit gibt, an der Heranwachsende partizipieren, gibt es Politikunterricht, weil der Straßenverkehr in vielen Städten auf die Bedürfnisse von Fußgängern und Fahrradfahrern nicht genügend Rücksicht nimmt, gibt es Verkehrserziehung, weil die Jugend nicht diskursiv an der Tradierung und Weiterentwicklung der Konventionen und Sitten beteiligt ist, gibt es demnächst das Unterrichtsfach Moral oder Ethik.[33] Das Schicksal all dieser Unterrichtsfächer ist es, dass ihnen nicht nur die Aufgabe zugewiesen wird, Heranwachsende in wichtige, lebensbedeutsame Fragen einzuführen, sondern zugleich Programmatiken zur Bearbeitung überantwortet werden, welche die Wirkungsmöglichkeiten schulisch organisierter Lehr-Lernprozesse teils unzulässig auf innerschulisch überprüfbare Lernleistungen begrenzen, teils grenzenlos überdehnen.[34]

Um einer die Gesamtgesellschaft oder einzelne Teilsysteme entlastenden Verschulung und Ausgrenzung pädagogischer Prozesse in disziplinierende, unterrichtende und aufbewahrende Einrichtungen entgegenzuwirken, erhebt

---

32 Vgl. die Berichterstattung über die Amtseinführung von W. Wallmann am 06.06. 1986 in der deutschen Presse.

33 Zur Kritik des in Brandenburg inzwischen institutionalisierten Schulfachs LER (Lebensgestaltung-Ethik-Religion) vgl. D. Benner: Die Rolle der Religion im Rahmen der ethischen Erziehung und Unterweisung. Statement zur Podiumsdiskussion im Rahmen des Symposions „Ethik ohne Religion?“. In: Ethik ohne Religion? Beiheft zur Berliner Theologischen Zeitschrift 13 (1996) S. 133-136; Ders.: Stellungnahme zum Unterrichtsfach LER. In: Wie halten wir's mit der Religion? Religion, Islam, LER in Berlin? Dokumentation einer öffentlichen Anhörung der Fraktion BÜNDNIS 90/DIE GRÜNEN vom 30.04.1999 im Abgeordnetenhaus von Berlin, S. 54-68.

34 Zur Kritik solcher Entlastungsstrategien vgl. D. Benner/H.-E. Tenorth: Bildung zwischen Staat und Gesellschaft. In: Zeitschrift für Pädagogik 42 (1996) S. 3-14.

die pädagogisch-naive Position die Forderung, es reiche nicht aus, die pädagogische Praxis lediglich institutionell von den anderen gesellschaftlichen Praxisfeldern abzugrenzen, vielmehr komme es darauf an, sie auch von deren Anforderungen zu befreien. Um die konstitutiven Prinzipien pädagogischen Denkens und Handelns anerkennen und die Besonderheit der pädagogischen Praxis „retten“ oder „wiederherstellen“ zu können, beansprucht die pädagogisch-naive Position für die pädagogische Interaktion einen quasi-gesellschaftsfreien Raum, in dem im Zusammenleben von Erziehern und Lehrern, Zöglingen und Schülern der neue Mensch herangebildet werden soll, umfassend gebildet und partizipationsfähig ist.

Unter den Klassikern der Pädagogik, die die konstitutiven Prinzipien pädagogischen Denkens und Handelns auf den Begriff gebracht haben, ist die pädagogisch-naive Position von Fichte vertreten worden. Rousseauisten und deren Kritiker haben sie freilich immer wieder auch Rousseau zugeschrieben. Diesem ging es jedoch seit seinem *Diskurs über die Ursachen und die Grundlagen der Ungleichheit unter den Menschen* um eine Klärung der Frage, wie die universelle Bildsamkeit des Menschen anerkannt und der „natürliche Mensch“, das heißt der durch seine Natur gerade unbestimmte und nicht festgelegte Mensch, durch Aufforderungen zur Selbsttätigkeit sich bilden und gebildet werden könne: „Welche Experimente wären nötig, um zur Kenntnis des natürlichen Menschen zu gelangen; und welches sind die Mittel, um diese Experimente inmitten der Gesellschaft durchzuführen?“[35] Diese Stelle aus der Einleitung zum zweiten Diskurs zeigt, in welch eingeschränktem Sinne Rousseaus Pädagogik der pädagogisch-naiven Position zugeordnet werden kann. Niemand wusste zu seiner Zeit genauer um die Abhängigkeit der interaktiven Seite von der gesellschaftlichen Seite der pädagogischen Praxis. Konkret zu zeigen, wie im Schoße der vorgegebenen Ständegesellschaft des *ancien régime* der „natürliche Mensch“ in seiner unbestimmten und universellen Bildsamkeit anerkannt und erzogen werden könne, schien ihm unmöglich.

Statt das Unmögliche zu beschreiben, legte Rousseau gleichzeitig zwei Abhandlungen vor: seine politische Hauptschrift, den „Contrat social“, in welchem er die Identität von Herr und Knecht, Oberhaupt und Untertan zum Prinzip eines gerechten Gemeinwesens erhob, und seine Erziehungsgeschichte „Emile“, in der er Vorstellungen zu einer neuen, nicht mehr den vorgegebenen gesellschaftlichen Anforderungen und Zwängen verhafteten Erziehung entwickelte. In dem klaren Bewusstsein, dass die neue, den konstitutiven Prinzipien pädagogischen Denkens und Handelns verpflichtete pädagogische Praxisform real allererst unter den gesellschaftlichen Bedingungen eines auf Freiheit und gegenseitiger Anerkennung der Subjekte basierenden Gemeinwesens möglich sein könne, zeichnete Rousseau im „Emile“ das Bild einer Erziehung zur rezeptiven und spontanen Leiblich-

35 J.-J. Rousseau: Diskurs über die Ungleichheit, a. a. O., S. 48 f.

keit, Freiheit, Geschichtlichkeit und Sprachlichkeit menschlicher Praxis und betonte zugleich, dass dieses Bild nur als Anstoß zum Nachdenken, nicht aber als positives Vorbild für eine Veränderung der pädagogischen Praxis tauglich sei.[36]

In Rousseaus Erziehungsgeschichte verlässt der Pädagoge Jean-Jacques mit seinem imaginären Schüler Emile die feudalistische Gesellschaft, um fernab von den Standesherrschaft, Unfreiheit und gesellschaftliche Ungleichheit reproduzierenden Einflüssen des *ancien régime* einen potentiellen Republikaner zu erziehen, der fähig ist, in einer im Sinne des „Contrat social" gerechten Gesellschaft als freier und solidarischer Bürger zu leben. Was Rousseau 1762 am fiktiven Beispiel und in äußerster Skepsis hinsichtlich seiner Realisierbarkeit als Programmatik einer die konstitutiven Prinzipien pädagogischen Denkens und Handelns anerkennenden pädagogischen Praxis beschrieb, erhob Fichte während der Revolutionskriege Anfang des 19. Jahrhunderts zum Programm. In seinen „Reden an die deutsche Nation" forderte der jakobinische Republikaner einen Exodus der pädagogischen Praxis aus der Gesellschaft und schlug vor, die gesamte jüngere Generation solle sich mit ihren Lehrern von der bestehenden Gesellschaft absondern, um innerhalb einer zu realisierenden pädagogischen Provinz den neuen, mündigen Menschen zu bilden.[37]

Wir verdanken Rousseaus ebenso fiktiver wie skeptischer Beschreibung der pädagogischen Provinz und Fichtes pädagogisch-naiver Programmatik und transzendentalen Ableitung der konstitutiven Prinzipien pädagogischen Denkens und Handelns die literarische Erhellung und begriffliche Fassung der beiden ersten Prinzipien des neuzeitlichen pädagogischen Grundgedankens. Diese besagen, dass jeder Mensch eine von Natur aus unbestimmte und insofern universelle Bildsamkeit besitzt, der zufolge er die ihm zukommende Bestimmtheit gerade nicht durch eine lineare Anpassung an und Einfügung in gesellschaftliche Anforderungen, sondern allererst durch eine über Aufforderungen zur Selbsttätigkeit vermittelte pädagogische Interaktion erlangen kann. Wie sich aber schon an Fichtes ohne gesellschaftliche Skepsis vollzogener Berufung auf Rousseau zeigen lässt, steht eine ausschließlich auf die konstitutiven Prinzipien pädagogischer Praxis gegründete Erziehung in der Gefahr, das erzieherische Verhältnis zwischen Zu-Erziehenden und Erziehern auf einen rein pädagogischen Bezug zu verkürzen und eine Eigenständigkeit pädagogischen Handelns zu unterstellen, die es gesellschaftlich gar nicht geben kann und auch niemals geben wird. Hierum schon früh gewusst zu haben, ist das besondere Verdienst Rous-

36 Vgl. hierzu D. Benner: Der Begriff moderner Kindheit bei Rousseau, im Philanthropismus und in der deutschen Klassik. In: Zeitschrift für Pädagogik 45 (1999) S. 1-18, S. 5 ff.

37 Vgl. hierzu J. G. Fichte: Reden an die deutsche Nation (1808). In: J. G. Fichte: Ausgewählte Werke in sechs Bänden. Band 5, a. a. O., S. 533 ff.

seaus, auf den sich Reformpädagogen seit der pädagogischen Aufklärung bis heute insofern zu Unrecht berufen. Die Determination der Erziehungspraxis durch die Gesellschaft ist nicht durch eine Befreiung der Pädagogik von jeglichen gesellschaftlichen Einflüssen überwindbar. Das Problem, dass Pädagogik nie bloß der Erneuerung, sondern immer auch der Reproduktion der Gesellschaft dient, die Gesellschaft aber immer schon ihre Erzieher sozialisiert hat und die Bedingungen, unter denen wir pädagogisch handeln können, vorgibt, lässt sich durch eine Auslagerung der pädagogischen Praxis in außergesellschaftliche Räume nicht lösen. Weder ist eine Auslagerung der pädagogischen Interaktion aus der Gesellschaft möglich noch stehen der pädagogischen Praxis Räume hierfür offen.

An der sich hier zeigenden Grenze meldet sich neuerlich die politisch-pragmatische Gegenposition zu Worte. Ihre Vertreter wissen darum, dass die interaktive Seite der pädagogischen Praxis nicht von ihrer gesellschaftlichen Seite isolierbar oder abtrennbar ist. In den von der pädagogisch-naiven Position beklagten Kollisionen zwischen gesellschaftlich geforderten und pädagogisch legitimen Aufgaben pädagogischen Handelns sehen sie eine kulturrevolutionäre Störung der funktionalen Aufgabenteilung zwischen dem Erziehungssystem und den anderen gesellschaftlichen Teilsystemen.[38] Störungen wie diese führen sie darauf zurück, dass Pädagogen die Prinzipien der Bildsamkeit und der Aufforderung zur Selbsttätigkeit zu Grundbegriffen pädagogischen Handelns hypostasieren, statt die pädagogische Praxis in den Dienst einer Bejahung der gesellschaftlichen Anforderungen an das Erziehungssystem zu stellen.

Für die politisch-pragmatische Position gibt es, was den richtigen Zeitpunkt für das Verschwinden pädagogischer Autorität und die richtige Mitte zwischen Unter- und Überforderung betrifft, längst etablierte Lösungsmuster, von denen pädagogisches Denken und Handeln sich nicht ungestraft distanzieren kann. Die Übergabe pädagogischer Autorität ist der politisch-pragmatischen Auffassung zufolge von der frühesten Kindheit bis zur Volljährigkeit durch die Reihenfolge der Institutionen vom Kindergarten über die Schulen bis hin zu den beruflichen Ausbildungsstätten geregelt, an die Eltern ihre Autorität schrittweise abtreten, bis die Heranwachsenden volljährig geworden sind. Vergleichbares gilt für die richtige Mitte zwischen Unter- und Überforderung der Heranwachsenden. Sie wird nach Auffassung der politisch-pragmatischen Position im traditionellen Schulsystem durch dessen Gliederung in niedere und höhere Schularten und in der Einheitsschule durch unterschiedliche Leistungsstufen gesichert. Im differenzierten Schulsystem können Schüler, die durch gestellte Anforderungen unterfordert werden, in höhere Schularten oder Schulstufen mit schwierigeren Kursen aufsteigen, und Schüler, die durch die an sie gerichteten Anforderungen auf Dauer überfordert werden, niedrigere Schularten oder leichtere

38 Vgl. hierzu H. Lübbe: Holzwege der Kulturrevolution, a. a. O.

Kurse wählen. Auf diese Weise wird erreicht, dass am Ende der Schulzeit alle eine ihrer Leistungsfähigkeit entsprechende Berechtigung erhalten, sich für eine berufliche Tätigkeit zu qualifizieren.[39]

Vergleichen wir die Optionen und Programmatiken der pädagogisch-naiven und der politisch-pragmatischen Position, so zeigt sich, dass keine von ihnen in der Lage ist, den Zusammenhang zwischen den Prinzipien der interaktiven Seite der pädagogischen Praxis und ihrer gesellschaftlichen Seite angemessen zu bestimmen. Die pädagogisch-naive Position versucht zwar, an den konstitutiven Prinzipien pädagogischen Denkens und Handelns festzuhalten, siedelt aber die pädagogische Praxis, um die Beachtung dieser Prinzipien fiktiv zu beschreiben oder versuchsweise zu verwirklichen, in außergesellschaftlichen Räumen an. Im Unterschied hierzu weiß die politisch-pragmatische Position um die Unmöglichkeit, pädagogisches Handeln in gesellschaftsfreie Räume zu verlegen. Ihre Anerkennung der gesellschaftlichen Einflüsse auf pädagogisches Handeln hat freilich den Preis, dass nun die Grundbegriffe der zwar nicht unbegrenzten, wohl aber vielseitigen Bildsamkeit der Einzelnen und des über Aufforderungen zur Selbsttätigkeit vermittelten pädagogischen Wirkens suspendiert und die relative Autonomie und Besonderheit pädagogischen Denkens und Handelns einem als gegeben unterstellten Korrespondenzverhältnis von Begabungen und Berechtigungen geopfert werden.

Hier zeigt sich die geschichtliche Antinomik neuzeitlicher Pädagogik: Sofern pädagogische Praxis den beiden konstitutiven Prinzipien pädagogischen Denkens und Handelns zu entsprechen sucht, gesellschaftlich aber nicht im Sinne dieser Prinzipien anerkannt wird, ist sie real gar nicht möglich; wo sie dagegen real möglich ist, kann sie ihre eigenen konstitutiven Prinzipien nicht anerkennen, weil sie ihre eigenen Leistungen und diejenigen der Heranwachsenden nach Maßgabe individueller Begabungen und gesellschaftlich notwendiger Qualifikationen und Berechtigungen beurteilen muss. Diese Antinomie gewinnt ihre volle Schärfe dadurch, dass sie zwar von den beiden konstitutiven Prinzipien pädagogischen Denkens und Handelns her formulierbar, auf deren Grundlage allein aber nicht lösbar ist. Um zu einem Begriff pädagogischen Denkens und Handelns zu gelangen, der nicht nur dessen individuelle, sondern auch dessen gesellschaftliche Seite erfasst, bedarf es mithin weiterer Grundbegriffe. Diese müssen Auskunft darüber geben, wie das Verhältnis der pädagogischen Praxis zu den anderen Bereichen menschlichen Han-

39 Vgl. hierzu die Unterscheidung zwischen der innersystemischen Codierung des Erziehungssystems nach Maßgabe der Differenz „besser-schlechter" und der außersystemischen Programmierung der Anforderungen nach Maßgabe wechselnder Erfordernisse aus den anderen gesellschaftlichen Systemen in N. Luhmann: Codierung und Programmierung. Bildung und Selektion im Erziehungssystem. In: Allgemeine Bildung. Analysen zu ihrer Wirklichkeit, Versuche über ihre Zukunft, hrsg. von H.-E. Tenorth, Weinheim/München 1986, S. 154-182.

delns so gedacht werden kann, dass pädagogische Praxis als gesellschaftliche Praxis real möglich ist. Von der Anerkennung der noch zu entwickelnden Prinzipien der gesellschaftlichen Seite pädagogischer Interaktion hängt entscheidend ab, ob die konstitutiven Prinzipien pädagogischen Denkens und Handelns für die pädagogische Praxis Geltung erlangen können oder im Dauerstreit zwischen den Optionen einer pädagogisch-naiven Abkopplung vom Gesellschaftssystem und einer politisch-pragmatischen Ankopplung an gesellschaftlich vordefinierte Qualifikationserwartungen und Berechtigungen stets von neuem missachtet werden.

Die regulativen Prinzipien pädagogischen Denkens und Handelns, die im Folgenden vorgestellt werden, konnten erst formuliert werden, nachdem sich die neuzeitliche Antinomik einer den konstitutiven Prinzipien der Bildsamkeit und der Aufforderung zur Selbsttätigkeit verpflichteten pädagogischen Praxis gezeigt hatte. Dies verweist auf die historisch-aposteriorische Geltung der regulativen Prinzipien. Während die konstitutiven Prinzipien nicht erst seit ihrer begrifflichen Fixierung Geltung besitzen, sondern für die pädagogische Interaktion immer schon konstitutiv waren, ist die Geltung der regulativen Prinzipien untrennbar an die Erfahrung der gesellschaftlichen Antinomik pädagogischer Interaktion in der Neuzeit zurückgebunden. Die Art und Weise, in der die konstitutiven Prinzipien Geltung beanspruchen, veränderte sich freilich mit ihrer modernen begrifflichen Formulierung grundlegend. Konnten sie vorher – innerhalb gewisser Grenzen – gelten, ohne als solche erkannt und anerkannt zu sein, so können sie seit ihrer modernen begrifflichen Fixierung real nur unter gleichzeitiger Beachtung der regulativen Prinzipien anerkannt werden. Die tatsächliche Geltung der immer schon konstitutiven Prinzipien pädagogischen Denkens und Handelns hängt heute wesentlich von der Anerkennung der regulativen Prinzipien pädagogischen Denkens und Handelns ab.

Solange die Erziehung ein integrierter Teil der anderen gesellschaftlichen Tätigkeiten war, stellte sich die Mitte zwischen Unter- und Überforderung der Heranwachsenden unmittelbar im standesspezifisch geordneten Zusammenleben der Generationen ein und bemaß sich der Zeitpunkt für die Übergabe pädagogischer Autorität danach, wann Heranwachsende die ihnen von Geburt her vorbestimmten Tätigkeiten ausführen konnten.[40] Hatte beispielsweise die ehelich oder unehelich gezeugte Tochter einer Magd im Zusammenleben der Generationen und Stände erlernt, selbst eine gute Magd zu sein, so konnte sie am Ort ihrer Herkunft oder an einer vergleichbaren Institution Magd werden und erhielt womöglich die Berechtigung,

40 Vgl. hierzu die – mit Ausnahme der Beiträge über Mönche, Heilige, Außenseiter im Mittelalter und über Philosophen und Magier in der Renaissance – vorwiegend geburts- und berufsständig geordneten Abhandlungen in den Bänden: Der Mensch des Mittelalters, hrsg. von J. Le Goff. Frankfurt a. M. 1989; Der Mensch der Renaissance, hrsg. von E. Garin. Frankfurt a. M. 1990; Der Mensch der Aufklärung, hrsg. von M. Vovelle, Frankfurt a. M. 1990.

nicht nur Magd eines feudalen Herrn, sondern zugleich Frau eines Knechts zu werden. In den traditionellen, vor der Formulierung der konstitutiven Prinzipien pädagogischen Denkens und Handelns bestehenden Gesellschaften waren die Antworten auf pädagogische Fragen durch das Zusammenleben der Generationen und Stände vorgegeben. Die richtige Mitte zwischen Unter- und Überforderung ergab sich aus Maßstäben standesspezifischer Tätigkeiten, und der richtige Zeitpunkt zur Übergabe pädagogischer Autorität war untrennbar gekoppelt mit der Annahme der weitgehend von Geburt her vorbestimmten Stellung des Einzelnen innerhalb des hierarchisch geordneten Systems gesellschaftlicher Tätigkeiten.[41]

Die moderne Fassung der konstitutiven Prinzipien pädagogischen Denkens und Handelns ist untrennbar mit dem Untergang dieser hierarchischen und teleologischen Ordnung der gesellschaftlichen Tätigkeiten verbunden. Die geschichtliche Erfahrung, dass ein jeder – wenn auch in einem ungewissen Umfang – grundsätzlich für alle Tätigkeiten bildsam ist, wenn er nur zur freien Selbsttätigkeit aufgefordert und nicht auf die Bestimmung seines jeweiligen Herkunftsstandes hin sozialisiert wird, konnte erst im Kontext moderner bürgerlicher Gesellschaften gemacht werden, als unter dem Einfluss bürgerlich-industrieller Produktion und neuzeitlicher Wissenschaft die traditionelle Gesellschaftsordnung zerbrach. Die Industrialisierung der Landwirtschaft und der handwerklichen Produktion half nicht nur, Standesschranken zu überwinden, sondern setzte zugleich an die Stelle der Einheit von pädagogischer Interaktion und anderen gesellschaftlich notwendigen Tätigkeiten eine Indienstnahme der pädagogischen Praxis für die Beförderung des industriell-ökonomischen Fortschritts.

Bemaß sich vor der Industrialisierung und Bürokratisierung aller Lebensbereiche die Bestimmung der Einzelnen nach den Aufgaben der hierarchisch geordneten Stände, so bemessen sich seit der Abkopplung der pädagogischen Praxis vom standesspezifischen Zusammenleben der Menschen die Leistungen pädagogischer Interaktion nach Kriterien, die von Optionen eines keineswegs auf die menschliche Gesamtpraxis, sondern auf das Wirtschaftssystem bezogenen gesellschaftlichen Fortschritts her definiert werden. Die pädagogische Praxis bezahlte gleichsam ihre Abkopplung von standesspezifischen Definitionen der gegenwärtigen und künftigen Bestimmung der Menschen mit einer Instrumentalisierung aller Erziehungs- und Bildungsprozesse für einen gesellschaftlichen Fortschritt, der nun nicht mehr einer vorgegebenen gesellschaftlichen Ordnung, sondern der im ökonomischen System zu erzielenden und durch Politik abzusichernden Steigerung menschlicher Macht in der Beherrschung der Natur den Primat zuerkannte. Aus der pädagogischen Praxis als einer ehemals integrierten gesellschaftlichen Tätigkeit wurde eine vom standesspezifischen Zusammenleben

41 Vgl. hierzu H.-E. Tenorth: Geschichte der Erziehung. Einführung in die Grundzüge ihrer neuzeitlichen Entwicklung. Weinheim/München 1988, S. 66 ff.

der Generationen abgekoppelte und auf die Entwicklung des industriellen Wirtschaftssystems hin ausgerichtete Tätigkeit, welche ihre Emanzipation von standesspezifisch definierten Kenntnissen, Fertigkeiten und Moralen mit der Gefährdung ihres gerade erkannten Eigensinns bezahlte.[42]

Wir kommen heute nicht mehr nur mit den zwischen 1762 (Rousseaus „Emile") und 1841 (Herbarts „Umriss pädagogischer Vorlesungen") formulierten konstitutiven Prinzipien pädagogischen Denkens und Handelns aus; wir müssen vielmehr zugleich nach den regulativen Prinzipien pädagogischen Denkens und Handelns fragen, von deren gesamtgesellschaftlicher Anerkennung die Beachtung der konstitutiven Prinzipien pädagogischer Interaktion mit abhängt. Dass das konstitutive Prinzip einer universellen Bildsamkeit aller Einzelnen gesellschaftlich nur anerkannt werden kann, wenn keinem der Bereiche der menschlichen Praxis ein Primat gegenüber den anderen eingeräumt wird, lässt sich durch das regulative Prinzip eines nicht-hierarchischen Ordnungszusammenhangs der menschlichen Gesamtpraxis näher bestimmen. Dass pädagogische Wirkungen dem konstitutiven Prinzip der Aufforderung zur Selbsttätigkeit nur entsprechen können, wenn die gesellschaftlichen Wirkungen auf pädagogische Prozesse solche Aufforderungen zulassen, bringt das regulative Prinzip der Überführung gesellschaftlicher Determination in pädagogische Determination auf den Begriff.

Die Entwicklung der den konstitutiven Prinzipien zugeordneten regulativen Prinzipien erfolgt in umgekehrter Reihenfolge wie die Entwicklung der konstitutiven Prinzipien. Aus Gründen, die erst vom Ende dieses Kapitels her einsichtig zu machen sind, wird zunächst das regulative Prinzip der Überführung gesellschaftlicher in pädagogische Determination vorgestellt, das in enger Beziehung zum Prinzip der Aufforderung zur Selbsttätigkeit steht. Der prinzipientheoretische Teil schließt mit der Erörterung der Idee eines nicht-hierarchischen Ordnungszusammenhangs der menschlichen Gesamtpraxis, welche das gesellschaftliche Korrespondenzprinzip zur Kategorie der Bildsamkeit, dem ersten Grundbegriff pädagogischen Denkens und Handelns darstellt.

3.2.2 Das Prinzip der pädagogischen Transformation gesellschaftlicher Einflüsse in pädagogisch legitime Einflüsse

Ohne gesellschaftliche Vorgegebenheiten und deren Einwirkungen auf pädagogische Prozesse wäre pädagogisches Handeln gar nicht möglich. Die Sprache, die Kinder als Muttersprache erlernen, die Sitten und Konventionen, unter denen sie aufwachsen und in die sie eingeführt werden, die Wis-

42 Vgl. hierzu die kritische Rekonstruktion der Pädagogik der Aufklärung in der Arbeit von K.-F. Göstemeyer: Pädagogik und gesellschaftliche Synthesis. Zur Dialektik von Menschheits- und Gesellschaftsbildung bei Hobbes, Sextro und Jachmann. Frankfurt a. M./Bern/Paris/New York 1989.

sensformen und -bestände, die sie sich aneignen, und die Handlungsfelder, für die sie Handlungskompetenzen entwickeln, müssen zum Zwecke pädagogischen Handelns nicht eigens erfunden werden. Sie gibt es vielmehr immer schon und sie sind für pädagogische Prozesse nicht minder notwendig als die in den Grundbegriffen der individuellen Seite der pädagogischen Interaktion angesprochenen pädagogischen Sachverhalte der Bildsamkeit und der Aufforderung zur Selbsttätigkeit.

Die individuelle Seite der pädagogischen Praxis wurde durch die beiden konstitutiven Prinzipien der unbestimmten Bildsamkeit und der Aufforderung zur Selbsttätigkeit dahingehend bestimmt, dass vernünftige Erziehung das Lernen nicht normiert oder manipuliert, sondern Wechselwirkungen zwischen Denk- und Weltätigkeit zu stimulieren sucht. Damit Erziehung in diesem Sinne wirksam werden kann, müssen gesellschaftliche Anforderungen und Einwirkungen in pädagogisch legitime Anforderungen und Einwirkungen überführt werden. Dabei werden aus Sitten und Gebräuchen der Erwachsenen Üblichkeiten, an denen Kinder teilhaben, erfahren Erwachsenensprache und Erwachsenenschrift Transformationen in Kindersprache und Kinderschrift, transformieren sich Kunst und Malerei in Kinderzeichnungen und Gottesdienste in Kindergottesdienste.[43]

Das regulative Prinzip der Transformation gesellschaftlicher Einwirkungen und Anforderungen macht in diesem Zusammenhang darauf aufmerksam, dass gesellschaftliche Voraussetzungen und Anforderungen ihre pädagogische Dignität niemals schon daraus ableiten können, dass sie von sich aus eine unbedingte Anerkennung durch die pädagogisch Interagierenden verlangen, sondern eine pädagogische Dignität erst dadurch gewinnen, dass sie sich als transformierbar in pädagogisch sinnvolle Voraussetzungen und Anforderungen erweisen. Wo dies nicht gelingt und der Erfolg pädagogischen Handelns durch gesellschaftliche Einwirkungen und Anforderungen nicht nur erschwert, sondern sogar verhindert wird, da gilt es auf dem Weg einer pädagogischen Gesellschaftsanalyse und -kritik die Voraussetzungen und Bedingungen für pädagogische Prozesse so umzugestalten, dass die Chancen für eine gelingende Erziehung dadurch verbessert werden.

Bei der Prüfung der pädagogischen Qualitäten gesellschaftlicher Einwirkungen auf und Anforderungen an pädagogische Prozesse ist so vorzugehen, dass gesellschaftliche Einflüsse nicht einfach als Umwelteinflüsse gedeutet, sondern als Einflüsse der anderen Bereiche menschlichen Handelns

43 Siehe hierzu die Aussage von J. Dewey: „der Vorgang der Erziehung [hat] kein Ziel (end) außerhalb seiner selbst; er ist sein eigenes Ziel“ (Dewey: Demokratie und Erziehung 1916/1993, S. 75), die nicht die Tatsache außerpädagogischer Erziehungsziele bestreiten, sondern auf die Notwendigkeit ihrer Transformation in Bildungsziele hinweisen will; vgl. hierzu D. Benner: In welche Zukunft schaut die Pädagogik? oder: Erlaubte und unerlaubte Mutmaßungen über die Zukunft der Pädagogik. In: Ders.: Bildungstheorie und Bildungsforschung. Paderborn 2008, S. 14 ff.

sowie der komplexen Beziehung, die zwischen diesen bestehen, begriffen werden. Die Frage, wie gesellschaftliche Einflüsse auf pädagogisches Handeln zu beurteilen, ob sie anzuerkennen oder zu modifizieren sind, können wir nur stellen, wenn wir zwischen Umwelteinflüssen und gesellschaftlichen Einflüssen unterscheiden. Im Unterschied zu bloßen Umwelteinflüssen eines natürlichen Klimas, der Jahreszeiten u.a.m. sind gesellschaftliche Einflüsse immer schon über menschliches Handeln vermittelt. Erst wenn man die Kultur- und Zivilisationsgeschichte der Menschheit als einen Prozess begreift, in dem Umwelteinflüsse zunehmend in gesellschaftliche oder über gesellschaftliche Zusammenhänge vermittelte Einflüsse transformiert worden sind, stellt sich die Frage nach der Überführung gesellschaftlicher Determination in pädagogische Determination.

Zur Eigenart dieser Frage gehört, dass wir sie ohne die Unterscheidung einer ersten und zweiten Natur des Menschen gar nicht stellen, mit Hilfe dieser Unterscheidung aber noch nicht beantworten können. Ihrer ersten Natur zufolge werden Menschen als Säuglinge unterschiedlichen Geschlechts geboren, die mit Erlangung der Geschlechtsreife, den Tieren und Pflanzen durchaus vergleichbar, an der Fortpflanzung und Erhaltung ihrer Art mitwirken können. Zur ersten Natur des Menschen gehört zugleich, und dies unterscheidet den Menschen von der übrigen Natur, dass seine Bestimmung weder in der ersten Natur angelegt noch durch deren Zusammenwirken mit Umwelteinflüssen unmittelbar herbeigeführt wird. In den traditionellen Standesgesellschaften definierte sich die Bestimmung der Einzelnen weitgehend nach dem Stand ihrer Herkunft, wurde gleichsam die zweite, gesellschaftlich vermittelte Natur für die erste Natur gehalten. Die Einsicht in die für menschliches Lernen konstitutiven Prinzipien der Bildsamkeit und der Aufforderung zur Selbsttätigkeit eröffnete dann allererst die Möglichkeit, zwischen einer ersten, durchaus offenen, noch unbestimmten und universell bildsamen Natur des Menschen und dessen zweiter, gesellschaftlich determinierten Natur zu unterscheiden und die zweite Natur nicht zum Begriff der Bestimmung des Menschen zu erheben.

Die Einsicht, dass Menschen ihre Bestimmung unter vorgegebenen gesellschaftlichen Einflüssen erlangen, ist nämlich nur die halbe Wahrheit. Sie gewinnt an Stimmigkeit, wenn zugleich eingeräumt wird, dass Menschen unter anderen gesellschaftlichen Einflüssen auch andere Bestimmungen hätten entwickeln können und dass sich folglich die Möglichkeiten und Horizonte menschlicher Erziehung und Bildung durch eine Transformation vorgegebener gesellschaftlicher Einwirkungen auf menschliche Bildungsprozesse verändern lassen. Hierum zu wissen, erlaubt es, die Frage nach der Überführung gesellschaftlicher Determination in pädagogische Determination zu stellen.

Wissenschaftliche Theorien, die anlagenbedingte, umweltbedingte und gesellschaftliche Einflüsse zu einem Insgesamt von hundert Prozent addieren, schließen sich von der Erörterung dieser Frage ebenso aus wie Auffassungen, die der pädagogisch-naiven oder der politisch-pragmatischen Position folgen. Theorien, die jegliches Lernen auf Anlage-, Umwelt- und gesellschaftliche Einflüsse zurückführen, beachten weder die gesellschaftlich unbestimmte und unbestimmbare Bildsamkeit des Menschen noch die selbsttätige Mitwirkung des Menschen am eigenen Bildungsprozess. Pädagogisch-naive Positionen suchen hingegen den gesellschaftlichen Einwirkungen auf das pädagogische Handeln zu entfliehen und hoffen, in pädagogischen Provinzen erziehen zu können. Politisch-pragmatische Positionen vertreten die nicht minder irrige Ansicht, gesellschaftliche Einwirkungen seien, wenn sie nur politisch legitim sind, pädagogisch einfach zu bejahen. Während die ausschließliche Anerkennung der konstitutiven Prinzipien pädagogischen Denkens und Handelns mit einer illusionären Leugnung der für pädagogisches Handeln unverzichtbaren gesellschaftlichen Einflüsse einhergeht, führen ordnungspolitische Forderungen nach einer Affirmation vorgegebener gesellschaftlicher Einwirkungen zu einer pädagogisch illegitimen Gleichsetzung von erster und zweiter Natur.

Im Unterschied zur pädagogisch-naiven Position erkennt das regulative Prinzip der Überführung gesellschaftlicher in pädagogische Determination die auf die pädagogische Praxis wirkenden gesellschaftlichen Einflüsse durchaus als nicht-ausgrenzbare an, im Unterschied zur politisch-pragmatischen Position verlangt dieses Prinzip jedoch, die Anerkennung der gesellschaftlichen Einflüsse nicht in der Form ihrer bloßen Bejahung, sondern auf dem Wege ihrer Transformation in pädagogisch legitime Einflüsse zu vollziehen. Wie in den Kapiteln 5.2 und 5.3 genauer zu zeigen sein wird, können pädagogische Transformationen auf zweifache Weise – einmal in der Form didaktischer Transformationen und zum anderen in der Form gesellschaftspädagogischer Transformationen – erfolgen.

Didaktische Transformationen verändern gesellschaftliche Anforderungen, indem sie diese in Lerninhalte eines Unterrichts überführen, der auf Wechselwirkungen zwischen weltbildenden und selbstbildenden Lehr-Lernprozessen setzt. Etwas lehr- und lernbar machen, bedeutet Fragen an den Lerngegenstand zulassen, die sich auf dessen Struktur und Bedeutung beziehen. Ohne eine gewisse Fehlerkultur ist dies nicht möglich. Fehler, die den vom Lerngegenstand her sich stellenden Anforderungen zufolge eigentlich vermieden oder gar ausgemerzt werden sollen, müssen zum Zwecke der im Unterricht intendierten Lehr-Lernprozesse ausdrücklich zugelassen und zu Gegenständen von prüfenden Analysen erhoben werden.

Gesellschaftspädagogische Transformationen unterscheiden sich von didaktischen dadurch, dass Aufgaben nicht nur zum Zwecke des Arrangements unterrichtlicher Lehr-Lernprozesse, sondern auch im außerunterrichtlichen Raum gesellschaftlicher Interaktion in diskursive Aufgaben transformiert und damit zu Gegenständen einer intergenerationellen Verständigung erhoben werden. Eine solche Verständigung folgt nicht einfach gesellschaftlichen Üblichkeiten und Normen, sondern entwickelt die Regeln des Zusammenlebens denkend, urteilend und experimentierend gemeinsam mit den Lernenden, indem sie Üblichkeiten und Normen im Kontext von Erfahrungen, die diese mit jenen machen, problematisiert und neu aushandelt.

Didaktische Transformationen können gesellschaftspädagogische nach sich ziehen, setzen diese jedoch zuweilen auch voraus. Umgekehrt sind gesellschaftspädagogische Transformationen darauf angewiesen, dass die Spielräume für die in ihnen durchzuführenden praktischen Experimente nicht nur mit außerpädagogischen Handlungsfeldern abgestimmt, sondern durch unterrichtliche Lehr-Lernprozesse erweitert werden. An drei Beispielen lässt sich dies verdeutlichen.

Das erste stammt aus dem Bereich der Verkehrserziehung, die heute in den Lehrplänen der Grundschulen verankert ist. Ihre vorrangige Aufgabe wird darin gesehen, Kinder so in die Regeln des Straßenverkehrs einzuführen, dass sie sich als Fußgänger und Fahrradfahrer verkehrsgerecht verhalten lernen.[44] Grund für die Aufnahme von Lektionen zur Verkehrserziehung in die Curricula der Grundschulen war nicht, dass Kinder, vergleichbar der Aneignung toter Sprachen wie des Lateinischen oder Griechischen, nur in der Schule das Fahrradfahren erlernen könnten, sondern dass unter den vorgegebenen gesellschaftlichen Bedingungen einer Zunahme des Autoverkehrs immer mehr Kinder als Fußgänger und Fahrradfahrer in Unfälle verwickelt wurden und dort zunehmend selbst gefährdet waren oder andere Verkehrsteilnehmer in Gefahr brachten. Niemand zweifelt heute daran, dass es sinnvoll und notwendig ist, Grundschülern Unterricht in Verkehrserziehung zu erteilen. Je nachdem aber, ob wir den Verkehrsunterricht unter pädagogisch-naiven, politisch-pragmatischen oder unter Gesichtspunkten und Grundsätzen erörtern, die dem dritten Prinzip pädagogischer Interaktion, demjenigen der Überführung gesellschaftlicher Determination in pädagogische Determination, verpflichtet sind, verändert sich der Horizont dessen, was unter Verkehrserziehung verstanden wird.

Hielten wir pädagogisch-naiv daran fest, dass Kinder aufgrund der ihnen eigenen Bildsamkeit und vermittelt über Akte der Aufforderung zur Selbsttätigkeit auch heute, wie Generationen von Kindern zuvor, erlernen können, sich zu Fuß oder mit dem Fahrrad in unseren Städten fortzubewegen, so müssten wir sie entweder blindlings den Gefahren des Straßenverkehrs aussetzen oder aber verlangen, dass der gesamte Straßenverkehr kindgerecht gestaltet und aus pädagogischen Provinzen, in denen Kinder sich zu Fuß

44 Vgl. die Richtlinien und Lehrpläne für die Grundschule in Nordrhein-Westfalen. Richtlinien Sachunterricht. Düsseldorf/Köln 1985, S. 29; siehe auch den Vorläufigen Rahmenplan für Unterricht und Erziehung in der Berliner Schule. Grundschule Klassen 1 bis 4. Vorfachlicher Unterricht Sachkunde. Berlin 1986, darin insbesondere die Themen „Sicherer Schulweg“ (Klasse 1), „Verhalten im Straßenverkehr“ (Klasse 2), „Straße als Verkehrs- und Lebensraum“ (Klasse 3) sowie „Als Radfahrer im Straßenverkehr“ (Klasse 4).

und mit dem Fahrrad frei bewegen können, ausgegrenzt wird. Folgten wir dagegen der politisch-pragmatischen Position, so werden wir die zunehmende Verdichtung des Straßenverkehrs zu jenen Üblichkeiten rechnen, in die Kinder sich, notfalls mit Hilfe eines im Curriculum der Grundschulen verankerten Verkehrsunterrichts, einfügen müssen, um selbst keinen Schaden zu erleiden und anderen keinen Schaden zuzufügen. Erleidet oder verursacht ein Kind aber dennoch einen Unfall, so sind die Schuldigen jeweils andere. Die pädagogisch-naive Position sucht die Schuldigen bei den erwachsenen Verkehrsteilnehmern, welche gleichsam in die pädagogische Provinz eingedrungen sind und das frei und selbsttätig lernende Kind in Gefahr gebracht haben. Dagegen weist die politisch-pragmatische Position die Schuld denjenigen zu, die sich nicht an die Verkehrsregeln oder die Üblichkeiten schulischer Verkehrserziehung gehalten haben; sie verortet die Ursache eines Verkehrsunfalls bei einem oder mehreren Verkehrsteilnehmern sowie in Versäumnissen einer verkehrsgerechten Verkehrserziehung und Unterweisung der Kinder.

Ganz anders werden wir urteilen, wenn wir an den Grundsätzen der Bildsamkeit und der Aufforderung zur Selbsttätigkeit – hierin in Übereinstimmung mit der pädagogisch-naiven Position – und an den nicht ausgrenzbaren gesellschaftlichen Determinanten menschlichen Lernens – hierin in Übereinstimmung mit der politisch-pragmatischen Position – festhalten und zugleich das pädagogische Transformationsprinzip zur Geltung bringen. Alsdann können wir uns mit keiner der genannten Positionen zufrieden geben, sondern müssen eine dritte anstreben. Diese setzt weder auf eine selbstaffirmative Abkopplung der pädagogischen Praxis von gesellschaftlichen Einflüssen noch auf eine einfache Bejahung vorgegebener gesellschaftlicher Anforderungen, sondern ist dem regulativen Prinzip der Überführung gesellschaftlicher Determination in pädagogische Determination verpflichtet. Die dritte Position unterscheidet sich von den bereits genannten dadurch, dass sie die gesellschaftlichen Anforderungen und Bedingungen des Lernens einer grundsätzlichen Überprüfung unterzieht. Sie fragt danach, wie die den Erfolg der pädagogischen Praxis erschwerenden gesellschaftlichen Vorgegebenheiten und Anforderungen so in pädagogisch legitime überführt werden können, dass die pädagogische Interaktion im Sinne der für sie konstitutiven Prinzipien pädagogischen Denkens und Handelns real möglich wird. Der Gegenstand einer solchen Überprüfung ist immer ein zweifacher. Die Überprüfung kann sich auf die Anforderungen selbst und ihre Lehr- und Lernbarkeit oder aber auch auf die Bedingungen ihrer Anerkennung beziehen. Beides lässt sich am Beispiel der Verkehrserziehung verdeutlichen.

In einer Gesellschaft, in der die Fortbewegung zu Fuß und mit dem Fahrrad zu einer altersspezifischen Bewegungsform geworden ist, weil die Erwachsenen ihren privaten Pkw oder öffentliche Verkehrsmittel benutzen, deren Inanspruchnahme als Bei- und Mitfahrer nicht zur Vermittlung und Einübung von Verkehrsregeln führt, müssen diese Regeln in schulischen Lehr-Lernprozessen didaktisch vermittelt und darüber hinaus immer wieder an die Bedürfnisse der Teilnehmer am Straßenverkehr angepasst werden. Beispiele hierfür sind gesellschaftspädagogische Transformationen wie der sogenannte Zebra-Streifen, Fahrradwege zwischen Bürgersteig und Straße sowie die seit einigen Jahren erfolgte Freigabe der Bürgersteige für jüngere fahrradfahrende Kinder. Solche und andere Maßnahmen beziehen sich freilich, für sich genommen, nur auf die eine Seite des pädagogischen Transformationsproblems. Sie verlegen die Freiräume, die die pädagogisch-naive Position außerhalb der Gesellschaft in pädagogischen Provinzen zu errichten sucht, gleichsam in die Gesellschaft und versuchen auf diese Weise, Bedingungen dafür zu schaffen, dass allgemeine Regelungen auch schon von Kindern anerkannt werden können.

Das regulative Prinzip der pädagogischen Transformation stellt nicht nur ein Prüfkriterium zur Analyse der Bedingungen bereit, unter denen pädagogische Praxis die konstitutiven Prinzipien anerkennen kann; es beansprucht zugleich eine regulative Gültigkeit für die Prüfung der Anforderungen selbst. Die Aufgabe, Kinder durch Unterricht verkehrsgerecht zu erziehen, wird zwar durch die Einrichtung von Ampeln, getrennten Fahrwegen für Kraftfahrzeuge und Fahrräder, Bürgersteigen u. a. m. erleichtert; der Sinn all dieser Ordnungsmaßnahmen wäre jedoch verfehlt, wenn sie ausschließlich einer Entmischung des Straßenverkehrs dienten und die miteinander zusammenlebenden Generationen nur davon entlasteten, die Kulturtechnik beispielsweise des Fahrradfahrens auch gemeinsam einzuüben und zu pflegen. Der Sinn der Verkehrserziehung kann ja nicht darin liegen, die Eltern davon zu entlasten, gemeinsam mit ihren Kindern Fahrrad zu fahren. Verkehrsunterricht ist nur sinnvoll, wenn im Straßenverkehr auch generationsübergreifende Formen der Fortbewegung ihren Ort haben und Tätigkeiten wie das Fahrradfahren auch gemeinsam ausgeübt werden.

Das Prinzip der Überführung gesellschaftlicher in pädagogische Determination stellt in seiner zweifachen Auslegung, Prüfkriterium der gesellschaftlichen Anforderungen und Prüfkriterium der Bedingungen für ihre Anerkennung zu sein, ein Regulativ dar, das von der gesellschaftlichen Seite der pädagogischen Praxis anerkannt werden muss, damit die interaktive Seite pädagogischen Handelns im Sinne der Prinzipien der Bildsamkeit und der Aufforderung zur Selbsttätigkeit gestaltet werden kann. Zebrastreifen, Bürgersteige und Fahrradwege einerseits und gemeinsames Fahrradfahren andererseits stellen zusammengenommen erst sicher, dass Verkehrserziehung in einem pädagogisch legitimen Sinne möglich wird. Wird das regulative Prinzip pädagogischer Transformation beachtet, so ist Verkehrserziehung mehr als eine bloße Anpassung der Heranwachsenden an vorgegebene gesellschaftliche Regelungen, mehr auch als eine bloße Verlagerung pädagogisch zu fördernder Lernprozesse in pädagogische Provinzen, nämlich Aufforderung Heranwachsender zur selbsttätigen Mitwirkung an einer intergenerationellen Praxis, über die Beachtung der Gesetze und Regeln des Straßenverkehrs weit hinausgeht. Wird dagegen die Frage, wie gesellschaftliche Anforderungen in pädagogisch legitime transformiert werden können, nicht gestellt, wird statt dessen Verkehrserziehung als ein Bündel von Maßnahmen verstanden, die die Gesellschaft letztlich davon entlasten, Rücksicht auf die Mitwirkungsmöglichkeiten Heranwachsender zu nehmen, so verkümmert auch die pädagogische Praxis, weil sie dann weder an die Bildsamkeit der Heranwachsenden anknüpfen noch diese zur Selbsttätigkeit auffordern kann.

Das Beispiel der Verkehrserziehung zeigt, dass der Horizont der pädagogischen Praxis über die Perspektiven individueller pädagogischer Interaktion hinaus bis in Fragen der Verkehrsplanung und Straßenführung hineinreicht. Nur wenn die im engeren Sinne nicht-pädagogischen Praxisformen und Handlungsbereiche pädagogische Aspekte berücksichtigen, ist pädagogisches Handeln im Sinne der für es konstitutiven Prinzipien real möglich. Darauf weist auch das folgende Beispiel hin.

Eine einheitliche Orthographie wurde in Deutschland erstmals nach der Reichsgründung im Jahre 1871 eingeführt. Die Vermittlung einer einzig richtigen Schreibweise ist seitdem Aufgabe des Schulunterrichts. Der Elementarunterricht im Lesen und Schreiben wurde anfangs als eine Maßnahme zur Alphabetisierung konzipiert. Die gesellschaftliche Notwendigkeit, in Schulen Lesen und Schreiben zu lehren und zu lernen, löste sich jedoch nicht auf, als das Alphabetisierungsprogramm abgeschlossen war und die Erwachsenen die Muttersprache auch in Schriftform beherrschten. Grund hierfür ist, dass sich das Lesen und Schreiben nicht als eine intergenerationelle Praxisform durchsetzte. In der heutigen Fernseh- und Telefongesellschaft wird zudem, wie die Zunahme von Analphabetismus im Erwachsenenalter zeigt, weniger schriftlich kommuniziert.[45] Viele Erwachsene verwenden die Schriftsprache, sofern sie nicht beruflich mit ihr zu tun haben, allenfalls im Umgang mit Behörden, beim Lesen des Fernsehprogramms und beim Lösen von Kreuzworträtseln. Ein Teil der Schwierigkeiten, die Kinder heute beim Erlernen der Schriftsprache haben, hängt sicherlich damit zusammen, dass das Schreiben und die planmäßige Einübung der Schrift aus der Mode gekommen sind. Ein anderer Teil, man denke nur an die Regeln für die Groß- und Kleinschreibung, liegt in den objektiven Schwierigkeitsgraden, durch die sich die deutsche Schriftsprache von anderen Sprachen unterscheidet und in denen sie viele Sprachen „übertrifft“.

Auch in Fragen der Gestaltung des Elementarunterrichts im Lesen und Schreiben stehen sich die Auffassungen einer pädagogisch-naiven und politisch-pragmatischen Position – anscheinend unversöhnbar – gegenüber. Der pädagogisch-naiven Position begegnen wir dort, wo Erwachsene, die die

45 Vgl. C. Kazis (Hrsg.): Buchstäblich sprachlos: Analphabetismus in der Informationsgesellschaft. Basel 1991.

Regeln der Groß- und Kleinschreibung weitgehend beherrschen, eine pädagogische Provinz zu errichten suchen, indem sie plötzlich anfangen, alle Wörter, mit Ausnahme von Eigennamen und Wörtern am Satzanfang, klein zu schreiben. Sie versuchen auf diese Weise, die deutsche Sprache vermeintlich kindgerecht zu machen. Die politisch-pragmatische Position treffen wir u. a. in den inzwischen durch die Rechtschreibreform von 1999 geänderten älteren Regeln für die Groß- und Kleinschreibung an, welche die Auslesefunktion des Schulwesens durch z. T. willkürliche Vorschriften curricular verstärkten. Sie sahen z. B. vor, dass Kinder im 6. Schuljahr lernen, einen „Wasser anbietenden Sizilianer" in drei Worten mit großgeschriebenem „Wasser", Industriezweige dagegen, in denen Metall verarbeitet wird, als „metallverarbeitende Industrie" (das erste Wort klein- und zusammengeschrieben) zu schreiben, weil hier von einer dauerhaften Funktion oder Tätigkeit die Rede sei.[46] Danach müssten wir also eine „ihr Kind stillende" Mutter wegen der kurzen Zeit, die Mütter heute ihre Kinder stillen, und der anderen Tätigkeiten, die sie neben dem Stillen ausüben, getrennt und mit großgeschriebenem „Kind" schreiben, dagegen eine Amme des 18. Jahrhunderts der Dauertätigkeit des Stillens wegen, die sie an fremden Kindern ausübte, als „kinderstillende" (kleingeschrieben in einem Wort) Amme verschriftlichen.

So konträr die Anschauungen der pädagogisch-naiven und der politisch-pragmatischen Position auch sein mögen, in einem stimmen sie überein: Sie befähigen Kinder nicht zu einem selbständigen Umgang mit der Schriftsprache; die pädagogisch-naive Position nicht, weil sie eine Kleinschreibung favorisiert, die den Lesefluss erschwert[47] und die gesellschaftlichen Anforderungen der deutschen Schriftkultur missachtet, die politisch-pragmatische Position nicht, weil sie durch eine zuweilen sinnlose Verschärfung der Regeln daran mitwirkt, sogenannte Rechtschreibschwächen zu erzeugen.

Ganz anders wird man urteilen, wenn man das Prinzip der Überführung gesellschaftlicher in pädagogische Determination zu Rate zieht. Alsdann lassen sich die Regeln der Rechtschreibung daraufhin überprüfen, inwieweit sie der Förderung schriftlicher Kommunikation dienlich oder hinderlich sind. Das Transformationsprinzip legt nahe, eine Verminderung der Anzahl der Regeln anzustreben und jene Freiheiten wieder zu gewähren, in deren Besitz vor Einführung einer zum Teil sinnentleerten Normierung der Schriftsprache die Klassiker deutscher Literatur gewesen sind.

Durch eine Verminderung der Regeln der Orthographie könnte freilich nur der didaktische Aspekt des pädagogischen Transformationsprinzips Beachtung finden, welcher sich auf die Überprüfung der Vermittelbarkeit der gesellschaftlichen Anforderungen bezieht. Der auf den Sinn dieser Anforde-

---

46 Vgl. M. Essner/M. Jungke: Richtig schreiben. Hannover 1983, S. 158.

47 Zur Kritik dieser Position siehe C. Röber-Siekmeyer: Ein anderer Weg zur Groß- und Kleinschreibung. Stuttgart 1999, S. 48.

rungen bezogene gesellschaftspädagogische Aspekt ist jedoch, auch was das Beispiel des Lesen- und Schreiben-Lernens betrifft, nicht minder bedeutsam. Das Erlernen der Schriftsprache ist, wenn wir die Prinzipien der Bildsamkeit und der Aufforderung der Selbsttätigkeit anerkennen, für Kinder ja keineswegs schon allein deshalb sinnvoll, weil sie in der Schule und für die Schule schriftliche Arbeiten anfertigen müssen; der Sinn des Gebrauchs der Schriftsprache muss sich vielmehr auch in außerschulischen Handlungszusammenhängen erweisen und darf sich dort keineswegs allein auf das Lesen beschränken. Hier stellt uns das Prinzip der Überführung gesellschaftlicher in pädagogische Determination vor die Aufgabe, im Zusammenleben der Generationen und im Leben der Heranwachsenden kommunikative Anlässe, Inhalte und Aufgaben zu sichern, von denen her und auf die hin der schriftliche Gebrauch der Sprache sinnvoll ist. In einer Gesellschaft, in der viele Kinder kein Tagebuch führen, von der Unterschrift unter Urlaubsgrüße abgesehen, selten Briefe schreiben, Anlässe für Leserbriefe an Tageszeitungen kaum gegeben sind, weil deren Nachrichten und Unterhaltungsangebote sich vorwiegend oder gar ausschließlich an Erwachsene richten, mangelt es an jener Schriftkultur, die für einen sinnbestimmten Lese- und Schreibunterricht unverzichtbar ist.[48] Ohne eine solche Kultur verliert der Lese- und Schreibunterricht seine pädagogische Legitimität, weil er, statt in eine intergenerationelle Praxis einzuführen, die Gesellschaft gerade von der Beachtung derjenigen Aufgaben entlastet, mit denen er Kinder und Jugendliche konfrontiert.

Das dritte Beispiel verweist auf Probleme, die sich nicht primär auf die Formen des geselligen Verkehrs der Menschen miteinander und den sinnvollen Gebrauch der Kulturtechniken, sondern auf das Verhältnis von pädagogischer Praxis und ökonomischem System beziehen. Um Väter und Mütter von pädagogischen Aufgaben weitgehend freizustellen, wird immer wieder die Forderung nach der Einrichtung von Institutionen erhoben, in denen Kinder vom Kindergartenalter an und über die Grundschulzeit hinaus ganztägig von professionellen Pädagogen erzogen, unterrichtet und betreut werden. Und um die Hauptschule als Schulform attraktiver zu machen und Jugendliche nicht zu früh in die Arbeitslosigkeit zu entlassen, ist in den letzten Jahren die Hauptschulzeit um ein 10. Schuljahr verlängert und dieses wiederum in zwei Kurse aufgeteilt worden,[49] in einen Kurs, der zum qualifizierten Hauptschulabschluss führt, und in einen anderen Kurs, der die „Gescheiterten“ auf die Arbeitslosigkeit vorbereitet. Die Optionen beider Maßnahmen, die Einrichtung ganztägiger Erziehungs- und Bildungsinstitu-

---

48 Als Ausnahme siehe z. B. die in der Frankfurter Allgemeinen Zeitung seit einigen Jahren erscheinende Serie „Jugend schreibt“ sowie die Beilage „jetzt“ und die Serie „Zeitung in der Schule“ in der Süddeutschen Zeitung. Inzwischen sind auch regionale Zeitungen diesen Beispielen gefolgt.

49 Vgl. hierzu E. Rösner: Abschied von der Hauptschule: Folgen einer verfehlten Schulpolitik. Frankfurt a. M. 1989.

tionen und die Verlängerung der Hauptschulzeit, stimmen darin überein, dass sie die Erfüllung gesellschaftlicher Anforderungen an pädagogisches Handeln auf dem Wege einer zusätzlichen und weitergehenden Ausgrenzung der pädagogischen Interaktion aus den anderen Bereichen menschlichen Handelns zu regeln suchen.

In der Einschätzung dieser Entwicklung unterscheiden sich wiederum die Urteile einer pädagogisch-naiven, einer politisch-pragmatischen und einer das pädagogische Determinations-Prinzip anerkennenden Position. Die pädagogisch-naive Einstellung sieht in der Ausweitung des institutionalisierten pädagogischen Handelns eine Chance, Freiräume für die von professionellen Pädagogen zu gestaltende Praxis zu gewinnen, in denen diese die Heranwachsenden in ihrer Bildsamkeit anerkennen und zur Selbsttätigkeit auffordern kann. Die politisch-pragmatische Position legitimiert dieselben Maßnahmen, indem sie diese als einen Beitrag zur Sicherung einer gerechten Selektion im öffentlichen Erziehungs- und Bildungswesens interpretiert. Dass auch hier die Hoffnungen der pädagogisch-naiven Position trügerisch sind, zeigt sich in der Praxis nicht nur an der fehlenden personellen Ausstattung ganztägiger Einrichtungen und an der Überforderung der professionellen Pädagogen, die die Entlastung der Gesellschaft von pädagogischer Verantwortung durch eigenes Engagement nicht ausgleichen können. Die Aufteilung des 10. Hauptschuljahrs in einen Kurs für den qualifizierten Hauptschulabschluss und einen Kurs für „Versager“ belegt eindrucksvoll, dass die Errichtung pädagogischer Provinzen für alle nicht möglich ist, sondern Opfer produziert, zu denen am Ende auch diejenigen professionellen Pädagogen gehören, die zur Betreuung der „Gescheiterten“ abgeordnet werden.

Ganz anders fällt auch hier das Urteil aus, wenn die gesellschaftlichen Anforderungen einer Prüfung auf ihre pädagogische Legitimität hin unterzogen und mit der im regulativen Prinzip der Überführung gesellschaftlicher Determination in pädagogische Determination begründeten Forderung konfrontiert werden, die Beachtung pädagogisch relevanter Zusammenhänge nicht einseitig an das Erziehungssystem abzutreten, sondern auch in allen anderen Bereichen menschlichen Handelns zu gewährleisten. Die Bildungsreform der 60er und 70er Jahre nahm ihren Ausgang von einer befürchteten Bildungskatastrophe, deren Ursache in einer mangelhaften Angepasstheit des Bildungssystems an das Beschäftigungssystem liegen sollte, und endete, wie zum Beispiel die Verlängerung der Hauptschulzeit um ein in zwei Kurse aufgeteiltes 10. Schuljahr zeigt, in einer Bildungskatastrophe, deren Ursache nun aber nicht allein im pädagogischen System, sondern in der fehlenden Angepasstheit des ökonomischen Systems an Erfordernisse einer Gerechtigkeit lag, für alle Heranwachsenden – und Erwachsenen – eine ihren Fähigkeiten und Leistungen angemessene Arbeit zu ermöglichen.[50] So

50 Zur Notwendigkeit, Übergänge von der allgemeinen in die berufliche Bildung im allgemeinen Schulsystem und in den Berufen selbst zu institutionalisieren vgl. A.

weist gerade das regulative Prinzip der Überführung gesellschaftlicher in pädagogische Determination darauf hin, dass Bildungsreform und Bildungspolitik in einem ökonomischen System grenzenlos überfordert sind, welches ausgerechnet zu dem Zeitpunkt, in dem geburtenstarke Jahrgänge pädagogische Institutionen verlassen, nicht neue Arbeitsplätze für Heranwachsende schafft, die ins Erwerbsleben übergehen, sondern bestehende Arbeitsplätze wegrationalisiert.

Die regulative Gültigkeit des pädagogischen Determinationsprinzips bezieht sich auf das Verhältnis der pädagogischen Interaktion zu allen anderen Bereichen menschlichen Handelns. Dieses Prinzip stellt uns vor die Aufgabe, die Bedingungen für die Möglichkeit einer die konstitutiven Prinzipien der Bildsamkeit und der Aufforderung zur Selbsttätigkeit anerkennenden pädagogischen Interaktion nicht nur in dieser selbst zu suchen, sondern auch die gesellschaftlichen Anforderungen an die pädagogische Praxis daraufhin zu überprüfen, inwieweit sie eine Anerkennung der konstitutiven Prinzipien begünstigen oder verhindern.

Eine solche Überprüfung kann nur zum geringsten Teil von der pädagogischen Praxis selbst vorgenommen werden. Diese kann ihren Beitrag zu einer pädagogischen Gesellschaftskritik nur erbringen, wenn sie sich gleichermaßen von den irrigen Auffassungen einer linearen An- oder Abkopplung des Erziehungssystems an vorgegebene gesellschaftliche Anforderungen distanziert. Die Chancen dafür, dass Heranwachsende erfolgreich in pädagogischen Institutionen auf den Eintritt in gesellschaftliche Handlungsfelder vorbereitet werden, hängen wesentlich davon ab, dass pädagogische Probleme und Sachverhalte auch in den anderen Bereichen menschlichen Handelns Anerkennung und Berücksichtigung finden. Die Maßstäbe einer solchen Rücksichtnahme lassen sich dem pädagogischen Transformationsprinzip der Überführung gesellschaftlicher in pädagogisch legitime Einflüsse nicht unmittelbar entnehmen. Hierzu ist vielmehr ein weiteres Prinzip pädagogischen Denkens und Handelns erforderlich, welches sich nicht allein auf die Regulation gesellschaftlicher Einflüsse nach den Erfordernissen der pädagogischen Praxis bezieht, sondern eine auf alle Bereiche menschlichen Handelns bezogene Verhältnisbestimmung der menschlichen Gesamtpraxis formuliert.

Kell: Berufsgrundbildung. Berufspädagogische Perspektiven und berufsbildungspolitische Hoffnungen. In: Grundbildung, hrsg. von B. Schenck und A. Kell. Königstein 1978, S. 12-32; siehe hierzu die Überlegungen von A. Flitner: Gerechtigkeit als Problem der Schule und als Thema der Bildungsreform. In: Zeitschrift für Pädagogik 31 (1985) S. 1-26.

3.2.3 Das Prinzip einer nicht-hierarchischen Ordnung der menschlichen Gesamtpraxis

Das regulative Prinzip der Überführung gesellschaftlicher Determination in pädagogische Determination stellt ein Kriterium bereit, unter dem die gesellschaftlichen Anforderungen an und Einwirkungen auf pädagogisches Handeln daraufhin überprüft werden können, inwieweit sie eine interaktive Anerkennung der naturhaft wie gesellschaftlich unbestimmten Bildsamkeit der Heranwachsenden und eine interaktive Aufforderung derselben, selbsttätig am eigenen Bildungsprozess mitzuwirken, ermöglichen, begünstigen, erschweren oder gar verhindern. Das pädagogische Determinationsprinzip ist das erste Prinzip der gesellschaftlichen Seite der pädagogischen Praxis, welches sich auf die reale Möglichkeit einer pädagogischen Praxis bezieht, die den für die individuelle oder interaktive Seite konstitutiven Prinzipien folgt.[51] Wie gesellschaftliche Determinanten in pädagogisch legitime zu überführen sind, lässt sich aus dem dritten Prinzip pädagogischen Denkens und Handelns unmittelbar nicht ableiten. Versuchten wir dies und maßten wir uns an, der Gesellschaft vorzuschreiben, wie sie auf die pädagogische Interaktion einzuwirken habe, so verlören wir uns in Naivitäten, die jene der pädagogisch-naiven Position noch überstiegen, welche die irrige Auffassung vertritt, in pädagogischen Provinzen die Einwirkungen der Gesellschaft aus eigener Kraft regulieren zu können.[52]

Das regulative Prinzip der Überführung gesellschaftlicher Determination in pädagogisch legitime gesellschaftliche Einflüsse strebt keineswegs eine Pädagogisierung aller Bereiche menschlichen Handelns an, sondern zielt auf

---

51 In einem Aufsatz mit dem Titel „Allgemeine Pädagogik auf dem Rückzug?“ (in: H.-H. Krüger/T. Rauschenbach (Hrsg.): Erziehungswissenschaft. Die Disziplin am Beginn einer neuen Epoche. Weinheim/München 1994, S. 120) hat H.-H. Krüger festgestellt, bei der von mir verfassten Allgemeinen Pädagogik handele es sich um eine „schulzentrierte Variante …, die noch ganz in der Tradition der Systematischen Pädagogik Herbarts steht.“ Als Autor wünschte man sich an dieser Stelle Leser, die erstens darum wissen, dass Herbarts Allgemeine Pädagogik keineswegs schulzentriert war, und die zweitens über den schulpädagogischen und schultheoretischen Anschlussmöglichkeiten der von mir verfassten Allgemeinen Pädagogik nicht deren sozialpädagogische Bezüge übersehen. Ich füge an dieser Stelle lediglich hinzu, dass auch die im nächsten Kapitel vorgestellten Theorien pädagogischen Handelns und die im letzten Kapitel unterschiedenen Handlungsdimensionen pädagogischer Praxis nicht schulpädagogisch zentriert zu verstehen sind, sondern sich auf Handlungstheorien und Praxisformen beziehen, die für alle pädagogischen Berufe bedeutsam sind.

52 Vgl. hierzu Herbarts Warnung, die Gesellschaft erziehen zu wollen: „niemand kann sich der Gesellschaft als ihr Erzieher gegenüber stellen. Vielmehr sie erzieht den Einzelnen; der in der Folge, wenn er ihr Mitglied wird, schon in so viele Rechtsverhältnisse mit ihr verflochten ist, dass er sogar die größte Überlegenheit des Geistes nicht frey gebrauchen darf. Sogar einem Gesetzgeber aus der Fremde stünde nur eine solche Einwirkung zu, als sie einräumen möchte.“ (J. F. Herbart: Allgemeine Practische Philosophie. Göttingen 1808, S. 387 f.; Ders.: Systematische Pädagogik. Band 1: Ausgewählte Texte, Weinheim 1997, S. 183.

eine Erweiterung des Begriffs pädagogischen Handelns, welche dessen Verkürzung auf den pädagogischen Bezug individueller Interaktion zu vermeiden und auch die heute vor allem in Sozialisationstheorien thematisierte gesellschaftliche Seite der pädagogischen Praxis in den Blick zu bringen versucht.[53] Aus zwei Gründen kann das pädagogische Determinationsprinzip nicht das einzige regulative Prinzip pädagogischen Denkens und Handelns sein. Die Überführung gesellschaftlicher Einflüsse in pädagogisch legitime gesellschaftliche Einflüsse stellt nämlich erstens nur eine der möglichen und notwendigen Rückfragen an die gesellschaftliche Determination menschlichen Handelns dar und sie kann zweitens den spezifischen Horizont pädagogischer Rückfragen nur glaubwürdig ausweisen, wenn sie weitere Rückfragen an die gesellschaftliche Determination menschlicher Praxis als ebenso notwendig und sinnvoll anerkennt und für die pädagogische Praxis keinerlei Primat gegenüber den anderen Praxisformen beansprucht.

Die Frage, wie die von Seiten der Gesellschaft ausgehenden Einflüsse auf und Anforderungen an das Handeln der Menschen zu beurteilen sind, ist keine Spezialfrage der Pädagogik, sondern stellt sich analog ebenso für die ökonomische, politische, sittliche, ästhetische und religiöse Praxis. Auch diese sind gesellschaftlichen Einwirkungen und Anforderungen ausgesetzt, die in praktisch legitime Einwirkungen transformiert werden müssen. So beansprucht z.B. das ökonomische Prinzip der Sparsamkeit Anerkennung nicht nur im Bereich der Arbeit, sondern auch in Pädagogik und Politik. An die Politik ergeht von ihm her die Forderung, Steuermittel sparsam zu verwenden, und an die Pädagogik, Rücksicht darauf zu nehmen, dass Erziehung sparsam mit der Lebenszeit ihrer Klientel umgeht und zeitlich nicht beliebig expandiert, sondern ihr Ende so antizipiert, dass ausreichend Zeit für außerpädagogische Aktivitäten und Prozesse bleibt.[54] Eine wechselseitige Anerkennung der von den einzelnen Praxisbereichen ausgehenden Forderungen kann nur gelingen, wenn kein Bereich menschlichen Handelns einen Primat vor den anderen beansprucht und alle Bereiche menschlichen Handelns die Aufgabe, von ihnen ausgehende gesellschaftliche Einflüsse in praktisch legitime zu überführen, anerkennen. Dies verweist auf das vierte Prinzip pädagogischen Denkens und Handelns, welches die pädagogische Praxis mit allen anderen Praxisformen verbindet, auf das regulative Prinzip

53 In seiner Theorie des pädagogischen Bezug problematisierte bereits H. Nohl die Gefahren einer Verkürzung der pädagogischen Praxis auf den pädagogischen Bezug von Erzieher und Zögling. Vgl. dessen Ausführungen zum Verhältnis zwischen „pädagogischem Bezug“ und der „Grundantinomie des pädagogischen“ und „auch ethischen Lebens“ in: Ders.: Die Theorie der Bildung. In: Handbuch der Pädagogik. Band 1. Langensalza 1933, Faksimileausgabe Weinheim/Basel 1981, S. 3-80, insbesondere S. 18 ff.; zur Würdigung und Kritik der Position Nohls und seiner Stellung innerhalb der Geisteswissenschaftlichen Pädagogik vgl. D. Benner: Hauptströmungen der Erziehungswissenschaft, a. a. O., S. 200.

54 Siehe hierzu J. Bellmann: Knappheit als Bildungsproblem. Die Konstruktion des Ökonomischen im Diskurs Allgemeiner Pädagogik. Weinheim 2001.

eines nicht-hierarchischen Ordnungszusammenhangs der Einzelpraxen innerhalb der menschlichen Gesamtpraxis.

Die Überführung gesellschaftlicher Einflüsse auf pädagogisches Handeln in pädagogisch legitime ist nur eine der praxisphilosophischen Rückfragen an die gesellschaftliche Determination menschlicher Praxis. Zu diesen Rückfragen zählt diejenige nach der Transformation der gesellschaftlichen Determination der Ökonomie in eine am Begriff menschlicher Arbeit festhaltende ökonomische Praxis ebenso wie die Frage nach der Überführung der gesellschaftlichen Determination der Politik in politische Praxis, der gesellschaftlichen Determination der Sitten und Konventionen in sittliche Praxis, der gesellschaftlichen Determination der Ästhetik in ästhetische Praxis und der gesellschaftlichen Determination der Religion in religiöse Praxis. In einem Wirtschaftssystem, das die Organisation, Teilung und Verteilung menschlicher Arbeit einzig nach Kriterien der Maximierung der Produktivität bei gleichzeitiger Minimierung des für die Waren- und Güterproduktion erforderlichen Aufwandes an menschlicher Arbeit bemisst, geht der humane Sinn menschlicher Arbeit ebenso verloren, wie Politik, Sitte, Kunst und Religion ihre humane Qualität einbüßen, wenn sie lediglich mit zu Sachgesetzlichkeiten verniedlichten Zwängen eines gesellschaftlichen Systems befreunden, welches seine Grundlage nicht mehr in den menschlichen Tätigkeiten, sondern nur mehr im Schein menschlicher Praxis hat. Politik regrediert dann zu einer quasi-politischen Anpassung der öffentlichen Meinung an die Erfordernisse des Gesellschaftssystems, Moral zu einer quasimoralischen Übernahme der Folgelasten des Zivilisationsprozesses, Kunst zu einer quasi-ästhetischen Verschleierung der komplexen Wirkungszusammenhänge und Religion zu einem quasi-religiösen Opium für das Volk.[55]

Wenn aber die gesellschaftlichen Einflüsse auf pädagogisches Handeln in pädagogisch legitime Einflüsse nur überführt werden können, sofern praktische Transformationsprinzipien als regulative Ideen auch in den anderen Bereichen menschlichen Handelns anerkannt werden, dann stellt sich die Frage, wie solche Transformationen unter den Einzelpraxen abgestimmt werden können. Die Aufgabe, von der hier die Rede ist, lässt sich in den Begriffen einer Wiederherstellung von Arbeit, Sitte, Pädagogik, Politik, Kunst und Religion nicht angemessen fassen. Denn es geht letztlich nicht um eine Wiederherstellung der menschlichen Praxis im Sinne einer Rückkehr zu einer historisch früheren Formation, sondern um den Entwurf eines Ordnungszusammenhangs, den es historisch noch nie gegeben und den zu verwirklichen

55 Vgl. hierzu Kants Hinweis auf die Gefahr der Religion, „Opium fürs Gewissen zu geben" in: Ders.: Kritik der Religion innerhalb der Grenzen der bloßen Vernunft (1793/1794) A 68, B 105; siehe auch die These von K. Marx, die Religion werde dann zum „Opium des Volks", wenn sie als „Seufzer der bedrängten Kreatur" zugleich das „Gemüt einer herzlosen Welt" sei. In: Ders.: Zur Kritik der Hegelschen Rechtsphilosophie (1843/44). In: Ders.: Frühe Schriften. Band 1, hrsg. von H.-J. Lieber und P. Furth. Darmstadt 1962, S. 488.

auch noch keine Epoche der Menschheitsgeschichte als Aufgabe menschlichen Handelns ausgewiesen hat. Der aufgegebene und anzustrebende Ordnungszusammenhang der menschlichen Praxis wird im Folgenden mit dem Begriff eines nicht-hierarchischen Verhältnisses der Einzelpraxen ausdifferenzierter Humanität umschrieben. Die Idee eines nicht-hierarchischen Ordnungszusammenhangs ist das zweite regulative Prinzip der gesellschaftlichen Seite pädagogischen Handelns. Als viertes Prinzip pädagogischen Denkens und Handelns verbindet es die pädagogische Praxis mit den anderen Formen der ausdifferenzierten menschlichen Praxis.

Welche Fragestellung sich mit dem regulativen Prinzip eines nicht-hierarchischen Ordnungszusammenhangs der menschlichen Gesamtpraxis verbindet, lässt sich zeigen, wenn man dieses Ordnungsmodell von zwei einflussreichen Gesamtkonzeptionen unterscheidet, die in unserer Tradition entwickelt wurden und wirksam sind: vom hierarchisch-teleologischen Ordnungsmodell der griechischen Antike und vom hierarchisch-instrumentellen Ordnungsverständnis der neuzeitlichen Aufklärung.

Die griechische Philosophie entwarf wenige Jahrzehnte vor dem Untergang der griechischen Stadtstaaten ein Ordnungsmodell der menschlichen Gesamtpraxis, welches der Arbeit die unterste Stufe und der Politik die höchste Stufe zuwies, die ihrerseits nur mehr durch das philosophische Wissen um die Zweckbestimmung oder Teleologie dieses Ordnungszusammenhangs überboten wurde. Die teleologische Ordnung aller Tätigkeiten im Staate wurde als eine Hierarchie der Zwecke gedacht, welche die Einzeltätigkeiten verfolgen. Diese Hierarchie bezog ihre innere, jeglicher Willkür entzogene Ordnung daraus, dass die jeweils niederen Tätigkeiten Güter hervorbringen, die von den jeweils höheren Tätigkeiten als Mittel für ranghöhere Zwecke gebraucht werden. Dieser Ordnungszusammenhang lässt sich mit Verweis auf Platon an der Rangfolge der Tätigkeiten des Pferdezüchters, des Sattlers, des Reiters, des Feldherrn, des Politikers und des Philosophen beschreiben. Zugleich lassen sich dabei die Gefahren ausmachen, denen das teleologische Ordnungsmodell ausgesetzt ist, wenn die Idee einer guten hierarchischen Ordnung der Gesamtpraxis dadurch verletzt wird, dass eine der gesellschaftlich notwendigen Tätigkeiten, statt ihre spezifischen Aufgaben zu erfüllen, aus der Ordnung ausschert und für sich einen teleologisch höheren Rang in Anspruch nimmt.

Innerhalb einer von jeglicher Willkür freien hierarchischen Ordnung züchten zum Beispiel die Pferdezüchter schnelle und ausdauernde Pferde und machen die Sattler gute Sättel, um beides, Pferd und Sattel, mit denen sie selbst weiter nichts anzufangen wissen, den Reitern zu übergeben. Diese sind geschickt, ein Pferd im Kampf zu lenken, können aber den Kampf nicht aus eigener Kraft führen und unterstellen sich daher einem Feldherrn, der seinerseits geschickt ist, die Polis zu verteidigen und den Sieg über den Feind zu erringen. Mit dem auf diese Weise errungenen Sieg weiß dieser, wenn alles gut geht, ebenso wenig anzufangen. Er übergibt daher, wenn er besonnen ist, den Sieg der Politik, damit diese den Frieden gerecht gestalte und Sorge dafür trage, dass die Sklaven und Handwerker gut arbeiten, die Wächter den Staat angemessen schützen und die freien Bürger die öffentlichen Angelegenheiten im Sinne der Hierarchie der Zwecke regeln. Um diese Ordnung zu wissen, sie zu erforschen und das Wissen um sie zu verbreiten, ist Aufgabe der philosophischen Theorie, welcher der höchste Rang keineswegs im Sinne einer obersten Herrschaftsinstanz, sondern aufgrund ihres die Praxis regulierenden Wissens um die Idee des Guten zukommt.[56]

Die Kunst, das, was von einzelnen menschlichen Tätigkeiten Hervorgebrachte oder Aufgefundene richtig zu gebrauchen, geht nicht in den Geschicklichkeiten einzelner Handlungsformen auf, sie ergibt sich auch nicht als deren Summe und zeichnet auch nicht ohne weiteres die politische Praxis der Staatsmänner und freien Bürger aus. Sie bezieht sich vielmehr auf die Frage nach einer teleologischen Ordnung der menschlichen Gesamtpraxis, in welcher jede höherrangige Tätigkeit die von den niederrangigen Tätigkeiten hervorgebrachten Güter zweckbestimmt gebraucht. Als zweckwidrig, und das verleiht dem antiken teleologischen Ordnungsmodell der menschlichen Gesamtpraxis bis heute den ihm eigenen Reiz, galten alle Maßnahmen, die auf eine Steigerung von Herrschaft und die Erzeugung zweckwidriger Abhängigkeiten ausgerichtet sind, seien es solche der maßlosen Ausbeutung von Sklaven, der Anhäufung von Reichtümern, der Ausdehnung staatlicher Macht durch Angriffskriege oder des Strebens nach Vorherrschaft.

Was nun die pädagogische Praxis betrifft, so wurde diese keineswegs, wie heute üblich, als eine von den gesellschaftlich notwendigen Tätigkeiten abgetrennte, sondern als integriertes Moment der hierarchisch geordneten Einzeltätigkeiten konzipiert. Die für die herstellenden Tätigkeiten erforderlichen Kenntnisse und Fertigkeiten wurden bei der Herstellung der zu produzierenden Güter erlernt und tradiert, die Einübung in die vorgegebene Sitte erfolgte durch Gewöhnung an die vorgegebenen Regeln des Zusammenlebens, und das Wissen um die Gesamtordnung der menschlichen Praxis wurde dialektisch, in der Form eines unterrichtlichen Gesprächs, tradiert, welches die Lehrer mit den heranwachsenden freien Bürgern jenseits aller herstellenden Tätigkeiten im Horizont der Muße, der „σχολή“ (scholé), und in der Vertiefung in philosophischen Wissenschaften führten.[57] Die gesamte Erziehung (παι-

56 Die hier geschilderte Handlungskette hat Josef Derbolav immer wieder in Seminaren zur Erläuterung des antiken Ordnungssystems und seiner Suche nach einer Kunst, die ihren Zweck in sich selbst hat, ausgeführt. Sie findet sich in der skizzierten Vollständigkeit in keinem der klassischen Texte. Zum Verhältnis von Sattlern und Reitern vgl. Platon: Politeia 601 c – 602 a; zum Verhältnis von Feldherr und Politiker siehe Platon: Euthydemos 289 b – 290 d.

57 Das Wort „Schule“ stammt wie das lateinische „schola“ vom griechischen Wort „σχολή“. Die etymologische Verwandtschaft dieser Wörter darf freilich nicht über die Unterschiede ihrer Bedeutungen hinwegtäuschen, denn der griechische Begriff „σχολή“ bezeichnet nicht nur den in Schulen erteilten Unterricht, sondern zugleich die

δεία/paideía) wurde als ein angewandter Teil der Politik und als eine regierende Tätigkeit verstanden, welche die nachwachsende Generation in die Frage nach und den Umgang mit der zweckbestimmten Gesamtordnung der Polis einführt. Die Sorge um eine gute Regierung der Polis schloss so diejenige für eine angemessene Erziehung der nachwachsenden Generation ein. Aristoteles fasst sie als Sorge, dass diejenigen, die als Erwachsene die Polis vernünftig regieren sollen, zuvor gut regiert worden sind.[58]

Das neuzeitliche Modell der menschlichen Gesamtpraxis kennt wie das antike eine hierarchische Ordnung. Es unterscheidet sich jedoch von diesem dadurch, dass es keinerlei teleologische, an allgemeinen Zwecken menschlichen Handelns ausgerichtete Hierarchie mehr anerkennt. Die anzustrebende Ordnung der menschlichen Gesamtpraxis gründet es auf vom Menschen selbst konstruierte Ordnungszusammenhänge, welche alle menschlichen Tätigkeiten instrumentell in den Dienst eines vom menschlichen Verstand konstruierten Fortschritts zu stellen suchen. Theorie und Wissenschaft beanspruchen nun einen Primat nicht mehr aufgrund ihrer Einsicht in einen vorgegebenen Ordnungszusammenhang teleologisch aufeinander abgestimmter Einzeltätigkeiten, sondern aufgrund der Überlegenheit des konstruierenden Menschenverstandes gegenüber jedweder teleologischen Ordnung des Kosmos und der menschlichen Praxis.

Von der antiken Wissenschaft unterscheidet sich die neuzeitliche Wissenschaft gerade dadurch, dass sie ein Modell zur Machtsteigerung hinsichtlich der Verfügung über Natur, Gesellschaft und Geschichte entwickelt, das keinerlei menschlicher Willkür entzogene Zwecke mehr anerkennt und als Zwecke setzende Instanz einzig den menschlichen Willen und Verstand zulässt. Bacons „Novum organum scientiarum" von 1620 legt das theoretisch-technische Experiment der Naturwissenschaften auf die gesamte Wirklich-

---

„Muße" im Sinne des Freigestelltseins von der Notwendigkeit zu arbeiten und verweist somit unmittelbar auf die nur in Muße auszuübende politische und theoretische Praxis in der Polis. Die Paradoxie, in der Schule nicht für die Schule, sondern für das Leben zu lernen, war den Griechen des klassischen Altertums noch ganz und gar fremd, da das schulische Lernen der Vorbereitung auf die öffentliche, politische und um die Ordnung der Polis wissende Praxis diente und in diesem Sinne ein integrierter Teil dieser Praxis war. Senecas Aussage „non vitae, sed scholae discimus" weist bereits auf den Bruch zwischen schulischem Lernen und dessen gesellschaftlicher Bedeutung hin, denn sie zielt ebenso wenig auf eine Affirmation des schulisch organisierten Lernens wie auf eine Bejahung des bürgerlichen Lebens. Hierum wusste noch Herbart, wie seine Ausführungen im Abschnitt „Das Leben und die Schule" im sechsten Kapitel des zweiten Buches seiner Allgemeinen Pädagogik belegen. Erst im späten 19. Jahrhundert und im 20. Jahrhundert ist Senecas Satz dann emphatisch verstanden worden. Solche Emphase aber ist, wie W. Fischer gezeigt hat, blind hinsichtlich des Wandels der Ordnung der menschlichen Gesamtpraxis und der sich heute stellenden Fragen. Vgl. hierzu W. Fischer: Schule und kritische Pädagogik. Heidelberg 1972, S. 7-16.

58 Vgl. hierzu R. Spaemann/R. Löw: Die Frage Wozu? Geschichte und Wiederentdeckung des teleologischen Denkens. München [2]1985.

keit, auf die außermenschliche Natur ebenso wie auf die menschliche Natur, aus und strebt eine auf induktive Verarbeitung negativer Erfahrungen gegründete Einheitswissenschaft an, die „Alles ohne Ausnahme", und zwar Fragen der Physik ebenso wie Fragen der Logik, der Psychologie, der Moral und Politik, rational erklärt und verfügbar macht. Der Zusammenhang von theoretischer Erklärung und technischer Verfügung über das Erklärte wird schon von Bacon klar erkannt: „Menschliches Wissen und Können fallen in Eins zusammen … (W)as der Betrachtung als Ursache erscheint, das dient in der Ausübung zur Regel."[59] In der Wissenschaftsentwicklung und wissenschaftstheoretischen Diskussion der letzten dreihundert Jahre ist das Modell neuzeitlicher Wissenschaft durch Einsichten in seine hypothetische Grundstruktur vertieft und methodisch immer mehr verfeinert worden. Seine beiden Grundsäulen, diejenige der Überführung jedweder teleologischen Ordnung in eine vom Menschen konstruierte Ordnung und diejenige einer kausalen Erklärung der Wirklichkeit, die zu einem Wissen führt, welches die Ausübung von Macht ermöglicht, gelten bis heute nahezu unverändert.[60]

Im Vergleich mit dem teleologischen Ordnungsmodell der Antike zeigt sich, dass auch im neuzeitlichen Modell der Wissenschaft die oberste, der Arbeit die unterste Rangstufe zukommt, dass die Gesamtlogik des neuzeitlichen Modells jedoch nicht mehr in einer dem Menschen unverfügbaren teleologischen Ordnungsstruktur begründet, sondern eine vom menschlichen Verstand konstruierte ist. Wissende sind nun nicht mehr die in einem philosophisch ausgewiesenen Sinne um die Gesamtordnung der Welt und des Kosmos Wissenden, sondern diejenigen, die die Gesetze für die rationale Erklärung der Weltgegebenheiten konstruieren, experimentell überprüfen und in der Veränderung aller Praxisstrukturen handhabbar und durchsetzbar machen. In Folge der fortschreitenden Verwissenschaftlichung aller Arbeitsprozesse verliert die Bearbeitung der Natur zunehmend den Charakter einer vom Arbeitenden selbst vollzogenen Werktätigkeit und nimmt statt dessen immer mehr den Charakter einer rationalen Konstruktionen nachfolgenden Tätigkeit an. Die Produktivität der Arbeit konnte auf diese Weise in ungeahnte Dimensionen gesteigert werden, ohne dass dies mit Verweis auf eine menschlicher Willkür und Machtausübung entzogene, in sich zweckmäßige Ordnung legitimiert werden könnte. Legitim im modernen Verstande erscheint nur mehr das, was im Sinne des konstruierenden menschlichen Verstandes machbar und beherrschbar ist.

Gemeinsamkeiten und Differenzen der beiden bisher skizzierten Ordnungsmodelle der menschlichen Gesamtpraxis zeigen sich nirgends deutlicher als am Verhältnis zwischen Grund und Begründetem. Das griechische Wort für

---

59 F. Bacon: Neues Organ der Wissenschaften (1620), übersetzt und hrsg. von A. Th. Brück. Darmstadt 1974, S. 26.

60 Vgl. hierzu die auf Einsichten der Evolutionstheorie basierenden Techniken der Genmanipulation und die ebenfalls evolutionstheoretischen Prämissen verpflichteten Konzepte der Systemtheorie für einen rationalen Umgang mit Kontingenz.

„Grund" heißt „ἀρχή" (arché). Es bedeutet nicht nur „Grund", sondern zugleich „Ursprung" und verweist auf eine Ordnung des Kosmos und der menschlichen Praxis, welche gerade nicht im menschlichen Verstand ihren Ursprung hat, sondern „*ἀρχῆθεν*" *(archéthen)*, das heißt „von alters her", gilt.[61] Der neuzeitliche Begriff des Grundes ist der der Ursache, welcher gerade nicht auf eine Ur-Sache, sondern auf die vom menschlichen Verstand konstruierte Welterklärung und Weltbeherrschung bezogen ist. Die Ursachen im neuzeitlichen Verstand gelten gerade nicht ur-sächlich-teleologisch, sondern sind vom Menschen selbst erdachte Gründe, Konstrukte. Darum kann man das neuzeitliche Modell der menschlichen Gesamtpraxis in Abhebung vom hierarchisch-teleologischen Modell der Antike als ein hierarchisch-instrumentelles bezeichnen. Hierarchisch ist dieses Modell, weil es der mathematischen Erklärung aller Weltgegebenheiten durch die rechnenden Naturwissenschaften, neuerdings auch durch die rechnenden Sozialwissenschaften, die höchsten und den ausführenden Tätigkeiten die untersten Ränge zuweist. Instrumentell ist dieses Modell, weil es den Ordnungszusammenhang der menschlichen Gesamtpraxis auf die Durchsetzung eines wissenschaftlich-technischen Fortschritts hin ausrichtet, der aufgrund seiner machtförmigen Struktur in neuzeitlichen Gesellschaften als eine Sachgesetzlichkeit auftritt, die durch keinerlei teleologische Rücksichtnahmen mehr korrigiert, kontrolliert oder legitimiert werden kann.[62]

Das Unternehmen, neuzeitliche Wissenschaft und menschliche Praxis durch eine Politisierung von Wissenschaft und Praxis in ein Verhältnis gegenseitiger Anerkennung zu bringen, lässt sich vereinfacht als ein Versuch beschreiben, unter Absehung von den fundamentalen Differenzen zwischen antiker und neuzeitlicher Wissenschaft noch einmal der Politik einen Primat zuzuerkennen. Dieser weist er eine Zuständigkeit für ein Reich der Zwecke, den positiven Wissenschaften dagegen eine Zuständigkeit für ein Reich der Mittel zu. Dieser Ansatz muss inzwischen aus zwei Gründen als gescheitert angesehen werden. Im Unterschied zur Politik in der antiken Demokratie gibt es

61 Vgl. hierzu M. Heideggers Ausführungen zur vierfachen Redeweise vom Grund im Sinne der causa materialis, formalis, efficiens und finalis in seiner Abhandlung „Die Frage nach der Technik". In: Ders.: Die Technik und die Kehre. Pfullingen 1962. Die von Heidegger angesprochene Unterscheidung findet sich bereits bei Aristoteles, der im zweiten Buch seiner Physik, Kapitel 3 (194b), den Begriff der Ursache vierfach ausgelegt hat.

62 Auswege aus dieser Situation versprechen zwei entgegengesetzte Strategien, von denen die eine das instrumentelle Modell der Neuzeit durch eine Politisierung von Wissenschaft und Praxis zu korrigieren, die andere die Überholtheit aller am Begriff menschlichen Handelns festhaltenden Auffassungen von einem systemtheoretischen Standpunkt aus zu erweisen sucht, der es erlaubt, individuelle und historische gesellschaftliche Entwicklungen als Zusammenhang von Autopoiese und Interpenetration zu beschreiben. Vgl. hierzu die kontroversen Beiträge von J. Habermas und N. Luhmann in: J. Habermas/N. Luhmann: Theorie der Gesellschaft oder Sozialtechnologie – Was leistet die Systemforschung? Frankfurt a. M. 1971.

heute keinerlei hierarchische Ordnung der Zwecke mehr, die durch eine Rangordnung der Zwecke einerseits und ihr zugeordnete güterproduzierende menschliche Tätigkeiten andererseits gestützt werden könnte. Und auf eine bloße Zuständigkeit für die Rationalität der Mittel lässt Wissenschaft sich heute schon allein angesichts der enormen Kosten, die wissenschaftliche Forschung bereitet, nicht mehr begrenzen. Sowohl bei der Bereitstellung der Mittel für wissenschaftliche Forschung als auch bei der Verwendung ihrer Ergebnisse beruft sich die Politik immer häufiger darauf, sie könne gar nicht anders handeln, sondern müsse den Bewegungsgesetzen des wissenschaftlich-technischen Fortschritts folgen, um den Fortbestand der Gesellschaft zu sichern.[63]

Eine Rückkehr zum hierarchisch-teleologischen Ordnungsmodell der Antike ist heute ebenso wenig möglich, wie ein bloßes Festhalten am hierarchisch-instrumentellen Modell der Neuzeit aussichtsreich sein könnte. Theoretiker der Moderne haben seit Rousseau in expliziten oder impliziten Auseinandersetzungen mit der Polis-Philosophie der Antike immer wieder auf die metaphysischen und handlungstheoretischen Grenzen des hierarchisch-instrumentellen Modells und die ihm eigene Dialektik der Aufklärung hingewiesen.[64] Aus dieser Tradition stammen jene Überlegungen, die bereits im zweiten Kapitel bei der Bestimmung der pädagogischen Praxis im Rahmen der menschlichen Gesamtpraxis und der Skizzierung eines systematischen Begriffs der menschlichen Praxis vorgestellt worden sind. Diese Überlegungen verweisen auf ein drittes Modell der menschlichen Gesamtpraxis, welches ich in Abgrenzung zu den Ordnungsvorstellungen der Antike und der Neuzeit mit dem Begriff der regulativen Idee eines nicht-hierarchischen Ordnungszusammenhangs der Einzelpraxen näher kennzeichnen möchte.

Die Idee eines nicht-hierarchischen Ordnungszusammenhangs der menschlichen Gesamtpraxis distanziert sich von jeder Praxisordnung, welche Arbeit, Pädagogik, Ethik, Politik, Kunst und Religion in ein hierarchisches Verhältnis zueinander setzt und einer dieser Praxisformen oder einer Gruppe von ihnen den Primat gegenüber den anderen zuerkennt. Sie untersagt zugleich, der neuzeitlichen Wissenschaft die höchste Rationalitätsstufe zuzuerkennen und der menschlichen Praxis, womöglich mit der Politik an der Spitze, die Aufgabe zuzuweisen, für den wissenschaftlich-zivilisatorischen Fortschritt die letzte Verantwortung zu übernehmen.[65]

---

63 Vgl. hierzu die gegenwärtig ausufernde Rede von den sogenannten Sachzwängen der Globalisierung.

64 Vgl. hierzu H. Peukert: Kritische Theorie und Pädagogik. In: Zeitschrift für Pädagogik 29 (1983) S. 195-217.

65 Wie aussichtslos ein solches Vorhaben heute ist, zeigt sich daran, dass die sogenannten Restrisiken der zivilen und militärischen Atomindustrie mit Halbwertszeiten, die zum Teil der Dauer der historischen Existenz des Menschen auf unserer Erde vergleichbar sind, ethisch von niemandem verantwortet werden können. Für solche Verantwortung gibt es keine Subjekte.

Wie die sich uns heute stellenden und vom Menschen in der Geschichte selbst erzeugten Probleme lösbar sein könnten, lässt sich aus dem regulativen Prinzip der Idee eines nicht-hierarchischen Ordnungszusammenhangs der menschlichen Gesamtpraxis nicht ableiten. Diese Idee zielt auf eine Begrenzung der Reichweite und Gültigkeit neuzeitlicher Wissenschaft und instrumenteller Vernunft. Sie weist darauf hin, dass die Einlösung einer solchen Begrenzung ebenso wenig in einer neuen teleologischen Naturmetaphysik wie im Primat einer sogenannten ökologischen Praxis gesucht, sondern nur in einer gleichgewichtigen und gleichbedeutenden Anerkennung aller Teilpraxen der menschlichen Gesamtpraxis angestrebt werden kann. Die Bedeutung der regulativen Idee eines nicht-hierarchischen Ordnungszusammenhangs der menschlichen Gesamtpraxis für die Verhältnisbestimmung der Einzelpraxen untereinander und den Zusammenhang von Wissenschaft und Praxis aufzuzeigen, wäre Aufgabe einer zeitgemäßen universellen praktischen Philosophie. Diese Aufgabe überschreitet den Horizont einer Allgemeinen Pädagogik bei weitem. Darum wird auf diese Fragen an späterer Stelle nur insoweit eingegangen, wie dies unter pädagogischen Gesichtspunkten, zum Beispiel unter der Fragestellung einer bildungstheoretisch legitimierten Vermittlung neuzeitlicher Wissenschaften im Unterricht, möglich ist.

3.3 Vom Zusammenhang der konstitutiven und regulativen Prinzipien pädagogischen Denkens und Handelns

In den vorausgegangenen Abschnitten wurden vier Prinzipien pädagogischen Denkens und Handelns, zwei konstitutive und zwei regulative, vorgestellt, die für ihre Formulierungen zwar keinen Anspruch auf eine überhistorisch-allgemeingültige Geltung erheben, gleichwohl allgemeine Grundbegriffe pädagogischen Denkens und Handelns bereitstellen. Wie an Beispielen zu zeigen versucht wurde, sind die vier Grundbegriffe hilfreich, um theoretische und praktische Fragen pädagogischen Denkens und Handelns zu erörtern. Antworten auf Fragen, welche positiven Theorien in der Erziehungswissenschaft entwickelt und diskutiert werden sollen und welche Entscheidungen in der Praxis zu treffen sind, lassen sich aus diesen Grundbegriffen jedoch nicht ableiten.

Die reflexive Funktion der Prinzipien gründet sich, wie im nächsten Abschnitt gezeigt wird, nicht auf ein von ihnen her fundierbares System der theoretischen und praktischen Pädagogik, sondern darauf, dass sie hilfreich sind, um handlungstheoretische Fragestellungen der Pädagogik zu identifizieren und zu ordnen. Diese erlauben es, die moderne Ausdifferenzierung pädagogischer Berufe und erziehungswissenschaftlicher Disziplinen an gemeinsame Problemstellungen einer Theorie der Erziehung, einer Theorie der Bildung und einer Theorie pädagogischer Institutionen zurückzubinden.

Die beiden konstitutiven Prinzipien pädagogischen Denkens und Handelns formulieren Grundaussagen zur Eigenstruktur einer pädagogischen Interaktion, die darum weiß, dass die pädagogische Praxis konstitutiv für die Menschwerdung des Menschen ist. Beide Prinzipien stellen Relationskategorien dar, beziehen sich also weder nur auf die Heranwachsenden noch nur auf die schon erwachsenen Teilnehmer an pädagogischen Interaktionen. Der Grundbegriff der Bildsamkeit formuliert weder Aussagen über biologische Anlagen des Menschen noch Aussagen über eine dem Menschen von irgendeiner Umwelt her zukommende Bestimmung. Er untersagt vielmehr, die Bestimmung des Menschen auf Anlagen- und Umwelteinflüsse zurückzuführen, und formuliert die Aufgabe, den Menschen als ein Wesen zu begreifen und anzuerkennen, das an seiner Menschwerdung selbsttätig mitwirkt. In unserer weder naturhaft noch gesellschaftlich determinierten Bildsamkeit können wir uns gegenseitig nur anerkennen, wenn wir uns als bildsame, und das heißt an der Erlangung unserer Bestimmung mitwirkende Wesen begegnen.

Auch das Prinzip der Aufforderung zur Selbsttätigkeit stellt eine Relationskategorie dar. Es bezieht sich nun jedoch im Unterschied zu derjenigen der Bildsamkeit nicht auf die Frage nach der in pädagogischer Interaktion zu fördernden Bestimmung des Menschen, sondern formuliert Grundaussagen über die Art und Weise pädagogischen Wirkens. Es ist bedeutsam für die Beantwortung der Frage, wie auf Heranwachsende so eingewirkt werden kann, dass diese in der pädagogischen Praxis auch tatsächlich als Lernende anerkannt werden, die ihre Bestimmung selbsttätig mit hervorbringen. In pädagogischer Hinsicht ist das Prinzip der Aufforderung zur Selbsttätigkeit kein Prinzip der Selbstaufforderung, sondern ein Prinzip der Fremdaufforderung zur Selbsttätigkeit. Es bringt die Grundparadoxie pädagogischer Interaktion auf den Begriff, dass wir ohne pädagogische Einwirkungen die auf Selbsttätigkeit basierende Bildsamkeit der Heranwachsenden nicht anerkennen können und durch pädagogische Einwirkungen die Bestimmung der Heranwachsenden nicht festlegen dürfen.

Die beiden regulativen Prinzipien pädagogischen Denkens und Handelns formulieren Grundaussagen über die gesellschaftliche Möglichkeit einer ihre konstitutiven Prinzipien beachtenden pädagogischen Interaktion. Sie erkennen ausdrücklich an, dass das pädagogische Handeln real niemals nur als eine besondere Form individueller Interaktion möglich ist, sondern eine gesellschaftliche Praxisform darstellt, die in mannigfaltiger Wechselwirkung mit den anderen Bereichen menschlicher Praxis steht. Das regulative Prinzip der Überführung gesellschaftlicher Anforderungen an pädagogisches Handeln in pädagogisch legitime Anforderungen leugnet nicht die gesellschaftlichen Bedingungen, Voraussetzungen, Anforderungen und Einwirkungen auf die pädagogische Praxis. Es formuliert jedoch die Aufgabe, diese einer dem Prinzip der Aufforderung zur Selbsttätigkeit verpflichteten Prüfung zu unterziehen und sicherzustellen, dass die pädagogische Praxis nicht zu einem Erfüllungsgehilfen gesellschaftlicher Erwartungen an die im Erziehungs- und Bildungssystem zu erbringenden Leistungen verkümmert.

Die Perspektive, dass gesellschaftliche Kritik an den Leistungen pädagogischer Interaktion in eine pädagogische Kritik der gesellschaftlichen Anforderungen transformiert werden kann, verbindet die pädagogische Praxis mit allen anderen Formen und Bereichen menschlichen Handelns. Wie die pädagogische Praxis müssen sich auch die religiöse, politische, sittliche, ästhetische und ökonomische Praxis davor schützen, zu bloßen Erfüllungsgehilfen gesellschaftlicher Anforderungen zu pervertieren, und die Aufgaben, mit denen sie konfrontiert werden, einer religiösen, politischen, sittlichen, ästhetischen und dem Begriff menschlicher Arbeit verpflichteten Gesellschaftskritik unterwerfen. Das regulative Prinzip eines nicht-hierarchischen Verhältnisses der Einzelpraxen formuliert den Grundsatz, dass keine der menschlichen Praxen gegenüber den anderen einen Primat beanspruchen kann und dass alle sich als gleichbedeutend und als gleichgewichtig gegenseitig anerkennen müssen. Nur unter der Voraussetzung einer Anerkennung dieses Prinzips ist die Transformation gesellschaftlicher Anforderungen in pädagogisch legitime Anforderungen möglich, kann pädagogische Interaktion zur Selbsttätigkeit auffordern und die Bildsamkeit des Menschen als Bildsamkeit zur Mitwirkung an der menschlichen Gesamtpraxis anerkennen.[66]

Die folgende Prinzipientafel ordnet den vier Prinzipien pädagogischen Denkens und Handelns die Theorie der Erziehung, die Theorie der Bildung und die Theorie pädagogischer Institutionen als Theoriebereiche wissenschaftlicher Pädagogik so zu, dass sich diese sowohl auf die individuell-interaktive als auch auf die gesellschaftliche, auf den Zusammenhang der menschlichen Gesamtpraxis ausgerichtete Seite des pädagogischen Handelns beziehen.

Die Prinzipien pädagogischen Denkens und Handelns

	Konstitutive Prinzipien der individuellen Seite	Regulative Prinzipien der gesellschaftlichen Seite
A Theorie der Erziehung (2) : (3)	(2) Aufforderung zur Selbsttätigkeit	(3) Pädagogische Transformation gesellschaftlicher Einflüsse und Anforderungen
B Theorie der Bildung (1) : (4)	(1) Bildsamkeit als Bestimmtsein des Menschen zu rezeptiver und spontaner Leiblichkeit, Freiheit, Sprachlichkeit und Geschichtlichkeit	(4) Nicht-hierarchischer Ordnungszusammenhang der menschlichen Gesamtpraxis
	C Theorie pädagogischer Institutionen und ihrer Reform (1) / (2) : (3) / (4)	

66 Auf diesen Zusammenhang hat neuerlich Klaus Schaller aufmerksam gemacht; vgl. dessen Beitrag: Die pädagogische Unzulänglichkeit der Erbe-Umwelt-Formel. In: Vierteljahrsschrift für wissenschaftliche Pädagogik 76 (2000) S. 456-470.

4. Die handlungstheoretischen Fragestellungen systematischer Erziehungswissenschaft

Pädagogische Fragen sind älter als die geschichtlichen Reflexionen ihrer Grundbegriffe und Prinzipien, die im vorausgegangenen Kapitel vorgestellt wurden. Eine Geschichte der Pädagogik, welche die Entwicklung der handlungstheoretischen Fragestellungen analysierte, müsste von den Fragestellungen selbst ausgehen und an diesen die Grundbegriffe pädagogischen Denkens und Handelns historisch aufweisen. In einer Allgemeinen Pädagogik kann dagegen die Analyse der Prinzipien der Erörterung der handlungstheoretischen Fragestellungen vorausgehen. Sie kann die Grundbegriffe pädagogischen Denkens und Handelns problemgeschichtlich entwickeln und von diesen her die Fragestellungen systematischer Pädagogik bestimmen, muss dabei jedoch jeden Anschein vermeiden, als stellten die Grundbegriffe überzeitliche und ungeschichtliche Axiome dar, aus denen sich Antworten pädagogischer Handlungstheorie gleichsam deduzieren ließen. Die Prinzipien pädagogischen Denkens und Handelns gehören derselben Problemgeschichte wie die systematischen Fragestellungen an und besitzen außerhalb derselben keinerlei Gültigkeit. Darum werden im Folgenden die systematischen Fragestellungen der Pädagogik nicht aus den vier Grundbegriffen pädagogischen Denkens und Handelns abgeleitet, sondern diesen im Sinne des zu Beginn des dritten Kapitels herausgearbeiteten wechselseitigen Voraussetzungsverhältnisses von Prinzip und Prinzipiiertem zugeordnet.[1]

1 Es sei hier nochmals daran erinnert, dass die Prinzipien der Bildsamkeit und der Aufforderung zur Selbsttätigkeit als Grundbegriffe der individuellen Seite der Erziehung nicht individualistisch, sondern interaktiv zu verstehen sind und dass ihre Ende des 18., Anfang des 19. Jahrhunderts erfolgte begriffliche Fixierung in die historisch-gesellschaftliche Erfahrung der Ungewissheit und Kontingenz der Bestimmung der Einzelnen eingebunden ist. Analog sind die gesellschaftlichen Prinzipien der pädagogischen Transformation und der Nicht-Hierarchizität als Grundbegriffe zu verstehen, die keineswegs nur eine allgemeine, sondern zugleich eine auf individuelle pädagogische Interaktionen bezogene Geltung beanspruchen. Die Asymmetrie, dass die Prinzipien der individuellen Seite pädagogischen Handelns eine gegenstandskonstitutive, diejenigen der gesellschaftlichen Seite hingegen eine regulative Bedeutung beanspruchen, besagt nicht, dass die individuelle Seite der pädagogischen Praxis ausschließlich durch konstitutive, die gesellschaftliche Seite pädagogischen Handelns dagegen ausschließlich durch regulative Prinzipien bestimmt ist. Die konstitutiven und regulativen Prinzipien wurden vielmehr als Grundbegriffe ein und derselben pädagogischen Pra-

Dem konstitutiven Prinzip der Aufforderung zur Selbsttätigkeit und dem regulativen Prinzip der Überführung gesellschaftlicher Determination in pädagogische Determination, welche Grundaussagen zur Eigenart pädagogischen Wirkens formulieren, wird die bis auf Rousseaus Abhandlung über die Erziehung „Emile ou de l'éducation“ und Schleiermachers Vorlesungen zur „Theorie der Erziehung“ zurückzuverfolgende moderne Frage nach der richtigen Art und Weise pädagogischer Interaktion zugeordnet. Dem konstitutiven Prinzip der Bildsamkeit und der regulativen Idee eines nicht-hierarchischen Ordnungszusammenhangs der menschlichen Gesamtpraxis, welche Grundaussagen über die modernen Aufgaben pädagogischen Handelns formulieren, wird die klassische Fragestellung der Theorie der Bildung zugeordnet, welche sich in ihren modernen Varianten ebenfalls bis auf Rousseau und Schleiermacher zurückverfolgen lässt und wichtige Impulse Herbart, Humboldt, Hegel und Marx verdankt.[2]

Durch die prinzipiengeleitete Unterscheidung der erziehungs- und bildungstheoretischen Fragestellungen der Pädagogik soll der weithin unfruchtbare Streit um den Vorrang der Erziehung gegenüber der Bildung oder umgekehrt und die nicht minder problematische Auseinandersetzung um eine Vorrangstellung der individuellen oder gesellschaftlichen Seite pädagogischen Handelns überwunden werden.[3] Die erziehungs- und bildungstheore-

---

xis vorgestellt und in ihrer Historizität dahingehend bestimmt, dass ersteren eine historisch-apriorische, letzteren eine historisch-aposteriorische Bedeutung zukommt.

2 Die Bedeutung der Marxschen Theorie für eine kritische pädagogische Handlungstheorie sehe ich nicht in ihren geschichtsteleologischen Annahmen einer Weltgeschichte, die über die bürgerliche Gesellschaft, die Diktatur des Proletariats und sozialistische Gesellschaftsformationen zum Kommunismus führt, sondern in ihren ideologiekritischen Ausführungen zur Monopolisierung waren- und machtförmiger Wahrnehmungs-, Denk- und Handlungsformen, in denen der Ökonomie ein quasi-naturwüchsiger globaler Primat vor allen anderen Praxisbereichen zuerkannt wird. Zur Diskussion über die Bedeutung der Marxschen Theorie für bildungstheoretische Problemstellungen vgl. H. J. Heydorn: Zum Verhältnis von Bildung und Politik (1969). In: Ders.: Bildungstheoretische Schriften. Band 3. Frankfurt a.M. 1980, S. 7-62, insbesondere S. 41-53; W. Schmied-Kowarzik: Kritische Theorie und revolutionäre Praxis. Konzepte und Perspektiven marxistischer Erziehungs- und Bildungstheorie. Bochum 1988; K.-F. Göstemeyer: Mensch oder Bürger? Bildungstheoretische Überlegungen zu einer Aporie der Moderne im Anschluss an Hobbes, Rousseau und Marx. Habilitationsschrift am Fachbereich Erziehungswissenschaft der Universität Münster 1991/92.

3 Theorien, die pädagogische Praxis ohne bildungstheoretische Problemstellung zu fassen suchen, kennen keine in der Pädagogik selbst verortete theoretische Diskussion über Erziehungsziele und -normen. Sie lagern solche Problemstellungen in Anthropologien, Ethiken, Kulturtheorien, Gesellschaftstheorien oder Politiktheorien aus und treten dann für ein affirmatives Verhältnis der Erziehung gegenüber anthropologischen, ethischen, kulturellen, gesellschaftlichen oder politischen Normierungen der Aufgaben pädagogischen Handelns ein. Vgl. hierzu P. Petersens Ablehnung des Bildungsbegriffs und Favorisierung des Erziehungsbegriffs in: Ders.: Allgemeine Erziehungswissenschaft. Berlin/Leipzig 1924, S. 96 ff.; siehe auch Heydorns in ihrer Kritik an reformpädagogischen Problemverkürzungen durchaus berechtigte, in erziehungs-

tischen Reflexionen pädagogischer Handlungstheorie werden als zwar unterschiedliche, auf die Art und Weise pädagogischer Interaktion beziehungsweise die Aufgaben der pädagogischen Praxis gerichtete, ansonsten aber gleichwertige und gleichgewichtige Fragestellungen ausgewiesen, die sich jeweils durch ein konstitutives Prinzip der individuellen Seite und ein regulatives Prinzip der gesellschaftlichen Seite pädagogischen Denkens und Handelns charakterisieren lassen.

Indem sowohl die erziehungs- als auch die bildungstheoretische Fragestellung pädagogischer Handlungstheorie jeweils auf ein Prinzip der individuellen und ein Prinzip der gesellschaftlichen Seite pädagogischen Denkens und Handelns gegründet wird, ergibt sich als dritte Problemstellung diejenige, wie die Orte pädagogischen Handelns so zu bestimmen sind, dass sie weder nur der individuellen noch nur der gesellschaftlichen Seite pädagogischer Praxis zugeordnet werden, sondern zwischen beiden Seiten vermitteln. Dies ist die Fragestellung einer Theorie pädagogischer Institutionen, welche das Nebeneinander von innerer und äußerer Bildungsreform zu überwinden sucht und die pädagogische Praxis weder auf dem pädagogischen Bezug reduziert noch den Abnehmererwartungen ausliefert.

Die Unterscheidung zwischen Erziehungs-, Bildungs- und Institutionentheorien zielt nicht auf eine Abgrenzung erziehender, bildender und institutionalisierter Praktiken, sondern auf eine Unterscheidung handlungstheoretischer Fragestellungen der Erziehungswissenschaft. Eine Dimensionierung der pädagogischen Praxis nach Handlungstypen wird erst im folgenden Kapitel vorgestellt.

Die Fragestellungen der Theorie der Erziehung, der Theorie der Bildung und der Theorie pädagogischer Institutionen werden in jeweils drei Schritten erarbeitet. Zunächst werden für jeden dieser Bereiche zwei Theorieansätze vorgestellt, die durchaus diskutable Problemstellungen verfolgen, von sich aus jedoch noch keinen Beitrag zur Klärung handlungstheoretischer Fragestellungen der Pädagogik erbringen. Wird diesen Theorien in Verkennung ihrer handlungstheoretischen Grenzen der Status pädagogischer Handlungstheorien zuerkannt, so kommt es in professionellen wie nicht-professionellen Kontexten und darüber hinaus in wissenschaftlichen Diskursen zu erziehungs-, bildungs- und institutionentheoretischen Problemverkürzungen intentionaler und funktionaler Erziehungstheorien, formaler und materialer Bildungstheorien sowie zu einem Verständnis pädagogischer Institutionen, das diese reformpädagogisch von ihren gesellschaftlichen Funktionen abzukoppeln oder systemtheoretisch mit Verweis auf diese Funktionen zu legitimieren sucht. Die genannten Theorien lassen sich als Fehlfor-

---

und bildungstheoretischer Sicht gleichwohl problematische These, Erziehung sei per se affirmativ und exekutiere bloß normative Vorgaben, Bildung sei hingegen per se kritisch und fungiere als ein Agens des Politischen in: Ders.: Zum Verhältnis von Bildung und Politik, a. a. O., insbesondere S. 7 ff.

men einer pädagogischen Handlungstheorie kritisieren, die Prinzipienfehler begehen und vom Zusammenhang der individuellen und gesellschaftlichen Seite pädagogischen Handelns abstrahieren. In einem zweiten Schritt werden dann Problemstellungen vorgestellt, welche die Einseitigkeiten der zuvor kritisierten Betrachtungsweisen zu vermeiden suchen und Reflexionsprobleme einer Vermittlung zwischen beiden Seiten der pädagogischen Praxis zur Sprache bringen. Abschließend werden Grundstrukturen einer pädagogischen Praxis herausgearbeitet, die ihre Wirkungsweise, Aufgabenstellung und Institutionalisierung erziehungs-, bildungs- und institutionentheoretisch reflektiert.

Das folgende Schema ordnet Fehlformen pädagogischer Handlungstheorie, die jeweils in den einleitenden Abschnitten untersucht werden, nach den für sie nachweisbaren Prinzipienfehlern. Auf die Erstellung eines Schemas irrtumsfreier und allgemeingültiger Erziehungs-, Bildungs- und Institutionentheorien wurde bewusst verzichtet. Aufgabe einer Allgemeinen Pädagogik kann es nicht sein, die Diskurse über Theorien pädagogischen Handelns in ein System pädagogischer Wissens- und Reflexionsformen zu überführen, das mit einem Anspruch auf Allgemeingültigkeit auftritt und sich eine normative Geltung für die pädagogische Praxis zuschreibt.

Fehlformen pädagogischer Handlungstheorien

	individuelle Seite:	gesellschaftliche Seite:
Theorie der Erziehung:	Theorien intentionaler Erziehung	Theorien funktionaler Erziehung
Theorie der Bildung:	Theorien formaler Bildung	Theorien materialer Bildung
Theorie pädagogischer Institutionen:	Theorien der Abkoppelung der individuellen von der gesellschaftlichen Seite	Theorien der Ankoppelung der individuellen an die gesellschaftliche Seite

4.1 Theorie der Erziehung

4.1.1 Die Problemverkürzungen intentionaler und funktionaler Erziehungstheorien

Als Erziehungstheorien werden im Folgenden im Einklang mit bestimmten Traditionen der Pädagogik Theorien bezeichnet, die Aussagen über die Möglichkeiten, Modalitäten und Grenzen pädagogischen Wirkens formulieren und hierbei Wirkungen der individuellen und der gesellschaftlichen Seite der pädagogischen Praxis – zuweilen losgelöst von einander, zuweilen in Beziehung aufeinander – analysieren.

Werden vorwiegend individuelle Einwirkungen betrachtet und wird hierbei von der gesellschaftlichen Seite der pädagogischen Praxis abstrahiert, nimmt die Erziehungstheorie die Gestalt einer Theorie intentionaler Erziehung an. Werden dagegen gesellschaftliche Einwirkungen unter weitgehender Ausblendung der individuellen Seite pädagogischen Handelns untersucht, sprechen wir von funktionaler Erziehung bzw. von Theorien funktionaler Erziehung. Die Unterscheidung zwischen Intention und Funktion ist insofern sinnvoll, als die pädagogisch Handelnden stets – mehr oder weniger bewusst – Intentionen verfolgen, wenn sie Wirkungen zu erzielen suchen, und als die Heranwachsenden über die von den Intentionen einzelner Akteure ausgehenden Wirkungen hinaus immer auch Einflüssen ausgesetzt sind, die unabhängig von deren Intentionen, gleichsam hinter ihrem Rücken, wirken.

Theorien intentionaler Erziehung gehen in der Regel davon aus, dass pädagogische Wirkungen nicht nur intentional angestrebt, sondern auch vermittelt über einen Kausalzusammenhang von Intention und Wirkung erzielt werden.[4] Die handlungstheoretische Problematik dieser Auffassung liegt nicht nur darin, dass der ihr zugrunde liegende Begriff von Intentionalität mit dem erziehungstheoretischen Prinzip der individuellen Seite pädagogischen Wirkens kollidiert, sondern zeigt sich auch daran, dass kausale Zusammenhänge von Intention und Wirkung in der Praxis und Forschung bis heute verlässlich kaum nachgewiesen werden konnten.[5]

---

4 In W. Brezinkas Metatheorie der Erziehung findet sich eine Definition von Erziehung, die zunächst sowohl intentional als auch nicht-intentional interpretierbar ist, dann jedoch von ihrem Autor selbst intentional eingeengt wird: „Mit ‚Erziehung' sind Handlungen gemeint, durch die Erwachsene (‚Erzieher', ‚Lehrer') versuchen, in den Prozeß des Werdens heranwachsender Persönlichkeiten (Kinder, Jugendliche = ‚Zöglinge', ‚Zu-Erziehende', ‚Erziehungsobjekte', ‚Adressaten der Erziehung', ‚Schüler', ‚Lehrlinge') einzugreifen, um Lernvorgänge zu unterstützen oder in Gang zu bringen, die zu Dispositionen und Verhaltensweisen führen, welche von den Erwachsenen als seinsollend oder erwünscht angesehen werden. … Es gibt überhaupt nur deswegen erzieherische Handlungen und Erziehungseinrichtungen, weil man erwartet, dass sie die geeigneten Mittel sind, um bestimmte Ziele, d. h. als wertvoll angesehene Zustände der zu-erziehenden Persönlichkeiten, erreichen zu können. Daraus folgt, dass es das zentrale Problem der Erziehungswissenschaft ist, die Bedingungen für die Erreichung von Erziehungszielen zu erforschen. Die Erziehungswissenschaft ist nicht nur eine Tatsachen beschreibende, sondern eine teleologisch-kausalanalytisch orientierte Wissenschaft." In: W. Brezinka: Von der Pädagogik zur Erziehungswissenschaft. Weinheim 1971, S. 26 f. und S. 31. Zur Kritik intentionaler Erziehungstheorien siehe J. Oelkers: Intention und Wirkung: Vorüberlegungen zu einer Theorie pädagogischen Handelns. In: Zwischen Technologie und Selbstreferenz, hrsg. von N. Luhmann und K. E. Schorr. Frankfurt a. M. 1982, S. 139-194.

5 Zur weitgehenden „praktisch-pädagogischen Irrelevanz" der Ergebnisse einer lineare Kausalitätsbeziehungen erforschenden empirischen Erziehungswissenschaft und zur Aussichtslosigkeit, handlungstheoretische Fragestellungen der Erziehungswissenschaft durch ein neues einheitswissenschaftliches Programm empirischer Erziehungs-

Intentionale Erziehungstheorien unterscheiden sich untereinander durch die Intentionen, die sie für legitim halten; in der irrigen Annahme, dass sich zwischen Intentionen und Wirkungen mehr oder weniger lineare Ursache-Wirkungszusammenhänge nachweisen und durchsetzen lassen, stimmen sie überein.[6] Solche Zusammenhänge zwischen Intentionen, Maßnahmen und Wirkungen pädagogischen Handelns soll und kann es dem Prinzip der Aufforderung zur Selbsttätigkeit zufolge jedoch gar nicht geben.[7] Dieses setzt an die Stelle einer linearen und rigiden Kausalität von Intention und Wirkung eine reflexive Kausalität, welche pädagogisches Wirken als ein Einwirken auf die Wechselwirkung von Denk- und Welttätigkeit Lernender interpretiert.[8] Sie sollen den Einsichten pädagogischer Handlungstheorie zufolge zur Selbsttätigkeit aufgefordert werden und können daher nur unter Missachtung der pädagogischen Differenz von Erziehen und Lernen intentional erzogen werden.[9]

---

wissenschaft ablösen zu können, vgl. L.-M. Alisch: Erziehung als dynamisches Phänomen. In: Pädagogische Rundschau 53 (1999) S. 617-624.

6 Vgl. hierzu das Beispiel des Verlaufs eines in pazifistischer Einstellung geplanten Weihnachtsfestes, zu dem Eltern ihrem Sohn an Stelle des von diesem gewünschten Spielzeugpanzers einen Bagger schenkten und dann die Erfahrung machen mussten, dass ihr Kind mit dem Bagger wie mit einem Panzer spielte. In: D. Benner: Bildsamkeit und Bestimmung. In: Ders.: Studien zur Theorie der Erziehung und Bildung. Pädagogik als Wissenschaft, Handlungstheorie und Reformpraxis. Band 2. Weinheim/München 1995, S. 141-159, S. 143 ff.

7 Bei L. Nelson, A. Petzelt u. a. findet sich die Auffassung, „(k)ein Lehrer darf ‚wirken' wollen" (A. Petzelt: Systematische Pädagogik. Freiburg [3]1964, S. 158). Hierunter ist kein Wirkungsverbot zu verstehen, welches die Dignität der pädagogischen Praxis davon abhängig machte, dass diese wirkungslos bleibt, sondern die erziehungstheoretische Einsicht, dass pädagogisches Handeln sich nicht rühmen darf und kann, Wirkungen in intentione recta zu erzielen. Oblique Wirkungen sind hingegen solche, die niemals direkt im Sinne einer unmittelbaren Kausalität, sondern indirekt über eine Einflussnahme auf Lernprozesse zustande kommen. Dies ist der Grund, warum in pädagogischen Begriffen des Lernens im Unterschied zu psychologischen Lernbegriffen nicht lern-, sondern erziehungstheoretisch argumentiert wird.

8 Harte Technologien, die solche Wechselwirkung steuern könnten, gibt es nicht. Hierin liegt der erziehungstheoretisch akzeptable Sinn der Redeweise von Ersatztechnologien. Zur Kritik kausalanalytischer Technologien vgl. D. Benner: Lässt sich das Technologieproblem durch eine Technologieersatztechnologie lösen? In: Ders.: Studien zur Theorie der Erziehungswissenschaft. Pädagogik als Wissenschaft, Handlungslungstheorie und Reformpraxis. Band 1. Weinheim/München 1994, S. 231-246; zur Begründung indirekt wirkender Ersatztechnologien vgl. J. Diederich: Bemessene Zeit als Bedingung pädagogischen Handelns. In: Zwischen Technologie und Selbstreferenz, a. a. O., S. 51-86.

9 Aus handlungstheoretischer Sicht ist nicht nur der Begriff linearer Wirkungen, sondern auch das Verständnis von Intentionalität zu problematisieren, das intentionalen Erziehungstheorien zugrunde liegt. Diese verfehlen nicht nur in ihrem kausalanalytischen Wirkungsverständnis die über pädagogische Aufforderungen zu individueller Selbsttätigkeit vermittelte Kausalität pädagogischen Wirkens, sondern kennen auch keinen Begriff einer im Sinne des Transformationsprinzips gebrochenen Intentionali-

Funktionale Erziehungstheorien gehen von der entgegengesetzten Annahme aus, dass pädagogische Wirkungen nicht intentional erzielbar sind, sondern auf gesellschaftliche Funktionen zurückgehen, denen sich Erziehung nur um den Preis ihrer eigenen Möglichkeit entziehen kann. Ein Begriff pädagogischen Handelns ist auch im Rahmen dieser Theorie nicht möglich, denn sie will pädagogische Akteure davon überzeugen, dass die Rationalität ihres Handelns angemessen nur funktional, nicht aber handlungstheoretisch zu definieren sei.

Funktionale Erziehungstheorien unterscheiden sich untereinander durch die Funktionen, die sie der Erziehung zuweisen. Die gegenwärtig am meisten diskutierte systemtheoretische Funktionentheorie beispielsweise weist der Erziehung die Aufgabe zu, zwischen Erziehungsprogrammatiken, die aus den Anforderungen anderer gesellschaftlicher Systeme resultieren, und der Rationalitätsstruktur des Handelns im Erziehungssystem streng zu unterscheiden und letztere an dem binären Code „besser-schlechter" auszurichten. Vorrangige Funktion des Erziehungssystems sei es nicht, irgendwelche Programmatiken aus der Umwelt des Erziehungssystems umzusetzen, sondern Sorge dafür zu tragen, dass sich die Karrieren Heranwachsender nach Maßgabe ihrer (Schul-)Leistungen differenzieren.[10] Aus der Sicht pädagogischer Handlungstheorie ist diese Auffassung zu problematisieren, weil auf ihrem Boden weder ein interaktives Verständnis der pädagogischen Praxis, das der erziehungstheoretischen Kategorie der Aufforderung zur Selbsttätigkeit verpflichtet ist, noch ein Begriff der Transformation gesellschaftlicher Anforderungen in pädagogisch legitime möglich ist.[11]

---

lität pädagogischen Wirkens. Ihr Intentionalitätsbegriff abstrahiert davon, dass gesellschaftliche Vorstellungen von wünschenswerten Verhaltensweisen erziehungstheoretisch darauf hin zu prüfen sind, ob die von ihnen ausgehenden Einwirkungen auf pädagogische Prozesse über Aufforderungen zur Selbsttätigkeit vermittelte Lernprozesse erschweren, verhindern oder begünstigen.

10 Vgl. hierzu N. Luhmann: Codierung und Programmierung. In: Allgemeine Bildung. Analysen zu ihrer Wirklichkeit, Versuche über ihre Zukunft, hrsg. von H.-E. Tenorth. Weinheim/München 1986, S. 154-182.

11 An die Stelle interaktiver Begriffe und Kategorien tritt in Luhmanns Abhandlung über „Codierung und Programmierung" die Vorstellung, „dass das Erziehungssystem nicht-triviale Systeme als triviale Systeme erzieht" und die Leistung der Schüler legitimerweise in Analogie zum Schema der black box nur nach Input und Output beurteilt. Luhmann übersieht hier, dass die professionelle Handlungskompetenz von Lehrern nicht in der Beurteilung von Schülerleistungen aufgeht, sondern sich u. a. auf eine Beurteilung der von Lehrern gewählten Handlungsstrategien bezieht. Neuere Versuche, die Systemtheorie im Rückgriff auf den Begriff einer abstrakt universalisierten Autopoiesis theoriefähig in der Erziehungswissenschaft zu machen, überwinden zwar die engen Grenzen des Erziehungsverständnis, bezahlen dies jedoch mit dem Preis, dass auf ihrem Boden keinerlei Begriff pädagogischen Wirkens mehr formulierbar ist. Vgl. D. Lenzen/N. Luhmann (Hrsg.): Bildung und Weiterbildung im Erziehungssystem. Frankfurt a. M. 1998.

Intentionale und funktionale Erziehungstheorien abstrahieren nicht nur von der gesellschaftlichen bzw. individuellen Seite pädagogischen Handelns, sondern tragen infolge ihrer Abstraktionen auch nur wenig zur Klärung der komplexen Interdependenzen zwischen individuellen und gesellschaftlichen Wirkungen in der pädagogischen Praxis bei. Einsichten in diese verdanken wir dagegen der Sozialisationsforschung, die interaktive und gesellschaftliche Bedingungen für die Reproduktion und Veränderung menschlicher Einstellungen und Verhaltensweisen untersucht und hierbei Zusammenhänge zwischen intentionalen und funktionalen Wirkungen aufdeckt.

Sozialisationstheoretische Untersuchungen können einen bedeutsamen Beitrag zur Überwindung der Einseitigkeiten intentionaler und funktionaler Erziehungstheorien leisten, wenn ihre Ergebnisse unter Fragestellungen einer Erziehungstheorie interpretiert werden, die dem Grundbegriff der Aufforderung zur Selbsttätigkeit und der Idee der Transformation gesellschaftlicher Einflüsse in pädagogisch legitime verpflichtet ist. Werden dagegen Befunde der Sozialisationsforschung unter Absehung von den Grundfragestellungen einer handlungstheoretisch ausgewiesenen Theorie der Erziehung so interpretiert, als stellten sie unmittelbar erziehungstheoretische Einsichten und Maßnahmen bereit, so kommt es zu einer Verdoppelung der handlungstheoretischen Defizite eines intentionalen oder funktionalen Erziehungsverständnisses, dessen Bedingungszusammenhänge Sozialisationsforschung aufdeckt.

Vor Beginn der Bildungsreform der 1960er und 1970er Jahre wies die Sozialisationsforschung statistisch nach, dass in der BRD die vom Elternhaus ausgehende Aspiration hinsichtlich der Entwicklung der Kinder bei Protestanten im Durchschnitt höher war als bei Katholiken, in den Städten stärker war als auf dem Lande, in Familien mit ein oder zwei Kindern höher war als in Familien mit mehreren Kindern und sich generell nochmals geschlechtsspezifisch dadurch unterschied, dass Eltern gegenüber männlichen Heranwachsenden höhere Bildungsaspirationen als weiblichen Heranwachsenden gegenüber artikulierten.[12] Für all dies gab es plausible Erklärungen, so diejenige, dass die Entstehung eines Handel treibenden und industriell produzierenden Bürgertums durch die Reformation begünstigt worden ist, dass die Mobilität beruflicher Wahlentscheidungen in den Städten höher als auf dem Lande war, dass Eltern, die nur ein oder zwei Kinder aufziehen, sich für deren Ausbildung stärker engagieren als Eltern mit einer größeren Anzahl von Kindern und dass die künftige Bestimmung weiblicher Heranwachsender eher in der Familie und einer familiär bestimmten Mutterrolle

12 Zum Stand der Diskussion Mitte der 60er Jahre vgl. R. Dahrendorf: Arbeiterkinder an deutschen Universitäten. Tübingen 1965.

und im Unterschied zur Bestimmung männlicher Heranwachsender weniger in der Ausübung einer bezahlten Berufstätigkeit gesehen wurde.[13]

Ein bleibendes Verdienst der Sozialisationsforschung ist es, unterschiedliche intentionale und funktionale Mechanismen nachgewiesen zu haben, die sich auf Bildungsprozesse Heranwachsender auswirken. Welche handlungstheoretischen Schlussfolgerungen hieraus zu ziehen sind, lässt sich freilich den Ergebnissen der Sozialisationsforschung nicht entnehmen. In systematischer Hinsicht ist daher zu klären, welche erziehungstheoretische Relevanz älteren, neuen und künftigen Ergebnissen der Sozialisationsforschung zukommt. Auch hier lassen sich wiederum eine pädagogisch-naive, eine politisch-pragmatische und eine den Prinzipien pädagogischen Denkens und Handelns verpflichtete Position unterscheiden.

Die pädagogisch-naive Position versucht den kausal-analytischen Erklärungen der empirischen Wissenschaften unmittelbar die Regeln zu entlehnen, die es zu beachten gilt, um Formen einer sozialisatorischen Benachteiligung von Bildungskarrieren in Chancengleichheit zu überführen. So wurde vorgeschlagen, die Gesetzmäßigkeiten intentional und funktional vermittelter Sozialisation in variante und invariante zu unterscheiden und für eine Veränderung varianter Gesetzmäßigkeiten nach Maßgabe fortschrittlicher Optionen zu votieren. Darin, dass variante Gesetzmäßigkeiten außer Anwendung gesetzt werden können, erblickt die pädagogisch-naive Position die empirisch abgesicherte Möglichkeit, durch Sozialisationsprozesse bedingte Benachteiligungen mildern und emanzipative Prozesse unterstützen zu können, welche die sozialisationsbedingte Ungleichheit der Bildungschancen ausgleichen und eine höhere Chancengerechtigkeit herbeiführen.[14]

Wie jedoch variante von invarianten Gesetzmäßigkeiten abzugrenzen sind und worin die Neubestimmung intentional und gesellschaftlich vermittelter Lernprozesse angesichts vorgegebener varianter Gesetzmäßigkeiten liegen könne, lässt sich mit den methodischen Mitteln der Sozialisationsforschung nicht ohne weiteres entscheiden. Hierauf weist ein Streit hin, der zwischen Anhängern einer sogenannten Defizit- und Befürwortern einer sogenannten Differenzhypothese geführt worden ist.

---

13 Vgl. hierzu: Kommentierte Literatur-Übersicht von Neuerscheinungen aus dem Bereich der Sozialisationsforschung. In: K. R. Mühlbauer: Sozialisation. Eine Einführung in Theorien und Modelle. München 1980, S. 371-495.

14 Zur Würdigung und Kritik dieser Annahmen emanzipatorischer Handlungstheorie vgl. D. Benner: Hauptströmungen der Erziehungswissenschaft. München 1973, S. 281-326; ^{3}1991, S. 275-320. Zur Rezeption der kritischen Theorie in der Erziehungswissenschaft vgl. auch die Beiträge des gleichnamigen Themenschwerpunkts in der Zeitschrift für Pädagogik 29 (1983) Heft 2, S. 195-280, insbesondere H. Peukert: Kritische Theorie und Pädagogik (ebd., S. 195-217) und J. Ruhloff: Ist Pädagogik heute ohne „Kritische Theorie“ möglich? (ebd., S. 219-233)

Die Anhänger der Defizithypothese erklärten die Sozialisationsprozesse benachteiligter Heranwachsender für defizitär und erhoben die Sozialisationsprozesse der nicht-benachteiligten Heranwachsenden zum Ideal einer erstrebenswerten Normalität. Sie empfahlen, die zu erwartenden Sozialisationsresultate benachteiligter Gruppen mit den Mitteln einer ausgleichenden, kompensatorischen Erziehung außer Anwendung zu setzen. Die Befürworter der Differenzhypothese kritisierten diese Strategie und warnten davor, die Sozialisationsprozesse nicht-benachteiligter Gruppen zum Ideal für alle zu erheben. Die Aufgabe sozialwissenschaftlicher Forschung erblickten sie darin, auf Differenzen in den Prozessen und Resultaten intentional und funktional vermittelter Sozialisation aufmerksam zu machen.[15]

Sofern der Differenzhypothese verpflichtete Untersuchungen ihre Ergebnisse nicht im Sinne einer umgekehrten Defizithypothese interpretieren und zum Beispiel den Sozialisationsbedingungen und -resultaten der Unterschicht eine höhere Wertigkeit als denjenigen anderer Schichten zuerkennen,[16] ist der Differenzhypothese unter pädagogischen Gesichtspunkten ein Vorzug gegenüber der Defizithypothese einzuräumen. Untersuchungen, die der Defizithypothese nahe stehen, tendieren nämlich dazu, einen bestimmten, empirisch beschreibbaren Sozialisationstyp als mustergültig zu bejahen und den für ihn nachweisbaren Wirkungen intentionaler und funktionaler Erziehung ohne vorausgegangene oder parallel verlaufende erziehungstheoretische Prüfung eine pädagogische Handlungsrelevanz zuzuerkennen. Dagegen verweisen Sozialisationsanalysen, die der Differenzhypothese verpflichtet sind, zumindest mittelbar auf die Notwendigkeit und Möglichkeit, die Ergebnisse der Sozialisationsforschung auch unter handlungstheoretischen Problemstellungen zu befragen und einer erziehungstheoretischen Analyse und Kritik zuzuführen.

Strategien, variante Gesetzmäßigkeiten einer „niedrigerwertigen" Sozialisation mit den Mitteln einer sozialisationstheoretisch fundierten ausgleichenden intentionalen und funktionalen Erziehung in variante Gesetzmäßigkeiten einer „höherwertigen" Sozialisation zu überführen, sind aus mehreren Gründen problematisch. Von der Bedingungsanalyse führt kein direkter Weg zur Begründung von Reformkonzepten. Sofern Anhänger der Defizithypothese einen solchen Weg aufzuzeigen und Maßnahmen einer ausgleichenden, kompensatorischen Erziehung zur Herstellung oder Erhöhung von Chancengleichheit in die Tat umzusetzen suchten, fanden sie nur solange Anerkennung, wie die Bedingungen, Formen und Resultate der als nicht-defizitär eingeschätzten Sozialisation unhinterfragt anerkannt und auch den Angehörigen defizitärer Sozialisation als anzustrebende Normalität emp-

---

15 Vgl. G. L. Huber/H. Mandl: Kognitive Sozialisation. In: Handbuch der Sozialisationsforschung, hrsg. von K. Hurrelmann und D. Ulich. Weinheim 1980, S. 631-648.

16 Vgl. hierzu W. Gottschalch/M. Neumann-Schönwetter/G. Soukup: Sozialisationsforschung. Materialien, Probleme, Kritik. Frankfurt a.M. 1971.

fohlen werden konnten. Als sich aber zeigte, dass die Hoffnung, allen Heranwachsenden durch eine Außeranwendungsetzung der Gesetze ihrer defizitären Sozialisation einen Aufstieg zu ermöglichen, trügerisch war, weil der Staat die Kosten einer ausgleichenden Erziehung nicht tragen konnte oder wollte, das Beschäftigungssystem einen Aufstieg für alle gar nicht zuließ und die Evaluation der technisch-kompensatorischen Programme schließlich deren weitgehende Unwirksamkeit nachwies, verlor die Defizithypothese ihre Überzeugungskraft.

Dies lässt sich am Wandel der Optionen der politisch-pragmatischen Position ablesen. Zu Beginn der westdeutschen Bildungsreform der 60er und 70er Jahre sprachen sich alle politischen Parteien für eine ausgleichende, kompensatorische Erziehung aus, um das Schreckgespenst einer auf das Beschäftigungssystem übergreifenden Bildungskatastrophe abzuwenden, Wirtschaft und Verwaltung höherqualifizierte Absolventen des Schulsystems in ausreichendem Maße zuzuführen und Bildung als Produktivkraft einer auf Wachstumssteigerung ausgerichteten gesellschaftlichen Gesamtkonzeption zu nutzen. Die Intention, Bildung zum Bürgerrecht zu erheben,[17] erlahmte, als deutlich wurde, dass ein Aufstieg für alle weder finanzierbar noch im Beschäftigungssystem und der in ihm geltenden Arbeitsteilung absicherbar war.[18] Und nun entdeckte die politisch-pragmatische Position, die zuvor auf emanzipative Leistungen einer mit Hilfe der defizit-hypothetisch argumentierenden Sozialisationstheorie zu befördernden Bildungsreform gesetzt hatte, deren Schwächen.

Das Beispiel, an dem die handlungstheoretischen Defizite der Sozialisationstheorie offengelegt wurden, ist das sogenannte Mädchen aus einer katholischen Mehrkinderfamilie vom Lande. Es wurde von H. Lübbe, einem Anhänger der politisch-pragmatischen Position, in der Absicht konstruiert, an ihm die Grenzen soziologischer Aufklärung zu illustrieren.[19] An den sta-

---

17 Vgl. R. Dahrendorf: Bildung ist Bürgerrecht. Plädoyer für eine aktive Bildungspolitik. Hamburg 1965.

18 Vgl. H. Kemper (Hrsg.): Theorie und Geschichte der Bildungsreform. Eine Quellentextsammlung von Comenius bis zur Gegenwart. Meisenheim 1984. S. 11-62; P. Zedler: Stagnation und Bewertungswandel. Zustand, Entwicklung und Folgen ausbleibender Strukturreformen im Bildungswesen. In: Zeitschrift für Pädagogik 31 (1985) S. 501-524; ferner die Beiträge von A. Flitner, W. Lütgert und M. Prenzel/A. Heiland im Thementeil „Rückblick auf die Reform". In: Zeitschrift für Pädagogik 31 (1985) S. 1-63.

19 In Anlehnung an R. Dahrendorfs Studie „Arbeiterkinder an deutschen Universitäten" und in kritischer Auseinandersetzung mit bestimmten emanzipatorischen Handlungsstrategien hat H. Lübbe in einem Vortrag mit dem Titel „Noch einmal – Mut zur Erziehung" im Rahmen des 17. Bildungspolitischen Gesprächs in der Werner-Reimers-Stiftung am 3.-5. Mai 1979 die folgende Überlegung entwickelt: „Man erinnert sich an das berühmte Dahrendorf'sche Katholische Mädchen vom Lande, das nach Ausweis unserer Bildungsstatistiken am wenigsten motiviert scheint, höhere Schulwege zu durchschreiten. Sollte man sie also nicht, um sie endlich höher zu mo-

tistischen Gesetzmäßigkeiten, die für die Sozialisation des Lübbeschen Mädchens vom Lande gelten, ist ja ausschließlich diejenige des biologischen Geschlechts eine nicht veränderbare, invariante Größe. Um die Naivität einer emanzipatorischen Erziehungstheorie bloßzustellen, folgerte Lübbe aus den Resultaten der empirischen Sozialisationsforschung, man brauche dem katholischen Mädchen aus einer Vielkinderfamilie vom Lande nur sein Geschlecht belassen, seine Religion nehmen, es von seinen Eltern und Geschwistern trennen und einer emanzipativen Erziehung in der Stadt zuführen, schon werde die emanzipatorische Pädagogik vorzeigen können, welch neue Menschen zu schaffen sie in der Lage sei. Gerade wegen seiner Überspitzung, die selbst die naivsten, auf die Außeranwendungsetzung varianter Gesetzmäßigkeiten geschlechts- und schichtspezifischer Sozialisation vertrauenden Reformvorstellungen übertrifft, vermochte Lübbe mit dem von ihm umkonstruierten Beispiel die ideologischen Schwächen einer unmittelbar konstruktiven Wendung bestimmter Ergebnisse der empirischen Sozialisationsforschung plausibel und sichtbar zu machen.

Die Konsequenzen freilich, die die politisch-pragmatische Position aus ihrer Kritik „kulturrevolutionärer" Tendenzen emanzipatorischer Pädagogik zog, übertreffen die naiv-pädagogischen Strategien noch an Einfachheit. Konzepten, die Heranwachsende über die intentionalen und funktionalen Bedingungen ihrer Sozialisation aufzuklären versuchen, stellten Lübbe und andere auf einem im Januar 1978 veranstalteten Forum „Mut zur Erziehung" u. a. die „4. These" entgegen: „Wir wenden uns gegen den Irrtum, die Schule könne Kinder ‚kritikfähig' machen, indem sie sie dazu erzieht, keine Vorgegebenheiten unbefragt gelten zu lassen. – In Wahrheit treibt die Schule damit die Kinder in die Arme derer, die als ideologische Besserwisser absolute Ansprüche erheben. Denn zum kritischen Widerstand und zur Skepsis gegenüber solchen Verführern ist nur fähig, wer sich durch seine Erziehung mit Vorgegebenheiten in Übereinstimmung befindet." Was hierunter im Hinblick auf Lübbes „Mädchen vom Lande" zu verstehen ist, bringt der letzte Absatz eines Diskussionsbeitrags zum Bonner Forum, mit welchem der Band, der über dieses Forum berichtet, schließt, treffend zum

---

tivieren, von den Prägungen ihres katholischen Sozialisationsmilieus, wie man das heute nennt, emanzipieren, wenn man schon ihre Mädchenrolle auch durch die beste geschlechtsindifferente Erziehung nicht vollständig neutralisieren kann? Ist es eine Karikatur, so zu fragen? Ich fürchte nein!" (zitiert nach Blatt 7 des von P. A. Döring bearbeiteten Nachbereitungsmaterials: „Erziehung: Was ist das?" Nachlese zum 17. Bildungspolitischen Gespräch, Juli 1979) Die in diesem Zitat enthaltene beißende Kritik trifft nur auf bestimmte normative Handlungsstrategien emanzipatorischer Pädagogik zu. Zur Begründung einer affirmativen pädagogischen Praxis in Übereinstimmung mit Vorgegebenheiten, wie sie den Thesen des Bonner Forums „Mut zur Erziehung" vorschwebt, reicht Lübbes berechtigte Kritik normativer emanzipatorischer Pädagogik jedoch nicht aus, denn eine von Vorgegebenheiten zu anderen Vorgegebenheiten emanzipierende und eine mit Vorgegebenheiten befreundende Erziehung stellen nur Varianten eines affirmativen Typs pädagogischer Praxis dar.

Ausdruck: „Es kommt darauf an, den Frauen, den Müttern, wieder das gute Gewissen zum Mut zur Erziehung zu geben, also die Rolle der Mutter der publizistischen und intellektuellen Negativwertung zu entziehen.“[20]

Die zitierte These 4 des Bonner Forums und die aus ihr folgende Konsequenz, dem Menschen wieder im Hinblick auf wünschenswerte Üblichkeiten ein „gutes Gewissen ... zu geben“, verweist auf eine Gemeinsamkeit zwischen den Optionen der pädagogisch-naiven und politisch-pragmatischen Position. Beide stimmen nämlich darin überein, dass Erziehung affirmativ oder positiv sein solle oder müsse. Die ideologischen Fallstricke einer affirmativen Erziehung aber bleiben der pädagogisch-naiven Position ebenso verborgen wie der politisch-pragmatischen. Im Streit miteinander etikettiert die pädagogisch-naive Position die von der politisch-pragmatischen Position vertretenen Üblichkeiten als reaktionär und diffamiert die politisch-pragmatische Position die pädagogisch-naive als kulturrevolutionär. Dieser Streit aber ist letztlich obsolet.

Soll eine Verkürzung der Kausalität pädagogischer Einwirkungen auf solche nach Maßgabe politischer Optionen und varianter Gesetzmäßigkeiten der Sozialisation vermieden werden, so gilt es, in Distanzierung von jeglichen politischen Optionen für eine wie auch immer geartete Inanspruchnahme varianter Gesetzmäßigkeiten der Sozialisation die intentionalen Einwirkungen pädagogischer Prozesse unter dem konstitutiven Prinzip der Aufforderung zur Selbsttätigkeit und die funktionalen Einwirkungen unter dem regulativen Prinzip der Überführung gesellschaftlicher Determination in pädagogische Determination zu überprüfen. Wird den Ergebnissen der empirischen Sozialisationsforschung unter politischen Optionen unmittelbar eine handlungsanleitende Relevanz zugesprochen, so kommt es zu einer Verdoppelung der Irrtümer intentionaler und funktionaler Erziehung. Aufklärende Bedeutung dagegen gewinnt die Sozialisationsforschung allererst vermittelt über eine kategorial und prinzipiell ausgewiesene pädagogische Interpretation ihrer Ergebnisse. Eine solche Interpretation aber ist auf der Grundlage der pädagogisch-naiven beziehungsweise der politisch-pragmatischen Position gar nicht möglich. Darum gilt es, diese Positionen mit Hil-

---

20 Mut zur Erziehung. Beiträge zu einem Forum am 9./10. Januar 1978 im Wissenschaftszentrum Bonn-Bad Godesberg. Stuttgart 1979, S. 163 f., S. 162; vgl. hierzu neben der in Kapitel 3, Fußnote 7 genannten Literatur insbesondere auch die „Tübinger Erklärung zu den Thesen des Bonner Forums ‚Mut zur Erziehung‘“ sowie U. Herrmanns Beitrag: „Mut zur Erziehung“. Anmerkungen zu einer proklamierten Tendenzwende in der Erziehungs- und Bildungspolitik. In: Zeitschrift für Pädagogik 24 (1978) S. 221-240, und W. Fischers Überlegungen „Kant und die ‚Kritikfähigkeit‘ als pädagogisches Prinzip – Zur Kontroverse um die 4. These des Bonner Forums ‚Mut zur Erziehung‘“. In: W. Fischer/D. J. Löwisch/J. Ruhloff (Hrsg.): Die Angst des Lehrers vor der Erziehung. Duisburg 1980, S. 9-21; ferner: H. Zdarzil: „Mut zur Erziehung“. Rückblick auf eine pädagogisch-bildungspolitische Kontroverse. In: Vierteljahrsschrift für Wissenschaftliche Pädagogik 62 (1986) S. 396-410.

fe einer Unterscheidung zu überwinden, die gleicherweise dem konstitutiven wie dem regulativen Prinzip der Theorie der Erziehung verpflichtet ist.

Über alle Streitigkeiten hinweg ist sich die pädagogisch-naive mit der politisch-pragmatischen Position darin einig, dass es intentional und funktional definierbare Bedingungen für gelingende Sozialisationsprozesse gibt, die von der pädagogischen Praxis beachtet werden müssen, wenn sie erfolgreich sein soll. Zu diesen Bedingungen zählen Anhänger der Defizithypothese, je nach ihrem politischen Standort, die Üblichkeiten einer gelingenden Mittelschicht-Sozialisation oder die Üblichkeiten für wertvoll erachteter Momente proletarischer Sozialisation, derweil Vertreter der politisch-pragmatischen Position dafür eintreten, die sich im Erziehungs- und Bildungsprozess ergebenden Leistungsunterschiede der Heranwachsenden müssten von diesen selbst anerkannt werden, da nur so die Entstehung unglücklichen Bewusstseins zu vermeiden sei und die Erteilung unterschiedlicher Berechtigungen als gerecht empfunden werde. Folgerichtig wirft die politisch-pragmatische Position der pädagogisch-naiven eine verantwortungslose Erzeugung von unglücklichem Bewusstsein und kulturrevolutionären Scheinaktivitäten und die pädagogisch-naive Position der politisch-pragmatischen reaktionäre Tendenzen zur Scheinlegitimation intentional und gesellschaftlich verursachter Ungleichheit vor.

Das in systematischer Hinsicht Interessante an diesem Streit ist, dass seine Kontrahenten durchaus Recht haben, ohne dass sich jedoch die Berechtigung ihrer gegenseitigen Kritik in eine höhere und gemeinsame Stimmigkeit überführen ließe. Vielmehr hat die Wahrheit der einen Position die Falschheit der anderen zu ihrer Voraussetzung, und dies gilt für beide Seiten. Nur wenn es der pädagogisch-naiven Position gelingt, sich erfolgreich für eine Außeranwendungsetzung varianter Gesetzmäßigkeiten der Sozialisation einzusetzen, kann hernach die politisch-pragmatische Position die Anerkennung der sich zeigenden Verschiedenheit der Menschen als eine Forderung der Gerechtigkeit einklagen; und nur wenn die Anerkennung sich zeigender Ungleichheit der Menschen von der politisch-pragmatischen Position als eine Forderung der Gerechtigkeit eingeklagt wird, kann die pädagogisch-naive Position hernach wiederum für die Außeranwendungsetzung varianter Gesetzmäßigkeiten intentionaler und funktionaler Sozialisation eintreten. Durch die stetige Erneuerung dieses Streits ist inzwischen der Anschein entstanden, als vertrete die politisch-pragmatische Position eine affirmative, die pädagogisch-naive Position dagegen für eine nicht-affirmative Erziehungskonzeption.[21] Dieser Schein ist jedoch trügerisch. Er

21 Die Unterscheidung zwischen affirmativen und nicht-affirmativen Positionen setzt keinen Dual, sondern kann nur reflektierend nachvollzogen werden. Sie konfrontiert mehrere affirmative Positionierungen mit Reflexionsproblemen, die in diesen ausgeblendet werden, und ist an der Aufdeckung von Möglichkeiten eines kritischen oder reflexiven Denkens und Handelns interessiert. Vgl. hierzu D. Benner/G. Fischer/Th. Gatzemann/K.-F. Göstemeyer/H. Sladek: Affirmative und reflektierende

lässt sich durchschauen, sobald man sich auf die Prinzipien einer nicht-affirmativen Theorie der Erziehung zurückbesinnt.

4.1.2 Der Fragehorizont einer nicht-affirmativen Theorie der Erziehung

An der Frage, ob pädagogische Interaktion affirmativ sein solle oder nicht, scheiden sich immer wieder die Geister.[22] Offenbar gibt es gewichtige Gründe, die teils für, teils gegen eine affirmative Erziehung sprechen. Der gewichtigste Grund für eine affirmative Erziehung ist nach Auffassung ihrer Befürworter der, dass jede nachwachsende Generation in einer historisch vorgegebenen gesellschaftlichen Wirklichkeit erzogen wird, die zunächst einmal Anerkennung beansprucht und anerkannt werden muss, bevor sie auf Veränderungsmöglichkeiten hin untersucht und mit Argumenten in Frage gestellt werden kann. Wer beispielsweise über geschlechtsspezifische Sozialisation streitet, wurde zuvor als Mann oder Frau erzogen. Und über die Vereinfachung der Groß- und Kleinschreibung kann nur mitreden, wer zuvor die deutsche Schreibweise kennengelernt hat. Wer Normen und Konventionen hinterfragt, muss zunächst einmal auf Normen und traditionelle Werte hin erzogen worden sein. Jedenfalls scheint dies alle Erfahrung zu belegen; und es wäre in der Tat völlig abwegig, etwas problematisieren und in Frage stellen zu wollen, was niemand kennt.

Dass in der Erziehung Affirmation und Anerkennung vorgegebener Positivitäten jeder Negation und Kritik vorausgeht, ist freilich nicht nur ein gewichtiger Grund für den Vorrang affirmativer Erziehung. Deren Kritiker wenden denselben Sachverhalt, auf den der Grundsatz einer bejahenden Erziehung seine Legitimation stützt, gegen die Vorrangstellung affirmativer Erziehung. Dieser halten sie vor, sie verewige die Probleme und Missstände, für deren Lösung sie sich ausgebe. Sie spiegele der nachwachsenden

---

Lernzielnormierungen in Bildungs- und Lehrplänen der SBZ/DDR und BRD. In: Bildung und Schule im Transformationsprozeß von SBZ, DDR und neuen Ländern. Untersuchungen zu Kontinuität und Wandel, hrsg. von D. Benner, H. Merkens und F. Schmidt. Berlin 1996, S. 59-80; zur Gefahr der Verkürzung der reflektierend gemeinten Unterscheidung auf einen Dual siehe J. Bellmann/Y. Ehrenspeck: Historisch/systematisch – Anmerkungen zur Methodendiskussion in der pädagogischen Historiographie. In: Zeitschrift für Pädagogik 52 (2006) S. 245-264.

22 Siehe hierzu auch die wechselnden erziehungstheoretischen Diskurse in Deutschland nach 1945. Auf Konzepte einer autoritativen Erziehung, wie sie nach 1945 ungebrochen innerhalb der geisteswissenschaftlichen Pädagogik vertreten wurden, folgen in den 60er Jahren nacheinander solche einer antiautoritären, sozialistischen, emanzipatorischen und später antipädagogischen Erziehung, bis 1978 versucht wurde, die emanzipatorische Erziehung durch eine neoautoritative abzulösen. Siehe hierzu D. Benner/H. Kemper: Theoriegeschichte der Reformpädagogik. Teil 3.2: Staatliche Schulreform und reformpädagogische Schulversuche in den westdeutschen Besatzungszonen und in der BRD. Weinheim und Basel 2007, S. 397 ff.

Generation das Trugbild einer heilen Welt vor, bewahre diese vor Kritik und Veränderung und vertage so die Aufklärung und Beratung über die bessere Zukunft auf ein ungewisses, sogenanntes Erwachsenenalter, das dann immer schon den alten Irrtümern verhaftet sei, die zuvor durch affirmative Erziehung tradiert wurden.[23]

Dieser Streit zwischen Befürwortern einer affirmativen Erziehung und Vertretern einer der Kritik und Negation vorgegebener Positivitäten verpflichteten Erziehung täuscht darüber hinweg, dass in ihm gar nicht eine affirmative und eine nicht-affirmative Konzeption einander gegenüberstehen, sondern sich zwei unterschiedliche Positionen affirmativer Erziehung gegenseitig bekämpfen. Beide Positionen entnehmen die Ziele und Aufgaben pädagogischen Handelns vorgegebenen positiven Zweckbestimmungen, nur dass die eine von einer real existierenden, die andere von einer stellvertretend antizipierten Positivität ausgeht, die jeweils zur normativen Richtschnur pädagogischen Handelns dienen soll. Beide Positionen gehen von einem instrumentellen Begriff der pädagogischen Praxis aus und sehen in dieser ein wichtiges Mittel zur Tradierung oder zur Veränderung vorgegebener Positivitäten. Beide begreifen die pädagogisch Interagierenden nicht als Produzenten der jeweiligen Positivität, sondern als faktische oder potentielle Träger wünschenswerter Eigenschaften. Beide verstehen das Geschäft der pädagogischen Interaktion als ein solches der Indoktrination, der Übertragung vorentworfener Doktrinen. Nur die Doktrinen, auf die hin erzogen werden soll, sind verschieden. Beide kennen das „Erzieherische", wie Heydorn formuliert hat, nur als „Exekutive" außerpädagogischer Anforderungen an die pädagogische Praxis.[24]

Ein solch normatives Verständnis pädagogischer Interaktion lässt sich nicht schon dadurch überwinden, dass über die zu bejahenden Positivitäten gestritten und vermeintlich falsche gegen vermeintlich richtige ausgetauscht werden. Unter einer nicht-affirmativen Erziehung kann nicht die Suspendierung einer bestimmten Affirmation bei gleichzeitiger Setzung einer anderen verstanden werden, sondern nur die Suspendierung jeglicher affirmativer Erziehung, der grundsätzliche Verzicht nämlich, Erziehung als bejahende oder verneinende Instanz unmittelbar in den Dienst außerpädagogischer Positivitäten zu stellen.[25] In erziehungstheoretischer Hinsicht, d. h. im Hinblick

23 Zur Kritik beider Positionen einer affirmativen, nicht-reflexiven Erziehung vgl. F. Schleiermacher: Theorie der Erziehung. Die Vorlesungen aus dem Jahre 1826, a. a. O., S. 62-64.

24 An Heydorns Kritik affirmativer Erziehung ist, ungeachtet der in Kapitel 4, Fußnote 3 genannten Vorbehalte gegen seine Unterscheidung zwischen Erziehung und Bildung, festzuhalten.

25 Diese These darf nicht dahingehend missverstanden werden, als dürfe im pädagogischen Handeln schlechterdings nichts bejaht und anerkannt oder niemals in bejahenden Urteilen argumentiert werden. Eine reflexive Theorie pädagogischen Handelns zielt nicht auf die Durchsetzung eines Affirmationsverbots in der pädagogischen Praxis,

auf den Prozesscharakter der pädagogischen Praxis und die für diesen geltenden Prinzipien, ist die Position affirmativer Erziehung deshalb unhaltbar, weil das, was einsichtig erlernt werden soll, niemals durch einen bloßen Akt der Bejahung oder Verneinung erlernt werden kann. Nicht durch Affirmation wird eine vom lernenden Subjekt zu lernende Positivität erkannt, sondern durch Aneignung eines dem lernenden Subjekt zunächst Fremden, Unbekannten. Bejaht werden kann dagegen nur das, was schon er-, zumindest aber schon bekannt ist. Insofern ist auf dem Boden affirmativer intentionaler wie funktionaler Erziehungstheorien gar kein Begriff pädagogischen Wirkens möglich, der den Aneignungsleistungen des lernenden Subjekts gerecht werden könnte. Dies gilt sowohl für den Fall, dass das zu Affirmierende real existierend vorgegeben ist, als auch für den entgegengesetzten Fall, dass die intendierte Positivität stellvertretend für die Zu-Erziehenden von den pädagogisch handelnden Akteuren antizipiert wird. Auch in dem Fall, dass eine antizipierte Positivität dadurch erlernt werden soll, dass eine real vorgegebene verneint wird, ist die bestimmte Negation nicht durch eine einfache Verneinung der real vorgegebenen oder eine einfache Bejahung der stellvertretend antizipierten Positivität erlernbar.

Beziehen wir diese für die Grundstruktur einer erziehungstheoretisch legitimierten pädagogischen Interaktion maßgeblichen Problemstellungen auf Lübbes Beispiel vom katholischen Mädchen aus einer Mehrkinderfamilie vom Lande, so scheiden nun die beiden bisher diskutierten affirmativen Optionen aus. Weder können wir in pädagogisch-naiver Einstellung von varianten Resultaten der Sozialisationsforschung unmittelbar auf Regeln für eine mögliche Aufklärung Betroffener über die Gründe ihrer Benachteiligung schließen, noch können wir die politisch-pragmatische Regel aufstellen, es gelte mit den Ergebnissen einer schon vollzogenen Sozialisation zu befreunden und diese als Resultate einer bereits erreichten Gerechtigkeit zu interpretieren. Beide sind befangen in Vorstellungen einer affirmativen Erziehung, die das konstitutive Prinzip der Aufforderung zur Selbsttätigkeit missachtet und das regulative Prinzip einer Überführung gesellschaftlicher Einwirkungen auf pädagogische Prozesse in pädagogisch legitime außer Acht lässt.

Eine nicht-affirmative Erziehungstheorie unterscheidet sich von affirmativen Erziehungskonzepten dadurch, dass sie pädagogische Einwirkungen weder als intentionale noch als funktionale Einwirkungen konzipiert, sondern die Intentionalität pädagogischen Wirkens am Prinzip der Aufforderung zur Selbsttätigkeit und die Funktionalität gesellschaftlicher Einwirkungen unter der Idee ihrer pädagogischen Transformation problematisiert. Eine in diesem Sinne reflektierende Erziehungstheorie stellt die pädagogischen Akteure vor die Aufgabe, pädagogische Praxis nicht als bloße Durch-

---

sondern legt im Bereich der Theorie der Erziehung lediglich offen, dass die Affirmation von Bejahungen oder Verneinungen in methodischer Hinsicht ungeeignet ist, um pädagogische Einwirkungen auf Lernprozesse abzusichern oder anzuleiten.

setzung von Intentionen, sondern als Einwirkung auf Lernprozesse zu konzipieren. Sie konfrontiert darüber hinaus die ausdifferenzierten Bereiche der menschlichen Praxis mit der Aufgabe, empirisch beobachtbare Interdependenzen zwischen pädagogischen Interaktionen und anderen Formen der gesellschaftlichen Praxis nicht lediglich als funktionale oder disfunktionale zu qualifizieren, sondern diese zugleich darauf hin zu prüfen, ob durch sie pädagogische Prozesse eher gefördert oder eher erschwert werden. Eine nicht-affirmative Theorie der Erziehung interpretiert die Ergebnisse der Sozialisationsforschung darum in erster Linie als mögliche Befunde einer Selbstaufklärung der Gesellschaft über die in ihr wirksamen intentionalen und funktionalen Mechanismen, nicht aber als eine Antwort auf die Frage, wie in pädagogischen Situationen zu wirken sei.

Darum steht auch gar nicht die empirisch nachweisbare Varianz oder Invarianz sozialisationstheoretisch konstruierter Gesetzmäßigkeiten im Vordergrund einer pädagogischen Analyse der Befunde der Sozialisationsforschung. Eine in pädagogischer Hinsicht aufklärende Bedeutung kommt ihren Einsichten in mögliche Varianzen oder Invarianzen von Ursache-Wirkungs-Zusammenhängen einer intentional und funktional bedingten Sozialisation erst vermittelt über eine handlungstheoretische Analyse derjenigen gesellschaftlichen Sachverhalte zu, die die Sozialisationsforschung auf einen szientifischen Begriff bringt. Damit soziologische Aufklärung in pädagogische Aufklärung überführt werden kann, müssen die im Sozialisationsprozess wirksamen Intentionen unter der für pädagogisches Handeln konstitutiven Kategorie der Aufforderung zur Selbsttätigkeit analysiert und im Handeln der Menschen in aufgabenbezogene, oblique Intentionen einer nicht-affirmativen pädagogischen Praxis transformiert werden. Vergleichbares gilt für die den Sozialisationsprozess beeinflussenden funktionalen gesellschaftlichen Zusammenhänge, die es unter der für pädagogisches Wirken geltenden regulativen Idee der Überführung gesellschaftlicher in pädagogische Determination zu prüfen und im Rahmen einer begründeten pädagogischen Gesellschaftskritik zu beurteilen gilt. Eine solche Prüfung und Beurteilung kann mit den Mitteln der Sozialisationsforschung allein nicht geleistet werden, da deren Aussagen, soweit sie sich vorwiegend um eine Klärung intentionaler und funktionaler Determinanten bemühen, selbst dem Paradigma affirmativer Erziehung verhaftet sind.

Statt die ideologiekritische Aufklärung der Betroffenen über die Mechanismen ihrer Benachteiligung zur Methode zu erheben oder Lübbes katholischem Mädchen vom Lande seine Eltern, seine Geschwister, seine Heimat und seine Religion zu nehmen, setzt sich ein nicht-affirmatives Verständnis pädagogischer Interaktion mit der Frage auseinander, wie Heranwachsende, ohne dass ihnen die Verantwortung für die Folgewirkungen ihrer Sozialisation einfach zugewiesen wird, so zur Selbsttätigkeit aufgefordert werden können, dass sich ihre künftige Bestimmung nicht als unmittelbares Resultat ihrer Sozialisation einstellt, sondern über deren Reflexion vermittelt wird. Statt die Aufklärung über die gesellschaftliche Determination und ihre Mechanismen zum vorrangigen Inhalt der pädagogischen Interaktion zu hypostasieren, stellt ein nicht-affirmatives Erziehungsverständnis die pädagogische Praxis vor die weiterreichende Aufgabe, gesellschaftliche Determination in praktische Determination zu transformieren und z. B. verdummenden Mechanismen religiöser Sozialisation auf dem Wege einer anspruchsvolleren Gestaltung der religiösen Glaubenspraxis, benachteiligenden Mechanismen familiärer Sozialisation durch eine Verbesserung familiärer Interaktion und zur Unmündigkeit beitragenden Wirkungen beruflicher Tätigkeiten von Eltern durch eine Anhebung der freien Mitgestaltungsmöglichkeiten in diesen Tätigkeiten entgegenzuwirken.

Die Grundfrage einer nicht-affirmativen Theorie der Erziehung hat Schleiermacher auf den Begriff gebracht. Sie lautet: „Ein großer Teil der Tätigkeit der älteren Generation erstreckt sich auf die jüngere, und sie ist um so unvollkommener, je weniger gewusst wird was man tut, und warum man es tut. Es muss also eine Theorie geben, die von dem Verhältnisse der älteren Generation zur jüngeren ausgehend sich die Frage stellt, *Was will denn eigentlich die ältere Generation mit der jüngeren? Wie wird die Tätigkeit dem Zweck, wie das Resultat der Tätigkeit entsprechen? Auf diese Grundlage des Verhältnisses der älteren zur jüngeren Generation,* was der einen in Beziehung auf die andere obliegt, *bauen wir alles was in das Gebiet dieser Theorie fällt.*“[26]

Schleiermachers Grundfrage ist immer wieder so verstanden worden, als stelle sie die erwachsene Generation vor die Aufgabe, die Frage nach dem richtigen Verhältnis der Generationen zueinander zunächst für sich zu beantworten und dann ihre Antwort auf diese Frage zu tradieren. Eine solche Deutung konnte nur im Horizont einer affirmativen Erziehungstheorie entstehen, welche in den Vorstellungen einer intentionalen und funktionalen Erziehung befangen ist und nichts Nicht-Affirmatives wahrzunehmen und anzuerkennen vermag. Schleiermacher ging es mit der von ihm aufgestellten Grundfrage, was die ältere mit der jüngeren Generation wolle, jedoch um etwas anderes. Er wollte zeigen, dass es auf diese Frage keine legitimen affirmativen Antworten mehr geben kann. Soll diese wirklich zur Grundlage einer kritischen Theorie der Erziehung erhoben werden, so kann sie nicht länger in der Form einer verbindlichen Antwort, sondern nur mehr als eine Frage tradiert werden, welche eine neue Qualität im Verhältnis der Generationen bezeichnet. Diese beruht darauf, dass die ältere Generation die künftige Bestimmung der nachwachsenden Generation nicht mehr antizipatorisch zu definieren und festzulegen sucht, sondern die Intentionalität pädagogischen Handelns, sowohl was dessen Absichten als auch was dessen Wirkungen betrifft, in eine intergenerationelle Fragedimension überführt,

26 F. Schleiermacher: Theorie der Erziehung. Die Vorlesungen aus dem Jahre 1826, a. a. O., S. 38 f.

von der die Legitimität pädagogischer Interaktion und pädagogischen Wirkens künftig abhängt. Schleiermachers Grundfrage nicht-affirmativer Erziehung richtet sich darum auch keineswegs nur auf die individuelle oder interaktive Seite pädagogischen Handelns und erzieherischer Wirkungen, sondern zugleich auf die gesellschaftliche Seite der pädagogischen Praxis und jene Wirkungen, die die anderen Bereiche menschlichen Handelns auf die pädagogische Praxis ausüben.

Eine dem konstitutiven Prinzip der Aufforderung zur Selbsttätigkeit und dem regulativen Prinzip der Überführung gesellschaftlicher in pädagogische Determination verpflichtete kritische Theorie der Erziehung leugnet keineswegs die Realität intentionaler und funktionaler Wirkungen. Statt solche Wirkungen jedoch lediglich abzubilden und zu verdoppeln, stellt sie die pädagogische Praxis vor die Aufgabe, intentional vermittelte Wirkungen in solche einer Fremdaufforderung zur Selbsttätigkeit, funktional bedingte Wirkungen dagegen in solche einer Überführung gesellschaftlicher Determination in praktische Determination zu transformieren und Korrelationen zwischen beiden zu beachten. Die zuerst genannte Aufgabe richtet sich an die individuelle Seite pädagogischer Interaktion, die zweite an deren gesellschaftliche Seite. Beide formulieren zusammengenommen das erziehungstheoretische Postulat der methodischen Offenheit einer nicht-affirmativen pädagogischen Praxis, welche die Wahrnehmungs- und Bewusstseinshorizonte der Heranwachsenden durch Aufforderung zur Selbsttätigkeit für eine Mitwirkung an der menschlichen Gesamtpraxis und gleichzeitig die menschliche Gesamtpraxis durch Überführung gesellschaftlicher Determination in praktische Determination für die schrittweise Mitwirkung von Heranwachsenden zu öffnen sucht. Denn die Heranwachsenden können durch individuelle Einwirkungen nur erfolgreich zur selbsttätigen Wechselwirkung mit der Welt aufgefordert werden, wenn sich die ausdifferenzierten Bereiche menschlichen Handelns in ihren Einwirkungen auf die pädagogische Praxis nicht lediglich von pädagogischen Aufgaben entlasten. Sie sollten vielmehr zulassen, dass sich die diskursive Verständigung zwischen den Generationen immer auch auf die gesellschaftliche Seite der pädagogischen Praxis und die Art und Weise bezieht, in der Einflüsse aus anderen Handlungsbereichen auf diese einwirken.

4.1.3 Zur methodischen Grundstruktur einer nicht-affirmativen pädagogischen Praxis

Die methodische Grundform, in welcher solche Öffnungen gedacht werden können, ist in der Pädagogik seit alters her die der „Frage".[27] Eine nicht-

27 Zum Prinzip der Frage vgl. u. a. A. Petzelt: Vom Wissen. In: Ders.: Wissen und Haltung. Freiburg i. B. 1963, insbesondere S. 29-36; J. Derbolav: Das Problem einer philosophischen Grundlegung der Pädagogik. In: Ders.: Frage und Anspruch. Wuppertal/Kastellaun 1970, S. 47-63, insbesondere S. 56 ff.

affirmative pädagogische Praxis, die Heranwachsende für eine Mitwirkung an der menschlichen Gesamtpraxis aufschließt und die Bereiche gesellschaftlichen Handelns für eine Mitwirkung der Heranwachsenden öffnet, muss Fragen von Kindern und Jugendlichen als Fragen provozieren und interpretieren, in denen für die Heranwachsenden etwas diesen schon Bekanntes in deren Fragehorizont gestellt (Aufforderung zur Selbsttätigkeit) und vor den Heranwachsenden gesellschaftlich Vorgegebenes fragwürdig wird (Überführung gesellschaftlicher in pädagogische Determination). Solche Fragen beziehen sich in dem, was in ihnen fraglich wird, stets sowohl auf die individuelle als auch auf die gesellschaftliche Seite der Erziehungspraxis. Sie richten sich niemals nur auf die pädagogische Interaktion im engeren Sinne, sondern stets auch auf Sachverhalte, durch die pädagogische Praxis mit anderen Bereichen menschlichen Handelns verbunden ist. Darum ist es wichtig, das Verhältnis von Frage und Antwort nicht nur in seinem innerpädagogischen Horizont, sondern immer auch im Hinblick auf die in der jeweiligen Frage gemeinte außerpädagogische Form gesellschaftlichen Handelns zu betrachten.

Als pädagogische Grundoperation, durch welche die Erziehung zwischen individuellen und gesellschaftlichen Einwirkungen vermitteln und zur Selbsttätigkeit auffordernde individuelle Einwirkungen mit Transformationen sozialisatorischer Einwirkungen verbinden kann, lässt sich im Anschluss an Klaus Pranges „Operative Pädagogik“ das „Zeigen“ ausweisen. Das pädagogische „Zeigen“ konfrontiert Lernende mit einer zum Zwecke pädagogischer Einflussnahmen transformierten Welt. Es konfrontiert diese nicht ungebrochen und unmittelbar mit deren realen Seiten und Anforderungen, sondern stellt durch Zeigen Welt „ästhetisch“ dar.[28] Die gezeigte Welt unterscheidet sich von der wirklichen Welt dadurch, dass nicht alles gezeigt, manches ausgeblendet und einiges hervorgehoben wird. Ausblendungen und Hervorhebungen lassen sich zur Fragestruktur der Erziehung in Beziehung setzen. Durch sie wird Einfluss auf das genommen, was in den Blick der Lernenden tritt und worauf deren Aufmerksamkeit gelenkt wird. Zur erzieherischen Qualität des pädagogischen Zeigens gehört, dass es Operationen eines pädagogischen Einwirkens ermöglicht, die über ästhetische Weltdarstellung vermittelt sind. In diesen ist die Kausalität pädagogischen Wirkens auf ein durch das Zeigen provoziertes Welt-Wahrnehmen, Selber-Denken, -Urteilen und -Handeln der Lernenden gerichtet, in dem Weltrezeption auf Selbsttätigkeit und diese auf jene zurückbezogen wird. Vermittelt über Operationen des Zeigens ist das pädagogische Einwirken an vieles

---

28 Vgl. hierzu J. F. Herbart: Ästhetische Darstellung der Welt als das Hauptgeschäft der Erziehung (1804). In: Ders.: Pädagogische Schriften, hrsg. von W. Asmus. Band 1. Düsseldorf/München 1964, S. 105-121; K. Prange: Die Zeigestruktur der Erziehung. Grundriss einer Operativen Pädagogik. Paderborn 2005; siehe auch K. Prange/G. Strobel-Eisele: Die Formen des pädagogischen Handelns. Stuttgart 2006.

anschlussfähig, ohne jedesmal penetrant die Form einer Lehrerfrage annehmen zu müssen, die auf eine pünktliche Antwort dringt.[29]

Um die zur Selbsttätigkeit auffordernde und gesellschaftliche Sachverhalte transformierende Grundstruktur des pädagogischen Fragens und Zeigens genauer zu fassen, ist es hilfreich, die Beziehungen zwischen Erfragtem und Gezeigtem sowie den durch das Zeigen provozierten Fragen und Antworten der Lernenden genauer zu betrachten. Am Beispiel einer Kinderfrage lässt sich dies erläutern.

Diese wurde von einem Kind geäußert, dessen Eltern eine katholische Sozialisation erfahren hatten, hernach aber aus der katholischen Kirche ausgetreten waren, weil sie Teile ihrer Dogmatik und Sittenlehre nicht mehr anerkennen konnten. Diese Eltern vertraten nun eine atheistische Weltanschauung, zu der sie ihr Kind ebenso affirmativ zu erziehen versuchten, wie sie selbst zuvor von ihren eigenen Eltern zur Affirmation christlicher Glaubensüberzeugungen erzogen worden waren. Die Eltern verboten ihrem Kind, im Rahmen eines von der Klasse unter Leitung der Lehrerin konzipierten, eingeübten und aufgeführten Krippenspiels die Rolle von Maria oder Josef zu übernehmen, und erlaubten nicht einmal, dass seine Puppe zur Darstellung des Christuskindes zur Verfügung gestellt werden durfte. Das Kind äußerte daraufhin bei der Vergabe der Rollen den Wunsch, die mit den atheistischen Einstellungen seiner Eltern weniger konfligierende Rolle eines Engelchens spielen zu dürfen und konfrontierte daraufhin seine Eltern, Klassenkameraden und die Lehrerin mit der Frage: „Hat das Christkind Flügel?“.

Um zu verstehen, was in dieser durch ästhetische Weltdarstellung provozierten Frage für das Kind fragwürdig geworden ist, muss zwischen dem, was in der Frage ausgesagt ist, und dem, was die Frage meint, unterschieden werden. Dem bloßen Wortlaut nach wird gefragt, ob das Christkind Flügel habe oder nicht. Die Frage aber meint gar nicht, ob sich das Christkind wie Vögel und Engel mit Flügelschlag oder wie der Mensch durch aufrechten Gang oder durch Einsatz von Propeller- oder Düsenantrieb fortbewege. Die Frage bezieht sich, wie aus ihrem Kontext hervorgeht, auf den Sinn des Weihnachtsfestes, auf die Teilhabe des Kindes an den es umgebenden Sitten und an der religiösen Praxis. Mit ihr ist eine Rückfrage an den Atheismus der eigenen Eltern und die Weltanschauungen und Glaubensüberzeugungen anderer formuliert, mit denen das Kind vor Weihnachten in besonderer Weise konfrontiert wurde.

Angesichts der Differenz zwischen dem in der Frage Ausgesagten und dem in ihr Gemeinten kann es keine pädagogisch sinnvolle Antwort geben, die

---

29 Zur Ausdifferenzierung des pädagogischen Einwirkens in unterschiedliche Formen des Fragens und Zeigens siehe die Ausführungen zu den Handlungsdimension der pädagogischen Praxis im Kapitel 5.

sich nur auf das in der Frage Ausgesagte, also etwa nur auf die Flügel des Christkindes, bezieht. Weder die Antwort „Das Christkind hat Flügel“ noch die Antwort „Das Christkind hat keine Flügel“ träfe das von dem Kind in der Frage Gemeinte. Eine isolierte und bloß gegenständliche Antwort, die sich nur auf das in der Frage Ausgesagte bezöge, kann es daher in einem pädagogisch anspruchsvollen Sinne gar nicht geben. Soll in der Antwort auf die Kinderfrage an das in dieser Gemeinte angeknüpft werden, so gilt es, auf die in der Frage enthaltenen Bezüge zu verschiedenen, einander ausschließenden Üblichkeiten und Praktiken religiöser bzw. antireligiöser Erziehung einzugehen. Darum kann die Antwort auch nicht in einem bloßen Hinterfragen der Frage des Kindes bestehen und lauten: „Das Christkind fliegt weder auf die eine noch auf die andere Weise. Es gibt überhaupt kein Christkind. Was als Christkind ausgegeben wird, ist vielmehr die Geschenkindustrie, es sind die kaufenden und schenkenden Menschen.“

Eine sich an das vom Kind in seiner Frage Gemeinte anschließende Antwort muss sich auf die Frage des Kindes einlassen und dieses, statt ihm eine einfach zu übernehmende und zu affirmierende Antwort zu erteilen, dazu auffordern, sich mit den einander zum Teil widersprechenden Üblichkeiten auseinanderzusetzen und an einer für es und andere sinnvollen Gestaltung des Weihnachtsfestes mitzuwirken. Dies aber kann nur gelingen, wenn die gesellschaftlichen Einflüsse auf die pädagogische Interaktion in dem Sinne in pädagogisch legitime Einflüsse transformiert werden, dass sich Sitte und Religion für eine selbsttätige Teilhabe von Kindern öffnen und diese nicht mehr lediglich als Objekte von Geschenken oder als passive Hörer der christlichen bzw. atheistischen Botschaft betrachten, sondern als Subjekte in den Diskurs über die Gestaltung des Weihnachtsfestes einbeziehen.

Ob es überhaupt sinnvoll ist, ein Fest wie das Weihnachtsfest zu feiern und pädagogisch-interaktive und gesellschaftliche Einwirkungen auf Lernprozesse Heranwachsender an deren Mitwirkung bei der Gestaltung eines solchen Festes auszurichten, lässt sich von den Prinzipien pädagogischen Wirkens her nicht entscheiden. Zwar können wir Heranwachsende zur Selbsttätigkeit nur auffordern, wenn es gelingt, gesellschaftliche Determinanten ihrer Lernprozesse in praktische, für Mitwirkungsmöglichkeiten offene Interdependenzen zu überführen. Der Sinnhorizont einer Verständigung über menschliches Handeln bemisst sich jedoch nicht ausschließlich oder vorrangig danach, ob dieses eine Mitwirkung Heranwachsender im Sinne des Postulats methodischer Offenheit zulässt oder nicht zulässt. Das pädagogische Experiment, Heranwachsende zur Mitwirkung an der menschlichen Gesamtpraxis aufzufordern, ist vielmehr an einen Sinnanspruch menschlichen Handelns zurückgebunden, der durch eine bloße Absicherung der Mitwirkungsmöglichkeiten Heranwachsender nicht schon gewährleistet werden kann. An dieser Stelle geht die Fragestellung einer nicht-affirmativen Theorie der Erziehung in diejenige einer nicht-affirmativen Theorie der Bildung über.

4.2 Theorie der Bildung

Fragestellung und Gegenstände der Theorie der Bildung unterscheiden sich von denjenigen der Theorie der Erziehung dadurch, dass in ihnen nicht die Art und Weise pädagogischen Wirkens, sondern die Aufgaben und die Zweckbestimmung der pädagogischen Praxis thematisiert werden. Analog zur erziehungstheoretischen Einteilung der Wirkungen pädagogischen Handelns in solche, die teils von der pädagogischen Interaktion ausgehen, teils auf diese gerichtet sind, lassen sich die Zwecke der pädagogischen Praxis bildungstheoretisch in individuelle und gesellschaftliche Aufgaben und Teilaspekte differenzieren.

Die Theorie der Bildung bringt die Aufgaben und Zwecke pädagogischen Handelns nicht hervor, sondern analysiert individuell und gesellschaftlich vorgegebene Zweckbestimmungen. Bildungstheorien lassen sich danach unterscheiden, ob sie das konstitutive Prinzip individueller Bildsamkeit und das regulative Prinzip eines nicht-hierarchischen Verhältnisses der Einzelpraxen ausdifferenzierter Humanität berücksichtigen oder nicht. Wird der Zusammenhang zwischen dem konstitutiven und dem regulativen Prinzip der Aufgabenbestimmung pädagogischen Handelns ausgeblendet, so kommt es im Bereich der Theorie der Bildung zu Problemverkürzungen, die sich an formalen bzw. materialen Bildungskonzepten nachweisen lassen. Sofern die gesellschaftlichen Aufgaben pädagogischen Handelns unter weitgehender Ausklammerung der individuellen Zweckbestimmung der pädagogischen Praxis betrachtet werden, nimmt die Bildungstheorie die Gestalt einer materialen Bildung an. Treten dagegen individuelle Zwecke unter Vernachlässigung der gesellschaftlichen Aufgaben in den Vordergrund, sprechen wir nicht von materialer, sondern von formaler Bildung.

Materiale und formale Bildungskonzepte sehen von der Vermittlungsproblematik der individuellen und gesellschaftlichen Aufgabenbestimmungen pädagogischen Handelns ab. Sie steht im Zentrum einer Theorie reflektierender Bildung. Diese fragt nach einem Begriff der Aufgaben der Erziehung und des Zwecks des Menschen, der weder die Individuen der Gesellschaft opfert noch die menschliche Gesamtpraxis auf ein Spielfeld individueller Willkür und Selbstverwirklichung verkürzt.

Der Problemhorizont reflektierender Bildungstheorie wird im Folgenden in drei Schritten skizziert. Zunächst wird auf Problemverkürzungen formaler und materialer Bildungstheorien hingewiesen, dann wird der Fragehorizont einer nicht-affirmativen Theorie der Bildung skizziert und in Auseinandersetzung mit zwei geschichtlichen Errungenschaften und Positivitäten der Neuzeit bestimmt, und schließlich wird die thematische Grundstruktur einer nicht-affirmativen pädagogischen Praxis vorgestellt.

4.2.1 Die Problemverkürzungen formaler und materialer Bildungstheorien

Wird die Bildsamkeit des Menschen nur als Unbestimmtheit der menschlichen Natur verstanden und nicht zugleich als Bestimmtsein des Menschen zur Mitwirkung an der menschlichen Gesamtpraxis interpretiert, so verkürzt sich der bildungstheoretische Fragehorizont auf denjenigen einer Theorie formaler Bildung. Formale Bildungstheorien räumen der pädagogischen Praxis einen Primat gegenüber allen anderen Handlungsbereichen ein und erkennen diesen eine pädagogische Bedeutung nur zu, wenn die in ihnen zu machenden Erfahrungen geeignete Bildungsmittel für die Entwicklung individueller Kräfte und Fähigkeiten bereit stellen.

Wird dagegen von der unbestimmten Bildsamkeit des Menschen abstrahiert und die Bestimmung der Einzelnen nach Maßgabe außerpädagogischer Anforderungen an die pädagogische Praxis normiert, so verkürzt sich die bildungstheoretische Fragestellung auf diejenige einer Theorie materialer Bildung. Materiale Bildungstheorien erkennen den anderen Bereichen menschlichen Handelns einen Primat vor der pädagogischen Praxis zu. Sie reduzieren die Bildsamkeit des Menschen auf besondere Begabungen und meinen diesen entnehmen zu können, für welche gesellschaftliche Tätigkeit die Einzelnen bestimmt sind.

Formale Bildungstheorien begreifen alle Weltinhalte und Praxisbereiche menschlichen Handelns nur als Stoffe für die Übung und Ausbildung individueller Fähigkeiten und Kräfte. Materiale Bildungstheorien sehen dagegen in den sich bildenden Subjekten lediglich Träger gesellschaftlich wünschenswerter Eigenschaften und Qualifikationen.[30] Im Streit miteinander erheben formale Bildungstheorien zuweilen den Anspruch, die Normativität materialer Bildungstheorie zu brechen und das Subjekt in seine Rechte zu setzen. Dagegen rechnen materiale Bildungstheorien sich als Verdienst an, über einen Begriff der Leistungen, Kompetenzen und Qualifikationen zu verfügen, durch die sich handlungsfähige und nützliche Mitglieder der Gesellschaft von nicht-handlungsfähigen oder ungebildeten unterscheiden. Der zwischen beiden bildungstheoretischen Richtungen ausgetragene Streit um den Vorrang einer formalen oder materialen Bestimmung der Aufgaben pädagogischen Handelns ist letztlich ebenso unfruchtbar wie der erziehungstheoretische Streit über eine einzig wahre Kausalität pädagogischen Wirkens und den Vorrang intentionaler oder funktionaler Wirkungen.

---

30 Siehe hierzu die Ende des 18., Anfang des 19. Jahrhunderts ausgetragene Kontroverse zwischen Philanthropinismus und Neuhumanismus, in welcher ersterer eine materiale, letzterer eine formale Bildungskonzeption vertrat; vgl. D. Benner/H. Kemper: Theorie und Geschichte der Reformpädagogik. Teil 1. Die pädagogische Bewegung von der Aufklärung bis zum Neuhumanismus. Weinheim/Basel 2009, S. 188-242.

Die Folgenlosigkeit des bildungstheoretischen Grundlagenstreits zeigt sich u. a. daran, dass ein und derselbe Bildungsinhalt in verschiedenen historischen Kontexten zuweilen erst material, später formal legitimiert wurde, ohne dass mit dem Wechsel des Legitimationsmodus ein Gewinn an bildungstheoretischer Stimmigkeit erzielt werden konnte.[31] So wurde die Notwendigkeit eines Lateinunterrichts für wenige, als Latein die Sprache des Klerus, der Verträge, der Gerichtsbarkeit und der Wissenschaften war, material als ein Erfordernis gesellschaftlicher Ansprüche begründet, die sich auf die Berufstätigkeit von Klerikern, Juristen und Wissenschaftlern bezogen. Als Latein nicht mehr die Sprache der Wissenschaft und der Verträge war, verloren materiale Begründungen an Bedeutung. Nun wurde das Erlernen der lateinischen Sprache formal legitimiert und den alten Sprachen ein besonderer, für die Entwicklung aller menschlichen Kräfte und Fähigkeiten bedeutsamer Bildungswert zugesprochen. Zwar versuchte man, die höhere Stimmigkeit formaler Begründungsmuster darauf zu stützen, das diese Bildungsinhalte nicht mehr aus niederen, utilitären Motiven legitimieren, sondern, von aller standes- und berufsspezifischen Utilität absehend, allgemeinbildenden Gesichtspunkten einen Vorrang gegenüber berufsbildenden einräumen. Solche Argumentation zeugt jedoch nicht von einer höheren bildungstheoretischen Stimmigkeit, sondern allenfalls von einer argumentationsstrategischen Überlegenheit formaler Bildungstheorie. So lässt sich zeigen, dass die von formalen Bildungskonzepten beanspruchte höhere Dignität gegenüber materialen Begründungsmustern nur in einem vordergründigen, ideologisch zudem belasteten Sinne plausibel ist.

Die von formalen Bildungstheorien zu Recht an der materialen Bildung kritisierte Auslieferung der lernenden Subjekte an gesellschaftliche Anforderungen kann nämlich auch formal legitimiert werden. Formale Bildungstheorien dienen zuweilen demselben Zweck, wenn sie Inhalten, die material und funktional nicht mehr überzeugend zu legitimieren sind, eine allgemeinbildende Bedeutung für die Entwicklung aller Kräfte und Fähigkeiten zuschreiben. So führte die im 19. Jahrhundert unter dem Vorrang formaler Menschenbildung institutionalisierte Allgemeinbildung nicht nur zur Institutionalisierung einer der beruflichen Bildung vorgeordneten allgemeinen

31 Vgl. hierzu H. Blankertz: Bildung – Bildungstheorie. In: Wörterbuch der Erziehung, hrsg. von Ch. Wulf. München/Zürich 1974. S. 65-69, S. 67: „Die Kritik materialer Bildungsauffassungen führt in der Tat regelmäßig zu formalen Theorien. … (F)ormale Theorien (definieren) die Bildung vom Subjekt aus, von der Entwicklung und Förderung seiner Möglichkeiten. Ihrer Selbstauslegung zufolge ignorieren sie die vorgegebenen objektiven Ansprüche der Gesellschaft, leiten die Lerninhalte vielmehr aus psychologisch-anthropologischen Prämissen ab und wählen die Inhalte kraft pädagogischer Vollmacht. Die ideologiekritische Analyse erweist aber auch hier das falsche Bewußtsein. Denn formaler Bildungswert wurde stets genau jenen Inhalten beigelegt, die in der jeweiligen geschichtlichen Situation von den gesellschaftlichen Ansprüchen her objektiv gefordert waren, das heißt, über die pädagogisch interpretierten subjektiven Bildungsbedürfnisse konnten die objektiven Ansprüche legitimiert werden.“

Menschenbildung. Sie trug zugleich entscheidend zur Durchsetzung eines Berechtigungswesens bei, in dem formal legitimierte Inhalte, wie zum Beispiel das Erlernen der alten Sprachen, nicht mehr als für alle Menschen bestimmte Bildungsgüter und -inhalte fungierten, sondern als Selektionsmechanismen wirkten.

Bildungstheoretische Ansätze, die Bildungsinhalte nach ihrer bloß formalen Tauglichkeit für eine allgemeine Entwicklung menschlicher Kräfte und Fähigkeiten prüfen und beurteilen, stehen nicht weniger in der Gefahr, die pädagogische Praxis an außerpädagogische Interessen und Mächte auszuliefern, als Bildungskonzepte, die Bildungsinhalte unmittelbar aus materialen gesellschaftlichen Anforderungen ableiten. Beide können zu ideologischen Erfüllungsgehilfen gesellschaftlicher Optionen werden. Ihre systematischen und handlungstheoretischen Grenzen werden deutlich, sobald wir die bildungstheoretischen Prinzipien einer reflektierenden Theorie der Bildung zu Rate ziehen.

Der pädagogisch-naive Schein einer vermeintlichen Option für das Subjekt, auf welche formale Konzepte sich berufen, zerbricht, wenn diese mit dem konstitutiven Prinzip der Bildsamkeit konfrontiert wird. Nicht anders ergeht es der Option für eine Ableitung der Aufgaben der pädagogischen Praxis aus materialen Anforderungen der anderen gesellschaftlichen Praxen. Sie hält einer Prüfung unter dem regulativen Prinzip eines nicht-hierarchischen Verhältnisses der Teilpraxen der menschlichen Gesamtpraxis nicht stand. Denn die Bildsamkeit des Menschen lässt sich ebenso wenig zureichend als Entwicklung aller menschlichen Kräfte und Fähigkeiten definieren, wie die Idee eines gleichgewichtigen Verhältnisses der Praxen untereinander eine materiale Ableitung der Aufgaben pädagogischen Handelns aus gesamtgesellschaftlichen Erfordernissen erlaubt.

Weder gibt es in einem ontologisch ausgewiesenen Sinne so etwas wie menschliche Grundkräfte, die unabhängig von der Aneignung materialer Weltinhalte existieren und in Auseinandersetzung mit diesen lediglich geweckt und geübt werden, noch sind materiale Inhalte identifizierbar, die als Bildungsgehalte eine unmittelbare sinn- und aufgabenorientierende Relevanz für die pädagogische Praxis besitzen. An die Stelle der irrigen Annahme menschlicher Grundkräfte an sich, die, frei von jeder geschichtlichen und gesellschaftlichen Vermitteltheit, die humanen Aufgaben und Zwecke pädagogischen Handelns bestimmen, setzt die Relationskategorie der Bildsamkeit die Perspektive, Heranwachsende als bildsame Wesen anzuerkennen, die zur rezeptiven und spontanen Leiblichkeit sowie produktiven Freiheit, Geschichtlichkeit und Sprachlichkeit menschlicher Praxis bestimmt sind und an ihrer eigenen Menschwerdung mitwirken. Diese Fähigkeit ist weder ein unmittelbares Resultat formaler Dispositionen noch ein Produkt materialer gesellschaftlicher Anforderungen. Sie kommt den an ihrer Bildung und Bestimmung arbeitenden Menschen nicht aufgrund irgendwelcher formaler Kräfte, sondern in einem interaktiven Sinne zu.

Die interaktive Bildsamkeit des Menschen lässt sich nicht nach formalen Gesichtspunkten in affektive, pragmatische und theoretische Bereiche differenzieren; sie lässt sich auch nicht nach materialen Kriterien in eine altsprachliche, neusprachliche, naturwissenschaftliche, sozialwissenschaftliche, volkstümliche oder höhere Begabung u. a. m. differenzieren. Gegenüber den Begriffen solipsistisch und biologisch-genetisch verstandener Naturanlagen und ansatzweise interaktiv gedeuteter Begabungen kommt dem Begriff der Bildsamkeit der nicht zu unterschätzende Vorteil zu, dass er nur im Singular, nicht aber im Plural verwendet werden kann. Das Prinzip der Bildsamkeit weist im Unterschied zum Begriff der Entwicklung aller menschlichen Kräfte und Fähigkeiten auf die Individualität und jeweilige Einzigartigkeit der sich bildenden Person, die mehr als ein bloßes Zentrum unterschiedlicher Kräfte und Fähigkeiten, mehr auch als ein bloßer Träger wünschenswerter materialer Eigenschaften und Qualifikationen, nämlich ein an der pädagogischen Interaktion mitwirkendes und zur Mitwirkung an der menschlichen Gesamtpraxis fähiges Subjekt ist.

Nicht minder weitreichend ist die Korrektur, die materiale Bildungstheorien erfahren, wenn ihre gesellschaftliche Aufgabenbestimmung pädagogischen Handelns unter dem regulativen Prinzip eines nicht-hierarchischen Verhältnisses der ausdifferenzierten Bereiche der menschlichen Gesamtpraxis überprüft wird. Materiale Bildungstheorien stimmen untereinander, so sehr sie sich in ihren Definitionen von Bildung unterscheiden, darin überein, dass sie zwischen den gesellschaftlichen Anforderungen und der pädagogischen Praxis eine teleologische Verhältnisbestimmung vornehmen und der pädagogischen Praxis die Aufgabe zuweisen, die Heranwachsenden im Sinne vorgegebener gesellschaftlicher Anforderungen zu handlungsfähigen Mitgliedern der Gesellschaft zu erziehen. Je nachdem, ob sie die Aufgaben pädagogischer Interaktion aus der Politik, der Religion oder der Ökonomie ableiten, nehmen materiale Bildungstheorien die Gestalt einer angewandten Politik, Religion oder Ökonomie an, welche die Anforderungen an die Bildung der Einzelnen nach deren künftiger gesellschaftlicher Bestimmung ausrichtet und hierbei ein hierarchisches Verhältnis der außerpädagogischen Handlungsbereiche gegenüber der pädagogischen Praxis unterstellt.

Begründungsmuster dieser Art konnten eine gewisse Plausibilität für sich beanspruchen, solange sich die materialen Anforderungen an die pädagogische Praxis ihrerseits in eine teleologisch-hierarchische Gesamtordnung einfügten, welche beispielsweise der Politik oder einer bestimmten Religion eine oberste und höchste sinnstiftende Instanz einräumte. Als aber im Zuge der Aufklärung der teleologisch-hierarchische Ordnungszusammenhang von religiöser, politischer und ökonomischer Praxis zerbrach und anstelle älterer Ordnungsvorstellungen der menschliche Verstand und die neuzeitliche Wissenschaft für sich beanspruchten, alleinige Zwecke setzende und prüfende Instanzen zu sein, büßte die materiale Bildungstheorie ihre Unschuld ein, die ihr im Kontext teleologischer Gesamtkonzeptionen hatte zukommen können. Die Lücke, die auf diese Weise entstand, konnte durch formale Bildungstheorien nicht geschlossen werden, denn nach dem Fraglichwerden der älteren Teleologien und Kosmologien reicht das „Ich denke, also bin ich“[32] nicht aus, um den Telosschwund der Moderne durch das Resttelos neuzeitlicher Subjektivität aufzuwiegen.[33]

4.2.2 Der Fragehorizont einer nicht-affirmativen Theorie der Bildung

In der Neuzeit wurden die traditionellen hierarchisch-teleologischen Ordnungsvorstellungen zunächst nicht durch nicht-hierarchische und nicht-teleologische Konzepte, sondern durch ein hierarchisch nicht-teleologisches Ordnungsmodell abgelöst. Dieses unterscheidet sich von den älteren Ordnungsphilosophien dadurch, dass in ihm die frühere, menschlicher Willkür weitgehend entzogene teleologisch-hierarchische Gesamtordnung aller menschlichen Tätigkeiten zunehmend aufgehoben wurde und die Einzelpraxen untereinander in einen Kampf um Einfluss und teleologisch nicht mehr zu legitimierende Vorherrschaft traten. Die Dialektik der Aufklärung,[34] dass neuzeitliche Wissenschaft mit ihrer rationalen Begründung menschlicher Herrschaft über Natur auch die gesellschaftliche Praxis menschlicher Herrschaft unterwirft, zeigt sich in den letzten Jahrhunderten an der Vorrangstellung, die staatliche Politik und wissenschaftlich-technische Ökonomie für sich beansprucht haben. In problemgeschichtlicher Hinsicht ist es bedeutsam, dass in Auseinandersetzung mit dem hierarchisch nicht-teleologischen Ordnungsmodell neuzeitlicher Vernunft sowohl das konstitutive Prinzip der Bildsamkeit als auch die regulative Idee eines nicht-hierarchischen Verhältnisses der Einzelpraxen ausdifferenzierter Humanität entwickelt wurden. Als Prinzipien moderner Bildungstheorie begründen sie eine Kritik solcher gesellschaftlichen Verhältnisse, die die Anerkennung der Bildsamkeit des Menschen und der Idee eines nicht-teleologischen und nicht-hierarchischen Ordnungszusammenhangs der menschlichen Praxis erschweren oder gar verhindern.

Nicht-affirmative Bildungstheorie bejaht weder die Subjektivität neuzeitlicher Subjekte noch die gesellschaftlichen Anforderungen an deren Bildung. Sie unterscheidet sich von formalen und materialen Bildungsvorstellungen dadurch, dass sie die Prinzipien individueller Bildsamkeit und eines nicht-hierarchischen Verhältnisses der ausdifferenzierten Formen menschlichen Handelns im Zusammenhang zu betrachten sucht. Sie gründet Bildung auf ein Mensch-Welt-Verhältnis, in dem nicht formale Kräfte der Einzelnen

---

32 „Ego cogito, ergo sum.“ R. Descartes: Principia philosophiae (1644) I, 7.

33 Siehe hierzu H. Blumenberg: Die Legitimität der Neuzeit. Frankfurt a. M. 1966.

34 Vgl. hierzu: M. Horkheimer/Th. W. Adorno: Dialektik der Aufklärung (1947). In: M. Horkheimer: Gesammelte Schriften. Band 5. Frankfurt a. M. 1987, in: Th. W. Adorno: Gesammelte Schriften. Band 3. Frankfurt a. M. 1984.

und objektive Anforderungen der Gesellschaft unvermittelt einander gegenüberstehen, sondern Bildung als eine Wechselwirkung von Mensch und Welt gedacht und konzipiert wird, in der der Mensch sich in Auseinandersetzung mit der Welt selbst bestimmt.

Dass die bildsame Natur des Menschen nicht auf ein formal oder material beschreibbares Endziel ausgerichtet ist, hat in der Moderne Rousseau als erster auf einen Begriff gebracht. In seiner Abhandlung über Erziehung stellte er fest, das Ziel der Erziehung ist „dasjenige der Natur selbst“.[35] Von reformpädagogischen Rousseauisten und deren Kritikern ist diese Aussage bis heute immer wieder so verstanden worden, als habe Rousseau geglaubt, Kenntnis von der ursprünglichen Natur des Menschen zu haben, und sein Wissen hierum zum Telos der Erziehung erhoben.[36] Rousseaus Antwort besagt jedoch etwas ganz anderes. Den naturalistischen Fehlschluss, dem seine Epigonen erliegen und den seine Kritiker ihm vorhalten, versuchte er gerade zu vermeiden. Die Antwort, das Ziel der Erziehung sei dasjenige der Natur selbst, meint nicht eine bekannte oder zumindest Rousseau bekannte, sondern die grundsätzlich unbekannte menschliche Natur. Sie will darauf aufmerksam machen, dass die Bestimmung des Menschen nicht natürlich festgelegt, sondern unbestimmt gelassen und der Mensch somit von seiner Natur her gleichsam gezwungen ist, in „Unkenntnis“ seiner Natur an seiner Bestimmung zu arbeiten.[37]

---

35 J.-J. Rousseau: Emile oder Von der Erziehung, München 1979, S. 11. Ich ziehe auch hier die Übersetzung der von S. Schmitz überarbeiteten deutschen Erstauflage von 1762 heran, denn der französische Text „C‘est celui même de la nature“ (Oeuvres complètes, Band IV, S. 247) wird in jüngeren deutschen Übersetzungen oft falsch übersetzt; vgl. alle bisher erschienenen Auflagen der von M. Rang herausgegebenen und von E. Sckommodau übersetzten Reclam-Ausgabe, S. 110: „Es ist die Natur selbst“; siehe auch: O. Hansmann (Hrsg.): Seminar: Der pädagogische Rousseau. Band I. Weinheim 1993, S. 198.

36 Zur Kritik dieses Naturverständnisses, das von den Autoren irrtümlich Rousseau selbst zugerechnet wird, siehe U. Herrmann/J. Oelkers: Pädagogisierung der Politik und Politisierung der Pädagogik. Zur Konstituierung des pädagogisch-politischen Diskurses der modernen Pädagogik. In: Zeitschrift für Pädagogik. 24. Beiheft. Weinheim 1989, S. 15-29.

37 „ignorance de la nature de l’homme“. In: J.-J. Rousseau: Diskurs über die Ungleichheit, a. a. O., S. 47 ff. Ich bin mir sehr wohl bewusst, dass die von mir bevorzugte, über Kant vermittelte Art, Rousseau zu rezipieren, nicht die einzig mögliche ist, ferner, dass Rousseau in seinem Denken nicht immer naturalistische Fehlschlüsse vermieden hat. Die von mir herausgehobene bildungstheoretische Einsicht Rousseaus findet sich innerhalb seiner Pädagogik nicht in deren Plädoyer für eine widerspruchsfreie Existenz und Identität des Menschen mit sich selbst und auch nicht in dem in ihr beschriebenen Bildungsideal einer selbstgenügsamen, auf einem Gleichgewicht von Wollen und Können beruhenden Existenz, sondern in der über stoische Reminiszenzen dieser Art hinausführenden Einsicht, dass wir in einem grundsätzlichen Sinne nicht wissen, „was uns unsere Natur zu sein erlaubt“. (J.-J. Rousseau: Émile oder Von der Erziehung, a. a. O., S. 45 f.)

Eine Theorie der Bildung, die diesen Aspekt der perfektiblen Menschennatur in sich aufnimmt, konnte erst entwickelt werden, nachdem der Fehlschluss naturalistischer Redeweisen über die Natur des Menschen erkannt war. In diesen werden der ersten oder natürlichen Natur des Menschen Eigenschaften und Verhaltensweisen zugeschrieben, die Menschen in der Geschichte als ihre zweite Natur gedacht und hervorgebracht haben. Einen Fehlschluss dieser Art lastete Rousseau Thomas Hobbes an, der den bürgerlichen Konkurrenzkampf neuzeitlicher Subjekte um Ansehen und Macht, statt ihn historisch zu erforschen und zu beschreiben, zum Naturzustand eines „Kriegs aller gegen alle" erklärte.[38] Auf diesen Fehlschluss, so lautete Rousseaus Kritik, habe Hobbes seine Irrlehre gegründet, dass der Mensch von Natur aus der Feind des Menschen sei und dass nur ein Staat mit absoluten, unbedingten Gehorsam erzwingenden Gesetzen ihn von dieser ersten Natur befreien könne. In Fehlschlüssen dieser Art werden gesellschaftliche Sachverhalte wie neuzeitliche Subjektivität und bürgerliche Konkurrenz zu vermeintlich natürlichen Sachverhalten erklärt und anschließend zum Rechtsgrund anderer gesellschaftlicher Verfasstheiten, bei Hobbes derjenigen eines Staates mit absolut geltenden Gesetzen, hypostasiert.

Derartige Mutmaßungen unterliegen einer „petitio principii". Sie begründen gesellschaftliche Verfasstheiten der Menschheit durch naturalisierte gesellschaftliche Verfasstheiten. Dabei wird z.B. der Staat durch einen Konkurrenzkampf bürgerlicher Subjekte gerechtfertigt, der seinerseits als ungeschichtlich-natürliche Natur des Menschen ausgeben wird. Um solch erschlichene Mutmaßungen über die menschliche Natur zu vermeiden oder zumindest zu erschweren, stellte Rousseau die Maxime auf, es komme darauf an, der natürlichen Natur des Menschen nichts Geschichtliches zuzuschreiben und nur solche Redeweisen über sie zuzulassen, in denen streng zwischen natürlicher und geschichtlicher Menschennatur unterschieden wird. Die einzig erlaubte Annahme über die natürliche Natur des Menschen sei dann aber die, dass in der ersten Natur des Menschen keine bestimmte gesellschaftliche Form und Verfasstheit der Menschheit angelegt, sondern durchaus offengehalten und unbestimmt gelassen sei, welche historisch-gesellschaftlichen Verfasstheiten Menschen sich und der Welt durch ihre Praxis geben.

---

38 Vgl. J.-J. Rousseau: Diskurs über die Ungleichheit, a.a.O., S. 137 ff., insbesondere: „Schließen wir vor allem nicht mit Hobbes, dass der Mensch, weil er keine Vorstellung von der Güte hat, von Natur aus böse sei; dass er lasterhaft sei, da er die Tugend nicht kennt; dass er seinen Mitmenschen Dienste, die er ihnen nicht zu schulden glaubt, stets verweigere; noch, dass er sich, vermöge des Rechts, welches er sich mit Grund in bezug auf die Dinge beilegt, deren er bedarf, törichterweise einbilde, der alleinige Eigentümer des ganzen Universums zu sein. Hobbes hat den Fehler aller modernen Definitionen des Naturrechts sehr gut gesehen, aber die Folgerungen, die er aus seiner eigenen Definition zieht, zeigen, dass er sie in einem Sinn versteht, der nicht minder falsch ist."

Was für Mutmaßungen über die erste Natur des Menschen und den Anfang der Menschengeschichte gilt, gilt auch für die zweite, geschichtlich vom Menschen hervorgebrachte Natur.[39] Diese ist in teleologischer Hinsicht nicht minder unbekannt als die erste Natur. Zirkeltheoreme, die ein für wünschenswert gehaltenes Telos der Geschichte als natürlich ausgeben und z. B. von einem auf dem Wege der Missionierung durchzusetzenden Christentum auf ein Urchristentum und von diesem auf die Vernünftigkeit des christlichen Missionierungsgebotes schließen, sind ebenso erschlichen wie Geschichtsphilosophien, die Hobbes Übertragung bestimmter Verhältnisse der bürgerlichen Konkurrenzgesellschaft auf den Naturzustand dadurch zu korrigieren suchen, dass sie den Kommunismus in der Form eines Urkommunismus als Naturzustand der Menschheit ausgeben und zugleich zum Telos der Menschheitsgeschichte erheben.

Rousseau war vielleicht der erste, der in seiner Kritik naturalistischer Fehlschlüsse ein Bewusstsein davon entwickelte, dass die moderne Unterscheidung zwischen der individuellen und der gesellschaftlichen Existenzweise der Menschen nicht individualisierungstheoretisch harmonisiert und auch nicht in eine neue Identität von Mensch und Bürger aufgehoben werden kann. Um dies zu zeigen, unterschied er zwischen drei in der Geschichte idealtypisch rekonstruierbaren Verfasstheiten menschlicher Existenz und Koexistenz. Dem Bildungsideal des antiken Staatsbürgers, der keine individuelle Identität besitzt, sondern ganz der Polis gehört, stellte er den modernen, in eine individuelle und gesellschaftliche Existenzweise zerrissenen Menschen gegenüber, der weder mit sich selbst übereinstimmt noch einer guten gesellschaftlichen Ordnung angehört. Beide konfrontierte er mit dem hypothetischen Konstrukt eines solitär, noch nicht vergesellschaftet lebenden Wilden, dessen als ursprünglich unterstellte Existenzweise weder auf die Identität des antiken Polisbürgers noch auf die komparative Existenzweise des modernen Konkurrenzbürgers und in sich zerrissenen Bourgeois hin ausgerichtet ist. Durch diese Abgrenzungen gelangte Rousseau zum Begriff der Perfektibilität, der dem Menschen eine natürlich und teleologisch unbestimmte, lern- und geschichtsoffene Natur zuspricht. Diese kann in erziehungs- und bildungstheoretischer

---

39 Vgl. Kants Würdigung Rousseaus in der Abhandlung „Mutmaßlicher Anfang der Menschengeschichte" von 1786, welche die „dem Scheine nach einander widerstreitenden Behauptungen des berühmtem J.-J. Rousseau unter sich und mit der Vernunft in Einstimmung bringen" will. Nach Kant suchte Rousseau in seinen Diskursen, im Emile und im Contrat social in praktischer Absicht hypothetisch zu klären, „wie die Kultur fortgehen müsse, um die Anlagen der Menschheit, als einer sittlichen Gattung, zu ihrer Bestimmung gehörig zu entwickeln, so dass diese jener als Naturgattung nicht mehr widerstreite." (A 14 f.) Zu Kant siehe auch St. Hellekamps: Die Gründung der Republik, a. a. O.

Hinsicht, ohne auf naturalistische Fehlschlüsse zurückzugreifen, sowohl jedem Einzelnen als auch der Menschheit als Gattung zuerkannt werden.[40]

Die Frage nach einer der bildsamen Natur des Menschen angemessenen Bestimmung der Aufgaben der Bildung suchte Rousseau auf zwei Wegen zu beantworten. In seiner im „Emile“ exemplarisch vorgeführten Theorie der Erziehung stellte er die pädagogische Interaktion nicht mehr teleologisch in den Dienst einer vorgegebenen oder vorentworfenen gesellschaftlichen Ordnung. In seiner politischen Hauptschrift, dem „Contrat social“, entwarf er eine Theorie der Gesellschaft, welche die Vernünftigkeit möglicher Gesellschaftsordnungen nicht mehr auf eine in der menschlichen Natur angelegte oder zu ihrer Beherrschung herbeizuführende substantielle bürgerliche Verfassung, sondern auf das demokratische Prinzip gründete, dass Menschen in einer Republik nicht Untertanen eines über sie herrschenden fremden Oberhaupts, sondern Oberhaupt und Untertan zugleich sind.[41] Durch diese Konstruktion suchte Rousseau die Anerkennung der unbestimmten, gesellschaftlich auf kein substantielles Telos ausgerichteten Bildsamkeit des Menschen an die Idee eines nicht-hierarchischen Verhältnisses von Pädagogik und Politik zurückzubinden und die Bildung der menschlichen Natur weder in das Belieben der Einzelnen zu stellen noch dem Machtanspruch des absolutistischen Staates auszuliefern.

Rousseaus Antwort, das Ziel der Erziehung sei das der Natur selbst, bezog ihre provokative Bedeutung gerade daraus, dass sie sich jeglicher positiven Normierung der Natur des Menschen enthielt und an die Stelle einer affirmativen Bestimmung der Aufgaben pädagogischer Interaktion die auf die menschliche Gesamtpraxis bezogene Frage nach der Natur des Menschen und der Bestimmung der Einzelnen setzte. Seit Rousseaus Gesellschafts- und Kulturkritik kann Bildungstheorie, will sie nicht hinter schon erreichtes Problembewusstsein zurückfallen, nicht mehr affirmativ argumentieren.[42]

---

40 Vgl. D. Benner/F. Brüggen: Das Konzept der perfectibilité bei Jean-Jacques Rousseau, a. a. O.

41 Vgl. J.-J. Rousseau: Der Gesellschaftsvertrag oder die Grundsätze des Staatsrechtes (1762), in der Übersetzung von H. Denhardt, hrsg. von H. Weinstock. Stuttgart 1966, S. 45. Siehe auch die folgende Stelle aus J.-J. Rousseau: Betrachtungen über die Regierung Polens und über deren vorgeschlagene Reform: „Unter den Maßregeln, die es zu ergreifen gilt, ist eine unverzichtbar und erfordert Zeit: es ist vor allem diejenige, die Leibeigenen, die man freilassen will, der Freiheit würdig zu machen und fähig, sie zu ertragen … [D]enkt daran, dass eure Leibeigenen Menschen sind wie ihr, dass sie in sich den Stoff haben, alles zu werden, was ihr seid; arbeitet zuerst daran, ihn zu entwickeln und gebt den Körpern erst dann die Freiheit, wenn ihr die Seelen befreit habt. Ohne diese Vorarbeit dürft ihr nicht mit einem Erfolg eures Unternehmens rechnen.“ In: J.-J. Rousseau: Sozialphilosophische und politische Schriften. München 1981, S. 564-655, S. 586.

42 Zur Bedeutung der nicht-teleologischen und nicht-hierarchischen Bildungskonzeption für die Beziehungen zwischen Erziehung, Bildung, Bedürfnisentwicklung und

Dass wir die Natur des Menschen angemessen nicht gegenständlich bestimmen, sondern zutreffender als etwas uns selbst Unbekanntes beschreiben können, brachten nach Rousseau Herbart, Humboldt und Schleiermacher auf den Begriff. Herbart fasste die Bildsamkeit des Menschen als ein Übergehen von der Unbestimmtheit zur Bestimmtheit. Er deutete Bildung als Prozess einer Wechselwirkung von Vertiefung und Besinnung, in dem Menschen sich in mannigfaltige Weltinhalte vertiefen und eine Vielseitigkeit des Interesses entwickeln, die ihr Denken und Handeln anschlussfähig aneinander macht.[43] Humboldt legte den Begriff der Bildsamkeit, wie zuvor schon Rousseau, nicht mehr allein auf die Bildsamkeit des Einzelnen, sondern zugleich auf die Bildung der Menschheit als Gattung aus. In seiner Abhandlung „Über den Geist der Menschheit" beschrieb er die „innere Natur" der Gattung als ein „unbekanntes Etwas" und die Bestimmung der einzelnen als die einer „originelle(n) Individualität", für die es weder ein Original noch ein Vorbild gebe.[44]

Die Bildsamkeit des Menschen im Sinne seiner gerade nicht festgelegten Bestimmtheit für besondere Tätigkeiten kann individuell und gesellschaftlich nur anerkannt werden, wenn auch der Zusammenhang der menschlichen Tätigkeiten nicht nach Maßgabe einer vorgegebenen oder vorentworfenen Gesamtordnung normiert wird. Dies wird möglich, wenn die ausdifferenzierten Formen der menschlichen Gesamtpraxis untereinander nichthierarchische Beziehungen eingehen und sich für eine Kommunikation vielseitig sich Bildender öffnen. Mit Formulierungen wie gleichschwebende „Vielseitigkeit des Interesses", Überwindung aller „angestammten" Bestimmungen, formale „Moralität" in Abhebung zu materialen „Standesmoralen" für Herren und Untertanen, „freie und mannigfaltige Wechselwirkung" zwischen Mensch und Welt sowie unter den Menschen u. a. m. umschrieben Herbart und Humboldt das, was Rousseau mit seiner provokativen These, das Ziel der Erziehung sei „dasjenige der Natur selbst", antizipiert hatte. Bildung ist diesem Verständnis zufolge sowohl in ihrem Sub-

---

Gesellschaftssystem siehe J. Swiderski: Die Bildung der Bedürfnisse. Paderborn 2008.

43 Ich verwende hier die Begriffe der Vertiefung und Besinnung bewusst in einer über Herbarts Lehre vom Unterricht hinausgehenden Bedeutung, nämlich als eine allgemeine Charakterisierung des menschlichen Selbst- und Weltverhältnisses, die hinter die im fünften Kapitel noch zu behandelnde Ausdifferenzierung der pädagogischen Handlungsformen in „Regierung", „Unterricht" und „Zucht" (vgl. hierzu Herbarts Allgemeine Pädagogik von 1806) hinausweist.

44 Zu Herbarts Begriff der Bildsamkeit und der Vielseitigkeit des Interesses sowie zur Begründung einer nicht mehr teleologisch, sondern nur quantitativ verstandenen Idee der Vollkommenheit vgl. D. Benner: Die Pädagogik Herbarts, a. a. O., S. 98 ff., S. 151 ff., S. 176 ff.; zu Humboldt siehe dessen Abhandlung „Über den Geist der Menschheit" (1797). In: Wilhelm von Humboldts Gesammelte Schriften. Band 2. Berlin 1904, S. 324-334, insbesondere S. 324 und 329; vgl. auch D. Benner: Wilhelm von Humboldts Bildungstheorie. Weinheim/München ^{2}1995, S. 77 ff.

jekt- als auch in ihrem Weltverhältnis eine transformatorische Arbeit des Menschen an seiner Bestimmung. Sie bezieht sich auf ein Ganzes, das es gesellschaftlich *noch nicht* gibt und als ein fertiges Ganzes angesichts der Endlichkeit des Menschen und der Offenheit und Unbestimmtheit der Bildungsaufgabe auch *nie* geben wird.[45]

Die a-teleologische Grundstruktur der perfektiblen Gattungsnatur des Menschen betonte Schleiermacher in seinen ethischen und pädagogischen Schriften, als er Pädagogik und Politik als Teilaspekte einer nicht-hierarchisch gedachten Idee des Guten konzipierte, die einander „nicht subordiniert werden" können. Nach Schleiermacher ist es Aufgabe der Ethik, die Handlungstheorien der ausdifferenzierten Praxen so in Beziehung zueinander zu setzen, dass diese nicht länger in Über- bzw. Unterordnungsverhältnissen stehen, sondern einander ergänzen. Für die theoretische und praktische Pädagogik folgerte er von daher, diese brauchten im Umgang mit Erziehungs- und Bildungsfragen nicht zu warten, bis die Ethik ihr System vollendet habe, sondern könnten, hierin der Politik koordiniert, einen spezifischen Beitrag zur Konkretion der Idee des Guten leisten und eine eigene Handlungslogik entwickeln.[46]

In seinen theologischen Schriften verwarf Schleiermacher folgerichtig alle Vorstellungen, die der Religion eine herausragende Stellung bei der Erörterung ethischer, pädagogischer und politischer Fragen zubilligen, als schlechten Fundamentalismus. In seinen Reden über Religion suchte er die auf die

---

45 Vgl. hierzu J. Deweys Beschreibung der Bildung als einer auf der Wechselwirkung von Erleiden und Tun, Rezeptivität und Spontaneität beruhenden Erfahrung, die problembezogen und stets von neuem problematisierbar verläuft und als solche weder eine fertige Welt kennt, noch jemals abgeschlossen werden kann: „Two conclusions important for education follow. (1) Experience is primarily an active-passive affair; it is not primarily cognitve. But (2) the measure of the value of an experience lies in the perception of relationships or continuities to which it leads up. It includes cognition in the degree in which it is cumulative or amounts to something, or has meaning." „In determining the place of thinking in experience we first noted that experience involves a connection of doing or trying with something which is undergone in consequence. A separation of the active doing phase from the passive undergoing phase destroys the vital meaning of an experience. ... While all thinking results in knowledge, ultimately the value of knowledge is subordinate to its use in thinking. For we live not in a settled and finished world, but in one which is going on". In: J. Dewey: Democracy and Education. An Introduction to the Philosophy of Education (1916). New York 1944, Kap. 11 „Experience and Thinking", S. 140 und 151. Der bildungstheoretische Sinn dieser Ausführungen ist in der Übersetzung von E. Hylla, welche Deweys Ausführungen geisteswissenschaftlich und reformpädagogisch verkürzt, kaum noch erkennbar. Vgl. hierzu die Übersetzung von „Experience" im ersten Zitat mit „Erziehung": In: J. Oelkers (Hrsg.): J. Dewey: Demokratie und Erziehung. Eine Einleitung in die philosophische Pädagogik. Weinheim 1993, S. 188.

46 Vgl. F. Schleiermacher: Theorie der Erziehung. Die Vorlesungen aus dem Jahre 1826, a. a. O., S. 39-42, S. 51 ff.

menschliche Gesamtpraxis auslegbare Maxime zu begründen: „Alles eigentliche Handeln soll (im Sinne der Idee des Guten, D. B.) moralisch sein und kann es auch, aber die religiösen Gefühle sollen wie eine heilige Musik alles Thun des Menschen begleiten; er soll alles mit Religion thun, nichts aus Religion."[47] In dieser Maxime ist der Gedanke der Emanzipation der Praxen von der Bevormundung durch eine Religion, die sich als eine allzuständige Statthalterin des Absoluten missversteht, mit der Einsicht in die Unmöglichkeit einer völligen Emanzipation der menschlichen Praxis von jeglicher Religion zusammen gedacht. Zur Verdeutlichung des Gemeinten fügte Schleiermacher den Hinweis auf sein Verständnis der Idee des Guten hinzu: „Wenn ihr es nicht versteht, dass alles Handeln moralisch sein soll, so seze ich hinzu, dass dies auch von allem andern gilt."

Mit dieser Erläuterung wollte Schleiermacher darauf aufmerksam machen, dass die Maxime, alles mit, nichts aber aus einem einzelnen Motivationshorizont heraus zu tun, der von ihm nicht-hierarchisch konzipierten Auslegung der Idee des Guten zufolge keineswegs nur für die Religion, sondern darüber hinaus auch für alle anderen ausdifferenzierten Praxen gilt.[48] Die Regel, alles mit, nichts aber aus Religion zu tun, ist kein Plädoyer für eine Entdifferenzierung der Praxen und eine Rückkehr auf eine Naivitätsstufe der menschlichen Gesamtpraxis, in der die Praxishorizonte so ineinander verschmolzen sind, dass Menschen aus einem undifferenzierten Motivationshorizont heraus handeln. Das Verhältnis der Praxisbereiche wird von Schleiermacher vielmehr als ein Wechselverhältnis ausdifferenzierter pädagogischer, politischer, ethischer, ästhetischer und religiöser Tätigkeiten gedacht, die jeweils spezifische Beziehungen zu sich und zu den anderen ent-

47 F. Schleiermacher: Über die Religion. Reden an die Gebildeten unter ihren Verächtern (1799), hrsg. von G. Meckenstock. Berlin und New York 2001, S. 87.

48 Rudolf Otto, der Herausgeber einer 1967 in Göttingen in 6. Auflage erschienenen Edition Schleiermachers Reden „Über die Religion", hat die Bedeutung dieses Satzes deutlich eingegrenzt. Er merkt nämlich zu Schleiermachers oben zitiertem Hinweis an: „Ein verschrobener Satz! Statt ‚dies' sollte es ‚jenes' heißen, nämlich jenes dictum ‚nicht aus Religion'. Schleiermacher will sagen: Wenn ihr nicht versteht, was ich eben behauptete, dass alles Handeln, nicht bloß das spezifisch sittliche, sondern z.B. auch das politische oder das künstlerische ‚moralisch' sein, d.h. ebenso gut wie das spezifisch sittliche Handeln rein aus der eigenen inneren Spontaneität der Vernunft und nicht aus einem anderen z.B. religiösen Motiv hervorgehen soll, setzte ich noch ausdrücklich hinzu und will es noch anderweitig erzeigen, dass jener Ausspruch ‚nicht aus Religion' außer von spezifisch sittlichem auch von allem andern Handeln gilt." (R. Otto in F. Schleiermacher: Über die Religion. Göttingen ^{6}1967, S. 60 f.) Diese an der Applikation des „alles mit …, nicht aus Religion" auf alle Handlungsbereiche interessierte Interpretation erfasst jedoch nur einen Teil des von Schleiermacher Gemeinten. Dieser sprach von „dies gilt" und nicht von „jenes gilt", weil er keinerlei Privilegierung des „alles mit …, nicht aus Religion" gegenüber den anderen Praxishorizonten anstrebte, sondern ebenso zu denken geben wollte, dass analog ein „mit, nichts aus" auch für moralische, politische, pädagogische, ökonomische, ästhetische Beweggründe u. a. m. gelten solle.

wickeln und von daher sowohl Fragen ihres eigenen Handlungsbereichs als auch solche der menschlichen Gesamtpraxis praxisspezifisch diskutieren und reflektieren können. Dies meint der allgemeine Satz, „dass alles Handeln moralisch sein soll“. Im Sinne einer auf die Ausdifferenzierung der menschlichen Praxis bezogenen Idee des Guten besagt er darüber hinaus, dass jeder Praxisbereich die sich in ihm stellenden Fragen praxisspezifisch interpretieren und aus seiner Sicht zugleich zu den Fragen der anderen Praxisbereiche Stellung nehmen kann. Geschieht dies wechselseitig, so wird jede Praxis zugleich im Lichte der anderen thematisierbar und kritisierbar. Die Maxime, „alles mit ..., nichts aus Religion“ zu tun, ist nichts anderes als die Auslegung dieser allgemeinen Struktur der Idee des Guten auf den speziellen Bereich religiöser Rede, Reflexion und Praxis. Allen Formen ausdifferenzierter Praxis ist nach Schleiermacher aufgegeben, ihre Praxis „mit“, nicht aber alleinig „aus“ ihrem speziellen Motivationshorizont heraus zu gestalten und zu reflektieren. Nichts soll ausschließlich „aus“ einem einzigen Motivationshorizont heraus, z.B. aus religiösen, ökonomischen oder politischen Motiven, alles aber mit solchen Motiven getan bzw. unter ihnen geprüft und beurteilt werden.[49]

Der antifundamentalistische Akzent der Nicht-Hierarchizität der ausdifferenzierten Formen menschlicher Praxis ist in bildungstheoretischer Hinsicht auch deshalb bedeutsam, weil er es erlaubt, die Regionalität der Praxishorizonte und Bildungsbereiche so zu denken, dass wechselseitige Thematisierungen und Kritiken nicht unterbunden, sondern ausdrücklich zugelassen werden. So sind religiöse Kritiken bestimmter Moralen, Ökonomien und Politiken ebenso erlaubt wie moralische, ökonomische und politische Kritiken historischer Religionen. Diesen ist gemeinsam, dass keine von ihnen Fragen der Bildung aus eigener Kraft und stellvertretend für die anderen beantworten kann. Begründet ist dies nicht allein in der Idee der Nicht-Hierarchizität der verschiedenen Formen menschlicher Praxis, sondern auch in der unhintergehbaren Grundtatsache der menschlichen Lernfähigkeit oder Bildsamkeit. Diese hat die anderen Formen menschlicher Koexistenz ebenso zur Voraussetzung wie jene die Perfektibilität des Menschen.

Nur einem bildsamen Wesen kann ein Gott sich offenbaren, nur ein solches Wesen kann lernen, zu arbeiten, in einer Sitte zu leben, Zukunft politisch zu antizipieren, in handlungsentlasteten Räumen Kunstwerke hervorzubringen und in religiöser Praxis und Reflexion sich der Gnade der eigenen Existenz

49 Zur Stimmigkeit dieser Interpretation sei darauf verwiesen, dass Schleiermacher nicht nur das Verhältnis von Pädagogik und Politik, sondern auch jenes von Religion, Wissenschaft und Ethik ohne Inanspruchnahme eines speziellen Primats bestimmt hat. Vgl. hierzu R. Bolle: Religionspädagogik und Ethik in Preußen. Münster/New York 1988, S. 49-104, sowie J.-D. Wächter: Vom Zweck der Erziehung. Das Teleologieproblem in der Erziehungs- und Bildungstheorie. Hildesheim/Zürich/New York 1991.

bewusst zu werden und „Sinn und Geschmack fürs Unendliche" zu entwickeln.[50] Ganz in diesem Sinne setzt das regulative Prinzip einer nicht-hierarchischen Ausdifferenzierung der menschlichen Praxen den Begriff einer unbestimmten, offenen und vielseitigen Bildsamkeit der Einzelnen und dieser wiederum die Vorstellung eines nicht-hierarchischen Verhältnisses der ausdifferenzierten Formen menschlichen Handeln voraus.

In seiner „Idee zu einem Katechismus der Vernunft für edle Frauen", der im Kontext der Reden über die Religion entstand, legte Schleiermacher sein Verständnis von Bildsamkeit und Nicht-Hierarchizität nicht nur für das Verhältnis von Sitte, Religion und Bildung, sondern auch auf die weibliche Bildung und das Geschlechterverhältnis aus. Das jüdische Bilderverbot bezog er zu diesem Zweck nicht allein auf den Gottesbegriff, sondern zugleich auf den Menschen – und zwar auf Menschen beiderlei Geschlechts. Er befreite dadurch auch die anderen Gebote aus traditionellen Hierarchien, so dass auch sie in ihren Dogmatiken entteleologisiert und unter der Idee eines nicht-hierarchischen Verständnisses der Idee des Guten in neue, reflektierende Maximen transformiert werden können.[51]

Kritische Bildungstheorie zielt weder auf eine materiale noch auf eine formale Kanonisierung von Bildung. Sie ist vielmehr in zweifacher Hinsicht transformatorisch ausgerichtet.[52] Die individuelle Seite menschlicher Bildung und pädagogischer Interaktion sucht sie in Abgrenzung gegenüber affirmativen Bildungskonzepten, die einer unbedingten Anerkennung von

50 F. Schleiermacher: Über die Religion (1799/2001), a. a. O., S. 51.

51 Vgl. die Transformationen der Gebote des Dekalogs in moderne Maximen, so des ursprünglich für Kinder geltenden Gebots der Elternliebe in die Maxime „Ehre die Eigenthümlichkeit und die Willkühr deiner Kinder, auf dass es ihnen wohlergehe und sie kräftig leben auf Erden", des Tötungsverbots in die Maxime „Du sollst nicht absichtlich lebendig machen", des Verbots von Ehebruch in die Maximen „Du sollst keine Ehe schließen, die gebrochen werden müsste" und „Du sollst nicht geliebt sein wollen, wo du nicht liebst", des Verbots der falschen Zeugnisaussage in die Maxime „Du sollst nicht falsch Zeugnis ablegen für die Männer; du sollst ihre Barbarei nicht beschönigen mit Worten und Werken" sowie des Verbots, Eigentum des Nächsten zu begehren, in die Maxime „Lass dich gelüsten nach der Männer Bildung, Kunst, Weisheit". In: F. Schleiermacher: Kritische Gesamtausgabe. Erste Abteilung. Band 2. Berlin/New York 1984, S. 153-154. Zur Interpretation siehe J. Jacobi: Friedrich Schleiermachers „Idee zu einem Katechismus der Vernunft für edle Frauen". Ein Beitrag zur Bildungsgeschichte als Geschlechtergeschichte. In: Zeitschrift für Pädagogik 46 (2000) S. 159-173.

52 Vgl. hierzu H. Peukerts Überlegungen zur Grundstruktur eines innovatorischen und transformatorischen Denkens und Handelns in: Ders.: Über die Zukunft von Bildung. In: Frankfurter Hefte. F-H-extra 6 (1984) S. 129-137; Ders.: Reflexionen über die Zukunft von Bildung. In: Zeitschrift für Pädagogik 46 (2000) S. 507-524; siehe auch Ders.: Tradition und Transformation. Zu einer pädagogischen Theorie der Überlieferung. In: Religionspädagogische Beiträge 19 (1987) S. 16-34; Bildung – Reflexionen zu einem uneingelösten Versprechen. In: Friedrich-Jahresheft 6 (1998) S. 12-17.

Subjektivität das Wort reden, an der Aufgabe der Transformation der unbestimmten Bildsamkeit in experimentelle, selbstgewählte Bestimmungen zu orientieren. Die gesellschaftliche Seite der Bildung bestimmt sie in Abgrenzung zu affirmativen Kulturpädagogiken als diejenige einer transformatorischen, sich auf alle Bereiche menschlichen Handelns beziehenden Kulturtätigkeit, für die es ebensowenig wie für die individuelle Bildsamkeit ein begründetes, allgemeingültiges Bildungsideal gibt und geben kann.[53]

4.2.3 Zur thematischen Grundstruktur einer nicht-affirmativen Sinnbestimmung der menschlichen Praxis

Pädagogisches Handeln ist nicht nur auf eine erziehungstheoretische Klärung der Kausalität seines Wirkens angewiesen, welche die Fragestruktur pädagogischer Aufforderungen zur Selbsttätigkeit in den Blick bringt und Transformationen gesellschaftlicher Anforderungen in pädagogisch legitime unterstützt. Es bedarf darüber hinaus zugleich einer Klärung der inhaltlichen Dimensionen, die in solchen Fragen angesprochen und thematisiert werden sollen. Affirmative Bildungstheorien kennen keinerlei Transformationsaufgaben, sondern interpretieren die Welt als Telos oder Mittel menschlicher Bildung. Sie reduzieren den Menschen auf einen Träger wünschenswerter Eigenschaften oder hypostasieren ihn zum Herrn über Natur und Geschichte. Reflektierende Bildungstheorien suchen dagegen jene Aufgaben in den Blick zu bringen, die Lernende sich, vermittelt über pädagogische Fragen und pädagogisches Zeigen, aneignen und in transformatorischen Wechselwirkungen von Mensch und Welt bearbeiten und reflektieren können.

In seinem 1793/94 verfassten, erst Anfang des 20. Jahrhunderts veröffentlichten Bildungsfragment hat Wilhelm von Humboldt die thematische Grundstruktur bildender Wechselwirkungen als Möglichkeit des Menschen beschrieben, dem „Begriff der Menschheit“ in seiner „Person“ einen „so grossen Inhalt, als möglich, zu verschaffen“. Hierzu ist es nach Humboldt erforderlich, dass Menschen rezeptiv und spontan, leidend und handelnd Welt erfahren und zugleich weltbildend tätig werden. Bildende Wechselwirkung von Mensch und Welt vollzieht sich in einer „Verknüpfung unseres Ichs mit der Welt“, welche auf „allgemeinste, regeste und freieste Wechselwirkung“ ausgerichtet ist und jeden Menschen vor die nicht abschließbare Aufgabe stellt, „von sich aus zu den Gegenständen ausser ihm überzugehen“, sich „in dieser Entfremdung nicht … (zu) verliere(n)“, sondern aus ihr zu sich selbst zurückzukehren.[54]

53 Vgl. hierzu D. Benner/Th. Gatzemann/G. Fischer/K.-F. Göstemeyer/H. Sladek: Von der Unvereinbarkeit von Bildungsidee und Bildungsideal. In: Pädagogische Rundschau 52 (1998) S. 303-322.

54 W. von Humboldt: Theorie der Bildung des Menschen. Bruchstück (1793). In: Wilhelm von Humboldts Gesammelte Schriften. Band 1. Berlin 1903, S. 282-287, S. 283 ff.; Werke in fünf Bänden. Band 1. Darmstadt 1960, S. 237.

Unter selbst- und weltbildenden Tätigkeiten verstand Humboldt nicht nur die herausgehobenen Tätigkeiten von Künstlern, Dichtern und Philosophen, welche die Welt in ästhetischen Werken darstellen und interpretieren, sondern grundsätzlich jedes freie Handeln, das in der Spannung von „höchstem Schwung" mit Spontaneität und Kreativität entworfen und zugleich als „ohnmächtigster Versuch" erfahren wird, Unbekanntes in Bekanntes, Fremdes in Eigenes, Unvertrautes in Vertrautes zu überführen. In seinen „Ideen zu einem Versuch die Gränzen der Wirksamkeit des Staats zu bestimmen" führte er hierzu aus: „Jede Beschäftigung vermag den Menschen zu adeln, ihm eine bestimmte, seiner würdige Gestalt zu geben. Nur auf die Art, wie sie betrieben wird, kommt es an; und hier lässt sich wohl als allgemeine Regel annehmen, dass sie heilsame Wirkungen äussert, so lange sie selbst, und die darauf verwandte Energie vorzüglich die Seele füllt, minder wohlthätige, oft nachtheilige hingegen, wenn man mehr auf das Resultat sieht, zu dem sie führt, und sie selbst nur als Mittel betrachtet. Denn alles, was in sich selbst reizend ist, erwekt Achtung und Liebe, was nur als Mittel Nuzen verspricht, bloss Interesse; und nun wird der Mensch durch Achtung und Liebe ebenso sehr geadelt, als er durch Interesse in Gefahr ist, entehrt zu werden."[55]

Bildung als freie Wechselwirkung des Menschen mit der Welt gründet sich diesem Verständnis zufolge auf eine Wechselwirkung seiner „Empfänglichkeit mit seiner Selbstthätigkeit".[56] Sie stellt die Art und Weise dar, in der Menschen sich selbst als freie Wesen erhalten und an ihrer Bestimmung arbeiten. Sie ist Ausdruck der unbestimmten und offenen Grundstruktur menschlichen Denkens und Handelns, ohne welche „das Daseyn des Menschen vergänglicher, als das Daseyn der Pflanze (wäre), die, wenn sie hinwelkt, wenigstens gewiss ist, den Keim eines ihr gleichen Geschöpfs zu hinterlassen".[57] Anders als in der sonstigen Natur ist Bildung beim Menschen auf kein Telos ausgerichtet. Sie vollzieht sich zwischen „Entfremdung" und Rückkehr aus der Entfremdung. Der natürlichen, dinghaften und gesellschaftlichen Welt kommt hierbei, wie Humboldt in seiner Sprachphilosophie ausführt, die Bedeutung einer sowohl sächlichen als auch personalen Andersheit zu, die weder identitätstheoretisch aufgelöst noch in einem Im-anderen-zu-sich-selbst-Kommen zum Verschwinden gebracht werden kann.[58] Unterscheidungen wie die von Eigenem und Fremdem, Ich und Du,

55 W. von Humboldt: Ideen zu einem Versuch die Gränzen der Wirksamkeit des Staats zu bestimmen (1792). In: Wilhelm von Humboldts Gesammelte Schriften. Band 1, a.a.O., S. 97-254, S. 118f.; Werke in fünf Bänden. Band 1, a.a.O., S. 78.

56 W. von Humboldt: Theorie der Bildung des Menschen. In: Wilhelm von Humboldts Gesammelte Schriften. Band 1, a.a.O., S. 285; Werke in fünf Bänden. Band 1, a.a.O., S. 237.

57 Ebd., S. 284; S. 236.

58 Vgl. hierzu meine in Fußnote 44 genannte Humboldt-Monographie, in der ich, ohne gelegentliche teleologische Argumentationsmuster bei Humboldt zu leugnen, zwi-

Bekanntem und Unbekanntem, Gewusstem und Nichtgewusstem, Gekonntem und Nicht-Gekonntem, Wissbarem und Nicht-Wissbarem sind für reflektierende Bildungsprozesse somit nicht nur konstitutiv. Sie werden in diesen auch nicht aufgehoben, sondern nur in neue transformiert. Hieraus ergibt sich die Anforderung kritischer Bildungstheorie an die gesellschaftlichen Praxen, Transformationen von Altem in Neues zuzulassen und sich für freie Wechselwirkungen von Mensch und Welt zu öffnen. Die Erfahrung von Andersheit und die Reflexion auf sie stehen darum sowohl am Anfang als auch am Ende eines jeden Bildungsprozesses.[59] Bildungstheorie, die dies bedenkt, kommt ohne den Begriff eines fertig Gebildeten aus. Sie ist weder auf eine ursprüngliche oder anfängliche noch auf eine ausstehende oder einzulösende Versöhnung von Mensch und Welt, Vernunft und Natur ausgerichtet. In ihrer Kritik affirmativer Bildungskonzepte kommt sie ohne Inanspruchnahme solcher Ideale aus.[60]

Werden vom Menschen in der Geschichte hervorgebrachte Selbst- und Weltdeutungen zur Norm der Bildung erhoben, so verkürzt sich die Fragestellung reflektierender Bildungstheorie auf diejenige affirmativer Bildung. In dieser werden für wertvoll gehaltene Kulturgüter unter Absehung von den für ihre Hervorbringung und Aneignung konstitutiven Wechselwirkungen rezipiert und verkürzt sich Bildung auf Halbbildung. Adorno hat den Zusammenhang von vorausgegangener Bildung und Halbbildung auf einen Begriff gebracht, als er die These aufstellte, dass Nicht-Bildung in der Form von Unbildung aller Bildung vorausgehe, Halbbildung dagegen erst auf Bildung folge.[61] Welt- und Kulturinhalte müssen, um überhaupt zu Inhalten von Halbbildung verkürzt werden zu können, zuvor in bildenden Wechselwirkungen von Mensch und Welt hervorgebracht worden sein und stehen als einmal hervorgebrachte unvermeidlich in der Gefahr, in ihrer Rezeption auf Halbbildung reduziert zu werden. Zu der Diagnose, dass die aus Unbildung emporsteigende Bildung nicht nur zur Halbbildung herabsinken kön-

---

schen dessen Weltbegriff und Fichtes Begriff des Nicht-Ich unterschieden und Fichtes erziehungstheoretisch bedeutsamer Einsicht in die Unhintergehbarkeit und Nicht-Ableitbarkeit des Ich Humboldts bildungstheoretisch grundlegende Einsicht in die Unhintergehbarkeit des Mensch-Welt-Verhältnisses gegenübergestellt habe. Vgl. hierzu auch A. Kivelä: Gibt es noch eine pädagogische Handlungstheorie? In: Zeitschrift für Pädagogik 44 (1998) S. 603-616.

59 Vgl. hierzu die Beiträge von D. Benner, K. Meyer-Drawe, K. Wünsche, W. Schmied-Kowarzik, H. Numata und P. Warsitz im Thementeil „Andersheit als Bildungsproblem". Zeitschrift für Pädagogik 45 (1999) S. 313-385.

60 An dieser Stelle habe ich Aussagen der ersten drei Auflagen dieser Arbeit, in denen von einer aufgegebenen Versöhnung von Natur und Geschichte die Rede war, korrigieren müssen. Vgl. hierzu auch: D. Benner: Zum Kritikverständnis der Unterscheidung affirmativer und nicht-affirmativer Bildungskonzepte. In: Ders./K.-F. Göstemeyer/H. Sladek: Bildung und Kritik, a. a. O., S. 47-66.

61 Th. W. Adorno: Theorie der Halbbildung (1959). In: Ders.: Gesammelte Schriften. Band 8. Frankfurt a. M. 1972, S. 93-121.

ne, sondern notwendig zu dieser herabsinke, gelangten Horkheimer und Adorno aufgrund von Erfahrungen, die sie im nationalsozialistischen Deutschland und während der Zeit ihres Exils in den USA gemacht hatten.[62] Der Verfall von Bildung in Halbbildung ist inzwischen so weit fortgeschritten, dass wir ihn heute nicht mehr an Entwicklungen in den nordamerikanischen Massenmedien illustrieren müssen, sondern auch bei uns beobachten können.[63]

---

62 In seiner „Theorie der Halbbildung“ kritisierte Adorno u.a. die Präsentation von Halbbildung in Quizsendungen. Zur Erläuterung verweise ich auf den in einer westdeutschen Fernsehsendung erfolgreich abgeschlossenen Auftritt eines „Experten“, der ca. 400 Zeichnungen bzw. Luftaufnahmen von Flussmündungen präzise unterscheiden und fehlerfrei den richtigen Namen der Flüsse zuordnen konnte; danach gefragt, zu welchen Staaten die Flüsse gehören, wie die Menschen dort leben, ob sie von Armut und Hunger bedroht sind oder nicht, wusste der Gewinner des Quiz nichts zu antworten. Was unter Halbbildung zu verstehen ist, lässt sich u. a. auch an gewissen Methoden zum Einprägen von Melodien belegen. Sie folgen einer schon von Adorno beschriebenen Technik, nach der Themen von Opern, Operetten, Symphonien, Klavierkonzerten u. a. m. Texte unterlegt werden, die durch ihren Wortklang die Melodie auch für diejenigen leicht einprägbar machen, die von Musik nichts verstehen und sich musikalische Formen ohne diese Hilfe nur schwer merken könnten. So lässt sich beispielsweise dem ersten Thema von Schuberts h-moll Symphonie der Satz „Frieda, wo gehst du hin, wo kommst du her, wann kommst du wieder“ unterlegen, mit der Folge, dass musikalisch Halbgebildete, die das Motiv aus Schuberts „Unvollendeter“ einmal so gehört haben, fortan diesen Text assoziieren. Was Adorno in seiner Studie freilich nicht erwähnt, ist die Tatsache, dass Späße dieser Art unter musikalisch Gebildeten, beispielsweise in den Musikerfamilien der Bachs und Mozarts, durchaus üblich waren und dort nicht als ein Zeichen von Halbbildung, sondern als Weise eines spielerisch-ironischen Umgangs mit der eigenen Bildung praktiziert wurden.

63 Als Halbbildung lässt sich auch das beschreiben, was D. Schwanitz in seinem Buch „Bildung. Alles was man wissen muss“ als Bildung ausgibt. Der Band ist in einen Teil „Wissen“ gegliedert, in dem unter Absehung von allen mathematischen, naturwissenschaftlichen, technischen und ökonomischen Inhalten auf ca. 400 Seiten materiale Wissensbestände aus der europäischen Geschichte, Literatur, Kunst, Musik, Philosophie und Geschlechterdebatte präsentiert werden, darunter z. B. die englische Formel „divorced, beheaded died/divorced beheaded, survived“ mit der man sich die Vornamen der sechs Frauen von Heinrich VIII. merken kann. (ebd., S. 106) Im zweiten Teil schließt sich hieran eine formale Bestimmung dessen an, was vom Gebildeten als „Können“ erwartet wird, z. B. die Fähigkeit, im Leben ohne anstrengende Erfahrungen von Fremdheit und Andersheit erfolgreich zu sein. Hierfür empfiehlt der Autor als „Regel 1: Erhöhe im Umgang mit Ausländern die Dosierung von Liebenswürdigkeit in deinem Verhalten um das Vielfache bis zu dem Punkt, an dem du es für wahnsinnig übertrieben hältst. Erst dann findet dein Gesprächspartner es normal.“ (ebd., S. 445) Die Funktion solcher Wissens- und Könnensbildung wird darin gesehen, dass mit ihrer Hilfe angeborene Intelligenzunterschiede zwischen den Menschen in Bildungskarrieren überführt werden. (vgl. S. 467 ff.) Das für kritische Bildungstheorie zentrale Thema der Geltungsprüfung und -kritik unseres Wissens wird am Ende unter der Überschrift „Was man nicht wissen sollte“ behandelt, wozu

Darin, dass Unbildung aller Bildung vorausgeht, ist Adorno durchaus zuzustimmen. Dass Halbbildung notwendig auf Bildung folge, stellt dagegen keine bildungstheoretische Einsicht dar, sondern ist ein epochenspezifischer, bildungssoziologischer Befund, der sich nicht ohne weiteres zu einer geschichtsphilosophischen Wahrheit generalisieren lässt. Dass Unbildung notwendig aller Bildung vorausgeht, entspricht durchaus dem Begriff der unbestimmten Bildsamkeit als der Fähigkeit des Menschen, Fähigkeiten zu entwickeln. Dass Halbbildung notwendig auf Bildung folge, ist dagegen auch dann, wenn sich empirische Belege für die Annahme finden, eine bildungstheoretisch illegitime und handlungstheoretisch problematische Aussage. Die bildungshistorische Unterscheidung von Phasen der Unbildung, Bildung und Halbbildung eignet sich nicht zur Beschreibung individueller Bildungsgänge. In diesen geht zwar Unbildung aller Bildung voraus, ohne dass jedoch Halbbildung auf Bildung zwangsläufig folgt. Wir können daher unter bildungstheoretischen Problemstellungen mit Adorno Halbbildung, die Kulturinhalte affirmiert, vom Prinzip einer kulturtransformierenden, schöpferischen Bildsamkeit des Menschen und der Idee eines nicht-hierarchischen Ordnungszusammenhangs der menschlichen Gesamtpraxis her kritisieren und problematisieren. Wir müssen jedoch zugleich die von Adorno behauptete Zwangsläufigkeit des geschichtlichen Umschlags von Bildung in Halbbildung in Frage stellen, denn in der Anerkennung einer solchen Notwendigkeit wiederholte sich letztlich nur noch einmal die von Adorno beklagte Suspendierung eines auf freier und mannigfaltiger Wechselwirkung basierenden Mensch-Welt-Verhältnisses.

Nach der Bestimmung des Menschen und seines Weltverhältnisses in einem nicht-affirmativen Sinne zu fragen, verlangt heute, Bildung als ein reflexives Verhältnis zu den Positivitäten und Errungenschaften der Neuzeit zu konzipieren, in welchem diese nicht affirmiert, sondern im Hinblick auf uns bedrängende Fragen und Probleme reflektiert und in neue Wechselwirkungen von Mensch und Welt transformiert werden. Im Unterschied zu Humboldt können wir Bildung nicht mehr als eine einfache Rückkehr aus der Entfremdung denken. Der Grund hierfür ist nicht, dass es keine Möglichkeit der Entfremdung mehr gäbe, sondern dass sich der Charakter der Entfremdung wesentlich geändert hat. Durchgang durch Entfremdung bedeutete für Humboldt Wahrnehmung und Anerkennung der Mannigfaltigkeit menschlicher Welterfahrung, Erweiterung des kulturell beschränkten Weltverständnisses, Transzendieren von Standesschranken, interkulturelle Bildung der Menschheit zu einem noch unbekannten, in sich vielfältigen und mannigfaltigen Ganzen. Zu diesen Aufgaben sind inzwischen neue hinzugekommen. Unter den Bedingungen einer fortschreitenden Verwissenschaftlichung der gesamten Zivilisation ist der von Humboldt für unverzichtbar gehaltene

der Verfasser u.a. neueste Nachrichten aus europäischen Fürstenhäusern und das Zurechtfinden in Rotlichtvierteln zählt.

Gang durch die Entfremdung nur mehr möglich, wenn es gelingt, den Verfall der Positivitäten der Neuzeit auf Halbbildung zu problematisieren und zu ihnen in ein reflexives Verhältnis zu treten, welches transformatorische Umgangsformen mit Wissenschaft und Politik zulässt. Dies gilt insbesondere für die Gestaltung und den Umgang mit staatlicher Politik, die Aneignung und Interpretation neuzeitlicher Wissenschaft und die Auseinandersetzung mit dem, was in einem zugleich selbst- und fremdbezüglichen Sinne Kritik genannt wird.

Ein moderner demokratischer Staat kann von seinen Bürgern, wie Rousseau in der Kritik an Hobbes überzeugend nachwiesen hat, schon allein deshalb keine absolute Anerkennung verlangen, weil dies dem Prinzip demokratischer Mitwirkung und -gestaltung widerspräche. Eine politische Praxis, die in einer Delegation des Willens der Bürger an einen Stand von Funktionären und Berufspolitikern aufginge, würde die Prinzipien der Gemeinsamkeit und Öffentlichkeit bürgerlicher Politik vernichten statt anerkennen. Das von Hobbes begründete Herrschaftsmonopol des Staates verdankt seine Legitimität keineswegs sich selbst, sondern ist in demokratischen und republikanischen Verfassungen an Regelungen zur Gewaltenteilung sowie daran zurückgebunden, dass die politische Praxis nicht in der des Politiksystems aufgeht, sondern auch im Horizont der Öffentlichkeit unter Partizipation der Bürger stattfindet und von diesen kontrolliert wird. Darum kann politische Bildung niemals affirmative Erziehung im Dienste der Programmatik einer gerade herrschenden Partei sein. Ebenso wenig darf sie sich der gerade unterlegenen Opposition verschreiben und ihr Ziel darin sehen, diese an die Macht zu bringen.[64] Zwar müssen Wahlkämpfe von den miteinander konkurrierenden Parteien immer auch als Anlässe und Mittel der Machtsicherung oder Machtablösung geführt und verstanden werden. Der politischen Bildung selbst kann dagegen weder Machterhaltung noch Machtwechsel als positive Zielperspektive dienen.

64 Vgl. hierzu die Vereinbarung der Kultusminister über ein Indoktrinationsverbot, Kontroversitätsgebot und Überwältigungsverbot, die nicht allein für den Bereich der politischen Bildung gelten, sondern auch auf andere Bildungsbereiche wie z. B. die naturwissenschaftliche, historische und religiöse Bildung ausgelegt werden sollte. Zur Bedeutung dieses Beschlusses und zur Entwicklung der politischen Bildung in Deutschland vgl. K. P. Wallraven: Der Streit um die Politische Bildung. In: D. Hoffmann/K. Neumann (Hrsg.): Erziehung und Erziehungswissenschaft in der BRD und in der DDR. Band 2. Weinheim 1995, S. 281-303; zu den Schwierigkeiten und Leistungen des Transformationsprozesses der Politischen Bildung in den neuen Ländern siehe H. Schluss: Lehrpläne im Transformationsprozess. Eine Analyse der vorläufigen Lehrplanhinweise des Bundeslandes Thüringen von 1991 für das Fach Sozialkunde; K. P. Wallraven: Die Brandenburgischen Rahmenpläne zur Politischen Bildung im ostdeutschen Transformationsprozess. Beide in: D. Benner/K.-F. Göstemeyer/H. Sladek (Hrsg.): Bildung und Kritik, a. a. O., S. 143-174; S. 195-219.

Aufgabe politischer Bildung ist es vielmehr, Lernprozesse zu unterstützen, in denen Heranwachsende lernen, ihren Willen und dessen Beurteilung nicht an eine herrschende oder gerade nicht-herrschende Partei und deren Funktionäre zu delegieren, sondern selbst politisch, das heißt gemeinschaftlich und öffentlich zu denken, zu argumentieren und zu handeln. Wahlakte, die in parlamentarischen Demokratien die Wahl zwischen Parteien mit unterschiedlichen Programmen zulassen, können nur eine Form politischen Handelns neben anderen sein. Die Legitimität der durch sie möglichen öffentlichen Kontrolle der Handlungen im Politiksystem ist daran zurückgebunden, dass politische Praxis sich nicht in solchen Handlungen erschöpft. Niemals darf die Öffentlichkeit durch ein Parlament ersetzt werden, vor allem dann nicht, wenn dieses durch freie Wahlen zustande gekommen ist und seine begrenzte Amtszeit und Abwählbarkeit somit eine unabdingbare Voraussetzung seiner Legalität darstellen.

Der moderne Staat wurde von der bürgerlichen Philosophie von Kant bis Hegel als Vertreter und Repräsentant eines allgemeinen, öffentlichen Interesses und als Initiator gesellschaftlichen Fortschritts verstanden, der die überkommene Ordnung der Ständegesellschaft in eine Gesellschaft freier, gleicher und brüderlicher Menschen überführen sollte. Kant setzte dabei auf die Idee der Menschheit, die gegenseitige Anerkennung aller Individuen als Selbstzweck,[65] Fichte hoffte auf ein Absterben des Staates und die Umwandlung seiner Funktionen in unmittelbare gesellschaftliche Tätigkeit,[66] Hegel nahm, vielleicht ebenso weitsichtig wie optimistisch, den Umweg über den Kolonialismus als Durchgangsstadium der Entwicklung bürgerlicher Gesellschaften zu einem gesellschaftlichen System der Sittlichkeit in Kauf.[67] Der pädagogischen Praxis mehr zugewandte Denker wie Humboldt, Schleiermacher und Herbart wussten dagegen schon darum, dass der moderne Staat niemals gegen das gesellschaftliche Bewusstsein Fortschritt einleiten, sondern geschichtliche Lernprozesse nur beschleunigen und absichern kann, sofern die vernünftige Einsicht in das jeweils zu Tuende bereits entwickelt oder ansatzweise vorgegeben ist. Sie plädierten daher dafür, das Neue durch Bildung in der Gesellschaft entstehen zu lassen.[68]

---

65 Vgl. hierzu die ausdrücklich „gegen Hobbes" gerichteten Ausführungen „Vom Verhältnis der Theorie zur Praxis im Staatsrecht" in: I. Kant: Über den Gemeinspruch: Das mag in der Theorie richtig sein, taugt aber nicht für die Praxis (1793) A 143 ff.

66 Vgl. J. G. Fichte: Die Staatslehre oder über das Verhältnis des Urstaates zum Vernunftreiche (1813). In: Ders.: Ausgewählte Werke in sechs Bänden. Band 6, a. a. O., S. 623 ff.

67 Vgl. hierzu G. W. F. Hegel: Grundlinien der Philosophie des Rechts, § 246. In: Sämtliche Werke, hrsg. von H. Glockner. Band 6. Stuttgart/Bad Cannstadt 1964, S. 320.

68 Vgl. hierzu W. von Humboldt: Ideen zu einem Versuch die Gränzen der Wirksamkeit des Staats zu bestimmen, a. a. O.

Die Konsequenzen, die hieraus für das Verhältnis von Pädagogik und Politik zu ziehen sind, hat Schleiermacher in seiner Abhandlung „Über den Beruf des Staates zur Erziehung“ 1814 so formuliert: „Dieses also ist meine Antwort auf die Frage: wie kommt der Staat rechtmäßigerweise dazu, einen tätigen Anteil an der Erziehung des Volkes zu nehmen? Dann nämlich und nur dann, wenn es darauf ankommt, eine höhere Potenz der Gemeinschaft und des Bewusstseins derselben zu stiften. Alle anderen Motive sind entweder verderblich … oder sie sind unhaltbar“.[69] Die „höhere Potenz der Gemeinschaft“, die der Staat stiften kann, kommt nach Schleiermacher niemals schon aufgrund staatlicher Regierungs- und Gesetzgebungsgewalt zustande, sie resultiert ebenso wenig unmittelbar aus dem Volksleben. Weder darf sich der Staat zum Erziehungsstaat hypostasieren und stellvertretend für die Gesellschaft Zukunft antizipieren, noch darf er sich zum Nachtwächterstaat reduzieren und den Fortschritt allein dem freien Spiel bürgerlicher Aktivitäten überlassen.[70] Ebenso darf sich die Pädagogik nicht in den Dienst staatlicher Antizipationen als „Exekutive“ des „Politischen“ stellen, noch kann sie beanspruchen, geschichtlichen Fortschritt aus eigener Kraft einzuleiten.[71]

Schleiermacher begründete seine Konzeption einer nicht-affirmativen Bildung, ähnlich wie Herbart, damit, dass er die Politik der Pädagogik weder über- noch die Pädagogik der Politik vorordnete, sondern beide als angewandte Theorien und Praxen einer universellen Ethik im Primat der Idee des Guten fasste. Wenn er dabei selbstkritisch einräumte, dass die von ihm geforderte universale Ethik für seine Zeit nicht vorlag, so umschrieb er eine auch heute noch gegebene Situation. Dass eine der unbestimmten Idee der Menschheit und ihrer Anerkennung in jedem einzelnen Individuum verpflichtete Politik auf der Basis einzelstaatlicher Politik oder einer Politik von Bündnissystemen nicht realisierbar ist, war für Schleiermacher vor dem Hintergrund der napoleonischen Kriege seiner Zeit und der Befreiungskriege, die dann zur Restauration führten, gewiss. An dieser Gewissheit hat sich nichts geändert.

Die Menschheit gehört heute unterschiedlichen Staaten und Gesellschaftsordnungen an und kann doch nicht hoffen, dass die Idee der Menschheit auf

---

69 F. Schleiermacher: Über den Beruf des Staates zur Erziehung. In: Ders.: Ausgewählte pädagogische Schriften, a. a. O., S. 28.

70 Vgl. hierzu: H.-E. Tenorth: „Erziehungsstaaten“. Pädagogik des Staates und Etatismus der Erziehung; St. Hellekamps: Bildung: Öffentlichkeit und politische Gesellschaft. In: D. Benner/J. Schriewer/H.-E. Tenorth: Erziehungsstaaten. Historisch-vergleichende Analysen ihrer Denktraditionen und nationalen Gestalten. Weinheim 1998, S. 13-53 und S. 55-71; siehe auch die systematische Entfaltung und Relativierung des Konzepts der Staatspädagogik und seine schematische Darstellung in D. Benner/H. Sladek: Vergessene Theoriekontroversen in der Pädagogik der SBZ und DDR 1946-1961. Monographie mit Quellenteil. Weinheim 1998, S. 18-28.

71 H. J. Heydorn: Zum Verhältnis von Bildung und Politik, a. a. O., S. 9.

dem Wege einer bloßen Bejahung dieser Staaten und Ordnungen regulative Kraft gewinnt. Die anzustrebende „Weltinnenpolitik“, die die Erde als Heimat aller Menschen begreift und den kategorischen Imperativ der unbedingten Anerkennung der – nicht vorgegebenen, sondern immer wieder individuell und gemeinschaftlich zu interpretierenden – Würde jeder Person achtet, ist immer noch nicht in Sicht. Politik, als einzelstaatliche ebenso wie als solche von Bündnissystemen, die gegenüber anderen ausgegrenzt sind, wäre überfordert, wenn sie dieses Ziel aus eigener Kraft zu erreichen suchte. Das Politiksystem ist vielmehr zunehmend darauf angewiesen, dass die Staatsbürger die Dienste, Opfer und Leistungen, die für eine Weltinnenpolitik womöglich erbracht werden müssen, selbst beurteilen und als solche erkennen. Unter dieser Perspektive aber kann eine bloße Affirmation einzelstaatlicher oder bündnisorientierter Politik nicht mehr zum Sinnhorizont menschlicher Praxis erhoben werden. Die Verständigung hierüber kann auch nicht aus der bloßen Negation einer bestimmten einzelstaatlichen Politik, sondern nur aus Anstrengungen hervorgehen, die ein gemeinsam zu Bejahendes in der Vielheit möglicher Formen und Konzepte, von dem wir nur einen vorläufigen Begriff haben, hervorbringen. Ein solches Hervorbringen aber führt weit über die politische Praxis im engeren Sinne hinaus, denn es bezieht sich ebenso auf Fragen und Probleme der Veränderung und Transformation vorgegebener Sitten und Moralen, Wahrnehmungen von Wirklichkeit, Herstellungsweisen von Produkten und Gütern und des Umgangs mit der Endlichkeit. Es stellt darum keine alleinige Aufgabe der politischen Praxis dar, sondern betrifft ebenso das ökonomische, pädagogische, ethische, ästhetische und religiöse Handeln. Ohne Anerkennung der unbestimmten Bildsamkeit des Menschen und ohne eine diskutierende Öffentlichkeit, welche die Idee eines nicht-hierarchischen Verhältnisses der in Einzelpraxen ausdifferenzierten Humanität zur Geltung bringt, ist gesellschaftlicher Fortschritt weltweit nicht möglich.

Ähnlich verhält es sich mit den Wissenschaften, die als zweite Positivität der Neuzeit ebenso wie der neuzeitliche Staat keinen zu affirmierenden Sachverhalt darstellen. Eine Verwissenschaftlichung der Bildung wäre nicht minder problematisch als ihre Politisierung.[72] So wie die Politik nicht stell-

---

72 Vgl. hierzu H. Schelsky: Der Mensch in der wissenschaftlichen Zivilisation (1961). In: Ders.: Auf der Suche nach der Wirklichkeit. Gesammelte Aufsätze zur Soziologie der Bundesrepublik. München 1979, S. 449-486. Schelskys Analyse hat bis heute nicht an Bedeutung verloren, denn in ihr sind nahezu alle Probleme, die inzwischen weltweit diskutiert werden, bereits beschrieben. Das gilt auch für die Rede von der Globalisierung, die Schelsky als einen Sachzwang wissenschaftlicher Zivilisation beschreibt, welcher der Politik die Aufgabe zuweist, mit Unvermeidlichkeiten zu befreunden. Zur bildungstheoretischen Konsequenz von Schelskys Studie gehört, dass sie den Sachzwängen keinerlei ethische Legitimität zuerkennt. Ihr bildungstheoretisches Defizit zeigt sich daran, dass sie die Diskussion über Sachzwänge nicht auf die ausdifferenzierten Praxen hin pluralisiert, sondern technokratisch und expertokratisch monopolisiert.

vertretend für die anderen Praxen die Aufgaben menschlichen Handelns auf ein Telos der Geschichte hin ausrichten kann, so kann auch neuzeitliche Wissenschaft ihr Weltbild nicht zum Rationalitätsmonopol und Telos jeglicher Wechselwirkung von Mensch und Welt erheben. Daher gilt es, eine freie Wechselwirkung von Mensch und Welt nicht nur gegenüber einer Politisierung der Weltverhältnisse, sondern ebenso gegenüber ihrer Verwissenschaftlichung zu sichern und zu verteidigen.[73]

Entgegen allen aufklärerischen Hoffnungen hat neuzeitliche Wissenschaft nicht nur die in Aussicht gestellten Mittel für die Steigerung der Produktivität menschlicher Arbeit, die Ausweitung menschlicher Herrschaft und die Ermöglichung gesellschaftlichen Fortschritts in vielen Handlungsbereichen von der Medizin bis zur Wohnkultur bereitgestellt, sondern uns zugleich zu Technologien verholfen, die fernab des humanen Auftrags, die Erde uns untertan zu machen, zu deren und unserer eigenen Vernichtung führen können. Eine schlichte Affirmation neuzeitlicher Wissenschaft und Technologie ist darum ebenso wenig geboten wie eine Affirmation einzelstaatlicher oder bündnisorientierter Politik. Die Art und Weise, in der neuzeitliche Wissenschaft Anerkennung beansprucht, unterscheidet sich freilich von den Ansprüchen einer auf Herrschaftssicherung ausgerichteten Politik. Neuzeitliche Wissenschaft stellt eine nicht-affirmative pädagogische Praxis vor die Aufgabe, sich nicht nur mit normativen politischen Ideologien reflektierend auseinanderzusetzen, sondern darüber hinaus zugleich ein Problembewusstsein dafür zu schärfen, dass das Wissen und Können neuzeitlicher Wissenschaft nicht nur szientifisch zu prüfen und politisch zu verantworten ist, sondern darüber hinaus auch erkenntnis- und bildungstheoretisch problematisiert und um andere Wahrnehmungs-, Reflexions- und Wissensformen erweitert werden kann.[74] Das Verhältnis von Wissenschaft und Bildung reicht darum weit über Fragen einer nur politisch-ideologisch zu rechtfertigenden Verwertung der Ergebnisse neuzeitlicher Wissenschaft und einer nur politischen Kritik solcher Verwertungszusammenhänge hinaus.

Die Wissenschaften stellen weder die einzige noch die allgemeingültige Form unseres Weltverhältnisses dar, sie sind auch nicht der einzige irrtums-

---

73 Vgl. hierzu D. Benner: Moderne Bildung und die Antinomien der europäischen Wissenschaften. In: S. Protz (Hrsg.): Europa als Bildungsgemeinschaft. Rudolstadt/Jena 1997, S. 26-48.

74 Vgl. hierzu Th. Litt: Die öffentliche Verantwortung der Wissenschaft (Vortrag vom Juni 1956). In: Orden Pour le mérite für Wissenschaften und Künste. Reden und Gedenkworte. 2. Band. Heidelberg 1956/57, S. 51-100. Zur Gesamtwürdigung des Werks von Th. Litt vgl. W. Klafki: Die Pädagogik Theodor Litts. Königstein 1982; zur Stellung und Bedeutung seiner Bildungstheorie im Rahmen der Diskussion zum Verhältnis von Naturwissenschaft und Bildung sowie Bildung und Technik vgl. O. Kos: Technik und Bildung. Frankfurt a.M./Berlin/Bern 2000, S. 62ff.; W. Kutschmann: Naturwissenschaft und Bildung. Der Streit der „Zwei Kulturen“. Stuttgart 1999.

und wahrheitsfähige materiale Sachverhalt menschlicher Bildung. Ihre Aussagesysteme gehen vielmehr auf Wechselwirkungen von Mensch und Welt zurück, an denen unsere Fragen in der Form von Vermutungen, Hypothesen und Theorien ebenso Anteil haben wie die Antworten, welche die von uns befragte Welt auf unsere Fragen gibt. Wissenschaftliches Wissen ist, entgegen den Behauptungen des Radikalen Konstruktivismus, weder ein bloßes Konstrukt unseres Denkens noch, wie materialistische Erkenntnistheorien zuweilen unterstellen, ein Abbild der Wirklichkeit.[75] Für sein Zustandekommen sind vielmehr weltbezogene Fragen und seitens der Weltgegebenheiten zugelassene Antworten gleichermaßen konstitutiv. Hierauf beruht die nicht-affirmative Grundstruktur wissenschaftlichen Wissens. Sein Zustandekommen kann angemessen nur als eine Wechselwirkung von Mensch und Welt begriffen werden, die sich in szientifischer Einstellung vollziehen, historisch und soziologisch beschreiben, erkenntnistheoretisch in ihren Erkenntnisleistungen würdigen und begrenzen sowie bildungstheoretisch von anderen Wechselwirkungen zwischen Mensch und Welt unterscheiden lässt.

Die nicht-affirmative Grundstruktur wissenschaftlicher Aussagen und Aussagesysteme besagt nicht nur, dass diese in Wechselwirkungen zwischen Mensch und Welt entwickelt wurden, sondern dass sie auch nur in solchen Wechselwirkungen adäquat angeeignet und erlernt werden können. Nicht nur ihr Wissen weist eine hypothetische und fallible Struktur auf; dasselbe gilt auch für die bildungstheoretische Struktur der Prozesse, in denen wissenschaftliches Wissen von Lernenden angeeignet wird. Hierauf ist zurückzuführen, dass wissenschaftliche Aussagesysteme nicht affirmativ – weder als Konstrukte des Verstandes noch als Abbilder der Wirklichkeit – vermittelt werden können, sondern in Lernprozessen angeeignet werden, in denen die Lernenden als Mitkonstrukteure aktiv und rezeptiv tätig sind.[76]

Neuzeitliche Wissenschaft verlangt, was die methodische Konstitution und den szientifischen Geltungsanspruch ihres Wissens betrifft, von niemandem Anerkennung, es sei denn, er hat gelernt, die wissenschaftlichen Fragen selbst zu stellen und die Art und Weise ihrer Beantwortung nachzuvollziehen. In der neuzeitlichen Wissenschaft geht, wie Kant rekapitulierte, die „Vernunft mit ihren Prinzipien … in einer Hand, und mit dem Experiment, das sie nach jenen ausdachte, in der anderen, an die Natur …, zwar um von ihr belehrt zu werden, aber nicht in der Qualität eines Schülers, der sich al-

75 Ein Vergleich radikal-konstruktivistischer und materialistischer Erkenntnistheorien müsste nicht nur beider Defizite herausarbeiten, sondern zugleich zeigen, dass die Bedeutung, die materialistische Theorien der Widerständigkeit der Objekte zuerkennen, konstruktivistisch nicht überspielt werden kann.

76 Vgl. hierzu die Kritik des Radikalen Konstruktivismus und der Versuche, auf seinem Boden eine Pädagogik zu entwickeln, in C. Diesbergen: Radikal-konstruktivistische Pädagogik als problematische Konstruktion. Frankfurt/Bern 1998.

les vorsagen lässt, was der Lehrer will, sondern eines bestallten Richters, der die Zeugen nötigt, auf die Fragen zu antworten, die er ihnen vorlegt".[77] Ohne solche Nötigung, d.h. ohne Fragen an das jeweilige Objekt der Erkenntnis, kommt wissenschaftliche Erkenntnis gar nicht zustande. Angesichts dieser Selbstkonstitution durch Erkenntnisleistungen hypothetisch denkender und urteilender Subjekte kann das Wissen neuzeitlicher Wissenschaft nicht angemessen affirmativ angeeignet werden. Vom Erkennenden werden vielmehr Erkenntnisleistungen verlangt, in denen er selbst fragend und prüfend tätig ist.

Gerade hier jedoch stellen sich weitreichende Probleme ein, um die Kant noch nicht gewusst hat. Das eine Problem bezieht sich auf Fragen der Geltung des Wissens der Wissenschaften in Anbetracht der Tatsache, dass in ihre Wissensformen und Aussagesysteme geschichtliche Erfahrungen eingegangen sind, die in diesen selbst nicht erinnert werden.[78] Das andere Problem zeigt sich daran, dass alles Wissen der Wissenschaften eine ihm gegenüberstehende Welt voraussetzt, mit der wir zwar auf mannigfaltige Weise in Wechselwirkung treten können, zu der wir jedoch, da wir sie nur in Wechselwirkung erfahren, als solcher nicht vordringen und um die wir in einem abschließenden Sinne daher nicht wissen können. Ein drittes Problem kommt hinzu. Es bezieht sich auf die aus den beiden bereits genannten Problemen resultierende Frage, wie überhaupt ein verantwortlicher Umgang mit dem Wissen der neuzeitlichen Wissenschaften zu denken ist, der berücksichtigt, dass wir die Aussagesysteme der Wissenschaften in den auf ihrer Grundlage entwickelten Techniken und Technologien niemals nur auf die von uns in Wechselwirkung mit der Welt begriffene Welt, sondern stets auch auf die in solcher Wechselwirkung nicht aufgehende Welt anwenden.[79]

Kant glaubte noch, den Erkenntnisfortschritt neuzeitlicher Wissenschaft an der Idee eines szientifisch nicht einzuholenden teleologischen Ordnungszusammenhangs der Welt ausrichten zu können, welcher den Fortschritt der Wissenschaften als regulatives Prinzip leitet. Den Progress wissenschaftlichen Erkennens stellte er sich als einen Prozess vor, in dem die Natur auf Fragen des Menschen Antworten gibt, die zwar das Geheimnis der vorausgesetzten Existenz der Wirklichkeit und ihres Ordnungszusammenhangs nicht heben, gleichwohl zu einem Wissen und technischen Können führen, das sich in diesen Ordnungszusammenhang gutartig einfügt. Die Anwendungsproblematik neuzeitlicher Wissenschaft hatte für Kant noch nicht jene Brisanz, die sie im Verlauf des 20. Jahrhunderts erhielt und künftig nie

77 I. Kant: Kritik der reinen Vernunft (^{2}1787) B XIII.

78 Vgl. hierzu J. Ritter: Die Aufgabe der Geisteswissenschaften in der modernen Gesellschaft (1961). Münster 1963.

79 Vgl. hierzu D. Benner: Wissenschaft und Bildung. Überlegungen zu einem problematischen Verhältnis und zur Aufgabe einer bildenden Interpretation neuzeitlicher Wissenschaft. In: Zeitschrift für Pädagogik 36 (1990) S. 597-620.

mehr verlieren wird. Zwischen der klassischen Physik und der Welt der Dinge an sich konnte es noch nicht zu jenen Kollisionen kommen, die für die neueste Biologie, Chemie und Physik und für die Techniken der Menschenbeeinflussung zweifellos gegeben sind. Die Einsicht in die Bewegungsgesetze der Planeten verändert deren Lauf ebenso wenig, wie die Gesetze der Mechanik ein Argument gegen die Freiheit unseres Willens sein können. Dagegen fügen sich die auf der Grundlage der Ergebnisse der Atomphysik und der chemischen Biologie heute möglichen Technologien nicht mehr ohne weiteres in eine prästabilierte Harmonie mit der Idee eines teleologischen Ordnungszusammenhangs; sie sind möglicherweise in der Lage, den Kosmos, jedenfalls was unseren Planeten betrifft, aus den Angeln zu heben.

Darum gibt es heute weitere Gründe, den Leistungen neuzeitlicher Wissenschaft eine unmittelbare Bejahung zu versagen. Das auf Kants transzendentale Differenz zwischen Ding an sich und Erscheinung zurückgehende Wissen darum, dass die neuzeitliche Wissenschaft ihre Resultate, wie Theodor Litt unter Berufung auf Kant betont hat, dem forschenden und experimentierenden Menschengeist verdankt, reicht nämlich nicht mehr aus, um der Idee eines kosmologischen Ordnungszusammenhangs eine allgemeine regulative Geltung zuzuerkennen. Die Einsicht darin, dass neuzeitliche Wissenschaft ein quasi-interaktives Produkt unserer Fragen an die Natur und deren Antworten ist, ist nicht mehr, wie Kant noch meinte, in einen teleologischen Ordnungszusammenhang der Natur als Ding an sich gutartig eingebettet, sondern bedarf geradezu einer Erweiterung des Kritikverständnisses, welche das, was Kant mit der Formulierung des regulativen Prinzips eines solchen Ordnungszusammenhangs meinte, als einen ebenso zweifelhaften wie problematischen Sachverhalt erkennbar macht.

Die menschliche Arbeit an der Natur lässt sich heute nicht mehr in einen theoretisch-technischen Teil der Naturbeherrschung im Sinne einer prästabilierten Harmonie von neuzeitlicher Wissenschaft und teleologischem Ordnungszusammenhang der Natur und einen politisch-praktischen Teil der gesellschaftlichen Verständigung über den Sinn und die Ziele menschlicher Praxis aufteilen, sondern verlangt nach einer Orientierung, die hinter die klassische Trennung von theoretischer und praktischer Erkenntnis, Naturbeherrschung und Politik zurückgeht und den Primat der Praxis nicht mehr als Primat des politischen Handelns gegenüber dem theoretisch-technischem Handeln begreift. Darüber, wie wir die Resultate neuzeitlicher Wissenschaft anwenden sollen, lässt sich heute weder im Vertrauen auf eine prästabilierte Harmonie von Mensch und Natur befinden noch einfach aufgrund politischer Dezisionen entscheiden, welche das Maß unserer Eingriffe in die Natur nach Belastungskriterien festlegen, auf die wir uns voluntaristisch einigen. Mit der Herausbildung der modernen Ökologieproblematik haben die Naturwissenschaften aufgehört, theoretische Disziplinen zur experimentellen Erforschung der Natur zu sein. Sie sind in gewissem Sinne längst zu Gesellschaftswissenschaften von unserer Arbeit an der Natur geworden, ohne dass sich freilich über deren Orientierung naturwissenschaftlich-sozialwissenschaftlich oder politisch einfach entscheiden ließe.

Die moderne Wissenschaft kann die Entscheidung über die Verwendung ihrer Ergebnisse und den Einsatz der von ihr entwickelten Technologien nicht mehr mit gutem Gewissen einfach an die Politik abtreten. Sie muss vielmehr die Sorge um die dem Erkenntniszugriff ihrer Disziplinen unvermittelt vorausgesetzte Wirklichkeit, die in Teilen wissenschaftlich zunehmend verändert wird, als Aufgabe bewusst halten, ohne freilich einen substantiellen Begriff solcher Sorge entwickeln zu können. Die Atomphysiker, die vor den Gefahren eines Atomkriegs warnen, und die Chemiker und Biologen, die auf die Gefahren einer Zerstörung der Natur hinweisen, nehmen zu Problemen Stellung, die nicht unabhängig von den wissenschaftlichen Disziplinen existieren, die sie selbst vertreten, sondern unter Mitwirkung eben dieser Wissenschaften entstanden sind. Sie weisen mit ihren Warnungen auf Fragen hin, über die weder einzelwissenschaftlich noch politisch entschieden werden kann.[80] Politische Dezisionen darüber, wann und in welchem Umfang ein Atomkrieg etwa aushaltbar ist oder wie und in welchem Maße eine zunehmende Belastung der Natur erträglich sein kann, können weder auf der Grundlage naturwissenschaftlicher Erkenntnisse noch nach Maßgabe politischer Überzeugungen begründet werden. Zwar sucht auch die Politik Rat und Entscheidungshilfe bei den Einzelwissenschaften, sie kann sich jedoch bei diesen nur über das Machbare und seine voraussichtlichen Nebenwirkungen informieren, sie kann Aufträge erteilen, die Grenzen der Machbarkeit in eine gewünschte Richtung zu erweitern. Sie findet jedoch darüber hinaus nicht den Rat, den sie brauchte, um ihre Entscheidungen auf eine über technologische Rationalität hinausgehende Basis zu stellen.

Angesichts dieses Dilemmas neuzeitlicher Wissenschaft und Politik, welche weder einzeln noch gemeinsam die Sinnbestimmung menschlicher Praxis begründen können, gilt es, den Primat an Handlungsrationalität, den staatliche Politik in den zurückliegenden Jahrhunderten für sich beansprucht hat, unter der Idee eines nicht-hierarchischen Verhältnisses der menschlichen Gesamtpraxis zu korrigieren. Zugleich kommt es darauf an, die wissenschaftlich-technische Sachrationalität neuzeitlicher Wissenschaft nicht nur transzendentalkritisch im Sinne Kants, sondern auch praktisch mit Blick auf die Handlungsrationalität der ausdifferenzierten Praxisbereiche zu begrenzen.

Nicht-affirmative Bildung kann heute noch viel weniger als in früheren Zeiten auf eine Bejahung der beiden Positivitäten der Neuzeit, auf moderne Wissenschaft und staatliche Politik, setzen. Wenn Mündigkeit weder in ei-

---

80 Vgl. hierzu Th. Litt: Die öffentliche Verantwortung der Wissenschaft, a. a. O.

ner einfachen Bejahung oder Verneinung der Ergebnisse der neuzeitlichen Wissenschaften, noch in der bloßen Anerkennung oder Ablehnung einzelstaatlicher oder bündnisorientierter Politik liegen kann, worin könnte dann die *thematische Grundstruktur* einer nicht-affirmativen Sinnbestimmung menschlicher Praxis bestehen?

Sie kann nur in einer kritischen Überwindung des Dualismus von modernen Einzelwissenschaften und staatlichen Politik gefunden werden. Überwindung staatlicher Politik meint dabei nicht einen Ausstieg aus der bisherigen Geschichte und einen Sprung in eine Weltbürgergesellschaft, sondern zielt auf eine Neukonstitution menschlicher Praxis, welche deren Reduktion auf technisches Handeln einerseits und staatliche Politik andererseits zurücknimmt und die in Wissenschaft und Politik sich äußernden Weltverhältnisse um andere erweitert. Zu diesen gehören nicht nur die ästhetischen Erfahrungen der Kunst, sondern auch eine Erweiterung des Horizontes praktischer Vernunft. Praktische Vernunft ist heute ohne anamnetische Solidarität mit der vom Menschen zwar unterworfenen, auf Dauer uns aber unverfügbaren Natur nicht praktizierbar.[81] Dies zeigt sich daran, dass die Industriestaaten nicht mehr den Reichtum hervorbringen, der für eine bloße Fortschreibung der menschlichen Herrschaftsgeschichte erforderlich wäre, und dass die Natur, sowohl die außermenschliche als auch die menschliche, sich schrittweise unseren bloß technischen Zugriffen entzieht. Die Folgekosten, die die inzwischen gebotene Sorge um die Pflege und Erhaltung der Natur, die Endlagerung vom Menschen selbst erzeugter Abfälle und eine oft nur kompensatorische Sicherung unseres leiblichen und seelischen Wohlbefindens abverlangen, stehen immer weniger in einem maßvollen Verhältnis zu dem, was wir durch unsere zur Herrschaftsausübung über Natur, Gesellschaft und Geschichte pervertierte Praxis hervorbringen.

Eine dem konstitutiven Prinzip der Bildsamkeit und dem regulativen Prinzip eines nicht-hierarchischen Verhältnisses der Einzelpraxen ausdifferenzierter Humanität verpflichtete Theorie der Bildung stellt die pädagogische

---

81 Mit dem Begriff „anamnetische Solidarität" hat H. Peukert (vgl. dessen Abhandlung: Wissenschaftstheorie – Handlungstheorie – Fundamentale Theologie. Frankfurt 1978, S. 300 ff.), ausgehend von einer Auseinandersetzung zwischen W. Benjamin und M. Horkheimer, aufgezeigt, dass sich die Opfer, die die Geschichte anderen zugemutet hat, grundsätzlich nicht in eine bessere Zukunft aufheben lassen, dass folglich eine bessere Zukunft ihre praktische Legitimität nicht linear aus einem geschichtlichen Fortschritt, sondern allein in Verbindung mit einer erinnernden und bewahrenden, mit einer anamnetischen Solidarität gewinnen kann. Der Begriff anamnetischer Solidarität lässt sich auch auf das Verhältnis des Menschen zur Natur auslegen. Würde unser Verhältnis zur Natur einmal in dem aufgehen, was wir wissenschaftlich von ihr wissen und in der Ausübung menschlicher Herrschaft über sie vermögen, so hätten wir kein Bewusstsein mehr von dem, was in religiöser Rede unter „Mitgeschöpflichkeit" als Verhältnis des Endlichen zum Absoluten zu verstehen ist.

Praxis vor die Aufgabe, die alltägliche Welterfahrung und den zwischenmenschlichen Umgang der Heranwachsenden im Durchgang durch die wissenschaftlichen Weltdeutungen so zu erweitern, das in diesem ein Bewusstsein dafür davon entsteht, dass alle Fragen menschlichen Handelns unter je spezifischen Aspekten in den ausdifferenzierten Bereichen der Praxis zu erörtern sind und dass letztlich kein einziges Problem und keine einzige Frage nur ökonomisch, ethisch, politisch, ästhetisch oder religiös und ebenso wenig nur pädagogisch zu interpretieren ist.

Nicht-affirmative Bildung unterscheidet sich dann von affirmativer Bildung dadurch, dass sie die Heranwachsenden nicht an sogenannte Sachgesetzlichkeiten eines Lebens im Zeitalter wissenschaftlich-technischer Zivilisation anpasst noch zu der irrigen Überzeugung verführt, sie könnten sich von solchen Sachgesetzlichkeiten emanzipieren. So wenig es eine einfache Emanzipation von den Sachgesetzlichkeiten und Systemzwängen moderner Industriegesellschaften geben kann, so wenig ist eine Rückkehr in ein einfaches Leben und eine mythisch verankerte Einheit von Arbeit, Sitte, Pädagogik, Politik, Kunst und Religion möglich.

Die neuzeitlichen Menschenrechte der Glaubensfreiheit, der freien Entfaltung der Persönlichkeit, der Freiheit der Person und ihrer Unversehrtheit, der Gleichheit vor dem Gesetz und der Rückbindung aller staatlicher Gewalt an das Volk sowie der Meinungsfreiheit und der freien Berufsausübung konnten erst formuliert werden, nachdem die Menschen gelernt hatten, zwischen ökonomischen, pädagogischen, politischen, sittlichen, ästhetischen und religiösen Fragen und Praxisbereichen zu unterscheiden. Die an diese Unterscheidungen zurückgebundenen Rechte können die Einzelnen vor dem unmittelbaren Zugriff einer Religion oder Kirche, einer pädagogischen Instanz, einer positiven Moral, einer staatlichen Gewalt und eines ökonomischen Systems nur schützen, wenn die Ausdifferenzierung der menschlichen Praxis nicht nivelliert und eine unzulässige Universalisierung einzelner Praxisbereiche vermieden wird. In diesem Sinne wäre eine Politisierung Pädagogisierung, Moralisierung, Ökonomisierung oder Theologisierung unserer Lebensprobleme ebenso problematisch wie eine Regionalisierung der menschlichen Gesamtpraxis, welche beispielsweise die Versorgung der Menschheit mit lebenswichtigen Gütern einzig der Ökonomie, die Sicherung des Friedens einzig der Militärtechnologie, die Entscheidung über Krieg und Frieden allein der Politik und die gegebenenfalls notwendige eschatologische, endzeitliche Tröstung exklusiv der Religion als regionale Aufgabe zuwiese.[82]

82 Siehe hierzu die Auseinandersetzung zwischen J. Derbolav: Der Politische Auftrag von Kirche und Theologie, sein Recht und seine Grenzen. In: Pädagogische Rundschau 37 (1983) S. 3-29, und R. Huschke-Rhein (Hrsg.): Antwort an J. Derbolav. Köln 1983. Vgl. auch D. Ikeda/J. Derbolav: Auf der Suche nach einer neuen Humanität. München 1988, S. 347 f.

Universalistische wie regionalistische Sinnbestimmungen der menschlichen Praxis stimmen, so sehr sie sich untereinander unterscheiden mögen, darin überein, dass sie nur einen Begriff affirmativer Bildung kennen. Von der nachwachsenden Generation verlangen sie die Übernahme von universalistisch hypostasierten oder regionalistisch reduzierten Orientierungen, die angesichts der Komplexität der heutigen Lebensverhältnisse und der Interdependenzen zwischen den Bereichen ausdifferenzierter Humanität gar nicht mehr praktikabel sind. Will die pädagogische Praxis ihre Aufgabenbestimmung nicht an solche Optionen abtreten, muss sie für sich wie für die anderen Bereiche der menschlichen Gesamtpraxis eine übergreifende thematische Offenheit reklamieren. Statt zum Erfüllungsgehilfen fremder, sich einander zum Teil ausschließender Optionen zu pervertieren oder für sich selbst einen Primat an gesamtgesellschaftlicher Vernunft zu beanspruchen, wird sie ihre Aufgabe darin erkennen, Heranwachsende darin einzuführen, über ökonomische Fragen auch ethisch, politisch, ästhetisch und religiös und über politische Fragen zugleich ökonomisch, ethisch und ästhetisch usw. nachzudenken. Hierin liegt die nicht-reduzierbare und nicht delegierbare bildungstheoretische Aufgabenbestimmung einer nicht-affirmativen pädagogischen Praxis, die Tendenzen einer Monopolisierung, Dogmatisierung oder Regionalisierung von Kritik entgegenzuwirken und verschiedene Formen von Kritik in einem sowohl selbstbezüglichen als auch wechselseitigen Sinne zu kultivieren sucht.[83]

Die hier zu diskutierenden Fragen werden im nächsten Kapitel wieder aufgegriffen. Dieses entwickelt eine Differenzierung der Grundformen modernen pädagogischen Handelns, welche zwischen den pädagogischen Handlungstypen einer Regierung von Unmündigen, einer unterrichtlichen Erweiterung von Erfahrung und Umgang sowie eines Übergangs der pädagogischen Praxis in die ausdifferenzierten Formen menschlicher Praxis unterscheidet. Die bisher erörterten Grundfragen einer nicht-affirmativen Aneignung des Wissens neuzeitlicher Wissenschaft werden dort als Fragen eines erziehenden und bildenden Unterrichts behandelt und die Probleme einer das Handlungsfeld der Politik mit anderen Handlungsfeldern verbindenden öffentlichen Bildung werden als Aufgaben einer Einführung der Heranwachsenden in die ausdifferenzierte, nicht-hierarchische menschliche Gesamtpraxis beschrieben.

Durch die skizzierten bildungstheoretischen Problemstellungen ist die pädagogische Praxis mit allen anderen Formen menschlichen Handelns verbunden. Die Horizonte der Bildung reichen daher über die pädagogische Praxis selbst weit hinaus. Hierum zu wissen, verlangt nach einer Unterscheidung und Verhältnisbestimmung der in pädagogischen Institutionen zu

83 Vgl. hierzu D. Benner: Zum Kritikverständnis der Unterscheidung affirmativer und nicht-affirmativer Bildungskonzepte, a. a. O.

vermittelnden Bildung und der über solche Vermittlung hinausreichenden allgemeinen Menschenbildung.[84]

4.3 Theorie pädagogischer Institutionen

Für das Verhältnis der Theorie pädagogischer Institutionen zu den anderen beiden handlungstheoretischen Fragestellungen der Erziehungswissenschaft gilt, was zuvor schon für die erziehungs- und bildungstheoretischen Fragestellungen gesagt wurde. Die Unterscheidung erziehungs-, bildungs- und institutionentheoretischer Fragen zielt auf eine Abgrenzung von Theorien, nicht aber auf eine Differenzierung pädagogischer Handlungsvollzüge. Anliegen einer Theorie pädagogischer Institutionen kann es daher nicht sein, die unsinnige Gegenüberstellung erziehender und bildender Handlungsvollzüge um eine dritte Abgrenzung zu erweitern und erziehenden und bildenden institutionalisierte Handlungsvollzüge gegenüberzustellen. Zu den bisher entwickelten systematischen Fragestellungen tritt als dritte Problemstellung vielmehr diejenige einer Theorie pädagogischer Institutionen hinzu, die zu klären sucht, welche Strukturen und Merkmale Institutionen aufweisen müssen, um Orte eines erziehungs- und bildungstheoretisch legitimierten pädagogischen Handelns zu sein.

Für alle drei handlungstheoretischen Fragestellungen systematischer Erziehungswissenschaft gelten dieselben Prinzipien pädagogischen Denkens und Handelns: die konstitutiven Prinzipien der individuellen Bildsamkeit und der Aufforderung zur Selbsttätigkeit und die regulativen Prinzipien der Transformation gesellschaftlicher Einwirkungen auf pädagogische Prozesse in pädagogisch legitime und der Nicht-Hierarchizität der ausdifferenzierten Formen und Bereiche menschlichen Handelns. Die Theorie pädagogischer Institutionen kommt also ohne zusätzliche Prinzipien aus. Von den Theorien der Erziehung und Bildung unterscheidet sie sich gleichwohl dadurch, dass sie, deren Fragestellungen voraussetzend, nicht primär die Kausalität pädagogischen Wirkens und die Aufgaben pädagogischen Handelns bearbeitet, sondern danach fragt, wie das pädagogische Handeln zu institutionalisieren ist, damit es in Anerkennung der für es konstitutiven und regulativen Prinzipien als eine zugleich individuelle und gesellschaftliche Praxis ausgeübt werden kann.

Thematik und Fragestellung einer Theorie pädagogischer Institutionen werden im Folgenden wiederum in drei Schritten entwickelt. Zunächst werden Problemverkürzungen aufgezeigt, denen Institutionentheorien unterliegen, die die Ortsbestimmung pädagogischen Handelns einseitig nur im Hinblick auf dessen individuelle oder gesellschaftliche Seite vornehmen. Dann wird

---

84 Siehe hierzu D. Benner. Schulische Allgemeinbildung versus allgemeine Menschenbildung? Von der doppelten Gefahr einer wechselseitigen Beschädigung beider. In: Zeitschrift für Erziehungswissenschaft 8 (2005) S. 563-575.

der Fragehorizont einer nicht-affirmativen Theorie pädagogischer Institutionen bestimmt, die um die Vermittlungsproblematik zwischen der individuellen und der gesellschaftlichen Seite pädagogischen Handelns weiß, und schließlich wird die institutionelle Grundstruktur nicht-affirmativer pädagogischer Praxis vorgestellt, die zur methodischen und thematischen Grundstruktur hinzukommen muss, damit pädagogisches Handeln als eine institutionell von den anderen Handlungsformen unterschiedene Praxis angemessen begriffen werden kann.

4.3.1 Die Problemverkürzungen auf Entinstitutionalisierung setzender und entlastungstheoretisch argumentierender Theorien pädagogischer Institutionen

Wird bei der Erörterung der Frage, wie Institutionen beschaffen sein müssen, um legitime Orte pädagogischen Handelns zu sein, der Zusammenhang, der zwischen den konstitutiven und den regulativen Prinzipien pädagogischen Denkens und Handelns besteht, ausgeblendet und allein die individuelle oder die gesellschaftliche Seite der pädagogischen Praxis berücksichtigt, so kommt es zu Problemverkürzungen, die denjenigen intentionaler oder funktionaler Erziehungs- sowie formaler oder materialer Bildungstheorien durchaus vergleichbar sind.

Werden die Orte pädagogischen Handelns nur von den konstitutiven Prinzipien der Theorie der Erziehung und der Theorie der Bildung her definiert und wird pädagogisches Handeln als eine Praxis angesehen, die Heranwachsende ohne Auseinandersetzung mit der gesellschaftlichen Seite als bildsam anzuerkennen und zur Selbsttätigkeit aufzufordern sucht, so verkürzt sich der Problemhorizont der Theorie pädagogischer Institutionen auf denjenigen einer Institutionenkritik, welche die in vorgegebenen Institutionen auftretenden Probleme pädagogischen Handelns auf dem Wege einer Entinstitutionalisierung der pädagogischen Praxis zu lösen sucht.

Von der Forderung, sie sei abzuschaffen, ist in den letzten Jahrzehnten keine einzige der Institutionen, in denen pädagogisches Handeln ausgeübt wird oder an denen es teilhat, ausgenommen gewesen. So wurde, ohne dass eine einheitliche Tendenz identifiziert werden könnte, beispielsweise vorgeschlagen, die Erziehung in der Kleinfamilie nach dem Vorbild der Kibbuz-Erziehung zu reformieren,[85] Heime und andere sozialpädagogische Einrichtungen in familienähnliche Formen der Erziehung zu überführen[86] sowie Regelschulen abzuschaffen und durch Formen eines unmittelbar lebensbe-

85 Vgl. z. B. L. Liegle (Hrsg.): Kollektiverziehung im Kibbuz. München 1971.
86 Vgl. hierzu H. Reker: Möglichkeiten, Probleme und Grenzen frühkindlicher Ersatzerziehung. Diss. Münster 1977.

deutsamen Erfahrungslernens zu ersetzen.[87] Soweit solche Vorschläge nicht aus außerpädagogischen Beweggründen unterbreitet werden und dann ihrerseits den normativ-technologischen Fallstricken affirmativer Erziehung und Bildung verhaftet sind, stellen sie mit durchaus pädagogisch legitimen Gründen, die sich freilich nur auf die konstitutiven Prinzipien pädagogischen Denkens und Handelns stützen, die Legitimität vorhandener pädagogischer Institutionen in Frage. Sie machen nämlich darauf aufmerksam, dass in diesen die pädagogisch Handelnden zuweilen daran gehindert werden, die Bildsamkeit der Heranwachsenden durch zur Selbsttätigkeit auffordernde Akte anzuerkennen.

Die insbesondere von der Schulkritik gegen Strukturen und Folgewirkungen institutionalisierter Lehr-Lernprozesse vorgetragenen Einwände dürfen jedoch nicht darüber hinwegtäuschen, dass eine Kritik, welche die Bedingungen für ein den interaktiven Prinzipien der Bildsamkeit und der Aufforderung zur Selbsttätigkeit angemessenes pädagogisches Handeln durch eine Abschaffung der Institutionen dieses Handelns verbessern zu können meint, sich naiv und ignorant gegenüber denjenigen gesellschaftlichen Voraussetzungen verhält, die zur Verbesonderung der pädagogischen Praxis als eines institutionell ausdifferenzierten Teilbereichs menschlichen Handelns geführt haben. Eine bloße Abschaffung pädagogischer Institutionen würde, ganz abgesehen davon, dass sie unter Bedingungen ausdifferenzierter Gesellschaften und Praxen gar nicht möglich ist, die Pädagogik keineswegs in die Lage versetzen, die Bildsamkeit der Heranwachsenden durch Akte einer Aufforderung zur Selbsttätigkeit anzuerkennen, sondern beschädigen.[88]

Dies zeigt sich insbesondere daran, dass die nur den konstitutiven Prinzipien pädagogischen Denkens und Handelns verpflichtete Kritik pädagogischer Institutionen überall dort, wo sie positive Alternativen zu formulieren versucht, vorbürgerliche Gesellschaftsordnungen affirmiert, in denen die pädagogische Praxis noch als integriertes Moment der ökonomischen, sittlichen, politischen, ästhetischen und religiösen Praxis ausgeübt wurde und auch die anderen Praxen noch nicht im heutigen Sinne ausdifferenziert waren. Versuche, die pädagogische Praxis ohne eigene Formen der Institutionalisierung und Professionalisierung zu konzipieren, hoffen implizit darauf, die regulativen Ideen einer nicht-hierarchischen Verhältnisbestimmung der Einzelpraxen ausdifferenzierter Humanität und der Überführung gesell-

---

87 Vgl. z.B. I. Illich: Schulen helfen nicht. Über das mythenbildende Ritual der Industriegesellschaft. München 1970; Ders.: Entschulung der Gesellschaft. Mit einem Vorwort von H. von Hentig. München 1972; E. Reimer: Schafft die Schulen ab. Befreiung aus der Lernmaschine. Hamburg 1972.

88 Vgl. hierzu die Thesen, die I. Illich 1980 in seinem Vortrag zum 7. Kongress der Deutschen Gesellschaft für Erziehungswissenschaft unter dem Titel „Erziehung am Ausgang des Industriezeitalters" zur Diskussion stellte. In: H. Heid (Hrsg.): Das politische Interesse an der Erziehung und das pädagogische Interesse an der Gesellschaft. 17. Beiheft der Zeitschrift für Pädagogik. Weinheim 1981, S. 41-48.

schaftlicher in pädagogische Determination ließen sich einlösen, sobald die pädagogische Praxis wieder in die menschliche Gesamtpraxis reintegriert sei. Die Chancen hierfür stehen jedoch äußerst schlecht. Die verwissenschaftlichten Lebensbereiche haben längst aufgehört, unmittelbar bildend zu wirken. Eine einfache Rückkehr der Heranwachsenden in die Arbeitsstätten ist heute ebenso ausgeschlossen wie eine unmittelbare Beteiligung der Heranwachsenden an der politischen Planung und Gestaltung von Zukunft. Eine spielende Pädagogik, welche Arbeit und Leben miteinander versöhnen und pädagogische Prozesse in allgemeine gesellschaftliche Lern- und Handlungszusammenhänge einbetten zu können meint, ist heute allenfalls als Freizeitpädagogik, nicht aber als eine die Heranwachsenden zur Mitwirkung an der menschlichen Gesamtpraxis befähigende pädagogische Praxis möglich. Die beiden großen reformpädagogischen Versuche, die pädagogische Praxis nicht im Medium der Freizeit, sondern als integriertes Moment herstellender Arbeitsvollzüge zu organisieren, die Arbeitsschulbewegung und die polytechnische Erziehung, hatten darin ihre Grenze, dass erstere nur in vor- und frühbürgerliche Arbeitszusammenhänge einzuführen vermochte und letztere nicht der Wiederherstellung der menschlichen Gesamtpraxis, sondern der Qualifikation der Arbeiter zu Lohnarbeitern in industrialisierten Produktionsstätten diente.[89]

Eine auf Entinstitutionalisierung pädagogischer Praxis zielende Kritik pädagogischer Institutionen führt in die Aporie, dass die von ihr angestrebte Reintegration der pädagogischen Praxis in die anderen Formen gesellschaftlichen Handelns nur möglich wäre, wenn es die Fragen und Probleme, die zur Einführung pädagogischer Institutionen geführt haben, gar nicht gäbe. Die Kritik freilich, die Entinstitutionalisierungskonzepte an der vorgegebenen Institutionalisierung pädagogischer Praxis üben, verliert hierdurch nicht an Schärfe. Denn nicht minder ausweglos ist die Situation, in welche die den Entinstitutionalisierungskonzepten entgegengesetzte Position führt, die die Legitimität gesellschaftlicher Institutionen generell und pädagogischer Institutionen insbesondere systemtheoretisch nach den Entlastungsleistungen beurteilt, die Organisationen und Institutionen für ihre Umwelten erbringen, indem sie gesellschaftliche Komplexität reduzieren.

Während Entinstitutionalisierungskonzepte irrtümlich glauben, den beiden konstitutiven Prinzipien außerhalb einer gesamtgesellschaftlichen Beachtung der regulativen Prinzipien zur Anerkennung verhelfen zu können, prüfen entlastungstheoretisch argumentierende Ansätze Vorschläge zur Reform pädagogischer Institutionen daraufhin, ob sie zu einer Steigerung der Komplexität reduzierenden Leistungen pädagogischer Institutionen führen oder nicht führen. Entlastungs- und systemtheoretische Konzepte kommen in ih-

89 Zur kontroversen Diskussion im nachrevolutionären Russland vgl. M. Krüger-Potratz: Absterben der Schule oder Verschulung der Gesellschaft? Die sowjetische Pädagogik in der zweiten Kulturrevolution 1928-1931. München 1987.

ren Analysen der Rationalitätsstruktur pädagogischer Institutionen ohne erziehungs- und bildungstheoretische Problemstellungen und ohne Grundbegriffe pädagogischen Denkens und Handelns aus.

So verwendet die Systemtheorie N. Luhmanns den Begriff der Selbsttätigkeit nicht mehr als eine erkenntnis- und handlungstheoretische Kategorie, sondern ersetzt ihn durch denjenigen der Autopoiesis. Unter Autopoiesis versteht sie in Anlehnung an die in den Naturwissenschaften geführte Theoriediskussion nicht nur Selbsterhaltungsprozesse im Bereich der Thermodynamik und Zellentheorie, sondern auch solche von gesellschaftlichen Organisationen und Institutionen. Zu den autopoietischen Systemen gehören nach Luhmann auch die voneinander abgegrenzten gesellschaftlichen Einrichtungen des Wissenschafts-, Medizin-, Erziehungs-, Religions-, Wirtschafts- und Politiksystems, die sich wie andere Systeme auch durch autonome Kontrollmöglichkeiten unterscheiden und so interdependieren, dass Geschlossenheit und Offenheit, Selbst- und Fremdkontrolle der Systeme in eine dynamische Wechselwirkung treten. Als Regulative solcher Wechselwirkung erkennt die Systemtheorie die Idee der Überführung gesellschaftlicher in praktische Determination und die Idee eines nicht-hierarchischen Verhältnisses der Einzelpraxen ausdifferenzierter Humanität nicht an. Sie bezieht ihr Kriterium zur Beurteilung von Systemrationalität vielmehr aus der Evolutionstheorie und gründet auf diese die Gewissheit, dass die weder teleologisch noch in einem Begriff der menschlichen Gesamtpraxis fundierten Selbsterhaltungskräfte der sozialen Systeme funktionieren: „Fürs Überleben genügt Evolution.“[90]

Im Vergleich mit naiven Entinstitutionalisierungskonzepten kommt der entlastungstheoretisch argumentierenden Systemtheorie eine nicht zu unterschätzende Überlegenheit zu. In verschiedenen Detailanalysen haben N. Luhmann und K.E. Schorr die soziologische Naivität pädagogischer und bildungsreformerischer Positionen offengelegt, die von den „Reflexionsproblemen im Erziehungssystem“ abstrahieren und die pädagogische Praxis in die gesellschaftliche Gesamtpraxis zu reintegrieren suchen.[91] Die Stimmigkeit und Legitimität dieser Kritik darf jedoch nicht darüber hinweg täuschen, dass den systemtheoretischen Argumentationsmustern keine unmittelbar handlungstheoretische Bedeutung zukommt. Würden wir ihre Bestimmung der Funktionen gesellschaftlicher Institutionen zum handlungstheoretischen Begriff pädagogischer Institutionen und ihrer Reform erhe-

---

90 N. Luhmann: Soziale Systeme. Grundriss einer allgemeinen Theorie. Frankfurt a. M. 1984, S. 645.

91 Vgl. hierzu die von N. Luhmann und K.-E. Schorr initiierten und gemeinsam herausgegebenen Tagungsbände: Reflexionsprobleme im Erziehungssystem. Stuttgart a. M. 1979; Zwischen Technologie und Selbstreferenz. Frankfurt a. M. 1982; Zwischen Intransparenz und Verstehen. Frankfurt a. M. 1986; Zwischen Anfang und Ende. Frankfurt a. M. 1990; Zwischen System und Umwelt. Frankfurt a. M. 1996.

ben, so müssten wir nicht nur den größten Teil der Fragen verabschieden, mit denen sich systematische Pädagogik seit ihren Anfängen auseinandergesetzt hat, sondern darüber hinaus die pädagogische Praxis ebenso wie die anderen Praxen einer gesellschaftlichen Systemrationalität unterstellen, über die letztlich nur mehr die Evolutionsgeschichte entschiede.[92]

Beide bisher vorgestellten Reflexionsansätze sind nicht in der Lage, einen kritischen Begriff pädagogischer Institutionen zu begründen. Trotz ihrer gegensätzlichen, einander ausschließenden Strategien stimmen Entinstitutionalisierungs- und systemtheoretische Entlastungskonzepte darin überein, dass sie von einem affirmativen Gesellschaftsverständnis ausgehen. Während Entinstitutionalisierungskonzepte in Verkennung der Komplexität moderner Gesellschaften vor- oder frühbürgerliche Lebensformen idealisieren und von der geschichtlichen Tatsache abstrahieren, dass es sich bei diesen um solche einer hierarchisch geordneten Ständegesellschaft handelte, affirmiert die Systemtheorie die bürgerliche Gesellschaft. Sie abstrahiert von den kritischen Traditionen praktischer Philosophie und Bildungstheorie und setzt auf evolutionstheoretische Vorstellungen von einer kontingenten und autopoietischen Systementwicklung.[93]

Worin eine systemtheoretische Überformung der pädagogischen Praxis liegen könnte, hat N. Luhmann in seiner Studie „Codierung und Programmierung“[94] ausgeführt. In dieser unterbreitet er den Vorschlag, das Erziehungssystem wie die anderen ausdifferenzierten gesellschaftlichen Systeme intern nach einem binären Code zu organisieren und seine Bedeutung für die Systeme seiner Umwelt nicht programmatisch zu regulieren, sondern codespezifisch zu definieren. Programme haben der systemtheoretischen Unterscheidung von Programm und Code zufolge keine programmatische, sondern eine codespezifische Funktion. So ist z.B. dem Justizsystem das Programm, nach dem es Recht spricht, durch die Verfassung und den Gesetzgeber vorgegeben; seine systemspezifische Leistung besteht keineswegs darin, für Gerechtigkeit zu sorgen, sondern die Fälle, über die es urteilt, nach dem binären Code schuldig-unschuldig zu entscheiden. Dieser Code überdauert alle Programminnovationen und hat den Vorteil, programmunabhängig zu funktionieren. Analog funktioniert das Politiksystem unter

---

92 Vgl. hierzu die frühe Kritik systemtheoretischer Argumentationen in: H. von Hentig: Apologie des Gebildeten. In: H. Giesecke (Hrsg.).: Ist die bürgerliche Erziehung am Ende? München 1977, S. 54.

93 Zur Kritik dieser Seite der Systemtheorie siehe R. Spaemanns Laudatio anlässlich der Verleihung des Hegel-Preises 1989 an N. Luhmann, welche die Systemtheorie aus der Sicht der abendländischen Philosophie problematisiert: R. Spaemann: Niklas Luhmanns Herausforderung der Philosophie. In: Paradigm lost: Über die ethische Reflexion der Moral. Frankfurt a.M. 1990, S. 51-73.

94 N. Luhmann: Codierung und Programmierung. Bildung und Selektion im Erziehungssystem. In: H.-E. Tenorth (Hrsg.): Allgemeine Bildung. Weinheim 1986, S. 154-182.

wechselnden Programmen nach dem binären Code von Regierung (im Besitz der Macht) und Opposition (nicht an der Macht). Auch hier reguliert ein binärer Code Entscheidungen im System, während Programme sich nur auf die Außenkontakte des Systems, z.B. diejenigen zum Wähler während der Wahlzeiten, beziehen.

Luhmanns systemtheoretischer Rationalisierungsvorschlag für das Erziehungssystem sieht auch für dieses eine Trennung von Codierung und Programmierung vor. Dessen Außenbeziehungen knüpft er nicht an eine systeminterne Programmatik, sondern an Leistungen, die das Erziehungssystem nach einem immer gleichen binären Code erbringt. Den Code des Erziehungssystems glaubt er in der Unterscheidung zwischen besseren und schlechteren Schülerleistungen gefunden zu haben, welche die Rationalitätsstruktur pädagogischer Institutionen ausmachen soll. Durch diesen Code lassen sich nach Luhmann die erziehungstheoretischen Probleme pädagogischen Wirkens und die bildungstheoretischen Fragen einer kritischen Aufgabenbestimmung pädagogischen Handelns aus dem Kreis der Reflexionsprobleme des Erziehungssystems verabschieden. Professionell agierende Lehrer, die ihre Praxis am Code besser-schlechter ausrichten, definieren sich selbst nicht mehr als Menschenbildner und Experten für die Erteilung von Unterricht, die eine gewisse Zuständigkeit für das haben, was Schüler im Bildungssystem lernen oder nicht lernen. An die Stelle solch antiquierter Auffassungen sucht die Systemtheorie ein Professionsverständnis zu setzen, in dem Lehrer als Experten zur Unterscheidung besserer und schlechterer Schülerleistungen im Einsatz sind.[95] Das Erziehungssystem differenziert auf diese Weise Bildungskarrieren, die außersystemisch nicht gemäß irgendeiner Programmatik, sondern nach Maßgabe des Duals besser-schlechter relevant werden.

Der pädagogischen Praxis empfiehlt Luhmann, ihr Handeln auf die Rationalität des binären Codes umzustellen. Dieser biete den Vorteil, pädagogische Einwirkungen nicht mehr programmatisch legitimieren, sondern nur mehr zwischen besseren und schlechteren Schülerleistungen differenzieren zu müssen. Nach der systemtheoretischen Umdefinition des Pädagogischen ist es nicht mehr erforderlich, gelungene von mißlungenen pädagogischen Einwirkungen abzugrenzen. Jede Unterscheidung besserer und schlechterer Schülerleistungen stellt nun eine erfolgreich abgeschlossene professionelle Handlung dar. Der ihr zugrunde liegende Code bietet nach Luhmann und Schorr den Vorteil, unabhängig von wechselnden Programmen zu funktionieren, die Komplexität der „Reflexionsprobleme" im Erziehungssystem zu reduzieren und die Reflexionsprobleme im Erziehungssystem von erziehungs- und bildungstheoretischen Problematisierungen freizuhalten, welche die Funktionen des Erziehungssystems nur blockieren.

95 Vgl. ebd., S. 162 ff.; siehe ebd. auch Luhmanns Exklusion anderer denkbarer Codes wie z.B. diejenigen von schicklich-unschicklich, brav-unbrav oder gebildet-ungebildet.

Die systemtheoretische Argumentation betätigt sich hier als eine Problemwaschanlage, welche reflexive erziehungs- und bildungstheoretische Fragen nicht um solche einer Theorie pädagogischer Institutionen erweitert, sondern durch andere ersetzt. Die erziehungstheoretisch-methodische Frage, wie Schüler beispielsweise durch Unterricht zu selbständigem Denken aufgefordert werden können, lässt sich vermeiden, wenn Lehrer ihren Unterricht nicht mehr auf dessen Wirkungen bei Schülern hin befragen, sondern sich als Experten für Fremdbeurteilung nach dem Code besser-schlechter verstehen. Zu diesem Zweck müssen sie sich in ihren Urteilen auf die „Asymmetrie von Fremdbeurteilung und Selbstbeurteilung" berufen und die Verantwortung für die eigenen Lehrprozesse einseitig den Schülern als autopoietischen Systemen zuweisen.[96] Der Auflösung der erziehungstheoretischen Fragen korrespondiert eine Auflösung bildungstheoretischer Problemstellungen. Um Lernende nach dem Code besser-schlechter beurteilen zu können, müssen Schüler, die auch nach Luhmanns Überzeugung rezeptiv und spontan lernende Wesen sind, nicht als solche, sondern als „triviale Maschinen" behandelt werden. Begründet wird dies mit dem Argument, nur „Trivialmaschinen" könne man so „auf Fehler hin beobachten und anhand von fehlerhaftem bzw. fehlerfreiem Operieren selektiv behandeln". Nach der Suspendierung aller erziehungs- und bildungstheoretischen Prinzipien glaubt Luhmann von der Zielperspektive eines jeden professionell handelnden Pädagogen sagen zu können: „Sein Ziel ist … die Erziehung (nicht-trivialer Maschinen, D. B.) zur Trivialmaschine".[97] Wo dieses Ziel auch im Bewusstsein der Schüler erreicht wird, erkennen diese die Folgen ihrer innersystemischen „Karrierestrecke" ebenso als legitim an wie deren Auswirkungen auf die Karriere außerhalb des Erziehungssystems.[98]

Eine Theorie pädagogischer Institutionen, welche die individuellen und die gesellschaftlichen Grundbegriffe pädagogischen Denkens und Handelns beachtet und um institutionentheoretische erweitert, wird sich weder Entinstitutionalisierungskonzepten noch systemtheoretischen Legitimationen anschließen können, sondern von diesen distanzieren.[99] In einer erst nach sei-

---

96 Vgl. ebd., S. 165 ff.

97 Ebd., S. 166.

98 Ebd., S. 163 ff.

99 Luhmanns These, dass in allen ausdifferenzierten Gesellschaftssystemen binäre Codes gelten, trifft übrigens auf keinen der von Luhmann genannten Bereiche uneingeschränkt zu. So gilt beispielsweise im Wissenschaftssystem keineswegs nur der Dual wahr-falsch; andere Unterscheidungen wie die von fallibel und nicht-fallibel, erklärt und nicht-erklärt, gewusst und nicht-gewusst, wissbar und nicht-wissbar kommen hinzu. Auch das Justizsystem kennt nicht nur die Unterscheidung zwischen schuldig und unschuldig, sondern auch das Urteil „unschuldig mangels Beweises". Das Medizinsystem unterscheidet die Krankheiten nicht nur in behandelbare und nicht-behandelbare, sondern kennt auch noch nicht behandelbare Krankheiten sowie als weitere Kategorie den Einsatz von Placebos. Das Politiksystem funktioniert nicht nur nach der Differenz von Regierung und Opposition, sondern kennt als dritte, ty-

nem Tod erschienen Schrift hat Luhmann selbst eingestanden, dass der Dual „besser-schlechter“ für eine allgemeine Beschreibung des Erziehungssystems untauglich ist und dass die Unterscheidung von Codierung und Programmierung weder im Erziehungs- noch im Medizinsystem Geltung besitzt.[100] Erkennt man mit dem späten Luhmann an, dass der Code besser-schlechter nicht als primärer Code, sondern allenfalls als ein sekundärer Hilfscode des Erziehungssystems taugt, so muss man nach Wegen suchen, wie die Traditionen pädagogischer und praktischer Institutionenkritik mit der zuletzt von der Systemtheorie vermittelten Einsicht in die Notwendigkeit von Institutionen so zusammengeführt werden können, dass die Möglichkeiten und Voraussetzungen eines erziehungs- und bildungstheoretisch legitimierten pädagogischen Handelns institutionell abgesichert werden. Nachdem für die erziehungstheoretischen und bildungstheoretischen Fragestellungen nach der Art und Weise pädagogischen Wirkens und den legitimen Aufgaben pädagogischen Handelns bereits dritte Wege jenseits der Problemverkürzungen intentionaler und funktionaler Erziehungstheorien bzw. formaler und materialer Bildungskonzepte aufgezeigt werden konnten, gilt es nun zu fragen, ob es auch im Bereich der Theorie pädagogischer Institutionen einen dritten Weg gibt, der über die Einseitigkeiten einer auf Entinstitutionalisierung setzenden Reformpädagogik bzw. einer entlastungstheoretisch argumentierenden Systemtheorie hinausführt.

4.3.2 Zum Fragehorizont einer nicht-affirmativen Theorie pädagogischer Institutionen

Ein dritter Weg wird erkennbar, wenn man die in der Tradition bereits diskutierten Probleme der institutionellen Verortung der pädagogischen Praxis im Spannungsfeld von Familie, bürgerlicher Gesellschaft, Staat und Öffentlichkeit berücksichtigt.[101]

---

pisch politische Kategorie diejenige des Kompromisses. Auch im Wirtschaftssystem gilt nicht ausschließlich die unternehmensspezifische Unterscheidung zwischen rentabel und nicht-rentabel. Folgekosten, die die Umwelt des Systems belasten, lassen sich auch hier nicht einseitig einer externen Programmatik zuordnen, sondern können zugleich im System bedacht werden. Aufgabe einer kritischen Theorie der Gesellschaft wäre es, funktionale Systemrationalität unter Problemstellungen einer praktischen Systemrationalität zu problematisieren und Programmatiken und Codes so in Beziehung zueinander zu setzen, dass binäre Codes aus ihren Dualen befreit und intern wie extern diskutabel gehalten werden.

100 Vgl. N. Luhmann: Das Erziehungssystem der Gesellschaft. Frankfurt a. M. 2002, S. 59 ff. und S. 42; siehe meine Rezension in: Zeitschrift für Pädagogik (49) S. 151-155.

101 Vgl. hierzu und zum Folgenden D. Benner/H. Kemper: Theorie und Geschichte der Reformpädagogik. Teil 1, a. a. O., S. 303-329; Teil 2. Die pädagogische Bewegung von der Jahrhundertwende bis zum Ende der Weimarer Republik. Weinheim und Basel 2009, S. 351-366; Teil 3.2. Staatliche Schulreform und reformpädagogische

Die moderne bürgerliche Gesellschaft wird von ihren Kritikern seit Rousseau und Marx nicht grundlos als eine in sich widersprüchliche Gesellschaftsform verstanden, deren Institutionen die ihnen zugewiesenen Aufgaben unter bestimmten Bedingungen vernachlässigen, statt sie zu erfüllen. Sie wird zugleich von ihren Befürwortern damit legitimiert, dass ihre Einrichtungen die Bürger von der Mitwirkung an der menschlichen Gesamtpraxis entlasten, indem sie ihnen eine Spezialisierung auf einen besonderen Bereich menschlichen Handelns erlauben.

Nach den Auffassungen der Befürworter wie der Kritiker der bürgerlichen Gesellschaft entlastet uns die Große Industrie und die fortschreitende Industrialisierung und Computerisierung der Arbeitsprozesse zunehmend von der ökonomischen Praxis. Dies geschieht mit der Folge, dass Arbeitsplätze automatisiert werden und Produktionsprozesse eine Eigengesetzlichkeit entwickeln, welche die Menschen immer weniger als produzierende Subjekte ausweist. Durchaus vergleichbar entlastet uns die Justiz und die zunehmende Verrechtlichung der Sitte von der sittlichen Praxis, und zwar mit der Implikation, dass das Rechtssystem weniger für Gerechtigkeit sorgt, als vielmehr Unrecht nach sich wandelnden Kriterien klassifizierbar macht. In analogem Sinne entlasten uns die Bildungsinstitutionen vom Kindergarten und der Schule bis hin zu sozialpädagogischen Einrichtungen, Gefängnissen und Altenheimen von der pädagogischen und sittlichen Praxis, und zwar um den Preis, dass die erziehlichen und bildenden Qualitäten der Gesellschaft vernachlässigt und ihre Mitglieder zunehmend weniger mit pädagogischen und ethischen Aufgaben befasst werden. Weiterhin entlasten uns die professionalisierte Berufspolitik und die Amtskirchen von der politischen und religiösen Praxis, so dass die Politik immer mehr den Charakter einer Tätigkeit von Bürgern verliert und die Religion aufhört, eine intergenerationelle Praxis im Umgang mit Fragen und Problemen der Endlichkeit des eigenen Lebens und desjenigen der Mitmenschen zu sein. Kritisierten noch Kant, Feuerbach und Marx die institutionalisierte Religion dort, wo diese die Sinnproblematik endlichen Koexistierens mit Verweis auf eine im Jenseits herrschende ausgleichende Gerechtigkeit zu beantworten suchte, als Opium des Gewissens bzw. des gemeinen Volkes,[102] so rechtfertigen heute affirmative Theorien diese Funktion, wenn sie die Religion als eine Kontingenzbewältigungspraxis interpretieren, die nach Art eines Placebo-Effektes mit unabänderlichen Widrigkeiten des Lebens befreundet.[103] Für

Schulversuche in den westlichen Besatzungszonen und in der BRD. Weinheim und Basel 2009, S. 411-430.

102 Vgl. hierzu I. Kant: Kritik der Religion innerhalb der Grenzen der bloßen Vernunft B 105; K. Marx: Zur Kritik der Hegelschen Rechtsphilosophie (1843/44). In: Frühe Schriften, hrsg. von H.-J. Lieber und P. Furth. Band 1. Darmstadt 1962, S. 488.

103 Vgl. hierzu H. Peukert: Kontingenzerfahrung und Identitätsfindung. Bemerkungen zu einer Theorie der Religion und zur Analytik religiös dimensionierter Lernpro-

die professionalisierte pädagogische Praxis haben die genannten Entwicklungen zur Folge, dass ihr vermehrt Aufbewahrungs- und Betreuungsfunktionen zugewiesen werden, die früher zumindest nicht ihm Zentrum ihrer Zuständigkeit standen.

Kritik wie Legitimation der Institutionen der bürgerlichen Gesellschaft verweisen auf eine Antinomie, in die die ausdifferenzierten Einzelpraxen der menschlichen Gesamtpraxis in der bürgerlichen Gesellschaft geraten sind. Ohne erfolgte Ausdifferenzierung der menschlichen Gesamtpraxis in unterschiedliche Institutionen würden wir gar nicht zwischen ökonomischem, sittlichem, pädagogischem, politischem, ästhetischem und religiösem Handeln unterscheiden, die Frage nach einem nicht-hierarchischen Ordnungszusammenhang der menschlichen Gesamtpraxis folglich gar nicht aufwerfen können. Mit der Ausdifferenzierung der menschlichen Gesamtpraxis in voneinander abgegrenzte Institutionen gerät die durch diese Ausdifferenzierung erst möglich gewordene Frage nach einer über Subordination hinausführenden Praxisordnung zugleich wieder in dem Maße in Vergessenheit, in dem die institutionalisierten Einzelpraxen Entlastungsfunktionen übernehmen, die ohne Rückbesinnung auf den Gesamtzusammenhang der menschlichen Praxis erfüllt werden. Die Folge ist, dass das menschliche Handeln angesichts der regionalisierten Perspektiven seiner auf Berufstätigkeit reduzierten Einzelpraxen schließlich nicht mehr als Gesamtpraxis gedacht und ausgeübt werden kann. Ein besonderer Fall dieser Antinomie ist diejenige bürgerlicher Gesellschaftsreform durch Schulreform. Sie hat sich in den letzten Jahrhunderten überall dort gezeigt, wo versucht wurde, gesellschaftlichen Fortschritt durch Schulreform einzuleiten. Solche Versuche sind seit den Preußischen Reformen Anfang des 19. Jahrhunderts stets mit dem Problem konfrontiert worden, im gesellschaftlichen Subsystem institutionalisierter pädagogischer Praxis eine Erziehung zur Mündigkeit zu praktizieren, welche die anderen gesellschaftlichen Institutionen, statt auch von ihnen die Anerkennung der Mündigkeit der Menschen zu verlangen, von eben dieser Anerkennung freistellte.

So scheiterte die von Humboldt eingeleitete Preußische Schulreform, welche im Erziehungs- und Bildungssystem von der Elementarschule bis hin zur Universität eine Erweiterung der Grenzen standesspezifischer Erziehung und Sozialisation durch die Entwicklung eines vielseitigen Interesses in jedem Einzelnen anstrebte, unter anderem daran, dass das politische System den Bürgern die versprochenen Mitwirkungsrechte versagte, die Kirchen aufgeklärte und über die Grenzen ihrer Konfession hinaus denkende und fühlende Mitglieder nicht tolerierten und das Beschäftigungssystem, statt sich auf freiere Formen menschlicher Arbeit hin zu entwickeln, nach kurzen Reformbemühungen zu den alten Formen feudaler und standesspezi-

zesse. In: J. Blank/G. Hasenhütte (Hrsg.): Erfahrung, Glaube und Moral. Düsseldorf 1982, S. 76-103.

fischer Herrschaft zurückkehrte.[104] Auch die in der BRD in den sechziger und siebziger Jahren des 20. Jahrhunderts durchgeführte Bildungsreform scheiterte nicht allein an ihrer mangelnden erziehungs-, bildungs- und institutionentheoretischen Absicherung, sondern vor allem an der fehlenden Abstimmung der Entwicklungen im Erziehungs- und im Beschäftigungssystem.[105] Sie endete, nachdem sie zunächst zur Abwendung einer aus ökonomischen Gründen befürchteten Bildungskatastrophe initiiert worden war, in einer Beschäftigungskatastrophe, weil Unternehmen und Gewerkschaften das Wirtschaftssystem nicht auf eine sinnvolle Beschäftigung der nachwachsenden Geburtenjahrgänge verpflichteten, sondern seine Produktivität insbesondere dadurch steigerten, dass sie Arbeit durch Lohnsteigerungen und eine fortschreitende Automatisierung wegrationalisierten.

Die Tatsache, dass sich die pädagogische Praxis erst in der modernen bürgerlichen Gesellschaft institutionell zu einer öffentlichen Praxisform mit eigenen konstitutiven und regulativen Prinzipien verbesonderte, ist untrennbar an die Erfahrung gebunden, dass sich die bürgerliche Gesellschaft mit der Zuweisung besonderer Erziehungs- und Bildungsaufgaben an das Erziehungssystem zugleich von einer allgemeinen Anerkennung dieser Aufgaben zu entlasten sucht. Seit und weil die Arbeit in der Großen Industrie nicht mehr bildet und weiterbildet, gibt es die Frage nach einer allgemeinen menschlichen Bildung und deren Vermittlung mit Berufsbildung und Wirtschaftspädagogik;[106] seit das gesellige Leben sich nicht mehr unmittelbar gesellig fortentwickelt, gibt es die Frage nach einer allgemeinen Geselligkeit in bürgerlicher Öffentlichkeit und institutionalisierte Formen sozialen Lernens und Sozialpädagogik;[107] seit die Familie die Erziehung der Kinder nicht mehr aus eigener Kraft sichert, gibt es das Problem der Ergänzung familiärer Erziehung und Vorschulerziehung;[108] seit die in Schulen und Hochschulen institutionalisierten Lernprozesse nicht ausreichen, um auf ein selbständiges Weiterlernen vorzubereiten, gibt es Erwachsenenbildung;[109] seit und weil die politische Praxis unter den Bürgern sich zuneh-

104 Vgl. hierzu das Kapitel „Defensive Modernisierung“ in: H.-U. Wehler: Deutsche Gesellschaftsgeschichte. Band 1. München 1987, S. 363ff. und 531ff.

105 Vgl. hierzu P. Zedler: Stagnation und Bewertungswandel. Zu Stand, Entwicklung und Folgen ausbleibender Strukturreform im Bildungswesen. In: Zeitschrift für Pädagogik 31 (1985) S. 501-524; siehe auch D. Benner/H. Kemper: Theorie und Geschichte der Reformpädagogik. Teil 3.2, a. a. O., S. 166 ff.; S. 270 ff. und S. 370 ff.

106 Vgl. hierzu H. Blankertz: Bildung im Zeitalter der großen Industrie. Berlin/Darmstadt/Dortmund 1969.

107 Vgl. hierzu K. Mollenhauer: Einführung in die Sozialpädagogik. Weinheim/Berlin 1964.

108 Vgl. J. Schäfer: Geschichte der Vorschulerziehung. Frankfurt a. M./New York 1987.

109 Vgl. H. Dräger: Historiographie und Geschichte der Erwachsenenbildung. In: Enzyklopädie Erziehungswissenschaft. Band 11, hrsg. von E. Schmitz und H. Tietgens, Stuttgart 1984, S. 76-92.

mend in eine solche von Berufspolitikern und Funktionären auflöst, gibt es das Problem der politischen Bildung[110] und eine die anderen Fachpolitiken von pädagogischen Fragen entlastende Bildungs- und Familienpolitik; und weil die Alten zunehmend ausgegrenzt in Heimen leben und sterben, gibt es seit neuestem auch eine Altenbildung und Altenpädagogik.

Vor dem Hintergrund solcher Probleme erweisen sich Strategien, die die Institutionalisierung der pädagogischen Praxis durch Entinstitutionalisierung zu revidieren oder systemtheoretisch zu legitimieren suchen, als gleichermaßen defizitär. Während Entinstitutionalisierungskonzepte die Komplexität bürgerlicher Gesellschaften nicht einmal zur Kenntnis nehmen, meint die Systemtheorie die Institutionen der bürgerlichen Gesellschaft im Vertrauen auf die Evolutionsgeschichte rechtfertigen zu können. Zu den Problemen, die sich systemtheoretisch nicht von selbst beantworten, gehören heute u. a. diejenigen der Erhaltung und Pflege der Natur, der zunehmenden Bedrohung individueller und gesellschaftlicher Lernressourcen und der Entwicklung einer Weltgesellschaft, in der eine Vielfalt von Kulturen aufeinander einwirken und fortbestehen und universalistische Problemsichten nicht geleugnet werden.

In seiner Theorie sozialer Systeme merkt Luhmann hierzu an, dass das von ihm bevorzugte funktionale „Differenzierungsprinzip“ keinen Begriff einer praktischen Systemrationalität kennt, der über eine funktionsspezifische Differenzierung hinausführte und in der Lage wäre, „Umweltinterdependenzen“ rational diskutierbar zu machen. Skeptisch räumt er ein: „Die Entlastung, die die Gesellschaft an einer durch Evolution immer schon ausgewogenen Umwelt hatte, wird mehr und mehr gefährdet.“[111] Von den einzelnen Funktionensystemen gehen zunehmend Folgelasten aus, die auf der Grundlage funktionaler Systemrationalität nicht mehr regulierbar sind. Luhmanns Diagnose gilt nicht nur für Folgelasten, die von der pädagogischen Praxis im Erziehungssystem ausgehen und auf andere gesellschaftliche Systeme einwirken, sondern ebenso für die Folgelasten anderer Systeme, denen das Erziehungssystem ausgesetzt ist. Ihre Diskussion und Kon-

110 Vgl. D. Hoffmann: Politische Bildung 1890 bis 1933. Hannover/Berlin 1970.

111 Luhmann fährt fort: „Vor allem aber fehlt ein gesellschaftliches Subsystem für die Wahrnehmung von Umweltinterdependenzen. Ein solches kann es bei funktionaler Differenzierung nicht geben; denn das hieße, dass die Gesellschaft selbst in der Gesellschaft nochmals vorkommt. Das Differenzierungsprinzip der modernen Gesellschaft macht die Rationalitätsfrage dringlicher – und zugleich unlösbarer. Jeder Rückgriff auf traditionelle Rationalitätssemantiken versagt angesichts dieser Situation. Manche fordern daraufhin eine Allzuständigkeit der Politik, andere wollen aussteigen. Beides ist nicht möglich. Es bleibt wohl nur die Möglichkeit, das Problem mit der nötigen Schärfe zu formulieren, die funktionssystemspezifischen Umweltorientierungen zu verbessern und die gesellschaftsinternen Rückbelastungen und Problemverschiebungen mit mehr Transparenz und Kontrollierbarkeit auszustatten.“ N. Luhmann: Soziale Systeme, a. a. O., S. 645. Vgl. hierzu auch J. Habermas: Der philosophische Diskurs der Moderne. Frankfurt a. M. 1985, S. 426 ff.

trolle muss in Ermangelung eines Systems, das für gesamtgesellschaftliche Verantwortung zuständig wäre, sowohl in den Systemen erfolgen, von denen sie ausgehen, als auch in jenen, auf die sie einwirken. Die von der Systemtheorie gewählte Glaubensmaxime „Fürs Überleben genügt Evolution" bietet hierfür keine Grundlage; sie büßt angesichts solcher Aufgaben vielmehr die ihr von Luhmann zugedachte kritische Potenz ein.

Zu der auch von Luhmann geforderten Aufklärung über Folgelasten reicht die Annahme einer evolutiv sich von selbst erneuernden Rationalität nicht aus. Hierzu ist vielmehr die Idee einer praktischen Systemrationalität erforderlich, welche die Folgelasten von Entwicklungen in einzelnen Systemen und ihre Interdependenzen unter den Prinzipien einer Transformation funktionaler in praktische Systemrationalität sowie eines nicht-hierarchischen Verhältnisses der ausdifferenzierten Formen menschlichen Handelns diskutiert. Nur so könnte sichergestellt werden, dass den Folgelasten in den sie verursachenden Systemen eine gleiche Aufmerksamkeit wie in den unter ihnen leidenden Systemen entgegengebracht wird.

Die Bedeutung der in dieser Arbeit entwickelten regulativen Prinzipien für alle Bereiche der ausdifferenzierten menschlichen Praxis aufzuweisen, wäre Aufgabe einer Allgemeinen Theorie der menschlichen Gesamtpraxis. Eine Allgemeine Pädagogik muss sich damit begnügen, einen dritten Weg zur Institutionalisierung pädagogischen Handelns jenseits der Alternativen naiver Entinstitutionalisierungskonzepte und systemrational-evolutionstheoretischer Legitimationen aufzuzeigen. Hierzu ist es hilfreich, die von Luhmann vorgeschlagene Analyse der Folgelasten auf eine Analyse des fehlenden Folgenschutzes auszuweiten, der sich heute auch innerhalb der pädagogischen Praxis abzeichnet. Denn die fortgeschrittene Ausgrenzung pädagogischer Praxis aus der menschlichen Gesamtpraxis hat nicht nur zu institutionellen, sondern auch zu methodischen und thematischen Strukturveränderungen geführt, welche das Gelingen einer den konstitutiven Prinzipien der Bildsamkeit und der Aufforderung zur Selbsttätigkeit verpflichteten pädagogischen Interaktion zunehmend erschweren und gefährden.

Die institutionelle Struktur ausgegrenzter pädagogischer Praxis basiert darauf, dass pädagogisches Handeln immer weniger als Moment anderer gesellschaftlicher Tätigkeiten ausgeübt wird und zunehmend in mehr oder weniger geschlossenen Institutionen stattfindet. Die veränderte thematische Struktur pädagogischer Praxis zeigt sich daran, dass der Sinn pädagogischer Interaktionen, den diese dort haben, wo sie Momente anderer Tätigkeiten sind, gefährdet wird oder gar verloren geht. So handelt es sich bei schulisch institutionalisierter Erziehung und Bildung um künstliche Interaktionen, in denen nicht einfach gelernt wird, um etwas zu können, sondern immer auch etwas gelernt wird, das außerhalb derselben nicht ohne weiteres erlernt werden kann. Die Bildbetrachtung, der Erlebnisbericht, die Ferienerzählung, das Diktat, die Fremdsprachenübersetzung, die Schüler in der Schule ausarbeiten, werden in der Regel nicht angefertigt, um gemeinsam ein Bild zu betrachten,

Erlebnisse auszutauschen, Ferienerfahrungen einander mitzuteilen oder etwas Wichtiges aus der eigenen in eine fremde bzw. einer fremden in die eigene Sprache zu übersetzen. Auch wird niemand in ein Gefängnis eingesperrt, damit er sich dort auf gesellschaftliche Praxis, auf Arbeit, Sitte, Politik, Bildung, Kunst und Religion vorbereite, sondern weil er rechtskräftig verurteilt und von der Mitwirkung an der menschlichen Gesamtpraxis ausgeschlossen wurde. Die methodische Struktur institutionell und thematisch ausgegrenzter pädagogischer Prozesse basiert darauf, dass es in ihnen nicht ohne weiteres einen Progress vom Nicht-Können zum Können, sondern oft nur einen infiniten Regress gibt. Ein „guter" Lehrer muss seinen Schülern, sobald sie etwas gelernt haben, das sie vorher nicht wussten, Neues vorsetzen, das sie noch nicht kennen, und auf diese Weise dafür sorgen, dass er nicht überflüssig wird.

Angesichts dieser Strukturen institutionell ausgegrenzter pädagogischer Interaktionen stellen Forderungen nach einer Abschaffung pädagogischer Institutionen und Berufe, wie sie Vertreter der Gegenschulbewegung und Antipädagogik propagieren, keine Lösungen, sondern notwendig zum Scheitern verurteilte Ausstiegsversuche aus einer umfassenden Antinomie dar, in der sich alle Praxen und mit diesen die menschliche Gesamtpraxis in bürgerlichen Gesellschaften befinden. Konzepte der Entschulung, der einfachen Aufhebung der Institutionalisierung pädagogischen Handelns und sogenannter Anti-Pädagogik sind insofern naiv, als sie Problemlösungsmöglichkeiten vortäuschen, die nur durchführbar wären, wenn es die mit der Ausdifferenzierung der menschlichen Praxis verbundenen Probleme, die zu lösen sie beanspruchen, gar nicht gäbe.[112]

Eine kritische Theorie pädagogischer Institutionen muss daher erstens untersuchen, wie die institutionalisierte pädagogische Praxis, ohne lediglich Entlastungsfunktionen zu erfüllen, auf Ansprüche der anderen Bereiche gesellschaftlicher Praxis angemessen eingehen kann, sie muss zweitens klären, ob und wie die für pädagogisches Handeln unverzichtbaren erziehungs- und bildungstheoretischen Ansprüche, statt in Umweltsystemen des Erziehungssystems verloren zu gehen, auch in anderen Bereichen menschlichen Handelns reflektiert werden können.

4.3.3 Zur institutionellen Grundstruktur nicht-affirmativer pädagogischer Praxis

Eine nicht-affirmative Institutionalisierung der pädagogischen Praxis zeichnet sich gegenüber den bisher diskutierten Konzepten dadurch aus, dass sie die Interdependenzen, die zwischen den Bereichen menschlichen Handelns bestehen, weder reformpädagogisch oder gar antipädagogisch ausgrenzt

112 Vgl. hierzu die Ausführungen zum sogenannten „Hentig-Paradoxon" in: J. Diederich/H.-E. Tenorth: Theorie der Schule. Berlin 1997, S. 170, S. 218 und S. 225.

noch entlastungstheoretisch legitimiert, sondern unter der Frage nach einer praktischen Systemrationalität analysiert und reflektiert.

Zu diesem Zweck muss zunächst zwischen den von pädagogischen Institutionen ausgehenden Folgewirkungen und ihrer Bedeutung für die anderen Bereiche menschlichen Handelns und den von diesen ausgehenden Folgewirkungen und ihrer Bedeutung für die pädagogische Praxis unterschieden werden. Die zwischen beiden Wirkungen nachweisbaren Interdependenzen gilt es anschließend daraufhin zu befragen, ob sie neben anderen auch pädagogisch legitimierbare Zusammenhänge aufweisen, die mit den erziehungs- und bildungstheoretischen Postulaten methodischer und thematischer Offenheit vereinbar sind. Die Unterscheidung von der pädagogischen Praxis ausgehender und auf diese einwirkender Determinanten muss ebenso wie die Analyse der Interdependenzen kriteriengeleitet erfolgen und anschlussfähig an entsprechend ausgewiesene Kriterien aus allen Bereichen der ausdifferenzierten Praxisformen sein. Was die hierbei zu berücksichtigenden pädagogischen Kriterien betrifft, so können wir diese den Prinzipien pädagogischen Denkens und Handelns entnehmen, die sich auf die individuelle Seite und das Selbstverhältnis der pädagogischen Praxen und deren gesellschaftliche Seite und Außenverhältnisse beziehen.

Die Prinzipien der individuellen Seite pädagogischer Interaktion formulieren die Kriterien, unter denen Anforderungen der anderen Praxen ausdifferenzierter Humanität zu prüfen sind, um als Ansprüche anerkannt und in die pädagogische Praxis eingehen zu können. Das Prinzip der weder formal noch material zu fassenden Bildsamkeit des Menschen besagt, dass die gesellschaftlichen Anforderungen in Lernaufgaben überführt und auf die Mitwirkung der Lernenden an ihren Lernprozessen ausgerichtet werden müssen. Die weder intentional noch funktional zu fassende Kausalität pädagogischen Wirkens verlangt, dass gesellschaftliche Einwirkungen auf die pädagogische Praxis in zur Selbsttätigkeit auffordernde Einwirkungen transformiert werden. Beide Anpassungen an die Logik pädagogischen Handelns und Wirkens kann die pädagogische Praxis nur vornehmen und fördern, wenn die anderen Bereiche menschlichen Denkens und Handelns sich nicht von jeglicher Rücksichtnahme auf die Eigenstruktur pädagogischer Prozesse entlasten.

Die Kriterien für die gesellschaftliche Beachtung der Eigenstruktur pädagogischen Handelns sind in den regulativen Ideen der gesellschaftlichen Seite der pädagogischen Praxis formuliert. Das Prinzip der Überführung gesellschaftlicher in pädagogische Determination verlangt von der pädagogischen Praxis, die gesellschaftlichen Anforderungen und Wirkungen auf pädagogische Prozesse in solche zu transformieren, die den Kriterien der Bildsamkeit und der Aufforderung zur Selbsttätigkeit angemessen sind. Es verlangt zugleich von den anderen Bereichen menschlichen Handelns, solche Transformationen dadurch zu erleichtern, dass auch sie die zwischen ihnen bestehenden Interdependenzen nicht lediglich als Umweltverhältnisse definieren, sondern in praktische, d.h. ökonomische, sittliche, politische, ästhetische und religiöse Determinationen überführen. Dies aber kann nur gelingen, wenn alle institutionalisierten Praxisformen das Prinzip der Überführung gesellschaftlicher in praktische Determination unter Anerkennung der regulativen Idee einer nicht-hierarchischen Verhältnisbestimmung der ausdifferenzierten Bereiche menschlichen Handelns zu beachten versuchen und in der Abstimmung der zwischen ihnen bestehenden Interdependenzen darauf verzichten, für einen Bereich menschlichen Handelns einen Vorrang gegenüber den anderen zu beanspruchen.

Gelänge es, die bestehenden Hierarchien und Ungleichgewichte zwischen den ökonomischen, politischen und pädagogischen Subsystemen bürgerlicher Gesellschaften unter den beiden regulativen Ideen abzubauen, so brauchten wir den geschichtlichen Fortschritt, den wir der bürgerlichen Gesellschaft und der in ihr historisch möglich gewordenen Ausdifferenzierung der menschlichen Gesamtpraxis verdanken, nicht länger mit einer Verkürzung praktischen Handelns nach Maßgabe funktionaler Systemrationalität und einer Auslieferung der Weltgeschichte an eine vermeintlich naturwüchsige Evolutionsgeschichte zu bezahlen. Als Postulat für die heute anstehende Verständigung könnte dasjenige einer institutionellen Offenheit hilfreich sein. In ihm sind zwei Kennzeichen der Moderne, die Ausdifferenzierung der menschlichen Praxis in gegeneinander abgegrenzte Institutionen und das Nachdenken über einen nicht-hierarchischen Gesamtzusammenhang der menschlichen Praxis, miteinander verbunden.

Das Postulat institutioneller Offenheit umschreibt die historische mögliche Alternative zu naiven Konzepten einer bloßen Abschaffung der Institutionen der bürgerlichen Gesellschaft einerseits und ihrer systemtheoretischen Legitimation andererseits. Es fordert weder die Rückkehr in eine vorbürgerliche Gesellschaftsformation, noch setzt es auf eine bloße Hinnahme der Folgeprobleme einer funktionalen Ausdifferenzierung der menschlichen Gesamtpraxis. Bezogen auf die institutionalisierten Formen pädagogischen Handelns verweist das Postulat institutioneller Offenheit darauf, dass die pädagogische Praxis an vom übrigen gesellschaftlichen Leben abgesonderten Orten Lernleistungen und Bedeutungszusammenhänge erfahrbar zu machen sucht, die in den anderen gesellschaftlichen Subsystemen weder vermittelt noch angeeignet werden können.

Das Wirtschaftssystem wünscht sich qualifizierte Arbeiter und kaufbereite Konsumenten, das politische System gesetzestreue Untertanen und parteipolitisch aktive Wahlbürger, das Verteidigungssystem fordert verteidigungsbereite Soldaten, die aus Vaterlandsliebe und Abscheu vor dem Frevel eines Gegners, der die militärischen Vernichtungswaffen als erster einsetzt, dieselben Waffen einzusetzen bereit sind, und vom Erziehungssystem wird erwartet, dass es gleichzeitig qualifizierte Arbeiter, für Werbung aufgeschlossene Konsumenten, getreue Untertanen, politisch aktive Wahlbürger, für den Frieden sich einsetzende Soldaten und im Ernstfall die Vernichtungswaffen bedienende Befehlsempfänger hervorbringt.

Die gewünschte Identität von Mensch und Bürger kann die pädagogische Praxis weder innerhalb der bestehenden Institutionen des Erziehungssystems noch an irgendwelchen anderen Orten herstellen. Ebenso wenig kann sie eine alternative Identität von Mensch und Bürger konstruieren und in die Welt, wie sie ist, hineinsetzen. Die pädagogische Praxis kann weder sich selbst noch die Heranwachsenden von den Systemzwängen, in die diese eingebunden sind, emanzipieren, noch darf sie, wenn sie an der kritischen Tradition pädagogischen Denkens und Handelns festhält, mit diesen einfach befreunden. Sie kann weder den Prinzipien pädagogischen Denkens und Handelns, von denen zwei unmittelbar auf die menschliche Gesamtpraxis verweisen, zu einer allgemeinen Aberkennung verhelfen, noch den Postulaten methodischer, thematischer und institutioneller Offenheit eine praxisübergreifende Geltung verschaffen. Sie kann jedoch an der öffentlichen Diskussion erziehungs-, bildungs- und institutionentheoretisch bedeutsamer Sachverhalte und Fragen mitwirken und die gesellschaftlichen Interdependenzen zwischen der pädagogischen Praxis und den anderen Bereichen menschlichen Handelns offen legen. Vor allem aber kann sie sich um eine erziehungs-, bildungs- und institutionentheoretisch aufgeklärte, den Grundprinzipien pädagogischen Denkens und Handelns sowie den Postulaten methodischer, thematischer und institutioneller Offenheit verpflichtete Ausübung und Gestaltung ihrer eigenen Handlungsfelder bemühen.

Nicht-affirmative Pädagogik bestimmt ihre Möglichkeiten und Grenzen jenseits von Allmachts- und Ohnmachtsvorstellungen pädagogischer Praxis.[113] Da sie für sich keinen Primat unter den ausdifferenzierten Formen menschlicher Praxis anstrebt und vergleichbare Sonderstellungen auch bei anderen Praxen nicht anerkennt, weiß sie, dass ihre Handlungsspielräume und Wirkungsmöglichkeiten durch die fehlende gesellschaftliche Anerkennung der ihr zugrunde liegenden Prinzipien und Postulate eingeschränkt sind. Zugleich versucht sie, innerhalb der erweiterbaren Spielräume Lernprozesse zu fördern, die zu einer gesamtgesellschaftlichen und menschheitlichen Überwindung der Grenzen dessen beitragen können, was heute möglich ist. Skepsis gegenüber den Scheinalternativen optimistischer oder pessimistischer Diagnosen aller Art und zugleich Skepsis hinsichtlich der eigenen Möglichkeiten, vernünftig wirken zu können, kennzeichnet vielleicht die sokratisch-paradoxe Aufgabe gegenwärtiger und künftiger Pädagogik, mit der alle Bereiche professioneller und nicht-professioneller Erziehung und Bildung konfrontiert sind.[114]

---

113 Vgl. Schleiermachers frühe Kritik von Allmachts- und Ohnmachtsvorstellungen in der Pädagogik in: F. E. D. Schleiermacher: Theorie der Erziehung. Die Vorlesungen aus dem Jahre 1826, a. a. O., S. 46 ff.

114 Vgl. hierzu die keineswegs skeptizistische, sondern skeptisch-transzendentalkritische Pädagogik von W. Fischer und J. Ruhloff, insbesondere die Bände: W. Fischer: Unterwegs zu einer skeptisch-transzendentalkritischen Pädagogik. Sankt

Um Heranwachsende in einem handlungstheoretisch angeleiteten und orientierten Sinne in die Anforderungen und Aufgaben außerpädagogischer Bereiche einzuführen, bedarf die pädagogische Praxis einer Institutionalisierung, die gleichermaßen ihrer individuellen und gesellschaftlichen Seite angemessen ist. Aufgabe pädagogischen Handelns ist es, individuelle Lernprozesse so zu fördern und zu unterstützen, dass die Einzelnen in den gesellschaftlichen Handlungsbereichen urteils- und handlungsfähig werden. Als Maßstäbe einer institutionellen Förderung solcher Lehr-Lernprozesse sind die von der Systemtheorie identifizierten, in den außerpädagogischen Bereichen verwendeten ökonomischen, ethischen und politischen Duale untauglich. Eine angemessene Institutionalisierung ist vielmehr von eigenlogischen, ethischen, ökonomischen und politischen Strukturen abhängig, die mit der Eigenlogik pädagogischen Denkens und Handelns kompatibel sind.

Die ökonomische Maxime kapitalistischer Warenproduktion, mit einem Minimum an Input ein Maximum an Output zu erzielen, ist als Kriterium zur Beurteilung institutionalisierter pädagogischer Prozesse ebenso untauglich wie das Konkurrenzverhalten der Wirtschaftsbürger, die auf dem Markt ihre Arbeitskraft anbieten, um einen möglichst hohen Lohn zu erzielen. Dasselbe gilt für den das Politiksystem regulierenden Dual von Regierung und Opposition. Ein Bildungssystem, das die Lernprozesse nach diesen Maßstäben beurteilte und mit ihrer Hilfe Siege und Niederlagen inszenierte, um Auf- und Abstieg zu regulieren, wäre nicht nur in pädagogischer Hinsicht ein menschenverachtendes System.[115]

Auf der anderen Seite kommen pädagogische Institutionen nicht ohne eine Beurteilung von In- und Output, Bildungsinvestitionen und -ertrag, Lehr-Lernerfolgen sowie Misserfolgen aus. Wie aber soll es möglich sein, die ökonomische, moralische und politische Anschlussfähigkeit pädagogischer Institutionen ohne Auslieferung der in ihnen Lernenden an außerhalb des Bildungssystems geltende Normen zu gewährleisten? An die Stelle einer Ökonomie des maximalen Output bei minimalem Input ist in Bildungsinstitutionen eine Ökonomie der Rentabilität von Bildungsinvestitionen zu verankern, welche danach fragt, ob Heranwachsende in Bildungseinrichtungen weiter gefördert werden können oder nicht. Um dies zu beurteilen, sind Modelle, die das Output des Bildungssystems alternativ an den Lernleistungen schwacher oder leistungsstarker Schüler ausrichten, ebenso untauglich wie Statistiken, die nur Mittelwerte errechnen. Da Lernen ein individueller,

---

Augustin 1989; W. Fischer/J. Ruhloff: Skepsis und Widerstreit. Neue Beiträge zur skeptisch-transzendentalkritischen Pädagogik. Sankt Augustin 1993.

115 Vgl. hierzu M. Weiß: Quasi-Märkte im Schulbereich. Eine ökonomische Analyse. In: J. Oelkers (Hrsg.): Zukunftsfragen der Bildung. 43 Beiheft der Zeitschrift für Pädagogik. Weinheim und Basel 2001, S. 69-85.

grundsätzlich nicht delegierbarer Vorgang ist,[116] müssen Bildungsinvestitionen immer auch individuell sinnvoll sein. Dies sind sie jedoch nur dann, wenn die pädagogische Praxis Lernfortschritte bewirkt, die auf Lernprozesse in pädagogischen Institutionen zurückgeführt werden können und den Aufenthalt in ihnen lohnend erscheinen lassen. Pädagogische Einrichtungen, in denen solche individuellen Lernfortschritte bei Einzelnen oder ganzen Gruppen nicht erzielt werden, sind parapädagogisch. Daran ändert auch die gleichzeitige Erfüllung von kustodialen und selektiven Funktionen nach Maßgabe systemfunktionaler Duale wie angepasst-unangepasst bzw. besser-schlechter nichts. Statt Heranwachsende unter Abstraktion von ihren individuellen Lernleistungen in bessere und schlechtere, störende und nichtstörende Teilnehmer des Bildungssystems einzuteilen und entsprechende Unterscheidungen im Dienste der Selektionsfunktion auch dann noch gut zu heißen, wenn – aus welchen Gründen auch immer – keine nennenswerten Lernzuwächse mehr erzielt werden, verlangt der Maßstab individueller Förderung, das In- und Output individuell zu ermitteln und zu prüfen, ob eine individuelle Förderung von Lehr-Lernprozessen gesichert ist.[117]

Das Kriterium individueller Förderung besagt nicht, dass alle Lernenden zu gleichen Leistungen befähigt werden oder in derselben Zeit dasselbe lernen können, auch nicht, dass alle eine gleiche Zeit in pädagogischen Institutionen verbringen sollten. Er macht jedoch deutlich, dass individuelle Lehr-Lernprozesse auch individuell beurteilt werden müssen.[118] Zu diesem

---

116 Vgl. hierzu K. Pranges These, innerhalb der Didaktik wiederhole sich die pädagogische Differenz von theoretischer und praktischer Pädagogik als didaktische Differenz von Lehren und Lernen, und zwar mit der Folge, dass Lernen einerseits wie Essen und Trinken nicht an andere delegiert werden kann, Lernerfolge andererseits sich jedoch nicht notwendig und unmittelbar beim Tun von selbst einstellen. Siehe hierzu: Ders.: Plädoyer für Erziehung. Hohengehren 2000, insbesondere die Beiträge zum Teil „IV. Lernen und Erziehung"; vgl. u. a. S. 246.

117 Vgl. hierzu die Studie von R. H. Lehmann/R. Gänsfuß/R. Peek: Aspekte der Lernausgangslage und Lernentwicklung von Schülerinnen und Schülern an Hamburger Schulen – Klassenstufe 7. Bericht über die Untersuchung im September 1998, hrsg. von der Behörde für Schule, Jugend und Berufsbildung. Amt für Schule. Hamburg 1999.

118 Vgl. hierzu Herbarts Hinweis: „Der Erzieher vergleicht seinen Zögling nicht mit Andern; er vergleicht ihn mit sich selbst; er vergleicht das, was der junge Mensch wird, mit dem, was derselbe vermutlich werden konnte. Er ist mit keinem zufrieden, der hinter sich selbst zurückbleibt; und mit keinem unzufrieden, welcher soviel wird als man vermutlich von ihm erwarten durfte." In: J. F. Herbart: Briefe über die Anwendung der Psychologie auf die Pädagogik (1832). In: Johann Friedrich Herbarts Sämtliche Werke, hrsg. von G. Hartenstein. Band 11. Leipzig 1851, S. 357; J. F. Herbart: Systematische Pädagogik. Band 1, a. a. O., S. 208. Zum Problem einer pädagogischen Diagnostik, die darum weiß, dass eine pädagogische Beurteilung beispielsweise von Schülerleistungen nicht ohne eine Beurteilung der in sie eingegangenen Lehrerleistungen auskommt, vgl. D. Benner/J. Ramseger: Zwischen Ziffernzensur und pädagogischem Entwicklungsbericht: Zeugnisse ohne No-

Zweck bedarf es einer spezifischen Gerechtigkeitsstruktur, durch die sich Bildungseinrichtungen von anderen gesellschaftlichen Systemen unterscheiden.[119] Zu dieser gehört unverzichtbar, dass Leistungen, die Lernende in pädagogischen Institutionen erbringen bzw. nicht erbringen, niemals absolut gesetzt, sondern als vorläufige gekennzeichnet werden. Zu ihr gehört ferner, dass Bildungskarrieren im Bildungssystem nicht endgültig scheitern dürfen. Die Übergänge aus pädagogisch institutionalisierten Lehr-Lernprozessen in außerpädagogische Bewährungssituationen sind so zu gestalten, dass Lernende darin unterstützt werden, in der Gesellschaft einen ihren Mitwirkungsmöglichkeiten angemessenen Platz zu finden und ihre Lebensform selbst zu wählen. Ohne angemessene Vorkehrungen im Beschäftigungssystem ist Bildungsgerechtigkeit nicht möglich.[120]

Entsprechende Forderungen gelten für alle Institutionen, in denen pädagogisches Handeln stattfindet. Die in ihnen zu fördernden Lehr-Lernprozesse sind niemals nur auf innerinstitutionelle Leistungen, sondern stets zugleich auf Bewährungssituationen außerhalb der pädagogischen Institutionen ausgerichtet. Was die Schule betrifft, hat Hegel in einer seiner Schulreden hierzu ausführt: „Das Urteil, das die Schule fällt, kann … so wenig etwas Fertiges sein, als der Mensch in ihr fertig ist. … Denn wie die Arbeit der Schule Vorübung und Vorbereitung ist, so ist auch ihr Urteil ein Vorurteil; eine so wichtige Präsumtion es gibt, so ist es nicht schon etwas Letztes."[121] Schulische Leistungsbeurteilungen dürfen dieser Bestimmung zufolge Lernende nicht nach Rangplätzen unterscheiden, sondern müssen Rückmeldungen über vorausgegangene Lernprozesse geben, die ebenso vorläufig sind wie die Lernprozesse selbst. Vergleichbares gilt auch für die Berichtsfunktion schulischer Beurteilungen. Diese sollte sich nicht in der Mitteilung von Ziffernzensuren erschöpfen, sondern Sorge dafür tragen, dass individuelle Leistungen zusätzlich auch individuell gewürdigt werden.[122] Was aber

---

ten in der Grundschule. In. Zeitschrift für Pädagogik 31 (1985) S. 151-174. Die Konsequenzen dieses Problems für den Leistungsvergleich ganzer Bildungssysteme sind beträchtlich, wie die Diskussion über die geringe Aussagefähigkeit der Mittelwertvergleiche von TIMSS gezeigt hat.

119 Vgl. hierzu St. Hellekamps/H.-U. Musolff: Die gerechte Schule. Köln 1999.

120 Darum ist dem Begriff der Bildungsgerechtigkeit ein Vorzug gegenüber dem Begriff der Chancengleichheit einzuräumen, welcher suggeriert, als ließe sich Chancenungleichheit mit Hilfe des Bildungssystems in Chancengleichheit überführen. Vgl. hierzu H. Heid: Funktion und Tauglichkeit herrschender Prinzipien zur Gewährleistung sozialer Verteilungsgerechtigkeit. In: L. Montada (Hrsg.): Arbeitslosigkeit und soziale Gerechtigkeit. Frankfurt a. M. und New York 1994, S. 34-52; P. Foray: Gemeinsame Bildung und Gemeinsinn. In: D. Benner (Hrsg.): Bildungsstandards. Instrumente zur Qualitätssicherung im Bildungswesen. Chancen und Gefahren, Beispiele und Perspektiven. Paderborn 2007.

121 G. W. F. Hegel: Gymnasialrede vom 2. September 1811. In: Ders.: Sämtliche Werke, hrsg. von H. Glockner. Band 3. Stuttgart/Bad Cannstadt 1971, S. 274.

122 Zu dieser Problematik führte W. von Humboldt im Königsberger Schulplan aus: „Die gelehrte Schule muss zwar zu jeder Zeit entlassen; … thut sie es aber nur am

die Berechtigungsfunktion schulischer Zertifikate betrifft, so gilt es, deren Vorläufigkeit unter der Idee eines nicht-hierarchischen Verhältnisses der ausdifferenzierten Bereiche menschlichen Handelns zweifach zu begrenzen. Die Berechtigung zum Studium beispielsweise darf nicht monopolistisch an Schulabschlüsse gebunden, sondern muss auch auf anderen Wegen, z.B. über einen beruflichen Bildungsgang, erworben werden können; und der Eintritt in berufliche Ausbildungsgänge von der Lehre bis zum Hochschulstudium reguliert sich sinnvoller Weise nicht allein nach schulisch erteilten Zertifikaten, sondern zugleich nach Leistungen, die in den Ausbildungsgängen selbst erbracht und festgestellt werden.

Eine Theorie pädagogischer Institutionen wird zwischen verschiedenen Lernorten unterscheiden und diese so zueinander in Beziehung setzen, dass Übergänge zwischen ihnen sinnvill und möglich sind. Dies gilt insbesondere für das Lernen in Familie, Schule und Beruf.

In der modernen Familie wird der Mensch weder als Staats- noch als Standesbürger,[123] sondern als ein Wesen geboren, dessen Bestimmung nicht vorgegeben, sondern unbekannt und dessen Zukunft ungewiss und offen ist.[124] Der moderne Mensch muss lernen, seine Bestimmung selbst zu finden und zu wählen. Zu diesem Zweck ist es unerlässlich, dass Kinder von ihren natürlichen Bezugspersonen als freie Personen anerkannt und um ihrer selbst willen geachtet werden. Voraussetzungen hierfür sind in der modernen Familie insofern gegeben, als diese aus einer freien Wahl ökonomisch handlungsfähiger Lebenspartner entsteht, die keine geburts- und berufsstän-

---

Ende eines Schulsemesters, und nie anders, als nach vorhergängigem Examen, dessen Zweck aber nur ist, dem jungen Menschen eine Erklärung mitzugeben, wie viel oder wenig Fortschritte er gemacht hat.“ In: Wilhelm von Humboldts Gesammelte Schriften. Band 13. Berlin 1920, S. 275; Ders.: Werke in fünf Bänden, hrsg. von A. Flitner und K. Giel. Band 4. Darmstadt 1964, S. 186.

123 Zur frühen Unterscheidung zwischen Familie und Staat vgl. die Kritik, die Aristoteles an Platons Universalstaat geübt hat: „Denn eine Vielheit seiner Natur nach ist der Staat, und um zu einer Einheit zu werden, müsste er … aus dem Staat zur Familie und aus der Familie zum Einzelmenschen werden.“ Im Unterschied zu Platon erblickt Aristoteles in einer solchen Verfassung jedoch nicht das Ideal menschlicher Gemeinschaft, sondern die Gefährdung individueller und kollektiver Existenz. Denn wenn die gesamte Verfasstheit des Menschen als eine staatliche definiert würde, hörte die menschliche Praxis auf, eine freie zu sein. Darum folgert Aristoteles: „Und wenn man daher auch wirklich imstande wäre, den Staat in dieser Weise zu einigen, so dürfte man es doch gar nicht tun, weil man damit den Staat aufheben würde.“ Aristoteles: Politik 1261 a 16-23; vgl. auch die Ausführungen zur Kritik staatspädagogischer Konzepte in D. Benner/H. Sladek: Vergessene Theoriekontroversen in der Pädagogik der SBZ und DDR, a. a. O., S. 18 ff.; D. Benner/St. Hellekamps: Staatspädagogik/Erziehungsstaat. In: Historisches Wörterbuch der Pädagogik, hrsg. von D. Benner und J. Oelkers. Weinheim und Basel 2004, S. 946-970.

124 Vgl. zum Folgenden den Begriff der modernen Familie in: G.W.F. Hegel: Grundlinien der Philosophie des Rechts, a. a. O., §§ 158-181; siehe auch: Ders.: Gymnasialrede vom 2. September 1811, a. a. O., S. 269.

disch festgelegte Lebensform an ihre Kinder weitergeben müssen und auch nicht zum Zwecke der Sicherung des eigenen Lebensabends auf Kinder angewiesen sind. Moderne Eltern oder Personen, die an ihre Stelle treten, können Kindern ein motivloses Wohlwollen[125] entgegenbringen, das diese dazu bestimmt, ihre Bestimmung selbst hervorzubringen und ihre Lebensform frei zu wählen. Dieser besondere Charakter weist die moderne Familie u.a. als eine pädagogische Institution aus, in der die private, die berufliche und die politische Koexistenzweisen auseinandergetreten sind.

Eine Folge hiervon ist, dass die moderne Familie zwar die Fundamente für eine Pluralität individueller und gesellschaftlicher Lebensformen legt, im Unterschied zur vormodernen ständischen Familie die Kinder jedoch nicht mehr angemessen auf den Eintritt in die Gesellschaft vorbereiten kann. Darum stellt Hegel der Familie die bürgerliche Gesellschaft als ein arbeitsteiliges System zur Steigerung und Befriedigung der Bedürfnisse gegenüber, in dem ein jeder nach der Leistung beurteilt und geschätzt wird, die er in Konkurrenz mit anderen erbringt. Nachdem die private und die berufliche Existenz in der modernen Familie auseinandergetreten sind, können Eltern die Selbstbestimmungsfreiheit, von der sie bei der Wahl ihres Berufes, ihres Partners und ihrer Lebensform selbst Gebrauch gemacht haben, zwar an ihre Kinder weitergeben, diese jedoch nicht in den Gebrauch dieser Freiheit einführen. Die Erziehung in der Familie muss daher durch eine zweite pädagogische Institution ergänzt werden, in der Heranwachsende nicht nur auf den Übergang von der Familie in die bürgerliche Gesellschaft, sondern darüber hinaus auf den selbständigen Eintritt in die „wirkliche Welt", d.h. in alle Bereiche und Lebensformen der ausdifferenzierten menschlichen Gesamtpraxis, vorbereitet werden.[126] Diese Institution ist bis heute die Schule. In ihr fangen Heranwachsende an, nicht nur als selbstzweckhafte Personen zu gelten, sondern individuelle Leistungen auch in jenen Berei-

---

125 Vgl. hierzu J. F. Herbarts Begriff des Wohlwollens in: Ders.: Allgemeine Practische Philosophie, a. a. O., S. 97 ff.: Ders.: Systematische Pädagogik. Band 1, a. a. O., S. 159 ff.

126 Vgl. hierzu D. Benner: Was ist Schulpädagogik? (1977). In: Ders.: Studien zur Didaktik und Schultheorie. Pädagogik als Wissenschaft, Handlungstheorie und Reformpraxis. Band 3. Weinheim/München 1995, S. 51 ff.; H.-U. Musolff: Schule nach dem Ende der Geschichte. Zur Rekonstruktion der Methode von Hegels Schultheorie. In: Pädagogische Rundschau 53 (1999) S. 145-167. Ungeachtet der bis in Hegels Schultheorie nachweisbaren und von mir in meinem Beitrag aufgezeigten staats- und gesellschaftsaffirmativen Momente räume ich H.-U. Musolffs Interpretation der Schultheorie Hegels insofern einen Vorzug ein, als sie Schule nicht nur als Institution des „Übergang(s) aus der Familie in die bürgerliche Gesellschaft" (vgl. G. W. F. Hegel: System der Philosophie. Dritter Teil. In: Sämtliche Werke, hrsg. von H. Glockner. Band 10. Stuttgart/Bad-Cannstadt 1965, S. 104), sondern zugleich als eine Einrichtung des Übergangs „zwischen der Familie und der wirklichen Welt" (vgl. G. W. F. Hegel: Gymnasialrede vom 2. September 1811, a. a. O., S. 269) auslegt; siehe hierzu auch das folgende Zitat ebd., S. 273.

chen menschlichen Wissens und Könnens zu erbringen, in die die moderne Familie ihren Nachwuchs nicht einzuführen vermag. In der Schule bildet sich der Mensch zunächst allgemein, d.h. ohne Kenntnis des Speziellen, das er als Beruf später wählen wird. Er lernt lesen, schreiben und rechnen, kultiviert und reflektiert seine Leiblichkeit, eignet sich außerhalb seines primären Umgangshorizonts existierende tote und lebendige Sprachen an, erlernt die Anfangsgründe der Mathematik und der modernen Natur-, Geistes- und Sozialwissenschaften und erweitert darüber hinaus seine Erfahrung und seinen Umgang in Auseinandersetzung mit Werken der Kunst und den Weltdeutungen der Religion.

Für schulisches Lernen gilt, dass es nicht in natürlichen, sondern in künstlichen Situationen stattfindet und von den Lernenden die Anstrengung verlangt, die Horizonte ihrer Alltagserfahrung und ihres zwischenmenschlichen Umgangs zu überschreiten und sich für vieles zu interessieren. Zur Künstlichkeit schulischen Lernens gehört auch, dass in der Schule gelernt wird, was ohne schulische Erziehung und Unterweisung nicht lernbar wäre. Hinzu kommt, dass der Sinn des in schulischen Situationen zu Lernenden in der schulischen Auseinandersetzung mit Zeichen, Sachen und Formen keineswegs aufgeht. Bei Hegel heißt es hierzu: „Was durch die Schule zu Stande kommt, die Bildung der Einzelnen, ist die Fähigkeit derselben, dem öffentlichen Leben anzugehören.“ Damit diese Fähigkeit sich entfalten kann, müssen zur Schule als der zweiten pädagogischen Institution moderner Bildungsgänge weitere Institutionen hinzukommen, in denen Heranwachsende lernen, die in der Schule erworbenen Kenntnisse und Fähigkeiten auch außerhalb der Schule sinnvoll zu gebrauchen und weiter zu entwickeln.

Der Eintritt in das dritte Stadium moderner Menschenbildung beginnt dort, wo Heranwachsende sich für das Erlernen eines bestimmten Berufs entschieden haben und sich auf diesen nun in speziellen Ausbildungsgängen vorbereiten.[127] Dieses Stadium ist dasjenige selbst gewählter Arbeits- und Lebensformen, in denen Erwachsene sich nicht nur beruflich, sondern auch jenseits des Berufs bilden und entwickeln. Der beruflichen Bildung kommt in diesem Zusammenhang insofern eine unverzichtbare Bedeutung zu, als erst sie die materiellen Voraussetzungen dafür sichert, dass Erwachsene eine individuell und gesellschaftlich nützliche Berufstätigkeit ergreifen, vermittelt über diese für ihre eigene Subsistenz sorgen, Politik demokratisch kontrollieren und in ökonomischer Unabhängigkeit freie Beziehungen eingehen können.

---

127 Zur Abgrenzungs- und Abstimmungsproblematik von allgemeiner und beruflicher Bildung vgl. H.H. Becker: Über das Wesen der Allgemeinbildung und einige aus ihm sich ergebende Folgerungen für das System der Volksbildung. In: Pädagogik 12 (1957) S. 663-676 und S. 727-746; zur kontroversen Diskussion dieses Beitrags und seiner systematischen Bedeutung siehe D. Benner/H. Sladek: Vergessene Theoriekontroversen in der Pädagogik der SBZ und DDR, a. a. O., S. 89 ff. und 260 ff.

Individuelle Familienerziehung, allgemeines Lernen und Leben in der Schule und spezielle Bildung im Medium beruflicher Arbeit sind die drei Stadien, die heute für gelingende Bildungsgänge unverzichtbar sind. Keines dieser Stadien ist durch ein anderes ersetzbar. An die Stelle der natürlichen Eltern können Ersatzerzieher treten, die mit Kindern in einer familienähnlichen Beziehung leben. Die Schule als Institution künstlich veranstalteter Lehr-Lernprozesse kennt keine Alternative. Sie stellt vielmehr die Alternative zu Lernprozessen dar, die in einer Einheit von Leben und Lernen stattfinden. Auch für berufliche Bildung gibt es keinerlei Ersatz. Niemand lernt durch Schulbildung, für seinen eigenen Lebensunterhalt zu sorgen. Die sittliche Freiheit, individuelle Beziehungen einzugehen, ist ohne berufliche Unabhängigkeit nur in eingeschränktem Maße praktizierbar. Eltern müssen einen Beruf haben, der sie ernährt und in die Lage versetzt, ohne fremde Hilfe Kinder familiär aufzuziehen. Auch die politische Praxis setzt ökonomisch relativ autonome Bürger voraus. Ein Staat von Arbeitslosen, der seinen Bürgern eine Grundrente gewährt, wäre durch solche Bürger nicht mehr *souverän* kontrollierbar.

So gesehen sind Familie, Schulen und berufliche Ausbildungsstätten notwendige und unverzichtbare pädagogische Institutionen. Sie werden heute durch andere Institutionen ergänzt, in denen ebenfalls künstliche Lehr-Lernprozesse stattfinden. Der Kindergarten ist nicht nur die pädagogische Institution des Übergangs von der Familie in die Schule, sondern zugleich eine Einrichtung, in der Kinder lernen, außerhalb der Familie mit Gleichaltrigen zu kommunizieren. Sozialpädagogische Einrichtungen und Einrichtungen der Erwachsenenbildung kommen hinzu. Sie sind nicht in gleichem Sinne notwendig wie die zuvor genannten. Dass auf sie heute gleichwohl nicht verzichtet werden kann, liegt nicht in der gesellschaftlichen Natur moderner Bildungsgänge schlechthin, sondern in der Verfasstheit moderner Gesellschaften, in denen Bildungsgänge so riskant geworden sind, dass sie ohne fremde Hilfe verschuldet und unverschuldet scheitern können oder ein Weiterlernen und Umlernen erfordern, das über schulischen Unterricht und berufliche Erstausbildung hinausgeht. Gesellschaftspädagogische Tätigkeiten unterscheiden sich von familiär, unterrichtlich und beruflich organisierter pädagogischer Praxis dadurch, dass sie pädagogische Defizite der Gesellschaft und ihrer Systeme auszugleichen und Bildungsprozesse auch dort zu fördern und zu unterstützen suchen, wo Familie, Schule und berufliche Bildung versagen. Und die erwachsenenbildnerische Praxis ist stärker noch als die vorschulische, die schulische und die gesellschaftpädagogische Praxis daran zurückgebunden, dass ihre Klientel die in ihr institutionalisierten Bildungsanstrengungen freiwillig auf sich nimmt.

Die pädagogische Praxis findet nicht nur in den genannten Institutionen statt, sie ist in diesen zugleich in je besonderer Weise institutionalisiert. In der privaten Familienerziehung ist die pädagogische Praxis individuell-privat, in der öffentlichen schulischen Erziehung öffentlich-staatlich, in der beruflichen Bildung beruflich und schulisch organisiert. Zur Privatheit familiärer oder familienähnlicher Erziehung gibt es keine Alternative. Sie untersteht keinerlei Aufsicht. Als intergenerationelle Praxis bedarf sie dort, wo sie gelingt, weder einer öffentlichen noch einer staatlichen Kontrolle. Wo sie versagt, werden sozialpädagogische Interventionen notwendig, in denen es in der Regel nicht nur um Lernprozesse Heranwachsender, sondern immer auch um Lernprozesse erwachsener Bezugspersonen geht. Schulisch institutionalisierte pädagogische Praxis verlangt dagegen nach einer überindividuellen, öffentlichen Institutionalisierung, die über die Differenz privater und staatlicher Organisationsformen hinausweist.[128] Es kommt nicht darauf an, staatliche Bildungseinrichtungen in private oder private in staatliche zu überführen, sondern die gemeinsame Erziehung der nachwachsenden Generation als eine öffentliche Erziehung zu gestalten und nach Maßgabe staatlicher Gesetze zu kontrollieren. Was aber die berufliche Bildung betrifft, so haben sich hier Institutionalisierungsformen bewährt, die auf Mischformen zwischen einer öffentlich-staatlichen und beruflich-betrieblichen Organisation basieren.

Eine gemeinsame Struktur der angesprochenen pädagogischen Institutionen liegt im Erfordernis ihrer institutionellen Offenheit. Dieses meint keine beliebige Offenheit zwischen institutionalisierten und nicht-institutionalisierten Räumen des Lernens, sondern bezieht sich auf die Übergänge zwischen den pädagogischen Institutionen sowie zwischen institutionalisierten und nicht-institutionalisierten Formen des Lernens.

So wie in den erziehungs- und bildungstheoretischen Abschnitten die erziehungstheoretische Ausrichtung pädagogischen Handelns durch die Maxime der methodischen Offenheit und die bildungstheoretische Grundorientierung durch die Maxime der thematischen Offenheit bestimmt wurde, so kann hier zum Abschluss des institutionentheoretischen Teils die Struktur pädagogischer Institutionen mit der Maxime einer institutionellen Offenheit umschrieben werden, welche für die Regulierung von Übergängen unverzichtbar ist.

Hier stellt sich die Frage, welche Handlungsformen es im Bereich der Erziehung gibt, um Lehr-Lernprozesse unter den Maximen methodischer, thematischer und institutioneller Offenheit zu arrangieren. Diese Frage leitet zum nächsten Kapitel über, in dem zwischen verschiedenen Handlungsdimensionen der pädagogischen Praxis unterschieden wird und verschiedene Grundformen pädagogischen Handelns vorgestellt werden.

---

128 Vgl. hierzu: D. Benner: Bildung und Demokratie. In: J. Oelkers (Hrsg.): Zukunftsfragen der Bildung. Weinheim/Basel 2001, S. 49-65.

5. Die Handlungsdimensionen der pädagogischen Praxis

Auf Grundlage der Prinzipien pädagogischen Denkens und Handelns und der handlungstheoretischen Fragestellungen systematischer Erziehungswissenschaft soll nun eine Gliederung der pädagogischen Praxis nach Handlungsdimensionen vorgestellt und die Frage erörtert werden: Wie lässt sich die pädagogische Praxis in Handlungsvollzüge gliedern, die sowohl mit den Prinzipien pädagogischen Denkens und Handelns als auch mit den systematischen Fragestellungen wissenschaftlicher Pädagogik abgestimmt sind? Welches sind die Grundweisen eines Handelns, das die Heranwachsenden in ihrer unbestimmten Bildsamkeit als an ihren Lernprozessen mitwirkende Subjekte anerkennt und zur Selbsttätigkeit so auffordert, dass dabei gesellschaftliche Einwirkungen auf ihre Lernprozesse im Sinne einer nicht-hierarchischen Bestimmung des Verhältnisses der pädagogischen Praxis zur ausdifferenzierten menschlichen Gesamtpraxis in pädagogische Einwirkungen transformiert werden können?

Dass sich den vier Prinzipien nicht einfach vier Dimensionen pädagogischen Handelns zuordnen lassen, geht schon aus den Beziehungen hervor, die zwischen den konstitutiven und den regulativen Prinzipien bestehen. Das pädagogische Handeln lässt sich nicht in Handlungsvollzüge gliedern, die der Bildsamkeit oder der Aufforderung zur Selbsttätigkeit oder der Überführung gesellschaftlicher Einflüsse in pädagogische oder der Sicherung eines nicht-hierarchischen Verhältnisses der Einzelpraxen in jeweils ausschließlicher Weise verpflichtet sind. Im Handeln verlangen alle Prinzipien gleichzeitig Anerkennung, und wir können eines nicht ohne die anderen beachten. Auch den drei systematischen Fragestellungen der Pädagogik lassen sich linear keine Dimensionen pädagogischen Handelns zuordnen, denn in ihnen sind Prinzipien, die für die individuelle Seite pädagogischen Handelns gelten, jeweils mit Prinzipien der gesellschaftlichen Seite so verbunden, dass auch die systematischen Fragestellungen Anspruch auf eine gleichzeitige Anerkennung erheben. Die pädagogische Praxis in erziehende Interaktionen, bildende Tätigkeiten und innerhalb pädagogischer Institutionen organisierte Maßnahmen zu differenzieren, würde ganz und gar dem bisher entwickelten pädagogischen Grundgedanken widersprechen.

Eine systematisch und handlungstheoretisch begründete Dimensionierung der pädagogischen Praxis muss Grundformen pädagogischen Handelns identifizieren, die als zeitlich aufeinander folgende, sich wechselseitig ergänzende Handlungsvollzüge das Proprium pädagogischen Handelns in allen pädagogischen Tätigkeiten und Berufen ausmachen. Eine solche Dimensionierung zeigt sich, wenn wir von der allgemeinen Grundnorm pädagogischer Temporalität ausgehen, der zufolge pädagogisches Handeln, um nicht zu pervertieren, sein eigenes Ende antizipieren und planvoll herbeiführen muss. Für die Binnendifferenzierung der pädagogischen Praxis in unterschiedliche Dimensionen oder Handlungsformen folgt daraus, dass diese ihr Ende auf zweifache Weise herbeiführen müssen. Jede von ihnen muss in andere Dimensionen pädagogischen Handelns übergehen und zugleich einen spezifischen Beitrag dazu leisten, dass pädagogische Praxis ihr Ende in einer Einführung Heranwachsender in die ausdifferenzierten Handlungsformen der menschlichen Gesamtpraxis finden kann.

In problemgeschichtlicher Hinsicht lassen sich idealtypisch zwei Weisen unterscheiden, wie pädagogisches Handeln an sein eigenes Ende gelangt. Solange die Menschen in vorbürgerlichen Gesellschaften intergenerationell aus alltäglicher Welterfahrung und im zwischenmenschlichen Umgang lernten und ihre Bestimmung fanden, war die pädagogische Praxis keine in sich differenzierte und ausgegrenzte Handlungsform, sondern ein Moment anderer gesellschaftlicher Tätigkeiten, in die sie integriert war und in denen sie folglich immer auch ihr eigenes Ende finden konnte.[1] Seit der neuzeitlichen Ausdifferenzierung der menschlichen Gesamtpraxis in Institutionen der bürgerlichen Gesellschaft und der mit dieser Ausdifferenzierung untrennbar verbundenen Verbesonderung des pädagogischen Handelns zu einer gegenüber alltäglicher Welterfahrung und zwischenmenschlichem Umgang ausgegrenzten Lehr- und Lernpraxis finden die nicht-professionellen und professionalisierten Formen pädagogischen Handelns ihr Ende nicht mehr in einer vorwiegend über Vortun und Mittun vermittelten Teilhabe pädagogischer Handlungsformen an intergenerationeller Welterfahrung und zwischenmenschlichem Umgang. Da die pädagogische Praxis zu einer von den anderen Handlungsbereichen abgehobenen, insofern also künstlichen Form menschlichen Handelns geworden ist, muss auch ihr Ende auf künstliche Weise, zum Beispiel durch die Ausstellung von Zeugnissen und die Erteilung von Berechtigungen, herbeigeführt werden.

Vergleicht man beide Formen des Endes pädagogischen Handelns miteinander, so zeigt sich, dass die erste oder ältere sehr wohl ohne die zweite, historisch an die Entstehung und Entwicklung bürgerlicher Gesellschaften gebundene Form praktiziert werden konnte, dass hingegen die moderne

1 Dieser vormoderne Typ pädagogischen Handelns war, wie K. Wünsche gezeigt hat, durch die Stufen Vormachen, Nachmachen, Mitmachen bestimmt. Er ist in der Tat insofern an ein historisches Ende gelangt, als modernes pädagogisches Handeln mit ihm allein nicht mehr auszukommen vermag. Vgl. K. Wünsche: Die Endlichkeit der pädagogischen Bewegung. In: Neue Sammlung 25 (1985) S. 433-449. Siehe auch D. Benner/K.-F. Göstemeyer: Postmoderne Pädagogik. Analyse oder Affirmation eines gesellschaftlichen Wandels? In: Zeitschrift für Pädagogik 33 (1987) S. 61-82.

Form, die das Ende der pädagogischen Praxis durch künstliche Übergänge von gesellschaftlich ausgegrenzten pädagogischen Prozessen in ausdifferenzierte Formen des Lebens veranstaltet, nicht ohne die ältere auskommt. Welterfahrung und zwischenmenschlicher Umgang lassen sich in institutionalisierten Lehr- und Lernprozessen nur erweitern, wenn durch sie das Lernen aus Erfahrung und Umgang nicht gänzlich suspendiert, sondern um andere Lernformen ergänzt wird.[2] Dies aber setzt voraus, dass institutionell ausgegrenzte Formen pädagogischen Handelns sich nicht vollständig von nicht-institutionalisierten Formen des Lernens loslösen, sondern ihr eigenes Ende unter Bedingungen, die eine unmittelbare Teilhabe der pädagogischen Praxis an den anderen gesellschaftlichen Tätigkeiten nicht mehr gestatten, dadurch herbeiführen, dass sie Übergänge zwischen alltäglicher Welterfahrung und zwischenmenschlichem Umgang sowie institutionalisierten Lernprozessen in beide Richtungen zulassen und anstreben.

Eine mit den Prinzipien pädagogischen Denkens und Handelns und den systematischen Fragestellungen der Pädagogik in Einklang stehende Dimensionierung pädagogischer Praxis können wir weder den Konzepten eines unmittelbaren Erfahrungs- und Umgangslernens in vorbürgerlichen Gesellschaften entlehnen, noch aus der institutionellen Abgrenzung der pädagogischen Praxis als einer gegenüber den anderen gesellschaftlichen Tätigkeiten abgehobenen Lehr- und Lernpraxis ableiten. Die gesuchte Dimensionierung der pädagogischen Praxis muss sich gleichermaßen von den Idealisierungen eines unmittelbaren Erfahrungs- und Umgangslernens wie von einer bloßen Abbildung der heute gegebenen und üblichen Arbeitsteilung pädagogischer Berufe unterscheiden müssen. Erkennt man an, dass es kein Zurück in die älteren Formen eines weitgehend an alltägliche Erfahrung und zwischenmenschlichen Umgang gebundenen intergenerationellen Lernens im gemeinsamen Vollzug der ökonomischen, sittlichen, politischen, ästhetischen und religiösen Praxis gibt und dass Erfahrung und Umgang durch in pädagogischen Institutionen stattfindende Lernprozesse nicht suspendiert werden dürfen, sondern erweitert werden müssen, so gilt es, eine dieser Problemstellung angemessene Dimensionierung der pädagogischen Praxis zu entwickeln. Diese muss zeigen, dass die pädagogische Praxis beim Erfahrungs- und Umgangslernen beginnt und vermittelt über ausgesonderte und institutionalisierte Lernformen den Wissens- und Könnenshorizont der Lernenden erweitert. Sie muss darauf verzichten, das pädagogische Handeln

---

2 Vgl. hierzu Herbarts Definition des erziehenden Unterrichts durch die Trias von Erfahrung, Wissenschaft und Kunst sowie Umgang, Politik und Religion, in der Erfahrung und Umgang Wissenschaft und Kunst sowie Politik und Religion vorgelagert sind, in: Ders.: Allgemeine Pädagogik (1806), S. 232-261; siehe auch die von Herbarts Vorgabe abweichende dreispaltige Präsentation in den von W. Asmus herausgegebenen Pädagogischen Schriften. Band 2. Düsseldorf/München 1965, S. 84-93; vgl. auch die Herbarts triadischer Anordnung folgende Präsentation in: Ders.: Systematische Pädagogik. Band 1: Ausgewählte Texte. Weinheim 1997, S. 100-109.

als eine von den anderen Tätigkeiten völlig abgesonderte Praxisform oder als einen unmittelbar integrierten Teil der menschlichen Gesamtpraxis zu deuten und dieses so strukturieren, dass es über die Lernleistungen, die es ermöglicht, in die menschliche Gesamtpraxis reintegriert werden kann.

Im Hinblick auf moderne Gesellschaften veränderte Grundstruktur lassen sich drei Dimensionen modernen pädagogischen Handelns unterscheiden, die erstmals Herbart in seiner „Allgemeinen Pädagogik“ auf einen Begriff gebracht hat.[3] Die erste Dimension hängt mit den Brüchen zusammen, die unweigerlich dort stattfinden, wo menschliches Lernen nicht mehr nur Lernen aus unmittelbarer Erfahrung und im zwischenmenschlichen Umgang ist; sie ist diejenige der pädagogischen Praxis als eines sich selbst negierenden Gewaltverhältnisses über Unmündige. Die zweite Dimension bezieht sich auf die Aufgabe, Erfahrung und Umgang durch ausgegrenzte, künstliche Lehr-Lernprozesse zu erweitern; sie wird im folgenden als diejenige einer bildenden Erweiterung von Erfahrung und Umgang durch erziehenden Unterricht näher bestimmt. Die dritte Dimension schließlich bezieht sich auf die Aufgabe der Reintegration der pädagogischen Praxis in nicht-pädagogische Handlungsformen; sie wird unter der Überschrift „Pädagogische Praxis im Übergang zu intergenerationellem Handeln“ vorgestellt.

5.1 Pädagogisches Handeln als sich negierendes Gewaltverhältnis über Unmündige

An der Frage, ob Gewalt über andere auszuüben ein legitimer Teil pädagogischen Handelns sei oder nicht, scheiden sich immer wieder die Geister. In der Beantwortung dieser Frage lassen sich bis heute zwei „einfache“ Positionen idealtypisch unterscheiden. Die eine lehnt jedwede Form von Gewaltanwendung und -ausübung ab und erhebt den grundsätzlichen Verzicht auf gewaltsame Maßnahmen zur einzig legitimen Maxime pädagogischen Handelns. Die andere erblickt in der Herrschaft der zu pädagogischem Handeln Befugten über die auf pädagogische Interaktion Angewiesenen eine unverzichtbare Dimension pädagogischer Praxis und legitimiert dies damit, dass der Mensch erst „erzogen“ werden müsse, bevor er sich „bilden“ könne. Beide Positionen bekämpfen einander, indem sie sich gegenseitig als antiautoritäre oder autoritäre Weisen pädagogischen Handelns diffamieren. Antiautoritäre Erziehung neigt, wo sie ihren Namen wirklich verdient, dazu, keinerlei Autoritäten jenseits des Willens der Heranwachsenden anzuerkennen. Autoritäres pädagogisches Handeln erkennt dagegen nur den Willen der Erwachsenen oder der Gesellschaft als vernünftig an und fordert die Unterwerfung des kindlichen Willens, seine Anpassung an die schon vorhandene Vernünftigkeit der Wirklichkeit. Beide Positionen folgen, sofern

3 Vgl. hierzu D. Benner: Die Pädagogik Herbarts. Eine problemgeschichtliche Einführung in die Systematik neuzeitlicher Pädagogik. Weinheim/München ^{2}1993.

sie überhaupt weitergehende pädagogische Fragestellungen kennen, einer affirmativen Theorie der Erziehung und Bildung. Nur in dem, was sie bejahen, unterscheiden sie sich voneinander.

Der Streit darüber, ob Erziehung als ein Gewaltverhältnis zu legitimieren sei oder nicht, ist blind gegenüber der sich im Handeln immer wieder stellenden Frage, wann und inwieweit Gewaltausübung pädagogisch erlaubt ist. Die einander bekämpfenden Positionen kennen diese Frage nicht einmal, sondern halten sie, ohne sich auf sie einzulassen, für dogmatisch entscheidbar und entschieden. Sich auf die Frage nach der Legitimität pädagogischer Gewaltausübung einzulassen, verlangt dagegen, statt Gewalt einfach als notwendig anzuerkennen oder Gewaltlosigkeit schlicht als möglich zu behaupten, sich der von Kant in seiner 1803 veröffentlichten Pädagogik-Vorlesung formulierten Frage zu stellen: „Wie kultiviere ich die Freiheit bei dem Zwange?"[4] Zum Kern dieser Frage können wir nur vordringen, wenn wir das pädagogische Gewaltverhältnis von anderen Formen der Gewalt unterscheiden. Zu diesem Zweck erinnern die folgenden problemgeschichtlichen Hinweise zunächst an in unserer Tradition wirksame Reflexionen zur Legitimität pädagogischer Gewalt. Anschließend wird versucht, im Rahmen des bisher entwickelten pädagogischen Grundgedankens Möglichkeiten und Grenzen einer legitimen Ausübung von Gewalt genauer zu bestimmen. Zum Schluss wird gefragt, wie pädagogische Praxis als Gewaltverhältnis über Unmündige in andere Formen pädagogischen Handelns übergehen und vermittelt hierüber ihr Ende vorbereiten kann.

5.1.1 Problemgeschichtliche Hinweise zur Besonderheit pädagogischer Gewaltausübung

Solange die pädagogische Praxis als ein integriertes Moment anderer gesellschaftlicher Tätigkeiten ausgeübt wurde, gab es eine gegenüber allgemeinen Formen von Gewaltausübung ausgegrenzte pädagogische Weise der Gewaltausübung nicht. Der Zwang, den Erwachsene über Kinder ausübten, war gleichsam eingebettet in Zwänge und Notwendigkeiten, die auch das Leben und Zusammenleben der Erwachsenen bestimmten.

Dies lässt sich an dem vielleicht ältesten Dokument unserer Tradition zur Frage, ob es erlaubt sei, Kinder zu töten, belegen. In der Geschichte des Abraham, der von seinem Gott in die „Versuchung" geführt wurde, seinen einzigen Sohn zu opfern,[5] war die Extremform väterlicher Gewaltausübung

---

4 I. Kant: Über Pädagogik. Königsberg 1803, A 32; vgl. hierzu den Aufsatz von J. Ruhloff: „Wie kultiviere ich die Freiheit bei dem Zwange?". In: Vierteljahrsschrift für Wissenschaftliche Pädagogik 51 (1975) S. 2-18; zur Pädagogik Kants vgl. insbesondere T. Weisskopf: Immanuel Kant und die Pädagogik. Zürich 1970; P. Kauder/W. Fischer: Immanuel Kant über Pädagogik. Hohengehren 1999.

5 Vgl. 1 Mose, Genesis 22.

untrennbar verbunden mit kultischen Bräuchen, die nicht nur das Opfern von Kindern, sondern ebenso die religiös gebotene Opfertötung erwachsener Menschen vorsahen. Und Abrahams Befreiung von der Versuchung, seinen Sohn zu opfern, war keine spezifisch pädagogische Freisetzung, sondern integriertes Moment der Befreiung der religiösen Praxis aus den kultischen Zwängen als inhuman eingesehener Menschenopfer.

Dass die Formen pädagogischer Gewaltausübung vor der Ausgrenzung der pädagogischen Praxis in gesamtgesellschaftliche Gewaltverhältnisse integriert waren, gilt nicht nur für die Extremform der Gewalt über Leben und Tod, von der das erste Buch Mose berichtet, sondern auch für die Normalformen alltäglicher Gewaltausübung Erwachsener über Heranwachsende. Aristoteles hat im siebten Buch seiner Politik die pädagogische Gewalt als integriertes Moment gesellschaftlicher Gewalt legitimiert, indem er das pädagogische Generationenverhältnis nicht als ein knechtisches, sondern als ein politisches, nämlich als Verhältnis Regierender und Regierter, bestimmte. Ausgehend von der Überlegung, dass angesichts der Endlichkeit des Menschen nicht diejenige Gesellschaftsordnung die beste sein könne, in der die Regierenden und die Regierten „ihr ganzes Leben hindurch verschiedene“ sind, sondern nur diejenige, in der „alle Staatsbürger in gleicher Weise an dem abwechselnden Regieren und Regiertwerden Anteil haben“, sucht er nach einem Unterscheidungskriterium, das den „Forderungen der Gerechtigkeit“ entspricht, indem es „die Gleichen“ gleich behandelt und „trotzdem“ sicherstellt, dass „die Regierenden vor den Regierten etwas voraushaben“. Auf die Frage, welches Kriterium diesen Bedingungen genüge, antwortet er: „Die Natur selbst … hat hier die Scheidung an die Hand gegeben, indem sie das, was der Gattung nach ganz einerlei ist, doch in eine ältere und eine jüngere Generation teilt, von denen es der einen geziemt zu regieren und der anderen regiert zu werden. Denn niemand empört sich, wenn er seinem Alter gemäß regiert werden soll, noch hält er sich zu gut dafür, zumal wenn er selbst einst Anteil an der Regierung erhalten wird, sobald er nur in das dazu geeignete Alter gelangt ist.“[6]

Kants Frage, wie Freiheit und Zwang in der Erziehung zu vereinbaren sind, kannte auf seine Weise also schon Aristoteles. Um das neuzeitliche Verständnis der pädagogischen Praxis problemgeschichtlich richtig einzuordnen, gilt es freilich nicht nur auf Ähnlichkeiten, sondern auch auf Differenzen im Verständnis der pädagogischen Praxis als einer regierenden Tätigkeit Mündiger gegenüber Unmündigen zu achten. Aristoteles definierte die pädagogische Praxis als eine in der Sitte begründete politische Tätigkeit Regierender gegenüber Regierten, welche die heranwachsenden freien Bürger durch „Gewöhnung“ und „Unterweisung“ in die zweckmäßige Ordnung aller menschlichen Tätigkeiten in der Polis einführt und auf diese Weise zur Erhaltung der Polis im Generationenwechsel beiträgt. Das Ziel der Selbst-

6 Aristoteles: Politik 1332 b-1333 a.

erhaltung der Polis ist der pädagogischen Praxis ebenso wie der politischen Praxis vorgegeben. Hieraus gewinnt die politische Ableitung der pädagogischen Praxis ihre immanente Stimmigkeit.

Wenn Aristoteles ausführt, dass die Gewöhnung der nachwachsenden Generation an die vorgegebene Sitte und Rechtsordnung der Unterweisung in den theoretischen und praktischen Wissenschaften vorausgeht, begründet er dies nicht im Sinne normativer Umgewöhnungspädagogiken späterer Epochen, sondern teleologisch und im Blick auf die genetische Struktur menschlichen Lernens.[7] Die Gewöhnung geht der Unterweisung voraus, weil erstens die Sitte der Praxis ebenso vorgegeben ist wie die Ordnung des Kosmos dem menschlichen Wissen und weil zweitens nur diejenigen um die teleologische Vernünftigkeit der Gesamtordnung wissen können, die sich zuvor in sie eingeübt haben. Genetisch ist demnach das Regiertwerden früher als das Regieren, die Gewöhnung früher als die Unterweisung, logisch und ontologisch aber ist gerade nicht das genetisch Frühere, sondern das genetisch Spätere das Erste oder Fundierende: die Gesamtordnung des Kosmos nämlich und die dieser affine Ordnung der Polis.[8]

Die Antwort des Aristoteles auf die Frage, wie Freiheit angesichts der Unvermeidbarkeit von Zwang kultiviert werden könne, war eine zweifache. Sie lautete, es gebe Menschen, die als „beseelte Werkzeuge“ gar nicht der Freiheit fähig sind und infolgedessen als Sklaven durch ihre Herren regiert werden. Ein solches Regieren aber zieme sich nicht gegenüber heranwachsenden freien Bürgern. Diese gelte es zu guten Bürgern der vorgegebenen Polis zu erziehen und so zu regieren, dass sie durch Eingewöhnung in die bestehende Ordnung und durch Unterweisung in den theoretischen und praktischen Wissenschaften lernen, die Polis durch eigenes Handeln zu erhalten und andere gut zu regieren.

Hegel versuchte für seine Zeit, die aristotelische Antwort zu erneuern, wenn er in seiner Rechtsphilosophie feststellte, die „Pädagogik ist die Kunst, die Menschen sittlich zu machen“, und auf die Frage, wie dies geschehen könne, die antike Antwort wiederholte, es gelte, Heranwachsende zu „Bürger(n) eines Staates von guten Gesetzen“ zu erziehen.[9] Darin, dass die Gewöhnung dem Unterricht vorausgeht, stimmte Hegel mit Aristoteles überein. Die Sitte aber, an die Heranwachsende zu gewöhnen sind, war für Hegel nicht mehr der Ordnungszusammenhang der über sich selbst nicht hinausweisenden antiken Polis, sondern die auf individuelle Konkurrenz und Machtsteigerung ausgerichtete neuzeitliche bürgerliche Gesellschaft und die diese überwölbende Rechtsordnung des modernen Staats. In ersterer stellt Arbeit nicht mehr eine für freie Bürger unschickliche Tätigkeit, son-

7 Vgl. hierzu G. Buck: Lernen und Erfahrung. Stuttgart/Berlin ^{2}1969, S. 28 ff.
8 Vgl. hierzu Aristoteles: Politik 1334 b.
9 G. W. F. Hegel: Grundlinien der Philosophie des Rechts. In: Sämtliche Werke, hrsg. von H. Glockner. Band 7. Stuttgart/Bad Cannstadt 1964, § 153

dern eine allgemeine, auf die Steigerung der Bedürfnisse ausgerichtete menschliche Tätigkeit dar, die als Quelle allen Wohlstands und Reichtums angesehen wird. Um dieser Gesellschaft anzugehören, müssen die Einzelnen lernen, einen Beruf zu wählen, in dem sie sich selbst individuelle Zwecke setzen, andere als Mittel für ihre Zwecke gebrauchen und zugleich Mittel im Dienste der Zwecke anderer werden. Im Unterschied zur antiken Arbeit dient moderne Berufstätigkeit nicht mehr ausschließlich der Subsistenzsicherung, sondern der wechselseitigen Steigerung von Produktivität und Bedürfnissen.[10] Da die moderne Gesellschaft nicht auf der Zweckmäßigkeit einer Gesamtordnung, sondern auf der Willkür aller basiert, lebt sie von individuellen und gesellschaftlichen Voraussetzungen der Freiheit, die sie selbst weder zu sichern noch zu erhalten vermag. Darum unterschied Hegel die moderne Notwendigkeit eines „Staats von guten Gesetzen" von der Ordnung der antiken Polis. Die Existenz des modernen Menschen bestimmte er als eine nicht durch die Sitte zusammengehaltene, sondern als eine in sich zerrissene. Um die menschliche Gesamtpraxis der neuen bürgerlich-industriösen, auf Warenproduktion und Geldwirtschaft basierenden kapitalistischen Ökonomie nicht auszuliefern, konzipierte er den modernen Staat als einen die bürgerliche Gesellschaft überhöhenden Rechtsstaat, in dem die Einzelnen, die in der Sphäre der bürgerlichen Gesellschaft einander als Konkurrenten begegnen, sittliche Verbindungen miteinander eingehen und sich als Gleiche anerkennen können.[11]

Um Heranwachsende auf den Übergang von einer vorwiegend der Subsistenzsicherung dienenden handwerklich-bäuerlichen zu einer industriösbürgerlichen Ökonomie vorzubereiten, hatten Aufklärungspädagogen ein halbes Jahrhundert vor Erscheinen der Rechtsphilosophie Hegels die auf den Aspostel Paulus zurückgehende Maxime modernisiert, dass niemand essen solle, der nicht von früh auf arbeite.[12] In problemgeschichtlicher Hinsicht drohte damit, zumindest für die unteren Schichten der Gesellschaft, die Erziehung der Heranwachsenden in eine Regierung über Sklaven, die nun jedoch nicht nur an herstellende, handwerkliche Tätigkeiten, sondern

10 Ein solches Modell hatte Aristoteles, ohne freilich neuzeitliche Ökonomie, Wissenschaft und Technik zu kennen, deshalb als unzweckmäßig kritisiert, weil es zur grenzenlosen Pleonexie, zum Streben nach permanenter Steigerung von Reichtum und Macht, zum Konkurrenzkampf der Polisstaaten untereinander und schließlich zum Untergang der antiken Polis führen würde. Vgl. Aristoteles: Politik 1256 b 40 – 1258 a 18.

11 Vgl. hierzu J. Ritter: Hegel und die französische Revolution. Frankfurt a. M. 1965.

12 Vgl. hierzu die Berufung auf die „Industriephilosophie des Paulus" bei H. Ph. Sextro: Über die Bildung der Jugend zur Industrie. Ein Fragment. Göttingen 1785. Unveränderter Neudruck, hrsg. von H. J. Heydorn und G. Koneffke, mit einer Einleitung von G. Koneffke. Frankfurt a. M. 1968, S. 29. Vgl. auch K.-F. Göstemeyer: Pädagogik und gesellschaftliche Synthesis. Zur Dialektik von Menschheits- und Gesellschaftsbildung bei Hobbes, Sextro und Jachmann. Frankfurt a. M./Bern/Paris/ New York 1989, S. 51 ff.

an industriöse Lohnarbeit zu gewöhnen sind, überzugehen. Hegel versuchte die für industriöse Gewöhnung unverzichtbare Brechung des kindlichen Willens nicht nur ökonomisch, sondern zugleich sittlich zu begründen, indem er den „Gehorsam“ als den „Anfang aller Weisheit“ bezeichnete und die Notwendigkeit einer Gehorsam erzwingenden Regierung Mündiger über Unmündige wie folgt begründete: „durch (den Gehorsam, D. B.) lässt der das Wahre, das Objektive noch nicht erkennende und zu seinem Zwecke machende, deshalb noch nicht wahrhaft selbständige und freie, vielmehr unfertige Wille (des Kindes, D. B.) den von außen an ihn kommenden vernünftigen Willen in sich gelten, und macht diesen nach und nach zu dem Seinigen. Erlaubt man dagegen den Kindern zu thun, was ihnen beliebt, ... so entsteht in den Kindern ein beklagenswertes Sicheinhausen in besonderes Belieben ... . Bald thut sich im Kinde der Eigenwille und das Böse hervor. Dieser Eigenwille muss durch die Zucht gebrochen, – dieser Keim des Bösen durch dieselbe vernichtet werden.“[13]

In dieser sozial- wie theoriegeschichtlich als Übergang von der feudalen zur bürgerlichen Gesellschaft ausgewiesenen Situation formulierte Kant die moderne Frage, wie Freiheit mit Zwang in der Erziehung zu vereinbaren sei. Seine Antwort unterscheidet sich gleichermaßen von der des Aristoteles, der zwischen verschiedenen Formen der Regierung über Sklaven und über Freie differenzierte, wie von der der pädagogischen Aufklärung, die Zwang in der Erziehung als Disziplinierung der Heranwachsenden zur Steigerung ihrer Arbeitsproduktivität guthieß, und der Hegels, der die aristotelische Dialektik von Regieren und Regiertwerden unter historisch veränderten Bedingungen zu modernisieren suchte. Kants Antwort lautete: „Hier muss man folgendes beobachten: 1) dass man das Kind, von der ersten Kindheit an, in allen Stücken frei sein lasse ... . 2) Muss man ihm zeigen, dass es seine Zwecke nicht anders erreichen könne, als nur dadurch, dass es andere ihre Zwecke auch erreichen lasse ... . 3) Muss man ihm beweisen, dass man ihm einen Zwang auferlegt, der es zum Gebrauche seiner eigenen Freiheit führt, dass man es kultiviere, damit es einst frei sein könne, d.h. nicht von der Vorsorge anderer abhängen dürfe. Dieses letzte ist das späteste. Denn bei den Kindern kommt die Betrachtung erst spät, dass man sich z.E. nachher selbst um seinen Unterhalt bekümmern müsse. Sie meinen,

13 G. W. F. Hegel: System der Philosophie. Dritter Teil. Die Philosophie des Geistes. In: Ders.: Sämtliche Werke, hrsg. von H. Glockner. Band 10. Stuttgart/Bad Cannstadt 1965, S.102. Die Passage bezieht sich auf die frühkindliche Erziehung; in seiner Abiturrede vom 2. September 1811 begrüßt Hegel für das Jugendalter die neue „Liberalität“, welche „die Erziehung immer mehr aus dem richtigen Gesichtspunkte“ betrachte, dass sie wesentlich mehr Unterstützung als Niederdrückung des erwachenden Selbstgefühls“, nämlich „eine Bildung zur Selbstständigkeit seyn müsse“. In: Ders.: Sämtliche Werke, hrsg. von H. Glockner. Band 3. Stuttgart/Bad Cannstadt 1971, S. 270f.

das werde immer so sein, wie in dem Hause der Eltern, dass sie Essen und Trinken bekommen, ohne dass sie dafür sorgen dürfen."[14]

Aus Kants Antwort auf die Frage nach der Legitimität pädagogischer Gewaltausübung geht hervor, dass nicht nur seine Antwort, sondern auch seine Frage eine andere als die des Aristoteles war. Kants Sichtweise ist über Rousseaus Auseinandersetzung mit dem teleologischen Ordnungsmodell der griechischen Antike und den von diesem geführten Nachweis vermittelt, dass es unter den Bedingungen der modernen bürgerlichen Gesellschaft kein Zurück mehr zur antiken Identität von Mensch und Bürger geben kann. Kants Antwort verortet das moderne Problem der Legitimität pädagogischer Gewaltausübung in einer Gesellschaft, welche die Notwendigkeit, durch Arbeit für den eigenen Lebensunterhalt zu sorgen, tendenziell allen Mitgliedern zumutet und die Freiheit der Einzelnen nicht an deren Übereinstimmung mit einer vorgegebenen, hierarchisch strukturierten Gesamtordnung aller menschlichen Tätigkeiten zurückbindet. Die moderne Abstimmungsproblematik von Freiheit und Zwang in der Erziehung bezieht ihre immanente Problematik daraus, dass moderne Freiheit nicht länger auf den engeren Bereich der altgriechischen Polispraxis begrenzt, sondern auf ausdifferenzierte Formen der menschlichen Gesamtpraxis bezogen ist. Hierzu gehören u.a. die ökonomische Freiheit, eigene Zwecke zu verfolgen, die sittliche Freiheit der Achtung der Würde der eigenen Person und der eines jeden anderen und die politische Freiheit demokratischer Partizipation der Bürger im Rahmen einer republikanischen Verfassung des Staates.

Im Unterschied zu dem von Aristoteles gemeinten politisch-regierenden Gewaltverhältnis der älteren über die jüngere Generation ist die moderne Handlungsdimension pädagogischer Gewaltausübung nicht mehr ein integriertes Moment der politischen Praxis, sondern eine von den anderen Praxisformen ausgegrenzte, gleichwohl auf sie bezogene Dimension pädagogischen Handelns. In der geschichtlichen Periode des Übergangs von der Ständegesellschaft zur modernen bürgerlichen Gesellschaft, die allgemein als Zeitalter der Aufklärung bezeichnet wird, veränderte sich die Stellung der pädagogischen Praxis innerhalb der menschlichen Gesamtpraxis grundlegend. Dies hatte nicht zuletzt Folgen für die Legitimation und Legitimierbarkeit dessen, was seitdem unter einer pädagogisch zu rechtfertigenden Ausübung von Gewalt zu verstehen ist.

In ökonomischer Hinsicht unterscheidet sich die bürgerliche von der vorbürgerlichen Gesellschaft dadurch, dass in ihr nicht mehr Güter für die Sicherung der Subsistenz, sondern Waren für den Markt produziert werden. In ethischer Hinsicht unterscheidet sie sich von älteren Gesellschaftsformen dadurch, dass standesspezifische Sitten ihre Anerkennung verlieren und die Einheit von Arbeits- und Lebensordnung zerbricht. In politischer Hinsicht

14 I. Kant: Über Pädagogik, a.a.O., A 32f.

schließlich unterscheidet sich die bürgerliche Gesellschaft der Neuzeit von älteren Gesellschaftsformen dadurch, dass die politische Praxis auf keine teleologisch gerechtfertigte Hierarchie menschlicher Tätigkeiten mehr gegründet wird, sondern in eine Abhängigkeit zur warenproduzierenden Ökonomie gerät. Von solcher Abhängigkeit suchte die antike Praxisphilosophie das politische Handeln zu bewahren, indem sie den Sinn von Arbeit nicht in der Steigerung menschlicher Herrschaft über die Natur und in der Anhäufung von privatem und gesellschaftlichem Reichtum erblickte, sondern an der Sicherung der Subsistenz ausrichtete.[15]

Während Aristoteles Gewöhnung und Unterweisung als pädagogische Dimensionen einer politisch regierenden Praxis verstand, die der Einführung der nachwachsenden Generation in die vorgegebene Ordnung der Polis diente, gliedert sich die pädagogische Praxis seit dem Verlust dieser Ordnung in der modernen bürgerlichen Gesellschaft nicht mehr in zwei, wie Hegel noch meinte, sondern in drei Dimensionen: in Handlungsformen einer pädagogischen Disziplinierung Unmündiger durch Mündige, in didaktische Handlungsformen einer unterrichtlichen Unterweisung und in Handlungsformen einer Einführung der nachwachsenden Generation in ausdifferenzierte gesellschaftliche Handlungsfelder und Tätigkeiten. Bis heute kommt das pädagogische Handeln mit den alten Dimensionen der Gewöhnung und Unterweisung, deren Stimmigkeit untrennbar an eine teleologische Gesamtordnung menschlicher Praxis zurückgebunden war, nicht mehr aus. Weder durch bloße Gewöhnung noch durch zusätzliche Unterweisung können Heranwachsende in der bürgerlichen Gesellschaft ihre künftige Bestimmung finden; durch Gewöhnung nicht, weil sie ihre künftige Bestimmung aufgrund eigener Neigungen und Leistungen und der Fähigkeit, sich selbst Zwecke zu setzen, suchen müssen, durch Unterweisung nicht, weil in der bürgerlichen Gesellschaft Unterricht nicht zu jenen Tätigkeiten, die die Griechen zur Muße rechneten, hinführt, sondern die Heranwachsenden darauf vorbereitet, in allen Bereichen menschlicher Praxis tätig zu werden und ihre künftige Bestimmung frei zu wählen. In der bürgerlichen Gesellschaft geht darum Gewöhnung teils dem Unterricht voraus, teils folgt sie ihm nach. Die Gewöhnung, die der unterrichtlichen Dimension pädagogischen Handelns vorausgeht, nannte Kant Disziplinierung. Hegel verfehlte das von Kant Gemeinte, als er sich, gegen Rousseau und die neuzeitliche Pädagogik insgesamt polemisierend, der von Teilen der Aufklärungspädagogik vertretenen Auffassung anschloss, dass Kinder an die Erfordernisse der bürgerlichen Gesellschaft durch eine Brechung ihres „Eigenwillens“ und eine Vernichtung des in ihm liegenden „Keim des Bösen“ zu gewöhnen seien.[16] Die

15 Vgl. hierzu K.-F. Göstemeyer: Pädagogik und gesellschaftliche Synthesis, a. a. O.

16 Hegels Rede von der notwendigen Vernichtung des kindlichen Willens stellt eine späte Variante einer im Rahmen der christlichen Pastoral entstandenen „Regierungskunst“ dar, die sich auf das gesamte Wollen der Menschen erstreckte und zur Entstehung moderner Formen von Kritik insofern beigetragen hat, als sie die Frage pro-

auf den Unterricht folgende und an ihn anschließende Gewöhnung bezeichnete Kant als Aufgabe der Zivilisierung und Moralisierung, welche die Heranwachsenden in die Lage versetzen, andere „Menschen (zu) ihren Zwecken (zu) gebrauchen“ (Zivilisierung) und dabei solche Zwecke zu „erwählen“, die „nur lauter gute Zwecke“ sind, weil sie „zu gleicher Zeit jedermanns Zwecke sein können“ (Moralisierung).[17]

In der Transformation der beiden älteren Dimensionen pädagogischen Handelns als einer auf Gewöhnung und Unterweisung beruhenden regierenden Praxis in die drei Dimensionen disziplinierender, unterrichtlicher und den Übergang ins gesellschaftliche Leben begleitender Tätigkeiten liegt nach Herbart die Revolution modernen pädagogischen Denkens und Handelns. Durch sie unterscheidet sich die Pädagogik in der bürgerlichen Gesellschaft von derjenigen älterer Gesellschaftsformen. Zur Antinomik der modernen Dimensionierung pädagogischen Handelns gehört, dass die pädagogische Praxis diese dreifache Dimensionierung erst nach dem Verlust teleologischer und kosmologischer Ordnungsvorstellungen erhielt und seitdem ihre frühere Abhängigkeit von einer teleologisch gerechtfertigten Gesamtpolitik gegen eine teleologisch gerade nicht zu rechtfertigende Abhängigkeit von den Erfordernissen und Mechanismen der neuzeitlichen warenproduzierenden bürgerlichen Gesellschaft eintauschte. Wie eine Emanzipation von teleologischen Ordnungsvorstellungen ohne Affirmation der Systemzwänge einer warenproduzierenden Ökonomie zu erreichen sei, gehört seitdem zum

---

vozierte, wie es möglich sei, dass man nicht derartig regiert werde. Vgl. M. Foucault: Qu'est-ce que la critique? critique et Aufklärung. Bulletin de la Société française de Philosophie. Paris 1990; deutsche Ausgabe: Was ist Kritik? Aus dem Französischen von W. Seitter. Berlin 1992.

17 I. Kant: Über Pädagogik, a. a. O., A 22 f. Der von F. Th. Rink herausgegebene Text der Vorlesung enthält an mehreren Stellen Brüche im Gedankengang, die wohl darauf zurückzuführen sind, dass Rink nicht auf ein in sich geschlossenes Manuskript zurückgreifen konnte, sondern mehrere Teile zu einem Ganzen zusammenfügte. Insbesondere Kants Einteilung pädagogischen Handelns in die Stufen der Disziplinierung, Kultivierung, Zivilisierung und Moralisierung ist immer wieder als ein Widerspruch zu anderen Aussagen Kants gedeutet worden. Liest man diese Einteilung jedoch in Verbindung mit Kants Forderung, die Pädagogik müsse „judiziös“ werden (ebd., S. 16), und berücksichtigt man Kants Auffassung, dass sich die Menschheit nicht in einem aufgeklärten Zeitalter, sondern im Zeitalter der Aufklärung bewegt, so ergibt sich die weiterführende Problemperspektive, dass die Stufe der Moralisierung nicht den Stufen der Disziplinierung, Kultivierung und Zivilisierung einfach hinzugefügt werden kann. Eine solche Konsequenz zog Herbart, ohne sich jedoch auf Kants Pädagogik-Vorlesung zu berufen, als er die pädagogische Praxis in Kinderregierung (Disziplinierung), erziehenden Unterricht (Kultivierung) und Zucht (Zivilisierung) einteilte und die von Kant als noch ausstehend begriffene Moralisierung als Aufgabe einer um ihre Grenzen wissenden Kinderregierung, eines erziehenden und bildenden Unterrichts und einer den Übergang in selbst verantwortetes Handeln ermöglichenden Zucht interpretierte.

Kern der erziehungs-, bildungs- und institutionentheoretischen Problemstellungen moderner Pädagogik.

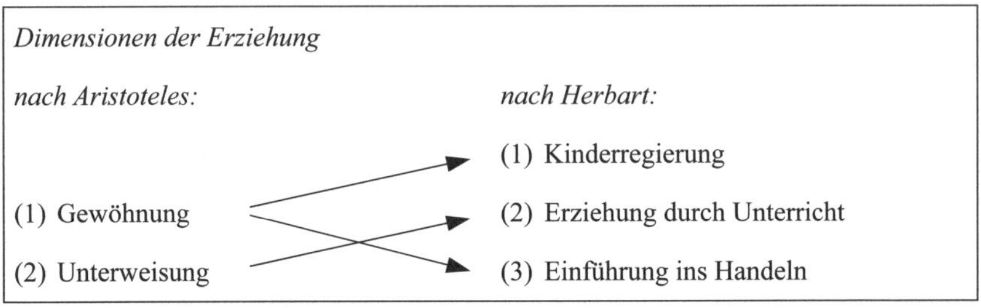

Die Pädagogik der Neuzeit ist in ihren Fragestellungen und Handlungsdimensionen durch den Verlust einer teleologischen Ordnung und durch die Entwicklung eines neuzeitlichen Verständnisses von Rationalität bestimmt, das alle Weltgegebenheiten zu erklären und menschlicher Herrschaft zu unterwerfen sucht. Seit der pädagogischen Aufklärung lässt sich die theoretische und praktische Verständigung über die Dimensionen pädagogischen Handelns danach beurteilen, ob sie lediglich einer Anpassung der Heranwachsenden an sich wandelnde gesellschaftliche Erfordernisse oder zugleich einer Sinnverständigung über die menschliche Gesamtpraxis dient, welche den Telosschwund der Moderne, statt ihn zu leugnen oder fortschrittseuphorisch zu bejahen, zum unverzichtbaren Moment pädagogischer Praxis erhebt.

Kants Beantwortung der Frage, wie sich Freiheit und Zwang im pädagogischen Handeln widerspruchslos vereinbaren lassen, brachte diesen Zusammenhang für die erste Dimension neuzeitlicher pädagogischer Praxis auf einen vorläufigen, aporetischen Begriff. Die in Kants Pädagogik schon entworfene Antwort präzisierte Herbart in seiner Bestimmung der Aufgaben und Maßnahmen der Kinderregierung, welche sich sowohl mit dem Verlust einer teleologisch gerechtfertigten Gesamtordnung der menschlichen Praxis als auch mit dem Problem auseinandersetzt, wie wir im pädagogischen Handeln Gewalt über Heranwachsende so ausüben können, dass wir diese weder der Willkür unseres Willens noch gesellschaftlichen Anforderungen einfach unterwerfen.

5.1.2 Möglichkeiten und Grenzen einer legitimen Ausübung pädagogischer Gewalt

Die erste der drei Dimensionen modernen pädagogischen Handelns hat J. F. Herbart – in Abgrenzung zu älteren Formen einer politischen Macht- und Herrschaftsausübung – „Kinderregierung“ genannt. In dieser Bezeichnung sind Nähe und Distanz zur aristotelisch-politischen Definition der pädagogischen Praxis als einer regierenden Tätigkeit gegenüber Regierten gleichermaßen angesprochen. Herbarts Begriff der Kinderregierung steht Kants Begriff der Disziplinierung durchaus nahe und befindet sich in äußerster Distanz zu

Hegels Begriff einer Zucht, welche den noch unvernünftigen Willen der Heranwachsenden unterdrückt und vernichtet, indem sie diesen einen Gehorsam ohne eigene Einsicht auferlegt. Den Begriff der Regierung übernimmt Herbart von Aristoteles. Ihren Horizont aber bestimmt er so, dass die an die Sitte gewöhnenden und die unterrichtlichen Handlungsdimensionen nicht mehr Momente einer allumfassenden regierenden Tätigkeit sind, sondern als zweite und dritte Dimension – nun allerdings in der umgekehrten Reihenfolge eines zunächst bildenden und „erziehenden Unterrichts" und einer zur „Charakterstärke der Sittlichkeit" führenden „Zucht" – hinzutreten.[18] Unter Unterricht als zweiter Dimension pädagogischen Handelns versteht er eine Handlungsform, welche Welterfahrung und zwischenmenschlichen Umgang der Heranwachsenden zur „Vielseitigkeit des Interesses" erweitert; Erziehung als „Zucht" unterscheidet er von der von Hegel geforderten Zucht, die durch Unterdrückung des kindlichen Willens dessen pünktlichen Gehorsam zu erzwingen sucht, indem er sie in den Dienst der Entwicklung einer „Charakterstärke der Sittlichkeit" stellt, in der Heranwachsende Gehorsam ihren eigenen, durch erziehenden Unterricht gebildeten und nach Grundsätzen praktischer Philosophie geprüften Einsichten gegenüber aufbringen. Da die zweite und dritte Dimension pädagogischer Praxis erst in den folgenden Abschnitten ausführlicher behandelt werden, gilt es im Folgenden, anknüpfend an Herbarts Begriff der Kinderregierung, zunächst die neuzeitliche Dimension der pädagogischen Praxis als eines regierenden Gewaltverhältnisses genauer zu fassen.

Aristoteles hatte die Legitimität der pädagogischen Praxis als einer regierenden Tätigkeit und die Erlaubtheit regierender Akte daran zurückgebunden, dass sich diese als taugliche Mittel zur Erreichung allgemeiner, von jeglicher Willkür freier, teleologisch geordneter und mit der Zweckbestimmung der Polis übereinstimmender Ziele erweisen. An der schon von ihm geforderten Unabhängigkeit regierender Maßnahmen von willkürlichen Absichten vermochte Herbart nach dem Verlust teleologischer Ordnungsvorstellungen nur mehr festzuhalten, indem er die pädagogische Legitimität moderner Kinderregierung an zwei strenge Bedingungen knüpfte, die die antike Legitimation nicht kannte: erstens an die Regel, durch regierende Maßnahmen „keinen Zweck im Gemüte des Kindes zu erreichen …, sondern … nur Ordnung (zu) schaffen", und zweitens an die Regel, regierende Maßnahmen nur auszuüben, „ehe sich Spuren eines echten Willens beim Kinde zeigen". Als Begründung für diese von allen älteren Legitimationsmodi abweichenden Bestimmungen fügte er hinzu: „So fordern es die Grundsätze der praktischen Philosophie."[19]

---

18 Vgl. hierzu meinen Kommentar zu Herbarts Allgemeiner Pädagogik in: J. F. Herbart: Systematische Pädagogik. Band 2, a. a. O., S. 41-113.

19 J. F. Herbart: Allgemeine Pädagogik (1806). In: J. F. Herbart. Pädagogische Schriften, hrsg. von W. Asmus. Band 2, a. a. O., S. 31; vgl. auch J. F. Herbart: Systematische Pädagogik. Band 1, a. a. O., S. 64 f.

Das von Kant im kategorischen Imperativ formulierte Prinzip gegenseitiger Anerkennung der Menschen als Selbstzweck gilt nach Herbart nicht nur für Erwachsene, sondern auch für die Beziehung Mündiger zu Unmündigen. Zwar müssen erstere dem Willen von Kindern, sofern diese ihre Willensstrebungen noch nicht zurückhalten und beurteilen können, Einhalt gebieten und auf diese Weise Vorsorge dafür treffen, dass Kinder sich selbst und der Gesellschaft keinen größeren Schaden zufügen; die hierzu erforderliche Gewalt dürfen sie nun jedoch nicht im Sinne eines politischen, sondern nur im Sinne eines pädagogischen Gewaltverhältnisses ausüben. Die „Ordnung", die regierende Maßnahmen gewährleisten, ist weder die Ordnung eines außerpädagogischen Gesellschaftsbereichs noch die Verfassung der gesamten Gesellschaft. Es ist vielmehr die Ordnung der pädagogischen Praxis als eines nicht-reziproken Verhältnisses von pädagogischen Akteuren und Heranwachsenden, die pädagogischer Hilfe und Unterstützung bedürfen. Diese Ordnung soll der besonderen Finalität pädagogischen Handelns gemäß in eine reziproke überführt werden, in der es weder Mündige noch Unmündige, sondern nur mehr einzeln und interaktiv handelnde und kommunizierende Menschen gibt.

Zweck moderner regierender Maßnahmen in der Erziehung ist es daher, Vorsorge dafür zu treffen, dass das asymmetrische, nicht-reziproke Verhältnis der an der pädagogischen Praxis beteiligten Subjekte in geordneten Bahnen soweit in Reziprozität überführt wird, dass das pädagogische Handeln aus seiner ersten Dimension eines sich selbst aufhebenden regierenden Gewaltverhältnisses in die beiden anderen Dimensionen übergehen kann.

Pädagogische Gewalt darf daher über Unmündige nur ausgeübt werden, wenn sie die negative, mehrfach gebrochene Intentionalität verfolgt, diese an uneinsichtigem Handeln zu hindern. In diesem Sinne müssen sich regierende Maßnahmen als Interventionen einer Erziehung zur Mündigkeit rechtfertigen, welche in der Mündigkeit der Heranwachsenden nicht ein spätes Produkt der Erziehung erblickt, sondern den noch Unmündigen die Mündigkeit zuerkennt, an ihren Lernprozessen selbsttätig mitzuwirken. Nur dort, wo Heranwachsende dies nicht vermögen und ihre Bildsamkeit infolgedessen durch zur Selbsttätigkeit auffordernde Akte nicht angesprochen werden kann, ist Gewaltausübung als eine Form pädagogischen Handelns erlaubt, und dies auch nur dann, wenn dabei keine positive Veränderung des Motivationshorizontes angestrebt, sondern lediglich uneinsichtiges Handeln verhindert wird. Dieser weder teleologisch noch willkürlich, sondern einzig negativ bestimmte Zweck regierender Maßnahmen weist diesen die Funktion zu, keine erziehenden und bildenden Wirkungen anzustreben, sondern lediglich der Vorbereitung der „eigentlichen Erziehung" zu dienen.[20]

20 J. F. Herbart: Allgemeine Pädagogik, a. a. O., S. 36 ff.; vgl. auch Ders.: Systematische Pädagogik. Band 1, a. a. O., S. 67 ff.

Die Dimension eines Gewaltverhältnisses darf pädagogische Praxis nur in Grenzsituationen annehmen, in denen ihre beiden anderen Handlungsformen noch nicht oder vorübergehend nicht mehr praktikabel sind. Grenzsituationen im hier gemeinten Sinne sind solche Situationen, in denen Gewaltausübung über Heranwachsende deshalb gar nicht zu vermeiden ist, weil diese weder durch Unterweisung und Gespräch aufklärbar noch aufgrund eigener Überlegungen handlungsfähig sind. Hierzu gehören Situationen, in denen wir den Adressaten der pädagogischen Praxis die Freiheit selbstbestimmter Urteile und Entscheidungen nicht zumuten dürfen, weil eine solche Zumutung unmittelbar dazu führen würde, dass wir entweder ihre Existenz gefährdeten oder sie durch unreflektierte Willkürhandlungen anderen Schaden zufügten.[21]

Ihrer Finalität, sich selbst überflüssig zu machen, kann die pädagogische Praxis in der ersten Dimension eines Gewaltverhältnisses nur folgen, wenn sie den Willen Heranwachsender weder durch Gewalt bricht, noch deren Motivationshorizont gewaltsam verändert, sondern Übergänge in die beiden anderen Dimensionen pädagogischen Handelns sucht und findet. Darum gehört zu regierenden Gewaltmaßnahmen notwendig die Sorge, erziehende und bildende Wirkungen nicht auf Gewalt zu gründen, sondern durch unterrichtliche Aufklärung und geregelte Übergänge aus pädagogischen in außerpädagogische Handlungssituationen zu erzielen.

Aristoteles konnte die pädagogische Praxis noch insgesamt als eine regierende Tätigkeit deuten und in die Dimensionen der Gewöhnung und Unterweisung einteilen, weil er die regierende Tätigkeit sowohl bei den Regierenden als auch bei den Regierten als eine von jeglicher individuellen Willkür freie Tätigkeit fasste und die Ziele der menschlichen Gesamtpraxis einer ontologisch und kosmologisch begründeten teleologischen Ordnung entlehnte. Darum, dass seine Einteilung der Menschen in von Natur aus unfreie, zur Arbeit bestimmte Sklaven und von Natur aus freie, zur politischen und philosophischen Praxis bestimmte Bürger gleichwohl eine willkürliche, keineswegs in der Natur der Menschen begründete, sondern der gesellschaftlichen Herrschaftsordnung der antiken Polis verpflichtete Einteilung war, wusste er nicht. Erst die neuzeitliche Idee einer Menschenbildung, die bewusst auf eine hierarchisch-teleologische Bestimmung der menschlichen Tätigkeiten verzichtet und alle Mitglieder der Gesellschaft als fähig und befugt zur Mitwirkung an der menschlichen Gesamtpraxis erachtet, kennt das Problem einer weder willkürlich noch teleologisch zu rechtfertigenden Legitimation regierender Maßnahmen in der Erziehung.

Während Aristoteles die Legitimation einer regierenden pädagogischen Praxis daran knüpfte, dass diese in ihren gewöhnenden und unterrichtenden Tätigkeiten teleologisch gerechtfertigte Ziele verfolgt, bindet Herbart vor

21 Kant nennt als Beispiel für beide Gefahren den frühen Umgang von Kindern mit scharfen Messern, den es zu verhindern gelte.

dem Hintergrund der Legitimationsproblematik moderner „Kinderregierung“ deren Legitimität an die entgegengesetzte Regel, durch die Ausübung pädagogischer Gewalt keine positiven Ziele zu verfolgen, sondern nur an uneinsichtigem Handeln zu hindern. Pädagogische Gewalt über Heranwachsende so auszuüben, dass dabei keine Zwecke im Gemüt der Heranwachsenden verfolgt werden, ist ein schwieriges Unterfangen. Denn die Möglichkeit eines solchen Gewaltverhältnisses hängt entscheidend davon ab, ob es jenseits Heranwachsende an eine vorgegebene Gesellschaftsordnung gewöhnender und in diese einführender Praktiken überhaupt Handlungsformen gibt, die teleologie- und willkürfrei zugleich praktikabel sind.

Versuche, die für moderne bürgerliche Gesellschaften geltende Norm gegenseitiger Anerkennung einfach auf die pädagogische Praxis auszulegen, führten in das schon von Rousseau beschriebene Dilemma, Kinder entweder von Geburt an der Willkür ihrer erwachsenen Bezugspersonen zu unterwerfen oder diese der Willkür von Kindern auszuliefern.[22] Ein solches Dilemma kannten vorbürgerliche Gesellschaften nicht. In ihnen waren die Zwecke menschlichen Handelns weniger über Willkür vermittelt als vielmehr in einer teleologischen Gesamtordnung begründet. So galten für Erwachsene und Heranwachsende weitgehend dieselben, individueller Willkür entzogenen standesspezifischen Zweckbestimmungen, welche Heranwachsenden von Geburt an eine weitgehend standesspezifisch definierte Bestimmung zuwiesen. Umfang und Reichweite des Dilemmas bürgerlicher Erziehung zeigen sich daran, dass die bürgerlichen Freiheiten den Heranwachsenden keineswegs von Kindesbeinen an zuerkannt werden können. Zwar lassen sich Kinder an eine ihnen teleologisch vorgegebene Bestimmung gewöhnen, sofern ihre erwachsenen Bezugspersonen im Sinne dieser Bestimmung an und mit ihnen handeln. An bürgerliche Willkür und Freiheit aber können Kinder nicht einfach gewöhnt werden. Die Freiheit bürgerlicher Selbstbestimmung, die eigene Lebensform zu wählen, ist weder durch eine gewöhnende Übernahme der Zwecke erlernbar, die Eltern als bürgerliche Subjekte für sich gewählt haben, noch kann sie daraus hervorgehen, dass Heranwachsende von ihren erwachsenen Bezugspersonen als Mittel für deren Zwecke gebraucht werden.

Hegel folgerte hieraus, es gelte zunächst den kindlichen „Eigenwillen“ zu „brechen“, um dann im gebrochenen Willen von Kindern einem vernünftigen Willen Geltung zu verschaffen. Unter dem vernünftigen Willen verstand er nicht mehr den Willen von Erzeugern und Ernährern, die an ihre Kinder die eigene angestammte Bestimmung weitergeben, sondern einen pädagogischen Willen, der über die Horizonte standesspezifischer Gewöhnung und Unterweisung hinausführt und um die gesellschaftliche Notwendigkeit eines allgemeinbildenden Unterrichts in der modernen Schule weiß. Die von Hegel

22 Vgl. hierzu die exemplarische Beschreibung möglicher Herr-Knecht-Verhältnisse in der Erziehung in J.-J. Rousseau: Emile oder Von der Erziehung. München 1979, S. 25 f.

beschriebene historische Veränderung, dass Eltern in der bürgerlichen Gesellschaft die künftige Bestimmung ihrer Kinder nicht mehr geburtsständisch vorausbestimmen, sondern ihre Kinder gleichsam um ihrer selbst willen lieben sollen, derweil eine neue Institution, die Schule der bürgerlichen Gesellschaft, die Kinder darauf vorbereitet, sich selbst Zwecke zu setzen, andere als Mittel für ihre Zwecke zu gebrauchen und selbst als Mittel für anderer Zwecke brauchbar zu werden, vermochte freilich das Dilemma moderner Erziehung noch nicht aufzuheben. Hegels Vermittlung von Liebe und Zwang verlagerte dieses Problem nur auf eine höhere, staatlich geordnete Ebene.

Die Maxime, über den Willen von Kindern keine deren künftige Bestimmung vorwegnehmende Gewalt auszuüben, konnte allererst im Kontext der Entstehung der bürgerlichen Gesellschaft als allgemeine Maxime formuliert werden. Und doch hat keine Gesellschaft soviel Gewalt speziell über den Willen von Kindern ausgeübt wie diese Gesellschaft. In ihr wird Kindern vieles, was ihnen später erlaubt oder verboten ist, zuvor verboten oder erlaubt. Die doppelte Existenz, als Individuum gelten und ein nützliches Mitglied der Gesellschaft werden zu sollen, private Beziehungen eingehen zu können und zugleich allgemeine Fähigkeiten entwickeln zu müssen, bestimmt den modernen Bildungsgang und das Verhältnis von Eltern und Kindern. Kinder müssen in der bürgerlichen Gesellschaft lernen, sich für vieles zu interessieren, und den konkreten Willen, eine bestimmte Tätigkeit auszuüben, anhalten können, um allgemeine Qualifikationen zu erwerben. Eltern sollen ihre Kinder nicht an den von ihnen selbst gewählten Berufsstand gewöhnen, sondern um ihrer selbst willen lieben. Kinder sollen, nachdem sie zuvor ein sie allgemein bildendes und allgemein machendes Schulwesen besucht haben, einen eigenen Beruf wählen und in diesem Leistungen unter Konkurrenzbedingungen erbringen. Ihre eigenen Kinder aber sollen sie wiederum nicht im Hinblick auf die von ihnen gewählte Lebensform, sondern um ihrer selbst willen schätzen.[23]

Moderne Subjektwerdung und Vergesellschaftung partizipieren auf diese Weise an verschiedenen Handlungslogiken, die sich nicht bruchlos ineinander fügen. Hegels Auffassung, dass in der bürgerlichen Gesellschaft der konkrete Wille des Kindes gebrochen werden müsse, und seine Einsicht, dass Eltern ihre Kinder um ihrer selbst willen lieben sollen, stellen nicht alternative Vorstellungen dar, sondern gehören zusammen. Kinder, die von ihren Eltern nicht um ihrer selbst willen, sondern im Hinblick auf eine durch diese festgelegte Lebensform und Bestimmung geschätzt werden, übernehmen zuweilen, ohne dass ihr eigener Wille gebrochen wird, den Willen der Eltern, können dann jedoch nur unter erschwerten Bedingungen allgemeine Qualifikationen entwickeln, die ihre künftige Bestimmung offen halten. Kinder hingegen, die

23 Vgl. hierzu G. W. F. Hegel: Gymnasialrede vom 2. September 1811. In: Ders.: Sämtliche Werke, hrsg. von H. Glockner. Band 3. Stuttgart/Bad Cannstadt 1971, S. 268 ff.

von ihren Eltern um ihrer selbst willen geschätzt werden, wachsen zwar in der Freiheit, ihre Bestimmung selbst hervorbringen zu können auf, müssen jedoch, um sich allgemein zu qualifizieren, Brechungen ihres Willens erdulden und ihre Neigungen kontrollieren lernen.

Angesichts dieser Ambivalenzen von Anerkennung und Fremdbestimmung, motivloser Liebe und Zwang, die Hegel als Ausdruck der Zerrissenheit moderner Subjektivität interpretierte, gewinnt Herbarts Bestimmung der Aufgaben und Möglichkeiten einer pädagogisch legitimen Kinderregierung allererst ihre über Hegel hinausweisende Bedeutung. Nach Herbart ist eine Unterdrückung des kindlichen Willens nur dann erlaubt, wenn sie uneinsichtiges Handeln zu verhindern, nicht aber wenn sie Zwecke im Gemüt des Kindes zu erreichen sucht. Pädagogische Gewalt muss überall dort ihr Ende finden, wo sich „erste Spuren" eines vom Kind selbst artikulierten und beurteilten Willens zeigen. Indem Herbart die Erlaubtheit einer pädagogischen Gewaltanwendung an solch strenge Maßstäbe band, wandte er sich gegen Hegels Rechtfertigung einer bürgerlichen Strafpraxis, die in der Nötigung zum Gehorsam den Willen von Kindern bricht und zugleich der Maxime anhängt, Kinder seien um ihrer selbst willen zu lieben.

Herbarts Legitimation pädagogischer Gewaltausübung ist fundiert in den konstitutiven Prinzipien pädagogischen Denkens und Handelns, im Prinzip der Bildsamkeit und im Prinzip der Aufforderung zur Selbsttätigkeit. Ein pädagogisches Handeln, das die künftige Bestimmung von Kindern durch Gewalt festzulegen oder offenzuhalten suchte, würde gegen das Prinzip der Bildsamkeit verstoßen. Solche Gewalt ist kein Mittel, um Heranwachsende zur Selbsttätigkeit aufzufordern, sondern verlangt von diesen die Unterwerfung des eigenen Willens unter einen fremden, wie Hegel meinte, vernünftigen Willen. Pädagogische Handlungen, die zu solchen Zwecken Gewalt einsetzen, sind nach Herbart weder moralisch noch pädagogisch erlaubt. Humboldt ging in seinen „Ideen zu einem Versuch die Gränzen der Wirksamkeit des Staats zu bestimmen" noch einen Schritt über Herbart hinaus. Dem Staat, den er sonst, um die freie Selbsttätigkeit und Wechselwirkung der Menschen zu stärken, von aller positiven Sorge für die Wohlfahrt seiner Bürger freistellte, legte er die „positive Sorgfalt" für das „physische und moralische Wohl" der noch nicht mündigen Heranwachsenden in all den Fällen auf, in denen Eltern Selbstbestimmungs- und Freiheitsrechte ihrer Kindern verletzen, indem sie „Zwang zu Heirathen" ausüben oder die „Erwählung einer bestimmten Lebensart" verlangen. In solchen Fällen obliegt es „dem Staate …, für die Sicherheit der Rechte der Kinder gegen die Eltern Sorge zu tragen" und „zu verhindern, dass die väterliche Gewalt … über ihre Gränzen hinausschreite".[24]

24 W. von Humboldt: Ideen zu einem Versuch die Gränzen der Wirksamkeit des Staates zu bestimmen. Kapitel XIV. In: Wilhelm von Humboldts Gesammelte Schriften.

In die Ausübung pädagogischer Gewalt muss ein diskursives Moment eingehen, das die Strenge der Gewalt zwar im Einzelfall nicht mildert und auch nicht etwa die Ausübung von Gewalt zur Diskussion stellt, wohl aber deutlich macht, dass zwar eine bestimmte, einzelne Handlung gewaltsam verhindert werden soll, dass die sonstige Kommunikation mit dem Kind hierdurch jedoch keinerlei Einschränkung erfährt. Nach den strengen Kriterien für eine legitime Kinderregierung sind Strafen innerhalb der ersten Dimension pädagogischen Handelns grundsätzlich nicht erlaubt. Einem Kind, das beispielsweise mit einem Hammer sich selbst oder eine andere Person in Gefahr bringt oder eine Sache zu beschädigen droht, wird man den Hammer aus der Hand nehmen, um eine bestimmte, für es oder andere gefährliche Handlung zu verhindern. Verletzt es nämlich sich oder andere, so ist es das Versäumnis der Erziehenden, die notwendigen Vorkehrungen nicht rechtzeitig getroffen zu haben. Wer aber nach entstandenem Schaden mehr tut, als das Versäumte nachzuholen, und etwa dem Kind nicht nur gewisse Gefälligkeiten entzieht, sondern darüber hinaus lieb gewordene Dinge wegnimmt, um es zu bestrafen, der versucht, den kindlichen Willen zu brechen, und übt alsdann Gewalt in einem pädagogisch nicht zu legitimierenden Sinne aus. Die Kunst pädagogisch legitimer Gewaltausübung besteht z. B. darin, Kindern einen Hammer so wegzunehmen, dass sie an uneinsichtigem Handeln gehindert werden, zugleich aber erfahren, dass sie in anderen Situationen – z. B. im Umgang mit Spielsachen oder zu einem späteren Zeitpunkt – gleichwohl Erfahrungen mit Werkzeugen machen dürfen und dass ihnen dann die hierfür notwendige Hilfe und Unterstützung nicht verwehrt wird.

Die erlaubten Maßnahmen einer negativen, sich selbst aufhebenden pädagogischen Gewalt hat Herbart in diejenigen der Drohung, Aufsicht, Autorität und Liebe eingeteilt.[25] Hierzu zählt er pädagogische Drohungen, die den Willen von Kindern nicht brechen, indem sie Erziehungsstrafen ankündigen, sondern auf Gefahren hinweisen, in die das Kind durch bestimmte Handlungsweisen sich selbst oder andere bringt. Drohungen dieser Art müssen nicht nur ausgesprochen, sondern auf ihre Wirksamkeit hin kontrolliert werden. Regierende Aufsicht, die um ihre unverzichtbare Negativität weiß, beobachtet das Verhalten von Kindern und die Art und Weise, in der diese mit der bezeichneten Gefahr umgehen. Solche Aufsicht darf sich nicht am Ideal eines normierten Endverhaltens orientieren, sondern muss Handlungsspielräume zulassen, in denen Heranwachsende lernen, mit den Gefahren des Lebens umzugehen. Ganz in diesem Sinne hat Herbart die alte Ma-

---

Band 1. Berlin 1903, S. 225 ff.; Werke in fünf Bänden. Band 1. Darmstadt 1960, S. 199 ff.

25 Vgl. zu den folgenden Ausführungen J. F. Herbart: Allgemeine Pädagogik, a. a. O., S. 32 ff.; Ders.: Systematische Pädagogik. Band 1, a. a. O., S. 65 ff.

xime, dass ein nicht gezüchtigter Mensch unerzogen sei, in die moderne Maxime transformiert, dass freie Menschen gewagt werden müssen.[26]

Hinweise auf Gefahren und Aufsicht können dazu beitragen, dass Heranwachsende ihren erwachsenen Bezugspersonen eine gewisse Autorität hinsichtlich einer regierenden Ausübung pädagogischer Macht zuerkennen. Solche Autorität kann nur aus freien Stücken zuerkannt und keineswegs autoritär eingefordert werden. Pädagogische Autorität entspringt einer Dialektik der Anerkennung, die auf Seiten des pädagogischen Akteurs voraussetzt, dass dieser regierende Maßnahmen nur in handlungsverhindernder Absicht, nicht aber zum Zwecke der Vernichtung des Willens Heranwachsender ergreift. Solche Autorität kann von erwachsenen Bezugspersonen niemals einfach in Anspruch genommen werden. Sie muss diesen vielmehr von den Zu-Erziehenden im Vertrauen darauf zuerkannt werden, dass Regierungsmaßnahmen nur Schaden vermeiden, nicht aber den Willen formieren wollen. Im Vertrauen hierauf und in Anerkennung einer so justierten pädagogischen Autorität beugt der Regierte seinen noch nicht einsichtigen Willen, um mit seinen pädagogischen Bezugspersonen in den beiden anderen Dimensionen pädagogischen Handelns kommunizieren und jenseits der pädagogischen Praxis reziprok interagieren zu können.

Vergleichbares gilt für die Liebe als einer vierten Technologie negativer Kinderregierung. Unter sie fasst Herbart nicht Maßnahmen, in denen Erwachsene das Verhalten von Kindern durch Liebesentzug zu steuern suchen, sondern eine Zuneigung, die Kinder erwachsenen Bezugspersonen entgegenbringen, nachdem sie von diesen Wohlwollen erfahren haben, motivlos anerkannt worden sind.

Der Finalität pädagogischen Handelns, sich selbst überflüssig zu machen, folgt legitime Gewalt in der Erziehung nur dann, wenn sie, nachdem sie ausgeübt wurde, sogleich wieder verschwindet, so dass die pädagogische Interaktion in die beiden anderen Dimensionen pädagogischen Handelns und vermittelt über diese in Formen nicht-pädagogischen Handelns übergehen kann. Die Antizipation des eigenen Endes erweist sich damit sowohl auf Seiten der pädagogischen Akteure als auch auf Seiten der zu Erziehenden als ein unverzichtbares Moment pädagogisch legitimer Gewaltausübung.

Orientierungen dafür, wie solche Antizipationen gelingen können, stellen die beiden regulativen Prinzipien pädagogischen Denkens und Handelns

---

26 Vgl. hierzu Herbarts geschlechtsspezifisch formulierte These, „dass Knaben und Jünglinge gewagt werden müssen, um zu Männern zu werden", sowie die Hinweise, dass alle Maßnahmen der Regierung kontraproduktiv wirken können, wenn die Androhung von Gefahr bei Kindern zu Überängstlichkeit oder Verstellung und Maßnahmen der Aufsicht zu Abhängigkeit oder List führen: J. F. Herbart: Allgemeine Pädagogik, a. a. O., S. 32; Ders.: Systematische Pädagogik. Band 1, a. a. O., S. 65.

bereit. Verhältnisse, in denen pädagogische Gewalt nicht verschwinden kann, sondern dauerhaft ausgeübt werden muss, zeichnen sich dadurch aus, dass in ihnen gesellschaftliche Einwirkungen die Möglichkeiten legitimen pädagogischen Handelns unzulässig begrenzen. Wer also zum Beispiel seine Wohnung so eingerichtet hat, dass in ihr Kinder durch ihr Handeln sich und die Einrichtung in Gefahr bringen, wird die Grundnorm pädagogisch legitimer Gewalt, keine Zwecke im Gemüt des Kindes zu verfolgen, nur anerkennen können, wenn er die Wohnungseinrichtung ändert. Dies aber setzt voraus, dass zwischen pädagogischen und den anderen Handlungen ein nicht-hierarchisches Verhältnis hergestellt wird, welches dazu beiträgt, dass weder permanent Gewalt über Kinder ausgeübt werden muss, um bestimmte Gegenstände zu schützen, noch die gesamte Einrichtung darauf abzustellen ist, dass alles für Kinder zugänglich und erreichbar wird.

Die Legitimität pädagogischer Gewaltausübung hängt letztlich nicht allein davon ab, dass in ihr keine positiven Zwecke im Motivationshorizont von Kindern angestrebt und diese nur am Handeln gehindert werden. Sie verweist darüber hinaus auf das Problem einer Abgrenzung der Bedürfnisse von Kindern und Erwachsenen. Diese kann nicht von Kindern stellvertretend für Erwachsene vorgenommen werden. Kinder müssen vielmehr von früh an die Erfahrung machen, dass die Erwachsenen selbst ihre Bedürfnisse untereinander abstimmen und gegenüber Kindern abgrenzen. Die Aufgabe gegenseitiger Bedürfnisabgrenzung wird verfehlt, wenn Erwachsene in antiautoritärer Einstellung nur den Bedürfnissen von Kindern einen legitimen Status zubilligen oder in autoritärer Einstellung ihre eigenen Bedürfnisse zu solchen von Kinder zu machen versuchen. Vorbürgerliche Gesellschaften kannten solche Probleme noch nicht, da in ihnen die Bestimmung von Eltern wie Kindern teleologisch festgelegt war. Erst in der bürgerlichen Gesellschaft können Kinder Bedürfnisse entwickeln, die sich von denjenigen der Erwachsenen unterscheiden, und müssen Erwachsene lernen, ihre Bedürfnisse von denjenigen der Kinder abzugrenzen. An die Stelle vorbürgerlicher Sitten, in denen Erwachsene und Kinder weitgehend denselben Zwängen unterworfen waren, treten neue Sitten, die von Generation zu Generation neu ausgehandelt werden.

5.1.3 Voraussetzungen der pädagogischen Praxis als eines sich selbst negierenden Gewaltverhältnisses

Die Form eines Gewaltverhältnisses nimmt die pädagogische Praxis nicht nur zuweilen in der Familienerziehung, sondern auch in professionellen Handlungsfeldern angefangen von der Tätigkeit von Erziehern im Kindergarten, Lehrern in Schulen, Sozialpädagogen in Heimen bis hin zur Tätigkeit von Gefängnispädagogen im Strafvollzug an. Wäre es um die menschliche Gesamtpraxis insgesamt und die pädagogische im besonderen besser bestellt und würden die Voraussetzungen für ihr Gelingen auch von Seiten der sittlichen, ökonomischen und politischen Praxis gesichert, so könnte sich die erste Dimension pädagogischen Handelns vielleicht tatsächlich, wie Herbart dies forderte, auf diejenige einer Regierung von Kindern beschränken. Aber auch für Tätigkeiten, in denen Pädagogen über Heranwachsende in einem fortgeschritteneren Lebensalter oder sogar über Erwachsene Gewalt ausüben, gilt ein und dieselbe Grundnorm pädagogisch legitimer Gewaltausübung, dass diese nämlich nur am Handeln hindern und keine positiven Zwecke im Motivationshorizont der Betroffenen verfolgen darf.

Mit pädagogischen Gründen lässt sich zum Beispiel der Strafvollzug nicht schon dadurch legitimieren, dass in ihm Straftäter einer gerechten Strafe zugeführt werden. Mit pädagogischen Gründen lässt sich die gewaltsame Unterbringung von Straftätern in geschlossenen Anstalten nur dann legitimieren, wenn die Gewalt, die hierbei über Straftäter ausgeübt wird, keine positiven Zwecke verfolgt, sondern diese nur an der Begehung weiterer Straftaten hindert. Der positive Zweck des Strafvollzugs, die Wiedergutmachung des Täters und, sofern dies möglich ist, die Wiedergutmachung des durch die Straftat entstandenen Schadens, kann durch Gewaltmaßnahmen ohnedies nicht erreicht werden. Gewaltmaßnahmen vermögen ihren negativen Beitrag zur Erreichung dieses positiven Zwecks nur zu leisten, wenn sie sich in den Grenzen ihrer pädagogischen Legitimation bewegen. Dies aber ist nur dann der Fall, wenn während des Vollzugs der Strafe das Ende der Strafpraxis dadurch vorbereitet wird, dass sich bereits im Strafvollzug die Gewaltdimension in die beiden anderen Dimensionen pädagogischen Handelns, in diejenige einer bildenden Aufklärung durch Unterricht und in die einer Anleitung zur vernünftigen Mitwirkung an der menschlichen Gesamtpraxis, aufheben kann. Wo im Strafvollzug die negative Funktion der Gewalt zur positiven Aufgabe erhoben und der Übergang in die beiden anderen Dimensionen pädagogischen Handelns vernachlässigt wird, da entsteht die Gefahr, dass sich die Straftäter gegenseitig „unterrichten" und geschickter zur Begehung neuer Straftaten werden. Schon Herbart bemerkte hierzu: „Die Strafen … dürfen die Menschen nicht schlechter machen, als sie waren … wie in Gefängnissen, wo ein Verbrecher den anderen unterrichtet".[27]

Ob pädagogische Praxis die Grenzen pädagogisch legitimer Gewaltausübung beachten und in die beiden anderen Dimensionen übergehen kann, hängt nicht zuletzt davon ab, ob solche Übergänge real möglich sind. Ist es um die Erziehung durch Unterricht und den Übergang der Heranwachsenden ins selbständige Handeln schlecht bestellt, weil den Adressaten pädagogischen Handelns entweder kein Unterricht oder nur ein solcher Unterricht erteilt wird, der nicht bildend wirkt, und entlastet sich die Gesamtgesellschaft durch die Ausgrenzung der pädagogischen Praxis in besondere

27 J. F. Herbart: Analytische Beleuchtung des Naturrechts und der Moral, zum Gebrauch beim Vortrage der Praktischen Philosophie (1836). In: Sämtliche Werke, hrsg. von G. Hartenstein. Band 8. Leipzig 1851, S. 368.

Institutionen wie Heime, Schulen, Gefängnisse und andere mehr davon, Vorsorge für eine Mitwirkung der pädagogischer Unterstützung und Förderung Bedürftigen am menschlichen Handeln zu treffen, so reicht der gute Wille der professionell und nicht-professionell pädagogisch Handelnden allein nicht aus, um die gebotenen Grenzen pädagogisch legitimer Gewaltausübung zu beachten. Dies aber verweist darauf, dass pädagogisches Handeln real als ein sich in die beiden anderen Dimensionen aufhebendes Gewaltverhältnis nur möglich ist, wenn die Postulate methodischer, thematischer und institutioneller Offenheit Anerkennung finden.

Methodisch offen im hier gemeinten Sinne ist Gewalt nur dann, wenn sie den Willen und das Handeln der Heranwachsenden nicht formiert und diese zur Mitwirkung an Lernprozessen in den beiden anderen Dimensionen pädagogischen Handelns freisetzt. Thematisch offen ist Gewalt nur dann, wenn sie keine positiven Ziele und Zwecke verfolgt und die positive Verständigung über das jeweils zu Lernende und durch pädagogische Unterstützung zu Tuende nicht gewaltsam, sondern vermittelt über erziehenden Unterricht und die Befähigung zum Eintritt ins gesellschaftliche Leben herbeiführt. Institutionell offen schließlich kann pädagogische Gewalt nur sein, wenn sie von Personen und Berufsgruppen ausgeübt wird, die auch in den anderen Dimensionen pädagogischen Handelns tätig sind oder tätig werden können. Die Verantwortung darüber, wann und wo pädagogisches Handeln als Gewaltverhältnis zu beenden ist, muss von denjenigen, die diese Gewalt ausüben, selbst getragen oder mitgetragen werden können. Pädagogische Akteure können zwar in den anderen Dimensionen der pädagogischen Praxis tätig sein, ohne Gewalt auszuüben; sie können jedoch in der Gewaltdimension nur angemessen tätig sein, wenn sie die Möglichkeit haben, diese jederzeit zu verlassen und in die beiden anderen Dimensionen überzugehen.

5.2 Pädagogische Praxis als erziehender und bildender Unterricht

Für die Klärung der Frage, was unter einem erziehenden und bildenden Unterricht zu verstehen ist, sind drei Unterscheidungen hilfreich. Die erste bezieht sich darauf, dass beim Wort „Unterricht“ in der Regel nicht nur Pädagogen an Schulunterricht denken. Unterricht in einem weiter gefassten Sinne beginnt viel früher als dieser und findet auch dann noch statt, wenn schulische Unterweisung längst an ihr Ende gelangt ist.[28] Zum Unterricht im

28 Zur Weite dessen, was unter Unterricht verstanden werden kann, siehe J. Henningsen: Erfolgreich manipulieren. Methoden des Beybringens. Kastellaun 1974. Zu neueren Didaktiken des Schulunterrichts siehe A. Gruschka: Didaktik. Wetzlar 2002; P. Menck: Unterricht. Was ist das? Norderstedt 2006; H. Meyer: Didaktische Modelle. Frankfurt a. M. 1991; M. A. Meyer/A. Reinartz (Hrsg.): Bildungsgangdidaktik. Opladen 1998; W. Sünkel: Phänomenologie des Unterrichts. Weinheim und München 1996. Das folgende Kapitel über pädagogische Praxis als erziehender und

weit gefassten Sinne gehört all das, was wir tun und erleiden, wenn wir uns oder andere über etwas unterrichten. Solcher Unterricht findet z.B. dann statt, wenn Menschen informativ miteinander sprechen, ein Buch lesen oder eine informierende und unterhaltende Fernsehsendung anschauen. Dies alles geschieht auch im schulischen Unterricht oder kann zumindest in ihm geschehen. Dieser ist Unterricht, aber nicht jeder Unterricht ist schulischer Unterricht.

Für die Klärung dessen, was unter „Erziehung durch Unterricht“ zu verstehen ist, ist eine weitere Unterscheidung hilfreich. Alle pädagogische Praxis fällt in ihrer zweiten, unterrichtlichen Dimension unter das, was hier zunächst ganz allgemein „Unterricht“ oder „sich und andere unterrichten“ genannt wurde. Aber nicht jeder Unterricht ist Unterricht im Sinne der zweiten Dimension pädagogischen Handelns. Wer sich über Börsenkurse unterrichtet, um seine Geldanlagen zu überprüfen, oder bei der Bahn nach den Abfahrtszeiten von Zügen fragt, der unterrichtet sich zweifellos und lässt sich auch unterrichten, aber er tritt nicht in eine pädagogische Interaktion. Wenn dagegen jemand mit Hilfe eines anderen lernt, Börsenkurse zu interpretieren und eine Reiseroute nach Reiseabsicht, -ziel und Verkehrsverbindungen auszuarbeiten, handelt es sich um Unterricht im Sinne der zweiten Dimension pädagogischen Handelns.

Eine dritte, nicht weniger bedeutsame Unterscheidung leitet zu den problemgeschichtlichen Fragen über. Unterrichtliche Lehr-Lernprozesse finden nicht nur im Horizont alltäglicher Welterfahrung und zwischenmenschlichen Umgangs statt, sondern können das unmittelbare Erfahrungs- und Umgangslernen überschreiten und auf künstliche Weise erweitern. Im Erfahrungs- und Umgangslernen findet Unterweisung – durchaus den Situationen vergleichbar, in denen die Gewaltausübung Erwachsener über Heranwachsende in allgemeine Gewaltzusammenhänge eingebunden ist – als ein integriertes Moment anderer gesellschaftlicher Tätigkeiten statt, zum Beispiel der Arbeit, der Sitte, der Partizipation an politischen Prozessen oder der Ausübung einer Religion. Erfahrungs- und umgangserweiternder Unterricht vollzieht sich dagegen nicht im Zirkel von Alltagshandlungen, sondern über spezielle didaktische Handlungen, in denen sich die unterrichtliche Dimension der pädagogischen Praxis gegenüber anderen Tätigkeiten verbesondert. Die Lehr-Lernformen, Gegenstände und Inhalte erfahren hierbei eine didaktische Transformation, die besonderen methodischen, thematischen und institutionellen Merkmale aufweist.

---

bildender Unterricht teil mit K. Pranges Abhandlung: Die Zeigestruktur der Erziehung. Grundriss einer Operativen Pädagogik. Paderborn 2005, dass erziehender und bildender Unterricht nicht auf Schulunterricht begrenzt ist, sich aber auch in diesem bewähren muss. Darum wird Unterricht im Folgenden als eine Dimension vorgestellt, auf die pädagogischen Handelns in keinen seiner nicht-professionellen und professionellen Formen verzichten kann.

Während die pädagogische Praxis im Erfahrungs- und Umgangslernen ihr Ende im Mittun der Lernenden findet, führt Unterricht dort, wo er in ausgegrenzten Formen künstlich veranstaltet wird, sein eigenes Ende planvoll herbei, indem er seinen Erfolg z.B. mit Hilfe von Prüfungen kontrolliert. Diese konfrontieren Lernende mit Aufgaben, die ebenso künstlich wie der zuvor erteilte Unterricht sind. Zur Eigenart eines solchen Unterrichts gehört, dass er sich der Frage stellt, wie er Lernende in unterrichtlichen Lernsituationen angemessen auf außerhalb derselben liegende Ernstsituationen des Lebens vorbereiten kann. Künstlich und kunstvoll erteilter Unterricht kann Übergänge in außerunterrichtliche Bewährungssituationen des Gelernten nur unterstützen, nicht aber selbst schon vollziehen. Sie tatsächlich herbeizuführen, ist Aufgabe einer dritten Dimension der pädagogischen Praxis, welche den Übergang in ein selbst verantwortetes individuelles, interindividuelles und intergenerationelles Handeln herbeiführt.

Die Unterscheidung zwischen einem in Erfahrung und Umgang eingebundenen und einem diese transzendierenden Unterricht ist nicht nur für die Bestimmung des Endes der unterrichtlichen Dimension der pädagogischen Praxis bedeutsam, sondern bezieht sich darüber hinaus auch auf das, was unter dem Übergang der pädagogischen Praxis in die menschliche Gesamtpraxis zu verstehen ist. Wo Lehr-Lernprozesse in alltägliche Erfahrung und zwischenmenschlichen Umgang eingebunden sind, werden niemals bloß Wissensbestände vermittelt, sondern immer auch Formen des Umgangs mit dem Gelernten eingeübt. Wer beispielsweise durch Erfahrung und Umgang lernt, wie Zähne geputzt werden, der lernt dabei immer zugleich das Zähneputzen selbst. Der Übergang in die dritte Dimension pädagogischen Handelns findet hier dadurch statt, dass die Unterweisung und Aufsicht durch Erwachsene allmählich verschwindet und der Heranwachsende selbst die Verantwortung für die Zahnpflege übernimmt. Anders verhält es sich, wenn unterrichtliche Lehr-Lernprozesse nicht im unmittelbaren Erfahrungs- und Umgangslernen stattfinden, sondern dieses künstlich zu erweitern suchen. In einer Gesellschaft, deren Mitglieder häufig an Zahnkrankheiten leiden, können auch Lehrende, die von diesen Krankheiten betroffen sind, Hygieneunterricht erteilen und Heranwachsende glaubhaft über die Gründe von Zahnerkrankungen aufklären. Anders als beim Erfahrungs- und Umgangslernen führt solcher Unterricht die Lernenden jedoch nicht schon in die Kunst der Zahnpflege ein. Die richtige Gewöhnung geht im Erfahrung und Umgang erweiternden Unterricht den künstlich veranstalteten Lernprozessen weder notwendig voraus, noch schließt sie an diese unmittelbar an. Die im Unterricht erteilte Aufklärung stellt die Lernenden vielmehr vor die Aufgabe, die Bedeutung des Gelernten selbst zu ermessen, d.h. die eigenen Gewohnheiten im Lichte des Gelernten zu überprüfen und, falls notwendig, in weiteren Lernprozessen zu verändern.

Dass Unterricht erzieht, ist im alltäglichen Lernen weitgehend durch den Zusammenhang von Lernen und Handeln gesichert. Solche Sicherheit aber ist in einer künstlichen Erweiterung von Erfahrung und Umgang nicht ohne weiteres gegeben.[29] Die Frage, was unter einem erziehenden Unterricht zu verstehen ist, der der Finalität pädagogischen Handelns folgt und sich selbst überflüssig macht, stellt sich daher dort, wo unterrichtliche Lehr-Lernprozesse in Situationen stattfinden, die aus dem Zusammenleben der Menschen ausgegrenzt sind, in besonderer Weise. Sie gewinnt einen zusätzlichen Akzent, wenn wir sie auf die Vermittlung wissenschaftlicher Erkenntnisse beziehen, die im Rahmen eines bloßen Erfahrungs- und Umgangslernens weder gelehrt noch erlernt werden können und daher besonderer Lehrverfahren bedürfen.

Was unter Erziehung durch Unterricht zu verstehen ist, wird im Folgenden in drei Schritten entwickelt. Zunächst werden problemgeschichtliche Hinweise zur vormodernen und modernen Vermittlungsproblematik von Erziehung und Unterricht gegeben, dann werden Fragen einer bildenden Aneignung neuzeitlicher Wissenschaft erörtert, und schließlich wird auf die Vermittlungsproblematik von theoretischer und praktischer Urteilskompetenz eingegangen, die zur dritten Dimension pädagogischen Handelns überleitet.

5.2.1 Problemgeschichtliche Hinweise zum Verhältnis von Erziehung, Bildung und Unterricht

Nicht durch Erfahrung und Umgang, sondern durch Unterricht zu erziehen und zu wirken, kennzeichnet schon nach Aristoteles das Ethos des Lehrers. Zu Beginn seiner Metaphysik nennt er drei Bedingungen, unter denen ein legitimer Unterricht möglich ist. Die erste Bedingung besagt, dass alle „Menschen … von Natur nach Wissen" streben.[30] Ihr zufolge können nur Menschen Unterricht erteilen und unterrichtet werden. Das Streben eines Schülers nach Wissen geht danach allem Lernen und Lehren voraus. Es wird nicht durch Unterricht erzeugt; dieser muss vielmehr an das dem Menschen natürliche Streben anknüpfen, um erfolgreich wirken zu können. Eine zweite Bedingung kommt hinzu. Im Unterricht gibt es stets jemanden, der den Unterricht erteilt, und andere, die unterrichtet werden. Ohne das Wissen eines Lehrers und das Vorwissen der Schüler ist Unterricht gar nicht möglich. Die dritte Bedingung bezieht sich auf den Prozess der unterrichtlichen Erweiterung des Vorwissens der Lernenden. Sie besagt, dass nur der-

29 Vgl. hierzu die ebenso künstliche wie kunstvolle Arbeitsteilung, die J. B. Basedow zwischen einem für körperliche Strafen zuständigen Hausmeister, verschiedenen Fachlehrern und dem für Charakterbildung zuständigen Edukator vorsah. In: Ders.: Vorstellung an Menschenfreunde und vermögende Männer über Schulen, Studien und ihren Einfluss in die öffentliche Wohlfahrt (1768). In: J. B. Basedow: Ausgewählte pädagogische Schriften, besorgt von A. Reble. Paderborn 1965; siehe auch: Quellentexte zur Theorie und Geschichte der Reformpädagogik, hrsg. von D. Benner/H. Kemper. Teil 1: Die pädagogische Bewegung von der Aufklärung bis zum Neuhumanismus. Weinheim 2000, S. 67 ff.

30 Aristoteles: Metaphysik 980 a 21.

jenige richtig lehren kann, der um die Ordnung des Wissens weiß und andere in sie einzuführen versteht.

Die drei Bedingungen gelten für alle Formen eines künstlichen, Erfahrung und Umgang erweiternden Unterrichts. Dieser lässt sich problemgeschichtlich nach den Ordnungen des Wissens unterscheiden, die er vermittelt. Die von Aristoteles als Wissenschaft ausgewiesene vormoderne Wissensform ordnet Einzelerfahrungen nach Zweckursachen, die so gedacht werden, dass sie nicht vom Menschen gesetzt sind, sondern den Erfahrungen selbst immer schon zugrunde liegen. Wer nicht bloß Erfahrungen macht, sondern um das in ihnen sich zeigende Zweckmäßige weiß, kann andere, die nicht hierum wissen, in den Zusammenhang von Erfahrungstatsachen, Ursachenwissen und Zweckursachen einführen. Hierzu führt Aristoteles zu Beginn seiner Metaphysik aus:

> „Zum Zweck des Handelns steht die Erfahrung der Kunst nicht nach, vielmehr sehen wir, dass die Erfahrenen mehr Erfolg haben als diejenigen, die nur den (allgemeinen) Begriff besitzen. Der Grund hierfür ist, dass die Erfahrung Erkenntnis vom Einzelnen ist, die Kunst hingegen vom Allgemeinen, die Handlungen und Entwicklungen aber auf das Einzelne gehen. … Dennoch aber glauben wir, dass Wissen und Verstehen mehr der Kunst zukomme(n) als der Erfahrung, und halten die Künstler für weiser als die Erfahrenen, da Weisheit einen jeden mehr nach dem Maßstab des Wissens begleite. Und dies deshalb, weil die einen die Ursache kennen, die anderen nicht. Denn die Erfahrenen kennen nur das Dass, aber nicht das Warum, jene aber kennen das Warum und die Ursache. Deshalb stehen auch die leitenden Künstler in jedem einzelnen Gebiete in höherer Achtung, wie wir meinen, und wissen mehr und sind weiser als die Handwerker, weil sie die Ursachen dessen, was hervorgebracht wird, wissen … . Überhaupt ist dies ein Zeichen des Wissenden und des Unwissenden, (den Gegenstand) lehren (bzw. nicht lehren) zu können, und darum sehen wir die Kunst mehr für Wissenschaft an als die Erfahrung; denn die Künstler können lehren, die Erfahrenen aber nicht.“[31]

Aristoteles spricht hier sowohl die gesellschaftlich-politische als auch die erkenntnistheoretisch-didaktische Dimension des älteren Modells einer Erziehung durch Unterricht an. Er begründet die in der politischen Ordnung der antiken Polis gegebene Hierarchie niederer und höherer Tätigkeiten und die in ihrem Rahmen entstandenen Formen theoretischen und praktischen Wissens im Rückgriff auf eine Dialektik von Einzelnem und Allgemeinem, welche zwischen dem bloßen Umgangslernen und Erfahrungswissen der Handwerker und dem kunstvollen Lernen und Wissen der Künstler und Wissenschaftler unterscheidet. Die bloß Erfahrenen sind poietisch tätig und

31 Aristoteles: Metaphysik 980 a-981 b 10. Der Text wird nach der von H. Seidl bearbeiteten Übersetzung von H. Bonitz zitiert, erschienen in: Aristoteles: Philosophische Schriften in sechs Bänden. Band 5, Darmstadt 1995.

stellen Güter her, ohne die in der Natur wirksamen Zweckursachen zu kennen. Da sie ihre Geschicklichkeit zur Arbeit nur aus der Erfahrung erworben haben, können sie diese an andere wiederum nur durch Erfahrung weitergeben.[32] Die in einem theoretisch-philosophischen Sinne Wissenden wissen dagegen um die aller Erfahrung zugrunde liegenden Zweckursachen, die durch unmittelbare Welterfahrung nicht einsehbar sind. Nur sie können darum andere auf dem Weg von der Erfahrung zum Wissen um die der Erfahrung zugrunde liegenden Zweckursachen begleiten und solche Lernprozesse unterstützen.

Durch Unterricht erziehen stellt dem aristotelischen Modell zufolge eine Vermittlung und Hinführung (ἐπαγογή/epagogé) zu einem aller Erfahrung zugrunde liegenden, dem Erfahrungswissen selbst aber uneinholbar vorausgesetzten Allgemeinen dar, das auf eine substantielle Ordnung verweist, die als solche erst erkannt werden kann, wenn nach den Zweckursachen des Kosmos, der Natur und der Polis gefragt wird. Epagogisch lehren können nur diejenigen, die den Weg von der Erfahrung zu den Ursachen bereits gegangen sind und von daher andere dazu anleiten können, den Blickwechsel vom Erfahrungswissen zum philosophischen Wissen zu vollziehen. Die Möglichkeit von Lernen, Wissen und Wissenschaft ist in diesem Verständnis darin begründet, dass wir im Lernen nicht von einzelnen Erfahrungen auf ein höheres Allgemeines schließen, sondern einzelne Erfahrungen und Kenntnisse auf ihren Grund zurückbeziehen und dadurch zu einem Wissen gelangen, das ein Wissen um die den einzelnen Erfahrungen zugrunde liegende allgemeine Ordnung ist. Methodisch vollzieht sich ein solches Lehren und Lernen auf einem Weg, der von einem der Erfahrung nach Früheren (πρότερον προς ημας/próteron pròs hemâs) zu einem der Natur der zu erlernenden Sache nach Früheren (πρότερον τη φύσει/próteron tê phýsei) führt.[33]

Nach dieser Vorstellung ist Erfahrung überall ein im Lernen Früheres und stellt sich das Wissen um die Gründe oder Zweckursachen stets als ein dem Lernen nach Späteres ein. Die Zweckursachen selbst aber sind keineswegs das Spätere der Erfahrung, sondern gehen dieser als deren Erstes (ἀρχή/arché) oder Grund voraus. Die epagogisch-anamnetische Aneignungsstruktur eines Lehrens und Lernens, das auf diese Weise die Grenzen des Erfahrungslernens überschreitet, stellt den erziehenden und bildenden Unterricht vor die Aufgabe, von zufälligen Vorerfahrungen zu gültigem Wissen und

32 Die Parallelität der angenommenen Natur- und Gesellschaftsordnung illustriert Aristoteles, wenn er das poietische Wirken der bloß Erfahrenen mit dem Feuer vergleicht und ihrem Können und Wissen sagt, sie brächten „zwar etwas hervor …, wie z.B. das Feuer Wärme, aber ohne [um die Zweckursache als] das zu wissen, was es hervorbringt. Wie das Unbeseelte durch ein natürliches Vermögen (φύσις/phýsis) jedes hervorbringt, so die Handwerker durch Gewöhnung (έθος/éthos).“ Ebd., 981 b 1-5.

33 Vgl. hierzu G. Buck: Lernen und Erfahrung, a.a.O., S. 28 ff.; G. Petersen-Falshöft: Wissenschaftstheorie und Didaktik. Kastellaun 1979.

von einzelnen Kenntnissen zur Einsicht in Zweckursachen vorzudringen. So machen Kinder zuweilen zuerst die Erfahrung, dass Hühner Eier legen, und lernen später hinzu, dass aus bestimmten Eiern Küken schlüpfen. Andere lernen dies zufällig als erstes und stoßen später darauf, dass Eier von Hühnern stammen. Für wieder andere beginnt die Hühnerkunde nicht mit dem Ei, sondern mit der Erfahrung, dass Küken zu Hühnern heranwachsen. In keinem der genannten Fälle wird von Anfang an darum gewusst, dass Hühner, Eier und Küken notwendige und unverzichtbare Daseinsformen ein und derselben Gattung sind. Das Wissen hierum stellt sich erst später ein und verweist dann auf diejenige Ordnung, die in einem ontologischen und erkenntnistheoretischen Sinn das „Erste“ oder das Prinzip darstellt, das sowohl den verschiedenen Erscheinungsformen der Gattung Huhn als auch unseren Erfahrungen mit ihnen zugrunde liegt.

Die *Epagogé* vom einzelnen oder besonderen Wissen zum Wissen um den allgemeinen Ordnungszusammenhang gelingt dem antiken Modell eines Erfahrung und Umgang durch unterrichtliche Unterweisung erweiternden Lehrens und Lernens, weil der Ordnungszusammenhang, den es zu erkennen gilt, schon vor allen Erkenntnisanstrengungen in der Ordnung des Kosmos und der Natur gegeben ist. Die Ordnung der Erfahrung wird im Erkennen nicht erzeugt, sondern dieses eignet sich im Aufstieg von der Erfahrung zum Wissen einen Ordnungszusammenhang an, der nur erkannt werden kann, weil er der Erfahrung bereits zugrunde liegt.[34] Hierauf gründet Aristoteles die Legitimität der Herrschaft Wissender über Erfahrene. Innerhalb eines solchen Ordnungszusammenhangs regieren die Wissenden die bloß Erfahrenen aufgrund ihrer Einsicht in einen von Willkür freien teleologischen Ordnungszusammenhang, in den die Erfahrungen ebenso wie das Wissen eingebunden sind.

Von der Erfahrung zum Wissen aufzusteigen, bedeutet somit, zur Erkenntnis eines allgemeinen teleologischen Ordnungszusammenhangs zu gelangen. Dem Wissen um die in diesem Ordnungszusammenhang fundierten Gründe oder Prinzipien kommt keine theoretisch-technische oder kausalanalytische Bedeutung im neuzeitlichen Sinne, sondern eine kontemplative Bedeutung im Sinne des antiken Theorieverständnisses zu, das im Wesentlichen a-praktisch konzeptualisiert war.[35] Wer um den zweckmäßigen Ord-

34 Vgl. hierzu R. Spaemann/R. Löw: Die Frage Wozu? Geschichte und Wiederentdeckung des teleologischen Denkens. München ^{2}1985, S. 51-78.

35 Hierauf beruht der Unterschied zwischen der antiken und der neuzeitlichen Bewegungslehre. Nach Aristoteles verlaufen Bewegungen zweckgeleitet und suchen die sich bewegenden Körper jene Orte auf, die für sie zweckmäßig sind. So bewegen sich die Himmelsgestirne oben, um Licht zu spenden und strebt der sich verändernde Mond immer wieder die diesem Zweck entsprechende Form des vollen Monds an. Aus einem vergleichbaren Grund bewegen sich die Steine im Fluss ganz unten, da jede andere Bewegungsart Schaden anrichten könnte und unzweckmäßig wäre. Der Blütenstaub aber bewegt sich weder oben noch unten, sondern in einer mittleren

nungszusammenhang weiß, verfügt im Bereich der Erfahrung über keinerlei besonderes oder herausgehobenes Können. Er kann andere gut regieren, weil er zu lehren versteht. Lehren aber ist Weitergabe des Wissens um Zweckursachen. Es gelingt nur durch einen bildenden Aufstieg von der Erfahrung des „Dass" (το οτι /tò hóti) zum Wissen um das „Warum" (διότι/ dihóti).

Neben dieser Form des Unterrichts kennt Aristoteles eine zweite Form des Lehrens und Lernens, die nicht der Aneignung eines theoretisch-teleologischen, sondern dem Erwerb eines praktisch-teleologischen Wissens und Könnens, nämlich der Bildung praktischer Klugheit dient, welche die Griechen „phrónesis" (φρόνησις) nannten. Sie bezieht sich im Unterschied zum theoretischen Wissen nicht auf ein „Etwas-Wissen", sondern auf ein „Sich-Wissen" und macht die den freien Bürger auszeichnende Fähigkeit aus, eigene Entscheidungen selbst verantwortlich treffen und an der Beratung über gemeinsame Angelegenheiten mitwirken zu können. Die praktische Klugheit oder Phronesis ist – anders als die für handwerkliche Tätigkeiten (ποίησις/poíesis) notwendige Geschicklichkeit (τέχνη/téchne) – nicht auf die Herstellung von Mitteln für zweckmäßiges Handeln, sondern auf das zweckmäßige Handeln (πραξις/prâxis) selbst ausgerichtet. Dieses muss, um „gut" genannt werden zu können, in sich selbst zweckmäßig und sinnvoll sein. Praktische Klugheit setzt die, die über sie verfügen, in die Lage, in abwägenden Reflexionen über die Mittel zu entscheiden, die zur Erreichung praktischer Zwecke geeignet sind.[36] Das Erlernen der hierzu erforderlichen

Höhe und erfüllt auf diese Weise seinen Zweck innerhalb der Ordnung der Natur. Der Mensch kann einen Teil dieser Bewegungen zwar verändern und beispielsweise einen Stein werfen oder einen Ochsen vor einen Karren spannen; beide kehren jedoch zu der ihnen gemäßen Bewegung zurück, sobald sie nicht mehr der Herrschaft des Menschen unterliegen. Der Stein fällt zu Boden und der Ochse sucht, wenn er nicht mehr vor den Karren gespannt ist, nicht etwa den Schlachthof, sondern die Wiese oder den Stall als den seinem Zweck angemessenen Ort auf. Von solchen Zweckursachen, um die die antike Bewegungslehre wissen zu können meinte, abstrahiert die neuzeitliche Bewegungslehre der klassischen Mechanik. Sie sucht alle Bewegungen durch zweckfreie, mathematisch beschreibbare und berechenbare Ursache-Wirkungszusammenhänge zu erklären, in denen vorausgegangene Zustände und Bewegungen als Ursachen für nachfolgende angesehen werden. Antike „téchne" (τέχνη) und neuzeitliche Technik unterscheiden sich u. a. dadurch, dass antike Wissenschaft noch keine mathematisierte Naturbetrachtung kannte, die neuzeitlichen rechnenden Naturwissenschaften hingegen ohne den Begriff einer Zweckursache auskommen. Zur sprachlich-hermeneutischen Grundstruktur des antiken Wissenschaftsverständnisses vgl. W. Wieland: Die aristotelische Physik. Göttingen ^{3}1992, S. 52 ff.; zur teleologischen Grundstruktur siehe R. Spaemann/R. Löw: Die Frage Wozu?, a. a. O., S. 13 ff., S. 27 ff., S. 51 ff.; zur Differenz zwischen vormoderner und neuzeitlicher Wissenschaft siehe auch Th. Litt: Naturwissenschaft und Menschenbildung. Heidelberg ^{5}1968, S. 11 ff.

36 Vgl. Aristoteles: Nikomachische Ethik 1141 b 8-34; siehe auch Ders.: Eudemische Ethik 126 b 10-1227 a 10.

Urteilskraft weist eine andere Struktur als die Aneignung der für herstellende Tätigkeiten erforderlichen Arbeitshaltungen oder der Aufstieg von der Erfahrung zum Wissen auf. Die Phronesis kann weder im unmittelbaren Tun erworben noch kontemplativ erlernt werden. Sie bedarf vielmehr sowohl der Gewöhnung als auch einer unterrichtlichen Unterweisung.[37]

Nach Aristoteles beginnt alle moralisch-politische Erziehung mit einer Eingewöhnung in die Sitte. Hieran schließt sich erst zu einem späteren Alter ein Studium der zur praktischen Philosophie gehörenden Wissenschaften von der Ökonomie, der Erziehung, der Ethik und der Politik an, welche untersuchen, wie Menschen Güter hervorbringen und wie die hervorbringenden Tätigkeiten und die Güter angemessen zu beurteilen und hierarchisch-teleologisch zu ordnen sind.[38] Während der Aufstieg von der Erfahrung zum Wissen in den theoretischen Wissenschaften, zu denen Aristoteles Disziplinen wie Mathematik, Physik, Psychologie, Kosmologie u. a. m. rechnet, seinen Sinn in sich selbst hat, da diese Wissensbereiche keinerlei Anwendungsgebiete außer sich haben, erreicht der Aufstieg von der Gewöhnung zur praktischen Philosophie seinen Zweck nicht schon in sich selbst, sondern erst vermittelt über eine Rückkehr ins Handeln. Denn die Tugend der Phronesis ist anders als die vorwiegend ästhetisch-kontemplativ ausgerichtete Theorie nicht im praxisphilosophischen Wissen, sondern erst in den Bewährungssituationen des Handelns wirklich.[39]

Danach, wie theoretisches und praktisches Wissen so miteinander zu vermitteln sind, dass nicht nur freie Bürger, sondern alle Gesellschaftsmitglieder an ihnen teilhaben, fragte Aristoteles nicht. Den Zusammenhang der herstellenden, der praktischen und der theoretischen Tätigkeiten sah er durch die vor Willkür und Verfall zu schützende politische Ordnung der

37 Hieraus ergibt sich das Problem der Tugendlehrbarkeit, das Platon u. a. im Dialog „Protagoras" erörtert. Siehe hierzu J. Pleines: Ist Tugend lehrbar? Im Gedenken an Günther Buck. In: Vierteljahrsschrift für wissenschaftliche Pädagogik 61 (1985) S. 197-212; D. Benner: Von der Lehrbarkeit der Tugend angesichts der Frage nach der Tugend selbst. In: D.-J. Löwisch/J. Ruhloff/P. Vogel (Hrsg.): Pädagogische Skepsis. Wolfgang Fischer zum einundsechzigsten Geburtstag. Sankt Augustin 1988, S. 129-137; W. Fischer: Ist Ethik lehrbar? In: Zeitschrift für Pädagogik 42 (1996) S. 17-29.

38 Vgl. hierzu die Themenfolge in der Politik des Aristoteles, welche mit Überlegungen zur gerechten Herrschaft im Haus (οικονομία/oikonomía) beginnt, mit Reflexionen zur richtigen Erziehung (παιδαία/paideía) endet und dazwischen alle Fragen der Ethik und Politik verortet.

39 Wer beispielsweise weiß, dass für Freundschaft (φιλία/philía) Wohlwollen (εύνοια/eúnoia) unverzichtbar ist, der kann deshalb keineswegs schon Freundschaft praktizieren, d. h. einem Freund motivlos wohlwollend begegnen. Hierzu ist vielmehr erforderlich, dass er solches Wohlwollen in seiner Erziehung zuvor selbst erfahren hat und sich nach dem Studium der praktischen Philosophie nicht in theoretisch-ästhetischen Betrachtungen über Freundschaft ergeht, sondern diese auch selbst praktiziert. Zur Gewöhnung muss somit zwar die Theorie, zu dieser wiederum jedoch notwendig auch die eigene Praxis hinzukommen.

Polis gewährleistet, welche zwischen den in der Arbeit und den in Muße auszuübenden Tätigkeiten streng unterschied und die Ausübung sowohl der theoretischen als auch der praktischen Wissenschaftsdisziplinen der Muße zuordnete. Folgerichtig kannte Aristoteles zwei verschiedene Formen eines bildenden Unterrichts, diejenige des Aufstiegs von der Erfahrung zum Wissen um die zweckmäßige Ordnung der Natur und diejenige des Aufstiegs von der Eingewöhnung in die Polissitte zu den Reflexionsformen der praktischen Philosophie. Von der Erfahrung zum Wissen aufzusteigen und z.B. Geometrie und Mathematik zu lernen, traute er schon „jungen Leuten" zu, sich mit Naturphilosophie und praktischer Philosophie zu befassen, dagegen nicht. Zu solchen Beschäftigungen ist nur in der Lage, wer die Gewöhnung an die Sitte bereits abgeschlossen und „eine Erfahrung im wirklichen Leben" gewonnen hat.[40] Darum geht nach Aristoteles der Unterricht in den theoretischen Disziplinen der Mathematik und Geometrie der Unterweisung in den anderen Disziplinen voraus. Nach dem Zusammenhang der theoretischen und praktischen Wissensformen zu fragen aber bleibt der kontemplativen Metaphysik als einer von den praktischen und theoretischen Disziplinen nochmals abgehobenen, rein philosophischen Reflexion vorbehalten.

Die aristotelische, auf Platons Anamnesislehre zurückgehende Einsicht, dass alles menschliche Lernen stets von einem Vorwissen ausgeht, das Lernende schon erworben haben, und dass Unterricht an dieses anknüpfen muss, um erfolgreich zu sein, gilt bis heute. Sie liegt auch dem neuzeitlichen Modell des Wissens, Lehrens, Lernens und Unterrichtens zugrunde, das jedoch einem ganz anderen Theorietyp angehört. Um die Besonderheit der Problemstellung eines erziehenden Unterrichts im neuzeitlichen Sinne aufzeigen zu können, gilt es zuvor die zweifache „Revolution der Denkart" vorzustellen, durch die sich neuzeitliche und vormoderne Wissenschaft sowie neuzeitliche und antike Praxisphilosophie unterscheiden.

Als „Revolution der Denkart" bezeichnet Kant die sich seit der Renaissance vollziehende Veränderung der Naturforschung durch Einführung einer rechnenden Naturwissenschaft. Diese schreitet nicht mehr von der Erfahrung einzelner Weltgegebenheiten zu einem Wissen um die Zweckursachen alles Seienden fort, sondern ordnet Naturerscheinungen nach Gesetzen, die sie hypothetisch konstruiert und in Experimenten überprüft. Der modernen Naturforschung, welche Mathematik auf Naturerscheinungen anwendet, liegt nicht nur ein anderer Begriff des Wissens, sondern auch ein anderer Begriff des Lernens und Lehrens zugrunde. Diesem zufolge konstituiert sich Lernen und Lehren nicht mehr durch Nachahmung einer vorgegebenen Ordnung der Welt, sondern durch Fragen, die hypothetisch entworfen und an durch sie konstituierten Erfahrungen überprüft werden.[41] Hierauf ist zu-

40 Aristoteles: Nikomachische Ethik 1094 b 27 – 1095 a 10; 1142 a 9-21.

41 Vgl. hierzu die folgende Ausführung von I. Kant in der Vorrede zur zweiten Auflage der Kritik der reinen Vernunft (1787): „Als Galilei seine Kugeln die schiefe Ebene

rückzuführen, dass neuzeitliche Wissenschaft angemessen weder sokratisch noch platonisch oder aristotelisch erlernbar und lehrbar ist.[42] Werden Theorien neuzeitlicher Wissenschaft nach dem Muster des aristotelischen Aufstiegs von der Erfahrung zum Wissen interpretiert und als Aussagesysteme über eine aller Erfahrung zugrunde liegende, in der Natur der jeweils zu erkennenden Sache selbst begründete Ordnung missverstanden, so wird verkannt, worin sich neuzeitliche und antike Wissenschaft unterscheiden. „Ursache“ im antiken und „Kausalität“ im neuzeitlichen Sinne meinen nämlich keineswegs dasselbe.[43] Die antike Wissenschaft suchte die Gründe für die Stimmigkeit menschlicher Erfahrung in einer der Erfahrung und dem Wissen zugrunde liegenden Ordnung des Kosmos und der Natur, die es im Ausgang von der Erfahrung zu erkennen gilt. Neuzeitliche Wissenschaft steigt dagegen nicht von der Erfahrung zum Wissen auf, sondern konstruiert eine Ordnung der Weltgegebenheiten, welche Erfahrungen erlaubt, die ohne sie gar nicht möglich wären. Diese Ordnung aber wird nicht mehr durch einen Rekurs auf einen vorgegebenen teleologischen Ordnungszu-

---

mit einer von ihm selbst gewählten Schwere herabrollen, oder Toricelli die Luft ein Gewicht, was er sich im voraus dem einer ihm bekannten Wassersäule gleich gedacht hatte, tragen ließ …: so ging allen Naturforschern ein Licht auf. Sie begriffen, dass die Vernunft nur das einsieht, was sie selbst nach ihrem Entwurfe hervorbringt, dass sie mit Prinzipien ihrer Urteile nach beständigen Gesetzen vorangehen und die Natur nötigen müsse, auf ihre Fragen zu antworten …. Und so hat sogar Physik die so vorteilhafte Revolution ihrer Denkart lediglich dem Einfalle zu verdanken, demjenigen, was die Natur selbst in die Natur hineinlegt, gemäß, dasjenige in ihr zu suchen (nicht ihr anzudichten), was sie von dieser lernen muss, und wovon sie für sich selbst nichts wissen würde. Hierdurch ist die Naturwissenschaft allererst in den sicheren Gang einer Wissenschaft gebracht worden, da sie so viel Jahrhunderte durch nichts weiter als ein bloßes Herumtappen gewesen war.“ (B XII ff.)

42 Eine Wissenschaftsdidaktik, die diese Differenzen reflektierte und für die Konzeptualisierung und Planung von Lehr-Lernprozessen fruchtbar machte, steht noch aus. Die in Erziehungs- und Bildungsphilosophien sowie reformpädagogischen Programmen entwickelten Konzepte eines sokratischen oder platonischen oder aristotelischen Lehrens und Lernens abstrahieren, wie selbst die elaborierten Versuche von G. Buck zeigen, weitgehend von den Differenzen zwischen antiken und neuzeitlichen Wissensformen. Versuche, beide Konzepte entwicklungslogisch hintereinander zu schalten, verhalten sich dagegen weitgehend ignorant zu den unterschiedlichen Erkenntnis-, Lern- und Wissensbegriffen beider Modelle. Vgl. hierzu die zuweilen von Piaget vertretene Auffassung, Kinder nähmen in bestimmten Entwicklungsphasen und -bereichen heute die Welt so wahr, wie sie von Aristoteles vor über 2000 Jahren gedacht worden sei.

43 Vgl. hierzu Heideggers auf Aristoteles zurückgehende Unterscheidung zwischen den vier Kausalitätsbegriffen einer causa materialis, formalis, finalis und efficiens in: M. Heidegger: Die Frage nach der Technik. opuscula 1. Pfullingen 1962, S. 7 ff.; siehe auch K. Pranges Essay über die perenne Figur des „forma dat rei esse“ (Die Form gibt der Sache das Sein), die keineswegs allgemein in einem übergeschichtlichen Sinne gilt, sondern nach vormodernen und modernen Wissens-, Lern- und Wissenschaftsbegriffen differenziert werden muss. In: Ders.: Der Zeitaspekt des Formproblems in der Erziehung. In: Zeitschrift für Pädagogik 45 (1999) S. 301-312.

sammenhang, sondern dadurch legitimiert, dass das vom menschlichen Verstand konstruierte hypothetisch-prognostische Wissen an der Erfahrung scheitern oder sich in dieser bewähren kann.

Am Beispiel der Medizin lässt sich dies verdeutlichen. Der antiken Heilkunst zufolge helfen Heilmittel bei bestimmten Krankheiten, weil sie dem Zweck der Gesundheit dienen. Die Erfahrenen kennen die Heilmittel aus der medizinischen Praxis. Sie sind sachverständig, im Einzelfall das richtige Mittel herzustellen und zu wählen, wissen aber nicht um die Gründe, warum Heilmittel wirken. Die in einem wissenschaftlichen Sinne Kundigen erfinden dagegen weder neue Heilmittel, noch können sie den Gebrauch der vorhandenen richtig anleiten. Sie wissen jedoch darum, dass Gesundheit ihre Ursache in den Selbsterhaltungs- und Selbstheilungskräften der Natur hat und dass Heilmittel wirken, indem sie die Selbstheilungskräfte der Natur stärken.[44] In einem ganz anderen Verhältnis stehen Erfahrung und Wissen in der modernen Medizin und medikamentösen Behandlung. Die Entwicklung der Medikamente geht hier nicht auf eine Nachahmung der Selbstheilungskräfte der gesunden Natur, sondern auf eine hypothetische Erklärung von Krankheiten zurück. Die kausale Erklärung erlaubt die chemisch-biologische Herstellung von Medikamenten, die in der Natur selbst nicht vorkommen. Arzt im antiken Sinne war jemand, der die Mittel kannte, die der Selbsterhaltung der Natur dienen. Arzt im modernen Sinne ist dagegen jemand, der um die kausale Erklärung der Krankheiten weiß und Medikamente einzusetzen und ihre Wirkungen zu überwachen versteht, die aufgrund dieses Wissens hergestellt wurden.[45] In der antiken Heilkunst und Wissenschaft ging die Erfahrung dem Wissen voraus, in der neuzeitlichen Wissenschaft und Technik geht dagegen das Wissen der Konstruktion von Medikamenten voraus und folgt die Erfahrung, die mit diesen gemacht wird, der Theorie nach.[46]

Die Revolution der Denkart neuzeitlicher Welterkenntnis hatte Folgen nicht nur für die Veränderung menschlicher Arbeit in der großen Industrie, in der Arbeiter nicht aus eigener Erfahrung lernen, sondern geschickt sind, wissenschaftlich-technisch vorentworfene Konstruktionen sachgerecht auszuführen.[47] Sie hatte zugleich Folgen für den Begriff des Lehrens und Lernens

---

44 Vgl. Aristoteles: Metaphysik 981 a 5-24.

45 Vgl. hierzu J. Neumann: Eingeborenenheilkunde und europäische Medizin in Kamerun. Freiburg 1978.

46 Vgl. hierzu E. Fink: Technische Bildung als Selbsterkenntnis. In: Die deutsche Schule 55 (1963) S. 165-177.

47 Vgl. hierzu E. Finks zutreffende, gleichwohl in bildungstheoretischer Hinsicht erweiterungsbedürftige und darum zur Begründung des Programms der Verwissenschaftlichung der gesamten Bildung nach dem Modell des Bremer Plans der „Arbeitsgemeinschaft Deutscher Lehrerverbände" nicht ausreichende These, in der Antike habe ein „arbeitsloser Geist" über eine „geistlose Arbeit" geherrscht, in der Moderne sei dagegen die Arbeit durch die Wissenschaft vergeistigt und der Geist in der

und für das, was seitdem unter Erziehung durch Unterricht zu verstehen ist. Zwar gilt nach wie vor, dass menschliches Lernen von einem Vorwissen ausgeht und dass alles Lehren an einen schon erworbenen Wissenszusammenhang anschließen muss, um erfolgreich zu sein. Die Prozessstruktur modernen Lernens führt nun jedoch nicht mehr von einer teleologisch geordneten Erfahrung zu einem philosophisch-wissenschaftlichen Wissen um diese Ordnung, sondern geht zunehmend von einer vom Lernenden zunächst zwar nicht durchschauten, gleichwohl schon verwissenschaftlichten Erfahrung aus und führt von dort schrittweise zu den hypothetischen Wissensformen der neuzeitlichen Wissenschaften.

Den vielleicht bedeutsamsten Unterschied zwischen antiker und neuzeitlicher Wissenschaft brachte Kant auf den Begriff, als er die Leistungen, die der menschliche Verstand in der Konstruktion einer gesetzmäßigen Ordnung der Weltgegebenheiten vollbringt, nicht auf eine im Seienden selbst liegende ewige und unabänderliche Ordnung, sondern auf einen „Aktus der Spontaneität" gründete, der die Mannigfaltigkeit von Weltgegebenheiten in eine vom Menschen entworfene synthetische Ordnung bringt.[48] Denken-Lernen im neuzeitlichen Sinne schließt nach Kant zweierlei ein. Es basiert zum einen auf Akten und Leistungen, in denen Spontaneität und Rezeptivität untrennbar miteinander verbunden sind, und führt zum anderen zu einem Wissen, das nicht Wissen um eine allem Seienden immer schon zugrunde liegende ewige und unabänderliche Ordnung, sondern Erkenntnis von Weltgegebenheiten nach Maßgabe einer vom menschlichen Verstand ausgehenden Gesetzgebung ist.

Um die Gültigkeit dieses Wissens zu begrenzen, hat Kant vom „transzendentalen Unterschied" zwischen der durch die Anschauungsformen Raum und Zeit und die Kategorien unseres Denkens konstituierten Wirklichkeit der Erscheinungen und der diesen uneinholbar vorausgesetzten Welt der Dinge an sich gesprochen, die unserem Erkennen auf immer unzugänglich sei.[49] Dieser Differenz zufolge stellt es eine unzulässige Grenzüberschreitung dar, wenn vom menschlichen Verstand konstruierte und an der Erfahrung überprüfte Aussagesysteme nicht als vom Menschen entworfene Ordnungen der Mannigfaltigkeit von Weltgegebenheiten verstanden, sondern als Ordnung der Welt an sich ausgegeben werden.[50]

Technik praktisch geworden. Siehe hierzu: Ders.: Menschenbildung – Schulplanung. In: Material- und Nachrichtendienst der AGDL. Sondernummer Juni 1960.

48 I. Kant: Kritik der reinen Vernunft B 132.

49 Zum Begriff der „transzendentalen Differenz" vgl. E. Heintel: Hegel und die analogia entis. Bonn 1958; siehe auch D. Benner: Theorie und Praxis. Wien 1966, S. 43 ff.

50 Zur Differenz von Ding an sich und Erscheinung und zum Unterschied zwischen antiker τέχνη (téchne) und neuzeitlicher Technik siehe auch Th. Litt: Naturwissenschaft und Menschenbildung, a. a. O.; ferner: D. Benner: Moderne Bildung und die Antinomien der europäischen Wissenschaften. In: S. Protz (Hrsg.): Europa als Bil-

Um die Frage, was in problemgeschichtlicher Hinsicht unter erziehendem Unterricht im neuzeitlichen Sinne zu verstehen ist, auch für den Bereich praxisbezogenen Wissens zu klären, gilt es noch eine zweite Eigenart modernen Denkens in den Blick zu bringen, die sich auf den Bereich der praktischen Philosophie und der heutigen Handlungswissenschaften bezieht. Sie verweist auf jene nicht minder revolutionäre Veränderung der Denkart, die Kant auf einen Begriff brachte, wenn er auch hier von einer Gesetzgebung sprach, die nun jedoch nicht die Mannigfaltigkeit der Naturgegebenheiten unter Gesetze des menschlichen Verstandes bringt, sondern das Reich der Zwecke neu reflektiert und ordnet. Wie schon die antike „phrónesis" bezieht sich auch die praktische Vernunft der Moderne nicht auf ein „Etwas-Wissen", sondern auf ein „Sich-Wissen". Insoweit gilt die alte Einsicht bis heute, dass praktische Klugheit nicht auf bloßer Gewohnheit beruht und ihre Urteile auch nicht deduktiv aus einer allgemeinen Ordnung ableitet, sondern Beratschlagung in einzelnen, je einmaligen Handlungssituationen ist.[51] Dies zeigt sich überall dort, wo wir zwischen den Wissensformen der Gewissheit und des Gewissens unterscheiden. Von der Erfahrung zum theoretischen Wissen aufzusteigen, ist etwas anderes als der Übergang von der Eingewöhnung in eine vorgegebene Sitte zu selbst verantwortetem Handeln. Als Orientierung praktischer Beratschlagung scheiden jedoch nach Kant die Sitten und Gesetze eines Staates ebenso wie die Moralen eines Standes, aber auch alle Tugend- und Güterhierarchien aus. Die von Kant konstatierte und bekräftigte Revolution der Denkart im Bereich der praktischen Vernunft erhebt das Gewissen des Einzelindividuums zur Richterinstanz in der Beurteilung seiner Gesinnung und formuliert als allgemeines Gebot die Pflicht, so an sich und gegenüber anderen zu handeln, dass sowohl die eigene als auch jede fremde Person als Selbstzweck anerkannt, niemals aber als bloßes Mittel gebraucht werden.[52] Hinter diesem kategorischen Imperativ steht der große Gedanke, dass Freiheit nur als Sittlichkeit wirklich sein kann, moralische Sittlichkeit aber ebenso wenig in einer teleologischen Ordnung der menschlichen Gesamtpraxis wie in der Befolgung materialer Gebote aufgeht, sondern einer Würde entspringt, die auf der gegenseitigen Anerkennung der Menschen als Selbstzweck beruht.

---

dungsgemeinschaft. Rudolstadt/Jena 1997, S. 41 ff., sowie G. Fischer: Bildungstheorien der Naturwissenschaften. Eine systematische Untersuchung zur curricularen Bedeutung der erkenntnis- und bildungstheoretischen Positionen von Aristoteles, Bloch, Schelsky und Litt. Weinheim und Basel 2004.

51 Vgl. hierzu H.-G. Gadamer: Wahrheit und Methode. Grundzüge einer philosophischen Hermeneutik. Tübingen ^{4}1975, S. 295-307; vgl. auch D. Benner: Pädagogische Erfahrung: etwas spezifisch-pädagogisches? Überlegungen im Anschluss an Aristoteles, Kant und Gadamer. Herwig Blankertz zum Gedenken. In: Vierteljahrsschrift für wissenschaftliche Pädagogik 59 (1983) S. 451-465.

52 Vgl. I. Kant: Grundlegung zur Metaphysik der Sitten (1785) A/B 66 f.

Im Unterschied zur praktischen Philosophie des Aristoteles, welche nach einer von menschlicher Willkür freien hierarchischen Ordnung der Zwecke und Mittel menschlichen Handelns suchte, sieht die von Kant begründete praktische Philosophie, ohne Hierarchien gänzlich zu leugnen, eine nicht-hierarchische Prüfung von Handlungsmaximen vor. Die Revolution praktischer Denkart lässt sich an jener Umdeutung illustrieren, die die Zehn Gebote des Mose erfahren, wenn sie nicht teleologisch interpretiert, sondern der im kategorischen Imperativ formulierten Pflicht der Anerkennung der Würde einer jeden Person unterstellt werden.[53] In seiner alttestamentarischen Bedeutung besagt z. B. das Gebot „Du sollst nicht töten!", dass Töten aus niederen Beweggründen verboten, aus höherwertigen Motiven hingegen durchaus erlaubt sei. Wer einen anderen tötet, um in den Besitz von dessen Land, Vermögen oder Amt zu gelangen, tötet aus niederen Beweggründen und macht sich vor dem Gebot schuldig. Wer hingegen einen anderen tötet, um Schaden von der Gemeinschaft abzuwenden, der er angehört, handelt ganz im Sinne des Gebots. Dieses verbietet jemanden zu töten, der der eigenen Gemeinschaft angehört, und erlaubt die Tötung für den Fall, dass der andere ein Feind, ein Ungläubiger, ein Sektierer u. ä. m. ist. Ganz anders lautet die Weisung, wenn dasselbe Gebot nicht als eine teleologische Regel der Klugheit im Dienste der Erreichung höherer Zwecke interpretiert, sondern unter dem kategorischen Imperativ des modernen Sittengesetzes geprüft wird.[54] Alsdann gilt es, die Würde der eigenen Person und die eines jeden anderen in einem unbedingten, von keinerlei sonstigen Zwecken abhängigen Sinne zu achten. Die Ächtung der Todesstrafe hat hierin einen ihrer Gründe.

Von der Möglichkeit von Moralität sagt Kant in der „Grundlegung zur Metaphysik der Sitten", es sei „überall nichts in der Welt, ja überhaupt auch außer derselben zu denken möglich, was ohne Einschränkung für gut könnte gehalten werden, als allein ein guter Wille".[55] Was um der Erreichung eines Zieles willen gewollt und getan wird, mag – wie das Töten des Feindes zum Zwecke der Erhaltung der Freiheit der eigenen Gemeinschaft – gut im Sinne der Zweckmäßigkeit oder Nützlichkeit eines zielerreichenden Handelns genannt werden; gut in einem unbedingten Sinne ist es nicht. Die kategorische Pflicht, die Würde der Person – der eigenen ebenso wie der fremden – zu achten, stellt die moderne Revolution der Denkart im Bereich der Phronesis dar. In ihr kommt die neuzeitliche Idee zur Geltung, dass vorgegebene Ordnungen hierarchisch geordneter Zwecke und Güter nicht ausreichen, um über den Wert eines Menschen begründet zu entscheiden,

53 Vgl. hierzu G. von den Brincken: Die Tafeln. In: Dies.: Ismael. Fünf Fragmente. Nürnberg 1971, S. 19-31.

54 Zur bildungstheoretischen Bedeutung der Differenz teleologischer und kategorischer Moralität vgl. J.-D. Wächter: Vom Zweck der Erziehung. Das Teleologieproblem in der Erziehungs- und Bildungstheorie. Hildesheim/Zürich/New York 1991.

55 I. Kant: Grundlegung zur Metaphysik der Sitten A/B 1.

sondern dass umgekehrt die Idee einer gegenseitigen Anerkennung der Individuen als Selbstzweck eine Richtschnur an die Hand gibt, um die Moralität von Sitten und Konventionen und die sittliche Qualität von Motiven und Handlungsantrieben zu prüfen.[56]

Die moderne Revolution der Denkart im Bereich der Moral schließt eine Revolutionierung dessen ein, was seitdem unter dem Erlernen praktischer Urteilskraft zu verstehen ist.[57] Die aristotelische Beratschlagung in einzelnen Handlungssituationen konnte durch Gewöhnung an die Sitte, durch ein späteres Studium der praktischen Philosophie und die Rückkehr ins Handeln gefördert werden. Moralität im neuzeitlichen Sinne aber ist auf diese Weise weder lehrbar noch lernbar. Sie gründet sich auf eine Urteilskraft, die ihre Kriterien keiner vorgegebenen Sittenordnung oder politischen Ethik entnehmen kann, sondern mit dem kategorischen Imperativ einer unbedingten gegenseitigen Anerkennung der Menschen als Person und Selbstzweck abstimmen muss. Damit aber treten Pädagogik und Ethik sowie pädagogische und sittliche Praxis in ein neues, nicht-teleologisches und nicht-hierarchisches Verhältnis. Die Pädagogik ist nun ebenso wenig ein angewandter Teil einer politischen Ethik, wie die moralische Erziehung und Unterweisung einfach den Regeln einer materialen Sittenordnung folgen kann. Vielmehr setzt eine im kategorischen Imperativ begründete Ethik, wie sie Kant entworfen und Herbart in seiner „Allgemeinen practischen Philosophie" ausgeführt hat, eine durch die pädagogische Praxis schon gebildete moralische Urteilskraft voraus, die nicht teleologisch argumentiert, sondern zu kategorischer Kritik befähigt.

Kants Unterscheidung zwischen der Sittlichkeit vorgegebener Moralen und der Moralität einer unbedingten Anerkennung der Würde des Menschen wurde von Herbart weiterentwickelt. Im dritten Buch seiner Allgemeinen Pädagogik unterscheidet er zwischen einer „positiven Sittlichkeit" und einer „negativen Sittlichkeit"[58]. In der einen prüft das Gewissen Handlungen nach Maßgabe materialer Sitten und Moralen. Dies leistet das weithin bekannte positive Gewissen, das teleologisch orientiert ist und einzelne Handlungen danach beurteilt, ob sie die Maßstäbe einer zu affirmierenden „positiven

56 Zur Kontroverse über Moralität und Sittlichkeit vgl. G. W. F. Hegel: Über die wissenschaftlichen Behandlungsarten des Naturrechts, seine Stelle in der praktischen Philosophie und sein Verhältnis zu den positiven Rechtswissenschaften (1802/03). In: Ders.: Sämtliche Werke, hrsg. von H. Glockner. Band 1. Stuttgart/Bad-Cannstadt 1958, S. 435-537, insbesondere S. 469 ff. Zur bleibenden Bedeutung dieser Kontroverse siehe J. Habermas: Moral und Sittlichkeit. Hegels Kantkritik im Lichte der Diskursethik. In: Merkur 39 (1985) S. 1041-1052.

57 Siehe hierzu D. Benner: Das Normproblem in der Erziehung und die Wertediskussion. In: 18. Beiheft der Zeitschrift für Pädagogik. Weinheim 1983, S. 45-57.

58 Vgl. hierzu J. F. Herbarts Unterscheidung zwischen positiver und negativer Sittlichkeit, affirmativem und zensierendem Gewissen in: Ders.: Allgemeine Pädagogik, a. a. O., S. 107 ff.; Ders.: Systematische Pädagogik. Band 1, S. 121 ff.

Sittlichkeit“ anerkennen oder verletzen. In der anderen Form tritt das Gewissen als ein negatives hinzu, indem es im Modus „negativer Sittlichkeit“ urteilt und das Wissen des positiven Gewissens einer nochmaligen Prüfung unterzieht. In dieser können Verstöße gegen das Sittengesetz wahrgenommen werden, um die das in eine positive Sittlichkeit eingebundene Gewissen, auf sich allein gestellt, nicht ohne weiteres weiß. Das Urteil des negativen Gewissens stellt auf diese Weise eine fehlende Gutheit beim positiven Gewissen fest, ohne sein Urteil auf eine höhere Einsicht in das Gute gründen zu können. Es tritt in der Form eines skeptischen Gewissens auf, das durch sein zensierendes Mit-Wissen (συνείδησις/syneídesis) die Geltung des vom positiven Gewissen für gut gehaltenen begrenzt.[59]

Beziehen wir beide Revolutionen der Denkart aufeinander, so zeigt sich die tiefere Problematik dessen, was unter modernen Bedingungen unter einem erziehenden Unterricht, der bildet, zu verstehen ist. Auf die Frage, wie theoretisches und praktisches Wissen aufeinander zu beziehen und im Handeln miteinander zu vermitteln sind, gab die ältere, teleologische Betrachtungsweise die Antwort, dass die Mittel und Ziele des Handelns gemäß einer Güterhierarchie aufeinander bezogen seien. Die niederen Handlungen stellen niedere Güter her, die von ranghöheren Handlungen als Mittel zur Verwirklichung eines höchsten Gutes verwendet werden. Dieses aber liegt in der Erhaltung und Optimierung der guten Ordnung der Polis und der Sorge darum, dass alle Einzelnen den ihnen möglichen Beitrag hierzu leisten.

Über die Polis bzw. Gemeinschaft hinausführende Wissensformen kannten die Alten weder im Bereich der theoretischen noch im Bereich der praktischen Wissenschaften. Die Physik führte über die sinnfällig wahrnehmbare Ordnung der Natur ebenso wenig hinaus wie die Ethik und Politik über die Sorge um das gemeinsame Leben der Polisbürger. Dies ist einer der Gründe, warum in der Ethik eines Platon und Aristoteles der Begriff der Menschheit noch nicht vorkommt. Anders als in den vormodernen Formen des Wissens stellt sich für das theoretische und praktische Wissen der modernen Wissenschaften die Frage, wie ihre Wissensformen so erlernt werden können, dass sie in ein angemessenes Verhältnis zueinander treten. Das Wissen der theoretischen Erkenntniswissenschaften führt zu keinem Wissen um eine zweckmäßige Naturordnung, sondern zur Konstruktion hypothetischer Gesetzmäßigkeiten, die es erlauben, die unbelebte und belebte Natur nach Vorstellungen und Zwecken zu modellieren, die menschlicher Willkür entspringen. Das Wissen der praktischen Wissenschaften und der Philosophie eröffnete Horizonte eines skeptisch-mitwissenden Gewissens, das nicht mehr einfach nach Maßgabe vorgegebener Moralen und Normen urteilt, sondern deren Weisungen reflektierend daraufhin prüft, ob sie im Sinne des Grundsatzes der unbedingten Anerkennung der Würde der Person

59 Vgl. hierzu G. Weiß: Die Bildung des Gewissens. Dissertation an der Philosophischen Fakultät der Humboldt-Universität zu Berlin 2001.

interpretiert werden können oder als Maximen zu kritisieren sind, die solche Anerkennung erschweren.

Zwischen dem Wissen der neuzeitlichen Wissenschaften und dem Mitwissen praxisbegleitender und kritisierender Reflexion gibt es keine vergleichbare Entsprechung wie zwischen den vormodernen Wissensformen. Die Folge hiervon ist, dass ein Unterricht, der in die modernen Wissenschaften einführt, diese nicht affirmativ als Wissen um die in der Wirklichkeit vorgegebene Ordnung vermitteln darf, sondern unter Fragestellungen eines kritischen Vernunftgebrauchs behandeln muss.[60]

5.2.2 Erziehender Unterricht und die Möglichkeiten und Grenzen einer bildenden Aneignung neuzeitlicher Wissenschaft

Eine moderne Konzeption für einen erziehenden und bildenden Unterricht, der Erfahrung und Umgang unter Verzicht auf die Teleologieannahmen der vormodernen Wissensbegriffe erweitert, hat Herbart im zweiten Buch seiner „Allgemeinen Pädagogik“ entwickelt. Herbarts Lehre vom Unterricht lässt sich unter problemgeschichtlichen Gesichtspunkten als ein bedeutender Versuch interpretieren, die aristotelische Konzeption eines von der Erfahrung zum Wissen und von der Eingewöhnung in die Sitte über das Studium der praktischen Philosophie zu selbstverantwortetem Handeln führenden Unterrichts um Perspektiven zu ergänzen, die es gestatten, die beiden Revolutionen moderner Denkart in erziehendem und bildendem Unterricht zu thematisieren.

Erziehender und bildender Unterricht erweitert nach Herbart

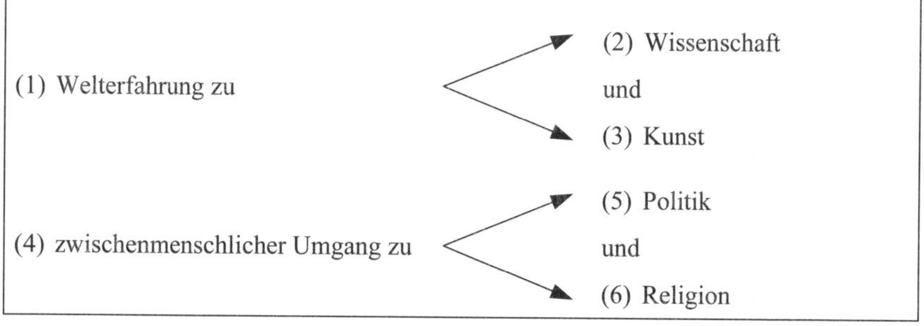

Bei der Beschreibung der didaktisch zu vermittelnden Wissensformen setzt Herbart an die Stelle des teleologischen Ordnungsverständnisses vormoderner Wissenschaften den spekulativ-hypothetischen Ordnungsrahmen neuzeitlicher Wissenschaft, an die Stelle der Polisphilosophie der Antike die

60 Siehe hierzu J. Ruhloff: Bildung im problematischen Vernunftgebrauch. In: M. Borelli/J. Ruhloff (Hrsg.): Deutsche Gegenwartspädagogik. Band 2. Baltmannsweiler 1996, S. 148-157.

Menschheitsethik der Moderne. Die Aufgaben der unterrichtlichen Erfahrungs- und Umgangserweiterung richtet er an jeweils zwei Problemstellungen aus. Die von modernem Unterricht zu leistende Erweiterung von Erfahrung konzipiert er so, dass von der vorwissenschaftlichen Welterfahrung nicht nur zu wissenschaftlichem Wissen, sondern, parallel hierzu, auch zu jenen Formen ästhetischer Erfahrung fortgeschritten wird, die den modernen Kunstwerken zugrunde liegt, welche die Welt – anders als die antike Kunst – nicht mehr nachahmen, sondern reflektierend darstellen. Eine vergleichbare Aufgabe weist er der unterrichtlichen Erweiterung des zwischenmenschlichen Umgangs zu. Ein moderner erziehender und bildender Unterricht soll den Gedankenkreis der Lernenden über den Stand ihrer Herkunft und das eigene Gemeinwesen hinausführen und ihre Umgangserfahrungen durch historisch-gesellschaftliche Studien für eine politische Teilnahme an der Interpretation, Beurteilung und Veränderung der gesellschaftlichen Verhältnisse erweitern. Er soll parallel hierzu die traditionellen konfessionellen Umgangsformen im Bereich der Religion für eine überkonfessionelle Religiosität öffnen, damit die religiöse Praxis künftig als eine solche im Umgang mit der eigenen und mit fremden Religionen/Konfessionen ausgeübt werden kann.

Den hypothetischen Spekulationen neuzeitlicher Wissenschaften ordnet Herbart als gleichberechtigten unterrichtlichen Themenbereich die reflektierende Ästhetik moderner Kunst zu, um Vorsorge dafür zu treffen, dass der wissenschaftliche Weltbegriff nicht zum einzig rationalen Begriff der Welt hypostasiert wird. Einem vergleichbaren Ziel dient auch die zweifache Ausrichtung des umgangserweiternden Unterrichts auf politische und religiöse Themen und Sachverhalte. Durch sie sollen Heranwachsende lernen, Menschheitsprobleme nicht nur als im engeren Sinne ethische, sondern auch als politische Probleme wahrzunehmen und zugleich ein Bewusstsein dafür entwickeln, dass die menschliche Praxis nicht nur ethische und politische, sondern auch religiöse Motivationshorizonte kennt.

Die Erfahrungs- und Umgangserweiterung, die Herbart dem erziehenden und bildenden Unterricht als Aufgabe zuweist, ist nicht vierfach, sondern sechsfach dimensioniert. Unterricht soll den vorwissenschaftlichen Erfahrungshorizont der Heranwachsenden zu Wissenschaft und Kunst und den alltäglichen Horizont ihres Umgangs mit Menschen zu Politik und Religion erweitern. Erfahrung wird nicht in Wissenschaft und Kunst, Umgang nicht in Politik und Religion überführt; beide sollen vielmehr als besondere Sphären alltäglicher Welterfahrung und zwischenmenschlichen Umgangs fortbestehen. Insofern bewegen sich die beiden Reihen des erziehenden und bildenden Unterrichts in und zwischen jeweils drei Interessensbereichen, denjenigen von Erfahrung, Wissenschaft und Kunst sowie denjenigen von Umgang, Politik und Religion. Die Lernenden sollen die Sphären der Welterfahrung und des zwischenmenschlichen Umgangs nicht verlassen, sondern auf dem Umweg über einen erziehenden Unterricht, der bildet, erweitern und auf diese Weise lernen, aus einem sechsfach strukturierten, vielseitigen Interesse heraus zu denken und zu handeln. Der durch modernen Unterricht erweiterte Gedankenkreis zeichnet sich dadurch aus, dass in ihm nicht mehr nur aus Erfahrung und Umgang gewonnene Kenntnisse und Fertigkeiten, sondern solche einer Trias von Erfahrung, Wissenschaft und Kunst und einer Trias von Umgang, Politik und Religion versammelt sind.[61]

Interessengebiete des erziehenden und bildenden Unterrichts in der Reihe der Erkenntnis und der Reihe der Teilnahme

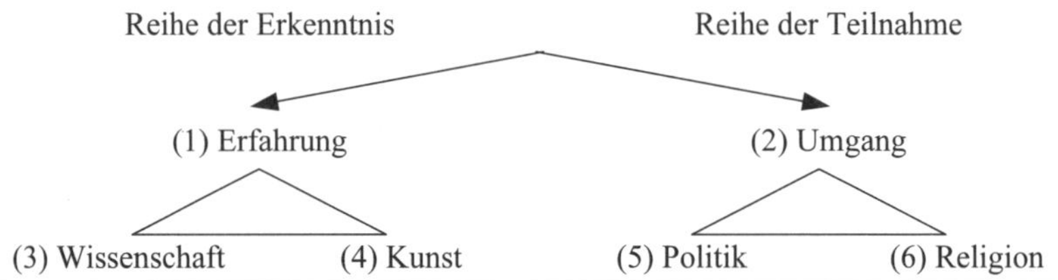

Die wesentlichen Korrekturen, die Herbart am aristotelischen Modell eines erziehenden und bildenden Unterrichts vornimmt, beziehen sich nicht nur auf die moderne Differenzierung zwischen dem szientifischen und ästhetischen Weltverhältnis und die menschheitliche Erweiterung von Sitte und Moral, sondern auch auf die zeitliche Aufeinanderfolge, die Aristoteles für beide Formen einer wissenschaftlichen Unterweisung vorsah. Vom erziehenden Unterricht verlangt Herbart, dass er in „getrennten Reihen" Erfahrung zur Erkenntnis und Umgang zur Teilnahme erweitert, Lernprozesse in beiden Reihen gleichzeitig fördert und die auf diese Weise gewonnenen Kenntnisse und Erkenntnisse schließlich zueinander in Beziehung setzt. Die Zielbestimmung eines solchen Unterrichts ergibt sich nicht mehr aus der Unterscheidung zwischen bloß Erfahrenen, die zur Arbeit bestimmt sind, und Wissenden, die nicht in die Sphäre der Arbeit eintreten, auch nicht aus der Unterscheidung zwischen bloß herstellend Tätigen und mit praktischer Urteilskraft Handelnden. Ziel des modernen erziehenden Unterrichts ist es vielmehr, in jedem Heranwachsenden Erfahrung und Umgang zu einer größtmöglichen „Vielseitigkeit des Interesses" zu erweitern und auf diese Weise alle Mitglieder der nachwachsenden Generation zur Mitwirkung an der menschlichen Gesamtpraxis zu befähigen.[62]

In methodischer Hinsicht zeichnet sich ein solcher Unterricht dadurch aus, dass er die von Aristoteles offengelegte genetische Struktur menschlichen Lernens entteleologisiert und den schon erworbenen Wissenszusammen-

61 Vgl. hierzu J. F. Herbart: Allgemeine Pädagogik, a. a. O., S. 38 ff., 57 f., 59 ff.; Ders.: Systematische Pädagogik. Band 1, a. a. O., S. 68 ff., 79 f., 82 ff.

62 Vgl. hierzu: D. Benner: Die Pädagogik Herbarts, a. a. O., S. 105 ff., sowie den Kommentar in: J. F. Herbart: Systematische Pädagogik. Band 2, a. a. O., S. 50 ff., S. 64 ff.

hang der Lernenden im Bereich der Welterfahrung und des zwischenmenschlichen Umgangs durch spontane und rezeptive Erkenntnisleistungen der lernenden Subjekte zu erweitern sucht.

In thematischer Hinsicht ordnet ein solcher Unterricht die Reihen eines erfahrungserweiternden theoretischen und umgangserweiternden praktischen Lernens zeitlich einander nicht nach, sondern so einander zu, dass beide Wissensformen ohne Inanspruchnahme einer Gesamtteleologie menschlichen Wissens und Könnens aufeinander bezogen werden können. Unterricht steigt nun nicht mehr von einem vermeintlich natürlichen Weltverhältnis zu einem wissenschaftlichen Weltbegriff auf, sondern weiß darum, dass Erfahrung und Wissen historisch-gesellschaftlich vermittelt und in dieser Vermitteltheit auch unterrichtlich zu thematisieren sind. Zu diesem Zweck versucht moderner Unterricht, Heranwachsende in die Aussagesysteme der modernen Wissenschaften so einzuführen, dass diese dabei die Unterschiede zwischen den vormodernen und modernen Wissensformen kennenlernen, deren gesellschaftliche Kontexte reflektieren und sich zugleich mit der Frage nach den Grenzen der Gültigkeit wissenschaftlichen Wissens auseinandersetzen.

In institutionentheoretischer Hinsicht ist ein solcher Unterricht dadurch bestimmt, dass er weder dem Modell eines unmittelbaren Erfahrungs- und Umgangslernens noch demjenigen eines bloßen Aufstiegs zum Wissen folgt, sondern unterrichtliches Lehren und Lernen als eine Erweiterung von Erfahrung und Umgang konzipiert, welche Heranwachsende auf die Mitwirkung an den ausdifferenzierten Formen der menschlichen Gesamtpraxis und einen problembewussten und reflexiven Eintritt ins gesellschaftliche Leben vorzubereiten sucht.[63]

Eine an den skizzierten Problemstellungen ausgerichtete Didaktik wird die erziehungs-, bildungs- und institutionentheoretischen Problemstellungen der unterrichtlichen Dimension pädagogischen Handelns gleichermaßen berücksichtigen und in einem modernen Sinne interpretieren. Sie weiß um die anamnetisch-epistemologische Grundstruktur menschlichen Lernens und unterrichtlichen Wirkens, die es methodisch im Unterricht zu beachten gilt, sie kennt die thematische Mehrdimensionalität eines bildenden Unterrichts, der Lernprozesse in der Reihe der Erkenntnis mit solchen in der Reihe der Teilnahme zusammenführt, und sie beachtet die institutionell abzusichernde Finalität modernen Unterrichts, Heranwachsende nicht zu Wissenden und Regierenden im aristotelischen Sinne zu erziehen, sondern Menschen zu bilden, die in theoretischen und praktischen Fragen urteilsfähig sind.

63 Zum aporetischen Verhältnis von methodischer, thematischer und institutioneller Offenheit im erziehenden Unterricht vgl. J. Ramseger: Was heißt „durch Unterricht erziehen"? Weinheim/Basel 1991.

Was unter einem erziehenden Unterricht zu verstehen ist, der die Aneignung des Wissens der neuzeitlichen Wissenschaften mit einer Einführung in die Differenzen zwischen vormodernen und modernen Wissensformen verbindet und hierbei auch Reflexionen zur historisch-gesellschaftlichen Vermitteltheit und transzendentalkritischen Begrenzung der Gültigkeit der Aussagesysteme neuzeitlicher Wissenschaft einbezieht, ist in bildungstheoretischer, wissenschaftstheoretischer und allgemeindidaktischer Hinsicht erst ansatzweise geklärt.[64] Die Lehrpläne für den an allgemeinbildenden Schulen zu erteilenden Unterricht und die Fachdidaktiken und Fachmethodiken abstrahieren immer noch weitgehend von den Differenzen zwischen vormodernen und modernen sowie szientifischen, historischen und transzendentalkritischen Wissensformen. Eine fachdidaktische Forschung, die Unterrichtskonzeptionen und Teilcurricula entwickelte, welche die für moderne Lehr-Lernprozesse grundlegenden erziehungs- und bildungstheoretischen Reflexionsformen zur Geltung bringen, gibt es de facto nicht. Allgemeindidaktische und fachdidaktische Positionen und Konzepte stehen in den Lehrplänen und in der didaktischen Diskussion weitgehend unvermittelt nebeneinander. In den Lehrplänen führt dies dazu, dass die Präambeln in der Regel bildungsidealistische Leerformeln präsentieren, die für den Unterricht weitgehend bedeutungslos sind und einer kritischen Prüfung nicht standhalten.

Die Konturen eines Unterrichts, der Erfahrung und Umgang in getrennten, aufeinander bezogenen Reihen der Erkenntnis und der Teilnahme erweitert, sollen im Folgenden an zwei Beispielen erläutert werden. Das eine stammt von dem Regensburger Erziehungswissenschaftler Helmut Heid[65] und be-

---

64 In dem im Rahmen der von der Deutschen Forschungsgemeinschaft eingerichteten Forschergruppe „Schule und Bildung im Transformationsprozess von SBZ, DDR und neuen Ländern“ angesiedelten Teilprojekt „Bildungstheorie und Unterricht“ haben G. Fischer, K.-F. Göstemeyer, H. Sladek, H. Schluß und Th. Gatzemann die Entwicklung der Lehrpläne für die Fächer bzw. Lernbereiche Naturwissenschaften/Chemie, Geschichte, Polytechnik/Arbeitslehre sowie Staatbürgerkunde/Politische Bildung/Sozialkunde rekonstruiert. Über den gegenwärtigen Stand der Arbeit informieren die folgenden Publikationen: D. Benner/G. Fischer/Th. Gatzemann/K.-F. Göstemeyer/H. Sladek: Von der Unvereinbarkeit von Bildungsidee und Bildungsideal. In: Pädagogische Rundschau 52 (1998) 303-322; D. Benner: Zum Kritikverständnis der Unterscheidung affirmativer und nicht-affirmativer Bildungskonzepte. In: D. Benner/K.-F. Göstemeyer/H. Sladek (Hrsg.): Bildung und Kritik. Studien zum Gebrauch von Kritik im Umgang mit Bildungszielen und Problemen. Weinheim 1999, S. 47-66; G. Fischer: Bildungstheorien der Naturwissenschaften, a. a. O.; H. Schluß: Lehrplanentwicklung in den neuen Ländern. Nachholende Modernisierung oder reflexive Transformation? Schwalbach 2003. Siehe auch D. Benner: Auf der Suche nach einer Didaktik der Urteilsformen und einer auf ausdifferenzierte Handlungsfelder bezogenen partizipatorischen Erziehung. In: Pädagogische Korrespondenz 2009 (Heft 39) S. 5-20.

65 Ich danke an dieser Stelle Helmut Heid, der den folgenden, an die Terminologie des Bandes angepassten Text korrigiert und ergänzt hat, herzlich für die Bereitstellung dieses Beispiels.

zieht sich auf Fragen und Arbeitsformen eines noch nicht in wissenschaftliche Einzeldisziplinen gefächerten Unterrichts. Das andere geht auf Entwürfe für fachspezifische und fächerübergreifende Unterrichtssequenzen zurück, von denen einige im Oberstufenunterricht eines Gymnasiums umgesetzt wurden.

Auf Tagungen und Symposien erzählt Helmut Heid zuweilen außerhalb der Tagesordnung, ohne das er dies bisher aufgeschrieben hätte, über eigene Schulerfahrungen und nachhaltige Anregungen, die er Paul Vogt, einem noch heute von ihm verehrten Dorfschullehrer, verdankt. Dabei berichtet er u. a. über eine thematisch zentrierte „Unterrichtseinheit", die dieser Lehrer in der zweiten Hälfte der 1940er Jahre in einer in der Eifel gelegenen einklassigen Schule mit Schülerinnen und Schülern der Klassen 7 und 8 über mehrere Wochen zum Thema „Licht" durchführte. Der Lehrer forderte die Schülerinnen und Schüler auf, Themen zu benennen, mit denen sie sich einmal intensiv beschäftigen möchten, und nannte Beispiele. Die Aufforderung bewirkte, dass es unter den Schülerinnen und Schülern zu einer intensiven Suche nach geeignete Themen kam, wobei sich an der Ausgestaltung möglicher Themen auch Eltern und Großeltern beteiligten. Die Ergebnisse der Recherchen wurden zu einem Zeitpunkt, zu dem die jüngeren Schüler den gemeinsamen Klassenraum bereits verlassen hatten, präsentiert, diskutiert und hinsichtlich des Für und Wider der einzelnen Vorschläge erörtert. Man entschied sich schließlich für das Thema „Licht". Das geschah zunächst noch unter dem Vorbehalt, dass es gelingen werde, für dieses genügend wichtige und interessante Aspekte auszuarbeiten. Nach der Erinnerung Heids gehörte das Thema „Licht" nicht zu den vom Lehrer angeführten Beispielen sondern zu den von den Schülern eingebrachten Vorschlägen. Für seine weitere Ausgestaltung erteilte der Lehrer einen entsprechenden (Haus-)Arbeitsauftrag. Die Arbeitsergebnisse wurden einige Tage später wieder in der Schule präsentiert und gemeinsam diskutiert. Wesentliche Anregungen zur Strukturierung des Themas kamen vom Lehrer. Sie beflügelten die Phantasie der Schüler weiter und steigerten das Interesse an der Sache noch einmal erheblich. Es gab keinen Schüler, der vom Ergebnis der Bemühungen um die Ausgestaltung der schließlich mit „Licht" überschriebenen Unterrichtseinheit nicht beeindruckt und an ihrer weiteren Ausgestaltung nicht beteiligt war.

Die schriftlichen Entwürfe und der endgültigen „Plan" des Gesamtprojektes, die Helmut Heid noch heute aufbewahrt, lassen nicht nur die Vieldimensionalität der Unterrichtseinheit „Licht" erkennen, sondern zeigen zugleich, dass sich auf dieses Thema beziehenden inner- und die außerschulische Aktivitäten auf mannigfaltige Weise miteinander verknüpft wurden. Die Schülerinnen und Schüler arbeiteten auch nach Schulschluss noch engagiert an den Themen weiter, mit denen sie sich zuvor im Klassenraum befasst hatten, und kehrten zuweilen mit neuen Fragen in die Schule zurück, um sich für deren Bearbeitung beim Lehrer Rat zu holen.

Inhaltlich ging es in dem Vorhaben darum, möglichst viele unterschiedliche Aspekte von Licht zu erfassen: natürliche und technische, umgängliche und sachkundliche, gegenwärtige und historische, religiöse und ästhetische, wobei innerhalb jeder einzelnen Kategorie noch einmal differenziert wurde, beispielsweise im ästhetischen Bereich in Musik, Malerei, Literatur und Fotografie („Arbeiten mit Licht"). Behandelt wurden unter anderem

- *das natürliche Licht der Sonne, des Mondes, der Sterne, des Blitzes:* Zu den leitenden Fragen gehörten: Warum geht die Sonne in den verschiedenen Jahreszeiten zu verschiedenen Uhrzeiten auf und unter? Warum leuchtet und wärmt das Licht der Sonne anders als das des Mondes? Was hat der Mond mit dem Meer zu tun? Wie kommt es zu einer Mond- oder Sonnenfinsternis? Was heißt „Lichtjahr"? Wie entstehen Blitze und welche Nutzungsmöglichkeiten und Gefahren sind damit verbunden. In diesem Zusammenhang war auch vom „Segen" und vom „Fluch" des Lichtes die Rede, beispielsweise von der „Schädlichkeit" ultravioletter Strahlen oder von Brandgefahren; die Freiwillige Feuerwehr war eine allgegenwärtige Institution des Dorfes.
- *das künstliche Licht der Kerze, des Gaslichts und des elektrisch erzeugten Lichts:* Behandelt wurden die Erfindung und Funktion der Glühbirne. Eine Lektion hieß „Vom Kienspan zum Atomblitz"; der Abwurf der Atombomben in Japan durch die USA wurde damals im Dorf intensiv diskutiert.
- *die ästhetische Dimension des Lichts:* beispielsweise in der Malerei Rembrandts und Dürers, in der Musik Bachs (Passionen), Haydns (Schöpfung), Carl Maria von Webers (Wolfsschlucht im Freischütz), Beethovens (Kerkerszene im Fidelio und Pastorale), in der Poesie Hölderlins, Rilkes, Weinhebers, in Goethes Faust und in der Fotografie (Wie gestaltet der Fotograf den Umgang mit Licht?)
- *religiöse Aspekte des Lichts:* das Licht im Kirchenjahr, Osterlicht und die Lichtmetaphorik im Alten und im Neuen Testament.

Der Unterricht behandelte elementare Formen der wissenschaftlichen Erklärung des natürlichen und künstlichen Lichts, ihre historische Bedeutung für den Alltag und für das (friedliche oder kriegerische) Zusammenleben der Menschen sowie die Wirkungen, welche die Erzeugung elektrischen Lichts für die Veränderung von Arbeitsprozessen – wieder mit Querverbindungen u.a. zur ästhetischen Dimension (z.B. im Theaterstück „Die Weber" von Hauptmann) und zur Freizeit – hatte. Sogar die metaphorische und philosophische Dimension wurde angesprochen: die „Erleuchtung", das „Aufleuchten eines Gedankens", das „Licht der Vernunft" und der „Aufklärung".

An dem Vorhaben waren die heutigen „Fächer" Sach- oder Naturkunde, Physik, Deutsch, Geschichte, Religion, Kunst, Musik und Literatur beteiligt. Außerdem wurde in fast allen Thematisierungen die Relevanz des gefächerten Wissens für die Orientierung und Erlebnisfähigkeit im Alltag mit angesprochen und verdeutlicht.

Dieser „thematischen Öffnung“ des Unterrichts korrespondierte eine „methodische Öffnung, die eine fragende, suchende und urteilende Einlassung der Schüler auf das Thema möglich machte. Die Schüler recherchierten in der „Heiligen Schrift“, in Gebet- und Gesangbüchern, in Lexika und Handbüchern, sie suchten in Bildbänden nach Werken der Kunst und Objektivationen, die das Thema in besonderer Weise betrafen, und holten Auskünfte bei Personen ein, die sich auf dem jeweiligen Gebiet auskannten. Die erforderlichen Medien wurden, soweit sie nicht in einzelnen Haushalten oder in der Pfarrbücherei zur Verfügung standen, vom Lehrer bereit gestellt. Eine wichtige Erfahrungs- und Informationsquelle waren das Klavier und das Grammophon des Lehrers, der während des Unterrichts zuweilen die Tür vom Klassenzimmer zu seiner Wohnung im Schulhaus öffnete und zum jeweiligen Spezialthema entweder auf dem Klavier oder mit Hilfe des Grammophons die Stücke vorführte, in denen Licht musikalisch „verarbeitet“ wird. Sogar die nahe gelegene Kirchenorgel wurde zur Demonstration genutzt.

Die methodische und thematische Öffnung des Unterricht hatte auch institutionelle Voraussetzungen. Lehrer und Pfarrer stellten ihre eigene Bibliothek bzw. die der Pfarrbücherei sowie ein Klavier, Grammophon und eine Orgel zur Verfügung. Die Schüler waren nicht nur während der Schulstunden, sondern auch an Nachmittagen, Abenden und am Wochenende mit „ihrem“ Thema beschäftigt. Selbst beim Spielen in Scheunen oder an Bächen war das Thema „Licht“ gegenwärtig. Es bewegte nicht nur die Schülergemüter, sondern auch einzelne Erwachsenen, und hier nicht nur Eltern und Großeltern, sondern auch Sachverständige wie den Schmied aus dem Nachbardorf oder die Mitglieder der Freiwilligen Feuerwehr.

Zu einem der Höhepunkte des gesamten Vorhabens gehörte nach Helmut Heid eine Radiosendung. Nachdem der Lehrer im Rahmen des Projektes mit den Schülern das Libretto des „Freischütz“ von Carl Maria von Weber gelesen und einige thematisch zentralen Passagen (Licht und Dunkel in den Stimmlagen der Protagonisten Max und Kaspar, die Gewitterszene in der Wolfsschlucht) vorgeführt und ausführlich kommentiert hatte, machte er die Schüler darauf aufmerksam, dass an einem Abend die Oper am Radio zu hören sei. Die Folge war, dass viele Familien im Dorf gemeinsam mit ihren Kindern die Sendung aufmerksam verfolgten und über das Gehörte diskutierten.

Das von Helmut Heid erinnerte Beispiel eines gefächerten und fächerübergreifenden Unterrichts kann heute nicht ohne Weiteres wiederholt werden. Zu der Zeit, als es durchgeführt wurde, musste die Schule noch nicht mit dem Fernsehen und den neuen Medien konkurrieren. Aber das Bespiel zeigt, was unter der Erweiterung von Erfahrung um Umgang in die von Herbart unterschiedenen sechs Klassen des Interesses verstanden werden kann. Und in dieser Hinsicht ist das Beispiel nicht nur historischer Hinsicht bedeutsam, sondern auch heute noch anregend für die Konzeptualisierung und Planung unterrichtlicher Vorhaben.

Die folgenden Ausführungen zu einem stärker wissenschaftsorientierten Unterricht gehen auf Überlegungen und Erfahrungen mit einer Unterrichtssequenz zurück, die in einem Forschungskolloquium an der Universität Münster ausgearbeitet und diskutiert wurde.[66] Sie knüpfen an die Arbeit dieses Kolloquiums an, nehmen jedoch zugleich Fragestellungen und Perspektiven auf, die später in einem Projekt zur Unterscheidung affirmativer und reflektierender Bildungskonzepte[67] sowie in Studien zur Pluralisierung kritischer Urteilsformen[68] weiter ausgearbeitet wurden. Durch eine Verknüpfung und wechselseitige Begrenzung bekannter wissenschafts- und bildungstheoretischer Positionen versuchen sie am Beispiel der Evolutionstheorie zu zeigen, wie didaktische Transformationen so konzipiert werden können, dass im Unterricht der gymnasialen Oberstufe lebensweltliche, szientifische, hermeneutische, ideologiekritische, voraussetzungskritische sowie anwendungs- und handlungsbezogene Wissensformen thematisiert und in Beziehung zueinander erörtert werden.

Hinweise, wie die genannten Wissens- und Reflexionsformen in einem erziehenden und bildenden Unterricht fach- und gegenstandsbezogen ver-

---

66 Das Forschungskolloquium fand über mehrere Semester Ende der 70er, Anfang 80er Jahre statt. An ihm nahmen Studierende der Disziplinen Biologie, Physik, Soziologie, Philosophie, Pädagogik und Theologie sowie eine Lehrerin teil, die Ausschnitte der ausgearbeiteten Unterrichtssequenz in ihrem Oberstufenunterricht im Fach Philosophie an einem Gymnasium praktisch umsetzte und die dabei gewonnenen Erfahrungen wieder in das Kolloquium einbrachte. Das Kolloquium ging von dem von F. Fischer ausgearbeiteten Ansatz zu einer kategorialen Didaktik aus (vgl. F. Fischer: Darstellung der Bildungskategorien im System der Wissenschaften. Ratingen und Kastellaun 1975) und erweiterte die Grundlagendiskussion durch Bezugnahmen auf verschiedene Richtungen kritischer Theorie (kritischen Rationalismus, Hermeneutik, Phänomenologie, kritische Theorie der Frankfurter Schule, Transzendentalphilosophie und Praxisphilosophie), um die Entstehungs- und Verwendungskontexte von Grundbegriffen zu analysieren, die in Theorien und Aussagesystemen neuzeitlicher Wissenschaft verwendet, aber nicht expliziert werden. Die Analysen führten zu thematischen Entwürfen für fachbezogene Unterrichtseinheiten, welche szientifische, historische, hermeneutische, ideologie- und voraussetzungskritische sowie anwendungsbezogene Denkformen in der Bearbeitung fachunterrichtlicher Themen miteinander verknüpfen. Über die im Kolloquium geleistete Arbeit und den in ihm thematisch vorbereiteten und später analysierten Oberstufenunterricht wurden Protokolle und Hospitationsberichte angefertigt, auf deren Grundlage schließlich ein umfangreiches, aber unvollendet gebliebenes Manuskript entstand (D. Benner/L. Lenhart in Zusammenarbeit mit B. Drewes, L. und O. Harhues, M. Hewener, P. Jahnke, A. Kahre, K. Klink, Ch. Redeker, B. Schneider, W. Steinmetz, K. Tophoven, Ch. Urban und M. Wessel: Von der Lehrbarkeit der Philosophie im Zeitalter wissenschaftlicher Rationalität. Überlegungen zu einem fächerübergreifenden Unterricht in der Sekundarstufe II. Münster o. J.).

67 Vgl. hierzu die in Fußnote 64 genannte Literatur.

68 Siehe hierzu die Beiträge von Ch. Winch, H. Merkens, H. Heid, F. Heyting, D. Benner, J. Ruhloff, J. Masschelein und M. Borrelli in: Kritik in der Pädagogik. Versuche über das Kritische in Erziehung und Erziehungswissenschaft. 46 Beiheft der Zeitschrift für Pädagogik. Weinheim und Basel 2003.

knüpft werden können, lassen sich wissenschaftstheoretischen, wissenssoziologischen, wissenschaftshistorischen, ideologiekritischen, phänomenologischen, bildungsphilosophischen und transzendentalphilosophischen Ansätzen zur Interpretation der Grundbegriffe, die in wissenschaftlichen Aussagesystemen verwendet werden, entnehmen. Keine Wissenschaft kommt ohne solche Grundbegriffe aus, keine kann Sinn und Bedeutung der von ihr verwendeten Grundbegriffe in den Aussagesystemen, in denen sie diese gebraucht, unmittelbar reflektieren und explizieren. Eine Wissenschaftsdidaktik, die hierum weiß, wird darum der Interpretation der Grundbegriffe bei der Vermittlung der Aussagesysteme der modernen Wissenschaften eine besondere Aufmerksamkeit widmen und zwischen verschiedenen Bedeutungsgehalten unterscheiden, die diesen aus der Sicht unterschiedlicher Betrachtungsweisen zukommen.

Ebenen einer bildenden Interpretation wissenschaftlicher Theorien
1. lebensweltliche Ebene: Unterscheidung zwischen alltäglicher und wissenschaftlicher Erfahrung
2. szientifische Ebene I: Achtung auf den hypothetisch-deduktiven Charakter der Aussagesysteme neuzeitlicher Wissenschaft
3. szientifische Ebene II: Einblick in die geschichtliche Vermitteltheit von wissenschaftlichen Aussagesystemen
4. szientifische Ebene III: Ideologiekritik der gesellschaftlichen Vermitteltheit der szientifischen Ebenen I-III
5. voraussetzungskritische Ebene: skeptische Begrenzung der Gültigkeit wissenschaftlicher Aussagesysteme
6. praxistheoretische Ebene: Frage nach der Bedeutung der ausdifferenzierten Ebenen für verschiedene Anwendungs- und Handlungsbereiche

Hinweise darauf, was hierbei zu beachten ist, finden sich in Programmschriften zu unterschiedlichen Ansätzen kritischer Theorie.[69] In Anknüpfung an sie wird im Folgenden zwischen sechs Formen von Kritik unter-

69 Vgl. hierzu u. a. die Unterscheidung zwischen empirischer und transzendentalkritischer Betrachtungsweise in I. Kants „Kritik der reinen Vernunft“ (1781/^{2}1787), zwischen szientifischen und lebensweltlichen Bedeutungen in E. Husserls Abhandlung „Die Krisis der europäischen Wissenschaften und die transzendentale Phänomenologie“ (1935/36), zwischen szientifischen und ideologiekritischen Fragestellungen in M. Horkheimers Abhandlung „Traditionelle und kritische Theorie“ (1937), zwischen Unmittelbarkeit und Vermittlung in Th. W. Adornos „Negative Dialektik“ (1966), zwischen szientifischen und umgänglichen Weltverhältnissen in Th. Litts Kritik am „Bildungsideal der deutschen Klassik“ (1955, ^{6}1959), zwischen Prädikativ-Allgemeinem und Positiv-Allgemeinem in F. Fischers „Theorie der Bildungskategorien“ (1956-1960, 1975) sowie zwischen positionellen und skeptischen Fragestellungen in W. Fischers und J. Ruhloffs „Beiträgen zur skeptisch-transzendentalkritischen Pädagogik“ (1988 ff.).

schieden, denen sich verschiedene Ebenen einer bildenden Interpretation wissenschaftlicher Aussagesysteme zuordnen lassen. Die sechs Ebenen setzen sich aus einer lebensweltlichen Ebene, drei wissenschaftlich von einander abzugrenzenden Ebenen, einer philosophischen oder voraussetzungskritischen Ebene sowie einer anwendungsbezogenen oder praxistheoretischen Ebene zusammen. Sie werden zunächst allgemein beschrieben und dann an einem Beispiel erläutert. Sie geben Aufgabenstellungen für didaktische Transformationen vor, die von einer zeitgemäßen Wissenschaftsdidaktik nicht neu erfunden werden müssen, sondern sich in Anknüpfung an außerwissenschaftliche und wissenschaftliche Formen des Wissens explizieren lassen.

Eine systematische Darstellung und Auswertung der genannten Ansätze würde den Rahmen dieser Arbeit überschreiten. Im folgenden wird darum nur auf einige bildungstheoretische Aspekte der genannten Formen von Kritik hingewiesen und ihre Relevanz für eine differenzierte Interpretation der in wissenschaftlichen Aussagesystemen verwendeten Grundbegriffe exemplarisch verdeutlicht. Dabei wird zwischen insgesamt sechs Formen von Kritik unterschieden, denen sich verschiedene Ebenen einer bildenden Interpretation wissenschaftlicher Aussagesysteme zuordnen lassen.

Die auf der *ersten Ebene* anzusiedelnden Unterscheidungen grenzen vorwissenschaftliches von wissenschaftlichem Wissen ab. Hierher gehören so verschiedene Differenzierungen wie die auf Aristoteles zurückgehende Unterscheidung zwischen Erfahrungswissen und Wissen um Zweckursachen, die von Husserl im Hinblick auf die Wissensformen neuzeitlicher Wissenschaften vorgenommene Abgrenzung lebensweltlicher und szientifischer Weltzugänge[70] oder Litts bildungstheoretische Unterscheidung zwischen einem umgänglichen und einem szientifischen Weltverhältnis.[71]

Den genannten Unterscheidungen ist gemeinsam, dass sie dem wissenschaftlichen Wissen und in epistemologischer Hinsicht den Status eines alltäglichen Erfahrungen zeitlich nachfolgenden und somit späteren Wissens zuerkennen. Nach Aristoteles ist dieser Zusammenhang im Falle des vormodernen Wissens dadurch gekennzeichnet, dass um die der Erfahrung immer schon zugrunde liegende zweckmäßige Ordnung der Welt nicht im Erfahrungswissen, sondern erst im wissenschaftlichen oder philosophischen Wissen gewußt wird. Husserls und Litts Unterscheidungen gehen dagegen vom szientifischen Wissen der neuzeitlichen Wissenschaft aus und stellen diesem die Horizonte einer lebensweltlichen bzw. umgänglichen Erfahrung gegenüber, so z. B. der szientifischen Aussage, dass sich die Erde um ihre

70 Siehe hierzu Husserls Ausführungen zur „Lebenswelt als vergessenes Sinnesfundament der Naturwissenschaft“ in: Ders.: Die Krisis der europäischen Wissenschaften und die transzendentale Phänomenologie (1935/36). In: Gesammelte Schriften, hrsg. von E. Ströker. Band 8, Hamburg 1992, S. 48 ff.

71 Siehe hierzu Th. Litt: Das Bildungsideal der deutschen Klassik und die moderne Arbeitswelt. Bochum 7. Auflage o. J., insbesondere S. 106 ff. und S. 129 ff.

eigene Achse dreht und auf einer Bahn um die Sonne bewegt, die lebensweltliche und umgängliche Erfahrung, dass die Sonne auf- und untergeht.

Die in der Lebenswelt und im Umgang mit der Natur sich erschließenden Erfahrungen werden von Husserl und Litt als Erfahrungen interpretiert, die dem wissenschaftlichen Wissen zeitlich vorausgehen, durch dieses also weder erinnert noch begriffen und eingeholt werden können. Hieraus erwächst modernem Unterricht die Aufgabe, in die Unterscheidung zwischen lebensweltlichen und szientifischen Erfahrungen einzuführen und naturalistische Fehlschlüsse in der Interpretation der Aussagesysteme neuzeitlicher Wissenschaft kenntlich zu machen. Solche Fehlschlüsse liegen überall dort vor, wo hypothetische Konstruktionen beispielsweise der neuzeitlichen Optik und Akustik zu Aussagen über primäre Erfahrungen hypostasiert und den primären lebensweltlichen und umgänglichen Erfahrungen nur mehr der Status sekundärer Erfahrungen zuerkannt wird.[72]

Der Sinn der aristotelischen Unterscheidung zwischen Erfahrungswissen und wissenschaftlichem Wissen und der Sinn der modernen Unterscheidungen zwischen lebensweltlichen bzw. umgänglichen Erfahrungen und szientifischem Wissen ist also keineswegs derselbe. Die zuletzt genannten Unterscheidungen erkennen dem Wissen der neuzeitlichen Wissenschaft nicht die Qualität eines Ersten und Grundlegenden zu, die Aristoteles für das philosophisch-wissenschaftliche Wissen um die aller Erfahrung vorausgesetzte Zweckordnung reklamierte. Sie beanspruchen eine solche Bedeutung auch nicht für die vom Wissen der Wissenschaften unterschiedenen lebensweltlichen und umgänglichen Erfahrungen, sondern weisen auf Differenzen hin, die es in der Aneignung sowie bei der Auslegung und Interpretation des Wissens der Wissenschaften mitzulernen und zu bedenken gilt.[73]

---

72 So geht die lebensweltliche Erfahrung von Farben und Tönen deren mathematisch-physikalischer Beschreibung, Messung und Unterscheidung uneinholbar voraus. Die Differenz zwischen lebensweltlichen und szientifischen Sachverhalten wird dort übersehen, wo mathematisch-physikalische Aussagen über Wellenlängen als primäre Eigenschaften von Farben und Tönen und ästhetisch-lebensweltliche Erfahrungen als eine Erfahrung sekundärer Eigenschaften ausgegeben werden. Allerdings kommt lebensweltlichen Erfahrungen unter den Bedingungen einer verwissenschaftlichten Zivilisation keine quasi-transzendentale Ursprünglichkeit mehr zu; sie sind ihrerseits auf eine szientifisch-technische, hermeneutische, ideologie- und voraussetzungskritische Aufklärung angewiesen, wie der Ausspruch eines Sechsjährigen belegt, der seinen Vater zum Bankautomat begleitete und anschließend mit der Einsicht überraschte, nun wisse er endlich, wo das Geld herkomme, um im gleichen Atemzug die Frage aufzuwerfen, wann auch er so eine Karte bekomme und sich aus dem Automaten mit Geld versorgen könne.

73 Die Aufgabe einer bildenden Interpretation der Aussagesysteme neuzeitlicher Wissenschaft lässt sich sowohl mit Blick auf teleologische Wissensformen der Antike als auch mit Verweis auf moderne Abgrenzungen zwischen Lebenswelt und verwissenschaftlichter Welt erläutern: Was z. B. Freundschaft ist, weiß in einem lebensweltlich bedeutsamen Sinne nur der, der die von Aristoteles hervorgehobene Bedeu-

Auf einer *zweiten Ebene* stellt sich einer bildenden Aneignung und Interpretation der Aussagesysteme neuzeitlicher Wissenschaft die Aufgabe, die Lehr-Lernprozesse im wissenschaftspropädeutischen und zu den Aussagesystemen der neuzeitlichen Wissenschaften hinführenden Unterricht so zu strukturieren, dass diese weder als Resultat einer Nachahmung vorgegebener Weltordnungen noch als beliebige Konstruktionen des menschlichen Verstandes ausgegeben, sondern als Produkte einer vom menschlichen Verstand ausgehenden Gesetzgebung verstanden werden, die ihre Annahmen der Gefahr des Scheiterns aussetzt und empirisch kontrolliert. Die Einseitigkeiten des naiven Empirismus, der von der konstruktivistischen Seite neuzeitlicher Wissenschaft abstrahiert und Wissenschaft allein auf Erfahrung zu gründen sucht, und des radikalen Konstruktivismus, der von aller Welterfahrung abstrahiert und Wissenschaft auf eine autopoietische Gehirntätigkeit zurückführen will, lassen sich gleichermaßen vermeiden, wenn jene Einwände Beachtung finden, die der kritische Rationalismus gegen sie vorgebracht hat. Das Wissen der neuzeitlichen Wissenschaft lässt sich, wie K. Popper in seiner „Logik der Forschung" gezeigt hat, nicht induktiv auf der Grundlage von Basissätzen gewinnen, auf die sich Beobachter bei der unmittelbaren Wahrnehmung von Wirklichkeit einigen. Es geht ebenso wenig aus einer beliebigen Konstruktionstätigkeit hervor, sondern bezieht seinen begrenzten Wahrheitsgehalt gerade daraus, dass in ihm hypothetische Aussagesysteme formuliert werden, die die Ableitung empirisch gehaltvoller Sätze erlauben und an der Erfahrung scheitern können.[74] Aufgrund des Doppelcharakters, Theorien zu konstruieren und diese stets von neuem Falsifikationsmöglichkeiten auszusetzen, erweist sich der Erkenntnisvorgang neuzeitlicher Wissenschaft als ein Prozess, in dem die wissenschaftliche Erkenntnisgewinnung mit einer Überprüfung und Anwendung von Theorien vermittelt ist.

Poppers weitergehende Annahme, im Progress der Konstruktion, Falsifikation, Neukonstruktion und Erprobung szientifischer Aussagesysteme werde es gelingen, diese in eine einheitliche Gesamttheorie zu überführen, die sich in ihren hypothetischen Annahmen den Strukturen der Wirklichkeit annähe-

---

tung des Wohlwollens für die Freundschaft erfahren und erkannt hat. Wer um die Bedeutung des Wohlwollens weiß, wird vielleicht gerade in einer Krise dem Freund ein besonderes Wohlwollen entgegen bringen und auf diese Weise die Freundschaft erhalten. Anders ist das Verhältnis von neuzeitlicher Wissenschaft und Lebenspraxis bestimmt. So hat beispielsweise die naturwissenschaftliche Biologie nachgewiesen, dass sich unter bestimmten Umständen der Hormonspiegel im Körper verändert. Unmittelbare Lebensbedeutsamkeit messen wir dieser Einsicht, die in diagnostischer und therapeutischer Hinsicht aufschlussreich sein kann, gewöhnlich nicht zu. Eine Liebeserklärung jedenfalls, welche Zärtlichkeiten mit dem Hinweis hervorzulocken sucht, der Hormonspiegel sei gerade gestiegen, wird aus guten Gründen nicht von jeder Frau und auch nicht von jedem Mann als Liebesbeteuerung akzeptiert.

74 Vgl. hierzu K. Popper: Logik der Forschung. Tübingen [5]1971, insbesondere die Kapitel I-VI und X.

re, hat sich bisher weder als richtig erwiesen, noch folgt sie notwendig aus den anderen, bereits genannten Annahmen des kritischen Rationalismus.

Die durch Hypothesenbildung, Falsifizierbarkeit und anwendungsbezogene Kontrollierbarkeit gekennzeichnete szientifische Grundstruktur modernen wissenschaftlichen Wissens ist nicht dessen einzige Grundstruktur, sondern lässt weitere Sichtweisen einer bildenden Interpretation der Aussagesysteme neuzeitlicher Wissenschaft zu. So kann auf einer *dritten Ebene* danach gefragt werden, um was im Wissen der Wissenschaften gewusst bzw. nicht gewusst wird. Zu dem, um was in ihm nicht gewusst wird, gehört u. a. jene Revolution der Denkart, durch die sich das Wissen der neuzeitlichen Wissenschaften von älteren Wissensformen unterscheidet. Der Prozess der Verabschiedung und des Übergangs von den älteren teleologischen Ordnungssystemen des Wissens zu den Formen des modernen szientifisch-hypothetischen Wissens kann in den Aussagesystemen der Wissenschaften selbst unmittelbar nicht erinnert werden. Mit ihm befassen sich hermeneutische Reflexionen und Wissenschaftsgeschichten – beispielsweise der Mathematik, der Physik, der Psychologie, der Pädagogik, der Politik u. a. m. –, die auf eine mehr als zweitausendjährige Wissenschaftspraxis zurückblicken.[75] In den Aussagesystemen der neuzeitlichen Wissenschaften ist deren eigene Wissenschaftsgeschichte, ohne dass sie selbst hieran etwas ändern könnten, notwendig vergessen. Dieses Vergessen ist forschungslogisch und -methodisch ganz und gar unvermeidbar.[76] Gleichwohl kommt eine bildende Interpretation der Aussagesysteme neuzeitlicher Wissenschaft nicht ohne eine Erinnerung an die in den Wissenschaften ausgeblendete Wissenschaftsgeschichte aus. Darum gilt es auf einer weiteren Ebene, die Historizität der in den Wissenschaften verwendeten Begriffe bewusst zu machen und den Bedeutungswandel offen zu legen, den diese erfahren haben.[77]

---

75 Die in der Erziehungswissenschaft und erziehungswissenschaftlichen Wissenschaftsforschung zuweilen vertretene These, die Erziehungswissenschaft sei wie die Psychologie und Soziologie eine junge Disziplin, lässt sich zwar mit Verweis auf die Einrichtung besonderer Lehrstühle und Professuren vertreten, ist aber in theoriegeschichtlicher Hinsicht irrig und unhaltbar. Alle genannten Disziplinen weisen in ihren abendländischen Traditionen eine bis in die griechische Antike zurückreichende Geschichte auf, die es zu reflektieren gilt. Die in der Pädagogik immer wieder diskutierte Theorie-Praxis-Differenz ist für die gesamte Wissenschaftsgeschichte rekonstruierbar. Es ist daher in systematischer wie in wissenschaftshistorischer Hinsicht nicht sinnvoll, zwischen pädagogischen und erziehungswissenschaftlichen Wissensformen so zu unterscheiden, als bezeichneten erstere eine bis ins 18. Jahrhundert übliche praktische, letztere hingegen eine erst sich im 20. Jahrhundert durchsetzende theoretische Wissensform.

76 Vgl. hierzu J. Ritter: Die Aufgabe der Geisteswissenschaften in der modernen Gesellschaft (1961). Münster 1963.

77 Zu erinnern ist beispielsweise an die Geschichte der Zahl „0“, die im römischen Zahlensystem nicht vorkam und sich allgemein erst im Zusammenhang mit der Mathematisierung der Ökonomie und der Einführung der Gewinn- und Verlustrechnung

Die Einsicht in die Historizität der in den Aussagesystemen der Wissenschaften verwendeten Begriffe stellt sowenig ein letztes Wissen dar wie die lebensweltlichen Erfahrungen und die szientifischen Konstruktionen der neuzeitlichen Wissenschaften. Auf einer *vierten Ebene* kann die Verwendung der Begriffe und Grundbegriffe in wissenschaftlichen Aussagesystemen mit Blick auf historisch-gesellschaftliche Erfahrungen reflektiert werden, die in ihre Entwicklung eingegangen sind. Solche Reflexion kann die Selbstverständlichkeit problematisieren, mit der Begriffe in lebensweltlichen, szientifischen und wissenschaftshistorischen Aussageformen gebraucht werden, und historisch-gesellschaftliche Erfahrungen bewusst machen, die solchem Gebrauch – in ihm selbst oft unerkannt – zugrunde liegen. Eine so fragende Ideologiekritik stellt weder einem falschen ein wahres Bewusstsein gegenüber, noch befreit sie die lebensweltlichen, wissenschaftlichen und wissenschaftshistorischen Aussagen von den in ihnen wirksamen ideologischen Überzeugungen. Sie ist jedoch hilfreich, um hermeneutische Vorurteilsstrukturen, Wahrnehmungs- und Denkgewohnheiten aufzudecken, die die Entwicklung der modernen Wissensformen bestimmt haben und in diesen fortwirken.[78]

Aufgabe einer Vorurteilsstrukturen reflektierenden Hermeneutik ist es nicht, Vorurteile zu bestätigen, sondern sie im Rekurs auf ihre Vorgeschichte zu verfremden und erfahrbar zu machen. Die heute üblichen und weitgehend anerkannten Wissensformen und Erkenntnismethoden neuzeitlicher Wissenschaft waren denen, die sie erfanden und entwickelten, keineswegs vertraut und geläufig. Darum gilt es, die Revolution der Denkart neuzeitlicher Wissenschaft nicht nur im Bewusstsein derer zu erinnern, die diese Revolution heute – gänzlich unrevolutionär – als bereits geleistet erfahren, sondern sie auch in Auseinandersetzung mit jenen Erfahrungen zu deuten, die, aus dem Horizont älterer Denkformen stammend, zu ihr hinführten. Erst durch eine solche ebenso künstliche wie kunstvolle Erinnerung lässt sich rückblickend das Revolutionäre der Revolution der Denkart neuzeitlicher Wissenschaft begreifen.

---

durchsetzte. Hierauf ist u. a. zurückzuführen, dass das Jahr 1 der bei uns üblichen Zeitrechnung nicht das erste Jahr nach der Geburt des christlichen Religionsgründers, sondern den Zeitpunkt von dessen Geburt bezeichnet. Vgl. H. Lietzmann: Zeitrechnung der römischen Kaiserzeit, des Mittelalters und der Neuzeit für die Jahre 1-2000 n. Chr. Berlin [4]1984.

78 Über die Grundstruktur einer in diesem Sinne ideologiekritischen Wende der Hermeneutik besteht heute keine Einigkeit. Sie kann m.E. weder in Gadamers Hermeneutik aufgehen, welche die grundsätzliche Unvermeidbarkeit von Vorurteilen aufdeckt und dann deren Affirmation nahe legt, noch mit den geschichtsteleologischen Annahmen der von Marx entwickelten Ideologiekritik übereinstimmen, welche auf den Primat einer revolutionären Praxis hofft, die über der Einsicht in die Geschichtlichkeit ihrer Vorgeschichte ihre eigene Geschichtlichkeit übersieht und daher zu sich selbst in kein distanziertes Verhältnis zu treten vermag.

Eine Kritik, welche Vorurteilsstrukturen und deren historisch-gesellschaftliche Genese erfahrbar macht, kann dazu beitragen, die heute weit verbreiteten ideologischen Annahmen eines stetigen Fortschritts der Wissenschaftsentwicklung und Zivilisationsgeschichte mit gegenläufigen Erfahrungen zu konfrontieren und den ideologischen Schein zu zerstören, als würden ältere Wissenschaftsauffassungen im Prozess der Wissenschaftsentwicklung permanent durch neue Erkenntnisse korrigiert und durch neue Einsichten überholt. Der Wissenschaftsprozess ist nicht nur durch einen Fortschritt des Wissens und Könnens, sondern zugleich durch ein Vergessen älteren Wissens und Könnens strukturiert. Ideologiekritik, die dies aufdeckt, begnügt sich nicht damit, die Vorurteilsstrukturen menschlichen Denkens und Urteilens in eine ihrerseits geschichtliche Fortschritte markierende historische Reihenfolge zu bringen, sondern leitet zu einer *fünften Ebene* kritischen Reflektierens über. Es ist dies die Ebene einer transzendentalkritischen Besinnung, welche undurchschaute Voraussetzungen und den unvermeidlichen anthropologischen Zirkel all unserer Erfahrungen aufdeckt und von daher das Bewusstsein dafür schärft, dass unser Denken und Können die Vorausgesetztheit unserer eigenen Existenz und die einer Welt außer uns niemals einzuholen vermag. Der antifundamentalistische Grundzug einer solchen Transzendentalkritik beruht darauf, dass sie, statt ein System menschlichen Wissens, Könnens und Hoffens zu begründen, die Gültigkeit der auf allen genannten Ebenen zu gewinnenden Erkenntnisse und zu erbringenden Leistungen stets von neuem skeptisch zu prüfen aufgibt.[79] Nicht Voraussetzungslosigkeit und Letztbegründung, sondern Reflexion und Problematisierung expliziter und impliziter Voraussetzungen wissenschaftlicher Aussagesysteme und ihrer unterrichtlichen Behandlung ist daher die Zielperspektive der fünften Ebene eines wissenschaftspropädeutischen erziehenden und bildenden Unterrichts.

Die *sechste Ebene* ist diejenige einer praxisphilosophischen Reflexion der Resultate der neuzeitlichen Wissenschaften. Sie ist ebenso wenig wie die zuvor genannten eine letzte oder höchste Ebene, sondern tritt zu diesen als eine weitere bildungstheoretisch bedeutsame Ebene hinzu. Auf ihr lassen sich Fragen eines in praktischer Hinsicht verantwortlichen Gebrauchs und Umgangs mit den Ergebnissen der neuzeitlichen Wissenschaften erörtern,

---

79 Vgl. hierzu die von W. Fischer und J. Ruhloff eingeleitete und vollzogene skeptische Wende der transzendentalkritischen Pädagogik; siehe insbesondere die folgenden Arbeiten: W. Fischer: Unterwegs zu einer skeptisch-transzendentalkritischen Pädagogik. St. Augustin 1989; W. Fischer/J. Ruhloff: Neue Beiträge zur skeptisch-transzendentalkritischen Pädagogik. St. Augustin 1993; W. Fischer: Pädagogik und Skepsis: Bemerkungen zum skeptisch-transzendentalkritischen Einsatz in der Pädagogik. In: M. Borrelli/J. Ruhloff: Deutsche Gegenwartspädagogik. Band 2. Hohengehren 1996, S. 16-27; J. Ruhloff: Bildung im problematisierenden Vernunftgebrauch. Ebd., S. 148-157. Siehe auch D. Benner: Transzendentalphilosophische Kritik, pädagogische Theorie und weltbürgerliche Praxis. In: Colloquium Paedagogicum, hrsg. von W. Fischer. St. Augustin 1994, S. 27-51.

die ohne die vorausgegangenen Unterscheidungen nicht angemessen diskutiert werden könnten, durch diese aber nicht schon beantwortet sind. Als eine Regel, die für die Erörterung solcher Fragen hilfreich ist, empfiehlt sich das bildungstheoretische Prinzip eines nicht-hierarchischen Verhältnisses der ausdifferenzierten Formen der menschlichen Gesamtpraxis, welches besagt, dass zwischen ökonomischen, ethischen, pädagogischen, politischen, ästhetischen und religiösen Bereichen und Problemstellungen menschlichen Handelns so unterschieden werden kann, dass keinem der Praxisbereiche ein Primat vor den anderen eingeräumt wird.

Möglichkeiten und Grenzen einer bildenden Interpretation neuzeitlicher Wissenschaft, welche die Problemstellungen der sechs Ebenen berücksichtigt, lassen sich am Beispiel der auf Darwin zurückgehenden Evolutionstheorie erläutern.

Erste Ebene

Für eine unterrichtliche Hinführung zur und Auseinandersetzung mit der Evolutionstheorie sind auf einer ersten Ebene die Unterscheidungen zwischen vorwissenschaftlichem und wissenschaftlichem Wissen sowie älteren und neuzeitlichen Formen von Wissenschaft bedeutsam. Das vormoderne Wissenschaftsverständnis und die vorwissenschaftliche Welterfahrung gehen von der Tatsache der Selbsterhaltung der Arten aus. Dieser zufolge hat jede Art insofern ihren Zweck in sich selbst, als sie durch geschlechtliche Fortpflanzung nur von Lebewesen erhalten werden kann, die ihr angehören und sie repräsentieren. Die Unterscheidung der Lebewesen nach Art und Geschlecht folgt Kriterien, die von menschlicher Willkür weitgehend frei sind und es beispielsweise erlauben, zwischen Formen einer artgemäßen und artwidrigen Haltung von Tieren zu unterscheiden. Artgemäße Tierhaltung beschädigt nicht die Selbsterhaltungsfähigkeit des Lebens, artwidrige Tierhaltung missachtet dagegen den immanenten Zweck einer Art und kann im Grenzfall sogar ihren Fortbestand gefährden.

Die Vorstellung von der Selbsterhaltung der Arten gewinnt ihre Plausibilität u. a. dadurch, dass sie für den Menschen in gleicher Weise wie für alle anderen Lebewesen gilt. Die Unterscheidungsmerkmale der Art und des Geschlechts verweisen nicht auf vom Menschen konstruierte Qualitäten, sondern auf solche des Lebens selbst. Sie können zwar um andere Unterscheidungen ergänzt und erweitert, nicht aber vollständig in andere überführt oder durch andere ersetzt werden und liegen auch den heutigen Umgangserfahrungen des Menschen mit der Natur zugrunde. Die Erfahrung der Selbsterhaltung und teleologischen Zweckmäßigkeit der Arten stellt somit eine durch nichts anderes substituierbare Erfahrung dar.

Zweite Ebene

Die in der älteren Physik naturteleologisch gedeuteten und durch die lebensweltliche Erfahrung bestätigten Vorstellungen von einer Konstanz der

Arten sind inzwischen durch die Evolutionstheorie grundlegend revolutioniert worden. Aufgabe einer bildenden Aneignung und Interpretation des Wissens der neuzeitlichen Wissenschaften ist es, auf einer zweiten Ebene den Erkenntnisfortschritt der neuzeitlichen Wissenschaft darzustellen. Dieser beruht darauf, dass das Paradigma einer nicht von der Erfahrung, sondern vom ordnenden Menschenverstand ausgehenden Gesetzgebung, das zunächst in der neuzeitlichen Mechanik zur Erklärung der Bewegungen der Himmelskörper entwickelt wurde, inzwischen erfolgreich auch auf die Biologie und von da aus auf weitere Disziplinen übertragen worden ist.

An die Stelle der teleologischen Vorstellungen von einer Konstanz der Arten setzt die Evolutionstheorie Darwins die hypothetische Annahme, dass die heute bekannten Arten keineswegs eine Vielfalt konstanter Arten repräsentieren, sondern Produkte einer naturhistorischen Evolutionsgeschichte sind, welche die Welt der Pflanzen und Tiere und die Abstammung des Menschen umfasst. Darwins Annahmen haben sich inzwischen soweit bewährt, dass auch im Bereich der Naturgeschichte von einer Revolution der Denkart gesprochen werden kann. In der Erforschung der Naturgeschichte ist seit Darwin an die Stelle der alten Erfahrung einer Artenkonstanz die wissenschaftliche Hypothese einer naturgeschichtlichen Verwandtschaft der Arten untereinander getreten. Die Auffassung, dass die heute lebenden Arten, den Menschen eingeschlossen, untereinander verwandt sind, konnte durch zahlreiche paläontologische Funde, die auf ausgestorbene Zwischenglieder in der naturgeschichtlichen Entwicklung der Arten verweisen, bestätigt werden. Die Fülle von Naturerscheinungen, die auf diese Weise nach vom menschlichen Verstand entworfenen Gesetzen geordnet werden konnte, ist durch die Evolutionstheorie in einem immer noch steigerungsfähigen Umfang ausgeweitet worden. So wird heute auch die Mannigfaltigkeit der Gestirne evolutionstheoretisch erklärt. Danach ist die Erde ein belebter Weltkörper innerhalb eines Sonnensystems von Weltkörpern ohne erkennbares Leben, welches wiederum ein Teil anderer Systeme ist, die nicht nur in sich selbst, sondern auch untereinander in Bewegung begriffen sind. Die Gesamtbewegung aller Himmelskörper wird in diesem Zusammenhang unter der Hypothese gedacht, dass das Universum von seinem Anfang her in Ausdehnung begriffen ist oder sich zwischen Explosionen und Implosionen entwickelt.

Zu dieser Ausweitung der Evolutionstheorie tritt in unseren Tagen eine weitere hinzu, welche nicht nur die schon vorhandene Mannigfaltigkeit von Gegebenem unter Gesetze unseres Verstandes bringt, sondern eine vom Menschen auf der Grundlage wissenschaftlicher Technologien bewirkte Veränderung dieser Mannigfaltigkeit möglich macht. So sind Hypothesen entwickelt und Experimente durchgeführt worden, die die Entstehung der Atome und die Entwicklung organischer Verbindungen aus anorganischen Stoffen naturhistorisch erklären und hierbei Darwins Hypothese einer naturgeschichtlichen Verwandtschaft der Arten um Hypothesen von einer naturgeschichtlichen Verwandtschaft der Atome und der unbelebten und belebten Materie erweitern. Darüber hinaus ist es gelungen, den genetischen Code von Lebewesen zu entschlüsseln. Inzwischen entsteht eine Evolutionstechnologie, die es erlaubt, an Lebewesen willkürliche Veränderungen vorzunehmen, die in der Naturgeschichte entweder noch gar nicht vorgekommen sind oder in dieser eine naturhistorische Zeit beanspruchen würden, welche die Lebens- und Handlungszeit einzelner Menschen bzw. ganzer Epochen der Menschheitsgeschichte übersteigt.

Eine über die Erforschung der Natur hinausgehende Ausweitung erfährt die Evolutionstheorie dort, wo sie als eine universelle Erkenntnis- und Systemtheorie verstanden wird, die nicht nur szientifisch-technologische, sondern auch ökonomische, pädagogische, ethische, politische, ästhetische und religiöse Fragen evolutionstheoretisch zu klären und zu beantworten sucht.[80] Entsprechende Positionen überschreiten nicht nur den Argumentationshorizont innerszientifischer Diskurse. Indem sie für die Evolutionstheorie den Status einer Erkenntnis- und Handlungstheorie beanspruchen, überspringen sie zugleich die für eine bildende Interpretation der Aussagesysteme neuzeitlicher Wissenschaft unverzichtbaren Problemstellungen einer historisch-gesellschaftlichen, ideologiekritischen, transzendentalkritischen und praxisphilosophischen Auslegung ihrer Grundbegriffe. Wird die Antwort auf die Frage nach Sinn und Geltung der evolutionstheoretischen Denkformen der Evolutionsgeschichte überantwortet, so bleiben nicht nur zentrale Voraussetzungen der Evolutionstheorie unerörtert, sondern werden auch die Grenzen evolutionstheoretischen Wissens unkritisch überschritten.[81]

---

80 Vgl. hierzu G. Vollmer: Evolutionäre Erkenntnistheorie. Stuttgart 1975; R. Riedl: Biologie der Erkenntnis. Die stammesgeschichtlichen Grundlagen der Vernunft. Berlin/Hamburg 1980. Eine kritische Auseinandersetzung mit älteren und neueren Entwicklungen in der Evolutionstheorie, die aus der Sicht teleologischer Traditionen argumentiert, findet sich in R. Spaemann/R. Löw: Die Frage Wozu? A. a. O., insbesondere in den Kapiteln VIII und IX. Mit Spaemann und Löw stimme ich darin überein, dass eine Verständigung über das, was unter einer bildenden Interpretation neuzeitlicher Wissenschaft zu verstehen ist, heute rational nur möglich ist, wenn an der Differenz zwischen metaphysischen und szientifischen Fragestellungen festgehalten wird, der zufolge die Aussagesysteme neuzeitlicher Wissenschaft prinzipiell den Horizont eines hypothetischen Wissens nicht überschreiten können. Von Spaemann und Löw unterscheidet sich mein Vorschlag zu einer bildenden Interpretation neuzeitlicher Wissenschaft jedoch dadurch, dass diese den Dauerstreit zwischen neuzeitlicher Wissenschaft und christlicher Theologie im Rückgriff auf die aristotelische Metaphysik teleologisch zu entscheiden suchen, derweil ich von der Unmöglichkeit einer Versöhnung von antiker Substanzphilosophie und neuzeitlicher Wissenschaft ausgehe und die Möglichkeit einer bildenden Interpretation wissenschaftlicher Aussagesysteme von der Beachtung jener Sinndifferenzen abhängig mache, die zwischen vorwissenschaftlichen, innerszientifischen, historisch-gesellschaftlichen, ideologiekritischen, transzendentalkritischen und praxisphilosophischen Argumentationsebenen bestehen.

81 Vgl. hierzu N. Luhmanns These: „Fürs Überleben genügt Evolution." In: Ders.: Soziale Systeme. Grundriss einer allgemeinen Theorie. Frankfurt a. M. 1984, S. 645. Diese These kann ungeachtet ihrer innerevolutionstheoretischen Stimmigkeit nicht

Dritte Ebene

Eine bildende Interpretation führt nicht nur in die Aussagesysteme der Evolutionstheorie ein, sondern thematisiert auch jene Reflexionsebenen, die diese von sich aus nicht erfassen kann und zuweilen unkritisch überspringt. Zu den in der Evolutionstheorie notwendig vergessenen Zusammenhängen gehört der historisch-gesellschaftliche Entstehungskontext dieser Theorie selbst, der sich, wie alle anderen menschheitsgeschichtlichen Daten und Ereignisse auch, in naturhistorische Zeitleisten nicht eintragen lässt. Wo die Differenzen zwischen naturhistorischer und menschheitsgeschichtlicher Temporalität übersehen und auf das Handeln des Menschen zurückführbare Ereignisse in naturhistorische Zeitleisten eingetragen werden, da wird der Anschein erweckt, als gehörten der geschichtliche Ort der heutigen Menschheit, der Zeitpunkt der kopernikanischen Wende in der neuzeitlichen Wissenschaft und die von dieser hypothetisch konstruierte Naturgeschichte ein und derselben Ordnung an.[82]

Um solche Irrtümer vermeiden und dort, wo sie vorliegen, aufklären zu können, ist es hilfreich, den historisch-hermeneutischen Entstehungs- und Begründungskontext szientifischer Aussagesysteme und Hypothesen zu erforschen und zu klären. Entsprechende Analysen können an den in den Wissenschaften verwendeten Grundbegriffen ansetzen und an diesen die in den Aussagesystemen notwendig vergessene historisch-hermeneutische Dimension sichtbar machen.

Darwins Evolutionstheorie erklärte bekanntlich die Entstehung der Arten auf der Grundlage eines Zusammenwirkens von Vererbung, Mutation und Selektion. Die Entwicklung und Darstellung der von ihm formulierten evolutionstheoretischen Hypothesen markiert den Übergang von der ersten Ebene einer

---

den Geltungsanspruch einer an Unterscheidungen interessierten „allgemeinen Theorie“ erheben, denn sie nivelliert die Differenzierungen der anderen Reflexionsebenen einer bildenden Interpretation der Aussagesysteme neuzeitlicher Wissenschaft.

82 Siehe die folgende fiktive Evolutionsreportage von C. Sagan: „Um Null Uhr Null am 1. Januar entsteht das All im Urknall, am 1. Mai formt sich die Milchstraße, am 14. September entsteht die Erde, um den 25. September bildet sich das erste Leben aus der Ursuppe, zum 1. November wird die Sexualität erfunden, zum 12. November die Photosynthese. Am 19. Dezember erscheinen schließlich die ersten Fische, am 24. Dezember die ersten Dinosaurier; vier Tage vor Jahresende sterben die Saurier aus, einen Tag später entstehen die Primaten. Erst am letzten Tag dieses kosmischen Kalenderjahres taucht der Mensch auf: Am Silvestertag um 13.30 Uhr erscheint Ramapithecus, die ersten echten Menschen lassen sich sogar bis eineinhalb Stunden vor Mitternacht Zeit; um 23.46 Uhr beherrscht der Peking-Mensch das Feuer, um 23.59 malt der Cro-Magnon Mensch seine Höhlenbilder. 40 Sekunden vor Mitternacht wird die Landwirtschaft erfunden, zehn Sekunden vor Jahresende entstehen die ersten Hochkulturen der Sumerer und Ägypter, sechs Sekunden später findet Christi Geburt statt, und es ist 23.59 Uhr und 59 Sekunden, als die Kopernikanische Wende die wissenschaftliche Revolution einleitet.“ (zitiert nach R. Spaemann/R. Löw: Die Frage Wozu? A. a. O., S. 226 f.)

bildenden Interpretation traditioneller und neuzeitlicher Wissensformen zur zweiten, innerszientifischen Ebene eines erziehenden und bildenden Unterrichts. Wir können Darwins Hypothesen nur angemessen verstehen, wenn wir uns auf die den Grundbegriffen der Vererbung, Mutation und Selektion zugrunde liegenden gesellschaftlichen Erfahrungen besinnen und dabei bemerken, dass sie keineswegs nur auf unmittelbare naturhistorische Sachverhalte verweisen, sondern eine durchaus historisch-gesellschaftlich vermittelte Erklärung der Naturgeschichte entwickeln. Erst wenn die Grundbegriffe der Mutation und Selektion auf ihren Erfahrungsgehalt hin befragt werden, lässt sich zeigen, was es heißt, die Naturgeschichte als Wechselwirkung von erblicher Variabilität und Mutation sowie Selektion zu erklären.

Kontextanalysen dieser Art wären auch dann möglich, wenn sich in Darwins Texten keinerlei explizite Reflexion auf Beziehungen zwischen seiner Theorie einer evolutiven Erklärung der Naturgeschichte und historisch-gesellschaftlichen Erfahrungen fände. Wir müssten dann die rhetorische Argumentationsweise befragen, die er benutzte, um seine Leser davon zu überzeugen, dass es Gründe gibt, die alte Erfahrung einer Konstanz der Arten im Sinne seiner Hypothese von einer evolutiven Entwicklung und Verwandtschaft aller Arten zu revolutionieren. Dabei würden wir herausfinden, dass Darwin seine Leser mit Hinweisen auf Erfahrungen aus der Pflanzen- und Haustierzucht des Menschen zu überzeugen suchte und für seine Annahme einer natürlichen Selektion, die über das Aussterben und Überleben alter und neuer Arten entscheidet, mit Argumenten warb, welche die natürliche Selektion mit dem Existenzkampf der Menschen in der bürgerlichen Gesellschaft vergleichen. Im Falle der Evolutionstheorie sind wir jedoch nicht allein auf Kontextanalysen angewiesen. Darwin hat in seinen „Note Books“ und in autobiographischen Texten ausführlich festgehalten, dass es historisch-gesellschaftliche Erfahrungen waren, die ihn bei der Formulierung seiner Hypothesen leiteten und beeinflussten.

Ausgangspunkt der Evolutionstheorie Darwins bildeten bekanntlich Beobachtungen, die er auf einer Weltreise (1831-1836) in Südamerika und auf den Ozeanischen Inseln gemacht hatte. Von dieser Reise, die er als ein orthodoxer Anhänger der anglikanischen Kirche angetreten hatte, der die Schöpfungsberichte der Genesis naturalistisch las, kehrte er mit Überlegungen zu einer allmählichen Modifikation der Arten zurück, die er jedoch zunächst nicht systematisch gliedern und ordnen konnte. Dies gelang ihm erst, als er die auf den Galapagos-Inseln beobachtete Mannigfaltigkeit natürlicher, ohne Einwirken des Menschen existierender Arten zur Mannigfaltigkeit von Pflanzen und Tieren in Beziehung setzte, die der Mensch in der Pflanzen- und Haustierzucht durch Eingriffe in die Natur erzeugt. Für Darwin selbst bestand gar kein Zweifel daran, dass er seine Hypothese einer natürlichen Zuchtwahl in Analogie zu Erfahrungen formulierte, die Menschen seit Jahrtausenden in der keineswegs natürlichen, sondern durch sie selbst beeinflussten, mithin künstlichen Zucht von Pflanzen und Haustieren gewinnen. In dieser werden zufällig auftretende, neue Merkmale dadurch konserviert, dass Exemplare mit wünschenswerten Eigenschaften für die Fortpflanzung ausgewählt und solche mit nicht-wünschenswerten Eigenschaften an der Fortpflanzung gehindert werden.[83]

Die von Darwin selbst gebildete und offengelegte Analogie zwischen der noch unbekannten und zu erforschenden natürlichen und der bekannten künstlichen Zuchtwahl stellte freilich nicht nur einen Begründungszusammenhang bereit, der zur Formulierung der Hypothese einer natürlichen Zuchtwahl hinführte, sondern problematisierte diese zugleich. Sie ließ nämlich gänzlich unbeantwortet, wer in der Natur und der natürlichen Zuchtwahl anstelle des Menschen die Auswahl trifft und die Variabilität nicht nur der Eigenschaften der Exemplare einzelner Arten, sondern der Arten selbst herbeiführt. Aus einer weiteren Tagebucheintragung geht hervor, dass sich Darwin dieser Schwierigkeit durchaus bewusst war und bei ihrer Lösung wiederum nicht auf eine unmittelbar naturhistorische Hypothesenbildung zurückgriff, sondern eine weitere Analogie bildete, in der er neuerlich eine historisch-gesellschaftliche Erfahrung zur Erklärung natürlicher Evolutionsprozesse heranzog. Auf die Frage, wer in der Natur ohne Einwirkung des Menschen die Zuchtwahl entscheidet, suchte er eine Antwort, indem er auch die natürliche Selektion in Analogie zu menschheitshistorischen Erfahrungen deutete. Hierbei griff er nicht auf die bis ins Mesolithikum zurückreichenden Praxis der künstlichen Zuchtwahl zurück, sondern entlehnte seinen Lösungsvorschlag einer Theorie, die zeitgenössische Erfahrungen in der in Entstehung begriffenen modernen bürgerlichen Gesellschaft zu erklären versuchte.

Die Theorie, an die Darwin 1838 anknüpfte, fand sich in der erweiterten Fassung eines Essays von Malthus aus dem Jahre 1803, welcher die zunehmende Verelendung und Verarmung der Bevölkerung im frühkapitalistischen England auf den sich zunehmend verschärfenden Kampf der Menschen um ihr Dasein zurückführte und diesen damit erklärte, dass die menschliche Population in geometrischem Progress zunehme, die Menge der Nahrungsmittel aber nur in arithmetischer Progression zu steigern sei.[84]

---

83 „Nach meiner Rückkehr nach England kam mir der Gedanke, dass … durch Sammeln aller Tatsachen, die in irgendeiner Weise sich auf das Abändern der Tiere und Pflanzen im Zustande der Domestikation und im Naturzustande beziehen, vielleicht etwas Licht auf den ganzen Gegenstand geworfen werden könnte. … Ich … sammelte ohne irgend eine Theorie Tatsachen in großem Maßstabe, ganz besonders mit Bezug auf domestizierte Naturprodukte, durch gedruckte Fragebogen, durch Unterhaltung mit gewissen Tierzüchtern und Gärtnern und durch umfassendes Lesen. … Ich nahm bald wahr, dass Zuchtwahl der Schlüssel zum Erfolg des Menschen beim Hervorbringen nützlicher Rassen von Tieren und Pflanzen ist. Wie aber Zuchtwahl auf Organismen angewendet werden könne, die im Naturzustand leben, blieb noch einige Zeit für mich ein Geheimnis.“ In: Ch. Darwin: Erinnerungen an die Entwicklung meines Geistes und Charakters 1876-1881. Köln 1982, S. 140 f.

84 Unmittelbar an die in Fußnote 83 zitierte Stelle schließt der folgende Text an: „Im Oktober 1838, also fünfzehn Monate nachdem ich meine Untersuchungen systematisch

Dieser Theorie, die ihre pessimistische Zukunftsvision entwickelte, indem sie die bürgerliche Gesellschaft als eine Gesellschaftsformation deutete, die nicht aus dem Kampf aller gegen alle hervorgeht, sondern zu einem solchen führt, entlehnte Darwin seine Hypothese, natürliche Mutationen, wie sie der Mensch in der künstlichen Zucht für seine Zwecke nutze, führten in der Natur aufgrund einer rein natürlichen Zuchtwahl zur Variabilität und Entstehung neuer Arten, denn auch das Leben in der Natur sei durch einen permanenten Kampf der Lebewesen ums Überleben bestimmt.

Vierte Ebene

An dieser Stelle lässt sich die dritte Interpretationsebene, die die historisch-gesellschaftlichen Vorurteilsstrukturen szientifischer Aussagesysteme aufdeckt, in eine vierte Ebene überführen, welche die Interpretationsspielräume wissenschaftlicher Aussagesysteme durch eine Kritik der in sie eingegangenen ideologischen Annahmen zu erweitern sucht. Darwins Evolutionstheorie erzielte ihre Erfolge zweifellos nicht deshalb, weil sie die natürliche Zuchtwahl in Analogie zur Pflanzen- und Haustierzucht des Menschen und zum Kampf ums Dasein in der bürgerlichen Gesellschaft interpretierte, sondern weil sie sich bei der Ordnung einer ungeheuren Mannigfaltigkeit von Naturgegebenheiten bewährte, die sich mit Hilfe anderer Theorien nicht erklären lassen. Für ihre Hypothesenbildung waren gleichwohl naturhistorische Annahmen konstitutiv, die vor dem Hintergrund von und in Analogie zu gesellschaftlichen Erfahrungen formuliert wurden. Darum gilt für die Evolutionstheorie vergleichbares wie für die klassische Mechanik, die geschichtlich an gesellschaftliche Dimensionen des mechanistischen Denkens zurückgebunden war.[85] Sie konnte nur von einem Wesen wie dem Menschen entwickelt werden, das über Jahrtausende Erfahrungen in der Pflanzen- und Haustierzucht gesammelt und diese keineswegs einfach der Naturgeschichte entnommen, sondern aufgrund seiner Bildsamkeit selbsttätig hervorgebracht hatte. Die evolutionstheoretische Wende in der Biologie konnte zudem erst zu einem Zeitpunkt stattfinden, als das Zusammenleben der Menschen nicht mehr durch eine standesgesellschaftliche Ordnung geregelt wurde, in der die Bestimmung der Menschen weitgehend

---

angefangen hatte, las ich zufällig zur Unterhaltung Malthus' ‚Über die Bevölkerung', und da ich hinreichend darauf vorbereitet war, den überall stattfindenden Kampf um die Existenz zu würdigen, namentlich durch lange fortgesetzte Beobachtung über die Lebensweise von Tieren und Pflanzen, kam mir sofort der Gedanke, dass unter solchen Umständen günstige Abänderungen dazu neigen, erhalten zu werden, und ungünstige, zerstört zu werden. Das Resultat hiervon würde die Bildung neuer Arten sein. Hier hatte ich nun endlich eine Theorie, mit der ich arbeiten konnte." Vgl. auch die Bezugnahme auf Malthus in: Ch. Darwin: Die Entstehung der Arten durch natürliche Zuchtwahl (1859). Stuttgart 1967, S. 27 und S. 103.

85 Vgl. hierzu F. Borkenau: Der Übergang vom feudalen zum bürgerlichen Weltbild. Studien zur Geschichte der Philosophie der Manufakturperiode. In: Schriften des Instituts für Sozialforschung. Band 4. Paris 1934.

von Geburt her feststand und die Erfahrung konstanter Arten als natürlich angesehen wurde. Die gesellschaftlichen Voraussetzungen für die neue Theorie waren erst mit der Entwicklung der modernen bürgerlichen Gesellschaft gegeben, in der die Einzelnen ihre Bestimmung selbst hervorbringen und ihre Stellung in der Gesellschaft in Konkurrenz mit anderen erkämpfen.

Von hierher lässt sich nicht nur die für die Entstehung der Evolutionstheorie konstitutive Verknüpfung naturhistorischer und historisch-gesellschaftlicher Vorstellungen historisch rekonstruieren. Ideologiekritisch kann darüber hinaus zugleich das Bewusstsein dafür geschärft werden, dass die durch die Verknüpfung naturwissenschaftlicher und sozialer Vorstellungen möglich gewordene Theorie weder die in sie eingegangenen gesellschaftlichen Erfahrungen als politisch legitime rechtfertigen noch die mit dieser Theorie gewonnenen szientifischen Erfahrungen als rein natürliche Sachverhalte ausweisen kann. Die Evolutionstheorie stellt eine in historisch-gesellschaftliche Entwicklungen eingebettete Theorie zur Erklärung der Mannigfaltigkeit von Naturerscheinungen dar, die sich in der naturhistorischen Einordnung dieser Erscheinungen bewährt hat. Sie stellt aber keine Handlungstheorie dar, welche menschliches Handeln erklärend begründen könnte, sondern hat dieses ebenso zur Voraussetzung wie die Mannigfaltigkeit der Naturerscheinungen, die sie ordnet.

Darum ist es auch nicht erlaubt, unter Zuhilfenahme kosmologischer Zeiteinheiten die Evolutionsgeschichte als eine Geschichte vom Anfang der Welt bis zur Gegenwart auszugeben und naturhistorische und menschheitsgeschichtliche Ereignisse in ein und dieselbe Zeitreihe einzutragen. Weder die Idee eines göttlichen Schöpfungsaktes noch unsere Gegenwart noch der historische Entstehungskontext der Evolutionstheorie selbst lassen sich in eine naturhistorische Zeitreihe nach dem Muster jener Zeitleisten bringen, wie sie in Grundschulen zuweilen verwendet werden. Die Evolutionstheorie ist eine Theorie aus der Mitte des 19. Jahrhunderts, und dieses ist ebenso wenig wie irgendeine andere historisch-gesellschaftliche Epoche ein Teil der naturhistorischen Evolutionsgeschichte.

Fünfte Ebene

Historisch-gesellschaftliche Entdeckungs-, Begründungs- und Anwendungszusammenhänge lassen sich für alle wissenschaftlichen Aussagesysteme aufzeigen, für die szientifisch haltbaren ebenso wie für jene, die sich als unhaltbar erweisen. Ob sich eine Theorie bewährt und wie weit ihr Wissen reicht, lässt sich mit den Mitteln hermeneutischer und ideologekritischer Analyse noch nicht entscheiden. Hierzu ist vielmehr eine fünfte Argumentationsebene erforderlich, auf der transzendentalkritisch zwischen der vorausgesetzten Wirklichkeit der sogenannten Dinge an sich und den der Erfahrung zugänglichen Erscheinungen unterschieden wird. Die innerszientifische Erklärung von Gegebenheiten – in unserem Beispiel also die naturhistorische Erklärung der Mannigfaltigkeit der Arten von Lebewesen – wird in ihrer Gültigkeit durch die Einsicht in die transzendentale Differenz daraufhin begrenzt, nicht mehr und auch nicht weniger als eine vom Menschen hypothetisch konstruierte Ordnung zu sein, welche keinerlei Aussagen über einen Eigensinn der dem menschlichen Denken und Forschen vorausgesetzten Natur an sich formuliert. Die Einsicht in die transzendentale Differenz zwischen vorausgesetzter und szientifisch erklärter Welt wird durch das Wissen um die Historizität und gesellschaftliche Vermitteltheit menschlichen Wissens in gewissem Sinne erleichtert, nicht aber begründet. Denn die transzendentale Differenz zwischen vorausgesetzter und erklärter Welt ist als solche unabhängig davon, unter welchen historisch-gesellschaftlichen Bedingungen das durch sie zu prüfende Wissen entwickelt wurde oder künftig entwickelt wird. Sie gilt für alle Wissensformen und -typen, also auch für das Wissen um die historisch-gesellschaftlichen Bedingungen der Entwicklung von Theorien und nicht zuletzt für die durch sie selbst zu gewinnenden Einsichten.

Der Evolutionstheorie ist die Entstehung der Arten, des Lebens, der Mannigfaltigkeit der Naturgegebenheiten usw., alles das also, was wir in alltäglicher Rede Natur und in religiöser Rede Schöpfung und Schöpfungsgeschichte nennen, uneinholbar vorausgesetzt. Über diese lässt sich evolutionstheoretisch ebenso wenig etwas aussagen wie durch die Rekonstruktion des historisch-gesellschaftlichen Entstehungszusammenhangs der Evolutionstheorie selbst. Auch die Einsicht in die transzendentale Differenz von Ding an sich und Erscheinung kann die unserem Wissen unvermittelt vorausgesetzte Wirklichkeit nicht einholen, sondern verweist lediglich auf eine prinzipielle Grenze unseres Erkenntnisvermögens, über die wir im Wissen um sie nicht hinausgelangen. Worin aber liegt dann der Sinn einer solchen Einsicht, wenn sie nicht zu einem Überschreiten dieser Grenze hinführt, sondern ein solches geradezu ausschließt?

Für die Klärung der Frage, was unter einer bildenden Interpretation neuzeitlicher Wissenschaft zu verstehen ist, kommt der transzendentalkritischen Differenz in dreifacher Hinsicht Bedeutung zu. Sie erlaubt eine Kritik der Hypostasierung wissenschaftlicher Aussagesysteme zum Begriff der Wirklichkeit. Sie begründet eine Kritik reduktionistischer Deutungen, welche wissenschaftliche Aussagesysteme und Alltagserfahrung unvermittelt gegenüberstellen. Sie leitet schließlich zu einer weiteren Ebene einer bildenden Interpretation neuzeitlicher Wissenschaft über, auf der Fragen des verantwortlichen Umgangs mit dem durch neuzeitliche Wissenschaft eröffneten Wissen und Können unter Vermeidung der auf der fünften Ebene aufgezeigten Grenzüberschreitungen diskutiert und reflektiert werden.[86]

---

86 Zu den beiden ersten Bedeutungen der transzendentalen Differenz vgl. F. Fischer: Darstellung der Bildungskategorien im System der Wissenschaften. Aus dem Nachlass hrsg., eingeleitet und mit Nachworten versehen von D. Benner und W. Schmied-Kowarzik. Ratingen und Kastellaun 1975. Auch wenn sich F. Fischers Hoffnung, eine in sich geschlossene Ordnung von Bildungskategorien und ein System der Wissen-

Hypostasierungen der Evolutionstheorie liegen überall dort vor, wo evolutionstheoretische Erkenntnisse zu Theorien der Erkenntnis, der Geschichte und des Handelns erhoben und aus ökonomischen, ethischen, pädagogischen, politischen, ästhetischen und religiösen Fragen evolutionstheoretisch zu klärende Sachverhalte gemacht werden. Solche Hypostasierungen finden sich schon bei Darwin, der die von ihm aufgestellte Theorie zuweilen ontologisch, kosmologisch und metaphysisch auslegte. In solchen Deutungen pervertiert die Evolutionstheorie zu einem vermeintlichen Begriff der Wirklichkeit des Lebens und dessen höchster Möglichkeit, von der nun behauptet wird, dass sie aus „dem Kampf der Natur ... unmittelbar" hervorgehe.[87]

Nachdem auf diese Weise die außermenschliche Natur zu einer Tatsache reduziert wird, die durch die Theorie erklärt wird, bedarf es nur mehr eines weiteren Schrittes, um auch den Menschen, der diese Theorie als ein empirisch überprüfbares, fallibles Hypothesensystem hervorgebracht hat, als jene „höchste" Tatsache auszugeben, zu deren weiteren Vervollkommnung die Evolutionstheorie selbst die Basis liefern zu können meint. Auch dieser Schritt ist bei Darwin angelegt. In seiner Arbeit „Die Abstammung des Menschen und die geschlechtliche Zuchtwahl" empfiehlt er seinen Zeitgenossen, sich selbst als Subjekt und Objekt geschlechtlicher Zuchtwahl zu begreifen und bei der Erzeugung der eigenen Nachkommenschaft dieselbe Sorgfalt wie in der Pflanzen- und Tierzucht walten zu lassen.[88]

---

schaften entwickeln zu können, nicht erfüllt hat, stellt seine Theorie der Bildungskategorien doch ein anspruchsvolles Konzept zur Aufspürung und Kritik hypostasierender und reduktionistischer Interpretationen wissenschaftlicher Aussagesysteme bereit, in dem sich Hinweise zu allen von mir unterschiedenen Ebenen einer bildungstheoretischen Didaktik und Interpretation neuzeitlicher Wissenschaft finden.

87 „Aus dem Kampf der Natur, aus Hunger und Tod geht also unmittelbar das Höchste hervor, das wir uns vorstellen können: die Erzeugung immer höherer und vollkommenerer Wesen. Es ist wahrlich etwas Erhabenes um die Auffassung, dass der Schöpfer den Keim alles Lebens, das uns umgibt, nur wenigen oder gar nur einer einzigen Form eingehaucht hat und dass, während sich unsere Erde nach den Gesetzen der Schwerkraft im Kreise bewegt, aus einem so schlichten Anfang eine unendliche Zahl der schönsten und wunderbarsten Formen entstand und noch weiter entsteht." In: Ch. Darwin: Die Entstehung der Arten durch natürliche Zuchtwahl, a. a. O., S. 678.

88 „Der Mensch prüft mit scrupulöser Sorgfalt den Character und den Stammbaum seiner Pferde, Rinder und Hunde, ehe er sie paart. Wenn er aber zu seiner eigenen Heirath kommt, nimmt er sich selten oder niemals solche Mühe. Er wird nahezu durch dieselben Motive wie die niederen Thiere, wenn sie ihrer eigenen freien Wahl überlassen sind, angetrieben, obgleich er insoweit ihnen überlegen ist, dass er geistige Reize und Tugenden hochschätzt. Andererseits wird er durch blosse Wohlhabenheit oder Rang stark angezogen. Doch könnte er durch Wahl nicht bloss für die körperliche Constitution und das Aeussere seiner Nachkommen, sondern auch für die intellectuellen und moralischen Eigenschaften etwas thun. Beide Geschlechter sollten sich der Heirath enthalten, wenn sie in irgend welchem ausgesprochenen Grade an Körper oder Geist untergeordnet wären; derartige Hoffnungen sind aber utopisch

Aufgabe einer bildenden Interpretation neuzeitlicher Wissenschaft ist es, solche Hypostasierungen wissenschaftlicher Aussagesysteme offenzulegen und durchschaubar zu machen. Durch den Nachweis der historisch-gesellschaftlichen Vermitteltheit einer Theorie allein kann dies noch nicht gelingen, denn es sind ja womöglich dieselben gesellschaftlichen Erfahrungen, die in die Theorieentwicklung eingehen und hernach deren Anwendungshorizont bestimmen. Zwischen der gesellschaftlichen Praxis, der Darwin die Hypothesen seiner Theorie entlehnte, und der gesellschaftlichen Praxis, zu deren Handlungstheorie er diese hypostasierte, besteht keine erkennbare Differenz. Sein Vorschlag, die Erfahrungen der Tierzucht auf den Menschen zu applizieren, zielt ja gerade darauf, den Kampf bürgerlicher Subjekte ums Dasein durch menschliche Zuchtwahl zu perfektionieren und die Vollkommenheit der Menschengattung auf diese Weise zu steigern. Darum muss zur Offenlegung der historisch-gesellschaftlichen Vermitteltheit szientifischer Aussagesysteme und zur Kritik der in ihnen zuweilen unerkannt wirksamen Ideologien die transzendentalkritische Reflexion auf die Grenzen des Wissens solcher Theorien hinzukommen. Durch eine Verbindung der für die genannten Ebenen aufgezeigten Reflexionsmöglichkeiten kann es gelingen, die heute weit verbreitete unkritische Gleichsetzung von Natur und Physik, Leben und Biologie, Psyche und Psychologie sowie Gesellschaft und Soziologie aus der Sicht lebenswelt-analytischer, kritisch-rationalistischer, hermeneutischer, ideologiekritischer und transzendentalkritischer Fragestellungen zu problematisieren. Auf diese Weise lässt sich zugleich der Blick für praxisphilosophische Fragen öffnen, die an die vorausgegangenen Reflexionen anschließen, in diesen selbst aber nicht schon beantwortet sind.

Sechste Ebene

Die letzte der hier unterschiedenen Ebenen einer bildenden Interpretation neuzeitlicher Wissenschaft hebt die Einsichten der vorausgegangenen Ebenen nicht in eine einzige auf, sondern schließt an diese an. Der vorwissenschaftlichen Ebene lebensweltlicher und umgänglicher Welterfahrungen, welche niemals vollständig in wissenschaftliche Weltverhältnisse überführt werden können, der innerszientifischen Ebene, welche den Erkenntnisfortschritt innerhalb der wissenschaftlichen Aussagesysteme thematisiert, der historisch-hermeneutischen Ebene, welche wissenschaftliche Theorien auf in sie eingegangene gesellschaftliche Erfahrungen untersucht, der ideologiekritischen Ebene, welche auf unzulässige Vermischungen ideologischer Prämissen und szientifischer Erkenntnisse aufmerksam macht, und der

und werden niemals, auch nicht einmal zum Theil realisiert werden, bis die Gesetze der Vererbung durch und durch erkannt sind. Alles was uns diesem Ziele näher bringt, ist von Nutzen." In: Ch. Darwin: Die Abstammung des Menschen und die geschlechtliche Zuchtwahl (1871). Band 6 der von J. von Carus besorgten autorisierten deutschen Ausgabe. Stuttgart 1875, S. 378.

transzendentalkritischen Ebene, welche die Differenz zwischen vorausgesetzter und in den verschiedenen Wissensformen zugänglicher Wirklichkeit reflektiert, lässt sich auf einer sechsten Ebene die praxisphilosophische Frage hinzufügen, wie eine Hypostasierung neuzeitlicher Wissenschaft zum Begriff der Welt an sich und deren Reduktion zu einem menschlicher Willkür ausgelieferten Gegebenen nicht nur in der Deutung der Aussagesysteme der Wissenschaften, sondern auch in der Verwendung ihrer Ergebnisse vermieden werden kann.

Schon in der Skizze zur innerszientifischen Ebene einer bildenden Interpretation neuzeitlicher Wissenschaft zeigte sich, dass die heute in Entwicklung begriffene Gentechnologie eine angewandte Disziplin der inzwischen erweiterten Evolutionstheorie ist, welche deren naturhistorisch-rekonstruktiven Teil um einen mit Hilfe anderer Wissenschaften möglich gewordenen konstruktiven, evolutionstechnologischen Teil ergänzt. Die Wissenschaft arbeitet gegenwärtig daran, Mutationen, die Darwin noch dem Zufall überließ, durch Genmanipulation planvoll herbeizuführen. Es wird nicht mehr lediglich naturhistorisch rekonstruiert, welche Mutationen welche Anpassungsleistungen an vorgegebene Umweltbedingungen im Daseinskampf der Lebewesen gefördert oder gehemmt haben. Die Wissenschaft beginnt vielmehr, Mutationen experimentell zu erzeugen, die durch sie jeweils ausgelösten Anpassungsleistungen zu untersuchen und wünschenswerte Anpassungsleistungen von Organismen und Lebewesen industriell produzierbar und verfügbar zu machen.[89]

Für eine Verständigung darüber, worin ein verantwortlicher Umgang mit den in Entwicklung begriffenen Evolutionstechnologien bestehen kann, reichen die Denkformen und Argumentationsmuster der Ebenen 1 bis 5 nicht aus. Sinnkriterien darur, wann und in welchem Umfang z.B. Genmanipulationen erlaubt und sinnvoll sind, lassen sich weder lebensweltlich aus Prämissen einer Unverdrängbarkeit des Umgangs (Ebene 1), noch szientifisch durch Technikfolgenabschätzung (Ebene 2), noch wissenschaftshistorisch, ideologiekritisch oder transzendentalkritisch (Ebenen 3-5) gewinnen. In einer zunehmend verwissenschaftlichten Lebenswelt stellen Umgangserfahrungen für sich genommen keine verlässlichen Orientierungen bereit. Technikfolgenabschätzung setzt dagegen den Einsatz der Technologien, deren Folgen sie untersucht, als bereit geschehen voraus. Und die historische und ideologiekritische Rekonstruktion normativer Orientierungen und gesellschaftlicher Interdependenzen, die in der Vergangenheit wirksam waren,

89 Mit der Entwicklung der neuesten Gentechnologie kehrt die Evolutionstheorie gleichsam zu ihren Anfängen bei Darwin zurück, denn die heutige Genforschung ist ein komplementärer Teil zu Darwins Evolutionstheorie. Sie ergänzt deren naturhistorisch-rekonstruktive Erklärung der Entstehung der Arten um Technologien, die den Menschen in die Lage versetzen, in die naturgeschichtliche Entwicklung des Lebens experimentierend einzugreifen.

klärt nicht, ob andere wünschbar und möglich sind. Auch Versuche, den verantwortlichen Umgang mit neuen Technologien an ein Bündnis von Technikfolgenabschätzung und Politik zu delegieren, greifen zu kurz. Technikfolgenabschätzungen können auf Gefahren, Möglichkeiten und Ambivalenzen des wissenschaftlich-technischen Fortschritts aufmerksam machen und zeigen, dass es im Bereich wissenschaftlicher Technologien ebenso wenig ausschließlich zu guten Zwecken einsetzbare Handlungsmittel gibt wie im Bereich der vorwissenschaftlichen Handlungstechniken vom Faustkeil bis zum geschmiedeten Werkzeug. Die Politik kann zwar durch staatliche Gesetzgebung Rahmenbedingungen rur die Entwicklung und den Einsatzes von Technologien schaffen und verändern, für beides jedoch keine Gesamtverantwortung übernehmen, da politische gegenüber ethischen und religiösen Verantwortungshorizonten abzugrenzen und dann noch einmal in solche von Individuen und Professionen auszudifferenzieren sind. Einen Primat ethisch-politischer Verantwortung kann es daher ebenso wenig wie einen Primat der Technikfolgenabschätzung geben. Beide überspringen die Problem der Zweckmäßigkeit des Lebens und der Nicht-Hierarchizität der ausdifferenzierten Formen der menschlichen Praxis.[90]

Damit auch künftig kritisches Denken und Handeln möglich ist, gilt es, die menschliche Herrschaft über die Natur, statt sie immer weiter zu steigern und dann ökonomisch, ethisch, politisch, pädagogisch, ästhetisch oder theologisch zu rechtfertigen, negativ im Hinblick auf die Frage nach einem uns unbekannten möglichen Eigensinn der Natur so zu begrenzen, dass die Natur durch die Eingriffe des Menschen in sie nicht nur für menschliche Zwecke gebraucht, sondern zugleich in ihrem möglichen, in solchem Brauchen nicht aufgehenden Eigensinn anerkannt wird. Dies aber ist nur denkbar, wenn es gelingt, den Primat ökonomischer Rentabilität zu korrigieren und die Abhängigkeiten, die zwischen den verschiedenen Bereichen menschlichen Handelns bestehen, im Sinne einer nicht-hierarchischen Verhältnisbestimmung der ausdifferenzierten Formen der menschlichen Gesamtpraxis zu konzipieren.[91]

---

90 Vgl. hierzu die kritischen Bestandsaufnahmen und den Diskussionsbericht in: Evolutionstheorie und menschliches Selbstverständnis, hrsg. von R. Spaemann, P. Koslowski, R. Löw. Weinheim 1984.

91 Mit J. Derbolav stimme ich darin überein, dass der von Th. Litt, F. Fischer und ihm selbst begründete Ansatz einer bildungskategorialen Interpretation neuzeitlicher Wissenschaft um eine Theorie der menschlichen Gesamtpraxis erweitert werden muss. Insofern stehen meine eigenen Überlegungen zu einer nicht-hierarchischen Verhältnisbestimmung der ausdifferenzierten Formen der menschlichen Gesamtpraxis, auch wenn sie die Möglichkeit einer hierarchischen Teleologisierung und teleologischen Verhältnisbestimmung in Frage stellen, durchaus in dieser Tradition. Vgl. hierzu: Th. Litt: Die öffentliche Verantwortung der Wissenschaft. In: Orden Pour le mérite für Wissenschaften und Künste. Reden und Gedenkworte. 2. Band. Heidelberg 1956/57, S. 51-100; F. Fischer: Theorie der Bildungskategorien im System der

So gesehen, formulieren die sechs Ebenen einer bildenden Interpretation wissenschaftlicher Aussagen und Aussagesysteme einen Aufgabenkomplex, den es in allen Formen wissenschaftlichen Unterrichts, im Schulunterricht ebenso wie im wissenschaftlichen Unterricht an Hochschulen und nicht zuletzt auch in der journalistischen Information über zurückliegende und neue Entwicklungen in den Wissenschaften zu beachten gilt. Zur bildenden Aufgabe eines solchen Unterrichts gehört es, einen „Gedankenkreis" und ein Problembewusstsein zu fördern, das über die heute vorherrschenden Alternativen einer naiven Wissenschafts- und Technikgläubigkeit beziehungsweise einer Politisierung der Wissenschaften hinausführt.

5.2.3 Voraussetzungen des erziehenden Unterrichts. Zum Problem der Bildung theoretischer und praktischer Urteilskompetenz

Die bisherigen Ausführungen zur unterrichtlichen Dimension pädagogischen Handelns entwickelten zunächst problemgeschichtliche Hinweise zur Vermittlung von Erziehung und Unterricht im erziehenden Unterricht, welche zeigten, dass sowohl hinsichtlich der Begriffe des Lehrens und Lernens als auch der durch Unterricht anzueignenden Inhalte zwischen antiker Wissenschaft und Phronesis sowie neuzeitlicher Wissenschaft und praktischer Vernunft zu unterscheiden ist. Danach wurde eine Konzeption für eine bildende Interpretation neuzeitlicher Wissenschaft vorgestellt, welche die problemgeschichtlichen Differenzen beachtet und zwischen sechs nicht ineinander auflösbaren oder aufeinander zurückführbaren Ebenen der Interpretation unterscheidet. Abschließend sollen nun einige Voraussetzungen eines in diesem Sinne erziehenden und bildenden Unterrichts geklärt werden, die sich auf dessen methodische, thematische und institutionelle Grundstruktur beziehen.

Ob Unterricht erziehend und bildend konzipiert und dann als solcher wirksam werden kann, hängt nicht zuletzt davon ab, ob es gelingt, auf allen Stufen schulischen Lehrens und Lernens die hierfür bedeutsamen methodischen, thematischen und institutionellen Voraussetzungen der zweiten Dimension pädagogischen Handelns zu sichern.

In methodischer Hinsicht zeichnet sich erziehender Unterricht dadurch aus, dass er seine bildende Wirkung auf ein Selbstverhältnis des Lernenden zu

---

Wissenschaften, a. a. O.; J. Derbolav: Nachwort des Herausgebers. In: F. Fischer: Die Erziehung des Gewissens. Schriften und Entwürfe zur Ethik, Pädagogik, Politik und Hermeneutik. 2. Band der nachgelassenen Schriften. Hrsg. von J. Derbolav. Kastellaun 1979, S. 137-162; Ders.: Theodor Litt und das Problem der Wissenschaftssystematisierung. In: Ders.: Impulse europäischer Geistesgeschichte. St. Augustin 1987, S. 271-280; Ders. (Hrsg.): Kritik und Metakritik der Praxeologie. Kastellaun 1976.

dem, was jeweils gelehrt und gelernt wird, gründet. Dieses Selbstverhältnis ist einerseits durch Rezeptivität, andererseits durch Spontaneität des Lernenden bestimmt. Die jeweils zu lernende Sache existiert für den Lernenden nur insoweit, als er sich diese rezeptiv und spontan aneignet. Rezeptiv und spontan ist der Aneignungsprozess, insofern in ihm zunächst noch Fremdes, Unbekanntes erlernt wird und das noch Fremde nie zu Bekanntem einfach hinzukommt, sondern vom Lernenden, ausgehend von ihm schon Bekanntem, angeeignet wird.

Bereits Aristoteles führte aus, dass alles Lernen von einem dem Lernen nach Früheren, d.h. schon erworbenen Wissen ausgeht. Diese genetische Struktur gilt sowohl für das Erfahrungs- und Umgangslernen als auch für die verschiedenen Formen einer unterrichtlichen Erweiterung von Erfahrung und Umgang, in denen Lernende in Auseinandersetzung mit einem Gegenstand, Inhalt oder einer Sache jeweils rezeptiv und spontan tätig sind. Im Erfahrungs- und Umgangslernen ist das dem Lernen nach Frühere mit dem von den Lernenden im Unterricht zu erwerbenden Wissen dadurch vermittelt, dass Frühere und das Spätere ein und demselben Sinn- und Erfahrungszusammenhang angehören. Im Unterschied hierzu sind das im Lernen frühere und spätere Wissen in einem Unterricht, der Erfahrung und Umgang zu den Wissensformen neuzeitlicher Wissenschaft und einer reflektierenden Auseinandersetzung mit diesen erweitert, nicht in einem in sich geschlossenen Erfahrungs- und Sinnzusammenhang begründet. Hier folgt das Lernen seiner genetischen Struktur nach nicht epagogisch einem in der zu erlernenden und anzueignenden Sache begründeten Vermittlungszusammenhang; es bringt die betreffenden Zusammenhänge vielmehr in einer Revolution der Denkart, die die Lernenden bewusst vollziehen müssen, allererst hervor.

Hypothetische Aussagesysteme können in einer Erweiterung des Erfahrungs- und Umgangslernens von Lernenden nur angeeignet werden, wenn die Methode des Lernens, statt einem in der Sache vorgegebenen Zusammenhang einfach nachzufolgen, den zu erlernenden Sachzusammenhang als Aufgabe hervorbringt. Die Methode wird damit, wie H.-J. Kaiser anknüpfend an Kant und Hegel formuliert hat, „gegenstandskonstitutiv".[92] Der Lernende eignet sich im wissenschaftspropädeutischen Unterricht nicht etwas mit seinem Vorwissen immer schon Vermitteltes an, sondern bringt die Sache dadurch allererst hervor, dass er nicht einem ontologischen Vermittlungszusammenhang von Teil und Ganzem nachgeht, sondern nach einem hypothetischen Vermittlungszusammenhang von Theorie und Empirie fragt.

---

92 H. J. Kaiser: Erkenntnistheoretische Grundlagen pädagogischer Methodenbegriffe. In: P. Menck/G. Thoma (Hrsg.): Unterrichtsmethode. Intuition, Reflexion, Organisation. München 1972, S. 129-144; vgl. auch H. J. Kaiser/P. Menck: Methodik und Didaktik. Vorüberlegungen zu einer Ortsbestimmung pädagogischer Methodenlehren. Ebd., S. 145-157.

Das Selbstverhältnis des Lernenden zum Lerngegenstand ist im Erfahrungs- und Umgangslernen und im Erlernen neuzeitlicher Wissenschaft nicht dasselbe. Das Erfahrungs- und Umgangslernen mag ganzheitlich in dem Sinne genannt werden, dass Einzelnes und Allgemeines in ihm in einem vorgegebenen Sinn- und Zweckzusammenhang vermittelt sind. Das Erlernen der Wissenschaften dagegen wird ideologisch, wenn es ganzheitliche Ansprüche erhebt und vorgibt, in einen einheitlichen Sinnzusammenhang des Gegenstandes einzuführen. Im Erlernen der Wissenschaften müssen die Lernenden vielmehr zugleich die Erkenntnis gewinnen, dass ihr Selbstverhältnis zum Gelernten keineswegs in dem, was sie da lernen, aufgeht. Hierfür aber ist es unerlässlich, dass ihnen die Methode in ihrer gegenstandskonstitutiven Qualität bewusst wird.

Vergleichbares gilt auch für das Erlernen geschichtlicher Sachverhalte und die Aneignung historisch-gesellschaftlicher Zusammenhänge. Während im einfachen Erfahrungs- und Umgangslernen die Vergangenheit gleichsam in der Gegenwart präsent ist und das Wissen um sie mündlich tradiert wird, so dass es eines besonderen historischen Unterrichts gar nicht bedarf, geht es in der unterrichtlichen Erweiterung von Erfahrung und Umgang darum, dass sich Lernende eine unmittelbar nicht präsente und zu tradierende, sondern vielfach gebrochene und zum Teil vergessene Geschichte aneignen und ihre Gegenwart als eine geschichtlich gewordene, über menschliche Praxis vermittelte und durch diese umzugestaltende verstehen lernen. Auch hier ist die Methode in gewissem Sinne gegenstandskonstitutiv. Die historische Unterweisung fügt keineswegs primären Erfahrungen der Lernenden einfach irgendein Wissen um eine vergangene Vergangenheit hinzu, sie zeigt auch nicht lediglich, dass Menschen stets in einer Gegenwart leben, deren Wirkungsgeschichte – wenn oft auch ungewusst – präsent ist. Sie führt vielmehr dadurch in die Frage nach der historisch-gesellschaftlichen Vermitteltheit der jeweiligen Gegenwart ein, dass sie das jeweils vorgegebene Zeit- und Geschichtsbewusstsein der Lernenden um in ihm weder präsente noch aufgehobene Fragen nach der geschichtlichen Bestimmtheit der Praxis erweitert. Dies aber kann nur gelingen, wenn Unterricht weder einfach zeigt, wie es in zurückliegenden Epochen „eigentlich gewesen ist", noch bloß darüber informiert beansprucht, wie die jeweilige Gegenwart historisch geworden ist, sondern den Lernenden die Erfahrung und die Einsicht vermittelt, dass jede Aneignung von Tradition offen für gegenwärtige und künftige Praxis und insofern immer auch mit einer Umschrift verbunden ist.[93]

---

93 Vgl. hierzu E. Heintel: „Wie es eigentlich gewesen ist." Ein geschichtsphilosophischer Beitrag zum Problem der Methode der Historie. In: Erkenntnis und Verantwortung. Festschrift für Theodor Litt, Düsseldorf 1960, S. 207-230; ferner H. Bokelmann: Zukunft – ein Bestimmungsmoment erzieherischen Handelns. Vorüberlegungen zu einer Theorie der Propädeutik. In: Vierteljahrsschrift für Wissenschaftli-

Daher ist auch im Erlernen historisch-gesellschaftlicher Zusammenhänge die Methode gegenstandskonstitutiv. Sie führt weder in einen schon vorgegebenen und abgeschlossenen Traditionszusammenhang ein, noch gibt sie in den Geschichts- und Sozialwissenschaften entwickelte Erkenntnisse und Einsichten einfach an die Lernenden weiter. Sie bringt vielmehr Geschichte als Gegenstand des Unterrichts allererst dadurch hervor, dass sie die Lernenden dazu auffordert, nach geschichtlichen Zusammenhängen zu fragen und ihre Welterfahrung und ihren zwischenmenschlichen Umgang durch solche Fragen zu erweitern. Die Aneignung der Geschichte wird ideologisch, wenn sie zu der Täuschung verführt, als könnten wir in einem ungeschichtlichen Sinne um die Vergangenheit wissen und als sei unsere Gegenwart nichts anderes als ein vorerst letztes Stadium der Geschichte. Im Erlernen historisch-gesellschaftlicher Zusammenhänge müssen die Lernenden vielmehr immer zugleich die Einsicht gewinnen, dass die Aneignung der Vergangenheit über ein Selbstverhältnis der Lernenden vermittelt ist, das seinerseits nicht in dem aufgeht, was sie sich im historischen Unterricht aneignen, sondern auf eine gesellschaftliche Praxis bezogen ist, an der sie selbst mitwirken.

Ungeachtet solcher Gemeinsamkeiten ist das Selbstverhältnis des Lernenden in der Aneignung hypothetischer Aussagesysteme neuzeitlicher Wissenschaft nicht dasselbe wie in der Aneignung historisch-gesellschaftlicher Sachverhalte. Jene bezieht sich gemäß einer schon von Aristoteles vorgenommenen Unterscheidung auf ein Etwas-Wissen, diese auf ein Sich-Wissen. Die neuzeitliche Einsicht, dass die Methode gegenstandskonstitutiv ist, weil die Gegenstände unseres Wissens durch unser Lernen und Erkennen konstituiert werden, führt nun dazu, dass wir nicht nur in der Form des Sich-Wissens, sondern auch in der des Etwas-Wissens um die das Wissen jeweils hervorbringende Selbsttätigkeit wissen können. Vergleichbares gilt nicht für die allen Wissensformen zugrunde liegende Wechselwirkung von Rezeptivität und Spontaneität und die in ihrer Gegenstandskonstitution nicht aufgehende, unserem Denken und Handeln unvermittelt vorausgesetzte Wirklichkeit. Um sie können wir weder in der Form eines Sich-Wissens noch in der eines Etwas-Wissens wissen. Beide bleiben vielmehr unserem Wissen und Lernen transzendental vorausgesetzt. Wir können über sie nur sprechen, indem wir sie im Reden voraussetzen. Darin aber zeigt sich die nicht überschreitbare Grenze unseres Wissens, dass dieses aus einer Wechselwirkung von Mensch und Welt hervorgeht, die als solche im Wissen nicht einholbar ist.

Gleichwohl kann menschliches Lernen auch diese Grenze reflektierend auslegen. Denn es vollzieht sich in der Form einer Wechselwirkung mit der

---

che Pädagogik 45 (1969) S. 173-206; zum Verhältnis von lebensweltlicher Erinnerung und szientifischer Geschichtsschreibung und zur bildenden Bedeutung dieser Differenz siehe P. Ricœur: Geschichtsschreibung und Repräsentation der Vergangenheit. Münster 2002.

Welt, in der Sprache als Vermittlerin zwischen Mensch und Welt sowie zwischen den Menschen wirksam ist.[94] Die Grenze unseres Wissens zeigt sich an dem, worüber wir nicht sprechen können, an der vorausgesetzten Wirklichkeit, die wir im Sprechen meinen, aber nicht begrifflich zu fixieren vermögen. Die Sprache vermittelt zwischen dieser Wirklichkeit und den Sprechenden und Hörenden, indem sie zwischen Ich und Du vermittelt, und sie vermittelt zwischen den Menschen, indem sie zwischen Welt und Mensch vermittelt. In diesem Sinne ist Sprache von grundlegender Bedeutung für alles Lernen. Dieses ist nur möglich aufgrund sprachlicher Vermittlungsleistungen. Die Sprache konstituiert den Unterrichtsgegenstand durch ihre Weltvermittlungsfunktion und die pädagogische Interaktion durch ihre kommunikative Funktion. Wird eine dieser Leistungen außer acht gelassen oder gar auf die andere reduziert, so ist ein erziehender und bildender Unterricht nicht mehr möglich.

Die operative Möglichkeit erziehenden Unterrichts ist davon abhängig, dass erziehender Unterricht die Lernenden mit Fragen konfrontiert, welche diesen neue Weltzugänge eröffnen und die bereits erworbenen erweitern. Ein Fragen eröffnender Unterricht kann nur auf der Basis von Operationen eines didaktischen Zeigens gelingen, welches den Lernenden nicht affirmativ vorgibt, was sie erkennen sollen, sondern ihren Blick im Anschluss an durch Fragen erzeugte Irritationen auf Sachverhalte lenkt, die bisher nicht im Zentrum ihrer Aufmerksamkeit standen. Die zeigenden Akte des Lehrer bringen etwas in den Blick der Lernenden, was diese bisher nicht gesehen haben. Von einem „repräsentativen Zeigens" unterscheidet sich didaktisches Zeigen dadurch,[95] dass es nicht auf ein den Lernenden schon Bekanntes, vielleicht gerade nicht Bemerktes, sondern auf etwas zeigt, das diesen fraglich geworden, aber von ihnen noch nicht als solches erkannt worden ist.[96]

---

94 Vgl. die Bestimmung der Vermittlungsleistungen der Sprache in: W. von Humboldt: Ankündigung einer Schrift über die vaskische Sprache und Nation, nebst Angabe des Gesichtspunctes und Inhalts derselben. In: Wilhelm von Humboldts Gesammelte Schriften. Band 3. Berlin 1904, S. 296 f.; Werke in fünf Bänden. Hrsg. von A. Flitner und K. Giel. Band 5. Darmstadt 1981, S. 122 f. Zur bildungstheoretischen Fundierung von Humboldts Sprachphilosophie vgl. D. Benner: Wilhelm von Humboldts Bildungstheorie. Weinheim/München [2]1995, S. 30 ff., S. 35 ff., S. 77 ff., S. 121 ff.

95 Vgl. K. Prange: Die Zeigestruktur der Erziehung. Grundriss der Operativen Pädagogik. Paderborn 2005, S. 107 ff.; siehe insbesondere die Unterscheidung zwischen repräsentativen, direktivem, ostensivem und reaktivem Zeigen in K. Prange/G. Strobel-Eisele: Die Formen des pädagogischen Handelns. Eine Einführung. Stuttgart 2006. S. 37-93.

96 Vgl. hierzu das didaktische Fragen und Zeigen, mit dem Sokrates in Platons Menon (82 b-85 b) dem Lernenden durch Verweis auf die Diagonale im 4-füßigen Quadrat den Blick für das diesem im 16-füßigen Quadrat bisher verborgenen 8-füßigen Quadrat öffnet; zum Zusammenhang von Sokratischem Fragen, didaktischem Zeigen und Irritation siehe D. Benner: Kritik und Negativität. Ein Versuch zur Plurali-

In methodischer Hinsicht ist erziehender Unterricht sprachliche Interaktion zwischen Lernenden und Lehrenden in Auseinandersetzung mit Weltinhalten oder, wie Herbart formulierte, „ästhetische Darstellung der Welt".[97] Die Artikulation eines solchen Unterrichts vollzieht sich in Sprachakten, in denen Lehrende Lernende in ihrer rezeptiven und spontanen Bildsamkeit anerkennen und zur Selbsttätigkeit auffordern, so dass Lernende sich vermittelt über solche Aufforderungen Weltinhalte aneignen und in Sprachakten antworten. Im erziehenden Unterricht wirkt der Lehrer aufgrund der doppelten Vermittlungsleistung der Sprache: in der Form kommunikativer Aufforderungen an die Lernenden, sich Weltinhalte sprachlich anzueignen.

Hierauf basiert die methodische Offenheit des erziehenden Unterrichts. Sie besagt, dass Unterricht niemals linear und in *intentione recta* Wissensbestände vermitteln, sondern Lernprozesse angemessen nur in Form von Selbstverhältnissen der Lernenden zum Lerngegenstand gestalten kann. Hierzu muss er die Lernenden zum Selbst-Denken auffordern und, bezogen auf deren Vorwissen, individuelle Lernwege fördern sowie gemeinsame Lernwege so planen, dass durch sie wiederum individuelle Lernprozesse unterstützt werden. Eine solche methodische Offenheit erlaubt es nicht, die Lernwege aus den angestrebten Lernresultaten abzuleiten, denn sie begreift die Methode nicht nur als ein Mittel, um Ziele zu erreichen, sondern als konstitutiven Weg und unverzichtbares Moment in der Aneignung des jeweils zu erlernenden Gegenstands. Hieraus folgt, dass das Postulat methodischer Offenheit von den Lehrenden niemals unter Abstraktion vom jeweiligen Lerngegenstand beachtet werden kann. Nur zusammen mit diesem ist die Methode im Sinne der zweifachen Vermittlungsleistung der Sprache gegenstandskonstitutiv. Darum lautet die methodische Grundfrage erziehenden Unterrichts auch nicht, wie lässt sich jemandem etwas beibringen, was dieser noch nicht kann, sondern: Wie können Lernende zur Auseinandersetzung mit Lerngegenständen so aufgefordert werden, dass die Wirkung der Aufforderung nicht von dieser unmittelbar ausgeht, sondern vermittelt über die durch sie provozierte Auseinandersetzung mit dem Lerngegenstand zustande kommt. Da sich diese Frage

---

sierung von Kritik in Erziehung, Pädagogik und Erziehungswissenschaft. In: Kritik in der Pädagogik. Versuche über das Kritische in Erziehung und Erziehungswissenschaft. 46. Beiheft der Zeitschrift für Erziehungswissenschaft. Weinheim 2003, S. 96-110; siehe auch die erweiterte Fassung von D. Benner/A. English: Critique and Negativity: Towards the Pluralization of Critique in Educational Practice, Theory and Science. In: Journal of Philosophy of Education 38 (2004) S. 409-428, sowie A. English: Bildung – Negativität – Moralität. Eine systematisch-vergleichende Analyse zu Herbarts und Deweys Konzepten der Erziehung. Philosophische Fakultät IV der Humboldt-Universität zu Berlin 2005.

97 J. F. Herbart: Über die ästhetische Darstellung der Welt als das Hauptgeschäft der Erziehung (1804). In: J. F. Herbart: Pädagogische Schriften, hrsg. von W. Asmus. Band 1. Düsseldorf/München 1964, S. 105-121; vgl. auch J. F. Herbart: Systematische Pädagogik. Band 1, hrsg. von D. Benner, S. 47-56 und S. 17-40; siehe zum folgenden D. Benner: Die Pädagogik Herbarts. Weinheim und München [2]1993, S. 67 ff.

nicht unabhängig vom jeweiligen Lerngegenstand und Vorwissen des Lernenden beantworten lässt, kann das Postulat methodischer Offenheit im unterrichtlichen Handeln nur gemeinsam mit einem zweiten Postulat, demjenigen thematischer Offenheit, beachtet werden.

In thematischer Hinsicht zeichnet sich ein bildender Unterricht dadurch aus, dass er das Selbstverhältnis der Lernenden zum Lerngegenstand nicht nur methodisch beachtet, sondern zugleich den Lerngegenstand so strukturiert, dass die Lernenden ein Selbstverhältnis zu ihm entwickeln können. Dies aber ist im fachbezogenen Unterricht nur unter überfachlichen, fächerverbindenden Perspektiven möglich. Was unter unterrichtlich zu fördernden Bildungsprozessen in thematischer Hinsicht zu verstehen ist, gerät aus dem Blick, sobald Unterricht von dem ihm zugrunde liegenden und durch ihn zu fördernden Selbstverhältnis der Lernenden zum jeweiligen Lerngegenstand abstrahiert und lediglich die Vermittlung von Wissen und Kenntnissen intendiert. Alsdann überträgt er all das, was über diese Aufgabe hinausgeht, einer Haltungserziehung, die in den Heranwachsenden ein wie auch immer geartetes Wertebewusstsein oder gar eine Grundwertorientierung erzeugen soll.[98] Ist erst einmal in dieser Weise zwischen Wissen und Haltung unterschieden, so kann kein vernünftiger Begriff eines erziehenden und bildenden Unterrichts mehr zustande kommen, sondern geraten sowohl die Unterschiede als auch die Beziehungen zwischen der zweiten und der dritten Dimension pädagogischen Handelns aus dem Blick. Eine bloße Gegenüberstellung von unterrichtlicher Wissensvermittlung und Haltungserziehung verfehlt sowohl das, was unter einem erziehenden und bildenden Unterricht, als auch das, was unter pädagogischem Handeln in seiner dritten Dimension, derjenigen eines Übergangs zu gemeinsamem Handeln, zu verstehen ist. Sie verwischt darüber hinaus auch die Unterschiede zwischen der dritten und der ersten Dimension pädagogischen Handelns, derjenigen der Kinderregierung oder der pädagogischen Praxis als eines sich selbst negierenden Gewaltverhältnisses. Durch sie wird nämlich der Anschein erweckt, als sei es pädagogisch legitim, Heranwachsende ohne „Umweg“ über erziehenden Unterricht und Erfahrungen aus selbstverantwortetem Handeln zu bestimmten Haltungen zu erziehen. Hierzu bemerkte schon Herbart, als er sich gegen den Vorwurf zur Wehr setzt, in seiner Begrenzung der ersten Dimension pädagogischen Handelns auf eine negative Kinderregierung die zu vermittelnden Normen und Werte nicht genannt zu haben: „Man frage nun nicht nach einer positiven Definition, welche

98 Zur Kritik dieser Position vgl. D. Benner: Das Normproblem in der Erziehung und die Wertediskussion. In: Beiträge zum 8. Kongress der Deutschen Gesellschaft für Erziehungswissenschaft. 18. Beiheft der Zeitschrift für Pädagogik. Weinheim/Basel 1983, S. 45-57; siehe auch die Kriterientafel zur Unterscheidung affirmativer und reflektierender Lernzielnormierungen in: D. Benner/G. Fischer/Th. Gatzemann/K.-F. Göstemeyer/H. Sladek: Von der Unvereinbarkeit von Bildungsidee und Bildungsideal. In: Pädagogische Rundschau 52 (1998) S. 303-322.

den Zweck der Regierung der Kinder feststelle! Bildung und Nicht-Bildung, das ist der kontradiktorische Gegensatz".[99]

Von bloßer Wissensvermittlung und konditionierender Haltungserziehung unterscheidet sich erziehender und bildender Unterricht dadurch, dass er die Aneignung von Weltinhalten so zu gestalten versucht, dass sich in den Lernenden vermittelt über die unterrichtliche Erweiterung ihres Erfahrungs- und Umgangshorizontes eine theoretische und eine praktische Urteilskompetenz entwickeln, welche diese schrittweise dazu befähigen, an der menschlichen Gesamtpraxis selbsttätig mitwirken zu können. Während sich die methodische Grundstruktur erziehenden Unterrichts auf die Wahrung und Sicherung der Mitwirkungsmöglichkeiten der Lernenden an ihren Lernprozessen bezieht, richtet sich die thematische Grundstruktur auf die inhaltliche Seite des sich unter dem Einfluss unterrichtlicher Lehr-Lernprozesse entwickelnden Bewusstseins der Lernenden, darauf nämlich, dass sich ein Gedankenkreis ausbildet, der zu theoretischer und praktischer Urteilskompetenz befähigt.

Erziehender und bildender Unterricht zeichnet sich darüber hinaus durch eine innere Stufenordnung mit spezifischen Inhalten und Blickwechseln aus. Diese sind in institutioneller Hinsicht dadurch gekennzeichnet, dass vorausgehende Stufen in den folgenden wirksam bleiben und nicht aufgehoben, sondern durch sie erweitert werden.

Zeitliche Ordnung des erziehenden und bildenden Unterrichts[100]

	Stufe	*Inhalte*	*Aufgaben*	*Blickwechsel*
1	Basisstufe des Lernens	Bildung der Sinne, Entwicklung elementarer Kommunikationsformen einschl. der Muttersprache	Verknüpfung von sinnlicher, sprachlicher und interaktiver Weltaneignung und Kommunikation	Blickwechsel zwischen den Sinnen, zwischen Rezeptivität und Spontaneität sowie Selbst und Welt
2	Elementarstufe des Schulunterrichts	Lesen, Schreiben, Rechnen, Zeichnen, Sachkunde, Literatur, Bildung des Leibes (Gebärde, Tanz, Spiel)	Lernen, mit Weltinhalten und Mitmenschen im Medium der Schrift umzugehen	Blickwechsel von gesprochener Sprache und zwischenmenschlicher Interaktion zu Schriftsprache und schriftlicher Kommunikation

99 J. F. Herbart: Replik auf Jachmanns Rezension der „Allgemeinen Pädagogik" (1814). In: J. F. Herbart: Pädagogische Schriften, hrsg. von W. Asmus. Band 2. Düsseldorf und München 1965, S. 263.

100 Das Schema erhebt keinen Anspruch auf Vollständigkeit; vgl. auch D. Benner: Die Struktur der Allgemeinbildung im Kerncurriculum moderner Bildungssysteme. In: Zeitschrift für Pädagogik 48 (2002) S. 68-90.

3	Schulstufe der über Wissenschaft vermittelten Weltkunden	Mutter- und Fremdsprache, Mathematik und Naturkunde, Erd-, Sozial- und Geschichtskunde, Kunst und Religion	Aneignung elementarer, an die Beherrschung der Schriftsprache gebundener, ohne Schule nicht tradierbarer Kulturbereiche	Erweiterung des Erfahrungslernens und umgänglicher Lernformen um solche jenseits der Einheit von Leben und Lernen
4	Schulstufe wissenschaftspropädeutischer Wissens- und Reflexionsformen	Einführung in elementare Wissenschaftsbereiche und ausdifferenzierte Handlungsfelder	Ausdifferenzierung lebensweltlicher, szientifischer, hermeneutischer, ideologie- und voraussetzungskritischer sowie handlungstheoretischer Denk-/Reflexionsformen	Übergang von alltäglichen in szientifische und von diesen in ausdifferenzierte praktische Weltverhältnisse und Reflexionsformen

Die früheste Form erziehenden und bildenden Unterrichts stellt der Erwerb der Muttersprache im Zusammenleben des Kleinkinds mit seinen erwachsenen Bezugspersonen dar. Welterfahrung und zwischenmenschlicher Umgang sind hier untrennbar durch die doppelte Leistung der Sprache, zwischen Mensch und Welt und zwischen den Menschen zu vermitteln, verbunden. Im Erlernen der Sprache sind Denken-Lernen und Miteinander-sprachlich-Umgehen-Lernen so aufeinander verwiesen, dass das eine gar nicht ohne das andere möglich ist. Wird beispielsweise in der Zeit des Spracherwerbs von den Erwachsenen die Rezeptivität und Spontaneität des Kleinkinds nicht anerkannt, sondern durch eine normative und konditionierende Fremdbestimmung missachtet, so wird hierdurch stets zugleich die Entwicklung theoretischer und praktischer Urteilskompetenz gefährdet. Die theoretische Urteilskompetenz, sprachlich Welt zu erfahren, und die praktische Urteilskompetenz, selbst zu denken und mit anderen zu sprechen, können nur zugleich erlernt werden, und das Erlernen der einen ist stets vermittelt über das Erlernen der anderen.

Diese Einheit in der Aneignung theoretischer und praktischer Urteilskompetenz zerbricht, sobald Kinder auf einer zweiten Stufe im Elementarunterricht beginnen, sich die Sprache auch in der Form der Schrift anzueignen.[101] Die theoretische Urteilskompetenz, lesen und schreiben zu können, schließt im Unterschied zum Spracherwerb die praktische Urteilskompetenz, lesend und schreibend miteinander umgehen zu können, nicht notwendig ein. Welches Selbstverhältnis sich in den Lernenden zur Schriftsprache ausbildet, hängt vielmehr u. a. auch davon ab, ob das Erlernen der Schriftsprache oder

101 Siehe hierzu G. Scholz: Lernen in einer „offenen“ Ganztagsschule. In: Auf dem Weg zur Ganztags-Grundschule, hrsg. von K. Burk und H. Deckert-Peaceman. Frankfurt a. M. 2006, S. 43-54.

das Erlernen des Schreibens und Lesens im Vordergrund des Elementarunterrichts steht. Kommt in der Grundschule beispielsweise die Sprache in Schriftform nur an der Tafel, im Schulbuch oder Schulheft, nicht aber als Mittel und Medium sprachlicher Interaktion vor, so entsteht die Gefahr, dass sich das Erlernen der Schrift auf den Horizont der Aneignung einer Elementartechnik verengt und die praktische Urteilskompetenz, lesend und schreibend miteinander umgehen zu können, vernachlässigt wird.

Darum verlangt gerade die Koordination von theoretischer und praktischer Urteilskompetenz im Elementarunterricht besondere Sorge und Aufmerksamkeit. Sie vollzieht sich im Unterschied zum Spracherwerb keineswegs von selbst, sondern erfordert, dass sich die Lernenden die Schrift als Weltinhalt in Verbindung mit einem reflektierten Selbstverhältnis zur Schrift aneignen. Dieses aber erschöpft sich nicht darin, vorgegebene Wörter und Texte richtig schreiben und lesen zu können, sondern schließt die produktive Freiheit ein, eigene Texte zu formulieren, fremde Texte zu lesen und schriftlich mit anderen zu kommunizieren.[102]

Anders als beim Erlernen der Muttersprache sind bei der Aneignung der Elementartechniken des Lesens und Schreibens – vergleichbares gilt auch für das Rechnen – theoretische und praktische Urteilskompetenz nicht mehr unmittelbar miteinander verbunden. Die thematische Grundstruktur erziehenden Unterrichts basiert hier darauf, dass das Erlernen der theoretischen Sachkompetenz in der Beherrschung der Elementartechniken mit der Einübung in die praktische Sozialkompetenz, mit Hilfe der Elementartechniken über Weltinhalte kommunizieren und diese auch im Medium von Literatur wahrnehmen zu können, verbunden werden muss. Der Sinn der Beherrschung und Verwendung der Elementartechniken geht nicht in der theoretischen Kompetenz auf, einen Text lesen und schreiben oder eine Rechenaufgabe lösen zu können, sondern bezieht sich auf ein Selbstverhältnis des Lernenden zum Gelernten, das u. a. auch dessen Mitwirkungsmöglichkeiten am gesellschaftlichen Handeln und einen in diesem sinnvollen Gebrauch der Elementartechniken betrifft. Freilich gilt auch das Umgekehrte. Der Sinn des Erlernens der Elementartechniken bemisst sich nicht unmittelbar nach vorgegebenen Verwendungsmöglichkeiten für das Gelernte, sondern danach, die Elementartechniken nicht nur in bestimmten Situationen, sondern allgemein zur Erweiterung der eigenen Welterfahrung und zum Zwecke der zwischenmenschlichen Kommunikation verwenden zu können.[103]

---

102 Vgl. hierzu D. Benner/J. Ramseger: Wenn die Schule sich öffnet. Erfahrungen aus dem Grundschulprojekt Gievenbeck. München 1981, S. 80 ff.; siehe auch die Grundschulrichtlinien des Landes Nordrhein-Westfalen von 1985: Allgemeiner Richtlinienteil sowie Lehrplan Sprache.

103 Vgl. hierzu W. Wittenbruch: Schulleben. In: W. Wittenbruch (Hrsg.): Das pädagogische Profil der Grundschule. Überarbeitete Richtlinien in Nordrhein-Westfalen.

Eine dritte Stufe in der Entwicklung und Koordination von theoretischer und praktischer Urteilskompetenz liegt dort vor, wo Unterricht nicht nur in die Beherrschung von Elementartechniken einführt, sondern Erfahrung und Umgang zugleich durch Kunden erweitert, deren Kenntnisse und Fertigkeiten nicht dem Raum der Erfahrung entstammen, sondern über wissenschaftlichen Denk- und Arbeitsformen vermittelt sind. Auf dieser Stufe erweitert erziehender und bildender Unterricht Erfahrung und zwischenmenschlichen Umgang, indem er die muttersprachlichen um fremdsprachliche Kompetenzen erweitert, vom Rechnen zu Algebra und Geometrie und von der Sachkunde zur Natur- und Sozialkunde, aber auch zu Geschichte, Kunst und Religion überleitet. Für den Unterricht dieser Stufe ist charakteristisch, dass der Sinn des Gelernten nicht mehr – wie im Erlernen der Muttersprache – auf eine unmittelbare und auch nicht – wie beim Schriftspracherwerb – auf eine mittelbare Verbindung von theoretischer und praktischer Urteilskompetenz gegründet ist. Die Inbeziehungsetzung von theoretischen und praktischen Kompetenzen muss eigens thematisiert werden und vollzieht sich nicht mehr in einfachen Formen von Welterfahrung und zwischenmenschlichem Umgang, sondern jenseits einer Einheit von Leben und Lernen.

Eine vierte Stufe des erziehenden und bildenden Unterrichts wird erreicht, wo auch der Bereich der über Wissenschaft vermittelten Kunden überschritten und die Anfangsgründe der Wissenschaften selbst thematisiert und erarbeitet werden. Aus Natur- und Sozialkunde werden nun Natur- und Sozialwissenschaften. Ebenso ergeht es den anderen Kunden von den Sprachen über die Geschichte bis zu Kunst und Religion. In dieser Stufe differenzieren sich die am Beispiel der Evolutionstheorie erläuterten Wissensformen aus, für die es keine überwölbende Einheit von theoretischen und praktischen Urteilsformen mehr gibt.

Zwar ist versucht worden, den bildenden Sinn wissenschaftlicher Weltkunden und Aussagesysteme aus der Tatsache abzuleiten, dass diese im Zeitalter wissenschaftlicher Zivilisation die Rationalität einer verwissenschaftlichten Praxis ausmachen, und war man bestrebt, den bildenden Sinn neuzeitlicher Wissenschaft ideologiekritisch in einer politisch verantworteten Verwendung ihrer Ergebnisse sowie durch eine Integration von allgemeiner und beruflicher Bildung zu sichern. In bildungstheoretischer Hinsicht und im Hinblick auf eine Begründung der thematischen Struktur erziehenden Unterrichts in einem Selbstverhältnis der Lernenden zum Gelernten mussten diese Versuche jedoch scheitern. Der erste erblickte die „Wahrheit unseres modernen Seins" in einer Vereinigung von „Wissen und Arbeit" und setzte damit Bildung mit „Technischer Bildung" gleich.[104] Der zweite redu-

---

Impulse für die Weiterentwicklung der Grundschule. Heinsberg 1984, S. 43-67; siehe auch D. Benner: Erziehender Unterricht, ebd., S. 68-83.

104 Vgl. hierzu E. Fink: Technische Bildung als Selbsterkenntnis. In: Die Deutsche Schule 55 (1963) S. 165-177, S. 176.

zierte Bildung auf Ideologiekritik und politische Bildung,[105] der dritte begrenzte die Aufgabe, die Lernenden durch erziehenden und bildenden Unterricht zur Mitwirkung an der menschlichen Gesamtpraxis zu befähigen, auf eine Erweiterung der Berufswahlentscheidungen Heranwachsender durch doppelt qualifizierende Bildungsgänge.[106]

Für sich genommen, können weder eine technische noch eine politische noch eine berufliche Grundorientierung des Unterrichts dem Erlernen der Anfangsgründe neuzeitlicher Wissenschaft einen bildenden Sinn geben. Technische Bildung steht in der Gefahr, zur Ideologie des modernen Seins zu verkümmern, emanzipatorische Ideologiekritik und Politik führen zu keiner Korrektur des neuzeitlichen Verhältnisses von Technik und Natur, sondern belassen die Natur im Zugriff eines hypostasierten technischen Interesses, und die Vermittlung beruflicher Einzelkompetenzen zur doppelten Kompetenz von Fremdsprachenkorrespondenten und angehenden Fremdsprachenlehrern, Technischen Assistenten und angehenden Diplomphysikern, Freizeitsportleitern und künftigen Sportstudenten usw. führt allenfalls zu einer berufsspezifischen Vermittlung von theoretischer und praktischer Urteilskompetenz. Sie alle ergänzen den heute üblichen wissenschaftlichen Fachunterricht um in ihm vernachlässigte Teile und streben danach, die Trennungen zwischen Wissenschaft und Lebenswelt, Wissenschaft und Politik beziehungsweise Wissenschaft und Beruf durchlässig zu machen. Wie dies jedoch im Durchgang durch die Theorien neuzeitlicher Wissenschaft möglich ist, führen sie nicht aus. Von den in den vorausgegangenen Abschnitten vorgestellten Formen und Ebenen von Kritik kennen sie allenfalls die szientifische, die historisch-hermeneutische und die ideologiekritische.[107]

Die thematische Struktur eines erziehenden und bildenden Unterrichts lässt sich auf dessen vierter Stufe umfassender durch die sechs Ebenen einer umgänglich-lebensweltlichen, einer innerszientifischen, einer historisch-gesellschaftlichen, einer ideologiekritischen, einer transzendentalkritischen und einer praxisphilosophischen Interpretation der Aussagesysteme neuzeitlicher Wissenschaft beschreiben. Diese stellen den Unterricht vor die Aufgabe, Lernprozesse so auszurichten, dass die Lernenden dazu angehalten werden,

---

105 Vgl. hierzu J. Habermas: Technik und Wissenschaft als „Ideologie". Frankfurt a. M. 1968, S. 48-103.

106 Vgl. hierzu B. Fischer/A. Gruschka/M. A. Meyer/R. Naul/B. Schenk: Schüler auf dem Weg zu Studium und Beruf. Erträge der Bildungsgangforschung des nordrhein-westfälischen Kollegschulversuchs. In: Zeitschrift für Pädagogik 32 (1986) S. 557-577.

107 Zur Würdigung und Kritik der reformpädagogischen Schulversuche und staatlichen Schulreformen, auf die hier Bezug genommen wird, siehe D. Benner/H. Kemper: Theorie und Geschichte der Reformpädagogik. Teil 3.2. Staatliche Schulreform und reformpädagogische Schulversuche in den westlichen Besatzungszonen und in der BRD. Weinheim und Basel 2009, S. 166 ff., S. 220 ff., S. 290 ff. und S. 395 ff.

- zwischen lebensweltlichen und wissenschaftlichen Erfahrungen und Problemstellungen zu unterscheiden,
- die Theorien neuzeitlicher Wissenschaft von teleologischen Wissensformen abzugrenzen und in ihren hypothetischen Wissensstrukturen zu begreifen,
- szientifische Erkenntnisse auch im Hinblick auf die in sie eingegangenen gesellschaftlichen Erfahrungen zu reflektieren,
- Überlegungen szientifischer und hermeneutischer Sachverhalte ideologiekritisch zu analysieren,
- Hypostasierungen wissenschaftlicher Aussagen im Sinne der transzendentalen Differenz zwischen der unvermittelt vorausgesetzten Wirklichkeit und dem Gegebenen zu erkennen und
- die Verwendungssituationen neuzeitlicher Wissenschaft unter der Perspektive einer nicht-hierarchischen Verhältnisbestimmung der ausdifferenzierten Formen der menschlichen Gesamtpraxis zu beurteilen.

Aus der Förderung solcher Einsichten, nicht aber aus der Herstellung einer vermeintlich wünschenswerten Einheit von Wissen und Haltung, gewinnt erziehender und bildender Unterricht seine aufklärende Kraft. Seine Aufgabe und Chance besteht darin, Irrtümer einer Reduktion der Natur, des Lebens, der Psyche und der gesellschaftlichen Praxis zu wissenschaftlich beherrschbaren und unter dem Primat fortschreitender Steigerung menschlicher Macht über Natur und Geschichte manipulierbaren Gegebenheiten durchschaubar zu machen und offen zu legen, dass die Beachtung der Differenzen zwischen wissenschaftlich begriffener und szientifisch entzauberter sowie uneinholbar vorausgesetzter Wirklichkeit an die Anerkennung der Ideen einer nicht-hierarchischen Verhältnisbestimmung der menschlichen Gesamtpraxis und der Transformation gesellschaftlicher in praktische Determination zurückgebunden ist.

Die thematische Offenheit eines solchen Unterrichts zielt auf eine qualitative Vielseitigkeit der Welt- und Selbsterfahrung der Lernenden. Sie schließt fachliche Schwerpunkte in den Lehrplänen und Bildungsgängen nicht aus. Sie konfrontiert jedoch jeden dieser Schwerpunkte mit der Aufgabe, Erfahrung und Umgang der Lernenden vermittelt über eine bildende Aneignung neuzeitlicher Wissenschaft so zu erweitern, dass diese im Sinne aller genannten Ebenen denken lernen und hierdurch vorbereitet werden auf ein selbst verantwortetes individuelles und gemeinsames Handeln. In der Anbahnung der doppelten Kompetenz, sich des eigenen „Verstandes ohne Leitung eines anderen zu bedienen“[108] und in verantwortliches Handeln übergehen zu können, erreicht erziehender Unterricht das ihm angemessene Ende. Hierzu ist es erforderlich, dass die Lehrenden sich davor hüten, die vorgestellten Ebenen in einer einzigen zu verbinden und in den Lernenden die Illusion zu erzeugen,

108 I. Kant: Beantwortung der Frage: Was ist Aufklärung? (1783). In: Ders.: Werke in 6 Bänden. Hrsg. von W. Weischedel. Band 6. Darmstadt 1964, S. 53.

als ließe sich die Vermittlung von theoretischer und praktischer Urteilskompetenz schon im Unterricht herbeiführen oder vorwegnehmen.

Zur Sicherung des kritischen Ertrags eines erziehenden und bildenden Unterrichts reicht seine methodische und thematische Grundstruktur nicht aus. Hierzu ist vielmehr die Berücksichtigung einer dritten Seite erziehenden Unterrichts erforderlich, die dessen institutionelle Grundstruktur betrifft. In institutioneller Hinsicht zeichnet sich ein erziehender und bildender Unterricht dadurch aus, dass er die Inanspruchnahme der von ihm intendierten und durch ihn zu fördernden doppelten Kompetenz, die Lernenden zum Selbst-Denken zu befähigen und auf einen selbstverantworteten Übergang ins Handeln vorzubereiten, nicht auf ein fernes Ende vertagt, sondern dafür Sorge trägt, dass sich Lehrende und Lernende schon im Unterricht gegenseitig in den durch diesen zu fördernden Kompetenzen anerkennen können. Dies aber ist nur möglich, wenn Lernende im Unterricht nicht nur auf Fragen des Lehrers antworten, sondern auch selbst Fragen artikulieren. Zu diesem Zweck muss Unterricht nicht nur an die Erfahrungen der Lernenden anknüpfen, sondern zugleich Sorge dafür tragen, dass Lernende ihre Vorerfahrungen im Unterricht reflektieren und durch diesen erweitern können. Auf den Übergang in selbst verantwortetes Handeln schließlich kann der Unterricht seine Adressaten nur vorbereiten, wenn er die Lernenden als immer schon in den außerunterrichtlichen Bereichen menschlicher Praxis denkende und handelnde Wesen anerkennt und sich für wechselseitige Übergänge unterrichtlicher und außerunterrichtlicher Lernsituationen öffnet.

Im Unterschied zur ersten Dimension pädagogischen Handelns ist erziehender und bildender Unterricht nicht auf Grenzsituationen beschränkt. Er fordert zum Selbst-Denken auf und bereitet hierüber den Übergang in selbst verantwortetes Handeln vor. Die institutionelle Offenheit erziehenden Unterrichts darf darum keineswegs nur eine innerunterrichtliche sein. Vergleichbar der institutionellen Offenheit der pädagogischen Praxis als eines sich selbst negierenden Gewaltverhältnisses, schließt sie ein, dass pädagogisches Handeln eine dritte Dimension hat, in der es sein Ende in einem über Unterricht noch hinausweisenden Sinne findet. Erziehender Unterricht bereitet auf den Eintritt in selbst verantwortetes Handeln vor. Zu diesem aufzufordern, ist nicht mehr eine unterrichtliche Aufgabe, sondern Anliegen der dritten Dimension pädagogischen Handelns, derjenigen der pädagogischen Praxis im Übergang zu intergenerationellem Handeln.

5.3 Pädagogische Praxis als Einführung in gesellschaftliche Handlungsfelder

Wie die beiden anderen Dimensionen steht auch die dritte Dimension pädagogischer Praxis unter der besonderen Finalität, ihr eigenes Ende vorzubereiten und zu antizipieren. In seiner ersten Dimension verfolgt legitimes pädagogisches Handeln dieses Ziel, indem es die Grenzen pädagogisch erlaubter Gewalt beachtet, in seiner zweiten Dimension, indem es durch erziehenden Unterricht das Selbst-Denken und Urteilen der Lernenden fördert. In der dritten Dimension gelangt pädagogische Praxis dort an ihr Ende, wo Heranwachsende ohne pädagogische Unterstützung und Hilfe individuell und gesellschaftlich tätig werden und aus eigener Einsicht handeln. Im Erreichen dieses Ziels hebt sich die pädagogische Praxis in die ausdifferenzierten Formen individuellen und interindividuellen Handelns auf.

Das Ende regierender Maßnahmen bedeutet für sich genommen nicht schon das Ende der pädagogischen Praxis insgesamt, sondern geht deren Eintritt in die Handlungssphären des Unterrichts voraus. Vergleichbares gilt auch für das Ende der Erziehung durch Unterricht. In ihm gelangt die pädagogische Praxis nur an das Ende erziehender Instruktion, welches sich nach einer Formulierung Humboldts daran zeigt, dass gelingender Unterricht den erziehenden Lehrer „entbehrlich" macht.[109] Die Sorge dafür, dass die pädagogische Praxis auch beim Übergang in selbstverantwortetes Handeln an ihr Ende gelangt, tritt zu den Aufgaben pädagogischer Gewaltausübung und erziehenden Unterrichts als eine über sie hinausweisende Aufgabe hinzu.

Die dritte Dimension pädagogischen Handelns muss zur ersten und zweiten hinzukommen und kann durch diese nicht ersetzt werden. Suchte pädagogische Praxis unmittelbar durch regierende und unterrichtliche Maßnahmen zu wirken und auf das Denken und Handeln Heranwachsender einzuwirken, so pervertierte sie zu einer manipulativen und indoktrinierenden Praxis, welche die legitimen Grenzen der beiden ersten Dimensionen pädagogischen Handelns missachtete. Pädagogische Gewalt über Heranwachsende wird zur Manipulation, wenn sie nicht durch die negative Sorge bestimmt ist, diese an uneinsichtigem Handeln zu hindern, und mit dem Anspruch auftritt, das Verhalten der Menschen zu formieren. Ähnlich ergeht es dem Unterricht, wenn dieser seine Aufgabe darin erblickt, im Gedankenkreis Heranwachsender Weltansichten und Überzeugungen zu verankern, die von diesen weder hinterfragt noch problematisiert, sondern lediglich affirmiert werden können. Solcher Unterricht strebte nicht eine Erweiterung der Selbst- und Welterfahrungen der Lernenden an, sondern verfolgte indoktrinierende Absichten. Gewaltförmiger Manipulation und indoktrinierender Instruktion ist gemeinsam, dass sie keine emanzipativen Übergänge aus pädagogischen in selbstverantwortete Handlungssituationen kennen, sondern normativ und agitatorisch, nicht aber reflexiv und diskursiv ausgerichtet sind.

---

109 W. von Humboldt: Königsberger Schulplan (1809). In: Wilhelm von Humboldts Gesammelte Schriften. Band 13. Berlin 1920, S. 261; Werke in fünf Bänden. Hrsg. von A. Flitner und K. Giel. Band 4. Darmstadt 1981, S. 170; Humboldt spricht an der zitierten Stelle davon, dass der Elementarlehrer den Schulunterricht möglich, dieser aber den Schullehrer entbehrlich mache. Zur Dialektik von Ermöglichung und Erübrigung siehe D. Benner: Wilhelm von Humboldts Bildungstheorie, a. a. O., S. 193.

Gelänge es der pädagogischen Praxis, ihr Ende unmittelbar durch regierende Maßnahmen herbeizuführen und das Verhalten der Heranwachsenden durch sie zu normieren, so wäre sie letztlich Manipulation. Gelänge es ihr, auf das Handeln Heranwachsender durch erziehenden Unterricht so einzuwirken, dass diese durch Unterweisung lernen, was sie zu denken und wie sie zu handeln haben, so regredierte sie zu einer indoktrinierenden Praxis und verfehlte die Aufgabe, Lernende zum Selbst-Denken und Urteilen zu befähigen. Werden dagegen die Möglichkeiten und Grenzen erlaubter Kinderregierung und eines erziehenden Unterrichts beachtet, der bildet, so tritt zu den bisher vorgestellten Dimensionen pädagogischen Handelns notwendig eine dritte hinzu. Diese sucht das Ende der pädagogischen Praxis herbeizuführen, indem sie Heranwachsende zu selbstverantwortetem Handeln gemäß eigener Einsicht auffordert. Aufgabe und Wirkungsmöglichkeit dieser dritten Dimension ist es, den Übergang der pädagogischen Praxis in die menschliche Gesamtpraxis, d.h. in ökonomisches, pädagogisches, ethisches, politisches, ästhetisches und religiöses Handeln, zu fördern.

Die genauere Bestimmung der dritten Dimension erfolgt wiederum in drei Schritten. Zunächst wird die Finalität pädagogischen Handelns, sich in die intergenerationelle Praxis aufzuheben, problemgeschichtlich untersucht. Anschließend werden einige Schwierigkeiten benannt, mit denen eine solche Aufhebung heute konfrontiert ist. Abschließend werden dann im Rückgriff auf Herbarts Allgemeine Pädagogik vier Technologien der Erziehung beim Übergang in gesellschaftliche Handlungsfelder unterschieden und gesellschaftliche Voraussetzungen dafür diskutiert, wie solche Übergänge unter den Bedingungen gefährdeter bzw. unterbrochener Tradierung gesichert werden können.

5.3.1 Problemgeschichtliche Hinweise zur Finalität der pädagogischen Praxis, sich im Übergang zu gemeinsamem Handeln aufzuheben

Soweit die pädagogische Praxis in vorbürgerlichen Gesellschaften nicht professionalisiert in eigens für sie eingerichteten Institutionen, sondern als eine integrierte Tätigkeit anderer gesellschaftlicher Tätigkeiten ausgeübt wurde, fand sie in diesen ihr Ende, ohne dass es einer besonderen, den Übergang in die gesellschaftliche Praxis herbeiführenden Dimension pädagogischen Handelns bedurft hätte. Die Initiation der Heranwachsenden in den Erwachsenenstatus wurde zwar auch schon in vormodernen Kulturen als ein Akt mit besonderen Vorkehrungen vollzogen. Dieser wies den Heranwachsenden jedoch eine weitgehend feststehende, durch die gesellschaftliche Ordnung vorgegebene Bestimmung zu. Mit der Verbesonderung der pädagogischen Praxis zu einem von den anderen gesellschaftlichen Tätigkeiten abgehobenen Praxisfeld veränderten sich die Dimensionen pädagogischen Handelns zu Handlungsformen mit jeweils eigenen Aufgaben und Wirkungsmöglichkeiten.

In der ersten Dimension trennte sich die politische Regierung und Ausübung von Macht von der Regierung über Kinder. Dieser fällt nun die Aufgabe zu, gerade keine positiven Zwecke im Motivationshorizont der Lernenden zu verfolgen, sondern Heranwachsende nur an uneinsichtigem Handeln zu hindern. In der zweiten Dimension veränderte sich die Aufgabenstellung unterrichtlicher Unterweisung dahingehend, dass Erziehung durch Unterricht nicht mehr nur in den Erfahrungsbesitz und die Umgangsformen der Gesellschaft einführt, sondern Erfahrung und Umgang der Heranwachsenden zu einem Selbst-Denken und Urteilen erweitert. In der dritten Dimension stellt sich seitdem nicht mehr primär die Aufgabe, den Übergang von der pädagogischen Praxis ins gemeinsame Handeln so zu initiieren, dass die Jüngeren an die Stelle der Älteren treten und deren Gewohnheiten übernehmen. Vielmehr kommt es darauf an, dass Heranwachsende in ein bürgerliches Leben eintreten, in dem sie sich eigene Zwecke und Aufgaben setzen, selbständig Verbindungen eingehen und sich und andere in selbstverantwortetem Handeln als Person anerkennen.

Die veränderte Aufgabenstellung der dritten Dimension pädagogischen Handelns beruht darauf, dass die in ihr pädagogisch tätigen Erwachsenen nicht mehr die künftige Bestimmung der Heranwachsenden repräsentieren, sondern die Lernenden dazu auffordern, ihre eigene Bestimmung selbst zu suchen, zu finden und hervorzubringen. So löst sich die Familie der bürgerlichen Gesellschaft, wie Hegel im § 177 seiner Rechtsphilosophie feststellt, nicht mehr auf natürliche Weise durch den Tod der Eltern, sondern auf sittliche Weise auf, indem sie ihre Kinder, sobald diese volljährig geworden sind, in ihrer „freien Persönlichkeit" anerkennt und „keine Rechte" mehr über sie hat.

Dies verweist auf den komplexen Sachverhalt, dass die moderne Mündigkeit der Heranwachsenden, die in rechtlicher Hinsicht mit dem staatlich definierten Alter der Volljährigkeit erreicht wird, in pädagogischer Hinsicht nicht linear an ein bestimmtes Lebensalter gebunden ist. In der dritten Dimension modernen pädagogischen Handelns stellt sich die Aufgabe, das Ende der Erziehung nicht zu einem in der Gemeinschaft allgemein geltenden oder staatlich gesetzten Zeitpunkt herbeizuführen, sondern die Heranwachsenden schon während der gesamten Dauer ihrer Erziehung und Bildung als freie, an der Hervorbringung ihrer Bestimmung mitwirkende Personen anzuerkennen.

Heranwachsende, die in rechtlicher Hinsicht noch nicht mündig sind, im pädagogischen Handeln als an der Hervorbringung ihrer Bestimmung mitwirkende Personen anzuerkennen, ist eine schwierige Aufgabe. Ihr kann die pädagogische Praxis weder dadurch gerecht werden, dass sie die pädagogische Anerkennung der Bildungs-Mündigkeit zum Gesamthorizont menschlicher Mündigkeit hypostasiert, noch dadurch, dass sie die Lernenden kontrafaktisch einfach als immer schon ökonomisch, pädagogisch, politisch, ethisch, ästhetisch und religiös mündige Subjekte ansieht. Die pädagogische

Praxis kann in ihrer dritten Dimension den Eintritt Heranwachsender ins gesellschaftliche Leben nicht aus eigener Kraft regulieren. Die Bewährungssituationen, in die Heranwachsende sich in der bürgerlichen Gesellschaft begeben müssen, lassen sich nicht im Schonraum pädagogischer Institutionen vorwegnehmen. Die pädagogische Praxis kann sich auch nicht damit begnügen, Heranwachsende dem Konkurrenzkampf bürgerlicher Subjekte um vorteilhafte Positionen in der Gesellschaft auszusetzen und jene, die in diesem Kampf scheitern oder zu scheitern drohen, helfend zu unterstützen. Maßte sie sich an, die Entscheidungssituationen des Lebens in ihrer dritten Dimension abzubilden, so verfiele sie der Illusion, die Komplexität der menschlichen Gesamtpraxis ließe sich pädagogisch auflösen und beherrschen. Lieferte sie hingegen Heranwachsende beim Eintritt in die gesellschaftlichen Handlungsfelder, einfach den Bewährungssituationen des Lebens aus, so nähme sie die Perspektive eines zynischen Beobachters ein, der gesellschaftliche Selektionsprozesse als unvermeidbar ansieht und den Einzelnen empfiehlt, die Ergebnisse als Schicksal auf sich zu nehmen.

So wie in der zweiten Dimension pädagogischen Handelns kein zureichender Begriff von Erziehung durch Unterricht möglich ist, wenn erziehender Unterricht als eine unmittelbare Einheit von Wissensvermittlung und Haltungserziehung verstanden oder in nebeneinander stehende Formen unterrichtlicher Unterweisung und konditionierender Haltungserziehung aufgelöst wird, so ist auch in der dritten Dimension pädagogischen Handelns keine zureichende Bestimmung der pädagogischen Praxis im Übergang zu gemeinsamem Handeln möglich, wenn hierunter eine Vorwegnahme außerpädagogischer Handlungssituationen in pädagogischen Handlungsfeldern oder ein unbeeinflussbarer gesellschaftlicher Prozess verstanden wird. In dem einen Fall sehnt sich die pädagogische Praxis in eine Einheit von Lernen und Leben zurück, in der es eine reflektierende pädagogische Urteilskraft noch gar nicht gab und die dritte Dimension pädagogischen Handelns in gewöhnende Sozialisation aufging. Entsprechende Hoffnungen verkennen die Abhängigkeit der individuellen Seite pädagogischen Handelns von den gesellschaftlichen Bedingungen sowie die Tatsache, dass die moderne Eigenstruktur pädagogischen Denkens und Handelns untrennbar an die Ausdifferenzierung der menschlichen Gesamtpraxis in ökonomisches, pädagogisches, sittliches, politisches, ästhetisches und religiöses Handeln zurückgebunden ist. In dem anderen Fall nimmt die pädagogische Praxis die Form eines unbestimmten Helfens an, welches den Heranwachsenden eine Hilfe zur Selbsthilfe anbietet, die nicht den Übergang ins gesellschaftliche Handeln fördert, sondern mit den Sozialisationsmechanismen der bürgerlichen Gesellschaft zu befreunden sucht.

Die Ursache für beide Verkürzungen der dritten Dimension pädagogischen Handelns liegt in einer Vernachlässigung der Beziehungen zwischen der individuellen und gesellschaftlichen Seite pädagogischer Interaktion. Positionen, welche die dritte Dimension pädagogischen Handelns an Allmachtsvorstellungen einer im Schonraum pädagogischer Institutionen zu sichernden Einführung in die menschliche Gesamtpraxis ausrichten, versuchen die Prinzipien der Bildsamkeit und der Aufforderung zur Selbsttätigkeit ohne Berücksichtigung der gesellschaftlichen Grundbegriffe pädagogischen Denkens und Handelns anzuerkennen. Positionen, die eine unvermeidliche Ohnmacht eines letztlich hilflosen pädagogischen Helfens unterstellen, abstrahieren sowohl vom individuellen als auch vom gesellschaftlichen Begründungszusammenhang der Pädagogik, sie kennen weder Problem und Aufgabe einer Transformation gesellschaftlicher Einwirkungen auf pädagogische Prozesse in pädagogisch legitime noch das Prinzip eines nicht-hierarchischen Verhältnisses der Formen ausdifferenzierter Humanität.

Die Einseitigkeiten beider Auffassungen lassen sich nur durch die Entwicklung eines Begriffs pädagogischen Handelns überwinden, der auch in dessen dritter Dimension über die Irrwege pädagogischer Allmachts- und Ohnmachtsvorstellungen hinausführt. Hierzu ist es zweckmäßig, pädagogische Berufe nicht mehr in regierende, unterrichtende und helfende Berufe zu unterscheiden, sondern Vorsorge dafür zu treffen, dass alle pädagogischen Professionen durch die genannten drei Dimensionen pädagogischen Handelns miteinander verbunden sind. Statt die zweite Dimension pädagogischen Handelns unter Vernachlässigung der dritten lehrenden und die dritte unter Vernachlässigung der zweiten helfenden Berufen zuzuordnen, käme es darauf an, die Beziehungen zwischen den in ihrer Urteilslogik durchaus differenten Handlungsformen für Übergänge von einer unterrichtlichen Förderung von Lehr-Lernprozessen in solche eines intergenerationellen Lernens sowie die Rückkehr aus diesem in unterrichtliche Lehr-Lernprozesse zu öffnen. Hierzu können z. B. Lehrer und in helfenden Berufen tätige Pädagogen beitragen, wenn erstere nicht nur in der zweiten Dimension pädagogischen Handelns, sondern auch in der dritten tätig und handlungskompetent sind und letztere Heranwachsende nicht nur beim Eintritt in gesellschaftliche Handlungsfelder helfend unterstützen, sondern auch an der unterrichtlichen und aufklärenden Weiterbildung ihrer Klientel mitwirken.[110]

110 Über Erfahrungen aus einem Modellversuch im Grundschulbereich, in dem Lehrer und Sozialpädagogen so kooperieren, dass Lehrer nicht nur in der zweiten Dimension pädagogischen Handelns, sondern auch in der dritten tätig werden und Sozialpädagogen ihre Hilfe zur Selbsthilfe zugleich auf eine durch Unterricht zu fördernde Basis stellen, vgl. D. Benner/J. Ramseger: Wenn die Schule sich öffnet, a. a. O., S. 22 ff., S. 60 ff. Zu Aufgabe und Problem der Erweiterung schulpädagogischer durch sozialpädagogische Vorstellungen und umgekehrt siehe auch F. Schweitzer/H. Thiersch (Hrsg.): Jugendzeit – Schulzeit. Von den Schwierigkeiten, die Jugendliche und Schule miteinander haben. Weinheim/Basel 1983. Vergleichbares wie für die wechselseitige Erweiterung didaktischer und sozialpädagogischer Handlungskompetenzen gilt auch für freizeitpädagogische Berufe, die ohne didaktische

Um Übergänge von erziehendem Unterricht in selbstverantwortetes Handeln sowie von selbstverantwortetem Handeln in erziehenden Unterricht zu sichern und in der dritten Dimension pädagogischer Praxis den Eintritt Heranwachsender ins gesellschaftliche Leben zu unterstützen, reichen die individuellen Möglichkeiten pädagogischen Handelns und der gute Wille der pädagogisch Interagierenden allein nicht aus. Der Übergang von pädagogischen in außerpädagogische gesellschaftliche Situationen kann individuell nur vollzogen werden, wenn die pädagogische Praxis mit den anderen gesellschaftlichen Praxisformen so verbunden wird, dass Übergänge von pädagogischen in gesellschaftliche und von diesen in pädagogische Situationen auch real möglich sind. Voraussetzung hierfür ist eine Öffnung der gesellschaftlichen Handlungsfelder für eine selbsttätige Mitwirkung von Heranwachsenden und eine Sicherung des Endes der pädagogischen Praxis, welche die Möglichkeit der Übergabe der pädagogischen Verantwortung in die Selbstverantwortung der Heranwachsenden in den Handlungssituationen des Lebens selbst verortet.

5.3.2 Von Schwierigkeiten und Möglichkeiten einer intergenerationellen Aufhebung der pädagogischen Praxis in die ausdifferenzierten Formen der menschlichen Gesamtpraxis

Während in vorbürgerlichen Gesellschaften das pädagogische Handeln als Moment anderer gesellschaftlicher Tätigkeiten ausgeübt wurde, in denen die Heranwachsenden ihre Bestimmung fanden, und die Aufhebung der pädagogischen Praxis in das gemeinsame Handeln quasi von selbst erfolgte, sind Übergänge vom pädagogischen ins gesellschaftliche Handeln heute mit Schwierigkeiten verbunden, für die es einfache Lösungen nicht geben kann. Ein Teil dieser Schwierigkeiten hängt mit der neuzeitlichen Differenz von rechtlicher und pädagogischer Mündigkeit zusammen, ein anderer mit Problem und Aufgabe, im Medium öffentlichen Streits und öffentlicher Verständigung Fragen der menschlichen Gesamtpraxis unter schrittweiser Mitwirkung auch der nachwachsenden Generationen zu diskutieren.

Was die erste, im engeren Sinne erziehungstheoretische Schwierigkeit betrifft, so wies schon Schleiermacher in seiner Vorlesung von 1826 darauf hin, dass nach dem Auseinandertreten der rechtlichen und pädagogischen Mündigkeit erstere nicht mehr zur Definition des Endes der pädagogischen Praxis ausreicht. Zwar biete sich auf die Frage nach dem Ende der Erziehung nach wie vor die rechtliche Antwort an; diese sei jedoch für sich genommen untauglich, die erziehungstheoretische Frage nach dem Ende der Erziehung zu beantworten:

Kompetenzen in der Gefahr stehen, Berufe für Animateure in der Freizeitindustrie zu werden.

> „Wo aber ist der Punkt, auf welchem die erziehende Einwirkung aufhört? Wir haben gleich eine Antwort, nämlich diese, Wenn der Mensch mündig wird, dann hört die pädagogische Einwirkung auf; d. h. wenn die jüngere Generation auf selbständige Weise zur Erfüllung der sittlichen Aufgabe mitwirkend der älteren Generation gleich steht; es gibt dann bloß ein Zusammenwirken beider. Politisch wird auch das Wort in diesem Sinne gebraucht; denn in allen Staaten gibt es einen Zeitpunkt, von wo an dem einzelnen die Mitgesamttätigkeit gesetzlich zugestanden wird, hier früher, dort später. Allein wir können die Pädagogik nicht mehr schlechthin der Politik unterordnen; und so darf uns diese politische Grenze nicht binden, wir können auch hier den politisch festgesetzten Zeitpunkt nicht annehmen. Es ist nicht die Aufgabe des Staats, das Ende der pädagogischen Wirksamkeit zu bestimmen; und die Lösung der Aufgabe kann am wenigsten in der Beziehung auf die Mündigkeitserklärung gefunden werden.“[111]

Die Rechtsmündigkeit, von der Schleiermacher hier spricht, ist diejenige des neuzeitlichen Staates, der seinen Bürgern zum Beispiel die freie Wahl des Bekenntnisses, des Ehepartners, des Berufs und des geselligen Lebens gesetzlich einräumt und die Inanspruchnahme dieser Freiheiten von keinerlei besonderen Rechtsverhältnissen abhängig macht, wie sie in den vorbürgerlichen Gesellschaften innerhalb der Hierarchie der Stände sowie zwischen Eltern und Kindern bestanden. Der Staat kann diese Freiheiten nach dem Grundsatz der Rechtsgleichheit für alle Bürger gesetzlich fixieren und den Beginn bürgerlicher Rechtsmündigkeit auf ein bestimmtes Alter festsetzen. Die pädagogisch zu fördernde Mündigkeit im Gebrauch dieser Freiheiten kann er jedoch nicht durch seine Gesetze herbeiführen. Die Frage, wie das Ende pädagogischer Einwirkungen zu bestimmen sei, wenn dieses aus der rechtsstaatlich verbürgten Mündigkeitserklärung keineswegs unmittelbar folgt, markiert darum eine der Schwierigkeiten der pädagogischen Praxis, sich in ihrer dritten Dimension in die gesellschaftliche Praxis aufzuheben.

Schleiermachers Antwort auf diese Frage ist in der oben zitierten Stelle bereits implizit ausgesprochen. Sie besagt, dass das Ende der pädagogischen Praxis keineswegs erst am Ende der Erziehung eintritt. Vielmehr ist deren „Endpunkt als ein allmählich verschwindender“ zu denken und zu gestalten. Allmählich verschwinden aber kann die pädagogische Praxis in der Dimension der Einführung der nachwachsenden Generation in die „Mitgesamttätig-

---

111 F. Schleiermacher: Theorie der Erziehung. Die Vorlesungen aus dem Jahre 1826. In: F. E. D. Schleiermacher. Ausgewählte pädagogische Schriften, hrsg. von E. Lichtenstein. Paderborn 1959, S. 45 f.; zum Verhältnis von rechtlicher und pädagogischer Mündigkeit siehe auch D. Benner/F. Brüggen: Mündigkeit. In: Historisches Wörterbuch der Pädagogik, hrsg. von D. Benner und J. Oelkers. Weinheim und Basel 2004, S. 687-699.

keit“ nur dann, wenn die Gesellschaft Vorsorge dafür trifft, dass die Heranwachsenden schon vor der staatlich geregelten Volljährigkeit schrittweise an der menschlichen Gesamtpraxis mitwirken können. Soll diese selbsttätige Mitwirkung etwas anderes als die vorwiegend gewöhnende Sozialisation in vorbürgerlichen Gesellschaften sein, so kann sie sich nicht auf den initiatorischen Eintritt in eine vorbestimmte Tätigkeit, die Annahme einer standesspezifischen Sitte, die Übernahme eines politischen Interessenstandpunkts und die Einordnung in den Glauben einer alleinseligmachenden Konfession oder Religion, sondern nur darauf beziehen, in die vorgegebenen Lebensbereiche so einzutreten, dass sich hierbei die durch erziehenden Unterricht angebahnte Erweiterung von Erfahrung und Umgang in der „Mitgesamttätigkeit“ bewähren kann.

Dies aber ist nur möglich, wenn die ausdifferenzierten Lebensbereiche eine solche Bewährung zulassen und wenn über die unter dem Einfluss pädagogischer Interaktion geförderte Mündigkeit Heranwachsender nicht linear nach Kriterien einer normierten gesellschaftlichen Mündigkeit befunden wird. Das allmähliche Verschwinden der pädagogischen Praxis in der „Mitgesamttätigkeit“ setzt eine schrittweise Beteiligung der Heranwachsenden an der menschlichen Gesamtpraxis voraus. Diese lässt sich nicht auf einzelne Bereiche der menschlichen Praxis begrenzen und daran ausrichten, dass einige den Beruf des Arbeiters, andere den des Pädagogen oder Politikers und wieder andere den des Künstlers oder Kirchendieners ergreifen. Vielmehr sollen alle in der menschlichen Gesamtpraxis individuell und gemeinschaftlich zusammenwirken und unabhängig davon, welchen Beruf sie wählen, ökonomisch, pädagogisch, ethisch, politisch, ästhetisch und religiös tätig werden.

An dieser Stelle geht die erste, aus der Unterscheidung zwischen pädagogischer und rechtlicher Mündigkeit entspringende Schwierigkeit in eine zweite über. Diese bezieht sich nicht auf die erziehungstheoretische Frage, wie und durch welche Einwirkungen das Ende der pädagogischen Praxis herbeizuführen ist, sondern auf die bildungstheoretische Frage, worin denn jene menschliche Gesamtpraxis besteht, in die sich die pädagogische Praxis aufheben soll. Die zweite, im engeren Sinne bildungstheoretische Schwierigkeit hängt u. a. damit zusammen, dass nach dem Auseinandertreten von rechtlicher und pädagogischer Mündigkeit weder die Praxisformen der vorbürgerlichen Gesellschaft noch jene der bürgerlichen Gesellschaft Grundorientierungen für die schrittweise Beteiligung der nachwachsenden Generation an der menschlichen Gesamtpraxis bereitstellen.

Die vorbürgerlichen Praxisformen waren standesspezifische und zeichneten sich in ihren handwerklichen und bäuerlichen Lebensformen beispielsweise dadurch aus, dass Arbeit, Ethik, Pädagogik, Politik, Kunst und Religion eine weitgehende Einheit bildeten. Jeder Stand produzierte bestimmte Gebrauchsgüter, hatte seine eigene Standesmoral und Sitte, eigene Rechtsverhältnisse und verehrte spezielle, für ihn zuständige Heilige. Die Freiheiten bürgerlicher Rechtsmündigkeit und die mit diesen verbundene Differenz von rechtlicher und pädagogischer Mündigkeit gab es in dieser Ordnung noch nicht. Dagegen gesteht die moderne bürgerliche Gesellschaft mit der Zuerkennung von Rechtsmündigkeit zwar die Freiheiten der Berufswahl, der Religionsausübung und der Geselligkeit zu, ohne jedoch Berufe zu kennen, die alle Bereiche der menschlichen Gesamtpraxis in sich vereinigen und repräsentieren. Hieraus ergibt sich die zweite Schwierigkeit der pädagogischen Praxis, in ein gemeinsames Handeln überzugehen. Die vorbürgerlichen Lebensformen hatten, was die Bereiche der menschlichen Gesamtpraxis betrifft, durchaus den Charakter einer Gesamttätigkeit, kannten aber noch keine standesübergreifende, freie Mitwirkung der Einzelnen. Die professionellen Einzeltätigkeiten in der bürgerlichen Gesellschaft erkennen hingegen die Freiheiten einer allgemeinen Rechtsmündigkeit an, ohne jedoch bildungstheoretisch legitimierte Orte menschlicher Gesamttätigkeit zu sein.

Beide Schwierigkeiten – die erziehungstheoretische Forderung nach einem allmählichen Verschwinden der pädagogischen Praxis in der „Mitgesamttätigkeit" und die bildungstheoretische Frage nach dem Vermittlungszusammenhang der menschlichen Gesamtpraxis – kennzeichnen die veränderte Problem- und Aufgabenstellung des pädagogischen Handelns in seiner dritten Dimension. Die pädagogische Praxis findet heute ihr Ende weder in einer Einführung in Lebenszusammenhänge, in denen Arbeit, Sitte, Pädagogik, Politik, Kunst und Religion zu einer Gesamttätigkeit verbunden sind, noch in der Qualifizierung der Heranwachsenden für einen oder mehrere bürgerliche Berufe. Die „Mitgesamttätigkeit", nach der schon Schleiermacher fragte, geht in dem einen ebenso wenig auf wie in dem anderen.

Was unter der aufgegebenen Mitwirkung der Heranwachsenden an der menschlichen Gesamtpraxis zu verstehen ist, lässt sich heute weder innerhalb der spezialisierten Berufe noch außerhalb derselben adäquat bestimmen. Innerhalb der einzelnen Berufe ist eine angemessene Verortung und Institutionalisierung der Gesamttätigkeit nicht möglich, weil die vorbürgerliche Einheit von Arbeit, Sitte, Pädagogik, Politik, Kunst und Religion endgültig verloren ist. Außerhalb jeglicher Berufstätigkeit ist sie nicht möglich, weil eine bildungstheoretisch legitime Ausrichtung der menschlichen Gesamtpraxis verlangte, dass die Berufe nicht nur spezialisiert, sondern zugleich als Teil der menschlichen Gesamtpraxis ausgeübt werden. Dies aber setzte eine Teilung der Arbeit voraus, die nicht vorrangig ökonomischen Perspektiven folgt, sondern schon in den einzelnen Berufen möglichst vielseitige Tätigkeiten zulässt.

„Mitgesamttätigkeit" ist heute nur im Rahmen eines weit gefassten Verständnisses von bürgerlicher Öffentlichkeit möglich. In erziehungs- und bildungstheoretischer Hinsicht muss diese zwei Voraussetzungen erfüllen. Sie muss zum einen eine generationenübergreifende Öffentlichkeit sein, an der die Heranwachsenden schrittweise partizipieren können, und zum anderen allen Bereichen der menschlichen Gesamtpraxis Gehör verschaffen, ohne einem von ihnen einen Primat vor den anderen einzuräumen. Ökonomische, ethische, pädagogische, politische, ästhetische und religiöse Fragen können nur in Anerkennung der Idee eines nicht-hierarchischen Ordnungszusammenhangs der menschlichen Gesamtpraxis gleichgewichtig erörtert werden.

Es kann nicht Aufgabe einer Allgemeinen Pädagogik sein, Umrisse einer nicht-affirmativen Kultur zu entwerfen, die alle Bereiche der menschlichen Gesamtpraxis, ohne diese auf professionelle Einzeltätigkeiten zu verkürzen, als gleichbedeutsam gewichtete, Konflikte zwischen ihnen nicht leugnete und auf Absolutheitsansprüche und Vormachtstellungen einzelner Praxisbereiche verzichtete. Als Bildungsideal wäre ein solcher Entwurf für die dritte Dimension pädagogischer Praxis ohnedies nicht hilfreich.[112] Um Heranwachsende an der menschlichen Gesamtpraxis schrittweise so zu beteiligen, dass sich ihre durch erziehenden Unterricht erweiterte Urteilskompetenz im Handeln bewähren kann, reicht die Idee einer öffentlichen Kommunikation nicht aus. Hierzu ist vielmehr „eine gewissen Öffentlichkeit des Lebens“[113] erforderlich, in die Heranwachsende eintreten und in der sie an der menschlichen Gesamtpraxis mitwirken können.

Statt die Idee öffentlicher Kommunikation zu einer Heilslehre zu erheben und die Heranwachsenden womöglich handlungsunfähig innerhalb der vorgegebenen Grenzen professioneller Einzeltätigkeiten zu machen, kommt es darauf an, sie in die vorhandenen Formen öffentlicher Kommunikation einzuführen und diese durch ihre Beteiligung zu erweitern. Eine idealen Anforderungen genügende bürgerliche Öffentlichkeit lässt sich zum Zwecke des pädagogischen Handelns nicht einfach erfinden. Daher gilt es, die vorhandenen Möglichkeiten so zu nutzen, dass Heranwachsende durch Partizipation an ihnen individuell und gesellschaftlich handeln lernen. Sorge dafür zu tragen, dass die schon vorhandene Öffentlichkeit erhalten bleibt und die in ihr sich bietenden Möglichkeiten zu öffentlicher Kommunikation erweitert werden, ist die auf die Befähigung zu individuellem und gesellschaftlichem Handeln gerichtete gesellschaftliche Aufgabe der dritten Dimension pädagogischer Praxis.

---

112 Bestimmt man Bildung mit Humboldt als freie Wechselwirkung von Mensch und Welt, so muss zwischen Bildungsidee und Bildungsideal unterschieden werden, denn für diese Idee der Bildung kann es schlechterdings kein positives Ideal geben.

113 J. F. Herbart: Allgemeine Pädagogik, a. a. O., S. 118; Ders.: Systematische Pädagogik. Band 1, a. a. O., S. 130; siehe auch Band 2, a. a. O., S. 103 ff.

5.3.3 *Voraussetzungen der pädagogischen Praxis im Übergang zur menschlichen Gesamtpraxis: Handeln als Prinzip der Menschwerdung des Menschen*

Mit den folgenden Überlegungen kehrt der in dieser Abhandlung entwickelte pädagogische Grundgedanke an seinen Anfang zurück. Was Schleiermacher unter der „Mitgesamttätigkeit“ verstand, in die es die pädagogische Praxis aufzuheben und auf die es die Heranwachsenden vorzubereiten gilt, wurde zu Beginn dieser Untersuchung in Ausführungen zum Begriff menschlicher Praxis und deren Ausdifferenzierung in unterschiedliche Handlungssphären genauer bestimmt. Unter den ausdifferenzierten Formen menschlicher Praxis wurde dabei weder das von den alten Griechen unter Vernachlässigung der Sphäre der Arbeit als Praxis bezeichnete ethische und politische Handeln noch die Vielfalt der in permanentem Wandel begriffenen bürgerlichen Berufe, sondern eine praxisphilosophische und bildungstheoretische Unterscheidung jener geschichtlich sich wandelnden Grundformen menschlicher Tätigkeit verstanden, durch die sich die Menschheit, solange wir auf sie zurückblicken können, entwickelt und erhält. Zu diesen gehören, ohne dass mit dieser Aufzählung ein Anspruch auf Vollständigkeit im Sinne einer perennen Systematik erhoben würde, die nicht auseinander ableitbaren oder aufeinander zurückzuführenden Tätigkeiten der Arbeit, der Ethik, der Pädagogik, der Politik, der Kunst und der Religion.

Aufgabe der dritten Dimension pädagogischer Praxis ist es, Heranwachsende auf eine Mitwirkung an der menschlichen Gesamtpraxis vorzubereiten, damit sie in dieser aus eigener Einsicht und selbstverantwortlich ökonomisch, ethisch, pädagogisch, politisch, ästhetisch und religiös tätig werden können. Das im Übergang zur menschlichen Gesamtpraxis anzustrebende Ende der pädagogischen Interaktion ist somit keineswegs das Ende der pädagogischen Praxis schlechthin, sondern nur das Ende der Erziehung. Die der Erziehung nicht mehr Bedürfenden sollen ja nicht nur in den nicht-pädagogischen Handlungsbereichen, sondern auch pädagogisch tätig werden und ihr Handeln im Hinblick auf seine Bedeutung für die ihnen nachwachsende Generation reflektieren.

Die Aufhebung der pädagogischen Praxis in eine selbstverantwortete Mitwirkung ihrer Klientel an der menschlichen Gesamtpraxis steht nicht bloß am Ende der Erziehung, sondern ist für den gesamten Bildungsprozess konstitutiv. Heranwachsende wirken an der menschlichen Gesamtpraxis keineswegs erst von dem Zeitpunkt an mit, zu dem sie das staatlich festgesetzte Alter der Rechtsmündigkeit erlangen, sondern beginnen weitaus früher selbstverantwortlich zu handeln. Darum kann die pädagogische Praxis angemessen nicht als eine plötzlich endende gedacht, sondern nur als eine allmählich sich aufhebende Praxis konzipiert werden. In ihrer dritten Dimension soll sie ihr Ende immer dann finden, wenn die ihrer regierenden Gegenwirkung und unterstützenden Hilfe Bedürftigen beginnen, aus eigener Einsicht in einer oder mehreren Sphären der menschlichen Gesamtpraxis tätig zu werden.

Das Ende des pädagogischen Handelns in seiner dritten Dimension unterscheidet sich vom Ende der unterrichtlichen Dimension pädagogischen Handelns dadurch, dass es bei ihm weder um ein Etwas-Wissen noch um ein Sich-Wissen, sondern um ein Selbst- und Weltverhältnis geht, das über die Sphäre des Wissens hinausführt und in die Felder des mit- und selbstverantworteten Handelns eingreift. Abschließend sollen einige Bedingungen und Voraussetzungen für eine gelingende Aufhebung der pädagogischen Praxis in intergenerationelles Handeln geklärt werden. Dabei wird wieder zwischen erziehungs-, bildungs- und institutionentheoretischen Problemstellungen unterschieden, von denen her sich die methodischen Einwirkungsmöglichkeiten, inhaltlichen Aufgaben und institutionellen Voraussetzungen einer gelingen Selbstaufhebung genauer identifizieren lassen.

In methodischer Hinsicht zeichnet sich die pädagogische Praxis im Übergang durch zweierlei aus. Sie gründet ihre Wirkungsmöglichkeiten nicht mehr auf erziehenden Unterricht, sondern auf Einflussnahmen, die das Handeln der Heranwachsenden zum Gegenstand haben. Während es im Unterricht immer um ein Drittes geht, das in den Reihen der Erkenntnis und der Teilnahme als Wissen angeeignet und als Einsicht gewonnen werden soll, beziehen sich Aufforderungen zur Selbsttätigkeit, die das Handeln Heranwachsender zu beeinflussen suchen, auf Selbst- und Weltverhältnisse im Handeln. In diesen gibt es nicht mehr Lehrende im Sinne des erziehenden Unterrichts, sondern interagieren Handelnde, die sich in konkreten Situationen zu ihrem schon erworbenen Wissen verhalten, indem sie ihren Einsichten handelnd folgen oder nicht.[114]

Im Hinblick auf solche Selbst- und Weltverhältnisse versagen alle bisher vorgestellten regierenden und unterrichtlichen Wirkungsmöglichkeiten. Versuchte pädagogische Praxis, Heranwachsende beim Übergang in mit- und selbstverantwortetes Handeln weiterhin zu regieren, so negierte sie diese, statt sie zum Handeln aufzufordern, als handelnde Wesen. Versuchte sie hingegen, Heranwachsende, die handeln wollen, weiterhin durch Unterricht zu erziehen, so forderte sie diese nicht zum Handeln gemäß eigener Einsicht auf, sondern hinderte sie an einem solchen Handeln. Regierung und

114 A. Petzelt hat in seinen „Grundzügen systematischer Pädagogik“ zwischen drei pädagogisch relevanten Aktivitätsformen unterschieden, dem Possesivverhältnis des Schülers zum Wissen, dem Selbstverhältnis des Zöglings zu seinen Haltungen und dem Selbstverhältnis des Subjekts, das über das Verhältnis von Wissen und Haltung befindet. Siehe hierzu A. Petzelt: Grundzüge systematischer Pädagogik. Freiburg ³1964; Zur Würdigung und Kritik der Systematischen Pädagogik Petzelts vgl. D. Benner: Hauptströmungen der Erziehungswissenschaft, a. a. O., S. 226 ff.; siehe ferner Ders.: Transzendentalphilosophische Kritik, pädagogische Theorie und weltbürgerliche Praxis, a. a. O., S. 38 ff.

Unterricht verfehlten darum die von der pädagogischen Praxis in ihrer dritten Dimension zu ergreifenden Wirkungsmöglichkeiten. Auf das handelnde Selbst- und Weltverhältnis lässt sich angemessen nur Einfluss nehmen, wenn bedacht wird, dass es hier um Einwirkungen auf den Motivationshorizont der Heranwachsenden geht, der sich vermittelt über die zurückliegenden Handlungen gebildet hat und im gegenwärtigen und künftigen Handeln weiterentwickeln wird.

Erziehender Unterricht vermag zwar auf den Motivationshorizont – die Erfahrungen und den Umgang der Lernenden erweiternd – einzuwirken; er kann jedoch nicht das auf Handeln gerichtete und über Handeln vermittelte Selbstverhältnis der Heranwachsenden zu ihrem Motivationshorizont verändern. Denn dieses ist nicht ein solches des Wissens oder Nicht-Wissens, sondern ein solches des Sich-Verhaltens zu sich selbst und zu anderen. Auf dieses Selbstverhältnis lässt sich angemessen nur einwirken, wenn in methodischer Hinsicht berücksichtigt wird, dass die hier allein erlaubten Einwirkungen solche einer Verständigung im Handeln sind. Der pädagogisch Handelnde ist hier nicht Lehrer, der um das, was der Lernende sich aneignen soll, schon weiß, sondern selbst ein Handelnder, der, wie der Heranwachsende auch, vor der Aufgabe steht, sich im Handeln mit anderen zu verständigen.

Von der Verständigung im Handeln, wie sie unter Erwachsenen stattfindet, unterscheidet sich die pädagogische Verständigung, indem sie in methodischer Hinsicht ihre besondere Aufmerksamkeit auf die über das Handeln vermittelten Entwicklung des Motivationshorizontes richtet. Mit der Verständigung im Handeln, wie sie außerhalb pädagogischer Situationen anzustreben ist, verbindet die pädagogische Verständigung, dass auch in ihr die Beurteilung der Motive und die Entscheidung zum Handeln allein vom Handelnden selbst vorgenommen und getroffen werden kann. Darum lautet die methodische Grundfrage der dritten Dimension pädagogischen Handelns nicht, wie können wir andere beeinflussen, das zu tun, was wir als das Richtige erkannt haben, sondern: „Wie soll das Handeln nach eigenem Sinn beschränkt und ermuntert werden?“[115]

Im dritten Buch seiner Allgemeinen Pädagogik hat Herbart zwischen vier individuellen Formen und Techniken einer solchen Verständigung unterschieden, die sich alle auf das Selbstverhältnis des Handelnden zum eigenen Motivationshorizont und die Genese dieses Selbstverhältnisses beziehen. Der Motivationshorizont kann beurteilt werden im Rückblick auf ver-

115 J. F. Herbart: Allgemeine Pädagogik, a. a. O., S. 133; siehe auch J. F. Herbart: Systematische Pädagogik. Band 1, a. a. O., S. 142. Zur Unverzichtbarkeit einer solchen Urteilsbildung unter bürgergesellschaftlichen Bedingungen, besonders aber unter den Bedingungen einer Diktatur, siehe H. Arendt: Nach Auschwitz. Essays und Kommentare 1, hrsg. von E. Geisel und K. Bittermann. Berlin 1989, S. 81-97, S. 93 ff.

gangene Handlungen und im Hinblick auf die über sie vermittelten Handlungsprädispositionen, er kann ferner beurteilt werden im Vorblick auf künftiges Handeln und die von diesem ausgehenden Folgen. In der Dialektik von Rückblick auf die Genese des Motivationshorizontes und Vorblick auf seine Weiterentwicklung ist ein Begriff der Entwicklung praktischer Handlungskompetenz begründet, der das Handeln als Prinzip der Menschwerdung des Menschen begreift.[116] Was hierunter zu verstehen ist, lässt sich unter Bezugnahme auf die Leiblichkeit, Freiheit, Geschichtlichkeit und Sprachlichkeit menschlicher Praxis näher bestimmen.

Leiblich ist der Motivationshorizont im Handeln insofern, als das vergangene Wollen und Nicht-Wollen sowie das aus ihm hervorgegangene Können und Nicht-Können im Leib als dem Organ menschlicher Praxis präsent sind. Frei ist dieser insofern, als er nicht in dem Sinne erlernt wird, wie Weltinhalte angeeignet werden, sondern im Handeln entstanden ist. Geschichtlich ist er, insofern er nicht nur über das Handeln vermittelt ist, sondern auch nur durch Handeln verändert und weiterentwickelt werden kann. Sprachlich ist er, insofern die Genese des Motivationshorizontes erinnert, beurteilt und durch Beratung beeinflusst werden kann.

Vier Formen/Stufen der Erziehung im Übergang
zu selbstverantwortetem Handeln

Richtung des Fragens und Zeigens	*Urteilsformen*	*Erziehungsmaßnahmen*
(1) Rückblick auf vergangenes Handeln / Reflexion negativer Erfahrungen	Gedächtnis des Willens / sittliche Beurteilung	Haltende Erziehung
(2) Beurteilung des schon erworbenen Motivationshorizontes	Disposition zur Wahl einer Handlung / Wärme fürs Gute	Bestimmende Erziehung
(3) Vorblick auf künftiges Handeln / Entwurf konkreter Handlungen	Grundsätze zur Beurteilung von Entschließungen	Regelnde Erziehung
(4) Beurteilung konkreter Willensstrebungen	Kampf und Selbstnötigung	Unterstützende Erziehung

116 Vgl. J. F. Herbart: Allgemeine Pädagogik, a. a. O., S. 135 ff.; siehe auch J. F. Herbart: Systematische Pädagogik. Band 1, a. a. O., S. 143 ff. Die Begriffe einer haltenden, bestimmenden, regelnden und unterstützenden „Zucht", die Herbart nicht aus dem Wort „Züchtigung", sondern aus den Wörtern „Ziehen" und „Erziehung" ableitet, werden im Folgenden, um Missverständnisse zu vermeiden, als Formen Stufen der dritten Dimension der „Erziehung" vorgestellt.

Im Rückblick auf vergangene Handlungen geht es in der pädagogischen Verständigung nicht darum, den Heranwachsenden eine bestimmte Beurteilung ihres Charakters vorzuschreiben, sondern darum, sie dazu aufzufordern, sich ihr früheres Wollen und die Folgen ihres bisherigen Handelns im „Gedächtnis des Willens“ zu vergegenwärtigen und beides in einer „sittlichen Beurteilung“ zu prüfen. Solche Verständigung nennt Herbart „haltende“ Erziehung. Ein heteronomes Urteil ist ebenso wenig im Hinblick auf jene Dispositionen angezeigt, die im schon erworbenen Motivationshorizont für weiteres Handeln angelegt sind. Was diese betrifft, kommt es darauf an, Heranwachsende dazu aufzufordern, die in ihrem Motivationshorizont vorgegebenen Wahlmöglichkeiten mit einer „Wärme fürs Gute“ zu beurteilen. Die Verständigung hierüber nennt Herbart „bestimmende“ Erziehung. In ihr werden Heranwachsende zu einer Selbstbeurteilung angehalten, in der sie Subjekt und Objekt ihrer Selbstbestimmung sind. Auch im Vorblick auf künftiges Handeln trifft die pädagogische Verständigung die Entscheidung über das, was getan wird, nicht stellvertretend. Vielmehr fordert sie die Heranwachsenden dazu auf, ihre Handlungsentwürfe vor sich selbst und anderen nach „Grundsätzen“ zu legitimieren, die von den von ihrem Tun Betroffenen geteilt werden könnte. Solche Verständigung nennt Herbart, weil sie universalen Maximen folgt, „regelnde“ Erziehung. Im Übergang zum Handeln schließlich hebt sich die pädagogische Praxis als Verständigung im Handeln auf, indem sie nicht nur toleriert, dass die Handelnden ihren Handlungsentwurf in der Form einer Beurteilung ihrer konkreten Willensstrebungen selbst wählen und gegebenenfalls durch „Kampf“ und „Selbstnötigung“ umsetzen, sondern die so getroffene Wahl auch akzeptiert. Diese letzte Stufe nennt Herbart „unterstützende“ Erziehung.[117]

Den vier Formen und Stufen der Beratung ist gemeinsam, dass sie die Verantwortlichkeit der Heranwachsenden für ihr Handeln anerkennen und auf jede Form von Gewalt verzichten. Den Rückblick auf Vergangenes suchen sie mit dem Vorblick auf künftiges Handeln so zu verbinden, dass Heranwachsende schrittweise von den Maßnahmen einer haltenden, bestimmenden, regelnden und unterstützenden Zucht unabhängig werden und die Freiheit gewinnen, sich ohne pädagogische Unterstützung mit sich selbst und anderen zu verständigen.

Wäre die pädagogische Praxis in ihrer Verständigungsdimension nur durch die vier Stufen ihrer methodischen Grundstruktur bestimmt und würde die Beachtung des Selbstverhältnisses der Heranwachsenden in ihrem Handeln unter Abstraktion von jeglicher inhaltlichen Analyse des Motivationshorizonts zur Aufgabe der dritten Dimension pädagogischen Handelns erhoben, so wäre ihr Verhältnis zur menschlichen Gesamtpraxis letztlich ein äußerli-

117 Vgl. hierzu J. F. Herbart: Allgemeine Pädagogik, a. a. O., S. 132 ff.; Ders.: Systematische Pädagogik. Band 1, a. a. O., S. 142ff.; vgl. auch Band 2, a. a. O., S. 106 ff.; siehe ferner D. Benner: Die Pädagogik Herbarts, a. a. O., S. 119 ff.

ches. Dass die pädagogische Praxis im Übergang zu gemeinsamem Handeln in eine leere Beratungspraxis abgleitet und auf eine bloße Hilfe zur Selbsthilfe verkürzt wird, lässt sich durch die Beachtung der thematischen Grundstruktur der aufgegebenen Verständigung im Handeln vermeiden.

Während sich die methodische Grundstruktur der beratenden Dimension pädagogischen Handelns ganz im Sinne des erziehungstheoretischen Postulats methodischer Offenheit auf das Selbstverhältnis des Heranwachsenden zum eigenen Motivationshorizont gründet, richtet sich die thematische Grundstruktur der inhaltlichen Analyse des Motivationshorizontes an bildungstheoretischen Problemstellungen aus. Die Heranwachsenden sollen sich im Übergang zu selbstverantwortetem Handeln nicht nur ihres Selbstverhältnisses zum eigenen Motivationshorizont vergewissern, sondern sich in ihrem Bildungsprozess zugleich einen Motivationshorizont aneignen, der es ihnen erlaubt, in allen Bereichen der menschlichen Gesamtpraxis tätig zu werden. In thematischer Hinsicht zielt die pädagogische Verständigung im Handeln darauf, dass sich in den Heranwachsenden vermittelt über deren eigenes Handeln ein Motivationshorizont entwickle, in dem ökonomische, pädagogische, ethische, politische, ästhetische und religiöse Fragen weder unter dem Primat eines einzigen Gewissensbereichs entschieden noch unvermittelt nebeneinander stehenden Gewissensbereichen zugeordnet werden. Die Universalisierung eines Gewissenshorizontes zum Gesamtgewissen wäre nicht minder abwegig als eine Aufteilung der menschlichen Verantwortung in regionalisierte Verantwortungsbereiche. In dem einen Fall würde die Ausdifferenzierung der menschlichen Gesamtpraxis und die Idee einer nicht-hierarchischen Verhältnisbestimmung von Arbeit, Sitte, Pädagogik, Politik, Kunst und Religion missachtet; in dem anderen Fall löste sich der Motivationshorizont in unvermittelt nebeneinander stehende Teilgewissen auf.

Erziehender Unterricht kann dazu beitragen, dass weder eine Seite des Motivationshorizontes zum Gesamthorizont des Handelns erhoben noch dieser in funktional nebeneinander stehende Motivationsbereiche aufgelöst wird. Heranwachsende können einen Gedankenkreis entwickeln, der sie zur Mitwirkung an der menschlichen Gesamtpraxis befähigt, wenn erziehender Unterricht ihre Welterfahrung und ihren zwischenmenschlichen Umgang erweitert, in die Unterscheidungen und Vermittlungsprobleme zwischen umgänglich-lebensweltlichen und szientifischen Wissensformen einführt und dabei im Bereich des wissenschaftlichen Unterrichts die sechs Ebenen einer bildenden Interpretation neuzeitlicher Wissenschaft berücksichtigt. Ein solcher Unterricht führt jedoch nur zu einer Vielseitigkeit des Interesses, nicht aber zur Vielseitigkeit im Handeln. Diese kann nur im Handeln selbst entstehen und erworben werden. Hierzu müssen Heranwachsende einen Motivationshorizont entwickeln, der die Verständigung über Abstimmungsprobleme im Handeln am Postulat thematischer Offenheit und an der Idee einer nicht-hierarchischen Verhältnisbestimmung der ausdifferenzierten Formen der menschlichen Gesamtpraxis ausrichtet. Ein solcher Motivationshorizont gewinnt seine Substanz aus dem Interesse, die sich in einem Bereich der menschlichen Gesamtpraxis jeweils stellenden Fragen immer auch unter Berücksichtigung der sich von den anderen Handlungsbereichen her ergebenden Aufgaben und Problemen zu reflektieren. Die pädagogische Verständigung über Fragen des praktischen Handelns muss darum in thematischer Hinsicht stets eine doppelte sein. Sie muss zu verhindern suchen, dass im Motivationshorizont der Heranwachsenden ein Bereich der menschlichen Gesamtpraxis alle anderen dominiert, und sie muss unterstützen, dass sich in den Heranwachsenden eine individuelle Eigentümlichkeit ausbildet, die durch ein Interesse an der menschlichen Gesamtpraxis bestimmt ist.

Aus eigener Kraft ist kein Bereich der ausdifferenzierten menschlichen Praxis davor gefeit, zu pervertieren und eine dominante Rolle im Motivationshorizont eines Menschen einzunehmen. Reduziert sich dieser zum Beispiel auf denjenigen der Arbeit, so entwickelt sich in den Heranwachsenden eine Identität, die ausschließlich durch das Interesse bestimmt ist, möglichst viel zu erwerben und zu besitzen. Alsdann verkümmern alle anderen Praxisbereiche ebenso, wie wenn im Motivationshorizont religiöse oder politische Handlungsinteressen dominieren und Heranwachsende Freundschaftsbeziehungen nur mit solchen Personen eingehen können, die derselben Konfession angehören oder dieselbe politische Auffassung vertreten. Solche Einseitigkeiten im Handeln hat Herbart eine „Geisteskrankheit" genannt, deren Entstehung die pädagogische Praxis nur durch die Weckung eines vielseitigen Interesses und die Förderung einer öffentlichen, an den Problemhorizonten der menschlichen Gesamtpraxis ausgerichteten Kommunikation entgegenwirken kann.[118]

Dies verweist auf eine weitere Voraussetzung für das Gelingen der Erziehung im Übergang zur menschlichen Gesamtpraxis. Zur methodischen Beachtung des Selbstverhältnisses der Heranwachsenden im eigenen Motivationshorizont und zur thematischen Ausrichtung pädagogischer Verständigung an einem der menschlichen Gesamtpraxis verpflichteten Interesse muss als dritte Voraussetzung diejenige hinzukommen, dass sich die pädagogische Praxis auch tatsächlich in intergenerationelles Handeln aufheben kann. Die Sorge hierfür kann kein Einzelner auf sich nehmen. Die Möglichkeit zu öffentlicher Kommunikation und zur schrittweisen Mitwirkung an der menschlichen Gesamtpraxis muss vielmehr im gesellschaftlichen Leben selbst gegeben sein. Dieses muss zulassen, dass schon Kinder in einer ihrem Alter und ihren Einsichten angemessenen Art und Weise untereinander und mit Erwachsenen selbsttätig handeln.

---

118 Vgl. J. F. Herbart: Allgemeine Pädagogik, a. a. O., S. 145; Ders.: Systematische Pädagogik. Band 1, a. a. O., S. 151; siehe auch Band 2, a. a. O., S. 110 ff., sowie D. Benner: Die Pädagogik Herbarts, a. a. O., S. 127 ff.

Zu einer solchen Praxiskultur kann die pädagogische Praxis nur dann einen angemessenen Beitrag leisten, wenn sie in ihren drei Dimensionen der Kinderregierung, des erziehenden Unterrichts und der Verständigung im Übergang zu gemeinsamem Handeln nur einen Teil der Lebenszeit von Kindern und Jugendlichen ausfüllt. Um nicht selbst zu pervertieren, muss sie ihr Ende immer schon im gegenwärtigen Zusammenleben der Menschen finden. Überall dort, wo Heranwachsende selbst denken und handeln, befinden sie sich nicht mehr in pädagogischen Situationen, sondern in Situationen der menschlichen Gesamtpraxis, an der die pädagogische Praxis nur als eine sich in sie aufhebende Praxisform angemessen Anteil haben kann. Das Postulat einer institutionellen Offenheit kann innerhalb pädagogischer Situationen nur anerkannt werden, wenn es zugleich außerhalb pädagogischer Institutionen im Zusammenleben der Menschen Beachtung findet. Innerhalb pädagogischer Institutionen ist dies nur möglich, wenn die Zeit, die Kinder und Jugendliche in diesen verbringen, nicht ausschließlich durch regierende und unterrichtliche Maßnahmen ausgefüllt ist, sondern auch Räume für eigenes Nachdenken und eine Verständigung im Handeln einschließt. Das individuelle und gemeinsame Handeln kann freilich nur zu einem geringen Teil ein solches innerhalb pädagogischer Institutionen sein. Seine eigentliche Bewährung findet es nicht in innerschulischen Handlungsräumen, sondern in der jenseits der Schule sich vollziehenden intergenerationellen Praxis.

Der Zumutung und Versuchung, auch hierfür Sorge zu übernehmen, muss sich die pädagogische Praxis um ihrer selbst willen und angesichts der Aufgaben, die ihr im Rahmen der menschlichen Gesamtpraxis zukommen, widersetzen. Verantwortung für die menschliche Gesamtpraxis zu übernehmen, steht ihr ebensowenig wie einer der anderen Formen menschlichen Handelns zu. Ihr Beitrag zur Förderung der menschlichen Gesamtpraxis ist auf die drei Sphären einer an uneinsichtigem Handeln hindernden negativen pädagogischen Gewalt, eines Erfahrung und Umgang erweiternden erziehenden Unterrichts sowie der Sorge um eine Selbstaufhebung pädagogischen Handelns in selbst- und mitverantwortetes Handeln der Heranwachsenden begrenzt. Um seiner selbst willen darf pädagogisches Handeln diesen Aufgabenhorizont weder unter- noch überschreiten.

In institutionentheoretischer Hinsicht ist der Erfolg des pädagogischen Handelns in seiner dritter Dimension jedoch daran zurückgebunden, dass es Partizipationsmöglichkeiten an allen Praxisformen auch faktisch im gesellschaftlichen und geselligen Zusammenleben und Interagieren der Menschen gibt. Die individuellen Möglichkeiten einer haltenden, bestimmenden, regelnden und unterstützenden Erziehung beziehen sich auf Übergänge der Erziehung in Arbeit, Ethik, Politik, Kunst und Religion. Sie setzen, so gesehen, die Existenz der ausdifferenzierten Praxisbereiche als gesellschaftlich gegeben voraus. An ihrer Tradierung und Weiterentwicklung kann daher Erziehung nur mitwirken, wenn entsprechende Partizipationsmöglichkeiten institutionell gegeben und abgesichert sind.

Die Tradierungsprobleme, von denen abschließend die Rede sein soll, beziehen sich insbesondere auf Praxisfelder und Kulturbereiche, die nicht nur auf eine Tradierung durch schulischen Unterricht angewiesen sind, sondern die pädagogische Praxis gerade in ihrer dritten Dimension vor neuartige Aufgaben stellen.[119] Diese lassen sich näher beschreiben, wenn man drei Formen der Aufgaben und Möglichkeiten von Tradierung unterscheidet.

Traditionale Gesellschaften kommen ohne eine spezifisch pädagogisch vermittelten Tradierung aus. Tradition ist in ihnen weitgehend gleichbedeutend mit Brauch. Die Bräuche und Sitten tradieren sich im Zusammenleben der Menschen gleichsam von selbst. Aus eigener Kraft sichern sie eine Kontinuität zwischen Vergangenem, Gegenwärtigem und Zukünftigem, die sich in Formen des mündlichen Sprachgebrauchs und im Zirkel einer vorfindlichen Praxis einstellt, die noch nicht über die Schrift vermittelt sein muss.[120] Keine Gesellschaft kommt ohne solche Formen der Tradierung aus. In Lernprozessen, wie sie der Bildung der Sinne oder der Aneignung einer Muttersprache zugrunde liegen, sind sie auch heute noch wirksam.

Zur Tradierung im praktischen Zirkel treten in Gesellschaften mit ausdifferenzierten Teilsystemen Formen einer Kontinuitätsstiftung und -sicherung, die über schulische Institutionen und professionalisierte Lehr-Lernprozesse vermittelt sind. Sie vollziehen sich nicht in einer Einheit von Leben und Lernen, sondern müssen künstlich arrangiert werden. Schulen wie Museen führen in Zusammenhänge ein, die im gesellschaftlichen Leben nicht von selbst bewusst gehalten werden, sondern einer künstlichen Erinnerung und Aneignung bedürfen. Zu den Sachverhalten, die nur so erlernt werden können, gehört seit ihren Anfängen die Schrift. Sie wird nicht durch den unmittelbaren Gebrauch von nachwachsenden Generationen angeeignet, sondern durch eine spezifischen Unterweisung vermittelt, die dem Gebrauch der Schriftzeichen vorausgeht.

Zur Tradierung im praktischen Zirkel und zur künstlichen Tradierung treten heute Problemstellungen einer dritten Tradierung hinzu. Diese führt nachwachsende Generationen nicht nur in Reflexionen, Wissensformen, Kulturtechniken und Praktiken ein, die im unmittelbaren Zusammenleben der Menschen nicht weitergegeben werden, sondern ist zugleich auf Traditionsbrüche zurückbezogen, die im Leben eines Teils der erwachsenen Generationen wirksam sind. Von Prozessen künstlicher Tradierung unterschei-

---

119 Vgl hierzu W. Mack: Bildung und Bewältigung. Vorarbeiten zu einer Pädagogik der Jugendschule. Weinheim und Basel 1999; F. Hamburger: Sozialpädagogische Bildungsforschung. In: H. Merkens (Hrsg.): Erziehungswissenschaft und Bildungsforschung. Wiesbaden 2006, S. 55-68.

120 Vgl. hierzu die Ausführungen zur Erziehung im praktischen Zirkel in D. Benner: Hauptströmungen der Erziehungswissenschaft. A. a. O., S. 15 ff. Siehe zum Folgenden D. Benner: Erziehung und Tradierung. Grundprobleme einer innovatorischen Theorie und Praxis der Überlieferung. In: Ders.: Bildungstheorie und Bildungsforschung. Paderborn 2008, S. 76-94.

den sich neuere Anstrengungen um eine Tradierung im Kontext unterbrochener Tradierung dadurch, dass sie auf Lehr-Lern- und Bildungsprozesse angewiesen sind, die nicht nur die nachwachsende Generation, sondern auch Teile der Erwachsenengeneration zum Adressaten haben. Unter den Bedingungen unterbrochener Tradierung gilt es neue Formen einer künstlichen Tradierung zu entwickeln, mit denen in moderne Gesellschaften zurückgeholt werden kann, was im intergenerationellen kommunikativen Gedächtnis der Menschen bereits teilweise verloren ist und im kulturellen Gedächtnis dauerhaft verloren zu gehen droht.[121] Probleme und Aufgaben dieser Art lassen sich in den meisten modernen Industriegesellschaften in mindestens vier Bereichen beobachten: im Bereich des Politiksystems und der politischen Praxis, im Bereich des Beschäftigungssystems und der Arbeit, im Bereich des Religionssystems und der religiösen Praxis sowie im Bereich des Erziehungssystems und der pädagogischen Praxis.

Was den Bereich der Politik betrifft, unterscheiden sich demokratische von vormodernen, nicht-demokratischen Herrschaftsordnungen u.a. dadurch, dass sie die Macht des Staates im Rekurs auf ein Staatsbürgerpublikum legitimieren, von dem alle Macht ausgehen soll. Parlamente und Regierungen können ihre Macht in Demokratien nicht aus einer eigenen Souveränität ableiten, sondern sind auf eine Delegation des politischen Willens durch das Staatsbürgerpublikums angewiesen. Dieses aber kann die Ausübung der politischen Praxis nur delegieren, wenn es dabei keinen vollständigen Verzicht auf seinen Anteil an Souveränität leistet. Da eine gewisse Arbeitsteilung nicht nur im Bereich des Ökonomischen, sondern auch zwischen den gesellschaftlichen Handlungsfeldern und Teilsystemen unverzichtbar ist, kann auch der Bereich der Politik hiervon nicht grundsätzlich ausgenommen werden. Die Delegation des politischen Willens darf aber nicht soweit gehen, dass die Mitwirkung der Bürger an politischen Entscheidungen auf Wahlen begrenzt wird. Eine Politik, die nur an der Erhaltung der Macht von Parteien und Interessengruppen interessiert ist, hat längst ihre Glaubwürdigkeit verloren. Sie verspricht den Bürgern Leistungen, die letztlich nicht von der Berufspolitik, sondern nur von den Bürgern selbst erbracht werden können. Das Bewusstsein hierfür aber lässt sich nur erhalten und schärfen, wenn die politische Praxis neben ihrer Professionalisierung in Parlamenten zugleich als eine partizipatorische Praxis der Bürger konzipiert wird.

Diese aber ist auf eine politische Bildung angewiesen, welche die Bürger dau befähigt, sich im politischen Meinungsstreit eine eigene Meinung zu bilden und an der Auseinandersetzung mit eigenen Stellungnahmen zu par-

121 Die sich hier stellende Aufgabe lässt sich als die einer Zurückholung von biographisch nicht Angeeignetem und kulturell teilweise Vergessenem ins „kulturelle Gedächtnis“ beschreiben. Sie betrifft heute auch das Religionssystem, das in Gesellschaften mit ausdifferenzierten Teilsystemen nicht stellvertretend für andere Bereiche ein kulturelles Gedächtnis auf Dauer stellen kann. Zu älteren Formationen siehe J. Assmann: Religion und kulturelles Gedächtnis. München 2000.

tizipieren. In Schulen kann politische Bildung nur angemessen institutionalisiert werden, wenn sie einem Pluralitäts- und Kontroversitätsgebot unterstellt wird, dass es der Erziehung untersagt, die politische Meinungs- und Urteilsbildung pädagogisch zu steuern und zu normieren Der Streit über politische Fragen darf nicht mit Mitteln der Erziehung entschieden werden.[122] Unter Beachtung der genannten Maximen können schulischer Erziehung und Unterweisung über die Vielfalt politischer Vorstellungen informieren und in einen reflektierenden Umgang mit diesen einführen, ohne den Meinungsstreit als solchen aufzulösen. Eine solche Erziehung wird sich nicht zu einer bestimmten Negation konkurrierender politischer Überzeugungen befugt halten und die Jugend auch nicht zu einem beliebigen Relativismus verführen, sondern auf die Kraft einer Reflexion setzen, die erst aus der Partizipation am politischen Leben jenseits der Erziehung erwächst.

Analoge Problemstellungen lassen sich für den Bereich der ökonomischen Bildung aufzeigen. Die Fähigkeit und die Bereitschaft, durch Mitwirkung an der ökonomischen Praxis die Güter für das eigene Leben zu sichern und zur Wohlversorgtheit der Gesellschaft insgesamt beizutragen, kann nur erlernt und tradiert werden, wenn die Arbeit als eine allgemein und individuell zugängliche Form menschlicher Praxis angesehen wird, von der nur Kinder, Kranke und Alte freizustellen sind. Eine Gesellschaft, welche die Bürger nicht mehr dazu verpflichtet, durch eigene Arbeit die Mittel für ihre Subsistenz zu sichern, und satt dessen Arbeit so verteilt, dass viele dieser Pflicht nicht nachkommen, zerstört die Voraussetzungen für eine ökonomisch gerechte Lebensordnung. Sie macht Einzelne dauerhaft von gesellschaftlichen Leistungen und Wohltaten abhängig und zwingt ihnen damit eine parasitäre Koexistenzform auf, durch die sie gehindert werden, ein selbständiges und von überflüssiger fremder Hilfe unabhängiges Leben zu führen. Zur Aufgabe der Bildung im Bereich der Arbeit gehört es daher, die Fähigkeit und Bereitschaft zu arbeiten gerade dort wieder zu wecken und einzuüben, wo diese durch arbeitsferne Lebensformen, die in Herkunftsfamilien oder bestimmten Regionen von Generation zu Generation quasi vererbt werden, verkümmert sind. Auch in diesem Bereich muss Erziehung Brüche in der kulturellen Tradierung bearbeiten, ohne eine bestimmte Negation aus eigener Kraft herbeiführen zu wollen, und die Aufgabe einer positiven Transformation in den ausdifferenzierten Bereichen der Gesellschaft, insbesondere im Beschäftigungssystem verorten.

Ein dritter Bereich unterbrochener Tradierung stellt für viele Menschen die Religion dar, die oft überhaupt nicht mehr oder nur zu Beginn und am Ende eines Menschenlebens in Anspruch genommen wird und vielerorts den Charakter einer intergenerationellen Praxis verloren hat. Auf Erwachsenengenerationen, die keine religiöse Umgangsformen mehr tradiert und prakti-

122 Siehe hierzu die Ausführungen von H. Arendt: Die Krise der Erziehung (1958). In: Dies.: Zwischen Vergangenheit und Zukunft. München 1994, S. 255-276.

ziert haben, sind inzwischen nachwachsende Generationen gefolgt, die in keinerlei Umgangsverhältnis zu religiösen Traditionen mehr stehen. Sie verfügen nicht mehr über eigene religiöse Erfahrungen und können Religion, selbst wenn sie dies wollten, nicht mehr überliefern.

Von den angesprochenen Problemen ist auch die Erziehung nicht ausgenommen. In Ein-Kind-Familien machen Heranwachsende – ungeachtet ihres oft verstärkt erfahrenen Angenommenseins durch Eltern und Verwandte – u. a. die Erfahrung, Adressaten der Erziehung, nicht aber „Miterzieher" jüngerer und älterer Geschwister zu sein. Parallel dazu haben Eltern nur mehr selten die Gelegenheit, pädagogische Erfahrungen im Umgang mit mehreren Kindern (Söhnen und Töchtern) zu erwerben und aus ihrer eigenen pädagogischen Praxis zu lernen. Wird zur Normalform der Erziehung, dass Eltern nur ein Kind aufziehen, so verliert die pädagogische Praxis auf Seiten der Erziehenden wie der Zu-Erziehenden die Möglichkeit, individuelle Erziehungsverläufe und Bildungsgänge zu vergleichen und differenziert zu reflektieren. Auch hier steht es der Pädagogik nicht zu, Eltern oder der Politik vorzuschreiben, wie eine perfekte Erziehung auszusehen hat. Wohl aber kann sie der fortschreitenden Verengung der individuellen Erziehungsverhältnisse durch die Stärkung einer öffentlichen Diskurskultur über Erziehungsfragen entgegenwirken und einen regen Austausch über pädagogische Erfahrungen und die komplexen Nebenwirkungen von Entwicklungen in den ausdifferenzierten Gesellschaftssystemen unterstützen.

Veränderungen im Verhältnis von Erziehung und Tradierung deuten sich in allen genannten Bereichen an. Sie stellen die Erziehung in ihrem Selbstverhältnis und in ihren Außenbeziehungen vor neuartige Aufgaben der Überlieferung. Von denjenigen einer Tradierung im Zirkel einer gelebten Praxis unterscheiden sich die neuen Aufgaben dadurch, dass es das durch Erziehung zu Tradierende in bestimmten Bereichen nicht mehr allgemein in den Formen eines intergenerationellen Umgangs und eigener lebensweltlicher Erfahrungen gibt. Die Fragen einer Tradierung im praktischen Zirkel und die Probleme einer verändernden Weitergabe von Traditionen gehen damit in Fragen und Problemstellungen einer innovatorischen Überlieferung über. Diese steht vor der Aufgabe, unterbrochene Traditionen neu zu erfinden und so zu konzeptualisieren, dass ihre Überlieferung wieder möglich wird. Eine in diesem Sinne innovatorische Tradierung rechnet nicht nur mit Traditionsbrüchen, sondern sieht sich zugleich mit der Tatsache konfrontiert, dass der Verlust von Traditionen inzwischen so weit fortgeschritten ist, dass er von vielen gar nicht mehr als Bruch erfahren und empfunden wird.

Die Erziehung steht damit vor der schwierigen Aufgabe, lebensweltliche Defizite zu kompensieren und bei Heranwachsenden *und* Erwachsenen fehlende Erfahrungen durch eine nachholende Sozialisierung zu ermöglichen. Hierfür geeignete Arrangements kann es im Raum der Erziehung nur geben, wenn sie an intergenerationelle Diskurse anschließen und wenn Übergänge aus pädagogischen in außerpädagogische Handlungsfelder gesichert sind. Zwar gehört die Induktion von Erfahrungen seit alters her zu den Aufgaben der Erziehung. Die traditionellen Mittel der Gewöhnung an eine vorgegebene Sitte, eines erziehenden Unterrichts, der Welterfahrung und zwischenmenschlichen Umgang erweitert, und einer Einführung in die verschiedenen Bereiche der gesellschaftlichen Praxis reichen heute jedoch zur Erfüllung dieser Aufgabe nicht mehr aus. Gewöhnen kann Erziehung nur an etwas, das in der Sitte selbst präsent ist. Würden Heranwachsende heute lediglich an die Üblichkeiten einer in vielen Bereichen unterbrochenen Tradierung gewöhnt, so leistete solche Gewohnheitsbildung selbst einen Beitrag dazu, dass das in der Sitte Fehlende vergessen bleibt.

Vergleichbares lässt sich auch von der unterrichtlichen Seite der Erziehung sagen. Erziehender Unterricht kann Erfahrung und Umgang nur erweitern, wenn er an alltägliche Welterfahrung und zwischenmenschlichen Umgang anschließbar ist. Wie aber kann Unterricht an in Bildungsgängen Fehlendes und in Umgang und Lebenswelt Verlorengegangenes anschlussfähig gemacht werden? Wie lässt sich in die intergenerationelle Praxis zurückholen, was in ihr selbst nicht mehr präsent ist?

Auf Fragen wie diese gaben Theoretiker der Pädagogik im ersten Drittel des 19. Jahrhunderts die optimistische Antwort, das in der Gesellschaft Fehlende könne durch innovatorische Formen der Erziehung induziert und durch einen bildenden Umgang der Generationen auf Dauer gestellt werden. Hierzu reichten jedoch weder die Mittel einer behütenden Erziehung, die die Heranwachsenden von Einflüssen der Gesellschaft fernhält, noch die Maßnahmen einer gegenwirkenden Erziehung aus, die das Entstehen unerwünschter Verhaltensweisen durch Strafen zu verhindern sucht. Erforderlich seien vielmehr Konzepte und Strategien einer unterstützenden Erziehung, die die Entstehung von Neuem bei der jüngere Generation so fördert, dass es im Leben der Heranwachsenden Gestalt gewinnt und von diesen aus Eingang in die Gesellschaft findet.[123]

Bei den durch Erziehung zu induzierenden Innovationen dachte Schleiermacher insbesondere an die Entwicklung gemeinsamer Lebensformen, durch die Standesschranken überwunden und allen Heranwachsenden freie Partizipationsmöglichkeiten in Staat, Kirche und geselligem Leben erschlossen werden. Eine in diesem Sinne unterstützende Erziehung kann es heute mit Blick auf die gefährdeten Praxisfelder von Arbeit und Politik, Erziehung und Religion nur geben, wenn die Partizipation an diesen nicht nur kulturkritisch eingeklagt oder im Sinne einer Rückkehr zu ältere Lebensformen postuliert, sondern auf mannigfaltige Weise neu induziert wird. Die Innovationen müssen in den Institutionen der Kinder- und Jugenderziehung und in den Einrichtungen der Erwachsenenbildung sowie in den ausdiffe-

123 Vgl. hierzu F. E. D. Schleiermacher: Theorie der Erziehung. A. a. O., S. 87 ff. und S. 136 ff.).

renzierten Praxisbereichen und gesellschaftlichen Teilsystemen parallel und gleichzeitig erfolgen sowie praxisnah organisiert werden. Sie können nur gelingen, wenn darum gewusst wird, dass sie sich auf die Erfindung und Sicherung von Lebensformen beziehen, die teilweise vergessen und deren Fortbestand individuell und gesellschaftlich gefährdet ist.

Die Aufgabe einer innovatorischen Erziehung im Kontext unterbrochener Tradierung kann nicht darin liegen, die nachwachsende Generation in Übereinstimmung mit verloren gegangenen Üblichkeiten zu bilden oder stellvertretend für die gesellschaftliche Praxis neue Üblichkeiten zu erfinden. In Zeiten, in denen sich Traditionsverluste nicht durch überwölbende Kontinuitätserfahrungen kompensieren lassen, ist vielmehr eine Erziehung angezeigt, die nicht an Üblichkeiten gewöhnt, sondern in Auseinandersetzung mit Üblichkeiten Fremdheitserfahrungen kultiviert, in denen geschichtlich Vergessenes auf neue Weise erinnert wird. Vielleicht gelingt es auf diese Weise, vermeintlich Selbstverständlichem dadurch eine innovatorische Kraft abzugewinnen, dass es in pädagogischen Tradierungsprozessen wieder fragwürdig und fraglich wird. Fragwürdig würde dann am Gegebenen nicht nur, was in diesem anwesend, sondern auch, was in ihm vergessen ist und auf immer verloren zu sein scheint.

6. Ausblick: Die Einheit der Pädagogik, die Vielheit der Bereichspädagogiken und die Grundstruktur erziehungswissenschaftlicher Forschung

Im letzten Teil der hier vorgestellten Allgemeinen Pädagogik wird gefragt, welche Bedeutung den Argumentationsebenen des in ihr entwickelten pädagogischen Grundgedankens im Hinblick auf die in Bereichspädagogiken ausdifferenzierte Erziehungswissenschaft und die Grundstruktur erziehungswissenschaftlicher Forschung zukommt.

6.1 Die Argumentationsebenen Allgemeiner Pädagogik

Der in dieser Arbeit skizzierte pädagogische Grundgedanke ist weder der einzig mögliche noch ein bloß beliebiger unter mehreren. Er entstammt der Tradition und Gegenwart pädagogischen Denkens und Handelns und ist sowohl in seinen Sichtweisen als auch in seiner Formulierung an diese zurückgebunden. Er geht von einem allgemeinen Begriff menschlichen Handelns aus, der die menschliche Praxis als eine leibliche, freie, geschichtliche und sprachliche begreift und zwischen Arbeit, Ethik, Pädagogik, Politik, Kunst und Religion als Formen ausdifferenzierter Humanität unterscheidet. Als Grundbegriffe pädagogischen Denkens und Handelns werden die unbestimmte Bildsamkeit, die Aufforderung zur Selbsttätigkeit, die Transformation gesellschaftlicher Einflüsse auf pädagogische Prozesse in pädagogisch legitime und die Nicht-Hierarchizität der ausdifferenzierten Formen der menschlichen Praxis ausgewiesen. Die Formulierung der Grundbegriffe beansprucht keine Vollständigkeit und überhistorische Geltung, wohl aber, dass die entwickelten Begriffe nicht auseinander abgeleitet oder aufeinander reduziert werden können. Sie stehen in einer bis in die Anfänge systematischen Nachdenkens über pädagogisches Handeln zurückreichenden Problemgeschichte und können Prinzipien im Sinne der wechselseitigen Vorausgesetztheit von Prinzip und Prinzipiiertem genannt werden.

Vergleichbares gilt auch für die handlungstheoretischen Fragestellungen der Theorie der Erziehung, der Theorie der Bildung und der Theorie pädagogischer Institutionen. Die Einteilung pädagogischer Handlungstheorien in Theorien der Kausalität pädagogischen Wirkens, der Aufgabenstruktur pädagogischen Handelns und der Institutionalisierung der pädagogischen Praxis wurde so vorgenommen, dass jeder dieser Theoriebereiche in spezifischer Weise Aspekte der individuellen zu solchen der gesellschaftlichen Seite pädagogischen Denkens und Handelns in Beziehung setzt. Sofern hierbei von Erziehungs-, Bildungs- und Institutionentheorie im Singular gesprochen wurde, ging es um eine prinzipiengeleitete Klärung und Abgrenzung der handlungstheoretischen Fragestellungen. Ausdrücklich wurde mit dieser Redeweise nicht der Anspruch verbunden, es werde sich jeweils nur eine Theorie als die allein richtige erweisen. Vielmehr sollte die systematisch bedeutsame Einsicht formuliert werden, dass die theoretische Pädagogik auf keine der genannten Fragestellungen verzichten kann.

Die in dieser Arbeit entwickelten Unterscheidungen und Verhältnisbestimmungen erheben für sich nicht den fundamentalistischen Anspruch, es ließen sich aus ihnen konkrete Theorien ableiten. Ihre Leistungen liegen vielmehr im Bereich der Analyse vorgegebener Konzepte, die die Grundstruktur pädagogischer Prozesse unzulässig verkürzen, und in möglichen Anregungen, die von deren Kritik für die Entwicklung neuer Sichtweisen und Theorien ausgehen können. Im einzelnen konnte gezeigt werde, dass intentionale und funktionale Erziehungskonzepte die Kausalität pädagogischen Wirkens verfehlen, formale und materiale Bestimmungen der Aufgaben pädagogischen Handelns von zentralen bildungstheoretischen Problemstellungen abstrahieren und auf pädagogische Provinzen setzende bzw. entlastungstheoretisch argumentierende Ansätze keinen Begriff einer angemessenen Institutionalisierung der pädagogischen Praxis entwickeln.

Als elementare erziehungs-, bildungs- und institutionentheoretisch voneinander abgrenzbare Formen der pädagogischen Praxis wurden die Handlungsdimensionen eines sich selbst negierenden Gewaltverhältnisses über Unmündige, eines erziehenden Unterrichts, der bildet, und einer intergenerationellen Einführung der Heranwachsenden in ausdifferenzierte gesellschaftliche Handlungsfelder ausgewiesen. Diese lassen sich nicht linear den vorhandenen pädagogischen Professionen und den auf diese vorbereitenden Bereichspädagogiken zuordnen. Sie stellen vielmehr eine gemeinsame, für alle pädagogischen Tätigkeiten geltende Strukturierung pädagogischen Handelns dar. Dieser zufolge ist eine legitime Ausübung pädagogischer Gewalt über Unmündige an die Voraussetzung gebunden, dass die pädagogischen Akteure auch in der zweiten und dritten Dimension pädagogischen Handelns tätig werden können. Zur Grundstruktur pädagogischen Denkens und Handelns gehört ebenso, zwischen dem Ende, das erziehender Unterricht im Selbst-Denken der Lernenden findet, und dem Ende der pädagogischen Praxis im Übergang zu den ausdifferenzierten Formen der gesellschaftlichen Praxis zu unterscheiden.

Das folgende Schema ordnet die Grundbegriffe, Theorien und Dimensionen pädagogischen Denkens und Handelns einander so zu, dass die übergreifenden allgemeinen Problemstellungen in den Blick kommen und spezielle Zuordnungen zu Bereichspädagogiken zunächst vermieden werden. Unter „Allgemeiner Didaktik“ wird in ihm, abweichend vom oft schulpädagogisch eingeengten Sprachgebrauch, die Theorie eines weit gefassten erziehenden und bildenden Unterrichts, nicht aber eine auf die Erfordernisse schulischen Unterrichts zugeschnittene Unterrichtstheorie verstanden. Mit „Allgemeiner Gesellschaftspädagogik" ist nicht eine auf sozialpädagogische Handlungsfelder im engeren Sinne bezogene professionsspezifische Teildisziplin, sondern eine Theorie gemeint, welche die über unterrichtliche Interaktionsformen hinausweisenden Formen des Lernens analysiert, durch die Heranwachsende auf ein selbst verantwortetes Handeln in den ausdifferenzierten Bereichen der menschlichen Praxis vorbereitet werden.

Argumentationsebenen Allgemeiner Pädagogik

Ebene 1: Allgemeine Handlungstheorie	• Leiblichkeit, Freiheit, Geschichtlichkeit und Sprachlichkeit der menschlichen Praxis	• Unterscheidung zwischen Arbeit, Ethik, Pädagogik, Politik, Kunst und Religion als Formen und Bereichen ausdifferenzierter Humanität
Ebene 2: Grundbegriffe pädagogischen Denkens und Handelns	• Bildsamkeit, Aufforderung zur Selbsttätigkeit • Pädagogische Transformation • Nicht-hierarchische Ordnung	• Individuelle Seite der pädagogischen Praxis • Gesellschaftliche Seite pädagogischen Handelns
Ebene 3: Pädagogische Handlungstheorien	• Aufforderung zur Selbsttätigkeit • Pädagogische Transformation • Bildsamkeit • Nicht-hierarchische Ordnung • Verknüpfung der individuellen und gesellschaftlichen Seite pädagogischen Handelns	• Theorie der Erziehung • Theorie der Bildung • Theorie pädagogischer Institutionen
Ebene 4: Theorien spezieller pädagogischer Handlungsformen und -dimensionen	• Pädagogisches Handeln als sich selbst negierendes Gewaltverhältnis über Unmündige • Pädagogisches Handeln als Erziehung und Bildung durch Unterricht • Pädagogisches Handeln als Einführung in gesellschaftliche Handlungsfelder	• Allgemeine Theorie regierender Maßnahmen • Allgemeine Didaktik • Allgemeine Gesellschaftspädagogik

Durch die gleichgewichtige Hervorhebung der Fragestellungen einer allgemeinen Unterrichts- und Gesellschaftspädagogik soll nicht bestritten werden, dass die Sachverhalte, um die es in diesen geht, eine besondere Affinität zu schul- bzw. sozialpädagogischen Themen aufweisen. Die Unterscheidung zwischen professionsübergreifenden Fragestellungen einer allgemeinen Unterrichts- und Gesellschaftspädagogik und solchen einer professionsspezifischen Schul- und Sozialpädagogik verfolgt das Ziel, Problemstellungen der Allgemeinen Pädagogik und solche der professionsspezifischen Bereichspädagogiken aneinander anschlussfähig zu machen. Der dabei eingeführte Begriff der Gesellschaftspädagogik meint nicht eine Pädagogik, die die Gesellschaft erziehen zu können meint, sondern wird zur Bezeichnung der professionsübergreifenden Aufgaben einer Einführung in ausdifferenzierte gesellschaftliche Handlungsfelder verwendet. Dass hierzu auch die Sicherung der gesellschaftlichen Bedingungen für eine gelingende Selbstaufhebung der pädagogischen Praxis gehört, versteht sich vor dem Hintergrund der entwickelten Grundbegriffe und der zugleich auf die individuelle und die gesellschaftliche Seite der pädagogischen Praxis bezogenen handlungstheoretischen Grundfragestellungen von selbst.

6.2 Zur systematischen Struktur der nach Bereichspädagogiken ausdifferenzierten Erziehungswissenschaft

Allgemeine Pädagogik ist eine Teildisziplin der Erziehungswissenschaft, welche Grundfragen pädagogischen Denkens und Handelns nicht stellvertretend für andere Teildisziplinen klärt, sondern sich mit Problemstellungen auseinandersetzt, die zugleich professionsspezifisch reflektiert und bearbeitet werden müssen. Dies gilt für die vier Grundbegriffe pädagogischen Denkens und Handelns ebenso wie für die handlungstheoretischen Fragestellungen der Theorie der Erziehung, der Theorie der Bildung sowie der Theorie pädagogischer Institutionen und nicht zuletzt für die elementaren Dimensionen pädagogischen Handelns.

Erziehungs-, bildungs- und institutionentheoretische Probleme stellen sich – angefangen von der Familienpädagogik über die Kleinkind- und Schulpädagogik bis hin zur Berufs- und Wirtschaftspädagogik, Sozialpädagogik und Erwachsenenbildung – in allen Bereichspädagogiken. Jede von ihnen muss Konzepte pädagogischen Wirkens entwickeln und erproben, die über die Einseitigkeiten intentionaler und funktionaler Erziehungstheorien hinausführen, eine bereichsspezifische Bestimmung der individuellen und gesellschaftlichen Aufgaben pädagogischen Handelns vornehmen, welche die Irrwege formaler und materialer Bildungstheorien vermeidet, und die Voraussetzungen für eine Institutionalisierung der pädagogischen Praxis klären, die den individuellen und gesellschaftlichen Wirkungsmöglichkeiten und Aufgaben angemessen ist.

Während die handlungstheoretischen Fragestellungen der Theorie der Erziehung, der Theorie der Bildung und der Theorie pädagogischer Institutionen gemeinsame Problemstellungen für den theoretischen Diskurs in und zwischen den Bereichspädagogiken formulieren, verweisen die Dimensionen pädagogischen Handelns auf Gemeinsamkeiten im Bereich des Handelns. Jede professionsbezogene Teildisziplin muss die in ihrem Bereich verwendeten Erziehungstechnologien daraufhin untersuchen, ob diese die Grenzen pädagogisch erlaubter Gewalt berücksichtigen oder überschreiten. Jede muss eine adressatenbezogene Didaktik und eine bereichsspezifische Gesellschaftspädagogik entwickeln, welche die Interaktion mit der jeweiligen Klientel an der zweifachen Aufgabenstellung ausrichten, Welterfahrung und zwischenmenschlichen Umgang durch unterrichtliche Unterweisung und Aufklärung zu erweitern und Übergänge aus pädagogischen Situationen in gesellschaftliche Handlungsfelder zu gestalten.

Von der Beachtung und Klärung der genannten Problemstellungen ist keine pädagogische Profession und keine Bereichspädagogik freigestellt. So kann beispielsweise die Sozialpädagogik ihre pädagogischen Aufgaben nur angemessen erfüllen und reflektieren, wenn sie nicht nur eine spezielle Gesellschaftspädagogik, sondern zugleich eine auf ihre Klientel zugeschnittene Didaktik entwickelt. Diese muss klären, durch welche Formen einer unterrichtlichen Aufklärung über die Kontexte und Ursachen sozialer Hilfsbedürftigkeit die Erfahrung und der Umgang derjenigen, die sozialpädagogischer Hilfe und Unterstützung bedürfen, in Richtung auf ein Selbst-Denken und Urteilen erweitert werden können. Nicht anders verhält es sich mit der Schulpädagogik, die nicht als reine Didaktik konzeptualisiert werden kann, sondern zugleich eigene gesellschaftspädagogische Problemstellungen und Praktiken entwickeln und durch diese Vorkehrungen dafür treffen muss, dass das im Unterricht vermittelte Wissen auch im Handeln aufklärende Wirkungen zeitigen und über eine von den Lernenden selbst verantwortete Wahl zwischen verschiedenen Handlungsmöglichkeiten praktisch werden kann.

Mögliche Defizite einer ausschließlich didaktisch ausgerichteten Schul- bzw. einer nur gesellschaftspädagogisch argumentierenden Sozialpädagogik lassen sich erst überwinden, wenn diese nicht nur die Problemverkürzungen der jeweils anderen Teildisziplin kritisieren, sondern jede für sich ein Theorie- und Handlungsrepertoire entwickelt, das didaktische *und* gesellschaftspädagogische Theorien und Reflexionsformen umfasst. Darum schließt der in der hier vorgelegten Allgemeinen Pädagogik entwickelte pädagogische Grundgedanke mit einem Plädoyer, in allen professionsspezifischen Teildisziplinen und für alle pädagogischen Handlungsbereiche didaktische und gesellschaftspädagogische Konzepte zu entwickeln, in denen die Wirkungsmöglichkeiten und Aufgaben einer unterrichtlichen Aufklärung der jeweiligen Klientel mit Problemstellungen einer intergenerationellen Überführung der pädagogischen Praxis in die ausdifferenzierten Formen der menschlichen Gesamtpraxis abgestimmt sind. Die Kooperation zwischen Schul- und Sozialpädagogik wird um so fruchtbarer verlaufen, wenn beide auf unterschiedliche Lern-Lernsituationen auszulegende unterrichts- und gesellschaftspädagogische Fragestellungen verfolgen und miteinander als Teildisziplinen kommunizieren, die durch einen übergreifenden Grundgedanken verbunden sind.

Pädagogische Akteure müssen in allen pädagogischen Professionen, um in der unterrichtlichen Dimension ihrer Praxis tätig zu werden, über ein Wissen verfügen, das ihre Klientel bildet, indem es deren Erfahrung und Umgang erweitert. Um in der gesellschaftspädagogischen Dimension tätig werden zu können, müssen sie den Übergang aus pädagogischen Situationen in solche des gesellschaftlichen Lebens selbst bereits vollzogen und eine Urteils- und Handlungskompetenz in ausdifferenzierten Bereichen der menschlichen Gesamtpraxis entwickelt haben. Die didaktisch-unterrichtspädagogische Aufgabenstellung, den Gedankenkreis Lernender durch unterrichtliche Gespräche und Aufklärung zu erweitern und diese zum Selbst-Denken und Urteilen aufzufordern, und die gesellschaftspädagogische Aufgabe, Lehr-Lernprozesse so zu gestalten, dass Menschen nicht nur ihr Wissen strukturieren und beurteilen, sondern auch ihr Handeln konzipieren und reflektieren lernen, sind professionsübergreifende, an Bedeutung einander nicht nachstehende Problemstellungen. Durch sie ist die Theoriediskussion in der Allgemeinen Pädagogik mit jener in den professionsbezogenen Teildisziplinen der Erziehungswissenschaft und vermittelt über diese mit Fragen der pädagogischen Praxis verbunden.

Ob es gelingt, die erziehungswissenschaftlichen Teildisziplinen und die pädagogischen Berufe so voneinander abzugrenzen und zueinander in Beziehung zu setzen, dass die Grenzen pädagogisch legitimer Gewalt beachtet und die unterrichtliche Dimension mit der einer intergenerationellen Verständigung im Handeln abgestimmt wird, hängt nicht allein davon ab, welche Bedeutung die professionsbezogenen Bereichspädagogiken von der Vorschulerziehung bis zur Erwachsenenbildung innerhalb ihrer Theoriediskussion den konstitutiven und regulativen Prinzipien pädagogischen Denkens und Handelns und den erziehungs-, bildungs- und institutionentheoretischen Problemstellungen pädagogischer Handlungstheorie beimessen. Nicht minder bedeutsam für die Entwicklung professionsspezifischer Didaktiken und Konzepte einer Selbstaufhebung der pädagogischen Praxis in intergenerationelles Handeln dürfte sein, wie sich die Stellung der pädagogischen Praxis im Rahmen der menschlichen Gesamtpraxis entwickelt und ob die Ideen der Transformation gesellschaftlicher in praktische Rationalität und einer nicht-hierarchischen Verhältnisbestimmung der ausdifferenzierten Bereiche menschlichen Handelns öffentliche Anerkennung finden.

6.3 Zur Grundstruktur erziehungswissenschaftlicher Forschung

Das „kritische Geschäft" der Vergewisserung über systematische Grundbegriffe, erziehungs-, bildungs- und institutionentheoretische Handlungstheorien sowie Technologien und Handlungsdimensionen der pädagogischen Praxis auf die gesamte Pädagogik auszuweiten, ist eine Aufgabe, der sich die Allgemeine Pädagogik nur gemeinsam mit den anderen Teildisziplinen der Erziehungswissenschaft stellen kann. Dies gilt auch für einen weiteren Problemkomplex. Die zwischen den Teildisziplinen der Erziehungswissenschaft anzustrebende Kooperation beschränkt sich nicht auf grundlagen- und handlungstheoretische Problemstellungen, sondern erstreckt sich darüber hinaus auf die Entwicklung von Konzepten und Paradigmen erziehungswissenschaftlicher Forschung.

Während die handlungstheoretischen Reflexionen auf eine mehr als zweitausendjährige Problemgeschichte verweisen können, hat sich die Pädagogik – wie andere Geistes- und Sozialwissenschaften auch – erst im 20. Jahrhundert zu einer empirisch und hermeneutisch forschenden und experimentierenden Disziplin entwickelt.[1] Anders als beispielsweise in der Psychologie, die ihre ebenfalls bis in die antike Wissenschaft und Philosophie zurückreichende Theoriegeschichte weitgehend vergessen hat und kaum noch Fragestellungen einer Allgemeinen Psychologie bearbeitet, gibt es in der Erziehungswissenschaft eine breite Diskussion über Grundprobleme handlungswissenschaftlicher Theorieentwicklung und Forschung. Diese setzt sich mit der Frage auseinander, wie die Wissensformen der handlungstheoretischen Pädagogik und der erziehungswissenschaftlichen Forschung angemessen voneinander abgegrenzt und so zueinander in Beziehung gesetzt werden können, dass theoretische Reflexionen eine aufklärende Kraft für die Analyse, Anleitung und Kritik der pädagogischen Praxis gewinnen, Erfahrungen der Praxis für die Theorieentwicklung lehrreich werden und Forschung in einem sowohl theoretisch als auch praktisch bedeutsamen Sinne betrieben werden kann.[2]

---

1 Vgl. hierzu die Gegenüberstellung von traditioneller Pädagogik sowie empirischer, geisteswissenschaftlicher und emanzipatorischer Erziehungswissenschaft in: D. Benner: Hauptströmungen der Erziehungswissenschaft. Weinheim ³1991.

2 Vgl. hierzu das Kapitel „Zur Theorie des pädagogischen Experiments" in D. Benner: Hauptströmungen der Erziehungswissenschaft, a. a. O., S. 321-340; H.-E. Tenorth: Vielfalt pädagogischen Wissens und Formen seiner Einheit. Eine Erinnerung an Bekanntes. In: F. Heyting/H.-E. Tenorth (Hrsg.): Pädagogik und Pluralismus. Deutsche und niederländische Erfahrungen im Umgang mit Pluralität in Erziehung und Erziehungswissenschaft. Weinheim 1994, S. 51-64; P. Vogel: Vorschlag für ein Modell erziehungswissenschaftlicher Wissensformen. In: Vierteljahrsschrift für wissenschaftliche Pädagogik 73 (1997) S. 415-427; D. Benner/F. Brüggen: Theorien der Erziehungswissenschaft im 20. Jahrhundert. Entwicklungsprobleme – Paradigmen – Aussichten. In: Bildungsprozesse und Erziehungsverhältnisse im 20. Jahrhundert. Prakti-

In den zurückliegenden Jahrzehnten sind unterschiedliche empirische, geisteswissenschaftliche und aus beiden zusammengesetzte Forschungsparadigmen entwickelt worden, die zuweilen gegeneinander mit dem Anspruch auftraten, einen Ansatz als den allein richtigen erweisen zu können. Aus den im sogenannten Positivismusstreit weitgehend polemisch geführten Kontroversen ist keines der einheitswissenschaftlichen Paradigmen als „Sieger“ hervorgegangen.[3] In der Erziehungswissenschaft wird heute nach unterschiedlichen Paradigmen geforscht. Ansprüche auf eine Alleinzuständigkeit, soweit sie an bestimmte empirische, geisteswissenschaftliche oder transzendentalphilosophisch argumentierende Verfahren geknüpft wurden, haben ebenso wenig überzeugen können, wie sich eine einzige Kombination dieser Verfahren als die allein richtige erwiesen hat.[4]

Der Paradigmenstreit in der Erziehungswissenschaft kann nicht in einer Allgemeinen Pädagogik entschieden werden. Er ist ebensowenig in der Erziehungswissenschaft entscheidbar, sondern verbindet die dort geführte Diskussion mit Diskursen in anderen Wissenschaften einschließlich der Philosophie und der Wissenschaftstheorie. Der Beitrag, den Allgemeine Pädagogik zur Klärung der Grundstruktur erziehungswissenschaftlicher Forschung leisten kann, ist daher eng begrenzt. Er besteht vielleicht darin, zu zeigen, wie die verschiedenen Wissensformen unter pädagogischen Fragestellungen so in Beziehung zueinander gesetzt werden können, dass sie in Durchbrechung der im Positivismusstreit errichteten Fronten als Formen selbst- und fremdbezüglicher Kritik aneinander anschlussfähig werden.[5]

Daher sollen abschließend mit Bezug auf die Argumentationsebenen der hier vorgelegten Allgemeinen Pädagogik einige Hinweise zur paradigmatischen Grundstruktur einer kritischen Erziehungswissenschaft zusammengestellt werden, welche Kritik nicht dogmatisiert, sondern antifundamentalistisch pluralisiert.

Alle Wissenschaften haben ihren Ursprung in der leiblichen, freien, geschichtlichen und sprachlichen Verfasstheit der menschlichen Praxis. Sie

---

sche Entwicklungen und Formen der Reflexion im historischen Kontext. 42. Beiheft der Zeitschrift für Pädagogik. Weinheim/Basel 2000, S. 240-263.

3 Vgl. hierzu W. Brezinka: Von der Pädagogik zur Erziehungswissenschaft. Eine Einführung in die Metatheorie der Erziehung. Weinheim usw. 1971; G. Pollak/H. Heid (Hrsg.): Von der Erziehungswissenschaft zur Pädagogik? Weinheim 1994.

4 Vgl. hierzu den Bericht über ein Symposion: D. Benner/U. Herrmann/E. König u. a.: Symposion 1. Bilanz der Paradigmendiskussion. In: Bilanz für die Zukunft. Aufgaben, Konzepte und Forschung in der Erziehungswissenschaft. Beiträge zum 12. Kongress der DGfE. 25. Beiheft der Zeitschrift für Pädagogik. Weinheim/Basel 1990, S. 71-92.

5 Vgl. hierzu D. Benner: Pädagogik und Kritik. Überlegungen zu einem problematischen Verhältnis und zur Abgrenzung unterschiedlicher Ansätze kritischer Erziehungswissenschaft. In: K. Helmer/N. Meder/K. Meyer-Drawe/P. Vogel: Spielräume der Vernunft. Festschrift für Jörg Ruhloff. Würzburg 2000, S. 7-34.

sind Formen einer Sprachpraxis, die mit Grundbegriffen arbeitet, welche vorwissenschaftliche Bedeutungsgehalte aufweisen, die in die wissenschaftlichen Aussagesysteme eingehen, in diesen aber nicht vollständig expliziert werden können. Die in den Ausführungen zum erziehenden und bildenden Unterricht unterschiedenen Wissensformen und Ebenen einer bildenden Interpretation des Wissens moderner Wissenschaften lassen sich auch auf die Wissensformen der Pädagogik auslegen.

Auch in der Erziehung gehen lebensweltliche Erfahrungen szientifischen und handlungstheoretischen Formen der Bearbeitung und Thematisierung pädagogischer Sachverhalte voraus. Dies zeigt sich nicht zuletzt daran, dass biographisch sowohl die Anfänge des Lernens als auch jene der Erziehung weithin vergessen und nicht ohne Weiteres wieder erinnert werden können.[6] So kann sich niemand in der Sprache an den Prozess des Muttersprachererwerbs erinnern. Zur Geschichtlichkeit lebensweltlicher Erfahrungen gehört daher, dass ihnen eine quasi transzendentale Bedeutung zukommt, die aufgrund der Wirkungsgeschichte, in die sie eingebunden sind, nicht restlos aufgedeckt werden kann. Hierum in einem kritischen Sinne zu wissen, erlaubt es, zwischen lebensweltlichen und verschiedenen Formen szientifisch vermittelter Erfahrung zu unterscheiden.

Als eine empirisch-analytisch forschende Disziplin prüft die Erziehungswissenschaft ganz im Sinne des vom kritischen Rationalismus auf einen Begriff gebrachten Forschungsparadigmas hypothetische Annahmen über Interdependenzen zwischen pädagogischen Wirkungsformen, Aufgaben pädagogischen Handelns und institutionellen Rahmenbedingungen. Ihre Forschungsvorhaben können dann „kritisch“ genannt werden, wenn sie nicht vorrangig an der Verifikation ihrer Hypothesen interessiert sind, sondern die Theorieentwicklung auch dadurch zu fördern suchen, dass sie ihre Annahmen Falsifikationsmöglichkeiten aussetzen.

Als eine historisch-hermeneutisch forschende Disziplin rekonstruiert die Erziehungswissenschaft die geschichtliche Entwicklung der pädagogischen Praxisformen und ihrer Institutionen einschließlich der Interdependenzen zu Entwicklungen in anderen Gesellschaftsbereichen und -systemen. Kritisch können solche Forschungen dann genannt werden, wenn sie ihre Aussagen über Kontinuitäten und Diskontinuitäten nicht einheitswissenschaftlich zu fundieren, sondern vielfältigen Deutungen auszusetzen suchen.

Die Deutungsmuster empirisch-analytischer und historisch-hermeneutischer Forschungsvorhaben lassen sich u. a. daraufhin befragen, inwieweit ihr Vorverständnis des jeweiligen Gegenstandsbereichs durch ideologische

6 Vgl. K. Meyer-Drawe: Anfänge des Lernens. In: Erziehung – Bildung – Negativität. 49. Beiheft der Zeitschrift für Pädagogik. Weinheim und Basel 2005, S. 24-37; D. Benner: Einleitung. Über pädagogisch relevante und erziehungswissenschaftlich fruchtbare Aspekte der Negativität menschlicher Erfahrung. Ebd., S. 7-21.

Annahmen bestimmt ist, die in die Verifikation bzw. Falsifikation von Hypothesen und die Ermittlung von Kontinuitäten und Diskontinuitäten eingehen, ohne in diesen geprüft zu werden. Solche Ideologieanalyse kann dann kritisch genannt werden, wenn sie sich um eine Aufklärung undurchschauter ideologischer Voraussetzungen des eigenen Denkens bemüht und für sich selbst nicht den Besitz eines wahren Bewusstseins reklamiert, das um notwendige falsche Bewusstsein anderer Wissensformen weiß.

Zu diesen Formen kritischer Erziehungswissenschaft tritt als weitere diejenige eines handlungstheoretischen Diskurses hinzu, welcher im Bereich der Theorie der Erziehung kontroverse Positionen zur Frage der Kausalität pädagogischen Wirkens, im Bereich der Theorie der Bildung Spannungen und Abstimmungsprobleme zwischen individuellen und gesellschaftlichen Aufgaben pädagogischen Handelns und im Bereich der Theorie pädagogischer Institutionen Fragen der angemessenen Institutionalisierung der pädagogischen Praxis zu klären sucht. Der Diskurs über pädagogische Handlungstheorien kann dann kritisch genannt werden, wenn er auf fundamentalistische Annahmen normativer Pädagogik verzichtet. Er gewinnt alsdann seine aufklärende Kraft daraus, dass in ihm die Argumentationsmuster vorgegebener Diskurse über pädagogisches Handeln bewusst gemacht und in ein Gespräch miteinander überführt werden, das insofern ergebnisoffen ist, als in ihm Einseitigkeiten von Positionen erkannt, Vermittlungsprobleme zwischen diesen geklärt und sowohl Widersprüche und Unvereinbarkeiten als auch mögliche Synthesen erörtert werden.[7]

Zur Offenheit der genannten Diskurse gehört, dass sich die Ansätze einer empirisch-analytischen, historisch-hermeneutischen, ideologiekritischen und handlungstheoretisch-reflektierenden Erziehungswissenschaft weder trennscharf voneinander abgrenzen noch in einem einzigen Ansatz zusammenführen lassen. Ihre kritischen Positionen zeichnen sich vielmehr durch eine Selbst- und Fremdbezüglichkeit aus, welche Anschlussmöglichkeiten mannigfaltiger Art zulässt. Das Verdienst, auf Grenzen eines einheitswissenschaftlichen oder auch synkretistischen Systemdenkens in der Erziehungswissenschaft aufmerksam gemacht zu haben, kommt in diesem Zusammenhang einer erziehungswissenschaftlichen Forschungsrichtung zu, welche die Systemannahmen aller genannten Ansätze prüft und in ihren Ansprüchen skeptisch begrenzt. Es ist dies der Ansatz einer transzendentalskeptischen Erziehungswissenschaft, die kritisch genannt werden kann, weil sie die Letztbegründungsansprüche älterer Positionen von Transzendentalpädagogik verabschiedet und sich mit dem Anspruch bescheidet, durch Reflexionen über die Grenzen der Gültigkeit verschiedener Wissens-

7 Ein herausragendes Beispiel für einen solchen Diskurs stellen Schleiermachers Vorlesungen zur Theorie der Erziehung aus den Jahren 1813/1814, 1820/21 und 1826 dar; auf die Vorlesungen des Jahres 1826 wurde in dieser Arbeit mehrfach verwiesen.

formen undurchschaute Fundamentalismen offenzulegen und „neuen pädagogischen Gedanken den Weg offenzuhalten“.[8]

Die hier vorgelegte Allgemeine Pädagogik befasst sich vornehmlich mit handlungstheoretischen Problemstellungen der Erziehungswissenschaft. Sie hofft jedoch, anschlussfähig an andere Richtungen einer forschenden Erziehungswissenschaft zu sein. Ob dies freilich der Fall sein wird oder nicht, hängt nicht zuletzt davon ab, welchen Raum diese den handlungstheoretischen Fragestellungen der theoretischen Pädagogik einräumen, die für die disziplinäre Identität der Erziehungswissenschaft unverzichtbar sind. Interdisziplinarität aber ist auch in der Erziehungswissenschaft nicht ohne Disziplinarität möglich.[9] Darum will der hier vorgelegte Entwurf einer Allgemeinen Pädagogik zugleich als ein Beitrag zur Klärung der Disziplinarität einer interdisziplinär anschlussfähigen theoretischen Pädagogik und forschenden Erziehungswissenschaft verstanden werden.

---

8 W. Fischer: Pädagogik und Skepsis. In: M. Borrelli/J. Ruhloff (Hrsg.): Deutsche Gegenwartspädagogik. Band 2. Hohengehren 1996. S. 16-27, S. 25.

9 Vgl. hierzu H. Heid: Die Interdisziplinarität der pädagogischen Fragestellung. In: Enzyklopädie Erziehungswissenschaft. Band 1, hrsg. von D. Lenzen und K. Mollenhauer. Stuttgart 1983. S. 177-190.